献给我的父亲

面向21世纪课程教材

Textbook Series for 21st Century

侵权责任法

The Tort Law

（第四版）

王 成 著

北京大学出版社

PEKING UNIVERSITY PRESS

图书在版编目(CIP)数据

侵权责任法/王成著. —4版. —北京:北京大学出版社,2022.11
面向21世纪课程教材
ISBN 978-7-301-33454-6

Ⅰ.①侵… Ⅱ.①王… Ⅲ.①侵权法—中国—教材 Ⅳ.①D923.7

中国版本图书馆 CIP 数据核字(2022)第 185971 号

书　　　名	侵权责任法（第四版）
	QINQUAN ZERENFA(DI-SI BAN)
著作责任者	王　成　著
责 任 编 辑	周　菲
标 准 书 号	ISBN 978-7-301-33454-6
出 版 发 行	北京大学出版社
地　　　址	北京市海淀区成府路 205 号　100871
网　　　址	http://www.pup.cn
电 子 信 箱	law@pup.pku.edu.cn
新 浪 微 博	@北京大学出版社　@北大出版社法律图书
电　　　话	邮购部 010-62752015　发行部 010-62750672　编辑部 010-62752027
印 刷 者	天津中印联印务有限公司
经 销 者	新华书店
	730 毫米×980 毫米　16 开本　28 印张　576 千字
	2011 年 3 月第 1 版　2014 年 7 月第 2 版
	2019 年 10 月第 3 版
	2022 年 11 月第 4 版　2022 年 11 月第 1 次印刷
定　　　价	69.00 元

未经许可，不得以任何方式复制或抄袭本书之部分或全部内容。
版权所有，侵权必究
举报电话: 010-62752024　电子信箱: fd@pup.pku.edu.cn
图书如有印装质量问题，请与出版部联系，电话: 010-62756370

作者简介

王　成　法学博士,经济学博士后。北京大学法学院教授,博士生导师。北京大学总法律顾问。代表性著作有:《侵权损害赔偿的经济分析》《中国不法行为法の研究》(合著、日文版)、《中国合同法研究:中日民事法学之对话》(合著)等。代表性论文有:《个人信息民法保护的模式选择》《法律关系的性质与侵权责任的正当性》《侵权法归责原则的理念及配置》等。

About the Author

Wang Cheng Ph. D. in law, Post Doctoral of Economics, Professor, Supervisor for Ph. D. Candidate of Law School of Peking University. General Counsel of Peking University. Representative books: *Economic Analysis to Tort Damage*, *Study on the Law of Wrongful Acts in China*, *Study on Chinese Contract Law*: *Dialogue between Chinese and Japanese Civil Law*, etc.

Representative Papers: "Selection of a Model for Civil Law Protection of Personal Information" "The Nature of Legal Relationships and the Justification of Tort Liability" "The Idea and Establishment of Imputation Principles of Tort Liability", etc.

内 容 简 介

本书第四版以我国《民法典》等现行法律为依据,紧密结合最高人民法院最新司法解释,尤其是以大量法院判决为基础,吸收最新研究成果,理论联系实际,系统阐述了侵权法的基本原理和规则。

本书作者在总结多年教学研究经验、法院实务工作经验以及参加立法工作经验的基础上,提出了新的教材体例。本书着重讨论了侵权法的基本范畴和思维模式等传统教材未讨论或者未专门讨论的侵权法基本原理问题;专门讨论了结果责任和侵权法归责原则的体系效应;在类型化侵权责任中,注重结合法院判决展开讨论。本书力求使读者在掌握侵权法规则的同时,把握侵权法的基本原理;在获得知识的同时,提高分析问题和解决问题的能力。

Abstract

Based on the Civil Code of the People's Republic of China and latest Judicial interpretations of the Supreme Court, especially a large quantity of judicial decisions, this book (4th edition), by imbibing the latest study and integrating the theory with practices, systematically elaborates the foundations and rules of tort law.

Benefiting from his multiple years teaching and research experiences as well as the engagement in the court practices and legislation, the author lays out the book in a different way. First, the book gives precedence to the major discussion of the basic category and thinking mode of tort law which have been unfortunately underemphasized in conventional textbooks. Then this book contributes several chapters to elucidating the consequences liability principle and the synergistic effect of the imputation principles system. Finally, case studies are combined into this book in elaborating some typical torts. To enable the reader to master the tort law rules aside, this book also serves the purpose of enhancing their understanding of the fundamental rationales of tort law and their capability of analyzing and addressing problems.

凤凰岭二老和侵权法基本范畴(代序)

差不多两年时间没有去爬山了。很怀念以前爬山的日子。

过去的好多年中,我和马强、姚欢庆、王轶等经常去爬位于北京西北郊的凤凰岭。凤凰岭的爬山路线有三条,南线、中线和北线。我们去的是北线。北线是一个环线,从起点出发还可以再回到起点。而且,北线上山的路比较陡,下山的路比较缓,这种路途的好处是,上山消耗的体力在下山的时候基本上就可以恢复过来。下山时可以充分享受大汗淋漓之后的畅快和沿途的山、树、枝叶及花鸟。北线的最高点就是凤凰岭的标志:飞来石塔。这飞来石塔原本有一个历史久远的石塔,后来据说被人盗走了。现在的塔应该是一个水泥塔。飞来石塔所在的山顶较为平坦,站在此处可以眺望远处。人们经过一路攀爬之后,都愿意在这儿停下来歇歇脚。

记不清什么时候,一位老人在山顶上摆起了地摊儿,有矿泉水、雪糕、火腿、啤酒、巧克力、饼干等,夏天的时候还会有西红柿、黄瓜等瓜果。

老人在山顶好多年了。可见在这里摆地摊儿的收益比干其他活要好些。因为有了他的地摊儿,我们原本沉重的背包就省去了。所以,每次爬上山顶,我们都会买点东西吃。久而久之,便和老人熟悉起来,往往是买了东西,边吃边聊。由此知道老人就住在山脚下。基本上每天早上背着东西爬上来,下午再下去。平时带的东西少些,周末节假日带的东西多些。

天天山上山下地跑,老人的身体看起来很好,紫铜色的脸,也较为健谈。所以,每次爬山,都有些盼望快点到山顶。一来,可以享用美食。一路爬上来,正累的时候,感觉山顶的东西比山下好吃得多,尽管比山下要贵一些。二来,可以和老人聊聊。我们要隔段时间不去,老人还会关心地问问。有时候,老人会坐在山顶的石头上,远远看去,像一尊雕塑,与山融在一起。

有一天,我们上山的时候,发现半山腰又有一位老人摆开了地摊儿,卖的东西基本上都一样。以后再去,这个摊儿也总在。但我们还是习惯到山顶再买东西吃。一来,到半山腰还不太累;二来,爬山时最怕在半山腰休息,越休息越不愿意走;三来,似乎感觉和山顶老人有了约定,买别人的东西,心里隐隐觉得有些对他不住。

这样过去了很多天。一次,我们到了山顶,和山顶的老人说起此事。他笑笑说,各卖各的吧。

于是,凤凰岭的北线上就形成了这样的一个格局:山顶一个老人、山腰一个老人,各自在卖着相同的东西。

我常常在想:山腰老人的出现,毫无疑问会使山顶老人损失一部分买卖,但是为什么山顶老人能够接受山腰老人的出现呢?山顶老人能否起诉山腰老人、要求他停止侵害,甚或要求他赔偿损失呢?同时,对于这样的生意来说,山顶无疑是最好的地段。但是,山腰老人为什么只在山腰,而没有到山顶呢?他们之间为何会形成这样的距离以及这样的安排?

我想,假如山腰老人有一天前进到山顶摆摊儿,会出现什么样的局面?山顶老人还会这样接受吗?如果不能接受的话,假设离山顶越近、生意越好,那么山腰老人向山顶推进的极限值在哪里?也就是说,山腰老人前进到哪里,就会引起山顶老人的反应?从法律的角度看,山腰老人前进到山顶,就其营业损失,山顶老人能够要求山腰老人赔偿吗?

在我看来,这样的问题,用侵权法的思维来看,就涉及侵权法的基本范畴。侵权法最基本的思考是在处理行为自由和权利救济的问题。因此,行为自由和权利救济就是侵权法的基本范畴。

自由止于权利。行为自由和权利救济之间存在着复杂的此消彼长的紧张关系。行为自由的扩展以权利的收缩为代价。反之也是。我想畅快淋漓地大喊几声,在空旷的凤凰岭可以,但是在医院的手术室里和学校的课堂上就不可以。正如山顶老人和山腰老人的距离一样,行为自由和权利救济二者的界限是如此复杂,以至于很难确定。

二者界限之所以复杂,其原因也是很复杂的。

其中一个原因,和权利本身边界的清晰程度有关。

相对来说,所有权、地役权等物权即绝对财产权的边界较为清晰,肖像权、名誉权等精神性人身权的边界较为模糊。这或许是物权可以通过物上请求权来保护的原因。即使通过侵权方式来保护,其构成要件也要相对简单得多。这或许也是肖像权、名誉权等精神性人身权的案件最容易引起社会关注的原因,因为人们有太多的意见分歧。正如当年雅典奥运会之后,风头正盛的刘翔起诉在封面使用其肖像的《精品购物指南》报社的案件(以下简称"刘翔案"),不仅一审、二审法院存在意见分歧,而且无论是在审判过程中,还是在终审结束后直到今天,人们依然对《精品购物指南》报社在封面使用刘翔肖像是否侵犯其肖像权争论不休。问题的根本就在于,《精品购物指南》封面刊登刘翔肖像来回顾奥运会的盛况,究竟是属于刘翔肖像权的范畴,还是属于《精品购物指南》报社行为自由的范畴。

在物权等绝对财产权和肖像权等精神性人身权之间,是生命权、身体权、健康权等物质性人身权。物质性人身权虽然名为人身权,但就其边界的清晰程度而言,它们更类似于物权等绝对财产权。判断一个行为是否侵犯物质性人身权和物权,远比判断一个行为是否侵犯精神性人身权要简单得多。因此,物质性人身权侵权行为的构成也相对简单,而且,它们也基本上可以通过请求权的方式加以保护。

由此,二者界限之所以复杂的另一个原因是:权利、自由等概念本身是不清晰的。我们在现实中无法找到一个实际的物体来对应这些概念,而这些概念又会与每个人最基本的价值判断联系起来。

一个经验性的结论是:但凡涉及人的基本情感、基本价值判断的问题,一来很容易引起社会关注,二来很容易引起意见分歧。比如,杭州发生的车祸被转化为"富家子弟飙车撞死大学生"的问题后,就和人类关于贫富、强弱的基本价值及情感联系在一起了。单单一起车祸本身,一般不容易引起社会如此多的关注。同样的问题还包括对受害人死亡赔偿的问题被转化为"同命是否同价"、《道路交通安全法》第76条被转化为"撞了是否白撞",以及各种各样的事故因为宝马车的加入而变质,等等。

这或许也是侵权法、侵权案件能够引起更多人关注的原因,也是大家都认为自己能够对侵权法问题说出一二三的原因。

法律对权利和自由之间的关系可能有三种处理模式。

第一种模式是鼓励行为自由、否定权利救济。第一种模式针对的就是凤凰岭二老的情况。这种情况在生活中很多见。比如,一个地区开了一个超市、饭店,在同一地区范围内再开设同样生意的话,先前的超市、饭店的生意一般都会受到影响。

当然,如果一个地方聚集的经营同样业务的人多到一定程度,反而也会产生规模效应,即大家的生意都会好起来。这就是为什么会形成所谓饭店一条街、茶叶一条街,以及诸如建材市场、家装市场等的道理。因为人们会有这样的心理,如果一个地方只有一家饭店,万一不满意的话,没有别的选择。相反,如果一条街都是饭店,这家不好,还可以去那家。而且由于竞争的关系,但凡形成一条街的生意,基本上都可以。

但是,假设同样的生意还没有多到形成规模效应的时候,比如,只有两家时,后开的一家,肯定会抢走先开那一家的生意。正如凤凰岭二老的情况那样。

这种情况如果用侵权行为构成要件来衡量的话,加害行为、损害、因果关系以及主观上的故意或重大过失,样样具备。问题是:为何山顶老人不能起诉山腰老人要求赔偿或者停止侵害?更重要的是,为何山顶老人自己,以及我们大家都觉得山顶老人不能因此起诉山腰老人要求赔偿?

我们假设,只有山顶老人一个人做生意的时候,他每天可以获得100元的收益。因为有了山腰老人,山顶老人的收益会降低到60元。另外40元,就让地理位置不太好的山腰老人赚走了。可见,山顶老人是"受害人",山腰老人是"受益人"。但是,除此之外,我们这些爬山的人都可能因为山腰老人的出现而受益。因为有人和山顶老人竞争了。竞争的好处对于消费者和整个社会来说自然不言而喻。可见,山顶老人一人受害,成就了山腰老人和无数爬山者的获益。大概估计来看,后二者的获益要大于前者的损失。这就是所谓的卡尔多—希克斯效率。当然最佳的是帕累托效率,也就是说,大家都受益而无人受害的情况。次佳的就是卡尔多—希克斯效率,即有人受害,有人受益,但总的益处大于害处。当一项政策、一条规则、一个行为符合帕累托效率的时候,是最受大家欢迎、也是最容易推行的,因为没有人反对。而一项政策、一条规则、一个行为符合卡尔多—希克斯效率的时候,也基本上是受欢迎、较为容易推行的,因为多数人欢迎、少数人反对。当然,如果少数人中有了"钉子户",那就不好说了。但是假如一项政策、一条规则、一个行为只有少数人受益、多数人不受益或者受害时,这样的政策、规则或者行为肯定是不受欢迎的。比如,少数垄断性大国企给自己的员工尤其是老总制定那么高的薪酬标准,就属于这种情况。

凤凰岭山腰老人的行为,是符合卡尔多—希克斯效率的,因此值得鼓励。山顶老人以及我们这些爬山的人,都觉得山顶老人不能起诉山腰老人要求赔偿。这正如涂尔干所言,如果一种行为触犯了强烈而又明确的集体意识,那么这种行为就是犯罪。我们不该说一种行为因为是犯罪才会触犯集体意识,而应该说正是因为它触犯了集体意识才是犯罪。

随着人类文明的进化,卡尔多—希克斯效率要受到其他一些规则的限制。比如,一个班级三十个人,二十九个男生、一个女生,如果由所有同学投票决定男生打扫教室还是女生打扫教室,结果是很清楚的,而且这种规则符合卡尔多—希克斯效率。但是这种规则在某些场合是不可接受的。

不过,总的来说,卡尔多—希克斯效率还是人类行为的基本思维方式。

与此类似的行为还包括:高考中的落榜者不能要求中榜者赔偿,下棋中的负者不能要求胜者赔偿。各种重要的竞争、比赛,都属于这样的情况。甚至,共同追求一位女生的两位男生中,失意者也不能要求获胜者及女生给予赔偿,尽管失意者是那样的痛苦,而且这种痛苦完全可以归因于获胜者以及女生的选择。

第二种模式是鼓励权利救济、否定行为自由。这种模式针对的是构成侵权行为的各种情况。比如,开车发生交通事故把别人撞伤。此时,司机要承担侵权责任。他的自由受到否定,受害人的权利得到鼓励。

之所以采取鼓励权利救济、否定行为自由的处理方式,是因为这类行为只给行为人自己带来益处,受害人和不特定的社会大众以及社会秩序都会因其行为而遭受损失。受益人极少、受害人极多的行为,不仅不符合帕累托效率,也不符合卡尔多—希克斯效率,所以,此种行为自由要受到否定、权利会受到鼓励,权利人可以通过诉讼获得救济。

第三种模式是放任不管。属于这种处理模式的情况也有很多。比如，子女选择了某一行业，父母极力阻拦；自己有隐私，只愿意告诉密友，同时还告诉他，千万不要和其他人说。我们都有这样的经验，没有后面这句话还好，有后面这句话，自己的隐私很快会变成公开的秘密。还有，一个陌生人问路，我们把路指错导致人家误了火车，陌生人也只能自己想个解决的办法。

这些情况下，子女、有隐私者以及陌生的问路人，都不能起诉父母、密友、其他口口相传的人以及指路人。侵权法更熟悉的因堵车而愤怒的无数司机，只能通过骂人发泄一下。可能也属于这种情况。

这些情况和第一种情况还是有些差别的。第一种情况属于行为符合帕累托效率或者卡尔多—希克斯效率而被鼓励，这些情况属于放任不管。

之所以对这些行为放任不管，是因为这些行为或者利弊无关紧要，或者说不清楚，或者因为涉及关系复杂、涉及人数太多而导致规范成本太高。比如，对父母的劝阻言行如何识别？对口口相传他人隐私的人如何指认？谁是因堵车而被耽误了行程的司机？损失多大？更重要的是，这些行为的受益人是谁？受害人是谁？说不清楚。所以，这种行为是因为放任而不能要求赔偿的。

简单总结一下，回到前面的问题上来，行为自由和权利救济发生冲突的情况下，可能有三种选择：一种是鼓励行为自由、否定权利救济，比如，对竞争的鼓励，凤凰岭二老就是这样的情况；一种是鼓励权利救济、否定行为自由，比如行为构成侵权行为的时候；还有一种是采取放任的态度，在权利救济和行为自由之间，并不总是紧张的对立关系，二者之间可能会出现某种程度的张力，在这种张力的范围内，就是放任的空间，比如，口口相传他人隐私的情况，法律基本上就采放任的态度。

构成侵权行为的行为，基本上都是属于既不符合帕累托效率、也不符合卡尔多—希克斯效率的行为。当我们对某种行为是否构成侵权行为产生分歧的时候，比如"刘翔案"中《精品购物指南》报社的行为是否构成侵权，大多是对某种行为的益处和害处的关系产生了分歧。侵权法用自己全部的原则、规则，以至于全部的精力来处理行为自由和权利救济的问题。这也是侵权法的生存空间和价值所在。但是，侵权法中一些问题的答案，可能还需要从侵权法外去寻找。

王　成

2011年1月5日

目 录

第一章　侵权法的概念和功能 (1)
第一节　侵权法的概念和特点 (1)
第二节　侵权法的功能 (3)

第二章　侵权法的基本范畴和思维模式 (14)
第一节　侵权法基本范畴的概念和内容 (14)
第二节　侵权法基本范畴的意义 (16)
第三节　侵权法的思维模式 (18)
第四节　侵权法基本范畴和侵权法思维模式的关系 (19)

第三章　侵权行为的概念、分类和构成要件 (21)
第一节　侵权行为的概念和特征 (21)
第二节　侵权行为的分类 (25)
第三节　侵权行为的构成要件 (35)

第四章　侵权法的归责原则 (38)
第一节　侵权法归责原则的概念与体系 (38)
第二节　过错责任原则 (39)
第三节　无过错责任原则 (48)
第四节　过错责任与无过错责任的关系 (54)
第五节　结果责任原则 (56)
第六节　公平责任原则 (61)
第七节　归责原则的体系效应 (68)

第五章　加害行为 (72)
第一节　加害行为的概念和研究意义 (72)
第二节　作为的加害行为和不作为的加害行为 (76)

第六章　过错 (83)
第一节　过错的概念和形式 (83)
第二节　过失的客观化 (91)

第七章　因果关系 (98)
第一节　侵权法上因果关系的分类及其概念 (98)

第二节　相当因果关系说·································(101)
　　第三节　因果关系与原因力·····························(110)
　　第四节　因果关系向过失的转化·······················(114)
　　第五节　因果关系的证明与推定·······················(121)
第八章　损害···(123)
　　第一节　损害的概念和特征·····························(123)
　　第二节　损害的分类和认定·····························(129)
第九章　数人侵权行为与责任·································(143)
　　第一节　数人侵权行为概述·····························(143)
　　第二节　共同侵权行为与责任··························(144)
　　第三节　教唆行为、帮助行为及其责任··············(148)
　　第四节　共同危险行为与责任··························(152)
　　第五节　无意思联络的数人侵权行为与责任········(155)
第十章　侵权责任···(158)
　　第一节　侵权责任概述···································(158)
　　第二节　侵权责任的类型································(162)
　　第三节　侵权损害赔偿···································(178)
　　第四节　财产损害赔偿···································(188)
　　第五节　人身损害赔偿···································(193)
　　第六节　精神损害赔偿···································(205)
　　第七节　惩罚性赔偿······································(215)
　　第八节　其他侵权责任方式·····························(219)
第十一章　侵权责任的免责事由······························(237)
　　第一节　正当理由···(238)
　　第二节　外来原因···(252)
第十二章　类型化侵权责任····································(258)
　　第一节　产品责任···(258)
　　第二节　道路交通事故责任·····························(273)
　　第三节　医疗损害责任···································(304)
　　第四节　环境污染和生态破坏责任····················(318)
　　第五节　高度危险责任···································(336)
　　第六节　饲养动物致人损害侵权责任·················(351)
　　第七节　建筑物和物件致人损害侵权责任···········(359)
　　第八节　公共场所施工致人损害侵权责任··········(371)

目 录

第九节 监护人责任……………………………………………（373）
第十节 完全民事行为能力人暂时丧失意识侵权责任…………（379）
第十一节 职务侵权行为与责任………………………………（382）
第十二节 承揽关系中的侵权责任……………………………（392）
第十三节 帮工关系中的侵权责任……………………………（397）
第十四节 网络侵权责任………………………………………（400）
第十五节 违反安全保障义务的责任…………………………（408）
第十六节 未成年人校园伤害责任……………………………（413）

附：法规简写……………………………………………………（418）
后记………………………………………………………………（423）
第二版后记………………………………………………………（425）
第三版后记………………………………………………………（427）
第四版后记………………………………………………………（429）

第一章　侵权法的概念和功能

第一节　侵权法的概念和特点

一、侵权法的概念、规范体系和适用

（一）侵权法的概念

侵权法，是指规范侵权行为及侵权责任的法律。

侵权法，也被称为侵权行为法或者侵权责任法。我国立法机关曾将侵权法定名为"侵权责任法"，《民法典》延续了这种称谓，第七编名为"侵权责任"。《侵权责任法》出台前，学者著作多名为"侵权行为法"，此后，则多为"侵权责任法"。本书使用"侵权责任法"，与立法保持一致。

侵权法是民法的重要组成部分，是保护民事主体合法权益、明确侵权责任、预防并制裁侵权行为、促进社会和谐稳定的民事基本法律，是中国特色社会主义法律体系中的支架性法律。

（二）侵权法的规范体系和适用

在传统大陆法系国家和地区，侵权法属于债法的组成部分。比如，在《德国民法典》中，侵权行为被规定在第二编"债之关系法"第八章"各种之债"第二十七节。在我国台湾地区"民法"上，侵权行为属于债的发生原因，侵权行为规定在第二编"债"的第一章"通则"第一节"债的发生"的第5款。在我国大陆，2009年12月26日全国人大常委会通过了《侵权责任法》，2010年7月1日生效。2020年5月28日《民法典》通过，2021年1月1日生效。"侵权责任"为《民法典》第七编，《侵权责任法》同时废止。

除《民法典》侵权责任编外，侵权法规范还包括《民法典》总则编、人格权编及《产品质量法》《道路交通安全法》《环境保护法》《消费者权益保护法》《食品安全法》《民用航空法》等的相关规定。

最高人民法院的有关司法解释是我国侵权法规范的重要组成部分。

《侵权责任法》出台前，围绕《民法通则》的有关规定，形成了相对稳定的侵权法规范体系。《侵权责任法》出台后，侵权法规范体系进行了重新调整。《侵权责任法》纳入《民法典》后，侵权法规范面临着又一次调整。其他单行法中的侵权法规范都需要随《民法典》侵权责任编规范的变化而变化。尤其是，最高人民法院之前以《民法通则》《侵权责任法》为基础的大量司法解释，在《民法通则》和《侵权

责任法》失效、《民法典》生效后,也面临着重大调整的需要。

2020年底,《民法典》生效前夕,最高人民法院公布了一系列修订后的司法解释,包括与侵权法有关的《人身损害赔偿解释》《精神损害赔偿解释》等,意味着侵权法规范也进入了《民法典》时代。

二、侵权法的特点

与其他法律相比,侵权法具有如下特点:

(一)侵权法涉及民商法的各个领域

权利和利益是民商法体系展开的核心。从理论上来说,有权利和利益就有被侵犯的可能,因此,侵权法有可能为所有的民事权益提供规范和保护。除传统民法领域外,知识产权法、公司法、证券法、公证法、个人信息和数据保护法等领域的侵权行为也日益引起人们的关注。

(二)侵权法具有浓厚的案例法色彩

由于侵权法涉及范围的广泛性以及侵权行为的复杂性,无法用类型列举的方式加以穷尽。因此,作为成文法的大陆法系,在立法规定上,侵权法部分反倒相对简单。

《民法典》之前,《物权法》有247条,《合同法》有428条,《民法总则》有206条,《侵权责任法》只有92条。《民法典》中,总则编有10章204条,物权编有5个分编20章258条,合同编有3个分编29章526条,侵权责任编则只有10章95条。尽管与物权编、合同编相比较,侵权责任编在《民法典》中的条文是最少的,但是在大陆法系各国,在《民法典》中专编规定"侵权责任",用这么多的条文来规范侵权行为的情形,并不多见。

在英美法系,法院判例是侵权法的渊源,是学生学习、学者及律师研究的重点。在大陆法系,侵权法主要通过一般条款规范各种侵权行为。关于侵权行为的规定甚为简洁、抽象,因法院判决而获得生命,促进法律进步,使侵权行为法具有案例法的性质。[①] 法院判决在侵权法规范及研究方面具有相对于其他领域更重要的地位。

在我国,尽管曾经有专门的《侵权责任法》,《民法典》中也设了专门的"侵权责任"编,但是法院的判决以及最高人民法院根据法院案件审理情况所作的有关司法解释,也是侵权法非常重要的组成部分,是推动侵权法发展的重要动力。

侵权法的发展和研究,非常依赖于司法实务的发展。学习侵权法时,应当养成研究法院判决的习惯。

---

① 王泽鉴:《侵权行为》(第三版),北京大学出版社2016年版,第6页。

（三）侵权法问题往往会触及人的基本价值判断

举一个简单的例子。同样是甲打了乙，人们的判断会因具体场景的不同而不同：(1) 甲无来由打了乙；(2) 乙辱骂甲一句，甲打了乙；(3) 乙辱骂甲半小时，甲打了乙；(4) 乙偷了甲的东西，甲打了乙；(5) 乙动手打甲半个小时，甲打了乙；(6) 乙侮辱、打了甲的女朋友，甲打了乙；(7) 乙侮辱、打了甲的孩子，甲打了乙；(8) 乙侮辱、打了甲的父母，甲打了乙。上述场景中，价值的天平可能会逐渐从乙向甲转移。这种价值的转移会影响到侵权责任规则的确立。

人身侵权事故多数都是悲剧，涉及伤残死亡。剥夺我们已经拥有的东西，比让我们得不到该得到的东西要更严重。因此，侵犯财产，比仅仅撕毁契约罪恶更大。[1] 一般侵权案件，需要权衡权利救济和行为自由。因此，侵权法问题往往会涉及人的基本观念，触及每个人的基本情感及价值判断。中国古代民事案件的裁判，需要考虑"天理国法人情"。侵权法问题的处理也是如此，不仅要考虑国法，也需要考虑天理及人情的权衡。每个人既可能是侵权人，也可能是受害人。与其他类型的案件相比较，侵权案件往往更容易引起社会的广泛关注。

第二节 侵权法的功能

侵权法的功能，指侵权法所欲达成的目的。传统大陆法系重视复原功能，也就是使被害人重新处于如同损害事故未曾发生时的处境。[2] "损害赔偿之最高指导原则在于赔偿被害人之所受之损害，俾于赔偿之结果，有如损害事故未曾发生者然。""虽然，关于损害赔偿最高指导原则，清清楚楚，犹如上述。但是，如把它运用到实际案件上，则争论分歧，赔偿至如何程度，才算如同损害事故未发生然，更是意见纷纭。损害赔偿之最高指导原则，因而被认为理论多于实际。""最高指导原则仅止于揭示之指标，实际上乃高不可及之理念。"[3]

曾世雄教授认为，民法上损害赔偿制度的设计既可能定位在赔偿权利人、也可能定位在赔偿义务人，还可能定位在中性第三人。定位不同，损害赔偿制度会呈现不同的面貌。[4] 笔者认为，应当从侵权法基本范畴的角度来认识侵权法的功能。侵权法的基本范畴在于权衡受害人的权利救济和行为人的行为自由。此二者之间存在此消彼长的紧张关系。权利救济和行为自由均关涉社会正常运转，侵权法需要在二者之间寻找平衡，不可偏废。权利救济和行为自由的权衡，

---

[1] 〔英〕亚当·斯密：《道德情操论》，蒋自强等译，商务印书馆1997年版，第103页。
[2] 参见曾世雄：《损害赔偿法原理》，詹森林续著，新学林出版股份有限公司2005年版，第6页。
[3] 同上书，第17、18、19页。
[4] 同上书，第2章第4节。

可以转化为以下侵权法的功能。

一、转嫁和填补损失的功能

转嫁和填补损失的功能,是指侵权法通过各种制度安排,在满足一定条件时,将受害人遭受的损失转由加害人或者行为人承担,从而起到填补受害人损失效果的功能。

(一)转嫁损失的正当性

一个侵权事故发生后,受害人的损失是否能够得到填补,需要看受害人遭受的损失是否应当转由加害人或者行为人来承担,同时也要看加害人或者行为人的负担能力。可见,损失从受害人转由加害人或者行为人承担,需要满足一定的条件。这些条件归根到底是要回答一个问题,即凭什么要将受害人遭受的损失转由加害人或者行为人来承担?

一般来说,一个人遭受某种不幸,只能够自己承担。如果让他人承担自己的不幸,则必须有正当的理由。寻找转嫁损失理由的过程,就是使侵权责任正当化的过程。寻找理由,从而获得责任成立的正当性,是整个侵权法的核心思考,也是侵权法中的难题。

通过对合同法和侵权法的情况加以比较,有助于理解这一问题的复杂性。

总的来说,合同法和侵权法都是在保护利益,转移和分散风险。

合同法主要保护将来利益(expectation interests)。合同成立之前,当事人之间一般会有一个或长或短的意思表示的交换过程。意思表示交换的渐进过程,就是彼此向对方披露信息的过程,也是双方逐渐产生信赖的过程。双方当事人既要对对方的履约能力进行评估,也要对自己的履约能力进行评估。彼此要对对方的信息产生信赖并据此作出自己的利益安排,故而,信息的真实、充分非常重要。双方当事人据此能够对双方之间的权利义务以及合同无法正常履行的后果(包括违约责任)作出安排。出于对双方意思的尊重,法律一般会认可双方对利益关系的特殊安排,因此,合同对双方而言具有相当于法律的效力,可以成为一种法律渊源。[①] 合同如果正常履行,一般会是双赢的结果。合同如果不能正常履行,双方对其后果也应当会有适当的预期。因此,合同责任是因为没有使对方将来变得更好而承担的责任。合同责任成立的正当性,来源于双方事先的允诺。违约责任的归责主要采严格归责原则(《民法典》第 577 条),相对单一。免责事由也较为简单(《民法典》第 590—592 条)。违约责任的赔偿有可预见规则的限制,违约方仅对订立合同时可以预见的损失进行赔偿(《民法典》第 584 条)。可预见规则有利于鼓励缔约双方在缔约时彼此充分披露真实信息。总的

---

① 参见黄茂荣:《法学方法与现代民法》(第 5 版),法律出版社 2007 年版,第 14 页。

来说,合同领域更多的是算计和理性。

侵权法则属于不同的情况。侵权法主要保护既存利益(pre-existing interests),比如,既存的人身、财产利益。一般来说,侵权行为的发生都是突然的或者事先不可能知晓的。双方之间在行为发生前不可能有协商的过程。两个毫不相干的人因为一个侵权行为突然联系在一起。侵权行为发生后,往往没有赢家。因此,侵权责任是因为使对方现状变得更差而承担的责任。双方既不可能事先对侵权行为本身作出任何安排,也不可能事先对责任的承担有任何安排。国家需要投入规则资源对双方的利益进行调整。侵权责任强调的是全面赔偿。总的来说,侵权领域更多的是悲剧和情感。由于双方不可能在侵权行为发生前对行为后果有任何事先的意思表示的交换,在事故发生后,何以要让加害人或者行为人承担受害人遭受的损失,就无法像合同法一样,从双方事先的允诺中获得正当性。因此,侵权责任对正当性的需求远比合同责任更加迫切。侵权责任的归责原则更加复杂多元(《民法典》第1165—1167条),免责事由也更为复杂(《民法典》第1173—1177条)。

由于事先无法获得对方财产状况的信息,侵权法上损失的转嫁能否实现,具有极大的不确定性。深口袋理论对侵权法具有非常深刻的影响。[①] 当侵权人无力承担赔偿责任时,法律往往会倾向于让有能力赔偿的人加入侵权关系中来。安全保障义务范围的扩张导致补充责任的扩张就是著例。在最早规定安全保障义务的2022年修正前的《人身损害赔偿解释》第6条中,承担安全保障义务的主体是"从事住宿、餐饮、娱乐等经营活动或者其他社会活动的自然人、法人、其他组织"。到了《侵权责任法》第37条,安全保障义务的主体扩展到"宾馆、商场、银行、车站、娱乐场所等公共场所的管理人或者群众性活动的组织者"。及至《民法典》第1198条,安全保障义务主体的范围进一步扩大到"宾馆、商场、银行、车站、机场、体育场馆、娱乐场所等经营场所、公共场所的经营者、管理者或者群众性活动的组织者"。安全保障义务主体范围一路扩大的动力,无非是为了解决受害人损失无法得到转嫁的问题。

侵权法上转嫁损失的考量有时会受到损失社会化的影响。所谓损失的社会化,指受害人损失转由加害人承担后,加害人再通过保险或者产品或服务的价格,将损失分散由不特定的社会主体承担的现象。当加害人存在着分散损失的可能性时,受害人的损失转嫁给加害人,就多了一条正当性理由。

(二)受害人损失的填补

转嫁损失的目的,是要填补受害人的损失。填补受害人的损失,目的是使受

[①] Victor E. Schwartz, Phil Goldberg & Christopher E. Appel, Deep Pocket Jurisprudence: Where Tort Law Should Draw the Line, 70 OKLA. L. REV. 359 (2018).

害人恢复到损害发生之前的状态,实现对受害人的救济。

1. 要填补损失,需要考察待填补的损失

根据所侵害对象的不同,损失可以分为侵害财产造成的损失和侵害人身造成的损失。

由于财产一般都具有市场价格,侵害财产造成的损失,一般也都是具有市场价格的损失,因此可以经由市场定价、通过损害赔偿的方式加以填补。

人身权益则一般都不具有市场价格,侵害人身权益造成的损失一般也都不具有市场价格,因此无法通过市场机制确定某项人身损失的价格。尤其物质性人身权益遭受损失的特点是:一旦失去,往往永远都无法再有。而且,人身损失给受害人带来的远远不只是表面的损失本身,生活质量、工作、家庭等都可能随之改变。除了伦理方面的原因外,在自由选择的情况下,人们一般都不会愿意用自己人身的某一部分或者生命换取一定数量的金钱。

但是,侵权法最有效的责任方式,只能是赔偿损失。这样就出现一个矛盾:侵犯人身权益造成的损失无法用金钱来划价,但是只能够用金钱来填补。由此,如何对侵犯人身造成的损害加以填补,成为侵权法上的难题。这一难题也使得作为事后救济的侵权法填补损失的功能需要和事前预防功能结合起来一并考量。

2. 要填补损失,需要看加害人或者行为人的负担能力

如前所述,合同关系中,基于合同自由原则,一个人与谁签订合同、签订什么合同,完全是个人的自由。每个人在选择合同对象的时候一定会评估对方的履约能力以及承担违约责任的能力。

在侵权关系中,两个人因为侵权事故突然变成了侵权关系的相对方,受害人对侵权人不可能有选择的余地。因此,即使法律支持受害人要求对方赔偿损失的请求,也不能保证对方一定有相应的负担能力。

受害人遭受的不利益可能很大,也可能很小。不利益过大或者过小,都难免发生特殊情节问题。不利益过大时,赔偿义务人不能负担;不利益微小时,赔偿权利人感受不深。前者,赔偿义务人不能负担时,损害赔偿可能无法发挥其应有的功能;后者,赔偿权利人感受不深时,损害赔偿可能发生适得其反的效果。①

此处讨论的是不利益过大的情况。所谓过大,有些是绝对过大;有些则是相对于侵权人的赔偿能力而言过大。无论绝对过大,还是相对过大,侵权人无法负担时,侵权法的转嫁与填补功能以及下面讨论的预防功能、惩罚功能等,都无法发挥其应有的效果。

---

① 参见曾世雄:《损害赔偿法原理》,詹森林续著,新学林出版股份有限公司2005年版,第61页。

二、预防功能

预防功能,是指侵权法通过各种制度安排,激励社会各方采取预防措施,避免损失的发生,从而避免个人的悲剧以及社会成本无收益的付出的功能。

预防是生活的重要内容。如果没有预防,一个蚊子都可以搅得整晚无法安宁。如果没有预防,一个小小的病毒就会让生活乱了套,整个世界发展进程都将产生重大改变。张仲景先生在《伤寒杂病论》中说:上医治未病之病,中医治将病之病,下医治已病之病。

《鹖冠子·世贤第十六》中,卓襄王问庞暖曰:"夫君人者亦有为其国乎?"暖曰:"王独不闻魏文王之问扁鹊耶?曰:'子昆弟三人其孰最善为医?'扁鹊曰:'长兄最善,中兄次之,扁鹊最为下。'魏文侯曰:'可得闻邪?'扁鹊曰:'长兄于病视神,未有形而除之,故名不出于家。中兄治病,其在毫毛,故名不出于闾。若扁鹊者,镵血脉,投毒药,副肌肤,闲而名出闻于诸侯。'"

《孙子兵法·军形篇》中说:古之所谓善战者,胜于易胜者也。故善战者之胜也,无智名,无勇功。故其战胜不忒,不忒者,其所措必胜,胜已败者也。故善战者,立于不败之地,而不失敌之败也。是故胜兵先胜而后求战,败兵先战而后求胜。善用兵者,修道而保法,故能为胜败之政。

对于法律而言,预防也是非常重要的。健康观念使我们首先想到的并不是医院和疾病、手术和麻醉,而不论这些东西对于维护社会福利是多么重要。最好的医疗方法是预防疾病的发生,正如法律的真正益处在于它确保有序的平衡,而这种平衡能成功地预防纠纷。①

在侵权法上,对损害的预防是其重要的功能。就具体受害人而言,填补损害的救济效果终究是有限的。最大的救济在于损害不要发生。就整个社会而言,每一个事故本身不仅会造成财富的损失,还需要投入更多的成本消除事故带来的各种后果。②

每个事故的发生都有很多原因。从不同角度进行预防,才有可能避免事故的发生,或者使事故的发生控制在社会可以接受的水平。从当事人的角度看,由于各方的行为都可能导致事故的发生,因此预防一个侵权损害的发生,往往需要相关各方都采取预防措施。采取预防措施意味着成本的投入。比如,可以建围墙、安装防盗门(实体)防止东西丢失,可以安装摄像头(科技)获取证据,也可以雇用安保人员(人力)。再比如,让车速慢下来、遵守交通规则,

---

① 〔美〕M. 博登海默:《法理学:法律哲学与法律方法》,邓正来译,中国政法大学出版社 2017 年版,第 367 页。

② 参见王泽鉴:《侵权行为》(第三版),北京大学出版社 2016 年版,第 4—6 页。

将产生危险物品的工厂搬离人口稠密的市区,等等。教育也是非常重要的预防手段。通过教育可以让人们知道危险在哪里、该怎么预防。比如领取机动车驾驶执照时,让学员观看交通事故的录像。

所有的预防手段都需要成本付出,而成本的投入需要激励。因此,一个运行良好的侵权法律制度,应当能够产生适当的激励,使得各方当事人都愿意主动投入预防成本。这样,侵权损害才能够不发生或者以社会能够接受的概率发生。

由此也需要了解:事故的不发生是需要成本的。比如,中国的新冠病毒之所以控制得很好,是因为投入了大量的预防成本。因此,事故的预防与救济之间有着非常复杂的关系。作为法律规则,需要权衡事故的预防成本与事故发生后的损失。而是否尽到应有的预防义务,是侵权法配置责任的重要依据。在一个具体事故中,需要判断哪些预防措施是需要受害人采取的,哪些预防措施是需要加害人采取的。这种判断对于责任的配置具有重要意义。

在侵权法上,损害往往是由能够以较低成本避免损失发生的一方当事人来承担的。确定受害人和加害人各自应当采取哪些预防措施,是具体案件处理中的难题。

正由于任何事故的发生都有很多原因,所以必须指出的是,损害的预防不单单是侵权法的功能,也不单单是侵权法能够做到的。刑法、行政法等其他法律对预防损害的发生也起着重要作用。日常的国民教育,相关的各种制度、设施等与事故的发生和预防也密不可分。以交通事故为例,驾驶执照的申领和考试、发放制度,道路设施的规划,交通的拥挤程度,人们遵守交通规则的意识,对违章行为的处罚力度等,都与事故的发生及预防有着重要关系。可见,预防及减少事故的发生,是整个社会共同的责任。

此外,尚需特别思考的是,除了预防成本的影响外,为什么侵权事故不能因为当事人的预防而彻底消灭?引发事故的原因很多,当事人的不预防可能只是其中的一部分原因。所以,当事人即使采取了预防措施,损失依然可能发生。此时如何归责,也是侵权法需要研究的重要内容。

三、惩罚功能

惩罚功能,是指对实施侵权行为的加害人,尤其是主观上为故意的加害人,施加侵权责任尤其是惩罚性赔偿,使加害人承担高于其收益的不利后果,以实现救济受害人及预防类似事件再次发生的功能。

侵权法的惩罚功能主要体现为惩罚性赔偿。损害赔偿是对造成的损失进行的财产性补救,通常是根据受损财产的经济价值来决定赔偿数额。但即使在私法关系中,损害赔偿也不仅仅是赔偿损失,还包括对不法行为人的制裁。在后一种情况下,向不法行为的受害人支付金钱的赔偿义务并非是按照受损财产的经济价值进行计算的,因此,这时的损害赔偿不是赔偿财产性损失,这一损失甚至可以不赔偿,而是一种惩罚,既可以矫正违法又可以警示类似的不法行为。① 惩罚功能主要是针对故意侵权。惩罚功能的前提,是假设主观上为故意的加害人可能通过侵权行为获得某种收益,而一般侵权责任往往要小于这种收益。在收益大于成本的情况下,不仅受害人无法获得适当的救济,加害人也会很容易获得实施更多侵权行为的激励。为了抵销加害人从侵权行为中获得的收益,需要加重其承担的责任。

作为民法组成部分的侵权法,是否应当具有惩罚功能,学者之间存在争论,各国立法对此也态度不一。② 传统大陆法系民法强调损害填补功能,担心民事责任具有惩罚制裁性,会破坏长期法制演进所建立的民刑分化原则,使受害人获得超过其所受损害的利益,造成法之发展的倒退。③ 改革开放之后的我国民事立法强调民事责任的制裁性。《侵权责任法》第1条规定,制定本法的目的之一是"预防并制裁侵权行为"。在《侵权责任法》制定过程中,对于第1条中的"制裁"一词,不少学者曾提出反对意见。笔者则采支持的立场。《民法典》侵权责任编中没有再规定立法目的,在解释上《侵权责任法》第1条可资借鉴。

近年来,在产品责任、侵犯知识产权以及其他故意侵权的场合,有条件地给予受害人惩罚性赔偿,已经成为学界的共识。这种共识也体现在了近年来的立法当中。比如,《侵权责任法》第47条曾规定:"明知产品存在缺陷仍然生产、销售,造成他人死亡或者健康严重损害的,被侵权人有权请求相应的惩罚性赔偿。"《民法典》侵权责任编第1207条进一步扩大了产品责任惩罚性赔偿的适用,即:"明知产品存在缺陷仍然生产、销售,或者没有依据前条规定采取有效补救措施,造成他人死亡或者健康严重损害的,被侵权人有权请求相应的惩罚性赔偿。"第1207条在延续《侵权责任法》第47条规定的同时,还将第1206条规定的产品投入流通后发现缺陷,未及时采取停止销售、警示、召回等有效补救措施的情形纳入惩罚性赔偿的范围。此外,侵权责任编还明确了知识产权领域和环境侵权领域惩罚性赔偿的适用,第1185规定:"故意侵害他人知识产权,情节严重的,被侵权人有权请求相应的惩罚性赔偿。"第1232条规定:"侵权人违反法律规定故意污染环境、破坏生态造成严重后果的,被侵权人有权请求相应的惩罚性

---

① 〔意〕恺撒·米拉拜利:《人身损害赔偿:从收益能力到人格尊严》,丁玫、李静译,载《中外法学》2007年第1期。
② 参见韩世远:《消费者合同三题:知假买假、惩罚性赔偿与合同终了》,载《法律适用》2015年第10期。
③ 参见王泽鉴:《损害赔偿》,北京大学出版社2017年版,第37—40页。

赔偿。"

一些单行法也通过修订规定了更严格的惩罚性赔偿。2014年3月15日实施的修正后的《消费者权益保护法》第55条规定："经营者提供商品或者服务有欺诈行为的,应当按照消费者的要求增加赔偿其受到的损失,增加赔偿的金额为消费者购买商品的价款或者接受服务的费用的三倍;增加赔偿的金额不足五百元的,为五百元。法律另有规定的,依照其规定。经营者明知商品或者服务存在缺陷,仍然向消费者提供,造成消费者或者其他受害人死亡或者健康严重损害的,受害人有权要求经营者依照本法第四十九条、第五十一条等法律规定赔偿损失,并有权要求所受损失二倍以下的惩罚性赔偿。"2015年10月1日施行的修订后的《食品安全法》第148条第2款规定："生产不符合食品安全标准的食品或者经营明知是不符合食品安全标准的食品,消费者除要求赔偿损失外,还可以向生产者或者经营者要求支付价款十倍或者损失三倍的赔偿金;增加赔偿的金额不足一千元的,为一千元。但是,食品的标签、说明书存在不影响食品安全且不会对消费者造成误导的瑕疵的除外。"2018年、2021年《食品安全法》两次修订,本条得以保留。2019年8月26日修订的《药品管理法》第144条第3款规定："生产假药、劣药或者明知是假药、劣药仍然销售、使用的,受害人或者其近亲属除请求赔偿损失外,还可以请求支付价款十倍或者损失三倍的赔偿金;增加赔偿的金额不足一千元的,为一千元。"2019年4月23日修订后的《商标法》第63条第1款也进一步提高了恶意侵犯商标专用权惩罚性赔偿的幅度:"侵犯商标专用权的赔偿数额,按照权利人因被侵权所受到的实际损失确定;实际损失难以确定的,可以按照侵权人因侵权所获得的利益确定;权利人的损失或者侵权人获得的利益难以确定的,参照该商标许可使用费的倍数合理确定。对恶意侵犯商标专用权,情节严重的,可以在按照上述方法确定数额的一倍以上五倍以下确定赔偿数额。赔偿数额应当包括权利人为制止侵权行为所支付的合理开支。"2020年10月17日修订的《专利法》第71条第1款、2020年11月11日修订的《著作权法》第54条第1款,作出了与《商标法》第63条第1款同样的规定。

从上述罗列的法律修订情况来看,我国侵权法的惩罚功能还有进一步强化的趋势。

四、创设、催生新人格权的功能

创设、催生新人格权的功能,是指侵权法促进人格权产生和发展的功能。

法律上权利的类型和内容,是不断发展变化的。民事主体有各种利益,法律保护的只是其中的部分利益。在被保护的利益中,某些利益被权利化而成为权利,某些利益则作为合法利益被保护。权利的产生和发展,与权利背后的利益被侵害有着密切关系。这点在人格权领域体现得尤其明显。

人格权的发展乃是对侵害人格权各种不法行为在法律上回应的过程。科技的进步,例如照相机的发明,最早促使在立法或者司法上肯定肖像为应受保护的权利,而创设了相对应的救济方法。19世纪末叶,大众媒体在波士顿渐次发达,传播揭露各种个人私密的消息,使Warren与Brandeis二位波士顿律师于1980年在《哈佛大学法律评论》上发表了有关"隐私权"的论文,影响深远。威权政治残害人权的历史经验更直接有力地唤醒了人格自觉,促进了人格权法的发达。最具启示性的是德国于第二次世界大战以后创设"一般人格权",建构了宪法与民法上的保护机构。①

一个正在形成中的人格权利是个人信息。技术和商业的发展,促使个人信息被不断挖掘和利用,对个人信息的侵犯也日益频繁。② 这种侵犯进入法院便形成案件,促使法院进行裁判。③ 新冠病毒防护过程中,人脸识别、行踪调查、病例公布等,也引发了个人信息被侵犯的担忧。技术越发达,人的尊严越需要保护;技术越发展,私力救济的可能性越小,法律规则对权利的保护越重要。法院裁判对立法的形成起到了铺垫和积累的作用。《民法总则》第111条曾规定了个人信息受法律保护。《民法典》人格权编第6章进一步专门规定了个人信息保护规则。单行的《个人信息保护法》也已经于2021年11月1日生效。

侵权法从两方面促进着人格权的发展。一方面,产生了之前没有的人格权新类型。比如上面提到的肖像权、隐私权、个人信息等。另一方面,使得既有人格权的内容更加丰富和明确。比如,《民法典》人格权编关于肖像权的规定比《民法通则》的规定要丰富许多。《民法通则》仅有第100条一个条文规范肖像的使用。而《民法典》人格权编第4章则有6个条文,不仅规范肖像的使用,也规范肖像的制作、公开以及许可他人使用。这一变化有赖于几十年来法院对肖像权侵权案件的裁判。可见,法院对侵权案件的裁判积累,起到了创设和催生新人格权类型和内容的作用。

五、舒缓社会冲突、压力,促进社会和谐的功能

舒缓社会冲突、压力,促进社会和谐的功能,是指侵权法通过规定侵权行为的构成、适当确定对受害人的救济和加害人的责任,使因侵权行为产生的社会冲突和压力得以缓解,社会因此恢复和谐运行的功能。

侵权行为及由此导致的事故会在当事人之间和一定社会范围内积聚冲突和

---

① 参见王泽鉴:《人格权法:法释义学、比较法、案例研究》,北京大学出版社2013年版,第4页。
② 参见王成:《个人信息民法保护的模式选择》,载《中国社会科学》2019年第6期。
③ 参见北京市第一中级人民法院(2017)京01民终509号民事判决书。

压力。这种冲突和压力如果不能得到及时释放，累积到一定程度，会产生破坏性的力量。

解决矛盾和冲突的过程就是从矛盾激化的反向着手，使矛盾钝化的过程。解决矛盾和冲突有公力救济和私力救济两条途径。私力救济是人具备的自然属性的反映。私力救济运用不当，很可能不仅无法使矛盾钝化，反而会使矛盾更加尖锐。《水浒传》中武松怒杀潘金莲等故事都是私力救济的例子。近几年引起公众广泛关注的于欢案、张扣扣案等，都有私力救济的影子。公力救济则是人具备的社会属性的反映。侵权法就是公力救济的重要组成部分。侵权法的出现、发展和完善，通过对加害人的惩罚和对受害人的救济，实现了由制度而非个人来满足受害人及其近亲属要求报复、寻求心理安慰的需要。因此，侵权法能够对这种社会冲突及压力产生舒缓效果。这对整个社会的有序发展至关重要。

侵权法也需要处理和私力救济的关系。《民法典》第181条规定："因正当防卫造成损害的，不承担民事责任。正当防卫超过必要的限度，造成不应有的损害的，正当防卫人应当承担适当的民事责任。"第183条规定："因保护他人民事权益使自己受到损害的，由侵权人承担民事责任，受益人可以给予适当补偿。没有侵权人、侵权人逃逸或者无力承担民事责任，受害人请求补偿的，受益人应当给予适当补偿。"《民法典》第1177条规定："合法权益受到侵害，情况紧迫且不能及时获得国家机关保护，不立即采取措施将使其合法权益受到难以弥补的损害的，受害人可以在保护自己合法权益的必要范围内采取扣留侵权人的财物等合理措施；但是，应当立即请求有关国家机关处理。受害人采取的措施不当造成他人损害的，应当承担侵权责任。"这些规定使得私力救济纳入公力救济的范畴，对于维护社会正常秩序、促进社会和谐具有重要意义。

《侵权责任法》第1条曾明确规定，制定侵权法的目的之一是促进社会和谐稳定。这一规定曾被看作是《侵权责任法》重要的亮点。《民法典》侵权责任编中没有再规定立法目的，《侵权责任法》第1条可资借鉴。

六、分散损失的功能

分散损失的功能，是指侵权法通过一定的制度安排，将原本由加害人或者受害人承担的损失分散到更多的社会成员身上，从而减少事故对少数人的负面影响，维护社会秩序的稳定。

分散损失的功能是侵权法的一项新功能。分散损失功能的出现和发展有其深刻复杂的社会背景。其中重要的一点是，现代社会人们之间的联系高度紧密，一个小的事故很容易波及相当大的生活层面。比如，药品安全、食品安全、生态环境污染、输血感染等引发的事故,受害人动辄数以万计。此时,如果单单让加害人承担损失,加害人往往不堪重负、无法承担,甚至可能因一个小的疏失就倾家荡产,受害人因此也无法得到赔偿。分散损失功能的需求也和受害人无法选择侵权人有关。与合同关系存在缔约过程不同,受害人遭受他人侵害的结果往往突然发生,侵权人是否有赔偿能力,受害人没有任何选择余地。此时,就需要有新的制度安排把损失分散出去。救助基金、强制责任保险、商业保险等制度因此产生,从而起到了损失分散的效果。比如,《道路交通安全法》第 17 条前段规定:"国家实行机动车第三者责任强制保险制度,设立道路交通事故社会救助基金。"保险公司针对机动车还有各种商业保险。这些制度设计对交通事故损害中受害人救济和行为人责任的分散具有重要意义。

第二章 侵权法的基本范畴和思维模式

第一节 侵权法基本范畴的概念和内容

一、侵权法基本范畴的概念

侵权法的基本范畴,是指侵权法最基本的权衡及思考。立法者起草侵权法规则、司法者处理侵权法案件、研习者面对侵权法问题最基本的考量因素就是侵权法的基本范畴。

二、侵权法基本范畴的内容

(一) 一个案件

在刘翔诉《精品购物指南》报社(以下简称"精品报社")一案中,精品报社使用刘翔在2004年雅典奥运会上的跨栏肖像作为其2004年10月21日出版的第80期(总第1003期)"出版千期特别纪念专刊"的封面。在同一封面的下方,还有中友百货公司购物节的广告。

刘翔认为,精品报社以上述方式使用其肖像侵犯了其肖像权,诉请法院要求被告停止侵害、赔礼道歉并赔偿损失。精品报社则认为自己是在进行新闻报道,属于对肖像的正当使用,享有言论自由,不构成侵权。

一、二审法院作出了不同的判决。[①] 学者对此案也有不同的看法。[②]

本案的焦点问题是,刘翔的肖像权究竟是否受到了被告行为的侵犯。要回答这一问题,首先需要界定肖像权的权利范围,而对肖像权权利范围的界定,必然关涉他人——本案中是精品报社,实际上包括所有不特定的第三人——的行为自由。因此,这一问题背后的基本考量,是在界定肖像权的权利范围和新闻媒体行为自由的关系。

(二) 侵权法基本范畴的内容

刘翔案问题的实质,在于处理权利救济和行为自由的关系。

这一结论具有普遍意义。整个侵权法都在围绕一个问题展开:一个人遭受损

[①] 参见北京市海淀区人民法院(2005)海民初字第2938号民事判决书、北京市第一中级人民法院(2005)一中民终字第8144号民事判决书。

[②] 关于本案更详细的讨论,参见王成:《侵犯肖像权之加害行为的认定及肖像权的保护原则》,载《清华法学》2008年第2期。

失后,在何种情况下,该损失应当由造成损失的行为人来承担。换言之,损失在何种情况下由受害人自己承受,何种情况下由行为人承担。让受害人自己承受,意味着法律在否定受害人、保护行为人;让行为人承担,意味着法律在救济受害人、否定行为人。因此,这一问题的解决,实质上是在划定权利救济和行为自由的界限。①

权利救济和行为自由,就是侵权法的基本范畴。

自由止于权利。权利救济和行为自由之间存在着互相制约、此消彼长的紧张关系。法律就特定法益的保障与行为自由的认许,基本上是相互冲突的。②权利救济范围的扩张,意味着行为自由范围的收缩。反之亦然。

界定权利和自由的界限,一个方法是对权利的正面界定。物权法、人格权法的重要功能就是对权利内容进行界定。同时,权利的边界,是在不断地被侵犯的过程中逐渐清晰的。权利救济和行为自由是侵权法的基本范畴,贯穿在侵权法思考的始终。侵权法上重要问题的实质,都是在权利救济和行为自由之间进行摇摆。侵权法中重要问题的讨论,也都是围绕这一基本范畴而展开的。比如,甲殴打乙致死,什么人可以向甲主张什么损害？这一看似简单常见的问题,却是侵权法上的难题,涉及损害赔偿法的基本架构。③ 其背后之基本考量就是侵权法的基本范畴。

侵权法的基本问题都存在于法益保护和行为自由之间的冲突上。从受害人的观点看,加害人应当赔偿受害人所受到的损害。相应地,也应当看到,这对加害人个人及经济上的发展构成相当大的限制。④

权利救济和行为自由的背后,相应是受害人群体和行为人群体,分别大致代表着生存、稳定等价值和经济自由、发展等价值。不单单受害人可能因遭受侵权损害而面临生存问题,加害人(尤其是过失的加害人)也可能因承担侵权责任面临生存问题。一个人既可能是加害人(比如开车撞伤他人),也可能是受害人(比如被他人开车撞伤)。每个人、每个社会,在不同的时期、不同的地域会有不同的价值需求。同样的个人、同样的社会,在同一时期、同一地域也会要求不同的价值,因此无法给这些价值武断地贴上高低先后的标签。这意味着,权利救济和行为自由的界限是模糊不清的,问题因此变得复杂起来。侵权法的立法者、具体案件的裁判者,需要根据不同的情境,小心拿捏。

---

① 一般认为,侵权之"权"不仅包括权利,也包括合法利益,我国现行法同样采此立场。因此,此处的权利救济,应当包括对权利和合法利益的救济。

② 参见黄立:《民法债编总论》,中国政法大学出版社 2002 年版,第 239 页。

③ 参见曾世雄:《损害赔偿法原理》,詹森林续著,新学林出版股份有限公司 2005 年版,第 2 章第 4 节。

④ Larenz/Cnaris, Lehrbuch des Schuldrechts, Bd. II/2, S. 350f. ; van Gerven et al. , *Tort Law*, Oxford: Hart Publishing, 2002, p.15. 转引自李昊:《交易安全义务论:德国侵权行为法结构变迁的一种解读》,北京大学出版社 2008 年版,第 19—20 页。

第二节 侵权法基本范畴的意义

一、明确侵权法基本范畴的社会意义

（一）符合人们的基本需求

行为自由和权利救济是人们的基本需求，同时二者又是一对矛盾体，存在着互相制约、此消彼长的关系。对于每一个社会主体而言，既有行为自由的需要，也有权利救济的需要。每个社会主体的机会是平等的，即一方面希望自己的行为无限自由，同时也希望自己的权利不受到侵犯以及在受到侵害时得到法律的及时救济；另一方面，自己的行为很可能会侵入他人的权利领域，而自己的权利领域也很可能会被他人侵犯。作为一种制度安排，侵权法需要提供不同场合作出判断的规范资源，明确行为自由和权利救济的界限。

（二）维护正常的社会秩序，给社会合理的预期

社会建立在秩序的基础上，而秩序必须以界限和预期作为基础。正如繁忙的城市道路交通一样，每个人都必须知道自己可以行走的范围。同时，在道路交通的过程中，预期至关重要。一个人只有知道别人怎么走，才能够知道自己该怎么走。对于整个社会而言，同样如此。侵权法通过适当划定权利救济和行为自由的界限，为每个社会主体划定了行为的范围，给出了合理的预期，维护了正常的社会秩序。

（三）维护社会正常的伦理价值

除婚姻家庭法外，侵权法或许是民法中最具伦理价值的部分。在具体案件中分清对错，根据对错来配置责任，是社会秩序的基本需求。如果权利救济和行为自由的界限不清，或者虽然清晰但是不符合整个社会的期待，社会的伦理就会被扭曲。正所谓，好的制度不能让坏人变好，坏的制度却能够让好人变坏。

二、不同价值观对侵权法基本范畴的影响

不同的价值观对侵权法的基本范畴会产生根本影响。

当以行为自由作为基本价值观的时候，行为自由就是讨论的前见，不需要论证，具有当然正当性。侵权法的主要任务是确定限制行为自由的理由；确定给予他人救济，即由加害行为人负担损害的理由。没有特别理由的时候，行为自由不受限制。从这样的逻辑出发，侵权法上无过失责任、连带责任、补充责任、公平责任等的适用范围就比较小。

当以损害需要救济作为基本价值观的时候，受害人需要救济就是讨论的前

见,无论如何都要对受害人加以救济就具有正当性。尽管不是在没有规定的情况下受害人都可以得到救济,但是给受害人救济的各种理由要远远多于上面一种情况。从这样的逻辑出发,侵权法上无过失责任、连带责任、补充责任、公平责任等的适用范围就比较大。侵权法会承担社会保障法的功能。

在传统民法上,基于个人主义价值观,以前者为特点。现代风险社会中救济法思想的出现和发展①,使得《民法典》更体现了后者的特点。传统民法在坚持前者的基础上,也在不断调整。过失责任的基本理念,经由过失客观化及推定过失的规定,使过失责任趋于严格化。契约及侵权行为归责原则(尤其是无过失责任)的调整形成了一种互相协力、补充、具有发展性的动态体系。损害赔偿责任成立及赔偿范围的扩大,重构了更为公平的民事责任制度。在这风险社会,使人民的权益获得更大的保障,所受损害得有合理必要的救济。②

三、侵权法基本范畴对侵权法立法和司法的意义

对受害人加以救济,无疑是侵权法的重要功能。但是,不能单单只考虑对受害人权利的救济。事实上,对权利的消极限制无处不在。他人行为对权利的不利影响,仅仅是这种限制的某一方面,也许是很小的方面。③ 仅仅强调问题的一方面,会导致对另一同样重要方面不应有的忽视。正如科斯所指出的,从事某种产生有害后果行为(比如排放烟雾、气味等)的权利,也是生产要素。行使某种权利(使用某种生产要素)的代价正好是他人因此遭受的损失——不能穿越、停车、盖房、享受风景、宁静和清洁的空气。我们在处理有妨害后果的行为时所面临的问题,并不是简单地限制那些有责任者。必须决定的是,防止妨害的收益是否大于为了停止该损害行为而在其他方面遭受的损失。④ 在制定侵权法规范时,在进行侵权案件的裁判时,在考虑对受害人的救济时,需要考虑权利和自由之间此消彼长的关系。权利的扩张意味着自由的收缩。在人人平等的大背景下,不是某些人只享有权利,而另一些人只享有自由。一个人同时既是权利人,也是行为人。或者,一个人此时是需要救济的权利人,彼时则可能是需要自由的行为人。因此,正如自由并非越多越好一样,权利也并非越多越好。对权利的救济,也并非越多越好。

---

① 参见王利明:《我国侵权责任法的体系构建——以救济法为中心的思考》,载《中国法学》2008年第4期。
② 参见王泽鉴:《损害赔偿》,北京大学出版社2017年版,第48页。
③ A system in which the rights of individuals were unlimited would be one in which there were no rights to acquire. See Ronald. H. Coase, "The Problem of Social Cost", *Journal of Law and Economics* (October 1960).
④ See Ronald. H. Coase, "The Problem of Social Cost", *Journal of Law and Economics* (October 1960).

妥当划定权利救济与行为自由的关系，是立法与个案裁判中需要小心拿捏的难题。

第三节　侵权法的思维模式

一、侵权法思维模式的概念

侵权法的思维模式，是指分析侵权法问题，尤其是处理侵权案件时的逻辑思维方式。

权利救济和行为自由是侵权法的基本范畴。侵权法思维模式则是基本范畴的具体操作方法和分析框架。换言之，侵权法的思维模式，就是划定权利救济和行为自由界限的方法。具体而言，任何矛盾纠纷的解决都不是一蹴而就的。纠纷的解决往往是矛盾钝化的连续过程，需要一种解决方法实现矛盾的逐步钝化。侵权纠纷的解决也是如此。

二、侵权法思维模式的内容

侵权法的思维模式如下：权利或者利益→侵权行为构成要件→免责事由→侵权责任。

权利或者利益的界定是侵权法思考和判断的起点。权利或者利益的界定，分为权利或者利益类型的界定以及权利或者利益内容的界定。在划定权利救济和行为自由的界限时，作为一种法律制度，侵权法首先要对法律规定的权利或者利益的类型和内容加以考察。在具体案件中，如果当事人主张的权利是现行法律规定的权利或者利益类型，并且其主张的利益可能属于该权利或者利益的内容，法官则有必要进行下一步的考察。相反，如果当事人主张的权利或者利益并非法律所规定的权利或者利益类型，或者该权利或者利益的内容并不包含当事人所主张的内容，考察则可以就此结束，当事人的主张不能得到支持。权利救济和行为自由二者的界限也便清楚了。

权利或者利益的界定结束后，如果当事人主张的权利或者利益属于法律规定的权利或者利益的类型，同时，当事人的主张又属于法律规定的权利或者利益类型的内容，则要进入构成要件的考察。很多时候，当事人的主张是否属于法律规定的权利或者利益类型的内容，不是很容易确定。此时，一般也要进入构成要件的考察。通过构成要件的考察来帮助裁判者进一步确定当事人的主张是否属于法律规定的权利或者利益内容的范畴。不同的侵权行为，会有不同的构成要件。但无论加害行为、因果关系、损害还是过错或无过错，也都是在一定范围内界定着权利救济和行为自由。

经过考察,如果各项要件都具备,则被告的行为构成侵权行为,就可以过渡到侵权责任的考察。

侵权责任包括侵权责任的方式和内容。

在构成要件与侵权责任之间存在着免责事由的可能。在各要件具备因而侵权行为构成时,通常情况下就要有侵权责任的承担。但是,如果存在着免责事由,尽管侵权行为构成,加害人也无须承担侵权责任。

可见,考察侵权责任的前提是侵权行为构成且不存在免责事由。考察免责事由的前提,是侵权行为构成。如果侵权行为不构成,则没有考察免责事由的必要。

侵权责任成立后,需要根据权利或者利益的不圆满状态确定责任的方式和内容。

至此,由当事人提出主张开始的侵权案件,以责任方式和内容的确定而结束。

第四节 侵权法基本范畴和侵权法思维模式的关系

一、划定权利救济和行为自由界限的复杂性

权利是否被侵犯的情形非常复杂,同时因为权利和自由之间此消彼长的紧张关系,一般而言,正面规定的权利法规范无法将权利的界限划定清楚,从而无法将权利救济和行为自由的界限划定清楚。

实践经验表明,权利的界限是在不断被侵犯的过程中、在社会各种价值的不断碰撞中,经由法院对具体案件的裁判,不断地清晰起来的。可见,权利界限的划定是一个不断变化的过程。在不同社会、同一社会不同的发展阶段,权利的范围会随着人们对行为自由观念的变化而不断变化。也许,正是在这样的意义上,卡多佐说,法律是生长的,"现行的规则和原则可以告诉我们现在的方位、我们的处境、我们的经纬度。夜晚遮风挡雨的客栈毕竟不是旅行的目的地。法律就像旅行者一样,天明还得出发。它必须有生长的原则"[①]。

权利救济和行为自由的界限并不总是清晰的,或者说,多数情况下是不清晰的。无论立法者制定侵权法规范、司法者对侵权案件进行裁判,还是研习者对侵权法问题进行研究讨论,基于对权利救济和行为自由不同的倾向,人们的立场往往会出现分歧。就侵权法问题来说,人们的分歧一般都可归结为权利救济和行

---

① 参见〔美〕本杰明·内森·卡多佐:《法律的生长》,刘培峰等译,贵州人民出版社2003年版,第11页。

为自由之间的分歧。由于自由涉及人们的基本价值判断，因此，对侵权法问题的讨论，更容易引起社会的普遍关注。

权利和自由存在互相制约、此消彼长的关系。在划定权利救济和行为自由的界限时，需要回答一个问题：因何要以甲的自由为代价救济乙的权利？反之，因何要以乙的权利为代价保护甲的自由？

无论最后界限划定在何处，都需要一个支撑结论的正当性理由。

二、侵权法基本范畴与侵权法的思维模式

整个侵权法都围绕其基本范畴而展开。同时，作为一种需要具有操作性的法律制度，侵权法基本范畴需要通过一定的方法转换成具体的规则。

侵权法基本范畴从宏观方面约束和规范着侵权法的思考。在基本范畴的框架下，从何处入手、如何展开，以及如何得出具有正当性的结论，是面对任何侵权法案件时都必然碰到的问题。

侵权法基本范畴贯穿在侵权法思考的始终。侵权法需要有一套自己的思维模式，构成侵权法问题解决的基本思路，体现基本范畴的要求。

侵权法通过对权利的界定以及侵权行为的归责原则、构成要件、免责事由等来界定权利救济和行为自由的界限。或者说，侵权法各个具体组成部分，都是为了解决这一问题而从不同角度寻求正当化的理由。侵权法花了大量的精力来寻找这个理由。反过来，在讨论权利界定、归责原则以及构成要件时，需要考虑侵权法的基本范畴。侵权法基本范畴会制约对这些问题的讨论。

第三章 侵权行为的概念、分类和构成要件

第一节 侵权行为的概念和特征

一、侵权行为的概念

侵权行为是指行为人侵害他人合法民事权益，符合一定构成要件，依法应当承担侵权责任的行为。

在传统大陆法系国家或地区，一般是从债发生原因的角度来讨论侵权行为，因此侵权行为是侵权法的核心概念。比如，我国台湾地区"民法"第二编"债"第一章"通则"第一节"债之发生"第五款的题目即为"侵权行为"。王泽鉴教授关于侵权法的专著名为《侵权行为》。

我国《民法通则》第六章"民事责任"第三节的规定是"侵权的民事责任"，侵权法被命名为《侵权责任法》，意在强调侵权责任。《民法总则》延续了《民法通则》的做法，第八章专章规定"民事责任"。只是由于"总则"与"通则"不同，第八章没有规定具体责任类型。《民法典》第七编为"侵权责任"，延续了之前一贯的立法体例。但是，无论在学说研究上还是在立法上，侵权行为依然是侵权法的核心概念。

需要指出的是，侵权行为有时被用来指称侵犯他人合法权益的行为，即加害行为本身。有加害行为并不必然要承担侵权责任，行为人要承担侵权责任，尚需要其他构成要件。加害行为只是侵权行为的要件之一。侵权行为有时被用来指称包含各种构成要件的行为。本节开始的定义就是如此。根据本节关于侵权行为的定义，有侵权行为必然有侵权责任，该定义中已经包括了构成要件。

二、侵权行为的特征

根据上述定义，侵权行为的特征可以概括如下：

（一）侵权行为是侵害他人合法民事权益的行为

首先，侵权行为侵害的是民事权益。民事权益也称为私权益，与公权力或者公法上的权利相对应。对公权力或者公法上权利的侵害，不构成侵权行为，不能通过侵权法获得救济。

其次，侵权行为侵害的是合法的民事权益。此处的合法，应当理解为法律规定和保护。合法的民事权益，应当理解为法律规定和保护的民事权益。法律对

权利和利益的规定,可以分为对权利、利益类型的规定和对权利、利益内容的规定。

最后,侵权行为侵害的对象包括民事权利和利益。侵权法是对民事主体利益保护的法律。民事主体的利益,有些被权利化为法律明确规定的民事权利,有些则没有被权利化,仍表现为民事利益。《民法典》第3条规定:"民事主体的人身权利、财产权利以及其他合法权益受法律保护,任何组织或者个人不得侵犯。"第120条规定:"民事权益受到侵害的,被侵权人有权请求侵权人承担侵权责任。"第1164条规定:"本编调整因侵害民事权益产生的民事关系。"可见,我国侵权法既保护民事权利,也保护民事利益。

《民法典》总则编第五章列举了民法保护的各种人身权利、财产权利以及其他合法权益:自然人的人身自由、人格尊严(第109条),自然人的生命权、身体权、健康权、姓名权、肖像权、名誉权、荣誉权、隐私权、婚姻自主权以及法人、非法人组织的名称权、名誉权和荣誉权(第110条),自然人的个人信息(第111条),自然人因婚姻家庭关系产生的人身权利(第112条),物权包括所有权、用益物权和担保物权(第114条),债权(第118条),知识产权(第123条),继承权(第124条),股权和其他投资性权利(第125条),以及法律规定的其他民事权利和利益(第126条)。

需要注意的是,基于行为自由保护的考量,法律不能对民事主体的所有利益都加以保护,也不能对所有民事权利和合法利益都给予同样的保护。在具体民事权利、利益救济和行为自由的保护方面,充满了各种权衡。

德国以及我国台湾地区,采取权利和利益区分保护的立法。此种立法例对民事权利和合法利益的保护标准不同。对合法利益的侵害,法律提出了更高的门槛,需要行为人主观上具有故意且其方式背于善良风俗。而对民事权利的侵害,有故意或者过失则为已足。① 2020年修正前的《精神损害赔偿解释》第1条规定:"自然人因下列人格权利遭受非法侵害,向人民法院起诉请求赔偿精神损害的,人民法院应当依法予以受理:(一) 生命权、健康权、身体权;(二) 姓名权、肖像权、名誉权、荣誉权;(三) 人格尊严权、人身自由权。违反社会公共利益、社会公德侵害他人隐私或者其他人格利益,受害人以侵权为由向人民法院起诉请求赔偿精神损害的,人民法院应当依法予以受理。"本条中,对第1款列举权利的侵犯有一般构成要件就可以构成,对第2款关于隐私或者其他人格利益的侵犯,则需要在一般构成要件的基础上,符合"违反社会公共利益、社会公德"的要件才能构成。上述第1条两款区分权利和利益,设置不同的保护门槛,贯彻了权益区分保护的思想。之所以作出这样的区别,在于权衡受害人权利、利益的救济与他

---

① 参见王泽鉴:《侵权行为》(第三版),北京大学出版社2016年版,第2编第2—4章。

人行为自由保护的关系:对利益过多的保护意味着对行为自由的限制。

2020年该司法解释修订时,第1条被删去了。《侵权责任法》以及《民法典》区分权利和合法利益,但是并没有给权利和利益设定不同的保护标准。权利和利益区分有何实际意义,以及《民法典》第3条、第111条和第120条在司法实务中如何解释适用,有研究的必要。

(二)侵权行为是符合一定构成要件的行为

侵权法的基本范畴在于界定权利救济和行为自由。一个行为如果属于侵权行为,行为人要承担侵权责任,受害人因此而获得救济。相反,一个行为如果不属于侵权行为,则行为人无须承担侵权责任,该行为属于行为人自由的范畴。因此,必须设定侵权行为的衡量标准,这就是侵权行为的构成要件。

不同归责原则之下,侵权行为的构成要件不同。这种不同主要体现在过错方面。比如,过错责任原则下,侵权行为的构成要件包括过错;无过错责任原则下,侵权行为的构成要件包括无过错;结果责任原则下,侵权行为的构成要件则不考虑过错。

不同的侵权责任方式,侵权行为的构成要件不同。比如,承担损害赔偿责任时,构成要件要有狭义的损害。而承担停止侵害、排除妨碍、消除危险责任时,构成要件则无须有狭义的损害。《民法典》第1167条规定:"侵权行为危及他人人身、财产安全的,被侵权人有权请求侵权人承担停止侵害、排除妨碍、消除危险等侵权责任。"据此,承担这几种责任的,侵权行为不要求有过错。

侵害权利和侵害利益的构成要件不同。如前所述,在德国民法和我国台湾地区"民法"上,因侵害权利和侵害利益而设置了不同的构成要件。根据2020年修正前的《精神损害赔偿解释》第1条,侵害权利,适用一般构成要件。侵害利益,除一般构成要件外,还需要"违反社会公共利益、社会公德"作为特别要件。如前所述,《侵权责任法》《民法典》尽管区分民事权利和利益,但是在构成要件上,对二者没有进行区分。《民法典》第1165条第1款规定:"行为人因过错侵害他人民事权益造成损害的,应当承担侵权责任。"可见,侵害民事权利和利益,构成要件没有区分。

(三)侵权行为是造成他人损害的行为

损害可以分为狭义的损害和广义的损害。损害赔偿所针对的损害为狭义的损害,作为侵权行为一般构成要件的损害则是广义的损害。《民法典》第1165条第1款、第1166条特别强调了损害在侵权行为构成上的重要意义。关于损害的分类,在本书第八章会有详细的讨论。

损害不限于有形损害,例如物质损害、人身损害等,也包括各种无形的损害,例如精神方面的损害、名誉方面的损害,等等。因此,侵权责任的方式也不限于损害赔偿,同时还包括赔礼道歉、恢复名誉等。

(四) 侵权行为是依法承担侵权责任的行为

按照侵权法的思维模式，符合一定构成要件，构成侵权行为的，通常即有侵权责任的承担。如果有免责事由的存在，则即使侵权行为构成，仍可以免于承担侵权责任。

(五) 因侵权行为承担的责任是民事责任

所谓民事责任，指违反私法的义务，侵害他人权利或者利益，因此必须承担的私法关系上的不利益。[①] 因侵权行为承担的责任是民事责任，而不是刑事责任或者行政责任。这也是侵权行为与刑事犯罪行为和行政违法行为的区别。因同一侵权行为可以引发民事责任，也可以同时构成行政责任和刑事责任。比如，《食品安全法》第148条第1款前段规定："消费者因不符合食品安全标准的食品受到损害的，可以向经营者要求赔偿损失，也可以向生产者要求赔偿损失。"这里规定的赔偿损失责任就是民事责任。

根据《食品安全法》第123条第1款第1项的规定，"用非食品原料生产食品、在食品中添加食品添加剂以外的化学物质和其他可能危害人体健康的物质，或者用回收食品作为原料生产食品，或者经营上述食品"尚不构成犯罪的，由县级以上人民政府食品药品监督管理部门没收违法所得和违法生产经营的食品，并可以没收用于违法生产经营的工具、设备、原料等物品；违法生产经营的食品货值金额不足1万元的，并处10万元以上15万元以下罚款；货值金额1万元以上的，并处货值金额15倍以上30倍以下罚款；情节严重的，吊销许可证，并可以由公安机关对其直接负责的主管人员和其他直接责任人员处5日以上15日以下拘留。这里规定的没收、罚款、吊销许可证和拘留，就是行政责任。

《刑法》第143条规定："生产、销售不符合食品安全标准的食品，足以造成严重食物中毒事故或者其他严重食源性疾病的，处三年以下有期徒刑或者拘役，并处罚金；对人体健康造成严重危害或者有其他严重情节的，处三年以上七年以下有期徒刑，并处罚金；后果特别严重的，处七年以上有期徒刑或者无期徒刑，并处罚金或者没收财产。"这里规定的有期徒刑、无期徒刑、拘役、罚金和没收财产，就是刑事责任。

《民法典》第187条规定："民事主体因同一行为应当承担民事责任、行政责任和刑事责任的，承担行政责任或者刑事责任不影响承担民事责任；民事主体的财产不足以支付的，优先用于承担民事责任。"侵权责任可以和刑事责任或者行政责任同时存在，财产性的民事责任比如赔偿损失，要优先于财产类的刑事责任（比如罚金）和行政责任（比如罚款）。财产性的民事责任优先，意味着对受害人的责任优先于对国家的责任，这是我国法律的一贯立场，在其他法律中也有类似

[①] 参见曾世雄：《损害赔偿法原理》，詹森林续著，新学林出版股份有限公司2005年版，第1页。

规定。比如,《食品安全法》第147条规定:"违反本法规定,造成人身、财产或者其他损害的,依法承担赔偿责任。生产经营者财产不足以同时承担民事赔偿责任和缴纳罚款、罚金时,先承担民事赔偿责任。"《审理环境民事公益诉讼案件的解释》第31条规定:"被告因污染环境、破坏生态在环境民事公益诉讼和其他民事诉讼中均承担责任,其财产不足以履行全部义务的,应当先履行其他民事诉讼生效裁判所确定的义务,但法律另有规定的除外。"

第二节 侵权行为的分类

侵权行为的种类纷繁复杂。为了更好地规范侵权行为,从不同角度对侵权行为进行适当分类是非常必要的。

根据不同标准,可以将侵权行为作如下分类。

一、一般侵权行为与类型化的侵权行为

以法律是否单独设有规范并赋予特定名称为标准,可以将侵权行为分为一般侵权行为与类型化的侵权行为。

一般侵权行为,又称为普通侵权行为,是指法律未单独设立规范,适用侵权法一般构成要件等共同规范的侵权行为。

侵权行为类型多种多样,绝大多数侵权行为都是通过侵权法的一般规定加以规范的。比如,《民法典》第1165条是过错侵权行为的一般条款,对所有过错侵权行为都可以规范。所有涉及人身损害赔偿的侵权行为,都可以适用《民法典》第1179条的规定。这也是很多国家和地区民法中侵权法条文相对较少的原因。《民法典》侵权责任编的第一章"一般规定"和第二章"损害赔偿",可以涵盖一般侵权行为和类型化的各类侵权行为。

类型化的侵权行为,是指法律将现实中大量重复出现的某类侵权行为加以总结,并设置专门条文或者赋予特定名称的侵权行为。我国民法对侵权行为进行类型化,始于《民法通则》。例如,《民法通则》第121条规定的国家机关及其工作人员的职务侵权行为,第122条规定的产品缺陷致人损害的侵权行为,第123条规定的高度危险作业致人损害的侵权行为,第124条规定的污染环境致人损害的侵权行为,第125条规定的地面施工致人损害的侵权行为,第126条规定的建筑物或者其他设施致人损害的侵权行为,第127条规定的饲养的动物致人损害的侵权行为,以及第133条规定的被监护人侵权行为。

《侵权责任法》第五章到第十一章,以各种"责任"为名,分别规定了产品侵权行为、机动车交通事故侵权行为等各种类型的侵权行为。《侵权责任法》第四章尽管名为"关于责任主体的特殊规定",但规定的也是各种类型化的侵权行为,包

括被监护人的侵权行为、用人单位工作人员的侵权行为、网络侵权行为、违反安全保障义务的侵权行为等。

《民法典》侵权责任编延续了《侵权责任法》的做法。第四章到第十章,以各种"责任"为名,分别规定了产品侵权行为、机动车交通侵权行为、医疗侵权行为等各种类型的侵权行为。第三章也延续了《侵权责任法》第四章的名称和内容,尽管名为"责任主体的特殊规定",但规定的也是各种类型化的侵权行为。

除《民法典》外,专门法律和司法解释也规定了大量的类型化侵权行为。比如,《道路交通安全法》规定了道路交通侵权行为,《公证法》规定了公证机构及其公证员的侵权行为,《广告法》规定了广告主、广告经营者、广告发布者、广告代言人的侵权行为,《环境保护法》规定了环境影响评价机构、环境监测机构以及从事环境监测设备和防治污染设施维护、运营的机构的侵权行为,《商标法》规定了对商标专用权的侵权行为,《著作权法》规定了对著作权的侵权行为,《专利法》规定了对专利的侵权行为,等等。

在司法解释方面,《人身损害赔偿解释》规定了帮工活动中的侵权行为,《铁路运输人身损害赔偿解释》规定了铁路行车事故及其他铁路运营事故中的侵权行为,《会计师事务所审计业务活动民事侵权赔偿案件的规定》规定了会计师事务所在审计业务活动中的侵权行为,《审理食品药品纠纷案件的规定》规定了与食品药品相关的侵权行为,等等。

类型化侵权行为在侵权法基本原理基础上,不断拓展侵权法的调整范围,也促进侵权法持续适应社会的发展。

需要指出的是,在很多论著中,将类型化的侵权行为称为特殊侵权行为。[①]笔者认为,类型化的侵权行为,属于多发常见的、因而法律作出专门规定的侵权行为。相对于一般侵权行为,称其为特殊侵权行为,从逻辑上是一致的。但是这些侵权行为是否具有特殊性、具有何种特殊性,以及是否是特殊侵权行为,值得思考。因此,本书没有采用这样的称谓。

二、过错侵权行为与无过错侵权行为

以侵权行为的构成要件中是否包含过错为标准,可以将侵权行为分为过错侵权行为与无过错侵权行为。

过错侵权行为是指行为人基于过错而实施的侵权行为。无过错侵权行为是指行为人在没有过错或者不考虑其过错的情况下实施的侵权行为。

过错侵权行为之所以要承担侵权责任,在于行为人的过错;无过错侵权行

---

① 参见郭明瑞、房绍坤主编:《民法》(第5版),高等教育出版社2021年版,第45章;王泽鉴:《侵权行为》(第三版),北京大学出版社2016年版,第三编。

类型复杂,情形甚多,难以提出一项共同原则。无过错是其共同的消极特征。①就多数情况而言,行为人之所以要承担侵权责任,在于行为的危险性。

过错,即过和错,都是指在道德上具有可被指责之处。民法将过错作为判断是否承担责任的根据,对维护社会正常的价值观念具有重要意义。分清对错,给予不同社会评价,是社会正常发展的基础。因此,因行为中存在过错而承担责任,是侵权法中最主要的责任形式。现代民法上的无过错责任是对过错责任的突破。当行为中因无过错而不承担责任、可能会导致其他社会价值受损时,法律就将责任配置给此类行为。这类行为就是无过错的侵权行为。

过错侵权行为和无过错侵权行为是最基本、最常见的侵权行为分类。《民法典》侵权责任编就是从规定过错侵权行为及责任(第1165条)和无过错侵权行为及责任(第1166条)展开的。有关内容本书后面会有更详细的讨论。

三、作为的侵权行为与不作为的侵权行为

以侵权行为的具体形态为标准,可以将侵权行为分为作为的侵权行为与不作为的侵权行为。

作为的侵权行为,是指违反法定不作为义务,行为人积极地实施某种行为构成的侵权行为。作为的侵权行为,以某种法定不作为义务为前提。多数侵权行为都属于作为的侵权行为。

不作为的侵权行为,是指违反法定作为义务,行为人消极地不实施某种行为构成的侵权行为。不作为的侵权行为,以某种法定作为义务为前提。

比较来看,违约行为主要是不作为或者作为不适当。侵权行为主要是作为的侵权行为。不作为侵权行为,行为人实际上什么都没有做。什么都没有做的情况下,要让行为人承担责任,责任正当性的论证就需要特别充分。

关于作为侵权行为和不作为侵权行为的详细讨论,参见加害行为部分的内容。

四、侵害人身权的侵权行为与侵害财产权的侵权行为

以侵权行为侵害的对象为标准,可以将侵权行为分为侵害人身权的侵权行为与侵害财产权的侵权行为。

侵害人身权的侵权行为,是指对人身权构成侵害的侵权行为。侵害人身权的侵权行为,可能会引起多种责任方式,损害赔偿数额的计算也较为复杂。侵害人身权益造成严重精神损害的,会导致精神损害赔偿。《民法典》第1183条第1款规定:侵害自然人人身权益造成严重精神损害的,被侵权人有权请求精神损害

---

① 参见王泽鉴:《损害赔偿》,北京大学出版社2017年版,第41页。

赔偿。不仅如此,《民法典》第996条规定:"因当事人一方的违约行为,损害对方人格权并造成严重精神损害,受损害方选择请求其承担违约责任的,不影响受损害方请求精神损害赔偿。"

侵害财产权的侵权行为,是指对财产权构成侵害的侵权行为。侵害财产权的侵权行为,一般只导致财产损害赔偿或者其他财产责任,损害赔偿数额的计算相对简单。侵害财产权益能否请求精神损害赔偿,不同时期我国法的立场不同。2020年修订前的《精神损害赔偿解释》第4条规定:"具有人格象征意义的特定纪念物品,因侵权行为而永久性灭失或者毁损,物品所有人以侵权为由,向人民法院起诉请求赔偿精神损害的,人民法院应当依法予以受理。"《侵权责任法》将精神损害赔偿限定在了人身权益的领域。《侵权责任法》第22条规定:"侵害他人人身权益,造成他人严重精神损害的,被侵权人可以请求精神损害赔偿。"《民法典》又回到了《精神损害赔偿解释》的立场,将可请求精神损害赔偿的范围扩大到部分财产的领域。《民法典》第1183条第2款规定:"因故意或者重大过失侵害自然人具有人身意义的特定物造成严重精神损害的,被侵权人有权请求精神损害赔偿。"2020年《精神损害赔偿解释》根据《民法典》的规定作了修改。解释第1条规定:"因人身权益或者具有人身意义的特定物受到侵害,自然人或者其近亲属向人民法院提起诉讼请求精神损害赔偿的,人民法院应当依法予以受理。"

五、单独侵权行为与数人侵权行为

以侵权行为人的人数为标准,可以将侵权行为分为单独侵权行为与数人侵权行为。

单独侵权行为,是指由一个人单独实施的侵权行为。

单独侵权行为强调的是行为主体是一个人。所谓行为主体,是指实施侵权行为的主体。与之相对的是责任主体,即承担侵权责任的主体。

单独侵权行为,一般是由行为人自己承担侵权责任,即行为主体和责任主体是重合的。但是也存在一些例外。例如,《民法典》第1188条第1款前段规定:"无民事行为能力人、限制民事行为能力人造成他人损害的,由监护人承担侵权责任。"在此种情况下,行为主体和责任主体是分离的,行为主体是无民事行为能力人、限制民事行为能力人,责任主体是其监护人。行为主体实施侵权行为,责任主体为其承担责任。《民法典》第1191条规定的用人单位责任、第1192条规定的个人之间劳务关系中接受劳务一方责任,《人身损害赔偿解释》第4条规定的被帮工人责任,都属于行为主体和责任主体分离的单独侵权行为。

数人侵权行为,简单地说是指二人以上实施的侵权行为。

数人侵权行为,既需要处理数个侵权人作为一方与被侵权人之间的关系,也需要处理数个侵权人彼此之间的关系。数人侵权行为如何分类,有不同的学说和规定。

2003年《人身损害赔偿解释》第一次构建了我国的数人侵权行为类型体系。《侵权责任法》对该体系进行了修正。

根据《人身损害赔偿解释》《民通意见》的规定,数人侵权行为包括共同侵权行为、教唆帮助行为、共同危险行为以及无意思联络的数人侵权行为。其中,无意思联络的数人侵权行为又可以分为行为直接结合和行为间接结合两种,前者承担连带责任,后者承担按份责任。

《侵权责任法》对该体系进行了修正。《民法典》延续了《侵权责任法》的类型体系和规范内容,仅对个别措辞作了调整。根据《民法典》的规定,数人侵权行为包括有意思联络的数人侵权和无意思联络的数人侵权两大类。其中有意思联络的数人侵权包括共同侵权行为(第1168条)、教唆帮助行为(第1169条),都承担连带责任;无意思联络的数人侵权包括承担连带责任和承担按份责任(第1172条)两类,前者又包括共同危险行为(第1170条)、累积因果关系的无意思联络的数人侵权行为(第1171条)。

六、自己行为构成的侵权行为、自己所应负责之他人行为构成的侵权行为以及自己所应照管之物构成的侵权行为

以造成损害后果的直接原因为标准,侵权行为可以分为自己行为构成的侵权行为、自己所应负责之他人行为构成的侵权行为以及自己所应照管之物构成的侵权行为。

《法国民法典》第1384条第1款规定:"任何人不仅对因自己的行为造成的损害负赔偿责任,而且对应由其负责之人的行为或由其照管之物造成的损害负赔偿责任。"《法国民法典》这种关于一般侵权行为的三分法[①],被后世立法及学说所继受。

2003年《人身损害赔偿解释》第1条第3款规定:"本条所称'赔偿义务人',是指因自己或者他人的侵权行为以及其他致害原因依法应当承担民事责任的自然人、法人或者其他组织。"从《侵权责任法》《民法典》的规定来看,既有因自己行为造成损害承担责任的情况,也有因自己所负责的他人的行为造成损害承担责任的情况,还有因自己应当照管的物造成损害承担责任的情况。可见,我国法也继受了此种分类方法。

(一)自己行为构成的侵权行为

所谓自己行为构成的侵权行为,即因自己的行为侵害他人合法权益构成的

---

① 参见曾世雄:《损害赔偿法原理》,詹森林续著,新学林出版股份有限公司2005年版,第65—66页。

侵权行为。自己行为自己负责是现代民法的基本原则,大多数侵权行为都属于此类侵权行为。从法律规定来看,凡是没有特别规定的,都属于这种情况。在这种情况下,行为主体和责任主体是同一个主体。

(二)自己所应负责之他人行为构成的侵权行为

所谓自己所应负责之他人行为构成的侵权行为,是指他人行为侵犯第三人合法权益,但该他人行为应当由自己来负责,因此应当由自己来承担侵权责任的行为。比如,国家要为公务员行为负责,法人要为其负责人行为负责,法定代理人要为未成年子女行为负责,雇用人要为受雇人行为负责,债务人要为代理人或使用人行为负责,等等。① 在这种情况下,行为主体和责任主体分离。此类侵权行为构成的前提,是自己和该他人之间存在某种关系,或者基于法律规定,或者基于约定。此种关系的存在,使得自己为他人行为承担责任,具有了正当性。

《民法典》第1188条第1款前段规定:"无民事行为能力人、限制民事行为能力人造成他人损害的,由监护人承担侵权责任。"《民法典》第1191条第1款前段规定:"用人单位的工作人员因执行工作任务造成他人损害的,由用人单位承担侵权责任。"这些规定都属于自己所应负责之他人行为构成的侵权行为。每一种他人责任中,皆有一种法律关系作为支撑。不同的法律关系,有不同的责任配置。可见,法律关系的性质,决定责任成立的正当性。因此,正确认定法律关系的性质,对责任的确定具有决定作用。

2003年《人身损害赔偿解释》规定了四种他人责任,分别是第8条规定的法人或者其他组织为其法定代表人、负责人以及其他工作人员执行职务行为承担的责任,第9条、第11条规定的雇主责任,第10条规定的定作人责任,第13条、第14条规定的被帮工人责任。上述四种他人责任中,每一种他人责任背后都有不同的法律关系。背后不同的法律关系,决定了不同的责任配置。

《民法典》第1191条规定了用人单位责任,可涵盖上述修正前《人身损害赔偿解释》第8条和第9条、第11条规定的两种责任形式。第1193条规定了定作人责任,是对上述2003年《人身损害赔偿解释》第10条的吸收。第1192条规定了个人之间劳务关系中的侵权责任,是对《侵权责任法》第35条的吸收。个人之间劳务关系的范围究竟多大,存在解释上的问题。2020年及2022年《人身损害赔偿解释》,仅保留了被帮工人责任(第4条、第5条)。可见,在最高人民法院看来,个人之间劳务关系中的侵权责任,并不包括被帮工人责任。

(三)自己所应照管之物构成的侵权行为

1. 自己所应照管之物构成的侵权行为的概念

所谓自己所应照管之物构成的侵权行为,是指物件侵害他人合法权益,但自

---

① 参见曾世雄:《损害赔偿法原理》,詹森林续著,新学林出版股份有限公司2005年版,第6—7页。

己对该物件负有照管义务，因此应当由自己来承担侵权责任的行为。

《民法典》第1245条前段规定："饲养的动物造成他人损害的，动物饲养人或者管理人应当承担侵权责任。"根据本条规定，直接造成损害的是动物，但该动物由自己饲养或者管理，饲养人或者管理人就负有照管义务，需要承担民事责任。本条规定就属于自己所应照管之物构成的侵权行为。但凡物件造成损害，皆需人来承担责任。因此从广义而言，《民法典》侵权责任编第四章"产品责任"，第五章"机动车交通事故责任"都属于此类责任。但就狭义而言，此类侵权行为强调照管义务，与因生产行为而形成的产品责任，因驾驶行为形成的机动车交通事故责任还有不同。侵权责任编第九章"饲养动物损害责任"、第十章"建筑物和物件损害责任"则属于此类责任。第八章"高度危险责任"中，第1237条民用核设施责任，第1239条占有或者使用高度危险物责任，第1241条遗失、抛弃高度危险物责任和第1242条非法占有高度危险物责任，也属于此类责任。第1238条民用航空器责任、第1240条从事高空、高压、地下挖掘活动或者使用高速轨道运输工具责任，则更类似于行为责任，不属于此类侵权责任。

2. 责任的正当性

自己所应照管之物构成的侵权行为中，责任主体与直接造成损害的物件之间存在着所有或者管理的关系，所有人或者管理人对其所有或者管理的物件具有照管义务。因此，照管义务的基础是所有关系或者管理关系。如果所有人或者管理人不作为，违反其照管义务，则其要对其所有或者管理的物件造成他人的损害后果承担责任。可见，由于所有或者管理关系的存在，使得责任成立具有了正当性。所有或者管理关系，之所以使得物件责任成立具有了正当性，主要有以下原因：

第一，所有人或者管理人将物件带到了特定环境中，改变了该特定环境原本具有的危险性，或者使得原本具有的危险性增加，因此，所有人或者管理人应当照管好该物件。

第二，所有人或者管理人一般都会从物件获得利益，基于权利义务一致的原则，所有人或者管理人应当照管好物件。"法律上主体因拥有生活资源而达成某种利己之目的，系事理所当然；惟在拥有利己之同时，不应使他人蒙受不利。拥有利己与他人受害间，关联因素在于生活资源之管领或管理是否妥当。拥有利己，足给他人借口，如管领或者管理妥当，他人纵然受害，尚不生非难，如管领或者管理不当，又致他人受害，非难踵至。"[①]

第三，所有人或者管理人能够以较低成本避免物件带来的损害。相对而言，所有人或者管理人最了解物件的习性，包括物件可能的危险，因此，根据损害应

---

① 曾世雄：《损害赔偿法原理》，詹森林续著，新学林出版股份有限公司2005年版，第79页。

当由能够以较低成本避免的一方来承担的原理,所有人或者管理人应当照管好物件。

在北京市海淀区人民法院(1999)年海民初字第12142号案中,1999年1月24日15时30分左右,生于1986年的王某与其他小朋友在产权属铁道部所有的北京市西城区二七剧场东里19号楼外东侧玩耍。因捡拾玩具,王某蹬踏距地面80公分的该楼地下室天井顶部夹丝玻璃防雨篷的玻璃,随即玻璃破碎,王某坠入深约6米的地下室天井而摔伤。① 本案中,天井位于家属区,小朋友众多。小朋友在家属区内玩耍,父母往往会相对放心。但该天井深约6米,顶部距离地面仅80公分,上面是易碎的夹丝玻璃防雨篷。这些都使得该天井很容易造成伤害。本案中,所有人就没有尽到照管义务,应当承担因该物造成的损害。

3. 责任的界限

值得讨论的是照管义务的界限问题,即所有或者管理关系的存在,是否会使所有人或者管理人对一切基于物件给他人造成的损害承担责任都具有正当性?换言之,所有人或者管理人的照管义务究竟应当尽到何种程度?

在自己所应照管之物构成的侵权行为中,所有人或者管理人之所以承担侵权责任,是因为违反了照管义务。而所有关系或者管理关系赋予所有人或者管理人照管义务的目的,是要保证物件(包括动物)本身的瑕疵或者自身的主动行为不给他人造成损害。所以,只有是由于所有人或者管理人没有尽到照管义务、由物件自身瑕疵或者自身的主动行为造成他人损害时,才有此类侵权责任的承担。可见,此类侵权行为表面上是针对物件的,实际上还是针对所有人或者管理人的行为的。

因此,除非法律另有规定,只有是由于物件自身瑕疵或者自身的主动行为造成损害时,所有人或者管理人基于所有或者管理关系承担责任才具有正当性。比如,《民法典》第1258条第2款规定:"窨井等地下设施造成他人损害,管理人不能证明尽到管理职责的,应当承担侵权责任。"如果损害是由于所有人或者管理人以外的第三人行为造成的,一般应当由第三人承担责任。将第三人原因造成的物件责任由所有人或者管理人来承担,必须给出更加充分且正当的理由。此时,应当非常地谨慎。在有第三人行为参与的物件致人损害的情况下,不应当由所有人或者管理人、而应当由第三人承担责任。在此种情况下,所有人或者管理人承担责任的正当性已经减弱或者消失。不是所有人或者管理人,而是第三人才能够以较低成本避免损害的发生。在有第三人行为参与的物件致人损害的情况下,问题的性质发生了变化,即损害不再是物件造成的,而是由第三人的行为造成的。按照侵权类型三分法,不属于自己所应照管之物的侵权类型,而属于

---

① 参见北京市海淀区人民法院(1999)年海民初字第12142号民事判决书。

自己行为自己责任的侵权类型或者自己所应负责之他人行为的侵权类型。责任是否能够成立,需要提供其他的正当性理由。

在李某某等诉广州市花都区梯面镇红山村村民委员会一案中,法院查明,红山村景区为国家AAA级旅游景区,不设门票。红山村村民委员会系景区内情人堤河道旁杨梅树的所有人,其未向村民或游客提供免费采摘杨梅的活动。2017年5月19日下午,吴某私自上树采摘杨梅,不慎从树上跌落受伤,后抢救无效死亡。

关于红山村村民委员会是否因杨梅树归其所有而承担责任的部分,一审法院认为:首先,在本案中,杨梅树本身是没有安全隐患的,是吴某不顾自身年龄私自上树导致了危险的产生。其次,根据原告方提交的照片及被告红山村村民委员会提交的证据,能够证明确实存在游客或村民私自上树采摘杨梅的现象,根据《中华人民共和国旅游法》第80条的规定,旅游经营者应就旅游活动中正确使用相关设施、设备的方法以及可能危及旅游者人身、财产安全的其他情形,以明示的方式事先向旅游者作出说明或者警示,故此,被告作为杨梅树的所有人及景区的管理者,应当意识到景区内有游客或者村民上树采摘杨梅,存在可能危及人身财产安全的情况,但其没有对采摘杨梅及攀爬杨梅树的危险性作出一定的警示告知,存在一定的过错。①

二审法院认为:红山村景区系国家AAA级旅游景区,红山村村民委员会作为景区管理者及杨梅树的所有人,应尽安全保障义务,应意识到攀爬杨梅树采摘果实存在可能危及人身财产安全的情况,但其未对此作出警示告知,存在一定的过错,依法应承担次要责任。②

再审法院认为:红山村景区属于开放式景区,未向村民或游客提供采摘杨梅的活动,杨梅树本身并无安全隐患,若要求红山村村民委员会对景区内的所有树木加以围蔽、设置警示标志或采取其他防护措施,显然超过善良管理人的注意标准。从爱护公物、文明出行的角度而言,村民或游客均不应私自爬树采摘杨梅。吴某作为具有完全民事行为能力的成年人,应当充分预见到攀爬杨梅树采摘杨梅的危险性,并自觉规避此类危险行为。③

本案争议的焦点就是村委会对归自己所有的杨梅树,该尽到何种程度的照管义务。杨梅树本身并无危险。让所有人对自己并无危险的物采取防护措施,将会增加每个人的成本,而且这种成本可能是无限的。每个人也因此会陷入不可预见的危险之中。预防和避免本案中的悲剧结果,成本最小的是不要

---

① 广东省广州市花都区人民法院(2017)粤0114民初6921号民事判决书。
② 广东省广州市中级人民法院(2018)粤01民终4942号民事判决书。
③ 广东省广州市中级人民法院(2019)粤01民再273号民事判决书。

去攀爬。此种情况下,就不应当赋予所有人照管义务。应当由第三人来承担责任。

4. 法律的特别规定

如果法律对照管义务的范围有特别规定的,那么则应当根据法律的规定来考察照管义务的范围。比如,法律对枪支、管制刀具、危险物品的所有或者保管有特别的规定的,依照其规定。《中华人民共和国枪支管理法》第23条第2款规定:"配备、配置枪支的单位,必须明确枪支管理责任,指定专人负责,应当有牢固的专用保管设施,枪支、弹药应当分开存放。对交由个人使用的枪支,必须建立严格的枪支登记、交接、检查、保养等管理制度,使用完毕,及时收回。"《民用爆炸物品安全管理条例》第41条规定:"储存民用爆炸物品应当遵守下列规定:(一)建立出入库检查、登记制度,收存和发放民用爆炸物品必须进行登记,做到账目清楚,账物相符;(二)储存的民用爆炸物品数量不得超过储存设计容量,对性质相抵触的民用爆炸物品必须分库储存,严禁在库房内存放其他物品;(三)专用仓库应当指定专人管理、看护,严禁无关人员进入仓库区内,严禁在仓库区内吸烟和用火,严禁把其他容易引起燃烧、爆炸的物品带入仓库区内,严禁在库房内住宿和进行其他活动;(四)民用爆炸物品丢失、被盗、被抢,应当立即报告当地公安机关。"

对于法律有特别规定的物,所有人或者保管人应当尽到法律要求的照管义务。即使是由第三人的原因造成损害的,所有人或者保管人也可能因为没有尽到法律规定的照管义务而承担责任。《民法典》第1237条规定的民用核设施或者运入运出核设施的核材料发生核事故造成他人损害责任,也属于此类责任。

5. 思考的案例

下面案例有助于对这一问题思考的深入,请读者自行研读。

农历十一月初一夜里丑时,盛满水的脸盆被放在某大学宿舍过道中间,甲夜里起来出门去洗手间,因为光线过暗,没有注意到过道中间的脸盆,结果被绊倒受伤。脸盆属于乙。

如果证据能够证明的情况是:

(1) 乙在睡前将脸盆放在过道中间。
(2) 甲自己在睡前将脸盆放在了过道中间。
(3) 舍友丙在睡前将脸盆放在了过道中间。
(4) 不知道何人将脸盆放在了过道中间,乙当天在宿舍。
(5) 不知道何人将脸盆放在了过道中间,乙当天不在宿舍。

问:以上不同情况中,甲的损失由何人承担?

第三节 侵权行为的构成要件

一、侵权行为的构成要件的概念

侵权行为的构成要件,是指构成侵权行为所必须具备的条件。具备构成要件的,构成侵权行为;欠缺任何一个构成要件,都可能会导致侵权行为的不构成。

侵权行为构成与否,关涉侵权法的基本范畴。构成侵权行为,可能承担侵权责任,因此,属于权利救济的范畴;不构成侵权行为,则无须承担侵权责任,因此,属于行为自由的范畴。

所有的侵权行为都需要一些共同的构成要件,这些共同的构成要件称为一般构成要件;基于对权利救济和行为自由界限的不同考量,有些侵权行为需要一些特殊的构成要件,这些为某些侵权行为所特有的构成要件,称为特殊构成要件。

二、侵权行为的一般构成要件

所有侵权行为都需要加害行为、因果关系。因此,侵权行为的一般构成要件包括加害行为和因果关系。

至于损害是否是侵权行为的一般构成要件,取决于对损害的界定。对损害的界定可以有狭义和广义两种。所谓狭义的损害,是指损害赔偿所针对的损害,即需要通过损害赔偿方式补救的损害。所谓广义的损害,是指各种侵权责任方式所针对的受害人权利和利益的不圆满状态,既包括狭义的损害,也包括停止侵害所针对的正在进行中的侵害、消除危险所针对的危险、排除妨碍所针对的妨碍以及返还财产所针对的非法侵占,等等。

如果采广义的损害界定,损害就是侵权行为的一般构成要件,此时侵权行为的一般构成要件包括加害行为、因果关系与损害。[①] 如果采狭义的损害界定,损害则不是侵权行为的一般构成要件,即无须狭义的损害也可以构成侵权行为。

三、过错责任原则下侵权行为的构成要件

过错责任原则下的侵权行为针对过错而归责。因此,适用过错责任原则的

---

① 参见曾世雄:《损害赔偿法原理》,詹森林续著,新学林出版股份有限公司2005年版,第65页。

侵权行为,其构成要件除了侵权行为的一般构成要件以外,尚需要行为人的过错。换言之,在过错责任原则下,侵权行为的构成要件包括加害行为、因果关系、广义损害以及过错。缺少任何一项,侵权行为都不构成。

四、无过错责任原则下侵权行为的构成要件

无过错责任原则下的侵权行为针对危险而归责。无过错责任原则下侵权行为的构成要件,取决于对无过错责任原则的界定。如果认为无过错责任是在没有过错的情况下承担的责任,其构成要件除了侵权行为的一般构成要件以外,尚需要行为人无过错。换言之,在无过错责任原则下,侵权行为的构成要件包括加害行为、因果关系、广义损害以及行为人无过错。缺少任何一项,均不构成无过错的侵权行为。如果认为无过错责任是不论有无过错、即结果责任的情况下承担的责任,其构成要件除了侵权行为的一般构成要件以外,无须再考虑过错的因素。换言之,在结果责任意义上的无过错责任原则下,侵权行为的构成要件包括加害行为、因果关系、广义损害。

五、侵害权利行为的构成要件和侵害合法利益行为的构成要件

民事主体有各种利益。其中,一部分利益经过权利化成为民事权利,此外尚有一些利益未被权利化,仍然表现为利益,但也为法律所保护。这种利益被称为合法利益。比较而言,法律对权利的保护更为周延,门槛也较低。反之,法律对合法利益的保护则设置了较高的门槛。在构成要件方面,法律对权利和合法利益的差别保护主要体现在对过错的要求上。在权利方面,在过错责任原则下,只要行为人有一般的故意或者过失就可以构成侵权行为,在无过错责任原则的情况下,行为人无过错也可以构成侵权行为。但是,在合法利益方面,在过错责任原则下,仅仅有一般的故意或者过失则无法构成侵权行为。按照德国民法和我国台湾地区"民法"的规定,以合法利益为对象构成侵权行为的,需要行为人故意且其行为方式背于善良风俗,简称故意加背俗。法律之所以有这样的差别对待,是出于对权利救济和行为自由关系的考量。

2020年修正前的《精神损害赔偿解释》第1条规定:"自然人因下列人格权利遭受非法侵害,向人民法院起诉请求赔偿精神损害的,人民法院应当依法予以受理:(一)生命权、健康权、身体权;(二)姓名权、肖像权、名誉权、荣誉权;(三)人格尊严权、人身自由权。违反社会公共利益、社会公德侵害他人隐私或者其他人格利益,受害人以侵权为由向人民法院起诉请求赔偿精神损害的,人民法院应当依法予以受理。"这一规定区分权利和利益,分别设置不同的构成要件,就体现了这样的思想。

六、损害赔偿的构成要件和其他侵权责任方式的构成要件

当事人主张损害赔偿的责任方式时,应根据侵权行为的一般构成要件来认定。当事人主张损害赔偿之外的其他责任方式,比如停止侵害、排除妨碍、消除危险等责任方式(传统民法所谓的物上请求权的内容)时,即使是在过错责任原则下,也不要求行为人有过错。行为人没有过错的,也可以构成侵权行为。单纯对财产构成直接妨碍,比如非法进入他人不动产、非法侵占动产的,在英国法上就是严格责任。[①]《民法典》第 1167 条规定:"侵权行为危及他人人身、财产安全的,被侵权人有权请求侵权人承担停止侵害、排除妨碍、消除危险等侵权责任。"这几种责任方式从本质上看属于损害预防的范畴,并可最终归结为妨害排除和妨害防止两个方面。它几乎不去评价行为本身,只关心权利人权利受干扰的事实及其程度。[②] 由此可知,尽管只有构成侵权行为,才会有侵权责任的承担,但是,责任形式会反过来对侵权行为的构成要件产生影响。

[①] Simon Deakin,"Differences between Contractual and Tortious Liability: the Common Law",*Contractual and Tortious Liability Conference Materials*, 29 September 2017, Yantai China, p.28.

[②] 杨彪:《非损害赔偿侵权责任方式的法理与实践》,载《法制与社会发展》2011 年第 3 期。

第四章　侵权法的归责原则

第一节　侵权法归责原则的概念与体系

一、侵权法归责原则的概念和作用

归责，顾名思义，指确定责任的归属，即将责任与引发事故的某种原因相联系。侵权法的归责原则，是指在侵权行为发生后，据以确定损失由何方当事人承担或者是否给予受害人其他救济方式的原则。

在法律规范原理上，使遭受损害之权益，与促进损害发生之原因结合，将损害因而转嫁由原因者承担之法律价值判断要素，即为"归责"意义之核心。[①]

引发一个事故的原因很多，包括受害人自己的原因、行为人的原因、环境的原因，甚至还可能包括不为人知的原因。因果关系的链条可以一直延展很远。归责原则的作用是根据一定的标准，将损害与某种原因相结合，从而决定损害是否应由原因者承担。因此，归责原则是一种法律的价值判断。苏力教授说："正如惩罚有博士学位的贪污犯，不是因为他的知识，而惩罚黑煤窑窑主，也不是因为他的富裕。"[②]反过来，惩罚一个人，也完全可能是因为他的知识或者富裕。这取决于归责原则的价值判断。

为了法律的稳定性和可预期性，仅有价值判断是不够的。价值判断需要转化为法律技术，以此来划定权利救济和行为自由的界限，为侵权法的基本范畴服务。

某一个侵权行为适用何种归责原则，涉及归责原则的理念与配置。每一种归责原则，有不同的归责理念。归责原则配置之前提，是找到促进损害发生的真正原因。

单单归责原则本身，并不能决定责任的成立与否，它只是为责任的成立寻找根据和理由；要成立责任还需考察加害行为是否符合侵权行为的构成要件。但是，归责原则在侵权法中居于核心地位。一定的归责原则反映了民法的基本理念和立法政策倾向，决定着侵权行为的构成要件、举证责任负担、免责条件、损害

[①] 邱聪智：《从侵权行为归责原理之变动论危险责任之构成》，中国人民大学出版社2006年版，第31页。

[②] 苏力：《医疗的知情同意与个人自由和责任——从肖志军拒签事件切入》，载《中国法学》2008年第2期。

赔偿的原则和计算方法等各个方面。归责原则受民法基本原则的指导，是民法基本原则在侵权法中的具体体现，它体现着民法平等、公平、诚信的原则和精神。

确定合理的归责原则，建立逻辑统一的归责原则体系，是构建整个侵权法内容和体系的关键，也是实现侵权法填补、转嫁以及预防等功能的关键。

二、侵权法归责原则的体系

侵权法归责原则的体系是由各归责原则构成的具有逻辑联系的系统结构。

在当代世界各国的侵权法中，侵权法归责原则都呈现出多元化的趋势。侵权法归责原则包括过错责任原则、无过错责任原则、公平责任原则。过错推定原则是独立的归责原则还是属于过错责任原则，存在不同的看法。当代侵权法上，是否还有结果责任原则，也存在着分歧。但无论如何，侵权行为的归责原则是多元的。多元化带来体系化的需要，即不同的归责原则应当成为一个整体，共同为侵权法的目的和功能服务。这就要求不同归责原则之间要有互相配合、互相协作的逻辑关系，彼此应当协调一致。构成体系的归责原则会产生体系效应。

我国侵权法中究竟包括以及应当包括哪些归责原则，彼此之间应当如何配合、协作，是侵权法学习和研究的重要问题。

第二节　过错责任原则

一、过错责任原则的概念

过错责任原则，也称过失责任原则，是指以行为人的过错作为归责根据的原则。

《民法典》第 1165 条第 1 款规定："行为人因过错侵害他人民事权益造成损害的，应当承担侵权责任。"本条规定是过错责任原则在《民法典》上的法律依据。它延续了《民法通则》第 106 条第 2 款及《侵权责任法》第 6 条第 1 款的规定，同时又明确了损害的要件。

过错责任原则是归责原则的一般条款。在法律没有特别规定时，都应当适用过错责任原则。

过错责任原则包含以下几层含义：

第一，它以行为人的过错作为侵权行为的构成要件，行为人具有故意或者过失的，才可能构成侵权行为并因此承担侵权责任。

第二，过错责任不会强人所难，仅以行为人"应当能够"的标准作为标准。比如，《民法典》第 1195 条第 1 款、第 2 款规定："网络用户利用网络服务实施侵权行为的，权利人有权通知网络服务提供者采取删除、屏蔽、断开链接等必要措施。

通知应当包括构成侵权的初步证据及权利人的真实身份信息。""网络服务提供者接到通知后,应当及时将该通知转送相关网络用户,并根据构成侵权的初步证据和服务类型采取必要措施;未及时采取必要措施的,对损害的扩大部分与该网络用户承担连带责任。"第1197条规定:"网络服务提供者知道或者应当知道网络用户利用其网络服务侵害他人民事权益,未采取必要措施的,与该网络用户承担连带责任。"

根据上述规定,在网络用户利用网络服务侵害他人权益时,网络服务提供者仅在接到通知后以及知道或者应当知道网络用户侵害他人民事权益时,才承担侵权责任。为什么不让网络服务提供者对所有发生在网络上的侵权行为都承担侵权责任?很明显,这样对保护受害人是有益的,也有助于预防和制止网络用户利用网络从事侵权行为。但是,这种以结果而非以过错为根据的责任配置对于网络服务提供者而言就是强人所难,因为这样的责任对于网络服务提供者来说是不可能完成的任务。如果这样配置责任的话,网络将可能从生活中消失。人们要享受网络带来的种种好处,也需要接受它可能存在的消极方面。

第三,它以当事人的过错程度作为确定责任形式、责任范围的依据。行为人的过错程度,往往会对责任的形式和范围产生影响。比如,在故意和重大过失的场合,很可能引起惩罚性赔偿和精神损害赔偿。而在一般过失的情况下,则通常不会有惩罚性赔偿和精神损害赔偿。

《民法典》第1185条规定:"故意侵害他人知识产权,情节严重的,被侵权人有权请求相应的惩罚性赔偿。"第1207条规定:"明知产品存在缺陷仍然生产、销售,或者没有依据前条规定采取补救措施,造成他人死亡或者健康严重损害的,被侵权人有权请求相应的惩罚性赔偿。"第1232条规定:"侵权人违反国家规定故意污染环境、破坏生态造成严重后果的,被侵权人有权请求相应的惩罚性赔偿。"《食品安全法》第148条第2款规定:"生产不符合食品安全标准的食品或者经营明知是不符合食品安全标准的食品,消费者除要求赔偿损失外,还可以向生产者或者经营者要求支付价款十倍或者损失三倍的赔偿金;增加赔偿的金额不足一千元的,为一千元。但是,食品的标签、说明书存在不影响食品安全且不会对消费者造成误导的瑕疵的除外。"

《民法典》第1183条第2款规定:"因故意或者重大过失侵害自然人具有人身意义的特定物造成严重精神损害的,被侵权人有权请求精神损害赔偿。"

第四,在过错责任原则中,不仅要考虑行为人的过错,也要考虑受害人的过错或者第三人的过错。《民法典》第1173条规定:"被侵权人对同一损害的发生或者扩大有过错的,可以减轻侵权人的责任。"《民法典》第1175条规定:"损害是因第三人造成的,第三人应当承担侵权责任。"可见,如果受害人或者第三人对损害的发生也存在过错的话,则要根据过错程度来分配损失,因此可能减轻甚至抵销加害人承担的责任。

在连带侵权的场合,连带侵权人的过错程度可能成为其内部分担损失的依据。《民法典》第178条第2款前段规定:"连带责任人的责任份额根据各自责任大小确定;难以确定责任大小的,平均承担责任。"所谓的"各自责任大小",多数情况下是根据过错来确定的。《公司法解释二》第21条规定:"按照本规定第十八条和第二十条第一款的规定应当承担责任的有限责任公司的股东、股份有限公司的董事和控股股东,以及公司的实际控制人为二人以上的,其中一人或者数人依法承担民事责任后,主张其他人员按照过错大小分担责任的,人民法院应依法予以支持。"

二、过错责任原则的归责理念

(一) 过错责任针对过错而归责

过错责任原则是在否定古代法中结果责任原则的基础上逐渐形成的。

现代民法上的过错责任肇始于1804年《法国民法典》的第1382条、第1383条,而《法国民法典》之基本根源为《人权宣言》。现代民法之基本制度及原则,皆根源于近代社会的哲学原理。

自《民法通则》第106条第2款开始,我国就从立法上确立了过错责任原则作为侵权法基本归责原则的地位。《侵权责任法》第6条第1款延续了这一规定,《民法典》第1165条第1款进一步作了完善。过错责任原则是我国侵权法的基本归责原则。就其文义可知,过错责任的承担以过错为必要。过错责任针对过错而归责。换言之,过错责任的承担是针对过错的,责任的存在因为过错而具有正当性。凡是因过错造成损害的场合,皆应当采过错责任来归责。过错是责任的原因。只要有作为原因的过错的存在,就有作为结果的侵权责任的存在。由此,可以有两个推论:

第一,有过错就有责任。

不考虑侵权行为其他构成要件及免责事由对责任的限制,换言之,假定在其他要件皆构成,同时没有免责事由存在的情况下,只要有过错,就会有责任的存在。过错的存在,是责任存在的前提。

第二,有过错才有责任。

有过错才有责任,意味着在没有过错的情况下,即使其他要件构成,也不能给行为人施加责任。由此可以看出,过错为归责之最后界限。[①] 过错责任实际上是民事主体的护身符。一个人只要确保自己没有过错,即使其行为造成了他

---

① 参见邱聪智:《从侵权行为归责原理之变动论危险责任之构成》,中国人民大学出版社2006年版,第1页。

人的损害,也可以确保自己没有责任。这意味着,在过错责任原则之下,存在着一个由行为人自我选择的安全区。

假设所有造成损害的行为是一个圆,因为过错责任原则,这个圆分为两部分。如下图:

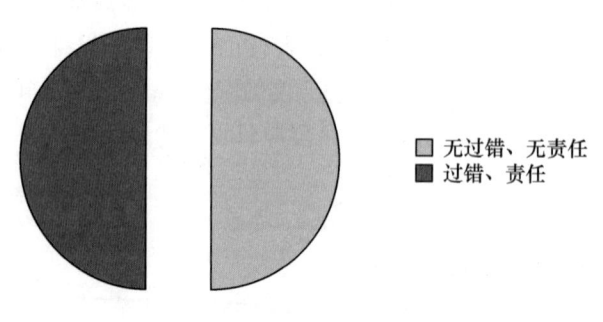

■ 无过错、无责任
■ 过错、责任

过错责任原则

(二)过错为何成为责任的一般性正当理由

自19世纪以来,过错责任成为各国侵权行为法的归责原则。[①] 需要讨论的是,过错责任何以成为责任的一般性正当理由。对这一问题,有很多讨论。比如,王泽鉴教授认为,过错责任原则之所以被奉为金科玉律,视同自然法则,主要是基于道德观念、社会价值、个人尊严等三方面的原因。[②]

下面仅从法律经济学的角度加以分析。

1. 过错责任原则的门槛效应

一个侵权事故发生后,会造成相应的人身或者财产的损失。但是事故发生后人身或财产的损失,往往并非是该事故的全部损失。

假设一辆新自行车的价格是100元。自行车如果丢失,会造成100元的损失。为了防止自行车丢失,人们往往会买一把锁,假设锁的价格是10元。一辆新自行车加一把锁,并不能确保它不丢失,只是丢失的可能性下降了。假设此时自行车仍然丢失了,那么损失的就不单单是自行车的100元,而是自行车的100元加锁的10元,共计110元。为了让自行车更保险些,有人就会买两把锁。的确,两把锁锁上的自行车,丢失的可能性会进一步下降。但是,一旦自行车丢失,损失将是120元。

这一例子具有普遍的代表意义。比如,为了防止家里失窃,人们会花钱安装防盗门,有些人甚至会雇佣保安。为了防止得病,人们会随春夏秋冬的季节变换

[①] 参见 L. Solyom, *The Decline of Civil Law Liability* (Budapest, 1980),转引自王泽鉴:《侵权行为》,北京大学出版社2009年版,第12页。

[②] 参见同上书,第12—13页。

而更换不同的衣服。人们会经常洗手,除了饭前便后外,洗手的频率会随着某种疾病传染危险的高低而调整。比如,在"非典"期间,人们洗手的频率明显高于平时。新冠疫情期间,人们都要戴上口罩,有些人还会采取更复杂的防护措施。为了防止医疗事故的发生,医院会采取各种预防措施。为了防止产品事故的发生,生产厂商会采取各种预防措施。为了防止交通事故的发生,法律会要求行人和司机各行其道,不能闯红灯,机动车不能超速、不能酒后驾驶,等等。

上面的例子有以下几点启示:

第一,一个事故发生后,除了相应人身或财产本身的损失外,损失还包括因此投入的预防成本。即,事故的总成本包括100元的自行车钱和10元或者20元的锁钱。

第二,事故的不发生,也是有成本的。为了防止自行车丢失,必须加上10元或者20元的锁。换言之,因为加上10元或者20元的锁,自行车才没有轻易丢失。如果没有锁,自行车一般更容易丢失。没有锁的自行车,是典型的预防不足。

第三,投入预防,只是使事故的发生概率下降。锁是防止自行车丢失的预防成本。但是,有锁并不意味着自行车肯定丢不了。如果没有锁的自行车一般都会丢的话,加了锁的自行车相对而言保险一些,加了两把锁的自行车比一把锁的自行车更保险些。这说明,随着锁的增加,自行车丢失的可能性在降低。

第四,预防投入是可以变化的、渐进的。可以买一把锁、两把锁,甚至更多锁。随着锁的增加,自行车丢失的可能性在降低。

第五,随着预防投入的递增,损失发生概率的下降会递减。假设自行车加一把锁,丢失的概率下降50%的话,加两把锁,自行车丢失的概率不可能下降为100%,即自行车不丢失。第二把锁使自行车不丢失的概率的下降只能小于第一把锁的50%,可能是30%。第三把锁使自行车不丢失的概率的下降只会更低。这就是边际效用递减的道理。

完全杜绝事故,并非是最佳的选择。生活经验告诉我们,为了防止100元的自行车丢失,人们一般最多也只花20元买两把锁。买三把锁的人很少,买十把锁的人几乎没有。尽管,装十把锁来保护一辆自行车,自行车会更安全、丢失的可能性会更小。

那么,人们为什么不这样做呢?

随着预防投入的逐步增加,自行车丢失的概率在逐渐降低,但是,这种降低的幅度在递减。相反,预防的成本在增加。二者的此消彼长,会出现这样一种局面:为了防止100元的自行车丢失,可能需要110元的锁。即为了保护100元的利益,需要110元的预防成本。

由此导致的结果是:一方面,由于无法做到绝对保险,带锁的自行车一旦丢失,总的损失将是 210 元。另一方面,为了保护 100 元的利益,投入了 110 元的预防成本,是不合算的,这可以被称为过度预防。

第六,存在一个最佳的预防点。既然,不预防或者预防不足时事故会以非常大的概率发生,而过度预防又不合算,同时预防的投入是渐进的,那么,就存在着一个最佳的预防点。在最佳的预防点上,投入的预防成本既可以保证自行车不那么容易丢,又不至于使得预防成本大于要保护的利益。用经济学的术语来描述,最佳预防就是投入的边际成本等于投入所获得的边际收益。也就是说,预防成本的增加以及因此导致的事故发生概率的下降以至于事故损失的减少,二者此消彼长的关系达到了一个点:在这个点上,偏左一点预防不足、偏右一点预防过度。多一点过多,少一点不足。

第七,这一最佳预防的点,就是过错的标准。

我们可以用上述的思想来说明过错。

过错的一般表述是,应当做而没有做。应当做就是为了使得事故不发生而应当做。可见,过错的概念中本身就包括了预防的意思。这样,过错和预防的观念就联系了起来,从而使得我们可以用预防的思想来说明过错。

在每一个具体过错的认定过程中,都会有一个点,在这个点的两边,分别是过错的"有"和过错的"无"。过错的"有",意味着行为人在事故发生的预防方面,做得不够;过错的"无",意味着行为人在事故发生的预防方面,做得足够了。相应地,在过错的"有"这边,行为人要承担事故的责任;在过错的"无"这边,行为人不承担事故的责任。

在过错存在、行为人承担事故责任时,行为人要承担的除了责任外还包括已经投入但还不够多的预防成本。而在过错不存在、行为人不承担事故责任时,行为人承担的只是事故的预防成本。经验告诉我们,前者往往远远大于后者。

这样,过错责任,意味着存在一个门槛。在门槛的一边,行为人投入了适当的预防,没有过错因此不需要承担责任,属于行为人行为自由的安全区;跨越门槛到另一边,行为人投入的预防不足,有过错因此要承担事故责任。他需要负担的是事故的责任加已经投入的预防成本。适当的预防成本一般都小于事故成本加不足的预防成本。因此,所谓门槛,就是过错。从过错的"无"跨越到过错的"有",意味着负担突然增加。

2. 过错责任有助于激励民事主体进行适当的预防

侵权事故的发生,无论对社会整体,还是对事故关系人,都是一种悲剧。绝大多数事故都可以通过事前的预防投入避免或者减轻;因此,要求或者激励行为人投入成本对侵权事故加以预防,具有正当性。但是,投入成本预防一个事故的发生需要激励。

责任就是一种激励手段。责任的施加是外部性内化的过程。外部性内化使得社会成本变成行为人的私人成本,从而可能对行为人产生行为的激励。在事故的发生取决于一方当事人时,一方的过错责任,或者在事故的发生取决于双方当事人时,双方的过错责任,有助于激励民事主体投入成本进行适当的预防。在过错责任的背景下,假设过错的标准是明确的,或者尽管不明确但却是人们可以感知的,那么,每个行为人都会面临一个选择,选择在门槛的这边还是那边。假设每个民事主体都愿意作出对自己有利的选择,那么,可以得出这样的结论,过错的门槛效应有助于民事主体选择投入适当的预防成本,而不是选择承担事故的责任。过错的标准需要明确,或者尽管不明确但是人们可以感知到,从而可以指导自己的行为。否则,即使人们想投入预防、不想有过错,都可能因为不知道如何预防而导致事故发生或者过多地发生。过错标准需要适当。过错标准过低,会导致过多的事故。过错标准过高,会使得一般人无法做到或者使得预防不合算,反而导致更多事故。因此,过错责任和适当明确的过错标准,有助于激励人们投入适当的预防成本,从而使得事故不发生或者以适当的概率发生。

3. 过错责任原则有助于经济发展

经济的活力来源于行为的自由,过错责任原则与经济活力之间具有密不可分的关系。过错责任原则要求有过错才有责任。在具体的情境下,只要行为人投入适当的预防成本,就为自己争得了自由的空间,无须担心责任。

4. 过错责任原则有助于社会道德的维护

过和错,皆具有道德的贬抑性。要求行为人投入成本进行适当的预防具有正当性,那么,没有进行适当的预防则不具有正当性。行为人承担过错责任之所以具有正当性,是因为行为人有过或者有错了。而过或者错之所以存在,是因为没有进行适当的预防。

5. 过错责任承担的另一个正当性

在过错责任的情境下,让责任人承担责任的同时,必须让责任人明白,怎样才能够避免责任。适用过错责任时,必须能够回答两个问题:责任人承担责任是因为他错了,错在什么地方;怎样做才是对的、怎样做就可以避免责任。如果不能回答这两方面的问题,就不应该让责任人承担过错责任。

在上海市第一中级人民法院(2000)沪一中民终字第 2309 号案中,法院认为,罪犯仝某某为抢劫王某钱财,在不到两小时的短时间内七次上下上海银河宾馆电梯,按照一般社会评判标准,仝某某此举显属异常举动,足以引起上海银河宾馆监控或保安的密切注意。然上海银河宾馆疏于注意,致其监控、保安等用于履行安全保障义务的设置形同虚设,使住客王某处于极不安全的境地,最后惨遭歹徒杀害。据此可以认定上海银河宾馆未能履行其对王某的安全保护义务。[①]

---

① 参见上海市第一中级人民法院(2000)沪一中民终字第 2309 号案民事判决书。

在指导案例140号"李某某等诉广州市花都区梯面镇红山村村民委员会违反安全保障义务责任纠纷案"中,红山村景区为国家AAA级旅游景区,不设门票。广东省广州市花都区梯面镇红山村村民委员会(以下简称红山村村民委员会)系景区内情人堤河道旁杨梅树的所有人,其未向村民或游客提供免费采摘杨梅的活动。2017年5月19日下午,吴某私自上树采摘杨梅,不慎从树上跌落受伤,后抢救无效死亡。

生效判决认为,红山村村民委员会作为红山村景区的管理人,虽负有保障游客免遭损害的安全保障义务,但安全保障义务内容的确定应限于景区管理人的管理和控制能力的合理范围之内。红山村景区属于开放式景区,未向村民或游客提供采摘杨梅的活动,杨梅树本身并无安全隐患,若要求红山村村民委员会对景区内的所有树木加以围蔽、设置警示标志或采取其他防护措施,显然超过善良管理人的注意标准。从爱护公物、文明出行的角度而言,村民或游客均不应私自爬树采摘杨梅。吴某作为具有完全民事行为能力的成年人,应当充分预见到攀爬杨梅树采摘杨梅的危险性,并自觉规避此类危险行为。红山村村民委员会对吴某私自爬树坠亡的后果不存在过错。吴某坠亡系其自身过失行为所致,红山村村民委员会难以预见和防止吴某私自爬树可能产生的后果。吴某跌落受伤后,红山村村民委员会主任李某及时拨打120电话求救,在救护车到达前,另有村民驾车将吴某送往医院救治。因此,红山村村民委员会对吴某损害后果的发生不存在过错。①

(三)简单的小结

既然,过错原则是针对过错来归责的,而因过错让行为人承担责任具有一般的正当性,如果侵权结果是因为行为人的过错而发生的,同时,该侵权结果可以因为没有过错而避免,侵权行为就应当采过错责任原则。

三、过错推定

(一)过错推定的概念

所谓过错推定,是指在过错责任原则下,在某些侵权行为中,法律推定行为人实施该行为时具有过错,在行为人不能证明自己不存在过错的情况下,则可能承担侵权责任的规则。行为人可以通过证明自己没有过错而免除责任的承担。因此,过错推定也被称为过错举证责任的倒置。

《民法典》第1165条第2款规定:"依照法律规定推定行为人有过错,其不能证明自己没有过错的,应当承担侵权责任。"

过错推定是否是一个独立的归责原则,学界存在不同的看法。

---

① 参见广东省广州市中级人民法院(2019)粤01民再273号民事判决书。

笔者认为,过错推定与过错责任原则的归责理念是相同的,因此其归责原则仍属于过错责任原则。所以,过错推定不是一种独立的归责原则。《侵权责任法》和《民法典》都将过错责任原则和过错推定在一个法条中进行规定,也显示过错推定不是一个独立的归责原则。

同时,一般过错责任原则和过错推定存在以下区别:在一般过错责任原则下,要由受害人来证明行为人存在过错;而在过错推定的情况下,受害人不需要对行为人的过错举证证明。法律直接推定行为人存在过错,除非行为人能够证明自己没有过错。

根据《民法典》第1165条第2款的规定,适用过错推定的情况,需要有法律的明确规定。《民法典》第1255条规定:"堆放物倒塌、滚落或者滑落造成他人损害,堆放人不能证明自己没有过错的,应当承担侵权责任。"本条规定就是典型的过错推定。

(二) 过错推定的理由

其一,更有利于受害人。

比如,《民法典》第1199条规定:"无民事行为能力人在幼儿园、学校或者其他教育机构学习、生活期间受到人身损害的,幼儿园、学校或者其他教育机构应当承担侵权责任;但是,能够证明尽到教育、管理职责的,不承担侵权责任。"

《民法典》第1200条规定:"限制民事行为能力人在学校或者其他教育机构学习、生活期间受到人身损害,学校或者其他教育机构未尽到教育、管理职责的,应当承担侵权责任。"

上述两个条文的差别,在于第1199条采取了过错推定而第1200条采取了一般的过错责任原则,其目的正在于保护相对更加弱势的无民事行为能力人。

其二,加害人更方便证明过错的有无。

比如,《民法典》第1255条规定:"堆放物倒塌、滚落或者滑落造成他人损害,堆放人不能证明自己没有过错的,应当承担侵权责任。"第1257条规定:"因林木折断、倾倒或者果实坠落造成他人损害,林木的所有人或者管理人不能证明自己没有过错的,应当承担侵权责任。"

在堆放物倒塌、滚落或者滑落以及林木折断、倾倒或者果实坠落的场合,相对于要让受害人来证明行为人过错的存在,行为人更方便证明自己没有过错。

综上,由于过错推定更加有利于受害人,在某些场合加害人更有条件证明过错的有无,故而,法律需要特别指明,在哪些场合适用过错推定,在哪些场合则适用一般的过错责任原则。

第三节 无过错责任原则

一、无过错责任原则的概念与理解

一般认为,无过错责任,也称为无过失责任、严格责任、危险责任。无过错责任是否限于危险责任,值得讨论。① 当然,比较二者关系,还取决于危险责任的界定。② 无过失责任,情形甚多,无过失仅为其共同的消极特征。③ 危险是其共同的积极特征。本书将无过错责任、无过失责任、严格责任和危险责任看作相同的概念,除非有特别的说明。

对无过错责任原则的理解,有两种不同的观点。

一种观点认为,无过错责任原则是指不问行为人主观上是否有过错,只要有侵权行为、损害后果以及二者之间存在因果关系,就应承担民事责任的归责原则。这是目前我国学者的通说。④ 有观点进一步指出,《民法通则》第 106 条第 3 款没有准确反映无过错责任的真实含义。⑤ 此种观点之理论依据在于所谓原因责任主义。⑥

另一种观点认为,无过错责任原则是指行为人在确定没有过错的情况下承担民事责任的归责原则。危险责任,是指从事危险活动之人,因该活动具有损害之"危险",于损害发生时,即基于"危险"本身而令其负担责任之意。⑦ 准此以言,以危险责任界定无过错责任,则是指因危险作业本身、而不是当事人过错引发的损害而承担的责任。如果有证据证明行为人有过错,则应当承担过错责任。这一观点认为,按照无过错责任原则,侵权行为构成要件中包括了无过错的要

---

① 曾世雄教授直接将过失责任与危险责任并列。参见曾世雄:《损害赔偿法原理》,詹森林续著,新学林出版股份有限公司 2005 年版,第 2 页。王泽鉴教授将危险责任与无过失责任互用。王泽鉴教授认为,无过失责任的用语消极地指明"无过失亦应负责"的原则,危险责任的概念较能积极地凸显无过失责任的归责原因。参见王泽鉴:《侵权行为》(第三版),北京大学出版社 2016 年版,第 15 页。陈聪富教授也在交互使用危险责任、严格责任或无过失责任。参见陈聪富:《侵权归责原则与损害赔偿》,元照出版公司 2004 年版,第 159 页、脚注 11。黄立教授也采此见解。参见黄立:《民法债编总论》,中国政法大学出版社 2002 年版,第 237 页。
② 比如,邱聪智教授认为危险责任类型包括了建筑物所有人责任、动物占有人责任、交通危险责任、厂场事故责任、公害责任及商品责任。参见邱聪智:《从侵权行为归责原理之变动论危险责任之构成》,中国人民大学出版社 2006 年版,第 101 页。在这样的意义上,危险责任应当等同于无过错责任。
③ 参见王泽鉴:《损害赔偿》,北京大学出版社 2017 年版,第 41 页。
④ 参见魏振瀛:《民法》(第 8 版),北京大学出版社、高等教育出版社 2021 年版,第 786 页。
⑤ 参见杨立新:《侵权法论(上)》(第 5 版),人民法院出版社 2013 年版,第 188 页。
⑥ 对原因责任主义的评价,参见邱聪智:《从侵权行为归责原理之变动论危险责任之构成》,中国人民大学出版社 2006 年版,第 261—262 页。
⑦ 参见邱聪智:《从侵权行为归责原理之变动论危险责任之构成》,中国人民大学出版社 2006 年版,第 36 页。

件。而《民法通则》第 106 条第 3 款,非常精确无误地反映了无过错责任的归责理念。

笔者坚持后一种观点。前一种观点界定的无过错责任,实际上是结果责任。

二、无过错责任原则的现行法根据

《民法通则》第 106 条第 3 款曾规定:"没有过错,但法律规定应当承担民事责任的,应当承担民事责任。"《侵权责任法》第 7 条曾规定:"行为人损害他人民事权益,不论行为人有无过错,法律规定应当承担侵权责任的,依照其规定。"

上述两条规定,分别代表了关于无过错责任界定的两种不同表述和观点。第 106 条第 3 款强调"没有过错",第 7 条强调"不论行为人有无过错"。前者是在没有过错的情况下承担的责任,后者是在不管有无过错的情况下承担的责任。前者是无过错责任,后者是结果责任。

《民法典》第 1166 条规定:"行为人造成他人民事权益损害,不论行为人有无过错,法律规定应当承担侵权责任的,依照其规定。"可见,《民法典》延续了《侵权责任法》的立场,"不论行为人有无过错",以"行为人造成他人民事权益损害"的结果为归责依据。第 1166 条规定的实质上是结果责任。

本章中我们区分两种不同的无过错责任,即无过错责任和结果责任,强调无过错责任和结果责任的不同,意在让读者对此有全面了解。但是,在后面的章节中,我们把两种责任都看作无过错责任,以与立法保持一致,除非有特别的说明。

还需要说明的是,《民法典》尽管在第 1166 条规定了无过错责任的一般条款,但是适用时仍需要寻找具体的类型化条款,即需要另有具体"法律规定应当承担民事责任",才会有无过错责任或者结果责任的适用。我国台湾地区"民法"对危险责任则未设一般概括条款,系规定若干类型,因内容各有不同,应不得类推适用。① 我国台湾地区关于无过失责任都规定在特别法中,"民法"中没有规定。

《道路交通安全法》第 76 条第 1 款第 2 项后段规定:"机动车一方没有过错的,承担不超过百分之十的赔偿责任。"此规定就是典型的无过错责任的规定。

《民法典》第 1247 条规定:"禁止饲养的烈性犬等危险动物造成他人损害的,动物饲养人或者管理人应当承担侵权责任。"此条规定就是结果责任的规定。

需要思考的是,无过错责任或者结果责任的适用为什么需要法律的特别规定?

过错责任原则是侵权法的一般归责原则,无过错责任原则或者结果责任原则是特别的归责原则。在适用无过错责任原则或者结果责任原则时需要法律的

---

① 参见王泽鉴:《侵权行为》(第三版),北京大学出版社 2016 年版,第 17 页。

特别规定,实际上法律是在确定哪些情况属于不适用过错责任原则的特殊情况。在危险责任的意义上,法律的特别规定,是在确定什么样的危险特殊到需要特殊的归责原则。

三、无过错责任原则的归责理念

无过错责任是在行为人无过错的情况下承担的责任。无过错责任的构成要考察行为人的过错。只有在行为人的确不存在过错的场合,才让其承担责任。因此,无过错责任的构成要件中,应当包括"无过错"这一要件。如果没有过错的考察,也就没有无过错责任原则的适用。

这意味着,侵权事故发生后,首先需要考察过错的有无。如果没有过错的存在,则说明该事故的发生是适当预防之外的危险本身造成的损失。此时,如果按照过错责任原则由受害人承担损害后果有违基本公平时,则将损害后果转由行为人来承担。而行为人之所以成为责任人,不在于其过错,在于其拥有或者运行着某种危险作业,而无论其是否从该危险行为中获利。①

《美国侵权法重述》(第 2 版)第 519 节规定:"(1)进行异常危险活动者应当对该活动给他人人身、土地或动产造成的损害承担责任,即使已善尽其注意义务以预防损害发生。(2)上述严格责任仅适用于该活动所具有的异常危险造成的损害。"

上述规定的责任不是针对被告的任何故意或过失(无论活动本身的过失还是操作方法上的过失)。它所针对的是异常危险活动本身及因此造成的损害。其法律政策的基础是,因自身目的而从事异常危险活动的人,对因此造成的损害应承担赔偿责任。即行为人必须为其行为付出代价。

危险责任针对危险本身来归责的思想,在德国危险责任理论的萌芽时期即已产生。作为德国法学界使用"危险"一词说明责任原理的第一人,李林格(Leoning)在其名著《公务员违法行为之责任》中主张,具有"危险性"之活动,应基于其危险而适用无过失责任。其意旨略为:近来盛行之大企业,于设立或者营业活动过程中,纵使极尽注意之能事,对其员工及第三人,仍难免致生各种危险。基于此一事实,对于使他人濒于危险状态之人,就该危险所生之损害,应课以无过失赔偿责任。② 危险责任的基本根源,即在于我们所必须忍受,而在本质上无法完全控制的特别技术危险。故支配或利用"危险根源"的人,虽无可归责之过

---

① 《美国侵权法重述》(第 2 版)第 520 节在对异常危险认定的因素中强调,行为人从异常危险活动中获得经济利益,并非构成异常危险活动的必要条件,即使行为人从某项异常危险活动中没有获得丝毫利益,第 520 节的规定依然适用。

② 参见邱聪智:《从侵权行为归责原理之变动论危险责任之构成》,中国人民大学出版社 2006 年版,第 196 页。

失,也应负担该危险所生之损害,此即危险责任之最终基础。① 可见,危险责任不是对不法行为所负责任,危险责任的根本思想在于不幸损害的合理分配。②

波斯纳的观点也非常具有启发性,他认为,无过失责任是在过失责任主义无法达成侵权行为法之功能与目的时,在某些意外事件,被告无法以善尽注意义务全然避免损害发生,为使被告变更活动方式或地点,而使被告负担损失赔偿的责任。③

四、无过错责任原则的适用

(一)无过错责任原则的适用需要法律的特别规定

就效果而言,无过错责任是将原本在过错责任下因为行为人无过错而应当由受害人承担的损失,基于某种政策考虑,转而由行为人承担的归责原则。所以,如果说过错责任原则的适用具有当然的正当性的话,无过错责任的适用就需要特别的理由。表现在立法技术上,就需要法律的特别规定。

假设所有造成损害的行为是一个圆,此种情况可以用下图表示:

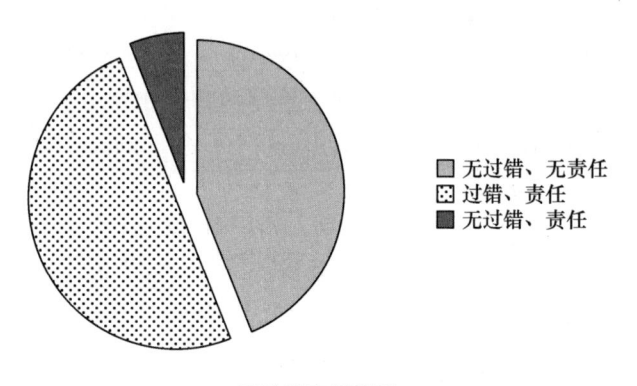

无过错责任原则

(二)无过错责任需要考察过错

无过错责任的构成要件中,要求考察过错。经过考察发现行为人的确不存在过错,或者受害人无法证明行为人存在过错的时候,无过错责任才有适用余地。如果经过考察,发现行为人存在过错,则应当按照过错归责。

(三)无过错责任可以有免责事由

根据前面的分析,无过错责任是行为人对危险作业本身造成损害承担的责

---

① 参见邱聪智:《从侵权行为归责原理之变动论危险责任之构成》,中国人民大学出版社 2006 年版,第 208 页。
② 参见王泽鉴:《民法学说与判例研究》(第五册),北京大学出版社 2009 年版,第 187 页。
③ 转引自陈聪富:《侵权归责原则与损害赔偿》,元照出版公司 2004 年版,第 199 页。

任。围绕危险作业发生损害的原因很多,下面以高压电造成的损害为例进行分析。

根据《触电人身损害赔偿解释》①第 3 条的规定,因高压电造成他人人身损害有下列情形之一的,电力设施产权人不承担民事责任:(1) 不可抗力;(2) 受害人以触电方式自杀、自伤;(3) 受害人盗窃电能,盗窃、破坏电力设施或者因其他犯罪行为而引起触电事故;(4) 受害人在电力设施保护区从事法律、行政法规所禁止的行为。

1. 不可抗力

危险作业本身具有的危险造成的损失,可能是因为不可抗力造成的损失。在不可抗力造成损失的场合,危险作业和无危险作业是没有区别的。比如,严重的雪灾可以使高压电线杆倒塌造成损害,也可以使大树折断造成损失,如果大树的所有人因不可抗力可以免责,高压线的所有人或者管理人也应当可以免责。

2. 受害人以触电方式自杀、自伤

损害是由受害人故意造成的,危险作业人不承担责任。受害人以触电方式自杀、自伤,属于受害人故意造成损失的情形。

在受害人故意的场合,意味着并不是危险作业本身的危险造成的损失,如果让危险作业人承担责任,则与无过错归责原则的理念相违背。在受害人故意造成损害的情况下,危险作业与无危险的作业没有任何区别:一个高速行驶的列车和一棵静止不动的大树没有任何区别。

3. 受害人从事犯罪行为或者法律、行政法规所禁止行为造成损失

受害人从事犯罪行为或者法律、行政法规所禁止行为造成损失,说明并非危险作业本身造成的损失。此点与前两点的情况相同,只不过受害人的行为同时具有刑法、其他法律或行政法规上的不法性。

《触电人身损害赔偿解释》第 3 条第 3 项、第 4 项规定的情形,不单单是危险作业所独有。我国台湾地区法院曾认为,行使侵权行为之损害赔偿请求权的,被侵害人不得主张自己具有不法之情事,而请求加害人赔偿。此乃因请求人一方既有不法之情事,已为法律所不容于先,如仍许其请求他方赔偿其损害,无异于助长请求人一方不法原因事实之发生及扩大,自为法律所不许。②在任何场合,因受害人从事犯罪行为或者法律、行政法规禁止行为造成的损失,都应当由其自己承担责任。围绕危险作业发生损害的场合,也不应当由危

---

① 《触电人身损害赔偿解释》已经被 2013 年 2 月 18 日通过的《最高人民法院关于废止 1997 年 7 月 1 日至 2011 年 12 月 31 日期间发布的部分司法解释和司法解释性质文件(第十批)的决定》废止,理由是与《人身损害赔偿解释》相冲突。但是,过去依据该解释对有关案件作出的判决、裁定仍然有效。本书认为,该解释虽然失效了,但其规定仍然可以作为研究对象,故而这部分内容仍然予以保留。

② 参见王泽鉴:《民法学说与判例研究》(第八册),北京大学出版社 2009 年版,第 159 页。

险作业人承担责任。

《美国侵权法重述》(第 2 版)第 523 节、第 524A 节分别规定了原告自甘风险及原告的异常敏感特性均可以免除被告的严格责任。第 524 节规定,原告明知且不合常理地使自己遭受异常危险活动之害的,被告可以主张免除自己的严格责任。而一般过失不构成被告的免责事由。

(四)无过错责任可以适用过错相抵

无过错责任是否可以适用过错相抵,向有疑义。如果采结果责任说,无过错责任是结果责任,那么就不能考虑过错。但是,如果将无过错责任界定为没有过错时承担的责任,或者说是针对危险作业本身引发损失承担的责任,那么适用过错相抵是可以的。即如果损害是由于受害人过失和危险本身共同作用的结果,那么危险作业人只承担作业本身引发的那部分损失,受害人要为自己的过错负责任。从受害人角度分析,是受害人一方的过错责任;从危险作业人角度分析,则属于过错相抵。①

在刘某等与海南电网三亚供电公司触电人身损害赔偿纠纷上诉案中,海南省三亚市城郊人民法院查明:2002 年,原告刘某三和被告刘某四拆除父亲宅基地上的旧房,建起二层楼房。楼房上方是高压线,与高压线平行下方的一边围墙装有铁门。原告刘某三和被告刘某四修建房屋和围墙时没有办理规划、报建手续,被告供电公司亦没有进行阻止。2006 年 1 月 28 日大年除夕下午,被告刘某四把两根铁管捆在一起,把铁管绑在围墙敞开的东面铁门上,将鞭炮挂在铁管上燃放。放完鞭炮,被告刘某四未将铁管从铁门上取下。下午 6 时 10 分,四原告和被告刘某四的母亲李某某清扫院子,当扫至铁门时,顺手推关东面铁门,绑在铁门上的铁管触碰到上方的高压线,李某某当场触电死亡。事故发生后,被告供电公司将该段线路升高至 9.25 米。

海南省三亚市城郊人民法院认为,被告供电公司没有证据证明李某某的人身损害是不可抗力所致或自己故意造成,或是受害人在电力设施保护区从事法律、行政法规所禁止的行为造成的,被告供电公司应对李某某的人身损害承担损害赔偿责任。原告刘某三和被告刘某四未经规划、报建审批,擅自在高压电保护区内修建楼房和围墙,且被告刘某四又在高压电设施保护区内绑架铁管燃放鞭炮,违反了法律、行政法规的禁止性规定。正是原告刘某三和被告刘某四在高压电设施保护区内修建围墙、绑架铁管、燃放鞭炮的违法行为,才致李某某死亡。李某某的人身损害,被告供电公司和原告刘某三、被告刘某四违法行为的原因力作用相当,双方应承担同等民事责任,即被告供电公司承担 50% 的赔偿责任。②

---

① 参见史尚宽:《债法总论》,中国政法大学出版社 2000 年版,第 303 页。
② 参见海南省三亚市中级人民法院(2007)三亚民一终字第 112 号民事判决书。

(五) 无过错责任可能存在责任限额

《道路交通安全法》第 76 条第 1 款第 2 项规定："……机动车一方没有过错的,承担不超过百分之十的赔偿责任。"

第四节　过错责任与无过错责任的关系

一、过错责任和无过错责任的归责理念不同

过错责任是因行为人过错而承担的责任,有过错即有责任、有过错才有责任。过错责任是针对过错归责的,具有道德贬抑性。无过错责任或者危险责任是针对危险行为本身归责的,换言之,损害是由危险本身引起的,而不是由所有者或者管理者的过错引起的。危险的存在,使得危险的所有人或者管理人具有注意义务。但是,危险本身意味着,即使所有人或者管理人尽到了适当的注意义务,仍然可能由于危险本身造成他人损失。围绕危险发生的损害后果,其原因是多种多样的:可以是因所有人或者管理人没有尽到适当注意义务造成的,也可以是因为危险本身造成的。因没有尽到注意义务造成的损失,应当采过错责任;因危险本身造成的损失,应当采无过错责任。

原因不同,原因者不同,责任者也应当不同。

此点可以波斯纳法官在 Indiana Harbor Belt Railroad v. American Cyanamid Co. 一案中的判词作为佐证。波斯纳法官强调:"在行为之危险性得以善尽注意义务(亦即无过失)加以避免时,过失责任主义足以发挥侵权行为法之功能,此时无须采取无过失责任主义。但是某些特殊意外事故,无法以善尽注意义务加以避免,而只能改变活动方式或地点,使意外事件在别地发生,或因而减轻损害之危险;或只能减少活动范围,以减低意外事件之发生次数时,无过失责任即提供行为人一项过失责任无法提供之诱因,使被告尝试其他避免意外事件发生之方法,或在无法避免事故发生时,更换地点、改变活动方式、或减少(甚至不从事)发生意外事故之活动。"[①]

二、过错责任具有道德贬抑性,无过错责任不具有道德贬抑性

过错责任针对过错归责。行为人之所以成为责任人,是因为有"过"或者"错"。而"过""错"皆属于道德的否定性评价,即使以预防的投入赋予过错新的含义。无过错责任不是对不法行为所负的责任。法律要求行为人承担责任,不

[①] 916 F. 2d 1174(U. S. Ct. App. 7th Cir., 1990). 转引自陈聪富:《侵权归责原则与损害赔偿》,元照出版公司 2004 年版,第 161 页。

具有道德贬抑性。无过错责任的成立,在于合理分配现代文明社会无法避免的损害,基于社会正义的要求,由较能负担损失的一方承担责任,不存在惩罚或者责难的理由。①

拉伦茨教授认为,危险责任和过失责任是不能放置在一个分数上量定的,法律不能一面允许,同时一面非难;一面赞同,同时一面反对。② 因此,如果不能正确区分过错责任原则和无过错责任原则,一方面,使得原本不具有任何可归责过失的赔偿义务人,成为过失加害人,从而蒙受道德非难之重担。另一方面,会出现大量并无可归责过失可言的危险责任,易使一般人认为过失归责已经没有必要,从而引起伦理基础的动摇和崩溃。③ 其结果是,模糊了损害发生的原因,弱化了归责原则体系的作用。

三、过错责任存在安全区,无过错责任没有安全区

在过错责任原则下,责任人是因为有过错而承担责任,此即有过错才有责任。行为人要想避免责任,就需要投入成本提高注意程度。行为人只要投入了适当的预防成本,就可以使自己停留在过错门槛一边的安全区。而在无过错责任原则下,责任人并没有过错,损害是因为危险本身造成的。责任人只要从事该危险作业,就可能会有损害的发生。换言之,危险作业本身导致的一定概率的损失,是从事危险作业必然的代价。行为人承担危险责任,是从事该种危险作业的成本。行为人可以通过保险等方式,来分散自己的损失。

当然,因危险本身发生的损害,如果投入足够的预防,损害的发生也许可以减小到很低的概率。但是,第一,尽管是很低的概率,但损害依然可能发生;第二,为了使危险本身发生损害的概率降到很低,需要投入过高的成本,从而使得避免损害发生的成本,反高于损害发生以后付出的成本。这样的结果,与人类的基本行为方式是违背的。要求具体民事主体付出过高成本,可能的结果就是导致危险作业被放弃。而危险作业的存在,本身是社会所需要的。

四、过错责任和无过错责任后果的严重性存在差异

过错责任的后果往往要重于无过错责任的后果。过错责任通常还会导致精神损害赔偿或者惩罚性赔偿。其原因就在于过错责任和无过错责任归责理念上

---

① Prosser and Keeton on Torts, 537(5th ed., 1984).
② 参见〔德〕拉伦茨:《德国法上损害赔偿之归责原则》,载王泽鉴:《民法学说与判例研究》(第五册),中国政法大学出版社1998年版,第277页。
③ 参见邱聪智:《从侵权行为归责原理之变动论危险责任之构成》,中国人民大学出版社2006年版,第201页。

的差异。过错责任具有道德贬抑性,无过错责任不是对不法行为所负责任,无过错责任的根本思想在于不幸损害的合理分配。① 因此,无过错责任不具有非难性。无过错责任多有最高责任金额的限制,而且受害人不能请求慰藉金,由此可以推知,依法律判断,无过错责任应从轻斟酌。②

五、过错推定和无过错责任原则的关系

过错推定属于过错责任原则,因此,当事人基于过错推定而承担责任,其根源还在于过错的存在。同时,过错推定又与一般的过错责任原则存在不同。在很多情况下,行为人要证明自己没有过错很难,因此,事实上可能会与无过错责任产生相同的效果。

但是,尽管加害人有时无法通过证明过错不存在而免责,但是过错推定归责的理念与无过错责任的理念仍然存在不同。在无过错责任的场合,行为人不能免责的原因在于法律的规定,而在过错推定的场合,行为人不能免责的原因更在于自己无法证明自己没有过错。两种责任的正当性不同。

第五节　结果责任原则

一、结果责任原则的概念

结果责任原则,是指只要有损害他人民事权益的结果,就应当依照法律的规定承担侵权责任的归责原则。

结果责任原则强调的是损害他人民事权益的结果,不问行为人是否存在过错。

人类早期的法律曾将结果责任作为唯一的归责原则。现代法律中的结果责任原则,是人类在对过错有明确认识的基础上作出的选择。此种结果责任与人类早期的结果责任在归责理念、适用范围、责任机理及赔偿范围方面存在不同。

二、结果责任的法律根据

《民法典》第1166条规定:"行为人造成他人民事权益损害,不论行为人有无过错,法律规定应当承担侵权责任的,依照其规定。"据此,行为人只要有损害他

---

① 参见王泽鉴:《民法学说与判例研究》(第五册),中国政法大学出版社1998年版,第262—263页。
② 参见〔德〕拉伦茨:《德国法上损害赔偿之归责原则》,载王泽鉴:《民法学说与判例研究》(第五册),中国政法大学出版社1998年版,第277页。

人民事权益的结果,就可能承担侵权责任。结果责任的承担,意味着对行为人自由的极大限制,因此需要法律的特别规定。

《民法典》及特别法中规定了大量的结果责任。

《民法典》第1237条规定:"民用核设施或者运入运出核设施的核材料发生核事故造成他人损害的,民用核设施的营运单位应当承担侵权责任;但是,能够证明损害是因战争、武装冲突、暴乱等情形或者受害人故意造成的,不承担责任。"第1238条规定:"民用航空器造成他人损害的,民用航空器的经营者应当承担侵权责任;但是,能够证明损害是因受害人故意造成的,不承担责任。"《民用航空法》第157条第1款前段规定:"因飞行中的民用航空器或者从飞行中的民用航空器上落下的人或者物,造成地面(包括水面,下同)上的人身伤亡或者财产损害的,受害人有权获得赔偿。"《道路交通安全法》第76条第1款前段规定:"机动车发生交通事故造成人身伤亡、财产损失的,由保险公司在机动车第三者责任强制保险责任限额范围内予以赔偿。"

根据上述规定,民用核设施的经营者、民用航空器的经营者以及承保交强险的保险公司承担的都是结果责任。

在这样的意义上,传统上理解的无过错责任,比如《民法典》侵权责任编第八章的"高度危险责任",都是结果责任。

三、结果责任的归责理念

结果责任针对结果而归责。结果责任原则适用的场合,往往存在某种人类无法完全控制的风险。

人类无法完全控制的风险,不限于飓风、地震、航空器等高速运输工具、核电站。生活中到处都有无法完全控制的风险。但并非所有的无法完全控制的风险都配置结果责任。究竟哪些风险配置结果责任,取决于法律的价值判断:哪些风险应当让受害人承担,哪些风险应当让行为人承担。故而,结果责任的承担也需要法律的特别规定。

之所以针对结果而归责,或者因为过错无法查清,或者因为查清过错的成本过高,或者干脆就不查过错。如果因为过错无法查清、适用过错责任原则无法给受害人救济而导致不公平结果时,法律就让行为人承担损害后果,从而将损害转嫁由行为人承担。

比如,飞行中的民用航空器发生事故的原因有时候无法查清,航空器经营者的过错也就无法查清。按照过错责任原则归责的话,受害人就无法得到任何救济。这明显是不公平、不妥当的。如果采用结果责任原则,无论民用航空器经营者的过错如何,受害人都可以得到赔偿。这样的结果客观上也有利于民用航空事业的发展。

再比如,《道路交通安全法》第76条第1款第2项规定:"机动车与非机动车驾驶人、行人之间发生交通事故,非机动车驾驶人、行人没有过错的,由机动车一方承担赔偿责任;有证据证明非机动车驾驶人、行人有过错的,根据过错程度适当减轻机动车一方的赔偿责任;机动车一方没有过错的,承担不超过百分之十的赔偿责任。"

据此,机动车一方就有某种结果责任存在。在机动车与非机动车驾驶人、行人之间发生交通事故时,只要不能证明非机动车驾驶人、行人有过错,机动车一方就要承担赔偿责任。机动车一方有无过错,在所不问。只有机动车一方的确没有过错的,他才承担不超过10%的责任。在这样的归责原则下,一旦发生交通事故,只有机动车一方有证明自己及对方是否存在过错的积极性。

在交通事故现场无法复原或者交通事故发生在深夜的偏僻地区时,双方的过错往往无法查清。此时,结果责任对责任的配置就起到了关键作用。

在过错责任原则、无过错责任原则确立后,结果责任原则依然有其用武之地,原因在于人类依然需要面对许多风险很大的未知事物,依然需要不断探索未知领域;或者说人类面对的未知领域不是少了,而是更多了。

四、结果责任的适用

(一)结果责任的适用范围

结果责任是从过错责任和无过错责任中各自划出一部分,不考察过错的有无,让行为人承担侵权责任。至于行为人是否有过错,在所不问。这就意味着,也许行为人有过错,因此根据过错责任原则也应当承担责任;也许行为人没有过错,是否承担责任需要看是否适用无过错责任。

假设所有造成损害的行为是一个圆,此种情况如下图表示:

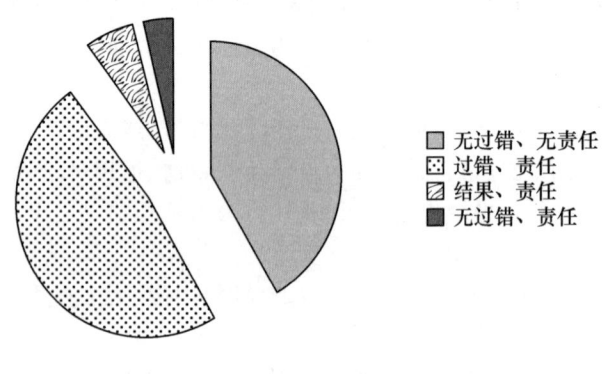

结果责任原则

由于过错责任一般要比结果责任严重,受害人可能得到更多的赔偿,因此,在法律规定适用结果责任的场合,如果受害人能够证明行为人存在过错,则应当按照过错责任来归责。

(二)结果责任存在责任限额

《民用航空法》第 128 条规定:"国内航空运输承运人的赔偿责任限额由国务院民用航空主管部门制定,报国务院批准后公布执行。""旅客或者托运人在交运托运行李或者货物时,特别声明在目的地点交付时的利益,并在必要时支付附加费的,除承运人证明旅客或者托运人声明的金额高于托运行李或者货物在目的地点交付时的实际利益外,承运人应当在声明金额范围内承担责任;本法第一百二十九条的其他规定,除赔偿责任限额外,适用于国内航空运输。"

《民用航空法》第 129 条规定:"国际航空运输承运人的赔偿责任限额按照下列规定执行:(一)对每名旅客的赔偿责任限额为 16600 计算单位;但是,旅客可以同承运人书面约定高于本项规定的赔偿责任限额。(二)对托运行李或者货物的赔偿责任限额,每公斤为 17 计算单位。旅客或者托运人在交运托运行李或者货物时,特别声明在目的地点交付时的利益,并在必要时支付附加费的,除承运人证明旅客或者托运人声明的金额高于托运行李或者货物在目的地点交付时的实际利益外,承运人应当在声明金额范围内承担责任。托运行李或者货物的一部分或者托运行李、货物中的任何物件毁灭、遗失、损坏或者延误的,用以确定承运人赔偿责任限额的重量,仅为该一包件或者数包件的总重量;但是,因托运行李或者货物的一部分或者托运行李、货物中的任何物件的毁灭、遗失、损坏或者延误,影响同一份行李票或者同一份航空货运单所列其他包件的价值的,确定承运人的赔偿责任限额时,此种包件的总重量也应当考虑在内。(三)对每名旅客随身携带的物品的赔偿责任限额为 332 计算单位。"

同时,《民用航空法》第 132 条规定:"经证明,航空运输中的损失是由于承运人或者其受雇人、代理人的故意或者明知可能造成损失而轻率地作为或者不作为造成的,承运人无权援用本法第一百二十八条、第一百二十九条有关赔偿责任限制的规定;证明承运人的受雇人、代理人有此种作为或者不作为的,还应当证明该受雇人、代理人是在受雇、代理范围内行事。"据此,如果承运人存在过错,应当按照过错来归责,不再适用结果责任的责任限额。

《民法典》第 1244 条规定:"承担高度危险责任,法律规定赔偿限额的,依照其规定,但是行为人有故意或者重大过失的除外。"第 1244 条在原《侵权责任法》第 77 条的基础上,增加了行为人有故意或者重大过失不适用责任限额的但书规定,使得《民用航空法》第 132 条的特别法规定在高度危险责任的一般法上有了体现,具有重要意义。

(三)结果责任有免责事由,法律另有规定的除外

行为人因其行为造成损害而承担责任,不考虑行为人过错的有无。但是结

果责任并非完全不考虑过错。当损害结果是因为受害人过错或者其他外力因素造成时，行为人的责任就可以免除或者减轻。

《民法典》第1239条规定："占有或者使用易燃、易爆、剧毒、高放射性、强腐蚀性、高致病性等高度危险物造成他人损害的，占有人或者使用人应当承担侵权责任；但是，能够证明损害是因受害人故意或者不可抗力造成的，不承担责任。被侵权人对损害的发生有重大过失的，可以减轻占有人或者使用人的责任。"第1240条规定："从事高空、高压、地下挖掘活动或者使用高速轨道运输工具造成他人损害的，经营者应当承担侵权责任；但是，能够证明损害是因受害人故意或者不可抗力造成的，不承担责任。被侵权人对损害的发生有重大过失的，可以减轻经营者的责任。"《民法典》第1237条、第1238条、第1245条、第1246条等，都有类似的免责事由。

需要注意的是，法律特别规定排除免责事由时，则应当依照其规定。比如《民法典》第1247条规定："禁止饲养的烈性犬等危险动物造成他人损害的，动物饲养人或者管理人应当承担侵权责任。"本条规定中没有任何免责事由，此时就不能再适用第1245条关于重大免责事由的规定。《民法典》中没有任何免责事由的规定比较不多见，除第1247条外还有第1249条、第1241条、第1242条等。第1241条、第1242条中不仅没有免责事由，还规定了所有人的连带责任。与第1237条民用核设施责任、第1238条民用航空器责任相比，应该还是民用核设施、民用航空器的危险更大，为何第1237条、第1238条尚有免责事由，而第1247条等规定中却没有免责事由？第1237条、第1238条所规范的行为尽管危险性更大，但却是社会所需要的。而第1247条等规定中的行为对社会的意义有限，且均存在非法因素，体现了立法者对饲养烈性犬、遗弃动物、抛弃高度危险物、非法占有高度危险物等行为的否定。

五、结果责任与无过错责任的关系

结果责任与无过错责任都适用于存在特定风险的领域。就《民法典》的规定而言，如果按照本节的理解来看，很多原本被理解为无过错责任的，实际上是结果责任。结果责任和无过错责任，在责任效果上没有太大差异。因此，不作详细区分似乎也没有太大问题。本书后面的内容，也不再细分结果责任和无过错责任，以免造成读者不必要的困扰。

但是，必须明确的是，在归责理念上，二者存在不同。无过错责任是在无过错的情况下承担的责任，结果责任是在不考察过错的情况下承担的责任。无论哪种场合，如果被证明行为人存在过错，则应当按照过错来归责。

第六节 公平责任原则

一、公平责任原则的概念

公平责任原则,又称衡平责任原则,指在当事人双方对损害的发生均无过错,法律又无特别规定适用无过错责任原则或者结果责任原则,让一方当事人承担损失有违社会基本公平理念时,根据民法公平原则,由行为人对受害人的财产损害给予适当的补偿,当事人合理分担损失的一种归责原则。

《民法通则》和《侵权责任法》对公平责任有类似规定。《民法通则》第132条规定:"当事人对造成损害都没有过错的,可以根据实际情况,由当事人分担民事责任。"《侵权责任法》第24条规定:"受害人和行为人对损害的发生都没有过错的,可以根据实际情况,由双方分担损失。"

我国台湾地区"民法"第187条第3款规定:"如不能依前二项规定受损害赔偿时,法院因被害人之声请,得斟酌行为人及其法定代理人与被害人之经济状况,令行为人或其法定代理人为全部或一部之损害赔偿。"

《民法典》第1186条规定:"受害人和行为人对损害的发生都没有过错的,依照法律的规定由双方分担损失。"本条规定改变了《民法通则》和《侵权责任法》的规定,意味着民事立法对公平责任原则的重要变化。以下,先讨论公平责任的一般情况,再讨论第1186条的理解。

二、公平责任原则的归责理念

公平责任原则是一种利益平衡器,有助于舒缓社会的紧张关系,促进社会和谐。

与过错责任原则针对过错归责而具有的道德贬抑性、无过错责任原则针对危险归责而具有的分散风险性、结果责任原则针对结果归责转嫁损害后果不同,公平责任原则起着利益平衡器和舒缓社会关系的作用。

公平责任原则适用于双方当事人都不存在过错、也无法律规定适用无过错责任或者结果责任的场合。在适用公平责任原则的场合,不存在任何一方当事人的过错,也不存在危险责任和结果责任所针对的特定风险,但是损害依然发生了。此时,如果让任何一方当事人单独承担损失,都与民法公平原则相悖,也会导致社会关系的紧张。公平责任原则将损失合理分担到双方当事人身上,使利益实现了平衡、紧张的社会关系得到舒缓。

因此,公平责任原则之存在的价值在于,它提供了一种过错归责原则、无过错归责原则以及结果归责原则无法替代的损害分配方案。

公平责任原则使得法律具有了人情味。在中国传统法律思想中,民事案件的处理,要综合考虑天理、国法和人情。① 而公平责任原则属于天理、国法和人情中的人情部分。事故无情,但由于公平责任原则的存在,使得无情的事故的处理结果具有了人情味。

公平责任原则的另一重要价值在于,它确保法官可以在规则之内实现自由裁量的正义。任何司法体制下,法官的自由裁量都是不可避免的。此时的问题在于,如何将自由裁量纳入规则之内,从而确保法官在自由裁量的同时不突破现有规则,减少自由裁量对规则的破坏。公平责任原则就提供了这样一种选择。假设不存在公平责任原则的场合,碰到需要按照公平责任原则处理的案件,一方面,法官有实现内心确信正义的需要,另一方面,又缺乏此种规则资源。法官就可能在规则之外寻求解决方案。此时,正义可能得到实现,但是规则也受到了破坏。法律规定公平责任原则,就可以确保法官在规则之内实现自由裁量的正义。

三、关于公平责任原则的争论

自《民法通则》第132条规定公平责任原则以来,围绕公平责任原则的争论一直没有停止过。

《侵权责任法》第24条如何解释,存在不同见解。有观点坚持公平责任是一种归责原则②;也有观点认为,第24条规定的是一种请求责任形态而不是归责原则③。

关于公平责任原则的争论,主要有以下的观点。

(一) 否定说

否定说反对将公平责任原则作为侵权法的归责原则。其理由主要有:

第一,公平责任不够作为归责原则的资格。一方面,适用公平责任原则归责的案件数量太少;另一方面,公平责任原则只能够适用损害赔偿一种责任形式,其他责任形式则不能适用。

第二,公平责任原则属于无过错责任的范畴。

第三,将公平责任原则作为归责原则,与过错原则及无过错原则相提并论,可能有两方面的缺陷。一方面,会造成三种归责原则主次不分,将个别现象上升为普遍现象;另一方面,造成过错责任和无过错责任不公平的印象。

---

① 参见王成:《天理国法人情》,载《人民法院报》2007年6月25日,第8版。
② 参见王利明:《侵权行为法研究》(上卷),中国人民大学出版社2010年版,第268—296页。
③ 参见杨立新:《侵权责任法》(第4版),法律出版社2021年版,第262页。

第四，将公平责任原则作为归责原则不符合《民法通则》的立法意图。公平原则是民法的基本原则，没有必要在侵权法中再确立另一项原则。①

第五，《民法通则》并没有规定公平责任原则是一个归责原则。②

（二）质疑说

质疑说认为，公平是最高法律原则，诚无疑问，但须加以具体化，始能作为可适用的法律规范，过失责任和无过失责任亦具有公平的理念，似不能否认。《民法通则》第132条规定虽具有道德法律化的理念，但作为一个法律规范，有两点应予说明：第一，《民法通则》第132条所谓"根据实际情况"由当事人分担民事责任，主要是指财产状况而言，法律所考虑的不再是当事人的行为，而是当事人的财产，财产之有无多寡由此变成一项民事责任的归责原则，由有资力的一方当事人承担社会安全制度的任务。第二，在实务上，难免造成法院不审慎认定加害人是否具有过失，从事的作业是否具有高度危险性等情况，而基于方便、人情或者其他因素从宽适用此项公平责任条款，致过失责任和无过失责任不能发挥其应有的规范功能，软化侵权行为归责原则体系的构成。须特别指出的是，《民法通则》立法者并未将加害人的财产状况作为过失或无过失侵权责任成立后决定损害赔偿的一项因素。《民法通则》第132条以当事人的财产状况作为责任的发生原因，但于其他情形并不斟酌加害人的财产状况以减轻损害赔偿金额，赔偿义务人难免贫乏无以自存，衡诸社会主义道德观念，前后未尽平衡，是否合理，似尚有研究余地。③

（三）肯定说

肯定说赞成公平责任原则作为侵权法独立的归责原则。④

本书持肯定说。

第一，否定说所持几点理由并不能成立：

其一，公平责任原则本身是兜底条款，因此适用的量少，不是否定其正当性的理由。否则，显失公平作为合同可撤销事由也不具有正当性。⑤

由于过错归责原则和无过错归责原则可以解决绝大多数的损害归属，公平责任原则的适用范围有限。尽管有些观点以此诟病公平责任原则没有资格作为归责原则，但笔者认为，这恰好正是公平责任原则的存在意义。如果法律上有大量适用公平责任原则的需要，说明归责体系出现了问题。

---

① 参见房绍坤、武利中：《公平责任原则质疑》，载《法律科学》1988年第1期。否定的理由还可以参见杨立新：《侵权法论（上）》（第5版），人民法院出版社2013年版，第171—172页。
② 参见杨立新：《侵权法论（上）》（第5版），人民法院出版社2013年版，第171—172页。
③ 参见王泽鉴：《民法学说与判例研究》（第六册），中国政法大学出版社1998年版，第290—293页。
④ 肯定说的观点，还可参见徐爱国：《重新解释侵权行为法的公平责任原则》，载《政治与法律》2003年第6期。
⑤ 徐爱国教授针对所谓数量说，提出了有力的反驳。参见同上。

其二，公平责任不属于无过失责任的范畴。无过失责任原则的适用要排斥公平责任原则。如果法律规定要适用无过失责任原则，则没有公平责任原则适用的余地。

其三，公平责任原则与民法上的公平原则不同。民法上的公平原则是民法的基本原则，对所有民事立法、司法皆具有拘束力。但是，民法基本原则只能反映和体现在具体规范中，一般不能作为裁判规范，直接适用于具体案件，否则，将会破坏整个民法的规范体系。公平责任原则是侵权法的归责原则，只适用于侵权法领域。公平责任原则是民法上的公平原则的具体体现，可以适用于具体案件的裁判。

第二，质疑说的确具有启发性，尤其是第二点，现实中存在着这样的情况。这也说明，正确理解和适用公平责任原则，是多么重要的事情。

就质疑说的第一点而言，如果将"根据实际情况"理解为财产状况，上述质疑说的担心的确是有道理的。但是，就笔者对司法实务中适用公平责任原则情况的观察来看，所谓"实际情况"并非仅仅指财产状况。司法实务中的实际情况是，在具体案件的处理过程中，法官结合内心确信的公平观念，至少会考虑以下一些因素：受害人损害的严重程度；受害人和加害人的财产状况；受害人可能获得的其他救济途径；案件的特殊程度以及是否可能构成一般规则。

就质疑说的第二点而言，需要强调公平责任原则的适用前提。即公平责任原则适用于当事人双方对损害的发生均无过错，法律又无特别规定适用无过错责任原则或者结果责任原则，让一方当事人承担全部损失有失公平的场合。在此种场合，根据民法公平原则，由行为人对受害人的财产损害给予适当的补偿，当事人合理分担损失。如果这样适用的话，应该不会产生质疑说担心的情况。

可见，质疑说担心的两点，要么是理解的问题，要么是适用的问题，都不足以否定公平责任原则作为基本的归责原则。

此外，作为损失分担规则，一定得归属于某项归责原则。但是，适用公平责任原则的情况，都无法被过错责任原则、无过错责任原则以及结果责任原则所涵盖。从这个意义上来说，公平责任原则也应当看作是独立的归责原则。

四、公平责任原则的适用

（一）公平责任原则适用于当事人双方都没有过错的情况

在当事人一方或者双方存在过错的场合，应当适用过错责任原则。只有在当事人双方都没有过错的情况下，才可能有公平责任的适用余地。

（二）公平责任原则适用于法律未特别规定要适用无过错责任、结果责任的场合

无过错责任原则、结果责任原则的适用，需要法律的明确规定。因此，在当事人双方都没有过错的情况下，如果法律规定要适用无过错责任原则或者结果责任原则，则应当依照其规定适用。只有在当事人双方都没有过错，法律又没有特别规定要适用无过错责任原则或者结果责任原则时，才可能适用公平责任原则。

就效果而言，公平责任原则适用的场合，如果适用过错责任原则，由于不存在过错，该损失原本应当由受害人自己承担；如果适用无过错责任原则，该损失则应当由行为人承担；如果适用结果责任原则，该损失应当由行为人承担。但是无论损失由哪方当事人单独承担，都可能与民法公平原则相悖，故此，法律特别规定，此种情况下应当由双方当事人根据实际情况分担损失。

假设所有造成损害的行为是一个圆，此种情况用下图表示。

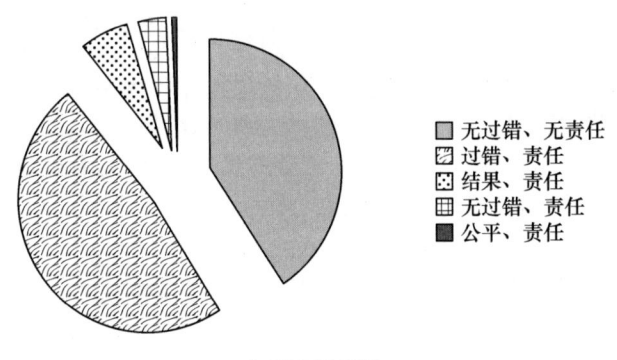

公平责任原则

（三）公平责任原则是一种授权条款

根据《民法通则》第 132 条及《侵权责任法》第 24 条的规定，当事人如何分担损失，由法官根据实际情况来确定。具体个案的处理，由法官结合内心确信的公平观念，根据案件实际情况作出判断。

从现有经验来看，法官在适用公平责任原则时，至少要考虑以下几方面的因素：

第一，受害人损害的严重程度。

如果受害人遭受的损害只是轻微的人身损害，适用公平责任原则的可能性会变小；如果受害人遭受的损害是严重的人身损害，甚至是死亡，适用公平责任原则的可能性则会加大。

第二，受害人和加害人的财产状况。

法官既会考虑加害人的财产状况，也会考虑受害人的财产状况。如果加害

人的财产状况非常好,而受害人的财产状况很差,适用公平责任原则的可能性会加大;反之,如果加害人的财产状况很差,而受害人的财产状况非常好,适用公平责任原则的可能性会变小。

第三,受害人可能获得的其他救济途径。

如果受害人有其他途径可以获得某种程度的救济,则适用公平责任原则的可能性会变小;反之,如果受害人没有任何其他获得救济的途径,则适用公平责任原则的可能性会加大。

第四,案件的特殊程度以及是否可能构成一般规则。

一般的案件,尤其是可能构成一般规则的案件,适用公平责任原则的可能性会变小。反之,类型非常特殊,不可能构成一般规则的案件,适用公平责任原则的可能性会加大。

(四)公平责任原则分配的只是可金钱化的基本损失

公平责任原则分配的只能是可金钱化的损失,受害人遭受的损失,只能够转化为金钱时,才可能由公平责任分配。就责任形式而言,只有损害赔偿,才有公平责任原则适用的余地。就损害赔偿的具体内容而言,公平责任原则分配的只能是基本损失,所谓基本损失,主要指直接损失。间接损失或者可得利益的损失一般不应赔偿,精神损失一般也不应赔偿。在司法实务中,更常见的情况是法官从案件综合情况出发,根据上面提到的各种考量因素,最后确定一个大概的赔偿数目,一般不会那么精确地分项计算。

(五)公平责任原则是一种兜底条款

公平责任原则的适用范围有限。但是,与作为合同可撤销事由的显失公平一样,它起着兜底条款的作用。

五、《民法典》第1186条的解释论

(1)如前所述,第1186条将《民法通则》第132条和《侵权责任法》第24条中的"可以根据实际情况"修改为"依照法律的规定"。按照第1186条的规定,"由双方分担损失"须"依照法律的规定",问题是依照什么法律的规定?答案应该不是本条,因为如果是本条的话,直接说"由双方分担损失"即可。如果不是本条,那又是哪条规定呢?有观点认为,这里的"法律规定"指《民法典》中关于补偿责任的规定。问题是补偿责任的规定都非常具体,无须借助第1186条做关联。如果仅仅是要求补偿责任公平的话,也首先需要引用《民法典》第6条确定的公平原则。况且,任何责任的配置都需要公平,而不仅仅是补偿责任。客观情况是,出现问题按照其他归责原则无法妥当解决的,才出现公平责任原则的需要。换言之,正是因为其他法律规定都无法解决问题了,才由第1186条进行解决。按照目前的措辞,等于说第1186条又把问题推了出去,也使得第1186条成为没有任何实际用途的条文。

（2）《民法通则》第132条和《侵权责任法》第24条的措辞是"可以根据实际情况"。"可以根据实际情况"，意味着授权法官根据案件实际情况进行判断，在双方当事人都没有过错、根据过错责任原则由受害人一方独自承担损失导致极不公平后果的场合，改由双方分担损失。这是公平责任原则适用的本意。可见，《民法通则》第132条和《侵权责任法》第24条的规定，目的在于给法官授权。

《民法典》第1186条规定的"依照法律的规定"，使法官在适用第1186条时，必须寻找其他法律规定，而无法再"根据实际情况"进行适用。联想到《民法通则》第132条和《侵权责任法》第24条引发了巨大争议，《民法典》第1186条对《民法通则》第132条和《侵权责任法》第24条的修正，很可能是为了限制对法官的授权，限制法官的自由裁量。

（3）一方面，《民法典》第1186条试图限制法官根据实际情况自由裁量，另一方面，又有需要适用公平责任的场合。在这种背景下，法官可能有两个选择：第一，因《民法典》第1186条的限制，不适用公平责任而改适用其他归责原则；第二，抛开第1186条，直接适用《民法典》第6条的公平原则进行裁判。哪种选择更妥当一些？笔者认为，哪种选择都不妥当：首先，就第一种选择而言，既然是需要适用公平责任，那适用其他归责原则，结果必然是不妥当的；其次，第二种选择会造成所谓"向一般条款逃逸"的结果，使得法官的自由裁量从规则之内（《民法通则》第132条和《侵权责任法》第24条）逃向了规则之外。正义应当在规则之内而不应当在规则之外加以实现。

（4）通过废除公平责任限制法官自由裁量的逻辑思路。《民法典》第1186条的逻辑大概在于：公平责任原则被滥用是因为有公平责任原则，废掉公平责任原则，公平责任原则也就不会被滥用。整个逻辑线条就是：防止规则被滥用，防止自由裁量，废除（或者形式上存在而实际上废除）规则本身。这是典型的因噎废食的逻辑。问题是，公平责任被滥用的争议一直存在，但是被滥用的绝不只是公平责任的规定。任何一个规则都有被滥用的可能。不能把所有的规则都废掉。当然，首先需要明确的是，什么是规则被滥用？定义规则被滥用并不容易。笔者认为，未依照法律授权的范围及程序对法律进行解释，以及未依照公认的法律解释方法在个案中适用法律，都属于规则被滥用。用通俗的话说就是：经是好经，只是和尚把经给念歪了。有这样一个大概的共识，就不影响继续讨论。规则被滥用，部分原因可以归结为法官自由裁量的结果，或者是打着自由裁量的旗号进行裁判的结果。所以，防止规则被滥用，需要的是合理合法规制法官的自由裁量，而不是废掉可能被滥用的规则本身。关于公平责任与补偿责任的关系，请参看补偿责任部分的讨论。

第七节 归责原则的体系效应

一、归责原则体系效应的概念

归责原则的体系效应,是指在存在多个归责原则的情况下,各归责原则之间互相配合、协作的关系及其效果。

现代侵权法,不再以过错责任原则作为唯一的归责原则,而是过错责任原则、无过错责任原则、结果责任原则以及公平责任原则并存。各个归责原则在同一侵权法中并存,必然产生彼此关系如何协调的问题。如果各个归责原则彼此之间能够互相配合、协调,保持和谐关系,则会促进侵权法内部的和谐,促进侵权法功能和目的的实现。相反,如果各个归责原则之间存在冲突和矛盾,整个侵权法的功能和目的也就不能很好地实现。

二、归责原则的体系效应

某一行为导致的损失发生后,在侵权法内部,损害的分配可能有几种方案:由受害人独自承担、由行为人独自承担、由受害人和行为人分担。不同的归责原则会导致不同的分配结果。

过错责任原则、无过错责任原则、结果责任原则以及公平责任原则间存在着互相配合适用的体系效应。一种侵权行为类型,如果行为人存在过错,则应当按照过错归责;如果损害是由于作业本身的危险造成的,行为人不存在过错,但是法律认为应当由行为人一方承担该不利后果的,则按照无过错归责。如果法律认为,无论如何都应当由行为人来承担损害后果,则适用结果责任原则。在无过错归责和结果归责的场合,不能有过错的存在。如果有过错的存在,则应当按照过错来归责或者部分归责。① 侵权结果的发生,不是因过错而发生,让任何一方当事人承担不利后果,都可能引起社会关系的极度紧张时,则按照公平责任来归责。

过错责任原则是现代侵权法配置责任的基本原则,但是,彻底、完全地根据过错来配置损害结果,在很多情况下会导致不公平的后果。因此,出现了无过错责任原则、结果责任原则以及公平责任原则的需要。

---

① 克雷斯蒂安·冯·巴尔教授关于道路交通事故归责原则的讨论,可以作为这一结论的印证。"必须规定严格责任的最重要的生活领域曾经是而且一直是道路交通。但至今为止,并非每一个以机动车辆参与一般道路交通者,亦非每个动力化了的道路使用者到处都必须承担严格责任;即使存在这样的责任制度,它通常也仅适用于特定危险的实现并因此仅限于特定的损害形态。一些法律制度甚至根本未就此规定'严格责任',机动车辆保有者只有在他本人或其雇员有过失时才承担赔偿责任。"参见〔德〕克雷斯蒂安·冯·巴尔:《欧洲比较侵权行为法》(下卷),焦美华译,法律出版社2004年版,第480页。

假设所有造成损害结果的行为构成一个圆。

过错责任原则适用的场合,所有造成损害结果的行为被一分为二,即有过错的行为和无过错的行为,有过错则有责任,无过错则无责任。

无过错责任原则适用的场合,是从过错责任原则中划出一定的范围。在此场合,行为人无过错,原本不需要承担责任,即损失原本是应当由受害人自己来承担,但法律基于一定的政策考量,让行为人承担了责任。

结果责任原则适用的场合,是从过错责任原则和无过错责任原则两边各划出一定的范围。在此场合,也许有过错、也许无过错。法律认为没有过错识别的必要,或者识别过错是否存在的成本过高,所以不再进行有无过错的识别。因此,在适用结果责任的场合,是否存在过错不再是法律关注的问题。在此场合,是结果、而不再是过错成为责任配置的理由。

公平责任原则适用的场合,是从无过错责任原则中划出一定的范围。在此场合,由于没有过错的存在,所以,不存在受害人或者行为人的过错责任。按照无过错责任原则,此时原本应当由无过错的行为人来承担责任。但是,由于一定的政策考量,单单让无过错的行为人承担责任,就其结果而言并不妥当,此时,法律就让皆无过错的双方分担了损失。这就是公平责任的适用。

此种情况用下图表示:

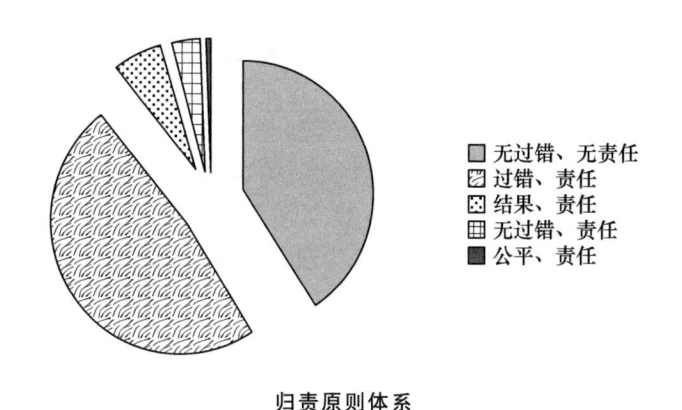

归责原则体系

三、归责原则体系效应的意义

围绕危险发生的损害并不一定必然要适用无过错归责原则。围绕危险作业引发的损害,可能是多种原因造成的。应当根据造成损害的不同原因适用不同的归责原则。如果损害是由于危险作业本身的原因造成的,适用无过错责任。如果损害是由于过错行为造成的,适用过错责任。而如果损害是由于双方当事人过错造成的,则适用过错相抵。如果法律只看结果,不区分过错的有无,则适用结果责任。在这样的意义上,无过错责任可以适用过错相抵,也有免责事由。适用过错责任时,应当指明过错在哪里。①

由此产生的一个推论是,某类侵权行为并不必然适用某种归责原则;归责原则的适用,是个案的判断。确定归责原则类型的关键,是确定造成损害的原因。造成损害的原因可以分为过错、属于特定类型的危险以及不属于特定类型的危险三大类,根据不同原因分别适用过错责任原则、无过错责任原则、结果责任原则和公平责任原则。可见,归责原则的适用,是具体案件处理时需要考虑的问题。立法者需要做的,是确定哪些危险属于适用无过错责任或者结果责任的危险,哪些危险不属于适用无过错责任或者结果责任的危险。对于前者特别规定为无过错责任或者结果责任,对于后者则不作特别规定,自然适用过错责任原则。

一般来说,多数人类活动均具有一定程度的危险性,但并非所有从事活动的人都应承担无过失责任。只有具有特殊危险,即使善尽一般注意义务,仍无法使该危险全然安全的活动,才有适用严格责任之必要。否则若以相当的注意,危险即可排除,则课以过失责任即可。因此构成异常危险之活动,通常是指具有对他人人身或财产造成重大损害之危险,且被告无法以善尽注意义务排除危险者。②

《美国侵权法重述》(第 2 版)第 520 节规定:"确定异常危险时,应当考虑以下因素:(1) 存在对人身或财产造成损害的高度危险;(2) 存在发生严重损害的可能性;(3) 即使尽到合理注意,仍无法避免该危险;(4) 行为不属于周围环境习惯的普遍做法;(5) 该活动对活动地点而言是不适当的;(6) 活动对社区之危险要高于其价值。"

邱聪智先生将危险活动之责任类型划分为古典危险责任和现代型危险责任。其中古典危险责任包括建筑物所有人责任和动物占有人责任。现代型危险责任包括活动过程中之损害和活动结果之损害。前者又包括交通危险责任和厂场事故责任,后者包括公害责任和商品责任。③

在笔者看来,修订后的《道路交通安全法》第 76 条就基本上反映了这样一种责任配置理念,综合了各种归责原则。

《道路交通安全法》第 76 条规定:"机动车发生交通事故造成人身伤亡、财产损失的,由保险公司在机动车第三者责任强制保险责任限额范围内予以赔偿;不

---

① 《美国侵权法重述》(第 2 版)第 519 节评注中的两个例子是:在一个城市的仓库里存放炸药,如果该炸药发生爆炸给附近居民造成损害,则属于严格责任适用的情况。但是,如果炸药没有发生爆炸,而是仓库的一部分墙体倒塌,正好砸伤了路过的行人,此种情况则不适用严格责任。同样,如果炸药在运送过程中发生爆炸造成损害,则适用严格责任。但是如果是运送炸药的车辆撞伤了行人,则不适用严格责任。

② 参见陈聪富:《侵权归责原则与损害赔偿》,元照出版公司 2004 年版,第 16 页。

③ 参见邱聪智:《从侵权行为归责原理之变动论危险责任之构成》,中国人民大学出版社 2006 年版,第 101 页。

足的部分,按照下列规定承担赔偿责任:(一)机动车之间发生交通事故的,由有过错的一方承担赔偿责任;双方都有过错的,按照各自过错的比例分担责任。(二)机动车与非机动车驾驶人、行人之间发生交通事故,非机动车驾驶人、行人没有过错的,由机动车一方承担赔偿责任;有证据证明非机动车驾驶人、行人有过错的,根据过错程度适当减轻机动车一方的赔偿责任;机动车一方没有过错的,承担不超过百分之十的赔偿责任。交通事故的损失是由非机动车驾驶人、行人故意碰撞机动车造成的,机动车一方不承担赔偿责任。"

其中,"机动车发生交通事故造成人身伤亡、财产损失的,由保险公司在机动车第三者责任强制保险责任限额范围内予以赔偿",这是关于结果责任的规定。"机动车之间发生交通事故的,由有过错的一方承担赔偿责任;双方都有过错的,按照各自过错的比例分担责任",这是关于过错责任和过错相抵的规定。"机动车与非机动车驾驶人、行人之间发生交通事故,非机动车驾驶人、行人没有过错的,由机动车一方承担赔偿责任",这是关于机动车一方结果责任的规定。"有证据证明非机动车驾驶人、行人有过错的,根据过错程度适当减轻机动车一方的赔偿责任",这是关于结果责任适用过错相抵的规定。"机动车一方没有过错的,承担不超过百分之十的赔偿责任",这是关于无过错责任的规定。"交通事故的损失是由非机动车驾驶人、行人故意碰撞机动车造成的,机动车一方不承担赔偿责任",这是关于免责事由的规定。

第五章 加 害 行 为

第一节 加害行为的概念和研究意义

一、加害行为的概念

加害行为是指侵犯他人权利或者合法利益的行为。

在侵权行为的构成要件中,加害行为一般被称为行为。以加害行为相称,是为了与包含构成要件的侵权行为相区别。加害行为有时也被称为侵权行为。另外,学说上一般将过错责任原则下的行为称为加害行为,无过错责任原则下的行为一般不称为加害行为,以体现过错责任原则下对行为的道德贬抑性。笔者认为,无论过错责任原则下还是无过错责任原则下,受害人的权益均受到了侵害,所以,统一将行为称为加害行为也并无不妥。

《民法典》第3条规定:"民事主体的人身权利、财产权利以及其他合法权益受法律保护,任何组织或者个人不得侵犯。"第120条规定:"民事权益受到侵害的,被侵权人有权请求侵权人承担民事责任。"

据此,民事权利和合法利益的相对人均负有不得侵犯民事权利和合法利益的一般义务。侵犯民事权利和合法利益的行为违反了法定义务,因此具有违法性。侵犯民事权利和合法利益的行为,都可能成为构成侵权行为的加害行为。加害行为往往体现为多种行为的结合,而不仅仅是一个独立的行为。

二、加害行为的研究意义

研究加害行为具有如下意义:

(一)加害行为是侵权行为的一般构成要件

任何侵权行为的构成,都以加害行为的存在作为前提。判断侵权行为是否构成,首先需要判断加害行为是否存在。没有加害行为,也就没有侵权行为,当然也就谈不上侵权责任。可以说,加害行为是整个侵权行为及侵权法的起点。

(二)加害行为是很多案件处理的关键所在

在很多案件中,行为人的行为是否属于侵犯权利或者合法利益的加害行为,是这些案件正确处理的关键所在。

比如,在刘翔诉《精品购物指南》报社侵犯肖像权案中,关键问题就在于《精品购物指南》报社以该种方式使用刘翔肖像,是否属于侵犯肖像权的加害行为。① 在腾格尔诉腾格尔公司侵犯姓名权案中,关键问题就在于腾格尔公司以该种方式使用腾格尔的姓名,是否属于侵犯姓名权的加害行为。②

为了正确识别侵犯名誉权的加害行为,最高人民法院曾出台大量的司法解释。仅在 2000 年之前,最高人民法院关于肖像权的司法解释性质文件就至少有 16 件之多,其中包括 1993 年和 1998 年两次关于名誉权问题的集中解答和解释。

(三)加害行为是认定侵权主体的根据

受害人要想将损害转嫁由加害人承担,首先需要确定侵权的主体。在诉讼的意义上,就是需要确定适格的被告。确定侵权主体和适格的被告,需要首先认定加害行为。侵权主体一定是实施加害行为的人。因此,没有加害行为,也就没有侵权主体。

比如,在道路交通事故中,肇致交通事故的机动车驾驶人原本是 A,但 A 说驾驶机动车的人是 B,由于某种原因,B 也承认自己是当时的驾驶人。出现这种情况,可能是 A 没有驾驶执照(或者醉酒等),由此可能还要承担刑事责任;或者 A 有钱而 B 没有赔偿能力,二人恶意串通不愿意赔偿受害人的损失。

无论哪种情况,如果不能正确认定侵权主体的话,要么可能使侵权人逃脱制裁,要么受害人无法得到赔偿。此时,正确认定侵权主体就显得非常重要。而要正确认定侵权主体,需要从加害行为入手。

(四)加害行为是区分单独侵权和数人侵权的根据

单独侵权中,一般只有一个责任主体;数人侵权中,会有多个责任主体,各个主体之间可能还承担连带责任。数个侵权责任主体承担侵权责任,尤其是如果承担连带责任的话,对受害人救济的实现无疑会增强保障。数人侵权中,每个人都应当有加害行为。因此,对加害行为的认定,是区分单独侵权和数人侵权的关键。

在我国台湾地区,有一则著名的冥纸烧船案。

陈洪某某与其夫陈某某于 1996 年 2 月 4 日下午 2 时 35 分许,在屏东县东港镇丰鱼街 34-4 号前之渔港码头上祭拜燃烧冥纸后,竟疏未详看冥纸已否燃尽,由其夫将仍有火星的冥纸灰倒入岸际水域,致引燃水面上的油污,使停靠于该处属于许某某所有的"鱼发号"渔船烧毁,致其受有新台币 800 万的损失。

本案需要讨论的问题是:本案是数人(共同)侵权还是单独侵权?要确定这一问题,首先需要讨论:本案中的加害行为是什么?本案中的加害人是谁?

---

① 参见北京市海淀区人民法院(2005)海民初字第 2938 号民事判决书、北京市第一中级人民法院(2005)一中民终字第 8144 号民事判决书。

② 参见北京市海淀区人民法院(2003)海民初字第 10379 号民事判决书、北京市第一中级人民法院(2004)一中民终字第 04637 号民事判决书。

本案中有三个行为：焚烧冥纸、未熄灭、倾倒入海。

在本案中，陈洪某某与其夫陈某某共同于渔港码头焚烧冥纸，而由其夫单独将冥纸灰烬倒入海中，原审判决认定陈洪某某无须承担共同侵权责任，认为"倾倒纸钱灰烬入海之行为，仅须一人为之即足"。陈洪某某既未从事侵害行为，即无共同侵权行为可言。换言之，原审法院判决是以"倾倒纸钱灰烬入海之行为"为加害行为。

相反，我国台湾地区法院认为，陈某某与陈洪某某"本应注意确认该灰烬倾倒时（不论由谁倾倒），是否已经完全熄灭，倘发现尚未完全熄灭，亦应立刻使其熄灭，此违背被上诉人应尽的作为义务，被上诉人竟未尽此作为义务"，应负损害赔偿责任。据此，台湾地区法院认为"焚烧冥纸"和"倾倒灰烬入海之行为"都不是加害行为，而认为"焚烧冥纸"系属危险前行为，对于渔港内之设备及其他船舶造成一定程度之危险，而"未熄火灰烬之行为"才属于本案不作为之侵害行为，故应当有共同侵权行为的存在。①

假设，本案的情形是焚烧冥纸后弃之不管，引发火灾。或者假设，本案的情形是焚烧冥纸后未及时处理，被风吹入海中，引发火灾。哪种行为是法律所不欲的？笔者认为，法律不是关注焚烧冥纸，也不是关注倾倒入海，关注的是燃烧后不及时熄灭。因此不及时熄灭冥纸灰烬这种不作为是本案的加害行为。

（五）加害行为是认定直接结合和间接结合的根据

2003年《人身损害赔偿解释》第3条规定："二人以上共同故意或者共同过失致人损害或者无共同故意、共同过失，但其侵害行为直接结合发生同一损害后果的，构成共同侵权，应当依照民法通则第一百三十条规定承担连带责任。二人以上没有共同故意或者共同过失，但其分别实施的数个行为间接结合发生同一损害后果的，应当根据过失大小或者原因力比例各自承担相应的赔偿责任。"

此条规定将无意思联络的数人侵权行为分为行为直接结合的侵权行为和行为间接结合的侵权行为。前者承担连带责任，后者承担按份责任。连带责任与按份责任对受害人关系重大。而判断行为究竟为直接结合还是间接结合的关键，在于对加害行为的分析。

（六）加害行为是认定过错的根据

过错尽管在其最初的意义上被称为主观过错，但现在，过错已经越来越客观化了。无论是在主观意义上，还是在客观意义上，过错都需要通过行为加以判断。不存在独立的叫作过错的客观存在。过错蕴含在加害行为中。在主观意义上，过错需要通过行为来分析；在客观意义上，需要将行为与预定的客观标准加

---

① 我国台湾地区法院2001年台上字第1682号民事判决书，参见陈聪富：《侵权归责原则与损害赔偿》，元照出版公司2004年版，第5—12页。

以比较来认定。

（七）加害行为是认定责任成立的因果关系的根据

侵权法上的因果关系包括责任成立的因果关系和责任范围的因果关系。责任成立的因果关系，是指加害行为与权益受侵害之间的因果关系。可见，认定责任成立的因果关系，需要首先将加害行为固定下来。

（八）加害行为是侵权行为类型化的根据

《民法通则》第 121 条之后，分别规定了不同类型的侵权行为，这些侵权行为之所以被划分为不同类型，原因就在于加害行为的不同。比如，《民法通则》第 121 条规定的是国家机关及其工作人员的职务侵权行为，第 122 条规定的是产品质量侵权行为，等等。各种不同类型的侵权行为，彼此之间存在着各种差异，但加害行为不同，是其根本的差别。《侵权责任法》第五章到第十一章规定的各种类型的侵权行为，也主要是因为加害行为的不同。《民法典》侵权责任编第四章到第十章，延续了《侵权责任法》的规定，各章的分类根据也主要是加害行为的不同。与《侵权责任法》第四章一样，侵权责任编第三章尽管称为"责任主体的特殊规定"，但其分类根据也主要是加害行为的不同。

《民法典》中有许多关于加害行为认定的规定。比如，《民法典》第 1019 条规定："任何组织或者个人不得以丑化、污损，或者利用信息技术手段伪造等方式侵害他人的肖像权。未经肖像权人同意，不得制作、使用、公开肖像权人的肖像，但是法律另有规定的除外。未经肖像权人同意，肖像作品权利人不得以发表、复制、发行、出租、展览等方式使用或者公开肖像权人的肖像。"本条中"丑化、污损""利用信息技术手段伪造"，以及未经肖像权人同意，"制作、使用、公开"他人肖像，未经肖像权人同意，肖像作品权利人"发表、复制、发行、出租、展览"肖像作品，都构成对肖像权的加害行为。

加害人行为的认定，需要权衡多方面因素。表现在法条上，就是会有很多限定条件。比如，《民法典》第 1020 条规定："合理实施下列行为的，可以不经肖像权人同意：（一）为个人学习、艺术欣赏、课堂教学或者科学研究，在必要范围内使用肖像权人已经公开的肖像；（二）为实施新闻报道，不可避免地制作、使用、公开肖像权人的肖像；（三）为依法履行职责，国家机关在必要范围内制作、使用、公开肖像权人的肖像；（四）为展示特定公共环境，不可避免地制作、使用、公开肖像权人的肖像；（五）为维护公共利益或者肖像权人合法权益，制作、使用、公开肖像权人的肖像的其他行为。"本条规定的是不经肖像权人同意、不构成加害行为的情形。这些行为，首先需要"合理"。在此大前提之下，如果是"个人学习、艺术欣赏、课堂教学或者科学研究"，必须在"必要范围内"使用肖像权人"已经公开"的肖像；如果是实施新闻报道，必须是"不可避免"地制作、使用、公开肖像权人的肖像；如果是依法履行职责，必须是"国家机关"在"必要范围内"制作、使用、公开肖像权人的肖像;如果是展示特定公共环境,必须是"不可避免"地制作、使用、公开肖像权人的肖像。

上述"丑化""污损""合理""必要范围""不可避免"等均具有极大的解释空间。可见,加害行为的认定,很大程度上依赖于法官的自由裁量。它涉及非常复杂的因素,包括认定者的个人经历、基本的世界观、性别、情绪等。

归根到底,关于加害行为的认定,依然是在平衡权利救济与行为自由的关系、平衡个人忍受和行为自由的关系。

第二节 作为的加害行为和不作为的加害行为

《民法典》第1254条第1款中段规定:"从建筑物中抛掷物品或者从建筑物上坠落的物品造成他人损害的,由侵权人依法承担侵权责任。"本条规定了两种加害行为:抛掷物品是作为的加害行为,从建筑物上坠落的物品是不作为的加害行为。

一、作为的加害行为

作为的加害行为,也称为积极的加害行为,是指违反不作为义务的加害行为,即原本不应该作为而作为,导致他人权益受损。

作为的加害行为,违反的是合法民事权益不得非法侵犯的一般义务。《民法典》第3条规定:"民事主体的人身权利、财产权利以及其他合法权益受法律保护,任何组织或者个人不得侵犯。"据此,合法的民事权益受法律保护,权利人之外的任何组织和个人均负有不得非法侵犯的义务。作为权利人之外的组织和个人,只要消极地什么都不作为,就不会侵犯他人合法的民事权益,也就不会构成作为的加害行为。

绝大多数的加害行为都是作为的加害行为。

二、不作为的加害行为

不作为是否构成侵权行为,涉及复杂的价值权衡。

甲上班途中,突然看见一个年幼小孩乙坠楼,生命垂危。因一时无法找到乙的家人,甲迅速开车将乙送到附近的丙医院急救。丙医院要求甲预付治疗费用1万元,甲向丙医院表示:我仅仅是做好事,不是家属,然后自行离开。丙医院无奈之下展开急救,乙转危为安。丙医院的救治工作,应收取费用9000元。请问:

(1)甲看到孩子坠楼,但没有救助,造成孩子伤情因延误而加重的,是否要承担责任?假设甲是警察,甲没有救助,是否要承担责任?

(2)甲看到孩子坠楼,大喊招呼人来帮忙,结果周围无人,甲见没有人来,自己也离开而没有救助,结果导致伤情因延误而加重,是否要承担责任?

(3) 甲救助过程中,因无经验导致的措施不当,造成伤情加重,是否要承担责任?

(4) 甲在救助过程中,因疏忽造成伤情加重,是否要承担责任?

(5) 丙医院是否有权要求甲支付该9000元?

(6) 丙医院是否有权要求乙支付该9000元?

(7) 丙医院是否有权要求乙的监护人丁支付9000元?

(8) 如果丙医院在甲拒不预付费用的情况下拒绝治疗,导致乙死亡,应否承担民事责任?

(一) 不作为加害行为的概念

不作为的加害行为,也称为消极的加害行为,是指违反作为义务的加害行为,即原本应该作为而没有作为,导致他人权益受损。

不作为的加害行为,违反作为义务。值得注意的是,不作为的加害行为违反作为义务与作为的加害行为违反合法权益不得非法侵犯的义务属于不同的层次。不作为的加害行为,在违反作为义务的同时,必然也违反了合法权益不得侵犯的义务,因为此时必定已经发生了他人合法权益被侵犯的损害后果。因此,将不作为认定为加害行为时,除有《民法典》第3条义务的违反外,还需要有明确的作为义务的存在。

先有作为义务,后有不作为,才构成作为义务的违反,因此才有不作为的加害行为。一般来说,民事主体只要什么都不作为,就不应当产生任何不利后果。民事主体原则上不负有作为义务,不作为原则上不能成为加害行为。不作为构成加害行为,等于赋予民事主体积极的作为义务。

在民法上,违约行为因为有约在先,故而,违约行为主要是不作为或者作为不适当。《民法典》第577条规定:"当事人一方不履行合同义务或者履行合同义务不符合约定的,应当承担继续履行、采取补救措施或者赔偿损失等违约责任。"侵权加害行为主要是作为的加害行为。不作为加害行为以作为义务为前提。作为义务的产生,必须有明确的根据。比如,《民法典》第1198条规定:"宾馆、商场、银行、车站、机场、体育场馆、娱乐场所等经营场所、公共场所的经营者、管理者或者群众性活动的组织者,未尽到安全保障义务,造成他人损害的,应当承担侵权责任。因第三人的行为造成他人损害的,由第三人承担侵权责任;经营者、管理者或者组织者未尽到安全保障义务的,承担相应的补充责任。经营者、管理者或者组织者承担补充责任后,可以向第三人追偿。"本条中,安全保障义务就是一种作为义务。如果违反作为义务不作为,无论是安全保障义务人自己还是第三人行为造成他人损害,安全保障义务人不作为的行为均构成加害行为。

(二) 不作为加害行为的产生根据

《欧洲侵权法原则》第 4:103 条"保护他人免受损害的义务"规定,积极作为保护他人免受损害的义务存在于下列情况:法律有规定;行为人导致或者控制的危险情况;当事人之间存在特殊关系;危害的严重性以及一方避免损害的便利性。

一般认为,作为义务的产生根据包括以下几种情况:法律规定、服务关系、契约上义务、自己之前行为以及公序良俗。①

(1) 作为义务可以基于法律规定而产生。比如《民法典》第 1246 条前段规定:"违反管理规定,未对动物采取安全措施造成他人损害的,动物饲养人或者管理人应当承担侵权责任。"饲养动物需要对动物采取安全措施,是管理规定的要求。对动物采取安全措施,就是管理规定要求动物饲养人或者管理人履行的作为义务。违反这种作为义务,造成他人损害的,就构成了不作为的加害行为。《民法典》第 1258 条第 1 款规定:"在公共场所或者道路上挖掘、修缮安装地下设施等造成他人损害,施工人不能证明已经设置明显标志和采取安全措施的,应当承担侵权责任。"本条规定要求施工人设置明显标志或者采取安全措施,这就是一种作为义务,如果不尽作为义务,则构成不作为的加害行为。《旅游法》第 70 条第 3 款规定:"在旅游者自行安排活动期间,旅行社未尽到安全提示、救助义务的,应当对旅游者的人身损害、财产损失承担相应责任。"据此,即使是在旅游者自行安排活动期间,旅行社仍有安全提示和救助的作为义务。违反此种作为义务的,即构成不作为侵权。

(2) 某些职业因为法律的特别规定,而在某些特定场景下具有作为义务。比如我国《医疗机构管理条例》第 30 条规定:"医疗机构对危重病人应当立即抢救。对限于设备或者技术条件不能诊治的病人,应当及时转诊。"《执业医师法》第 24 条规定:"对急危患者,医师应当采取紧急措施进行诊治;不得拒绝急救处置。"医疗机构及职业医师对于危重病人、危急患者应当采取紧急措施进行救治。《人民警察法》第 19 条规定:"人民警察在非工作时间,遇有其职责范围内的紧急情况,应当履行职责。"第 21 条第 1 款规定:"人民警察遇到公民人身、财产安全受到侵犯或者处于其他危难情形,应当立即救助;对公民提出解决纠纷的要求,应当给予帮助;对公民的报警案件,应当及时查处。"可见,人民警察即使在非工作时间,遇到公民人身、财产安全受到侵犯或者处于其他危难情形的,也应当立即救助。

在英美法上,心理医生基于职业可能产生作为义务。《侵权法重述》中有一个例子说明这一问题。

---

① 参见陈聪富:《侵权归责原则与损害赔偿》,元照出版公司 2004 年版,第 11 页。

斯特兰德医生是一位临床心理学家。在接受心理咨询的过程中,他意识到一位名叫莱斯特的病人正在性虐待他8岁的继女凯利。斯特兰德医生没有将这一信息传达给凯利的母亲或政府有关部门的官员,也没有采取任何其他措施阻止莱斯特继续对凯利进行性侵犯。斯特兰德医生对凯利负有合理的注意义务,并对莱斯特继续虐待凯利所造成的损害承担责任。[1]

(3) 作为义务可以基于服务关系而产生。比如《民法典》第1198条第1款规定:"宾馆、商场、银行、车站、机场、体育场馆、娱乐场所等经营场所、公共场所的经营者、管理者或者群众性活动的组织者,未尽到安全保障义务,造成他人损害的,应当承担侵权责任。"

宾馆、商场、银行、车站、机场、体育场馆、娱乐场所等经营场所、公共场所的经营者、管理者或者群众性活动的组织者,很可能与受害人产生服务关系。基于此种服务关系,行为人产生作为义务,如有违反,则构成不作为的加害行为。当然,如果法律对安全保障义务有明确规定,此种作为义务也可以理解为因法律规定而产生。同时值得注意的是,经营场所、公共场所的经营者、管理者或者群众性活动的组织者,不只是对与其存在服务关系的人负有安全保障义务。即使没有服务关系,对在该经营场所、公共场所或者群众性活动中受到损害的人,也负有安全保障义务。

(4) 作为义务可以基于契约上义务而产生。比如,因雇佣合同,雇员和雇主两方面分别会产生作为义务。作为雇员的保姆如果看见婴儿吞食玩具,有制止的作为义务。作为雇主,如果发现雇员受伤、生命垂危,则有送医救治的作为义务。[2]

上述因契约而产生的作为义务,因为附随义务的出现而成为一种法定义务,即无论契约中是否对作为义务有明确约定,合同主体均负有该作为义务。比如,《民法典》第509条第2款规定:当事人应当遵循诚信原则,根据合同的性质、目的和交易习惯履行通知、协助、保密等义务。由此,无论合同是否约定,当事人均负有通知、协助、保密等作为义务。

(5) 作为义务可以基于自己的前行为而产生。比如,某人带邻居小孩出去游玩,他对小孩会产生尽力照看的义务。如果他在游玩过程中疏于照看,导致小孩发生事故造成损害,则可能因其不作为而承担侵权责任。这一责任的基础在于作为义务,而作为义务产生于带出去游玩这一前行为。这种基于自己前行为而产生的作为义务,行为人原本并没有作为义务。只是因为有了前行为,后续才

---

[1] The American Law Institute, *A Concise Restatement of Torts*, ST. PAUL, MN American Law Institute Publishers, 2010, p.149.

[2] 参见王泽鉴:《侵权行为》(第三版),北京大学出版社2016年版,第110页。

会产生作为义务。

因前行为而产生作为义务的道理何在？曾世雄先生举例说，晕倒路旁之人在众人围观下受到救助之概率较高，行为人挺身而出救助之结果，是围观众人散去，无疑因行为人之作为而降低晕倒路旁之人受到救助之概率，即使依无因管理之规定管理行为应告一段落，法理上应认为已衍生出救助之作为义务。①

在前面讨论的台湾地区冥纸烧船案中，因为焚烧冥纸，如果不能妥当熄灭，会给周围环境带来危险，因此产生将灰烬及时熄灭的义务，否则即可能因为不作为而承担侵权责任。这也是因为自己的前行为而产生的作为义务。

（6）作为义务可以基于公序良俗而产生。公序良俗产生法律上的作为义务，可以使法律规范与其他社会规范相衔接。在关系他人生命、身体、健康等非财产性生活资源重大变动的场合，行为人如未提供扶助，他人或将丧命或蒙受重大不治之体伤。例如成员同处于封闭而无其他救助的空间，如夫妻同室、矿工同矿、互助攀登高峰、潜水同处海域。而扶助之行为无甚害于救助人之生活资源。比如夫或妻午夜急病，妻或夫呼叫救护车；或矿坑矿工出事，同一矿坑工作人员及时给予救助；或登山者、潜水人遇有危险，互助登山者、同时潜水人顺手拉推一把。②

三、不作为原则上不构成加害行为

人是社会的动物，而同时又秉有反社会的天性。想调剂社会的需求与利己的欲望，人与人之间的关系不能不有法律道德为之维护。因有法律存在，我不能以利己欲望妨害他人，他人也不能以利己欲望妨害我，于是彼此乃宴然相安。因有道德存在，我尽心竭力以使他人享受幸福，他人也尽心竭力以使我享受幸福，于是彼此乃欢然同乐，社会中种种成文的礼法和默认的信条都是根据这个基本原理。③

因此，不作为原则上不构成加害行为。比如，邻宅失火，坐视不管；孩童落水，不加援手；登山将掉入悬崖，不予警告；高血压者大吃红肉，未加劝阻；等等。尤其需要强调的是，违反道德义务的不作为，不构成加害行为。

这一原则自罗马法开始一直延续后世，其原因主要有以下几点：

其一，人类生活的基本要求，在于不积极伤害他人。每个人只对自己的行为负责，没有义务为他人的利益行事。除非他与他人之间存在某种关系，这种关系要求他为他人为一定的行为。

---

① 参见曾世雄：《损害赔偿法原理》，詹森林续著，新学林出版股份有限公司2005年版，第74—75页。
② 同上书，第75—76页。
③ 参见朱光潜：《给青年的十二封信》，群言出版社2014年版，第29页。

其二，基于个人主义思想，避免因此限制人的行为自由。

其三，因果关系认定困难，孩童落水，旁观者众多，谁要负责？如果因为围观而产生作为义务，则只会导致受害人的境况变得更差。

其四，"作为"制造危险，使人受害，"不作为"仅系因不介入他人事务而不使他人受益，二者在法律上的评价，应有不同。法律须禁止因积极行为而侵害他人，但原则上不能强迫帮助他人，而使危难相济的善行成为法律上的义务。[①] 道德标准要求做好人，要行善，法律标准只要求普通人的标准。法律之所以坚持不作为原则上不构成侵权行为的原则，是因为受这一观念的影响：如果被告没有行动，他仅仅是没有将某种好处给予原告，他并没有使原告的情形变得更差。

不作为原则上不构成加害行为，故而，在没有作为义务而进行作为时，行为人是使他人受益。如果这一过程中，行为人的行为存在过错，法律应当采宽容态度。《民法典》第184条规定：因自愿实施紧急救助行为造成受助人损害的，救助人不承担民事责任。当然，救助人是否一概不承担任何责任，也存在解释上的争议。

四、作为义务的扩张

不作为原则上不构成加害行为，但是，不作为构成加害行为的情形，在现代侵权法上呈现扩张的趋势。不作为加害行为之所以扩张，源于作为义务的扩张。作为义务之所以扩张，与法律的基本价值趋向有密切关系。

民法原本是个人本位的法律。过错责任、自己责任、意思自治、所有权神圣等，无一不是个人本位的体现。

在个人本位下，每个人皆可独善其身。但现代社会，人类生活空间越来越小，在很多场合，个人本位让位于社会本位。在社会本位下，每个人不再能够仅仅独善其身，还必须为他人的安全负上一定的义务和责任。

比如安全保障义务，就是要求从事一定社会活动的民事主体，要为该种社会活动可能影响到的其他人负责任。安全保障义务原本仅仅指维持交通安全而言，如房屋所有人就其所在地之石阶任其坍塌，致他人而受损害者，应负责任。其后扩张及于其他社会交往活动，强调在社会生活上应负防范危害的义务。各国立法上均没有关于安全保障义务的明确规定，但在司法判决中，安全保障义务却普遍地存在。正如冯·巴尔教授指出的："除普通法之'有名侵权'以外，各国都有进一步的为侵权行为法所特有的'规范发生器'：一般安全注意义务。"[②] 在

[①] 王泽鉴：《侵权行为》（第三版），北京大学出版社2016年版，第108页。
[②] 参见〔德〕克雷斯蒂安·冯·巴尔：《欧洲比较侵权行为法》（下卷），焦美华译，法律出版社2004年版，第281页。

这样的意义上,安全保障义务就成为给一般民事主体设置作为义务的"规范发生器"。

但是,普通民事主体是否应当负有某种一般社会义务,向来容易引起争论。比如,饭店是否有接待所有客人的义务①;电影院是否负有不得限制顾客自带酒水的义务②;房地产商是否负有向所有人出售房屋的义务③。

值得指出的是,何种情况下,违反作为义务而使不作为成为侵权行为,需要权衡权利救济和行为自由的关系。尽管作为义务在扩张,导致不作为侵权的范围不断扩大,但是在一般意义上,依然应当坚持:不作为原则上不应当成为侵权行为。

五、构成加害行为的不作为和构成过失的不作为

作为与不作为侵权,有时区分不易。如持枪者未将子弹卸除,不慎发射枪支,致伤害友人。开车时,因未踩刹车,致撞伤行人。进一步假设:驾驶人不仅未踩刹车,相反将油门误作为刹车踩,致撞伤行人。此时如何判断作为与不作为?开车遇红灯未刹车而肇事,未刹车系"有所不为",但此乃构成积极行为(驾车)过失的因素。④ 可见,积极作为中存在某些不作为行为,该不作为只是构成过失的因素,而不作为本身并非侵权行为本身。因此,违反作为义务的不作为,有些直接构成侵权行为,有些则与过错的认定有关。前者如《民法典》第1258条第1款规定:"在公共场所或者道路上挖掘、修缮安装地下设施等造成他人损害,施工人不能证明已经设置明显标志和采取安全措施的,应当承担侵权责任。"后者如开车时应当谨慎驾驶,疏于谨慎而导致车祸的,此种不作为就构成过失。由于违反这种义务主要用作过错的参考,因此,一般法律、行政法规,甚至效力更低的规范,也可以对此作出规定。

---

① 参见北京市海淀区人民法院(2001)海民初字第11646号民事判决书。
② 参见北京市海淀区人民法院(2004)海民初字第13538号民事判决书。
③ 有房地产商在售楼广告中提出,购房者必须是符合一定年龄条件且具备大学学历的人。参见2006年4月19日上海东方卫视的《东方夜新闻》。
④ 参见王泽鉴:《侵权行为》(第三版),北京大学出版社2016年版,第106页。

第六章 过　　错

第一节　过错的概念和形式

一、过错的概念

过错，顾名思义，即"过"或"错"之意，过错，即有"过"或者犯"错"了。在传统意义上，过错是指行为人应受责难的主观状态。过错分为故意和过失两种形式。有时候，过错也称为过失，即将故意和过失并称为过失，比如，过失责任原则实际上是指过错责任原则。在我国台湾地区"民法"上，没有涵盖故意和过失的上位概念，判例学说上所称过失责任，包括故意在内。① 比如，台湾地区"民法"第184条前段规定："因故意或过失，不法侵害他人之权利者，负损害赔偿责任。"此处使用"故意或过失"，而不是像《民法典》第1165条一样使用"过错"一词涵盖故意和过失。

过错看不见摸不着，不存在独立的可称为过错的东西。过错蕴含在行为及与行为相关的因素之中。《后汉书》说：春秋之义，原情定过，赦事诛意，故许止虽弑君而不罪，赵盾以纵贼而见书。此即所谓杀人诛心。过错考察的是行为人在行为当时的主观状态，它与行为本身不同。例如，某甲驾驶车辆致某乙受伤。某甲有驾车造成某乙受伤的行为，而过错考察的是某甲造成某乙受伤行为时的主观状态。此种主观状态与行为本身应当区别开来，过错与行为本身属于分别考察的对象。但是，行为是在主观状态支配下实施的，主观状态需要通过行为本身来考察。因此，二者之间又有密切的关系。

在行为人存在过错的情况下，过错是责任成立的正当性，即因为行为人有"过"或者"错"了，所以要为此种"过"或者"错"承担后果或者负上责任。

在因过错而成立责任的情况下，需要同时明确责任人如何可以避免责任。

二、过错的形式

过错是连续的过程。过错分为故意和过失两种形式。过失也是连续的过程。过失又可以分为重大过失和一般过失。

---

① 王泽鉴：《侵权行为》（第三版），北京大学出版社2016年版，第12页。

(一) 故意

"故意"一词在民法中大量使用,但在我国《民法典》及其他民事立法中并没有关于"故意"定义的规定。《刑法》第 14 条第 1 款规定了故意犯罪,即:"明知自己的行为会发生危害社会的结果,并且希望或者放任这种结果发生,因而构成犯罪的,是故意犯罪。"一般认为,刑法中故意的含义与民法中故意的含义相同。据此,故意是指行为人明知自己的行为会发生侵害他人权益的结果,并且希望或者放任这种结果发生的主观状态。刑法上对故意还有进一步的划分。

《民法典》第 1207 条规定:"明知产品存在缺陷仍然生产、销售,或者没有依据前条规定采取有效补救措施,造成他人死亡或者健康严重损害的,被侵权人有权请求相应的惩罚性赔偿。"《消费者权益保护法》第 55 条第 2 款规定:"经营者明知商品或者服务存在缺陷,仍然向消费者提供,造成消费者或者其他受害人死亡或者健康严重损害的,受害人有权要求经营者依照本法第四十九条、第五十一条等法律规定赔偿损失,并有权要求所受损失二倍以下的惩罚性赔偿。"上述法条中的过错都是故意。

有些法律规定中使用的"恶意"一词,在过错的意义上就是表示故意的意思。《审理侵害知识产权民事案件惩罚性赔偿的解释》第 1 条第 2 款规定:"本解释所称故意,包括商标法第六十三条第一款和反不正当竞争法第十七条第三款规定的恶意。"《商标法》第 63 条第 1 款规定:"侵犯商标专用权的赔偿数额,按照权利人因被侵权所受到的实际损失确定;实际损失难以确定的,可以按照侵权人因侵权所获得的利益确定;权利人的损失或者侵权人获得的利益难以确定的,参照该商标许可使用费的倍数合理确定。对恶意侵犯商标专用权,情节严重的,可以在按照上述方法确定数额的一倍以上五倍以下确定赔偿数额。赔偿数额应当包括权利人为制止侵权行为所支付的合理开支。"《反不正当竞争法》第 17 条第 3 款规定:"因不正当竞争行为受到损害的经营者的赔偿数额,按照其因被侵权所受到的实际损失确定;实际损失难以计算的,按照侵权人因侵权所获得的利益确定。经营者恶意实施侵犯商业秘密行为,情节严重的,可以在按照上述方法确定数额的一倍以上五倍以下确定赔偿数额。赔偿数额还应当包括经营者为制止侵权行为所支付的合理开支。"

行为人明知结果会发生,同时对结果的发生感觉很内疚和遗憾,但是依然实施了行为的,也是故意。

美国《侵权法重述》中有一个例子。琼斯公司经营着一家炼铝厂。工厂的生产过程中,会排放颗粒氟化物。琼斯知道这些由空气携带的微粒会落在附近的土地上,会带来一系列的危害。琼斯非但不希望得到这样的结果,反而对此感到遗憾。尽管琼斯感到遗憾，但他还是故意造成了伤害。①

在我国台湾地区"民法"上，故意分为直接故意和间接故意。行为人对于构成侵权行为之事实，明知并有意使其发生，就是直接故意。比如，明知有人夜行于小巷，有意致其于死而开车撞之。行为人对于构成侵权行为之事实，预见其发生，而其发生并不违背其本意，就是间接故意。比如，开车于小巷，预见有人夜行，虽认识到有撞到的可能，仍超速驾驶，致撞死路人。②

典型的故意是为某种目的付出成本促成结果的发生。因此，从预防的角度而言，对故意侵权，在责任上也应当重于过失侵权。

如前所述，故意蕴含在行为中，因此，需要从行为及与行为相关的因素中认定故意是否存在。

《审理侵害知识产权民事案件惩罚性赔偿的解释》第3条规定："对于侵害知识产权的故意的认定，人民法院应当综合考虑被侵害知识产权客体类型、权利状态和相关产品知名度、被告与原告或者利害关系人之间的关系等因素。对于下列情形，人民法院可以初步认定被告具有侵害知识产权的故意：（一）被告经原告或者利害关系人通知、警告后，仍继续实施侵权行为的；（二）被告或其法定代表人、管理人是原告或者利害关系人的法定代表人、管理人、实际控制人的；（三）被告与原告或者利害关系人之间存在劳动、劳务、合作、许可、经销、代理、代表等关系，且接触过被侵害的知识产权的；（四）被告与原告或者利害关系人之间有业务往来或者为达成合同等进行过磋商，且接触过被侵害的知识产权的；（五）被告实施盗版、假冒注册商标行为的；（六）其他可以认定为故意的情形。"

（二）过失

"过失"一词在民法中也大量使用，但在我国《民法典》及其他民事立法中没有关于"过失"定义的规定。《刑法》第15条第1款规定了过失犯罪，即："应当预见自己的行为可能发生危害社会的结果，因为疏忽大意而没有预见，或者已经预见而轻信能够避免，以致发生这种结果的，是过失犯罪。"一般认为，民法中过失的含义与刑法中过失的含义相同。据此，过失是指行为人应当预见自己的行为可能发生侵害他人权益的结果，却因疏忽大意而没有预见，或者已经预见而轻信能够避免的主观状态。疏忽大意而没有预见，也被称为没有认识（预见）的过失。已经预见而轻信能够避免，也被称为有认识（预见）的过失。但所谓已经预见而轻信能够避免，系纯主观的事实，举证上甚为困难。③

---

① The American Law Institute, *A Concise Restatement of Torts*, ST. PAUL, MN American Law Institute Publishers, 2010, p.149.
② 王泽鉴：《侵权行为》（第三版），北京大学出版社2016年版，第296页。
③ 参见曾世雄：《损害赔偿法原理》，詹森林续著，新学林出版股份有限公司2005年版，第92—93页。

在具体认定上,刑法与民法尤其是侵权法上的过失,还存在不同。刑法在于行使公权力,强调对犯罪行为的处罚和震慑,过失的认定更关注当事人的意思,采主观归责。[①] 民法尤其是侵权法上的过失主要在于合理分配损失,更关注当事人的外在行为,采客观归责。[②] 但是在故意侵权的场合,侵权法也会通过惩罚性赔偿对侵权行为加以惩罚,因此,故意的认定,具有主观归责的色彩。

过失指应注意、能注意但未注意的情况。[③] 可以解释为"能预见损害之发生、能避免损害之发生、未避免损害之发生"。[④] 过失的内涵包括两方面,其一是注意义务的违反,其二是预见可能性的存在。[⑤] 对过失进行判断时需要明确"应当预见标准"。"应当预见标准"包括了两方面的内容,一是应当,二是预见标准。"应当预见标准"中的"应当"为行为人设置了注意义务,需要判断哪方当事人"应当",哪方当事人有注意义务。一般来说,行为给他人带来风险,行为人就有注意义务。比如根据《民法典》第1258条的规定,在道路上施工、挖掘,就可能给他人带来风险,此时施工人就有注意义务。再比如,根据《民法典》第1198条第1款的规定,经营场所、公共场所的经营者、管理者或者群众性活动的组织者在经营或者组织活动中给他人带来了风险,就有安全保障的注意义务。相反,因其他原因带来了风险的,行为人只是可以减少或者消除风险,行为人一般不具有注意义务,除非有其他理由。比如,一般人并没有见义勇为的注意义务。但是,根据《民法典》第1198条第2款,安全保障义务人在可以减少或者消除风险的范围内,则有相应的注意义务。有注意义务的当事人违反注意义务的,就可能构成过失。

"预见标准"则设置了注意义务的具体内容。过失一般不会强人所难,以"能注意"即"应当能够"的标准作为预见标准。它所贯彻的思想在于,原本可以做到但是却不去做,由此导致的消极后果如果让别人承担的话,有违公平。行为人本来可以避免损害的发生却没有避免,就要为其行为承担后果。这也是过错责任的正当性所在。如果行为人根本就不能预见或者尽管可以预见但是无法避免损

---

① 犯罪主观方面,是指犯罪主体对自己的行为及其危害社会的结果所抱的心理态度,包括罪过、犯罪的目的和动机这几种因素。其中,行为人的罪过即其犯罪的故意或者过失心态,是一切犯罪构成都必须具备的主观要件之要素;犯罪的目的只是某些犯罪构成所必备的主观要件之要素;犯罪动机不是犯罪构成必备的主观要件之要素,不影响定罪,只影响量刑。罪过是刑事责任的主观根据——可以说,行为人主观方面在相对自由意志基础上产生的危害社会的故意或过失的心理态度,是追究其刑事责任的主观根据。参见高铭暄、马克昌主编:《刑法学》(第9版),北京大学出版社、高等教育出版社2019年版,第100—101页。尽管在刑法中,作为犯罪主体的人仍然要求是具有刑事责任能力的理性人,但在刑事责任的追究中,个别化的呼声越来越高,以具体人为标准的主观说似乎更合理。因此,我赞同主观说。参见陈兴良:《规范刑法学(教学版)》(第2版),中国人民大学出版社2018年版,第77—78页。
② 参见王泽鉴:《侵权行为》(第三版),北京大学出版社2016年版,第298页。
③ 参见王泽鉴:《损害赔偿》,北京大学出版社2017年版,第33页。
④ 参见曾世雄:《损害赔偿法原理》,詹森林续著,新学林出版股份有限公司2005年版,第94页。
⑤ 参见邱聪智:《从侵权行为归责原理之变动论危险责任之构成》,中国人民大学出版社2006年版,第40页。

害的发生,则不应当认定为过失。"事故发生时,由于正值午间休息期间,学校安排值班老师在教学楼及门卫处进行巡视,原告朱某某突然从三楼男厕所窗台坠落,在此情境下要求被告香山中学能合理预见到原告朱某某会坠楼,过于苛求。此外,原告朱某某坠楼系瞬间行为,要求被告香山中学对此瞬间行为立即进行阻止并及时采取措施予以避免,亦属强求。"①

(三)重大过失和一般过失

过失可以分为重大过失和一般过失。

重大过失,是指行为人极为疏忽大意的情况,一般人在该情境下都不会有这样的疏忽。在需要专业知识的场合,是指连最起码的专业素质都不具备。所谓极为疏忽大意,需要置于一定的环境下进行比较和考量。重大过失相当于台湾地区"民法"上的间接故意。比如,前述王泽鉴教授提到的间接故意的例子:开车于小巷,预见有人夜行,虽认识到有撞到的可能,仍超速驾驶,致撞死路人。在大陆地区民法上,则应当被认为是重大过失。

一般过失是指尚未达到重大过失的过失。

重大过失和一般过失的认定,与法律设定的注意义务有关。法律对行为人提出了较高的注意义务,结果行为人没有达到该较高的注意义务,但是却达到了一般人的注意义务,此时就认定构成一般过失;假设行为人不仅未达到该较高的注意义务,同时连一般人的注意义务都没有达到,就认定构成重大过失。

由于故意和重大过失非常接近,民法一般将故意和重大过失等同对待。例如,我国台湾地区"民法"第 222 条规定:"故意或重大过失之责任,不得预先免除。"第 410 条规定:"赠与人仅就其故意或者重大过失,对受赠人负给付不能责任。"《民法典》第 660 条规定:"经过公证的赠与合同或者依法不得撤销的具有救灾、扶贫、助残等公益、道德义务性质的赠与合同,赠与人不交付赠与财产的,受赠人可以请求交付。依据前款规定应当交付的赠与财产因赠与人故意或者重大过失致使毁损、灭失的,赠与人应当承担赔偿责任。"第 1183 条第 2 款规定:"因故意或者重大过失侵害自然人具有人身意义的特定物造成严重精神损害的,被侵权人有权请求精神损害赔偿。"第 1191 条第 1 款规定:"用人单位的工作人员因执行工作任务造成他人损害的,由用人单位承担侵权责任。用人单位承担侵权责任后,可以向有故意或者重大过失的工作人员追偿。"第 1244 条规定:"承担高度危险责任,法律规定赔偿限额的,依照其规定,但是行为人有故意或者重大过失的除外。"第 1245 条规定:"饲养的动物造成他人损害的,动物饲养人或者管理人应当承担侵权责任;但是,能够证明损害是因被侵权人故意或者重大过失造成的,可以不承担或者减轻责任。"《公司法》第 189 条第 3 款规定:"清算组成员

---

① 参见上海市浦东新区人民法院(2010)浦少民初字第 595 号民事判决书。

因故意或者重大过失给公司或者债权人造成损失的,应当承担赔偿责任。"《合伙企业法》第 49 条第 1 款规定:"合伙人有下列情形之一的,经其他合伙人一致同意,可以决议将其除名……(二)因故意或者重大过失给合伙企业造成损失……"《票据法》第 12 条规定:"以欺诈、偷盗或者胁迫等手段取得票据的,或者明知有前列情形,出于恶意取得票据的,不得享有票据权利。持票人因重大过失取得不符合本法规定的票据的,也不得享有票据权利。"

此外,我国法上也有将故意和重大过失区别对待的情况。比如,《民法典》第 1239 条规定:"占有或者使用易燃、易爆、剧毒、高放射性、强腐蚀性、高致病性等高度危险物造成他人损害的,占有人或者使用人应当承担侵权责任;但是,能够证明损害是因受害人故意或者不可抗力造成的,不承担责任。被侵权人对损害的发生有重大过失的,可以减轻占有人或者使用人的责任。"本条中,受害人故意是占有人或者使用人免责的事由,重大过失只是减轻责任的事由。

(四)具体的过失、抽象的过失和重大过失[①]

过失还可以分为具体的过失、抽象的过失和重大过失。具体的过失,是以平日处理自己的事务所用的注意程度作为标准判断的过失。欠缺此种注意,就是有具体的过失。我国台湾地区"民法"将具体的过失中的注意称为"与处理自己事务为同一的注意"。抽象的过失,是以具有相当经验的人处理事务所用的注意程度作为判断标准的过失。欠缺此种注意,就是具有抽象的过失。抽象过失中的注意,罗马法上称为善良家父的注意,德国民法上称为交易上必要的注意,我国台湾地区"民法"称为"善良管理人之注意"。抽象的过失的注意要求高于具体的过失,过失也更容易构成。台湾地区"民法"第 590 条规定:"受寄人保管寄托物,应与处理自己事务为同一之注意。其受有报酬者,应以善良管理人之注意为之。"善良管理人注意的显著欠缺,就构成重大过失。台湾地区"民法"第 434 条规定:"租赁物因承租人之重大过失致失火而毁损灭失者,承租人对于出租人负损害赔偿责任。"第 434 条立法理由书说:"谨按租赁物因失火而至毁损灭失,其失火之情形,系出于承租人之重大过失所致者,承租人对于出租人应负损害赔偿之责任,法律特以承租人之重大过失为限,所以保护承租人也。故设本条以明示其旨。"[②]

(五)过失的认定

过失蕴含在行为中,需要结合行为及与行为有关的因素综合判断。过失是不确定的概念,需要根据个案具体情况仔细斟酌。

一般情况下,认定过失是否存在,需要综合考虑以下几方面的因素:第一,危

[①] 参见史尚宽:《债法总论》,中国政法大学出版社 2000 年版,第 116—117 页。
[②] 陈忠五主编:《民法》,新学林出版股份有限公司 2018 年版,第 B774 页。

险或者损害后果的严重性。行为的危险程度越高、一旦发生损害后果越严重,则要求的注意程度就越高,比如空难一旦发生,乘客基本上没有生还可能,所以与飞行有关行为的注意程度要求就非常高。第二,危险发生的概率。危险发生的概率越高、注意程度就越高。比如,在繁忙的城市道路上逆行,交通事故发生的概率就非常高;通过学校区域,由于可能会有孩童出入,事故发生的概率也很高。第三,行为的收益。行为的收益越大,对行为注意程度的宽容度就越高。比如,医疗活动中为挽救垂危病人进行的疑难手术,即使医生的行为有些小的瑕疵,也应当容忍。第四,预防的成本。预防的成本越高,过失存在的可能性越小;预防的成本越低,过失就越容易构成。比如,在道路上行车,降低车速,就会大大降低事故发生的危险。而超速本身就可能构成过失。

我国台湾地区曾有"鼠药炸猪排"一案。某餐厅常闹鼠患,该餐厅主人经常使用毒鼠药物,而将之放在果酱瓶内,未加标记,放在厨房。某新雇用的厨师误认该瓶所装为胡椒粉而使用于猪排之上,致食客中毒。需要讨论的是餐厅的过失。鼠药放在厨房,又被放置于果酱瓶内,不作标记,极易被误用,因此事故发生概率极高。鼠药被误食,可能致人死亡,因此损害后果严重。为防范误用,成本极低。比如,不放在厨房之内,或者做醒目标记均可避免损害发生。①

最高人民法院指导案例141号"支某1等诉北京市永定河管理处生命权、健康权、身体权纠纷案"中,支某3被发现于永定河拦河闸自西向东第二闸门前消力池内溺亡。发现死者时永定河拦河闸南侧消力池内池水表面结冰,冰面高度与消力池池壁边缘基本持平,消力池外河道无水。关于本案中的过错,北京市丰台区人民法院认为,永定河道并非正常的活动、通行场所,依据一般常识即可知无论是进入河道还是进入冰面的行为,均容易发生危及人身的危险,此类对危险后果的预见性,不需要专业知识就可知晓。支某3在明知进入河道、冰面行走存在风险的情况下,仍进入该区域并导致自身溺亡,其主观上符合过于自信的过失,应自行承担相应的损害后果。成年人应当是自身安危的第一责任人,不能把自己的安危寄托在国家相关机构的无时无刻的提醒之下,户外活动应趋利避害,不随意进入非群众活动场所是每一个公民应自觉遵守的行为规范。综上,北京市永定河管理处对支某3的死亡发生无过错,不应承担赔偿责任。

三、受害人的特殊体质与过错

受害人的特殊体质问题,在侵权法上一般以"蛋壳头盖骨"代称。受害人患有严重心脏病、严重过敏等特殊体质,会对损害结果的发生产生影响。加害人之过错行为如果足以造成一般人之损害,则不得以因对方体质特殊而受到更严重

---

① 参见王泽鉴:《侵权行为》(第三版),北京大学出版社2016年版,第300—301页。

损害为由而不负侵权责任。但如果加害人之行为不会造成一般人之损害,但因为受害人体质特殊而造成损害、甚至严重损害,行为人是否要承担责任,存在特殊群体受害人保护和一般人行为自由之间的艰难选择。在电梯劝阻吸烟案中,劝阻吸烟行为不会造成一般人的损害,但因对方有心脏病、做过心脏搭桥手术而导致死亡结果。法院以行为人行为理性平和、与结果之间不存在因果关系及不存在过错为由,判决行为人不承担责任。二审法院并认为:"根据郑州市有关规定,市区各类公共交通工具、电梯间等公共场所禁止吸烟,公民有权制止在禁止吸烟的公共场所的吸烟者吸烟。该规定的目的是减少烟雾对环境和身体的侵害,保护公共环境,保障公民身体健康,促进文明、卫生城市建设,鼓励公民自觉制止不当吸烟行为,维护社会公共利益。本案中,杨某对段某某在电梯内吸烟予以劝阻合法正当,是自觉维护社会公共秩序和公共利益的行为,一审判决判令杨某分担损失,让正当行使劝阻吸烟权利的公民承担补偿责任,将会挫伤公民依法维护社会公共利益的积极性,既是对社会公共利益的损害,也与民法的立法宗旨相悖,不利于促进社会文明,不利于引导公众共同创造良好的公共环境。"[1]

可见,本案如此判决,是行为自由及社会公共利益之间权衡的结果。

可以明确的是,受害人特殊体质不能认为是过错。但是,有特殊体质之人应当对其特殊体质加以必要防范,疏于防范行为本身,则有可能被认为存在过失。

四、过错的证明与推定

一般过错责任中,行为人过错存在的证明责任,由受害人来承担。

比如,《审理侵害知识产权民事案件惩罚性赔偿的解释》第3条第2款规定:"对于下列情形,人民法院可以初步认定被告具有侵害知识产权的故意:(一)被告经原告或者利害关系人通知、警告后,仍继续实施侵权行为的;(二)被告或其法定代表人、管理人是原告或者利害关系人的法定代表人、管理人、实际控制人的;(三)被告与原告或者利害关系人之间存在劳动、劳务、合作、许可、经销、代理、代表等关系,且接触过被侵害的知识产权的;(四)被告与原告或者利害关系人之间有业务往来或为达成合同等进行过磋商,且接触过被侵害的知识产权的;(五)被告实施盗版、假冒注册商标行为的;(六)其他可以认定为故意的情形。"上述六项中的情形,都需要提供证据证明其存在。提供证据的责任,由受害人及原告来负担。

但是,在有些情况下,法律会要求由行为人来证明过错的不存在;如果不能证明,则推定过错的存在。这就是所谓的过错推定。《民法典》第1222条规定:"患者在诊疗活动中受到损害,有下列情形之一的,推定医疗机构有过错:

---

[1] 参见河南省郑州市中级人民法院(2017)豫01民终14848号民事判决书。

(一)违反法律、行政法规、规章以及其他有关诊疗规范的规定;(二)隐匿或者拒绝提供与纠纷有关的病例资料;(三)遗失、伪造、篡改或者违法销毁病例资料。"《民法典》第1248条规定:"动物园的动物造成他人损害的,动物园应当承担侵权责任;但是,能够证明尽到管理职责的,不承担侵权责任。"过错推定设置的考量因素与其他推定设置的考量因素基本相同。一般情况都是行为人比受害人更有条件、能够以更低成本证明过错的不存在。如果行为人无法证明过错不存在,则要承担不利的后果。

因此,过错推定责任实质上还是过错责任,只不过将过错的证明负担由受害人转为行为人承担。如果行为人不能证明自己没有过错,法律将推定其存在过错。除此之外,过错推定的其他情况与过错责任原则完全相同。

第二节 过失的客观化

一、过失客观化的概念及原因

(一)过失客观化的概念

过失的客观化,是指采用客观化的统一标准、而不是采用主观化的个性标准来认定行为人过失的有无。

根据过失的定义,对过失进行判断时需要明确"应当预见标准"。如前所述,"应当预见标准"包括了两方面的内容,一是应当,二是预见标准。"应当预见标准"中的"应当"为行为人设置了注意义务。行为人行为时应当遵守这种注意义务。违反这种注意义务,就可能构成过失。"预见标准"则设置了注意义务的具体内容。每个人的情况不同,因此"应当预见标准"也可能不同。例如,一个有20年驾车经验的司机可以预见到某种情况,但是一个刚刚获得驾驶证的司机却无法预见到该种情况。此时,是应当以每个人的具体情况分别设定注意义务的标准呢?还是统一以有20年驾龄的司机为标准,抑或以刚刚获得驾驶证的司机为标准?

主观过失说认为,应当以行为人个人的特性,来判断过失是否成立。依照主观说,过失认定标准会因人而异。过失客观化则强调采取客观化的标准来设置注意义务的具体内容,从而使得过失认定标准趋于统一。客观化强调通常合理人的注意标准。即行为人应当具有其所属职业(如医生、建筑师、律师、药品制造者)、某种社会活动的成员(如汽车驾驶人)或者某年龄阶层(老年人或者未成年人)通常具有的智识能力。[1]

---

[1] 参见王泽鉴:《侵权行为》(第三版),北京大学出版社2016年版,第298—299页。

（二）过失客观化的原因

过失客观化是现代民法发展的趋势。究其原因，至少包括以下几方面：

第一，过失认定成本的考虑。

认定过失是需要成本的。如果在每个个案中都以具体当事人的情况来认定具体过失，认定成本将会非常高，因为法官需要对每个具体当事人的信息进行非常深入的了解。

第二，公平的考虑。

以每个个案中具体当事人的具体情况来认定具体过失，会导致一案一个标准。标准过于灵活，会导致不公平的结果；标准过多，最终可能会导致没有标准。故此，法律会假设一个理性的一般人的注意程度作为标准。以一个理性人在当事人所处情境下所作反应作为判断依据。

法律是人的有限理性的产物，法律规则本身也体现并顺应着人的局限性。由于人认识到自己的局限性，所以在设计规则的时候所考虑的都是所谓常人标准，即以具有中等智力和体力水平的正常人作为规则可行性的判断标准。而且，为了形成稳定的社会秩序，法律往往还会设置比常人标准更低一些的安全线。①

第三，受害人救济方面的考虑。

无论行为人是否存在过失，受害人都可能已经遭受了损害。如果过分强调行为人的主观情况，认定其不存在过失，受害人可能因此无法获得救济，对受害人是不公平的。霍姆斯法官对此有段经典的论述：个人在社会上生活，必须按照一定的标准行事。此点对于公益而言，实属必要。某人生性急躁、笨手笨脚，常因此伤及他人，此种情形，在天国的审判中固然会被宽容，但却会造成他人的伤害。他人自然可以要求其按照一定的标准行事。人间的法庭应当拒绝考虑个人的误差。②

第四，预防损害发生方面的考虑。

在北京市第一中级人民法院（2019）京01民终5059号案件中，原告正在教练带领下滑冰，教练在原告左后方。原告左转弯时，被告从场边进入冰场滑至原告前方，原告躲闪不及扶住被告双肩，后二人倒地。冰刀竖立捅进原告身体。

原告滑冰时，会以一般标准预见他人行为。如果他人行为不符合一般标准，双方就可能会发生碰撞。一般情况下，人们都会按照一般行为标准期待和要求他人。行人在马路上行走，当然会预期每个机动车驾驶人都应当具备一般的驾驶能力。因此，人们才敢于在车水马龙中行走。某方面能力低于社会一般水平

---

① 参见郑戈：《人工智能与法律的未来》，载《探索与争鸣》2017年第10期。
② O. W. Holmes, *The Common Law*, General Publishing Company, Ltd., 1991, pp. 107—110.

的人,应当自己采取措施预防损害的发生。比如一个刚刚获得驾照、经验不足的司机,应当更加谨慎。比如,车速应当更慢、尽量避免到车多路况复杂的地方行驶。一个视力不好的人,则应当佩戴眼镜。因此,一个缺乏经验的新手、一个有30年驾车经验的老手,或者尽管有30年驾车经验、但是因家庭事务而心力交瘁或者因熬夜而精力不集中的老手,都要负同等的注意义务。

(三)过失客观化与行为规范和标准

过失认定客观化的一个体现是:现代社会有很多行为规范和标准。违反这些行为规范和标准,就可能构成过失。

1. 道路交通规范

《道路交通安全法》第四章"道路通行规定"分别规定了道路通行的"一般规定"(第一节)、"机动车通行规定"(第二节)、"非机动车通行规定"(第三节)、"行人和乘车人通行规定"(第四节)、"高速公路的特别规定"(第五节)。这些规定构成了道路交通参与者的行为规范,违反这些规范,就可能构成过失。

最高人民法院第24号指导案例中,法院认为,机动车应当遵守文明行车、礼让行人的一般交通规则和社会公德。本案所涉事故发生在人行横道线上,正常行走的荣某某对将被机动车碰撞这一事件无法预见,而王某驾驶机动车在路经人行横道线时未依法减速慢行、避让行人,导致事故发生。因此,依法应当由机动车一方承担事故引发的全部赔偿责任。

根据《道路交通安全法》第16条第4项的规定,任何单位或者个人不得使用其他机动车的登记证书、号牌、行驶证、检验合格标志、保险标志。最高人民法院第19号指导案例中,法院认为,鲁F41703货车的登记所有人福山公司和实际所有人卫某平,明知卫某辉等人套用自己的机动车号牌而不予阻止,且提供方便,纵容套牌货车在公路上行驶,福山公司与卫某平的行为已属于出借机动车号牌给他人使用的情形,该行为违反了《道路交通安全法》等有关机动车管理的法律规定。将机动车号牌出借他人套牌使用,将会纵容不符合安全技术标准的机动车通过套牌在道路上行驶,增加道路交通的危险性,危及公共安全。套牌机动车发生交通事故造成损害,号牌出借人同样存在过错,对于肇事的套牌车一方应负的赔偿责任,号牌出借人应当承担连带责任。故福山公司和卫某平应对卫某辉等人的赔偿责任份额承担连带责任。

2. 诊疗规范

根据《民法典》第1222条第1项的规定,"违反法律、行政法规、规章以及其他有关诊疗规范的规定"的,推定医疗机构有过错。"根据江苏省医学会医疗损害鉴定书中记载显示,高某玲反映在实施麻醉过程中其出现两次穿刺异感但邳州医院没有按照中华医学会麻醉分会颁布的《椎管内麻醉快捷指南》的意见放弃该麻醉方法,而坚持继续实施椎管内麻醉,该诊疗行为违反了中华医学会麻醉分会确定的常规诊疗规范,故邳州医院在实施诊疗过程中也存在过错。"①

3. 电力行业规范

根据中华人民共和国电力行业标准《架空送电线路运行规程》附录A2,在线路电压为35KV时,导线与地面的最小距离在居民区为7m,非居民区为6m,在交通困难地区为5m。如果违反这些标准,则构成过失。即使是在无过失责任的情况下,违反这些标准,也可能成为归责的重要理由。

在湖北省电力公司宜昌夷陵区供电公司与黄某高度危险作业致人损害纠纷上诉案中,2006年5月12日,一审原告黄某等人准备去邻村水库钓鱼。途中发现一水坑。原告即站在水坑外沿的堤上,抽出竿子准备钓鱼,不慎碰到上方35KV高压线,电流将原告黄某击倒并燃烧造成重伤。

一审湖北省宜昌市夷陵区人民法院认为,被告所架设的高压线,根据中华人民共和国电力行业标准《架空送电线路运行规程》附录A2,在线路电压为35KV时,导线与地面的最小距离,在居民区为7m、非居民区为6m,在交通困难地区为5m。触电出事点属时常有人、车辆到达、房屋稀少的非居民区。出事时,所架的高压线与地面之间的距离小于6m,违反了电力行业运行规程的规定。同时,在该地点事故发生之前,被告又未设置警示标志。上述是造成原告损害结果的主要原因。

二审湖北省宜昌市中级人民法院认为,出事地点地势平坦,且周围系橘园,原判认定该地区为房屋稀少的非居民区正确。根据《电力设施保护条例实施细则》第9条的规定,电力部门应在架空电力线路穿越的人员活动频繁的地区设置安全标志。而在事故发生时,夷陵区供电公司未在出事地点设置警示标志,未尽到法定义务。②

二、过失客观化的基本理论

过失客观化的目的在于维护社会安全。③ 过失客观化的基本原理,乃是出于社会本位之考虑,依社会秩序之一般客观需要,对参与社会活动之个别人格,课以责任负担之原理。④ 过失客观化之背景,在于社会本位思想;主观归责之背景,则是个人本位思想。当整个社会思潮从个人本位向社会本位转化时,过失认定的标准,也就从主观转向了客观。过失认定标准适应社会基本思潮的现象,被

---

① 参见江苏省邳州市人民法院(2014)邳民初字第4836号民事判决书。
② 参见湖北省宜昌市中级人民法院(2007)宜中民一终字第00155号民事判决书。
③ 参见王泽鉴:《损害赔偿》,北京大学出版社2017年版,第43页。
④ 参见邱聪智:《从侵权行为归责原理之变动论危险责任之构成》,中国人民大学出版社2006年版,第35页。

称为过失责任主义的内在调整。①

过失客观化的理论,因其基本立场不同,可以分为两种:一是职业类别客观过失说,另一则是一般个别过失说。采职业类别客观说者认为,职业活动上之过失,应因交易上互相信赖(Vertrauen)之要求,决定其注意义务之标准,并依买卖、运送或公务员、建筑师、律师、医师等职业之不同加以类型化。除此之外,一般侵权行为,则应依客观生活上所要求之标准,制定过失之有无。至于行为人之性别、年龄及智能等个性,则毋庸考虑。《德国民法典》制定实施前后,不少学者又提出个别客观过失说。即所谓"生活上必要之注意",固应以客观上之一般标准作为判断之依据。唯实际应用上,仅持此暧昧之抽象标准,仍有不足。固应依各种具体情况及人格因素之差异,厘定各种较为具体的判断类型。唯其基础则不宜仅限于职业上之活动类型,而应进一步,对活动之危险性,特别是行为人教养、社会地位、年龄、性别、身体之健康及精神之健全等,加以考虑,并据以构成客观上之具体"类型关系"或"比较类型",以为实际运用上之判断。②

过失客观化的重点在于保护其他社会成员的合理预见。人们看到一辆行使中的汽车,会按照通常的司机标准来预见汽车的行为;同理,人们碰到一位律师、医生、老年人,一个产品,都是以通常的标准来预期,同时根据此种预期来安排自己的行为。如此,社会秩序才得以维持。

过失客观化也存在不足。客观化标准忽略了人们之间的差异,从而可能使得某些人事实上要承担结果责任,而某些人可能会不承担责任。如果因此出现极端不公平的情况,法官应当根据具体情况对理性人标准加以调整,以追求个案中实质的公平。比如,《民法典》第1221条规定:"医务人员在诊疗活动中未尽到与当时的医疗水平相应的诊疗义务,造成患者损害的,医疗机构应当承担赔偿责任。"本条中以"当时的医疗水平"作为判断标准,以一个时代的医疗水平衡量所有的医务人员,这就是过失客观化。《审理医疗纠纷案件的解释》第16条规定:"对医疗机构或者其医务人员的过错,应当依据法律、行政法规、规章以及其他有关诊疗规范进行认定,可以综合考虑患者病情的紧急程度、患者个体差异、当地的医疗水平、医疗机构与医务人员资质等因素。"本条对过错的认定,既要依据"法律、行政法规、规章以及其他有关诊疗规范",也要综合考虑"当地的医疗水平、医疗机构与医务人员资质"。北京和一个偏远地区小县城的医疗水平有差异;北京一个三甲医院和偏远地区小县城的一个小诊所的医疗水平,更有差异。在过错认定时要考虑到上述差异,这就是对理性人标准的适当调整。

---

① 参见邱聪智:《从侵权行为归责原理之变动论危险责任之构成》,中国人民大学出版社2006年版,第30页。

② 同上书,第56页。

在北京市第二中级人民法院(2022)京 02 民终 1722 号案中,被告方为中国医学科学院北京协和医院。关于其过错,鉴定机构在回复被告方书面质询时提出:患者先后六次住院手术治疗右眼视网膜脱离,但效果欠佳,医方作为国内一流的医疗机构,应当对患者病情尽到高度注意义务,虽硅油填充术后复发视网膜脱离在现有医疗条件下难以完全避免,但术后复发六次不应属于正常情况,也并非后续五次手术都属于计划内手术,根据《医疗质量安全核心制度要点》对疑难病例的定义:"疾病在应有明确疗效的周期内未能达到预期疗效、非计划再次住院和非计划再次手术",该病例应考虑为疑难病例。鉴定意见的分析说明前述部分仅认定医方前 5 次手术过程符合诊疗常规,但并未认定医方行多次手术是必然、应当发生的。术前知情同意书囊括了所有可能的术后并发症或风险,但不等同于这些并发症或风险就应当发生。2020 年 7 月 24 日实施硅油取出术前查体已出现患者"下方视网膜局部浅脱",不应急于取出硅油。《鉴定意见书》分析说明 8 已写明:"医方在术前已发现患者下方视网膜局部浅脱的情况下行硅油取出手术欠妥,与患者术后早期即再次发生视网膜脱离关系密切,同时医方亦未对患者术后可能出现复发性视网膜脱离之风险有所预见并积极予以处置,存在一定过失。"医方术前即发现视网膜浅脱,仍急于取出硅油,就应当对术后再次复发有所预见,并且事实证明患者术后确实出现视网膜上方一半脱离,因此鉴定认为医方对患者复发风险预见不足,存在过失。①

三、汉德公式

汉德公式是美国著名法官汉德(Learned Hand)在 United States v. Carroll Towing Co. 一案②判决中提出的关于过失认定的著名公式。该案的事实发生在 1947 年冬天因战争而繁忙的纽约港。当时有很多驳船(barge)用一根泊绳系在几个凸式码头边。被告的一只拖轮被租用于将一只驳船拖出港口。由于驳船上没有人,为了松开被拖的驳船,被告拖轮的船员就自己动手调整泊绳。由于没有调整好,脱离泊绳的驳船撞上了另一只船,连同货物一起沉入了海底。驳船船主以拖轮船主存在过失而导致损失为由向法院起诉。拖轮船主认为,当拖轮的船员在调整泊绳时,驳船的船员不在该船上,因此,驳船的船员作为驳船船主的代理人,具有过失。汉德法官认为,过失是三个变量的函数。如果用 P 表示概率、用 L 表示损害、用 B 表示预防的成本,过失责任就取决于 B 是否小于 L 乘以 P,即 B<PL。这一公式就被称为汉德公式。汉德公式的基本含义是:如果被告预防损失发生的成本要低于给他人造成损失的成本,此时被告就有义务采取预防

---

① 参见北京市第二中级人民法院(2022)京 02 民终 1722 号民事判决书。
② 159 F. 2d 169 (2d Cir. 1947).

措施;如果没有采取预防措施而导致了损失的发生,那么被告就被认为是有过失的——如果 B<PL,那么被告就应当支付 B,如果被告没有这样做,就存在过失,应当承担相应的责任。

汉德公式使用数学语言表达了过错(包括故意和过失)的认定,将过错的判断分解为预防成本、预期收益以及损害发生的概率三个因素。这一公式看似与传统过错的认定方法偏离甚远,实际上反映了人们认定过失时的思维过程,因此非常具有启发性。[①]

比如,在王某诉中华人民共和国铁道部人身损害赔偿一案中,王某生于 1986 年 12 月 5 日。1999 年 1 月 24 日 15 时 30 分左右,王某与其他小朋友在产权属铁道部所有的北京市西城区二七剧场东里 19 号楼外东侧玩耍。因捡拾玩具,王某蹬踏距地面 80 厘米的该楼地下室天井顶部夹丝玻璃防雨篷的玻璃,随即玻璃破碎,王某坠入深约 6 米的地下室天井而摔伤。经过鉴定,王某属于 9 级伤残,并需要进行颅骨修补手术。

北京市海淀区人民法院认为,铁道部作为 19 号楼的所有权人,应当注意督促有关部门对该建筑物的维护管理,确保各项设施的安全可靠。虽然该建筑物包括夹丝玻璃防雨篷经验收合格,但是王某踩踏该玻璃拣拾玩具时,玻璃破碎,证明其安全性确实存在隐患。铁道部对潜在的危险性没有预见,未设置防护设施或警示标志,故对于王某受伤,铁道部应当承担民事责任,赔偿王某的合理损失。[②]

可以用汉德公式的语言来分析本案。地下室天井位于居民区,距离地面仅高 80 厘米,以至于 13 岁的小孩子可以轻易爬上去。天井却有 6 米深。在这样的情况下,该天井顶部夹丝玻璃防雨篷玻璃破裂的危险造成损害的概率就非常高。高的事故概率预示着过失可能性的存在。这种危险的存在,使得即使此时不发生事故,也总有一天会发生。高的事故概率和高的事故损失要求事故的预防应达到相应的程度。在本案中,B<PL,因此,被告应当采取相应的预防措施,但被告并没有采取相应的预防措施,所以,应当被认定存在过失。

汉德公式认定过失的逻辑,也是人们日常行事的逻辑。做一件事情,如果成本大于收益,这件事情就不值得做;如果成本小于收益,这件事情就值得做。当一件值得做的事情没有去做,而如果做的话能避免他人损失时,就存在过失。

---

① 关于汉德公式的详细介绍,参见王成:《侵权损害赔偿的经济分析》,中国人民大学出版社 2002 年版,第 5 章。
② 参见北京市海淀区人民法院(1999)年海民初字第 12142 号民事判决书。

第七章 因 果 关 系

第一节 侵权法上因果关系的分类及其概念

一、责任成立的因果关系和责任范围的因果关系

世上万物之间均有联系，因此有所谓蝴蝶效应之说。因果关系是指各种现象之间引起与被引起的关系，引起其他现象的现象称为原因，被其他现象引起的现象称为结果。

判断甲是否应对其行为所造成的乙的损害承担责任，首先需要判断侵权行为是否成立，若成立则需要判断甲应该承担什么样的责任。前者涉及侵权责任的成立，后者涉及侵权责任的范围。因此，侵权法上的因果关系包括两种因果关系：责任成立的因果关系和责任范围的因果关系。

责任成立的因果关系，是指加害行为与权益受侵害之间的因果关系。责任范围的因果关系，是指权益受侵害与损害等不利后果之间的因果关系。责任成立的因果关系与责任范围的因果关系涉及不同的考量因素。前者考量的是行为与权益受到侵害之间引起与被引起的关系，后者考量的是权益受到侵害本身与损害等具体不利后果之间引起与被引起的关系。

责任成立的因果关系决定侵权责任是否成立，而责任范围的因果关系决定责任成立后责任的形式以及大小的问题。因此，责任成立的因果关系属于侵权行为构成要件的范畴，而责任范围的因果关系属于损害赔偿数额以及其他责任形式确定的范畴。

侵权法上因果关系的问题受侵权法基本范畴的约束。侵权法上因果关系的意义也在于权衡权利救济与行为自由的关系，尤其是在于对侵权责任加以限定：一方面使受害人得到救济，另一方面又不至于使责任范围无限扩大，限制行为自由。

比如，可以思考彭宇案中，为何被告只是彭宇一人？公交车的司机及公司、公交车站的所有人或者管理人、路人甲乙丙、道路的所有人或者管理人，等等，为何不能作为被告？

二、事实因果关系与法律因果关系

因果关系还可以分为事实因果关系与法律因果关系，同时，从不同角度，事

实因果关系和法律因果关系又可以有不同的界定。

一方面,事实因果关系指行为与权益被侵害之间客观存在的因果关系。法律因果关系指事实因果关系中具有法律意义的部分因果关系。前者是一种客观存在,其中的因果关系有些可以为人类思维所认识,有些则不被人类思维所知晓。但后者的因果关系一定是可以被人类思维所认识、并被赋予法律意义的因果关系。上述概念意味着,事实因果关系是一种纯粹的客观存在,而法律因果关系是一种主观判断。

在这样的意义上,可以理解侵权事故为何无法通过预防的手段彻底消灭。生活经验告诉我们,在一定长的时间段内,即使人们采取了预防措施,许多事故仍会以一定的概率发生,比如火灾、交通事故、医疗事故等。在汉德公式的意义上,最佳的预防只是使事故以适当的概率发生,而不是使事故彻底消灭。这其中一方面的原因当然和预防的成本有很大关系,另一方面也在于人类无法完全认识导致各种具体事故发生的原因,即事实的因果关系。在具体的事故中,人们只能根据自己对问题的认识采取预防措施。在很多情况下,相对于客观因果关系而言,这种认识是有限的,因此预防的效果当然也是有限的。

凡是原则,总有例外存在。比如出现人传人的高致病性病毒时,就需要在一定范围(比如一国范围)内将病毒彻底消灭。否则,病毒很快就会蔓延开来,导致无法控制的严重后果。尽管可能无法完全认识到病毒传染的途径以及病毒致病的因果关系,但是有效的隔离措施可以起到同样的效果。

另一方面,事实因果关系又指有证据证明的可能构成侵权行为的因果关系。法律因果关系指事实因果关系中构成侵权行为要件的因果关系。事实因果关系划定一定的范围,法律因果关系从中选取一部分作为侵权行为的要件。

与第一方面的含义相比较,第二方面含义中的事实因果关系与法律因果关系均是主观判断取舍的结果。

因果关系概念非常好地反映了人类主观认识与客观存在的关系,反映了人类认识的局限性。第二方面的含义在构成要件上具有意义。法律上因果关系的概念具有过滤作用,使问题焦点相对集中在有法律意义的因果关系上。

因果关系是侵权行为的重要构成要件,缺乏因果关系,侵权行为就不构成。在引起广泛关注的电梯劝阻吸烟案中,二审法院认为:"杨某对段某某在电梯间吸烟予以劝阻的行为与段某某死亡结果不存在法律上的因果关系,杨某不存在过错,不应承担侵权责任。"[①]但是,《民法典》1260个条文中只在第1230条中出现一处"因果关系"的字样。第1230条规定:"因污染环境、破坏生态发生纠纷,行为人应当就法律规定的不承担责任或者减轻责任的情形及其行为与损害之间

---

① 河南省郑州市中级人民法院(2017)豫01民终14848号民事判决书。

不存在因果关系承担举证责任。"其他法律中的规定类似于《民法典》第 1230 条的措辞。比如,《水污染防治法》第 98 条规定:"因水污染引起的损害赔偿诉讼,由排污方就法律规定的免责事由及其行为与损害结果之间不存在因果关系承担举证责任。"《国家赔偿法》第 15 条规定:"人民法院审理行政赔偿案件,赔偿请求人和赔偿义务机关对自己提出的主张,应当提供证据。赔偿义务机关采取行政拘留或者限制人身自由的强制措施期间,被限制人身自由的人死亡或者丧失行为能力的,赔偿义务机关的行为与被限制人身自由的人的死亡或者丧失行为能力是否存在因果关系,赔偿义务机关应当提供证据。"《医疗纠纷预防和处理条例》第 36 条规定:"医学会、司法鉴定机构作出的医疗损害鉴定意见应当载明并详细论述下列内容:(一)是否存在医疗损害以及损害程度;(二)是否存在医疗过错;(三)医疗过错与医疗损害是否存在因果关系;(四)医疗过错在医疗损害中的责任程度。"不少司法解释中涉及因果关系,但是多数内容类似于《民法典》第 1230 条,并无关于因果关系如何认定的规定。比如,《审理食品药品纠纷案件的规定》第 5 条第 2 款规定:"消费者举证证明因食用食品或者使用药品受到损害,初步证明损害与食用食品或者使用药品存在因果关系,并请求食品、药品的生产者、销售者承担侵权责任的,人民法院应予支持,但食品、药品的生产者、销售者能证明损害不是因产品不符合质量标准造成的除外。"《保险法解释三》第 23 条规定:"保险人主张根据保险法第四十五条的规定不承担给付保险金责任的,应当证明被保险人的死亡、伤残结果与其实施的故意犯罪或者抗拒依法采取的刑事强制措施的行为之间存在因果关系。"《审理期货纠纷案件的规定》第 3 条规定:"人民法院审理期货侵权纠纷和无效的期货交易合同纠纷案件,应当根据各方当事人是否有过错,以及过错的性质、大小,过错和损失之间的因果关系,确定过错方承担的民事责任。"

有些司法解释中规定了因果关系的认定。《审理环境侵权案件的解释》第 7 条规定:"侵权人举证证明下列情形之一的,人民法院应当认定其污染环境、破坏生态行为与损害之间不存在因果关系:(一)排放污染物、破坏生态的行为没有造成该损害可能的;(二)排放的可造成该损害的污染物未到达该损害发生地的;(三)该损害于排放污染物、破坏生态行为实施之前已发生的;(四)其他可以认定污染环境、破坏生态行为与损害之间不存在因果关系的情形。"第 7 条规定属于认定因果关系的操作规范,但是,其规范内容限于污染环境、破坏生态领域,且其目的在于认定因果关系不存在,故而此项规定不具有一般意义。

《审理证券市场虚假陈述案件的规定》第 11 条规定:"原告能够证明下列情形的,人民法院应当认定原告的投资决定与虚假陈述之间的交易因果关系成立:(一)信息披露义务人实施了虚假陈述;(二)原告交易的是与虚假陈述直接关联的证券;(三)原告在虚假陈述实施日之后、揭露日或更正日之前实施了相应的交易行为,即在诱多型虚假陈述中买入了相关证券,或者在诱空型虚假陈述中卖出了相关证券。"第 12 条规定:"被告能够证明下列情形之一的,人民法院应当认定交易因果关系不成立:(一)原告的交易行为发生在虚假陈述实施前,或者是在揭露或更正之后;(二)原告在交易时知道或者应当知道存在虚假陈述,或者虚假陈述已经被证券市场广泛知悉;(三)原告的交易行为是受到虚假陈述实施后发生的上市公司的收购、重大资产重组等其他重大事件的影响;(四)原告的交易行为构成内幕交易、操纵证券市场等证券违法行为的;(五)原告的交易行为与虚假陈述不具有交易因果关系的其他情形。"上述规定仅限于交易因果关系的认定,不具有普遍意义。

与我国情况类似,其他各国和地区法律对因果关系也多未规定。[①]"此一奇特之现象:任何国家之法学领域中,均不能避免因果关系之问题,却未见到何一成文法典对之作成具体规范!在法学领域殊少见之。因果关系之具体内容,有志一同被留给判例及学说。由法院以具体案件论断因果关系,由学说从学理开发因果关系。"[②]关于因果关系的认定主要依赖学说及司法实务经验。司法实务及学者创造了大量的概念和学说,比如假设因果关系、超越因果关系、累积因果关系、因果关系中断,以及必要条件理论、实质因果关系说、可预见说、法规目的说等。

下面仅讨论相当因果关系说。

第二节 相当因果关系说

一、麻烦的因果关系

行为与权益被侵害之间的关系极其纷繁复杂。因果关系看不见、摸不着。作为主观认识的结果,因果关系成为侵权法上最具争议与困扰、最复杂的内容之一。学者常常引用 Prosser 教授的话对此加以说明:关于因果关系,值得说的已经说过很多次,不值得说的更说了不少。[③]

但是,作为法律概念,需要一定的确定性及限定性。

确定性给行为人一定的预期,在行为自由与责任承担之间合理安排。所谓公正应当看得见。一个制度提供的公正必须为人们所看见,人们才会相信这样的制度。限定性则是依照一定公共政策,将责任限定在一定范围内,既使受害人

[①] 参见王泽鉴:《侵权行为》(第三版),北京大学出版社 2016 年版,第 228 页。
[②] 曾世雄:《损害赔偿法原理》,詹森林续著,新学林出版股份有限公司 2005 年版,第 111 页。
[③] Everything worth saying on the subject has been said many times, as well as a great deal more that was not worth saying. 参见王泽鉴:《侵权行为》(第三版),北京大学出版社 2016 年版,第 229 页。

得到赔偿,又不至于使责任变得漫无边界,影响行为自由。

如何处理麻烦的因果关系?研究方法上最为重要的是把握其基本概念,建立理论构架,并借此分析实务上的重要案例。①

二、相当因果关系说

如何判断行为与权益被侵害之间的因果关系,有不同学说。目前,相当因果关系说为学说所倡导,并为法院在具体案件的判断中采用。②

(一)相当因果关系说的概念及判断标准

相当因果关系说始于1888年,德国富莱堡大学生理学家 Von Kries 在法律上应用数学的可能性理论与社会学的统计分析方法,认为客观上事件发生的可能性,可作为说明因果关系的一项要素。

相当因果关系说指如果行为与权益被侵害之间具有相当因果关系,在其他构成要件具备的情况下,则可以构成侵权行为。

相当因果关系的判断分为两个步骤:条件关系和相当性。

1. 条件关系

条件关系是指行为与权益被侵害之间具有条件关系。条件关系的判断标准是:如果没有某行为,则不会发生某结果,那么该行为就是该结果的条件。这一标准也可以从反面认定:如果没有某行为,某权益被侵害的结果仍会发生,那么该行为就不是该结果的条件。

上述判断标准在一般情况下是成立的。但是,存在着例外的情况。比如,在多因一果的情况下,欠缺其中某一原因,结果都还可能发生。此时,如果按照上述判断标准的话,将会导致所有原因都不被认定为结果发生的原因。

多因一果的一种情况是,存在多个行为,只有其中一个行为引起了损害后果,但是无法确定是哪个行为。此时,有人肯定是无辜的,但是无法确定,谁是无辜的。

多因一果的另一种情况是,多个行为各自都可能造成损害后果,而多个行为同时发生,造成了同一损害后果。《侵权法重述》中有一个例子。A 和 B 同时在一个茂密森林的露营地分别露营。他们各自都生了一堆篝火。晚上两人都因为疏忽而未能在睡前将篝火完全扑灭。由于异常干燥的天气和突然而来的强风,

---

① 参见王泽鉴:《侵权行为》(第三版),北京大学出版社2016年版,第229页。
② 参见陈聪富:《因果关系与损害赔偿》,元照出版公司2004年版,第7页。在学说上,我国大陆关于相当因果关系的理论多借鉴自我国台湾地区。此处关于相当因果关系中条件关系及相当性的介绍主要参考王泽鉴:《侵权行为》(第三版),北京大学出版社2016年版,第2编第2章第5节,以及陈聪富:《因果关系与损害赔偿》中"侵权行为法上的因果关系"部分。需要指出的是,在我国大陆法院中究竟如何判断因果关系,值得学说总结讨论。

没有完全熄灭的两堆篝火扩散开来,引发森林火灾。两处火势都失去了控制,连成一片,吞噬了宿营地的狩猎小屋。任何单独一场火灾都可以毁掉这个小屋。A 和 B 各自的疏忽行为都是宿营地小屋被毁的条件。①

在上述两种情况下,如果严格按照条件关系的判断标准,每个行为都会因为自己缺席依然可能造成损害后果而不被认定为条件,从而导致无人为损害结果负责。这种结果很明显是不公平的。此时,法律就会让所有可能的原因者承担连带责任。

针对第一种情况,《民法典》第 1170 条规定:"二人以上实施危及他人人身、财产安全的行为,其中一人或者数人的行为造成他人损害,能够确定具体侵权人的,由侵权人承担责任;不能确定具体侵权人的,行为人承担连带责任。"针对第二种情况,第 1171 条规定:"二人以上分别实施侵权行为造成同一损害,每个人的侵权行为都足以造成全部损害的,行为人承担连带责任。"

在上述情况中,有些人是无辜的。那么,多因一果突破条件关系认定因果关系的合理性在什么地方呢?在《侵权法重述》看来,责任成立的合理性在于,在多因一果的情况下,否认责任将会使原告的境况比只有一个侵权人时原告的境况更糟糕。认定多个原因都是损害结果的条件关系,是因为常识告诉我们这样认定更合理,即使条件关系的判断标准不能得出这样的结论。②

2. 相当性

相当性是指具备条件关系的行为与权益被侵害之间的关系达到一定程度,从而使得该行为人对权益的被侵害承担法律后果具有正当性。相当性的判断标准是"通常会产生该种损害"。相当性的目的在于分析原因行为与其他条件的关系。相当性考量加害人行为之外的其他因素是否降低或者免除加害人法律责任,也就是责任限制的问题。

比如,在彭宇案中,没有两辆公交车同时进站,也不会发生案中的损害后果。从条件关系上看,似乎是符合上述判断标准的。但是不会有人认为两辆公交车同时进站与损害结果具有相当性,这是因为两辆公交车同时进站通常情况下不会发生该种损害,因此,行为与结果之间不具有相当性。

在电梯劝阻吸烟案中,二审法院认为:"杨某劝阻段某某吸烟行为本身不会造成段某某死亡的结果。在未能控制自身情绪的情况下,段某某不幸死亡。虽然从时间上看,杨某劝阻段某某吸烟行为与段某某死亡的后果是先后发生的,但两者之间并不存在法律上的因果关系。"③法院想表达的意思也在于尽管条件关

---

① The American Law Institute, *A Concise Restatement of Torts*, ST. PAUL, MN American Law Institute Publishers, 2010, p. 201.
② Ibid., p. 202.
③ 河南省郑州市中级人民法院(2017)豫 01 民终 14848 号民事判决书。

系构成,但是劝阻吸烟通常不会发生死亡的损害结果,因此不具有相当性。

3. 相当因果关系

将条件关系和相当性结合在一起,相当因果关系的判断标准是:无此行为,虽不必生此种损害,有此行为,通常即足生此种损害者,是为有因果关系。无此行为,必不生此种损害,有此行为,通常亦不生此种损害者,即无因果关系。

条件关系在于给原因划定范围,看行为是否可以纳入原因范围。范围划定后,再通过相当性来确定行为与损害后果之间的紧密程度。有此行为通常也不会发生此种损害,则不具有相当性;有此行为,通常都会发生此种损害,则具有相当性。如果具有相当性,则该行为与该结果之间,就构成了侵权行为要件的因果关系。

我国台湾地区法院1987年台上字第158号判决认为:"惟所谓相当因果关系,系以行为人之行为造成的客观存在事实,为观察的基础,并就此客观存在事实,依吾人智识经验判断,通常均发生同样损害结果之可能者,该行为人之行为与损害间,即有因果关系。"[1]

在泰迪犬案中,二审法院认为:涉案的犬只虽未对人实施如"抓伤、扑倒、撕咬"等直接接触人体的动作,一般人在陌生犬只尤其是未被约束的犬只进入到自身安全界线内的时候,本能会产生恐惧的心理,故欧某某在看到未被采取任何约束措施的涉案犬只突然起立并向其逼近的时候,因本能的恐惧而避让进而摔倒,并致受伤。虽然犬只与人体不存在实际接触,但该犬只与伤害之间具备了引起与被引起的关系,故二者具备因果关系,动物饲养人或者管理人对此亦应当承担侵权责任。[2]

本案中,犬只行为与受害人受到的伤害之间有引起与被引起关系,应当是具备条件关系。"一般人在陌生犬只尤其是未被约束的犬只进入到自身安全界线内的时候,本能会产生恐惧的心理","因本能的恐惧而避让进而摔倒"受伤,则应当是具有相当性,故而相当因果关系成立。犬只所以能够向受害人逼近,是因为被告未对犬只按照管理规定采取适当措施,因此,最终的因果关系应当是建立在被告不作为行为与受害人所受损害之间。

在颐和园案中,徐某被发现在豳风桥下不幸溺亡,原告之近亲属主张颐和园管理处未尽到安全保障义务。法院认为:颐和园管理处提供了事发地点附近的照片,照片显示颐和园管理处在附近安装了警示标志,且豳风桥上除了亭子两侧可供游人休息、观景的廊凳外侧没有护栏外,桥上其他地方均自带石栏。廊凳不仅可供游人休息,也可以对行走在豳风桥上的游人起到一定的安全保护作用。

---

[1] 参见王泽鉴:《损害赔偿》,北京大学出版社2017年版,第92页。
[2] 参见《最高人民法院公报》2019年第10期(总第276期),第40—44页。

游人在亭子两侧的廊凳上休息时距亭子边缘有一定的距离,正常情况下也不会坠入湖中。因此,在不改变文物现状的情况下,豳风桥附近的现有设施,能够起到一定的拦截作用,颐和园管理处的警示标志也能起到提示作用。①

颐和园豳风桥的现有设施,为受害人掉入湖中的条件。但游人在亭子两侧休息时,正常情况下不会坠入湖中,就是指所谓有此行为,"通常也不会发生此种损害",即不具有相当因果关系。

(二) 相当因果关系判断例示

1. 民国时期曾有一判例说明相当因果关系。上诉人将其与某甲共同贩卖的炸药寄放于某乙开设的洗染店楼上,一个多月后的一日夜间,因该洗染店屋内电线走电,引燃该炸药,致将住宿于该店的被上诉人胞兄某丙炸死。当时的最高法院认为:"纵令上诉人如无寄放炸药之行为某丙不致被炸死,然寄放之炸药非自行爆炸者,其单纯之寄放行为,按诸一般情形,实不适于发生炸死他人之结果,是上诉人之寄放炸药与某丙之被炸身死不得谓有相当之因果关系。"②

2. 甲为马车夫,于执行职务时睡着,马车因而偏离正常路线。在偏离正常路线时,乘客遭雷击死亡。经查,马车若在正常路线上行使,乘客并无遭受雷击的可能。本案马车夫"睡着"实质上并未增加"乘客遭受雷击"的可能性。事实上,无论车夫睡着或者醒着,遭受雷击的机会甚微,因而遭受雷击,一般认为非属事件发生之通常过程,而仅为偶发事件。依据"必要条件说",偏离正常路线应当是乘客死亡之"不可欠缺的条件",具有事实上的因果关系。至于遭受雷击,是否认为属于一般事件通常发生过程之结果,而应由马车夫负责,则属于责任限制之法律上因果关系的问题。Von Kries 认为遭受电击,仅系偶发事件,而不具有因果关系相当性,足见相当因果关系是处理责任限制的问题,而非事实上的因果关系问题。③

(三) 相当因果关系说的内涵

相当因果关系说之重点,在于注重行为人之不法行为介入社会之既存状态,中断或者改变了事物正常发展之进程,并使现存之危险程度有所增加或者改变。亦即行为人增加受害人既存状态之危险,或行为人使受害人暴露于与原本危险不相同之危险状态,行为人之行为即可能构成结果发生之相当性原因。

所谓增加受害人既存状态之危险,比如甲高速驾驶,以至于比预期提前到达事件发生地点,因树木倒塌,压坏甲的汽车,乘客乙因而受伤。因甲高速驾驶并未增加损害发生的概率,甲对乙之受伤,无须负责。反之,若甲阻碍人行道,乙因

---

① 参见北京市第一中级人民法院(2019)京 01 民终 5414 号民事判决书。
② 参见王泽鉴:《侵权行为》(第三版),北京大学出版社 2016 年版,第 248 页;陈聪富:《因果关系与损害赔偿》,元照出版公司 2004 年版,第 151—152 页。
③ 参见陈聪富:《因果关系与损害赔偿》,元照出版公司 2004 年版,第 9 页。

而不得不徒步于马路,继而发生车祸,因甲的行为显然增加了乙遭受车祸之危险,甲之行为与乙的受伤,应当有相当因果关系。

所谓改变受害人之危险,比如出卖人未按照买受人之指示,改变送货路线,而货物于送货途中毁损灭失,出卖人应当为货物之毁损灭失负责。

相当因果关系说是以行为人改变危险、增加损害结果发生的可能性,以及损害的发生未有异常独立原因介入,即损害之发生,系在"事件正常发展过程中"产生为立论依据。[1]

事物正常发展进程,是相当因果关系判断的基础。假设在没有加害行为的情况下,事物正常发展进程的方向和结果是 A。由于加害行为的加入,事物正常发展进程的方向和结果改变成了 B。换言之,加害行为出现后,事物正常发展进程的方向和结果就是 B,此时加害行为与结果之间就具有相当因果关系。相反,如果即使有加害行为的加入,仅在偶然情况下,事物发展进程的方向和结果才是 B,此时加害行为与结果之间就不存在相当因果关系。

假设在没有加害行为的情况下,事物正常发展进程的方向和结果是 A,由于加害行为的加入,事物正常发展进程的方向和结果改变成了 B。但是在加害行为出现之后,又出现了另一事件,使得事物正常发展进程的方向和结果改变成了 C,此时,加害行为就不再是 C 的原因。这就是所谓因果关系的中断。

(四)价值判断与相当因果关系

相当因果关系的判断,需要注意以下几点:

第一,相当因果关系的认定属于个案判断,无法设定一般性的认定标准。因此,法官在因果关系的判断方面,拥有相当大的自由裁量空间。

第二,在个案认定中,首先应当判断导致结果发生的条件,为损害发生的"不可欠缺的条件",即具有条件关系后,再判断相当性。

第三,相当性的判断,在于行为人增加或者改变了损害发生的危险,即增加了损害结果发生的客观可能性。

第四,损害发生的因果历程必须没有其他异常独立的原因介入,亦即事件发生的因果历程必须符合一般事件的正常发生过程。

第五,相当因果关系的认定,因加害人的故意或者过失而有不同。如果加害行为出于故意,原则上应当就所生损害负责。[2] 在故意的场合,加害人对于不具有相当因果关系的损害,也应当负责。原因在于,按照相当因果关系说,加害人之所以对于通常不可能发生的结果无须负责,是因为此种结果在其可预见及可能控制的事态之外。在故意场合,加害人既然有意促成某种非通常的结果,自然

---

[1] 参见陈聪富:《因果关系与损害赔偿》,元照出版公司 2004 年版,第 10 页。
[2] 参见王泽鉴:《侵权行为》(第三版),北京大学出版社 2016 年版,第 229 页。

不存在不必负责的道理。① 故意情形下对因果关系的宽松认定,根本原因在于对故意侵权行为的否定。

第六,相当因果关系的认定,因加害行为所侵害的对象是生命、身体、健康或者纯粹经济上损失而有不同。在前者往往作较为宽松的认定。②

第七,相当因果关系的认定,极其依赖价值判断。相当因果关系并非客观上因果律的问题,而是对行为人公平课以责任的判断标准,具有法律政策判断之色彩。③

相当因果关系的判断要求结果符合"社会的正当性"、符合公平或者法律规范的目的。

美国法官 Andrews 在 Palsgraf v. Long Island R. R. Co. 一案所提反对意见书中有著名的判断:"我们所谓'最近(原因)'之意义是,由于便利、公共政策以及粗略的正义感情,法律独断地不再追溯一系列事件至某一特定点之外。这种判断并非逻辑,而系实际的策略应用。""我们所使用的语言,只是我们关于公共政策之观念的表示方法。"④这些话尽管是在感慨美国法上的因果关系理论,但对于相当因果关系说同样适用。

法律的主要作用,在于明示设定人类社会秩序之标准或者维持已成人类社会秩序之标准。因此,因果关系等自然法则的运用,不过是形式上或者结构上的要素,对于法律命题何以成立或者何以必须成立,并不具有决定性的判断作用。⑤

正如哲学家们所教导的那样,因果关系不是一种可以看到或感知的现象;相反,它是从先前的经验和对结果所需的其他因果因素的某些(通常是有限的)理解中得出的推论。也许最重要的是需要认识到,相当因果关系说有助于判断因果关系,但它并不是唯一的手段。因果关系的判断更取决于对因果关系的内心直觉和对公平结果的追求。⑥

相当因果关系,系指依经验法则,综合行为当时所存在之一切事实,为客观之事后审查,认为在一般情形上,有此环境,有此行为之同一条件,均发生同一之结果者,则行为与结果始可谓有相当之因果关系。反之,若在一般情形之上,有此同一条件存在,而依客观之审查,认为不必皆发生此结果者,则该条件与结果

---

① 参见王泽鉴:《侵权行为》(第三版),北京大学出版社 2016 年版,第 229、247 页。
② 同上书,第 181 页。
③ 参见陈聪富:《因果关系与损害赔偿》,元照出版公司 2004 年版,第 15 页。
④ 同上书,第 139 页。
⑤ 参见邱聪智:《从侵权行为归责原理之变动论危险责任之构成》,中国人民大学出版社 2006 年版,第 32 页。
⑥ The American Law Institute, A Concise Restatement of Torts, ST. PAUL, MN American Law Institute Publishers, 2010, p. 208.

并不相当,不过为偶然之事实而已,其行为与结果间难认相当因果关系。①

相当因果关系的判断,是特定时空范围中价值判断的产物。无论条件关系还是相当性,都不仅是一种法律技术,更是一种法律政策工具以及价值判断。② 因此,对于因果关系,需要假以时日,不断积累人生及法律思考的经验,方能够作出适当的、符合社会正当性的判断。

相当因果关系说之后,学者大量讨论的是法规目的说。其立论依据在于:双方的约定,对双方而言就是具有约束力的行为规范,因此,违约责任要根据行为人对双方之间约定的违反来确定责任成立及责任范围。确定责任成立及责任范围时,要探讨双方约定的目的。约束一般人行为的规范,是法律规范,因此,侵权责任要根据行为人违反的法律规范确定责任成立及责任范围。确定责任成立及责任范围时,自然要探讨法规的目的。法规目的说替代相当因果关系说的理由在于相当因果关系说的不确定性。③ 但是,法规目的本身同样存在不确定性问题。

三、我国法院对因果关系问题的处理

我国法院如何处理因果关系问题,需要实证研究。2017年笔者在课堂上讨论到此事,一位优秀同学做了以下考证。

在北大法宝数据库中进行搜索,有2194244个有关侵权责任纠纷的司法案例。在此范围中,搜索关键词"因果关系"有146631个案例,其中有531个案例的判决中提到了"相当因果关系",包括1篇公报案例以及27篇经典案例。在对这28篇案例进行分类后,发现其中有6篇涉及交通事故责任纠纷,11篇涉及医疗损害赔偿纠纷。

由此,是否可以得出一个初步的结论:在我国法院对因果关系问题的处理中,采纳相当因果关系的仅占小部分,即相当因果关系在我国的侵权责任纠纷的司法实践中还没有得到普遍的认可,并且适用相当因果关系的,也主要是交通事故责任纠纷和医疗损害赔偿纠纷。

以上研究具有启发性。关于我国法院对因果关系问题的处理,至少有以下几方面情况有必要加以说明。

(一)通过鉴定方式来认定因果关系

《审理医疗纠纷案件的解释》第4条第2款规定:"患者无法提交医疗机构或

---

① 台湾地区法院2009年台上字第1921号判决。转引自王泽鉴:《侵权行为》(第三版),北京大学出版社2016年版,第235页。

② 对相当因果关系的批评,参见曾世雄:《损害赔偿法原理》,詹森林续著,新学林出版股份有限公司2005年版,第121—128页。

③ 参见曾世雄:《损害赔偿法原理》,詹森林续著,新学林出版股份有限公司2005年版,第131—137页。

者其医务人员有过错、诊疗行为与损害之间具有因果关系的证据,依法提出医疗损害鉴定申请的,人民法院应予准许。"第 7 条第 2 款规定:"患者无法提交使用医疗产品或者输入血液与损害之间具有因果关系的证据,依法申请鉴定的,人民法院应予准许。"医疗侵权案件或者与医疗有关的产品责任案件中因果关系,要靠鉴定解决。

在 1971 年车祸案中,车祸受害人于 1971 年因车祸导致身体严重受损,2009 年,受害人在诉讼中死亡。原告请求鉴定的部分内容为:(1) 死者头部右额颅脑内肿瘤与同一部位的右额颅脑外伤、颅骨修补的有机玻璃(破碎)、身体重残重伤、精神损害有没有因果关系;(2) 死者瘫痪与颅脑重伤、高位截瘫重伤伤残有无因果关系;(3) 死者死亡与身体重伤、重残、瘫痪、精神损害有无因果关系。

鉴定机构的鉴定结论为:(1) 被鉴定人王某某右额颅脑内肿瘤与其同一部位的右额重度颅脑损伤之间的因果关系不能排除。(2) 被鉴定人王某某患脑胶质母细胞瘤后出现的瘫痪与其重度颅脑损伤之间的因果关系不能排除。(3) 被鉴定人王某某的死亡与其重度颅脑损伤之间的因果关系不能排除。①

在闫某、杨某诉北京市海淀区妇幼保健院一案中,法院通过鉴定来认定医疗行为与胎儿死亡之间是否存在因果关系。鉴定结论认为:产妇自身存在一些异常情况:如羊水过多、糖耐量受损、胎儿先天性心脏病以及产妇当天回家后没有数胎动。上述情况,均可能成为胎死宫内的内在原因。医院的不足之处在于,当时应尽量说服产妇留院观察。但是,即使留院观察,也可能仍不能避免胎儿死在宫内;或者即使入院后做剖宫产,也有新生儿死亡的可能。

一审法院据此认定,妇幼保健院在医疗活动中未尽到注意义务,致使患者丧失救治的机会,而目前尚不能作出即使留院救治,死亡仍必然不可避免的结论,故妇幼保健院的医疗行为具有过错,其医疗行为与损害结果之间有一定因果关系。考虑到患者自身内在原因,以及造成女婴不能存活原因的不确定性和损害的多因一果性,故医院仅应承担有限民事责任。

二审法院认定,妇幼保健院在对杨某的检查过程中,存在医疗行为的过错。其过错与损害结果间有一定的因果关系。②

(二) 相当因果关系说是否是中国法院认定因果关系的通说,存在疑问

相当因果关系的认定,极其依赖裁判者的主观价值判断。这就要求,裁判者必须具有极高的社会信任度,其判断才能为当事人以及社会所接受。而中国的法官,目前似乎尚不完全具备这样的权威,故而,相当因果关系说在中国司法裁

---

① 参见北京市海淀区人民法院(2009)海民初字第 4722 号民事判决书。
② 参见北京市海淀区人民法院(2003)海民初字第 6622 号民事判决书,北京市第一中级人民法院(2003)一中民终字第 10341 号民事判决书。

判中是否有立足之地,值得推敲。同时,这也可以说是鉴定在中国司法裁判中大量存在的原因之一。

第三节　因果关系与原因力

一、原因力的概念

原因力,从字面意思看,即原因的力量,指导致损害的原因对损害产生的影响程度。当同一损害存在多种原因时,多个原因对损害结果产生的影响程度,会决定责任的承担比例。

可见,原因力概念建立在因果关系的概念基础之上。因果关系确定后,才有不同原因之间原因力的问题。原因力概念是用来解决多个原因存在时,不同原因承担责任的分担比例问题。一个损害结果只有一个原因时,这个原因产生的影响就是百分之百,原因力概念也就没有意义了。同一损害结果有两个原因时,每个原因各自产生了百分之五十的原因,则每个原因者要承担百分之五十的责任。因此,"原因力"一词往往与"大小"或者"比例"等措辞同时使用。造成同一损害的原因越多,原因力问题就越复杂。

二、现行法中的原因力及其适用

1.《民法典》及其他民事法中,没有出现原因力的概念

原因力概念主要出现在司法解释中。司法裁判中,原因力概念被大量适用。在北大法宝数据库中,以"原因力"为关键词,可以检索到116711篇案例与裁判文书(检索时间为2021年3月17日)。原因力主要解决司法实务问题。原因力的确定与比较贯穿归责与损害赔偿的始终。在归责中,原因力起到的是有效判断与合理解释的作用;在损害赔偿中,原因力起到的是合理确定范围与公平分担损害的作用。[①]

我国民事法律及司法解释中最早出现原因力概念的是现已失效的《触电人身损害赔偿解释》。该解释第2条第2款规定:"但对因高压电引起的人身损害是由多个原因造成的,按照致害人的行为与损害结果之间的原因力确定各自的责任。致害人的行为是损害后果发生的主要原因,应当承担主要责任;致害人的行为是损害后果发生的非主要原因,则承担相应的责任。"

原因力比较可以作为过错比较的补充。过错者仅应当就其过错造成之影响承担责任,方才具有正当性。因此,在责任构成及分担上,首先需要比较双方的

[①] 梁清:《原因力研究》,人民法院出版社2012年版,第3页。

过错。过错大则责任比例大、过错小则责任比例小,正所谓各得其所。当双方过错程度无法确定或者过错程度相等时,或者行为人存在过错、受害人自身有某些特殊情况,或者存在其他原因时,原因力大小可以对损害结果的承担产生影响。史尚宽先生认为:"第一应比较双方过失之重轻(危险大者所要求之注意力亦大,故衡量过失之重轻,应置于其所需注意之程度),是以故意重于过失,重大过失重于轻过失。其过失相同者,除有发生所谓因果关系中断之情事外,比较其原因力之强弱以定之。"①

在非过错归责的场合,原因力比较对于责任分担具有决定性影响。"对于邓仕迎可受法律保护的养殖损失,强降雨导致各种污染源汇入郁江所输出的有机污染物与损害后果的原因力比例为75%,沿江生产企业正常排放生产废水所输出的有机污染物与损害后果的原因力比例为25%。对于生产企业排污所造成的邓仕迎养殖成本损失23056.13元,永凯公司、祈顺公司和华鸿公司应平均承担赔偿责任。"②

我国台湾地区通过解释"民法"第217条,逐渐将与有过失扩展到无过失责任。因无过失责任不考虑过失,过失比较改为原因力比较。台湾地区法院台上字第2302号判决认为:"'电信法'第26条第2项所定损害电信线路设施修复费用之偿还,虽不以损坏者有故意或过失为要件,但'民法'第217条关于被害人与有过失之规定,于债务人应负无过失责任者,亦有其适用,故本件即有上述过失相抵规定之适用。至于法院对赔偿金额减至何程度抑为完全免除,则应斟酌双方原因力之强弱与过失之轻重以定之。"在双方皆无过失时,依造成损害的原因力,分配其应分担的责任。③

医疗侵权中,大量存在多因一果的情况。原因力是处理医疗侵权问题的重要概念。《审理医疗纠纷案件的解释》中出现四处原因力。"诊疗行为与损害后果之间是否存在因果关系以及原因力大小"以及"医疗产品是否有缺陷、该缺陷与损害后果之间是否存在因果关系以及原因力的大小"可以作为"申请医疗损害鉴定的事项"(第11条第2款第2项、第4项)。"鉴定意见可以按照导致患者损害的全部原因、主要原因、同等原因、次要原因、轻微原因或者与患者损害无因果关系,表述诊疗行为或者医疗产品等造成患者损害的原因力大小。"(第12条)"医疗机构或者医疗产品的生产者、销售者、药品上市许可持有人承担赔偿责任后,向其他责任主体追偿的,应当根据诊疗行为与缺陷医疗产品造成患者损害的原因力大小确定相应的数额。"(第22条第2款)

---

① 史尚宽:《债法总论》,中国政法大学出版社2000年版,第680页。
② 最高人民法院2017年6月22日发布环境资源刑事、民事、行政十大典型案例之八:邓仕迎诉广西永凯糖纸有限责任公司等六企业通海水域污染损害责任纠纷案。
③ 参见王泽鉴:《损害赔偿》,北京大学出版社2017年版,第319—320页。

2. 原因力的司法适用

(1) 2014年7月25日最高人民法院发布的四起典型案例中,案例1"陈某某人身损害赔偿案"中,杜某某(88岁)与陈某某(小学生)系同村村民,2009年1月4日在双方住房附近的街道上,陈某某将杜某某撞倒在地。杜某某被送住院治疗,经医生诊断为:其一,心房纤颤;其二,右股骨粗隆间粉碎性骨折。花费医疗费人民币2121.85元。半年后,卫生所再次诊断为右下肢骨折,合伴感染。同年8月17日,杜某某去世。

法院认为:"就死亡后果与此次摔伤间的因果关系看,杜某某摔倒骨折并非导致其死亡的唯一原因,结合本案实际,本院确定杜某某的摔伤在其死亡结果中占有20%的原因力。陈某某对杜某某的摔伤结果存在过错,但杜某某的子女未尽好监护义务导致其在巷道里摔倒同样存在过错,故原告应承担相应的责任。本院因此酌定被告陈某某与原告各承担50%的责任。结合杜某某摔伤与其死亡结果的原因力比例,法院确定,杜某某因伤就医的损失为13321.85元,死亡造成的损失59925元。判决被告方承担杜某某受伤、死亡造成的经济损失为(13321.85元+59925×20%)×50%=12655.43元。"

原因力之原因不限于过错。患者体质本身可能作为损害后果的原因,但不能认为患者体质与常人不同或者年老、体弱等就是过错。患者体质与行为人过错同时存在时,确定责任分担就相对更加复杂。本案中法院认为受害人摔伤在其死亡结果中占有20%的原因力,同时,"陈某某对杜某某的摔伤结果存在过错,但杜某某的子女未尽好监护义务导致其在巷道里摔倒同样存在过错,故原告应承担相应的责任。本院因此酌定对杜某某的摔伤被告陈某某与原告各承担50%的责任"。从50%的责任划分来看,应当是各自过错相抵的结果。认定受害人摔伤在其死亡结果中占有20%的原因力,似乎没有对结果产生影响。如果认定摔伤对损害结果的发生仅有20%的原因力,而双方过错均是针对摔伤的过错,双方分担的应当是损害结果中20%的部分。

(2) 在齐某某等诉高某某等机动车交通事故责任纠纷案中,2011年5月25日上午8时许,原告亲属杨某某被被告高某某驾车撞倒受伤。同年6月22日,杨某某出院,共住院28天。次年1月2日,杨某某服药自杀死亡。

原告主张,受害人因车祸抑郁进而自杀,故被告应当承担责任。法院认为:根据医学常识,抑郁症病因主要系患者自身素质、遗传特质,属于内源性精神疾病,但社会心理因素、各种生活中的意外事件、长期病痛折磨、生活和工作环境变化等不良刺激,都可引发抑郁症,患者有自杀倾向是抑郁症最危险的症状之一。本案中,杨某某患抑郁症并自杀死亡,而本次交通事故是杨某某患抑郁症的诱发因素,故可以确定本次交通事故是杨某某死亡后果的原因之一,两者之间具有间接因果关系。

在本案交通事故发生后，被告积极将杨某某送至医院进行救治，并垫付了住院期间的大部分医疗费以及护理费，积极协助治疗，已尽合理的救助义务，并未加重杨某某的心理负担和精神压力。根据抑郁症的病因，杨某某自身的因素是其患抑郁症的主导性因素，是造成其死亡后果的主要原因，而作为间接原因的交通事故与该死亡后果之间的距离较远——交通事故并不必然导致抑郁症的病发，身患抑郁症也并不必然导致患者自杀，即本案中间接原因的原因力较弱。综合考虑上述因素，本院认为本案交通事故对杨某某死亡结果的原因力比例以15％为宜。①

本案中，法院先认定了因果关系的存在，再认定原因力的比例。值得赞同。

在法国及德国，也曾经就车祸与受害人之后自杀之间的因果关系有过讨论。法国曾有法院持否定立场，但是法国最高法院持肯定立场，认为受伤与自杀之间有因果关系，驾驶人对于自杀部分也应当负责。德国联邦法院也采肯定说，认为加害人对于被害人因其精神上之反应所引发之损害原则上应赔偿，且事故与疾病之间是否有因果关系乃法律问题，并不能专依医师鉴定意见而定。曾世雄教授认为，因伤害而自杀，似不该令驾驶人负自杀部分之损害赔偿责任。此非其间因果关系不存在，而是保护人体不受侵害之法规，其保护之限度原则上不及于此。故而原则上，驾驶人应不负自杀部分损害之赔偿责任。于特别情形下，纵责令驾驶人负此责任，也不该是全部而应是其一部而已。②

（3）最高人民法院发布的2019年全国海事审判典型案例中，案例3的典型意义之一在于："在航运实践中，因台风造成货损的情况下，往往还同时存在承运人管货过失的因素，法官应正确区分管货过失与不可抗力之间就造成货损的原因力比例与作用大小，从而准确区分责任。本案对判断台风是否构成不可抗力的构成要件进行深入分析，为类似案件的处理提供了参考。"管货过失与不可抗力同时构成损害原因时，区分管货过失与不可抗力各自的影响程度，就是区分原因力比例，目的是准确区分责任。

（4）最高人民法院印发的《全国法院审理债券纠纷案件座谈会纪要》（法〔2020〕185号）中提到："发行人及其他责任主体能够证明债券持有人、债券投资者的损失部分或者全部是由于市场无风险利率水平变化（以同期限国债利率为参考）、政策风险等与欺诈发行、虚假陈述行为无关的其他因素造成的，人民法院在确定损失赔偿范围时，应当根据原因力的大小相应减轻或者免除赔偿责任。"

---

① 参见江苏省南京市玄武区人民法院（2012）玄锁民初字第756号民事判决书。
② 参见曾世雄：《损害赔偿法原理》，詹森林续著，新学林出版股份有限公司2005年版，第123—125页。

(5) 最高人民法院发布的 2019 年度人民法院环境资源典型案例中,案例 13 的典型意义在于:"本案中,行政机关出具的调查报告对案涉泥石流灾害的成因、财产损失以及责任认定均有相关表述。人民法院结合双方当事人举证情况,依法采信调查报告作出事实认定,并综合过错程度和原因力的大小合理划分责任范围,在事实查明方法和法律适用的逻辑、论证等方面对类案审理提供了示范。"

第四节　因果关系向过失的转化

一、因果关系困扰的原因

各种因果关系理论,都免不了对个案中价值判断的依赖。因此,因果关系的判断具有很大的不确定性。究其原因,至少有以下几点:

第一,因果关系本身是客观的,但是这种客观现象需要主观的认识,因此,就侵权法上的因果关系而言,它又变成一个非常主观的问题,涉及价值判断。既然是主观的问题,就可能出现仁者智者看法的分歧。对主观问题,人们在许多情况下也会达成基本一致的看法。不幸的是,在因果关系问题上,事实已经证明,人们看法出现分歧的时候非常之多。

第二,因果关系困扰人们的另一个原因——也是根本和直接的原因,是因为人们将其作为了认定侵权责任的必要条件。根据汉森伯格不确定性原理,观察本身改变了所研究的对象。如果人们不将因果关系作为侵权责任认定的必要条件,自无任何困扰可言。

二、克服因果关系困扰的思路

针对上面的两点,可以有以下解决办法:

第一,因果关系是一个主观性非常强的问题。要解决它,思路就在于看能否将因果关系问题转变为相对客观的问题。

第二,因果关系之所以困扰人们,其根本和直接的原因在于,侵权法将因果关系作为了侵权责任不可或缺的必要条件。那么,是否可以不将因果关系作为侵权责任成立的必要条件呢?

综合起来,将因果关系的判断转化为过错的判断,可能是解决问题的一种思路。

三、因果关系向过失转化的理论基础

(一)侵权法的预防功能

传统的侵权法将侵权损害赔偿的功能主要定位于对具体案件中受害人的补

偿。这就必然将思考的目光限于具体的案件中,这种前提必然的推论是:需要在具体加害人的行为与具体受害人的损失之间寻找一座桥梁,从而将具体的加害人与具体的受害人联系起来,也为损害从具体的受害人向具体的加害人移转寻找一种正当化的理由。因此,因果关系的运用既是必要的,也是非常重要的。

经济分析的思路改变了这种向后看的思维模式,在经济分析看来,事故的发生是一种成本,已经发生的损害只是一种过去的成本,这种成本是一种积淀的成本(sunk cost)。成本付出的目的在于有所收益,如果成本是既定的,收益越大,效率越高。成本是过去的,收益是将来的。因此,成本付出后,应着眼于将来的收益。

经济分析并不将收益限定在具体的个人收益上,经济分析所强调的是一种社会效益的最大化。因此,损害发生即成本付出后,需要强调的是社会收益的最大化。基于此,侵权损害赔偿的目光不应当仅仅放在对具体受害人的补偿上——当然并非说这点是不重要的。应当强调的是对将来可能损害的预防,即通过对具体案件中受害人的赔偿,其目的更主要在于产生一种"价格",使得将来潜在的加害人知悉这种赔偿的"价格"。理性地使自己利益最大化的潜在加害人会在承担侵权损害赔偿责任与付出成本预防损害发生之间进行选择。这两种选择对潜在的加害人而言都需要付出成本,潜在的加害人在现有信息的情况下会选择对他而言成本最小的结果。因此,理性的使自己利益最大化的行为主体会根据法律和法院判决给定的"价格"调整自己的行为。

侵权损害赔偿的目的,就是要给未来的潜在加害人这样一种"价格",让其自己作出选择。法律和法院判决应当引导理性的潜在加害人作出社会效率最大化的选择:使损害不发生,或者以适当的概率发生。因为损害一旦发生,总需要有人付出成本,而就社会整体而言,无论由当事人哪方付出成本,或者由保险公司付出成本,都是社会的成本。无论对当事人还是对社会,只要事故发生,成本就已经付出,社会为了处理这种成本,还需要继续付出成本。对于资源稀缺的社会而言,这种成本原本是可以投向其他更能产生效益的地方。所以,在侵权损害赔偿意义上的效率最大化,应当是避免损害的发生。[①] 因此,通过对侵权损害赔偿的判决,使潜在的加害人和潜在的受害人产生预防损害的激励从而避免损害的发生,这才是侵权法、侵权损害赔偿重要的目的和主要的功能之所在。侵权损害赔偿应当是向前看,而不应仅仅是向后看。

人们谈到传染病、火灾、台风、地震时总是要谈预防,担心损失发生后无法弥

[①] 当然,这恐怕也是非常复杂的问题,因为要实现侵权损害赔偿的效率最大化,需要处理好预防成本与事故发生概率即可能性之间的关系。换言之,预防成本与事故发生概率之间是一种反函数关系,只有在预防成本与在该概率下所导致的事故的损失之和最小时,社会成本才最小。

补,希望防患于未然,希望未雨绸缪;不战而屈人之兵也总被认为是上上策。侵权损害赔偿应当同样如此。

(二) 问题的相互性

科斯在《社会成本问题》一文中提出了问题存在相互性的观点,即对于一个事故的发生,双方都是结果的原因。经济分析认为,是稀缺性造成了权利的冲突。问题的相互性给我们这样的提示:如果我们用因果关系的术语来讨论问题,双方都造成了损害。既然如此,因果关系证明以后,在使责任配置具有正当性方面,仍需要更充分的理由。这种理由,在过错责任原则下就是过错。因此,在某些情况下,淡化因果关系,通过对过错的认定替代对因果关系的认定,有可能解决因果关系的困扰问题。

四、思维习惯——因果关系向过失转化与现行思维模式的关系

一种新的思维模式提出后,马上面临的问题就是如何处理这种模式与现有处理办法以及思维习惯的关系——申言之,需要进一步追问:将因果关系转化为过失,是具有普遍适用价值,还是仅仅在某些特例中具有意义?

对这一问题的表面回答首先应当回顾一下本节的讨论目的。本节意在克服因果关系的困扰,这就意味着只有出现因果关系的困扰时,才有解决困扰方法的需要。换言之,如果用因果关系的思维方式可以使面临的问题轻易得到解决,自然没有必要寻找一种新的方法。只有因果关系问题出现困扰,因此产生解决的需要时,人们才有动力去寻找解决的途径。一般来说,变化是需要成本的;只有收益大于成本的变化才是需要的。

对这一问题进行深入的思考,或许可能得出另外的解释。我们不妨从人们面对一个已经发生的侵权法问题时的思维习惯入手。在处理具体侵权损害案件时,一般的思维习惯首先是要考虑该案件的涉案当事人:谁是受害人?谁的行为造成了损害?在确定一个大概的范围之后,思维将向具体、深入的方向发展:损害是什么?谁的行为直接造成了损害?造成损害的原因甲、原因乙、原因丙分别是什么?等等。这个过程就是一种寻找因果关系的过程。在这一过程中,因果关系的范围逐渐由一般到具体,由模糊到清晰。不同的案件,思维过程相同,但思维的结果可能是不一样的。在某些案件中,可以找到非常清晰而具体的因果联系;而在另一些案件中,找到清晰而具体的因果关系非常困难,这时就产生了因果关系的困惑,也就出现了向过失转化的必要。下面通过一个案例对此加以说明。

甲为一满载乘客的中巴车的司机,乙为一装有汽油桶的卡车的司机,不知什么原因,乙没有将汽油桶装在卡车的拖车里面,而是将两个汽油桶挂在车的两边。两辆车相向而行,撞在一起。不幸的是,由于惯性的作用,两个汽油桶钻进

了中巴车,引起了爆炸,造成了中巴车乘客的伤亡。问题是:谁应为本案中的损失承担责任?

要解决这一问题,首先需要知道涉案的当事人是谁。接下来的问题是:损失——中巴车本身以及乘客的伤亡——是怎么造成的?造成损失的原因是什么?这里的"原因"可能至少包含两方面的含义:其一是事实原因,其二是具有法律意义的原因。事实原因是清楚的:两车的碰撞导致汽油桶钻进了中巴车。但是,事实原因对责任确定和承担的帮助比较间接。侵权法上因果关系之"因"并不是事实上的原因,而是指法律上的原因。因此,我们希望知道的是:谁的行为造成了损失的发生;换言之,是谁的行为导致了两车碰撞并且使汽油桶钻进了中巴车。这里其实又是两个问题:车为什么会撞在一起;以及,汽油桶为什么会在车相撞后钻进中巴车。在正常情况下,车是不应当撞在一起的;以及,在常见的情况下,车即使撞在一起也不会有汽油桶钻进中巴车。那么,甲和乙是否存在过失?

到此,我们发现:当对因果关系的思考在一再的追问下没有答案时,思维其实已经将我们引导到了过失方面。因此,面对因果关系向过失的转化在何时发生和适用的问题,可能的答案是:在现有思维模式引导下,当我们对因果关系百思不得其解时,思维会放弃对因果关系的思考,转而以过失来确定责任的归属。

可见,一方面,此处所谈到的因果关系向过失的转化问题在某种意义上可能只是揭示(或解释)了人们的思维习惯。另一方面,只有在对因果关系的判断出现困扰时,才出现因果关系向过失转化的需要。

五、分析模式的应用

(一)"DES"案件、幼童输血感染艾滋病案件及共同危险行为

1. "DES"案件

在辛德尔诉阿伯特实验室(Sindell v. Abborit Laboratories)一案[①]中,1941—1971年间,几家制药公司都在生产一种名为"DES"的药物。该药物用来给孕妇服用以预防胎儿流产。但是到了20世纪60年代后期,人们发现DES能在那些母亲服用过DES的妇女身上快速诱发子宫颈癌。1971年,美国主管当局下令阿伯特以及其他制造商停止销售这种药品。许多妇女以母亲曾服用过这种药物而受到了伤害为由对DES的制造商提出起诉。但是,由于从母亲服用该药到女儿发病之间时间太长,确定200余家生产厂家与具体受害人之间的因果联系几乎是不可能的。作为侵权责任构成要件的因果关系不能确定,原告怎么可能获得赔偿呢?

加州最高法院认为,原告是无辜的,而被告的行为存在过失,如果由于因果

---

① 26 Cal. 3d 588, 607 P. 2d 942 (1980).

关系不能确定而不能给予原告赔偿,是极其不公平的。最后,法院根据被告在原告母亲服用 DES 期间所占的生产和销售的市场份额比例判决其承担相应的赔偿责任。

我国学者认为这种对因果关系的处理方式是一种因果关系推定。① 但是这种因果关系只在称谓上具有因果关系的意义,因此美国学者干脆将这种处理办法称为无因果关系的责任。②

可以看到,加州最高法院并没有解决或者试图解决本案中的因果关系问题。从传统思维角度来看,本案中的因果关系问题基本上是没有办法解决的。此种情况下,放弃因果关系,转而通过过失的思路,本案得到了解决。

2. 幼童输血感染艾滋病案件

上海市一个13岁的小男孩从2岁起患了血友病。从1987年开始小男孩一直使用上海血液中心、上海生物制品研究所、莱士血制品公司三家单位生产的血液产品。1998年9月23日,小男孩因为呼吸困难入院检查,发现感染了艾滋病。使得小男孩染上艾滋病的唯一途径是使用血液及血液制品。小男孩的父亲于是将三家血液制品单位告上了法庭。

本案的关键问题是:哪个公司的血液及血液制品让小男孩染上了艾滋病?

血液和血液制品污染可能发生在两个关键环节:血源污染和血检不过关。1999年10月25日,在上海市长宁区人民法院的法庭上,原被告双方的律师之间就小男孩是否用过国外制造的血液及血液制品发生了争执。被告的律师拿出了上海市第六医院的住院记录,上面写着"用过国外血制品"。开始坚决不承认曾用过国外血液制品的原告律师,此时又主张让被告举出国外血液制品的产地、类型、生产日期等。双方围绕这一问题的争论一直从早上8点半持续到中午12点。③

问题是,即使如被告所主张,小男孩使用过国外血液制品,又怎么能够知道小男孩感染的艾滋病究竟是哪家厂商提供的血液及血液制品造成的呢?即使小男孩用过被告所指称的国外的血液及血液制品,就一定能够证明是国外的血液及血液制品造成了小男孩的感染、因此可以免除本案被告的责任吗?这个因果关系的链条如何连接,恐怕超出了当时条件所能够解决的范围。能否因为因果关系问题不能确定而不给小男孩赔偿呢?

本案中,可以将因果关系问题转化为过失问题,即看三家供血商是否尽到了适当的注意,是否采取了应当有的预防措施,是否付出了应有的成本,使社会成

---

① 参见王利明:《侵权行为法归责原则研究》,中国政法大学出版社1992年版,第82—83页。
② 参见〔美〕罗伯特·考特、〔美〕托马斯·尤伦:《法和经济学》,张军等译,上海三联书店、上海人民出版社1994年版,第467—469页。
③ 参见《南方周末》1999年11月5日,第5版。

本实现了最小化。如果被告没有尽到应该有的注意,则应认定存在过失,因而应承担责任。据报道,上海生物制品研究所所长称,向较为贫困的贵州等地购买卖血者提供的廉价血浆在行业内已经不是什么秘密。报道称,卖血者的血与无偿献血人的血在相同条件下,危险性高 5 至 10 倍。谁能够知道,曾经有以及将会有多少个不幸的小男孩呢?你我中,谁是下一个?! 社会因为某些人的疏于注意将承担多大的成本和痛苦?而这原本可以由被告以较小的成本加以预防的。这或许是将因果关系转化为过失理论更大的社会——而非操作——意义和价值所在。①

3. 共同危险行为

《民法典》第 1170 条规定:"二人以上实施危及他人人身、财产安全的行为,其中一人或者数人的行为造成他人损害,能够确定具体侵权人的,由侵权人承担责任;不能确定具体侵权人的,行为人承担连带责任。"本条规定的是共同危险行为。共同危险行为的特色在于不能确定具体的侵权人,典型例子是:甲、乙分别向丙的方向开枪,丙中一弹死亡,但无法确定该子弹系由甲还是乙射出。此时,如果考察因果关系,将会导致丙无法获得任何一人的赔偿,这样的结果明显有悖法律公平。按照第 1170 条的规定,不能确定具体侵权人的情况,就是放弃了因果关系的考察。不考察因果关系,仍需要考察过错。或者说,是将通过因果关系实现的正义重叠赋予在过错上了。在过错责任下共同危险行为的前提是各个行为人都没有尽到适当的注意义务,存在着可归责的过错。否则,不应当构成共同危险行为。

(二)火烧财物案与累积因果关系

1. 火烧财物案

被告的火车引起火苗,火势起来后与其他来源不明的火苗混合在一起,造成原告财物被烧毁。法院认为,被告的火车引燃的火苗与其他火苗结合,任何一个火苗均足以毁损原告的财物,只要被告的火车引燃的火苗对损害发生具有实质影响,就应当承担连带责任。②

---

① 一个可能的质疑是:小男孩为什么不去找其他厂商要求赔偿。换言之,既然不考虑因果关系,那是否意味着可以随便找一家厂商要求赔偿。可能的回答是:第一,此处讨论的因果关系是法律上的因果关系,而不是泛泛的因果关系。这就意味着用过失取代因果关系的思考,只是取代了法律上因果关系的思考。因此,这种思路不排除首先需要确定可能招致小男孩损失的厂商范围。第二,正如前面所强调的:只有在因果关系出现困惑时,才有用过失取代的必要。如果用因果关系能够解决问题,取代是没有意义的。这也说明,在本案中,能够用一般意义上的因果关系确定这三家厂商。只是在确定这三家厂商中的哪一方或者哪几方与小男孩的损害具有因果关系时,才出现了用过失取代的需要,通过过失取代因果关系的主张才具有意义。

② 参见 Anderson v. Minneapolis, St. P. & S. S. M. Ry, 146 Minn. 430, 179 N.W. 45 (1920). 转引自陈聪富:《因果关系与损害赔偿》,元照出版公司 2004 年版,第 75 页。

2. 累积因果关系

《民法典》第1171条规定:"二人以上分别实施侵权行为造成同一损害,每个人的侵权行为都足以造成全部损害的,行为人承担连带责任。"本条规定的是累积因果关系。上面的火烧财物案就是累积因果关系的例子。累积因果关系的例子还有:二辆汽车同时经过原告的马匹,马匹受惊脱逃,而任何一辆汽车经过都足以引起原告马匹受惊。此时,究竟是哪辆汽车引发马匹受惊,无法考察。此种情况下,法律也会放弃因果关系的考察,改而考察过错。

(三) 杜某琼诉北京市液化石油气公司案及比较过错

1. 杜某琼诉北京市液化石油气公司案

2000年6月22日,杜某琼在北京市液化石油气公司下属双榆树煤气站购买了2米长的液化石油气橡塑软管一根,价值人民币8元。同年7月10日清晨,该煤气软管发生爆炸并引起火灾,将正在做饭的杜某琼烧伤。经鉴定,杜某琼属于七级伤残。法院查明,杜某琼购买的液化石油气橡塑软管系廊坊市通讯电缆厂按照1993年6月10日制定的企业标准生产。该企业标准之阻燃性要求为"软管在酒精灯上燃烧,移开火源后15S内火焰自行熄灭,不再燃烧"。这一标准低于中华人民共和国家用煤气软管化工行业标准之"将软管置于800℃火焰中5S撤离火焰,软管持续燃烧的时间,不得超过5S"的行业标准。廊坊市通讯电缆厂家用煤气软管耐压性企业标准为:"将试样在水压机或油压机0.4 mpa的压力下保持1 min,观察试样是否泄露或局部鼓泡,试样长度不少于600 mm。"该企业标准高于行业标准中"家用软管在0.2 mpa的压力下进行耐压性能试验时,保持1 min不应出现泄露或破裂现象"之行业标准。北京市液化石油气公司认为杜某琼家使用的液化石油气钢瓶及灶具上的液化石油气中压阀系工业产品,不能用于家用灶具。杜某琼予以否认,但未提供充分证据予以证实。经向国家燃气用具质量检验中心及北京市燃气用具质检站询问,家用灶具的灶前压力设计值为2.8 kpa,极限压力为3.3 kpa,输出压力为120—200 kpa的调压器不属于民用范围。因此,液化石油气中压阀不可与家用液化石油气橡塑软管配套使用。

一审北京市海淀区人民法院认为,北京市液化石油气公司作为燃气用具的专业销售单位,对所经营的产品质量是否符合国家强制标准负有注意义务。销售不符合国家强制性标准的产品存在过错,故应当根据其过错承担相应的赔偿责任。杜某琼所购买的煤气软管为民用产品,与该产品配套使用的系杜某琼自行购买的液化石油气中压阀,该中压阀的输出压力远高于普通家用燃气灶具的设计压力范围。因此,对事故的发生也存在过错,应负主要责任。

二审北京市第一中级人民法院认为,北京市液化石油气公司作为燃气用具专业销售单位,所经营的产品应符合国家强制性标准。因其销售不符合国家强制性标准的产品,对消费者因使用不合格产品所产生的人身财产损失,北京市液化石油气公司应根据其过错承担相应赔偿责任。杜某琼所使用的煤气中压阀系自行购买,杜某琼未提供该产品不是工业用中压阀的充分证明,经向有关部门咨询,工业用中压阀输出压力远高于家用燃气中压阀输出压力。故杜某琼对该事故的发生也应承担相应责任。[①]

在本案中,原、被告双方都对事故的发生存在过错。那么,哪方的过错是造成事故发生的过错呢?哪方的行为及过错与事故的发生具有因果关系?究竟是杜某琼自行购买的工业用中压阀导致了事故的发生,还是北京市液化石油气公司销售的不符合国家标准的软管造成了事故的发生?要将此点考察清楚很难。事实上,法院根本没有考虑因果关系的问题,在二级法院的判决书中,没有出现"因果关系"的字眼,法院根据双方的过错直接确定双方的责任。

2. 比较过错

《民法典》第1173条规定:"被侵权人对同一损害的发生或者扩大有过错的,可以减轻侵权人的责任。"

该条是关于比较过错的规定。过错由行为体现。责任成立因果关系考察的是损害与行为之间的关联关系。双方对于损害的发生都有过错时,哪方的行为是损害的原因呢?如上述杜某琼案件显示的,法院往往会放弃因果关系的考察,改而考察过错,根据彼此过错的程度确定最终的损害分配方案。

第五节　因果关系的证明与推定

因果关系是侵权行为的一般构成要件。由于因果关系的复杂性,许多时候,对因果关系的证明与认定就成为责任成立的关键。一般情况下,因果关系是否存在,由受害人承担证明责任。但是在有些情况下,法律也会要求由行为人来证明因果关系的不存在。如果不能证明,则推定因果关系的存在。

《民法典》第1230条规定:"因污染环境、破坏生态发生纠纷,行为人应当就法律规定的不承担责任或者减轻责任的情形及其行为与损害之间不存在因果关系承担举证责任。"《水污染防治法》第98条规定:"因水污染引起的损害赔偿诉讼,由排污方就法律规定的免责事由及其行为与损害结果之间不存在因果关系承担举证责任。"

《审理环境侵权案件的解释》第7条规定:"侵权人举证证明下列情形之一的,人民法院应当认定其污染环境、破坏生态行为与损害之间不存在因果关系:

[①] 参见北京市海淀区人民法院(2000)海民初字第12492号民事判决书,北京市第一中级人民法院(2001)一中民终字第3284号民事判决书。

(一)排放污染物、破坏生态的行为没有造成该损害可能的;(二)排放的可造成该损害的污染物未到达该损害发生地的;(三)该损害于排放污染物、破坏生态行为实施之前已发生的;(四)其他可以认定污染环境、破坏生态行为与损害之间不存在因果关系的情形。"

举证责任分配的一个重要考虑是:更加有利于发现案件事实。因此,法律规定因果关系推定、即将因果关系证明责任倒置的场合,行为人比受害人更有条件、需要更低成本就可能证明因果关系。当然,证明责任倒置后,行为人也可能无法证明因果关系的不存在,此时,行为人就要承担不利后果。这也是法律政策的体现。

《审理食品药品纠纷案件的规定》第5条第2款规定:"消费者举证证明因食用食品或者使用药品受到损害,初步证明损害与食用食品或者使用药品存在因果关系,并请求食品、药品的生产者、销售者承担侵权责任的,人民法院应予支持,但食品、药品的生产者、销售者能证明损害不是因产品不符合质量标准造成的除外。"

本条规定设置了灵活的因果关系证明责任的分配规则。首先由消费者承担因果关系的初步证明责任,同时食品、药品的生产者、销售者可以通过更有力的证据推翻因果关系的存在。如果食品、药品的生产者、销售者无法提供更有力的证据来推翻消费者提供的证明因果关系存在的证据,则应当认定因果关系存在。

第八章 损　　害

第一节　损害的概念和特征

一、损害的概念

损害,也称为损失,是指受害人财产或者人身所遭受的不利影响,包括财产损害、非财产损害,非财产损害又包括人身损害、精神损害。

传统民法上,关于损害的内涵,向来有利益说及组织说之分。利益说及组织说均有若干不同学者主张,彼此观点之间也存在差异。就其核心内容而言,利益说认为,损害是被害人因特定事故所损失的利益。该项利益,乃被害人之总财产状况,于有损害事故发生与无损害事故下所生之差额。利益说因此也被称为差额说。利益说之下,因损害事故具体所造成之毁损破坏,在损害观念中并无独立之地位。组织说认为,损害是民事主体的财产或者身体遭受的具体损害,并非只是存在于观念中的抽象利益。特定物体遭受的损害具有独立意义。损害之观念并非单纯计算上的大小,而是由不同构成成分组织而成。利益说衡量的是被害人在损害事故发生前后总利益的差额,具体损害不具有独立意义,在救济方面强调金钱赔偿。组织说衡量的是物或身体遭受的具体损害,在救济方面强调回复原状优先于金钱赔偿。①

《民法典》没有关于损害的界定。损害有时作动词,此时与侵害同义。比如"侵害英雄烈士等的姓名、肖像、名誉、荣誉,损害社会公共利益的"(第185条),本条中"侵害"与"损害"应当是一个意思。"损害对方人身权益、财产权益的"(第186条)中的"损害"也是"侵害"的意思。损害更多时候作名词,此时损害与损失同义。比如,"侵害自然人人身权益造成严重精神损害的,被侵权人有权请求精神损害赔偿"(第1183条第1款),本条中"损害"与"侵害"不同义,而与第179条中的"赔偿损失"中的损失"同义"。

对损害的解释可以有狭义和广义两种。所谓狭义的损害,是指损害赔偿所针对的损害,即需要通过损害赔偿方式补救的损害。所谓广义的损害,是指一切侵权责任方式所针对的受害人权利和利益的不圆满状态,既包括狭义的损害,也

---

① 参见曾世雄:《损害赔偿法原理》,詹森林续著,新学林出版股份有限公司2005年版,第139—153页。

包括停止侵害所针对的正在进行中的侵害、消除危险所针对的危险、排除妨碍所针对的妨碍以及返还财产所针对的非法侵占，等等。

如果采广义的损害界定，则损害就是侵权行为的一般构成要件；如果采狭义的损害界定，损害就不是侵权行为的一般构成要件，即无须狭义的损害也可以构成侵权行为。

《人身损害赔偿解释》的起草人认为，侵权行为法中的损害，是受侵权法保护的权利和利益遭受的不利益。[①] 可见，《人身损害赔偿解释》采广义的损害界定。原《侵权责任法》也采广义的损害界定。[②]

《民法典》侵权责任编中的损害，指行为人的行为对受害人的民事权益造成的不利后果，通常表现为财产减少、生命丧失、身体残疾、名誉受损、精神痛苦等。这里的损害是比较广的概念。不但包括现实的已经存在的"现实损害"，还包括构成现实威胁的"不利后果"。[③]

《民法典》第1165条第1款规定："行为人因过错侵害他人民事权益造成损害的，应当承担侵权责任。"根据《民法典》第179条第1款的规定，侵权责任的形式包括停止侵害，排除妨碍，消除危险，返还财产，恢复原状，赔偿损失，消除影响、恢复名誉，赔偿道歉，等等。侵权责任形式的多样化，决定了损害必定是广义的损害概念。根据第1165条第1款，有过错造成损害的，各种侵权责任都可以要求行为人承担。又根据第1167条的规定，侵权行为危及他人人身、财产安全的，即使在没有过错的情况下，被侵权人也有权请求侵权人承担停止侵害、排除妨碍、消除危险等侵权责任。综上，不能认为第1165条仅仅是损害赔偿的规定，而排斥其他责任形式。否则，不仅文义上无法解释，逻辑上也说不通：停止侵害、排除妨碍、消除危险等责任在无过错的时候尚且可以主张，有过错时反倒不能主张。

二、损害的特征

侵权法主要保护既存利益（pre-existing interests），少数情况下兼顾将来的利益（expectation interest）。因此，侵权法上的损害一般是对既存利益侵害的结果。侵权责任是使现状变得更差而承担的责任，违约责任是没有使将来变得更好而承担的责任。只有在特定条件下，对将来利益的侵害才构成侵权法上的损害。作为侵权行为构成要件的损害通常具备以下特征：

[①] 参见最高人民法院民事审判第一庭编著：《最高人民法院人身损害赔偿司法解释的理解与适用》，人民法院出版社2015年版，第222—223页。
[②] 参见王胜明主编：《中华人民共和国侵权责任法释义》，法律出版社2010年版，第43页。
[③] 黄薇主编：《中华人民共和国民法典侵权责任编解读》，中国法制出版社2020年版，第10页。

(一)损害是侵害合法民事权益的结果

《民法典》第3条规定:"民事主体的人身权利、财产权利以及其他合法权益受法律保护,任何组织或者个人不得侵犯。"合法民事权益包括民事权利和合法利益。因民事权利和合法利益被侵害而遭受的不利益,才是可以获得法律救济的损害。这意味着,民事权利和合法利益的存在,是损害获得救济的前提。没有民事权利和合法利益作为前提的损害,不能获得侵权法的救济。比如,男女青年以结婚为条件同居,后男青年提出分手,女青年请求"青春损失费"的赔偿。该损失赔偿请求一般不可获得法院的支持。

在广西永凯糖纸有限责任公司等与邓某某通海水域污染损害责任纠纷上诉案中,二审法院认为:邓某某未持有合法有效的《水域滩涂养殖许可证》,其网箱养殖水域属于横县人民政府划定的禁止网箱养殖水域,其养殖行为违反了《中华人民共和国渔业法》的规定,未取得该水域的合法使用权。邓某某未经相关行政主管部门许可使用全民所有的水域,对其非法占有水域进行养殖而取得的不正当收益损失部分法律不予保护,对其具体实施非法养殖行为所投入的人工费亦不应支持,但其购买的鱼苗、饲料、鱼药等生产成本并无非法性,仍属于合法的民事权益,一审判决对此部分的损失赔偿请求予以支持并无不当。①

某些损害涉及不同的权利。比如,加害行为造成他人死亡,此时,受害人的健康权和生命权同时遭到损害。这种情况下,一般只认为是生命权遭受损失,赔偿的也是生命权的损失,而不会同时还赔偿健康权的损失。这种情况可以被称为从重吸收,对生命权的赔偿吸收了对健康权的赔偿。

当然,如果加害行为造成他人受伤,过了一段时间,加害人又因此死亡的话,则应认定健康权和生命权都遭受了损害,应当同时赔偿健康权和生命权的损失。

引起争议的问题是:受到伤害后多久死亡,死亡后果才能被认为是当初侵权行为的后果? 以下几则案例可供思考:

1.《工伤保险条例》第15条第1款第1项规定:在工作时间和工作岗位,突发疾病死亡或者在48小时之内经抢救无效死亡的,视同工伤。吴某某于2013年12月23日工作时突发疾病,当日送同济医院救治,次日死亡。行政机关、劳动人事仲裁机构、法院均认为,吴某某受到的伤害,符合《工伤保险条例》第15条第1款第1项的规定,属于视同工伤范围,予以视同为工伤。②

2. 2011年5月25日上午8时许,杨某某被高某某驾车撞倒,杨某某受伤后被送医院治疗。2011年6月22日,杨某某住院28天后出院。出院诊断为骨盆

---

① 参见广西壮族自治区高级人民法院(2016)桂民终193号民事判决书。
② 参见《上海温和足部保健服务部诉上海市普陀区人力资源和社会保障局工伤认定案》,载《最高人民法院公报》2017年第4期(总第246期)。

骨折、头部外伤、糖尿病、腰 4/5 椎间盘突出、腰 4 椎体轻度滑脱。出院医嘱为：卧床休息，6 周内避免弯腰活动；糖尿病饮食，专科医生调整血糖；专人陪护，加强营养；回家后继续口服药物治疗；一月后复查腰部及骨盆平片；如有不适，我科随诊治疗；主任专家门诊复诊。2012 年 1 月 2 日，杨某某服药自杀死亡。

法院认为：显然，本次交通事故并不会必然导致杨某某自杀死亡这一损害后果，故本次交通事故并不构成杨某某自杀死亡的直接原因。本次交通事故是否构成杨某某死亡的间接原因，则应根据杨某某生前的精神状态、本次交通事故对杨某某生前状态的影响以及医学常识综合进行判断。杨某某因交通事故致身体多处受伤，经鉴定，杨某某自杀前患抑郁症，本次交通事故是其患病的间接诱发因素。本案中，杨某某患抑郁症并自杀死亡，而本次交通事故是杨某某患抑郁症的诱发因素，故可以确定本次交通事故是杨某某死亡后果的原因之一，两者之间具有间接因果关系。①

3. 1971 年 9 月 14 日 16 时 30 分，某部队战士彭某某驾驶卡车失去控制，将正常步行的王某某（男，十五岁，六年级学生）撞倒至沟下。进入医院后在全麻下行"大腿上段截肢（左）术"，9 月 16 日做"右额开颅脑内血肿清除术"等相关治疗，9 月 17 日出院。出院诊断为：(1) 创伤性休克；(2) 下肢挤压伤（左）；(3) 股骨胫骨开放骨折（左），合并腘动静脉损伤；(4) 脑血肿合并昏迷。1971 年 9 月 17 日，王某某再次入院治疗，9 月 23 日出院。出院诊断为：(1) 闭合性颅脑损伤；(2) 颅内血肿；(3) 左下肢外伤后截肢；(4) 脑损伤。9 月 23 日，王某某第三次入院，于 10 月 19 日在局麻下行"游离植皮术"手术，1971 年 11 月 8 日出院。出院诊断为：大腿上端截肢（左）术后。1972 年 3 月 28 日，王某某第四次入院，4 月 4 日行"颅骨修补术"，4 月 10 日出院。出院诊断为：颅骨缺损（右额）。

2005 年 3 月 14 日，王某某第五次入院，同年 4 月 26 日出院。出院诊断：(1) 糖尿病性酮症酸中毒；(2) 非胰岛素依赖型糖尿病（NIDDM）；(3) 高血压；(4) 糖尿病性视网膜病变。2008 年 8 月 4 日，王某某第六次入院，8 月 8 日在全麻、气管内插管下行"右额叶胶质母细胞瘤切除＋颅骨修补材料去除减压术"手术，切除肿瘤之体积 $6cm \times 5cm \times 5cm$，术中冰冻结果，胶质母细胞瘤。2008 年 10 月 30 日出院，出院诊断为：(1) 颅内恶性肿瘤；(2) 高血压Ⅲ级；(3) 糖尿病；(4) 低钠血症。2008 年 11 月 3 日，王某某第七次入院，于 2009 年 4 月 17 日在局麻下行"左侧侧脑室钻孔引流术"。2009 年 6 月 12 日王某某死亡。最后诊断：(1) 右侧额叶胶质母细胞瘤术后；(2) 继发性癫痫；(3) 颅骨修补术后；(4) 手术后颅骨缺失；(5) 左下肢高位截肢；(6) 高血压 3 级；(7) 2 型糖尿病；(8) 低钠血症；(9) 肺部感染；(10) 抗利尿激素不适当分泌综合征；(11) 应激性

---

① 南京市玄武区人民法院（2012）玄锁民初字第 756 号民事判决书。

溃疡伴出血;(12)低蛋白血症;(13)贫血;(14)呼吸衰竭;(15)颅内感染;(16)低钾血症。

2010年10月30日某鉴定机构出具鉴定意见,鉴定结论为:(1)被鉴定人王某某右额颅脑内肿瘤与其同一部位的右额重度颅脑损伤之间的因果关系不能排除。(2)被鉴定人王某某患脑胶质母细胞瘤后出现的瘫痪与其重度颅脑损伤之间的因果关系不能排除。(3)被鉴定人王某某的死亡与其重度颅脑损伤之间的因果关系不能排除。①

本案车祸伤害发生于1971年,其间受害人多次就医,最后于2009年去世。死亡结果是否还是当初车祸的后果?鉴定机构认为因果关系不能排除。法院似乎认为二者具有关系,但基于时效、最初达成赔偿协议且已履行完毕、受害人已经死亡等因素,对此未有明确结论,而是基于公平原则判决被告一次性赔偿10万元。

综合上述三例可见,伤害行为与死亡后果间隔时间越久,二者的关系越弱。但是,彼此之间也不是全有全无的绝对关系。结论的得出还会受其他各种因素的影响。

(二)损害具有可补救性

损害的可补救性包括两层含义:

第一层含义是,从量上来看,损害已产生,且已经达到一定的严重程度。只有在量上达到一定程度的损害才是在法律上应当补救的损害。现代社会人口越来越多,每个人的空间越来越小,社会压力越来越大。因此,每个人都必须学会承受和容忍,不能稍稍有所不适即请求赔偿。侵权法需要平衡权利救济和行为自由。动辄就给予赔偿的法律制度也一定不是人们所希望的良法。② 因此,损害必须在量上达到"显著"或者"相当"方可给予救济,"微小"的不利益通常不予救济。比如,两人正面碰撞,导致受伤流血或者红肿疼痛,该不利益为可以救济的损害;两人擦肩而过,有受侵害及微痛的感觉,则为不可救济的损害。③

第二层含义是,损害的可补救性并不是说损害必须是能够计量的。客观来说,能够计量的损害往往是少数的。但是,法律不能因为损害无法计量就不给予赔偿。

如何给无法计量的损害以赔偿的救济,一般的做法是列举需要考虑的因素,由法官结合个案情况加以确定。

《精神损害赔偿解释》第5条规定:"精神损害的赔偿数额根据以下因素确

---

① 北京市海淀区人民法院(2009)海民初字第4722号民事判决书。
② 参见曾世雄:《损害赔偿法原理》,詹森林续著,新学林出版股份有限公司2005年版,第61—63页。
③ 同上书,第49页。

定:(一)侵权人的过错程度,但是法律另有规定的除外;(二)侵权行为的目的、方式、场合等具体情节;(三)侵权行为所造成的后果;(四)侵权人的获利情况;(五)侵权人承担责任的经济能力;(六)受理诉讼法院所在地的平均生活水平。"《国家赔偿案件精神损害赔偿解释》第9条规定:"精神损害抚慰金的具体数额,应当在兼顾社会发展整体水平的同时,参考下列因素合理确定:(一)精神受到损害以及造成严重后果的情况;(二)侵权行为的目的、手段、方式等具体情节;(三)侵权机关及其工作人员的违法、过错程度、原因力比例;(四)原错判罪名、刑罚轻重、羁押时间;(五)受害人的职业、影响范围;(六)纠错的事由以及过程;(七)其他应当考虑的因素。"第10条规定:"精神损害抚慰金的数额一般不少于一千元;数额在一千元以上的,以千为计数单位。赔偿请求人请求的精神损害抚慰金少于一千元,且其请求事由符合本解释规定的造成严重后果情形,经释明不予变更的,按照其请求数额支付。"

损害因其形式不同,法律给予的救济手段也不同。除损害赔偿外,侵权法提供的救济手段尚有停止侵害、排除妨碍、消除危险、返还财产、恢复原状、消除影响、恢复名誉、赔礼道歉。这些责任形式,对受害人的救济具有同样重要的意义。

(三)损害的确定性

损害的确定性是指:第一,损害是已经发生的事实;第二,损害是真实存在而非主观臆测的事实;第三,损害是对民事权利和合法利益的侵害,此种事实能够依据社会一般观念或者公平意识加以认可。

损害的确定性,与计算损害赔偿时能够确定具体数额是不同的两个问题。比如,死亡的后果是确定的损害,但如何将其确定地计算出来是另一个问题。

计算损害赔偿时能够确定具体数额,是指能够根据一定的标准和计算方法将损害较为精确地计算出来。计算损害赔偿时能够确定的具体数额,往往是指对具有市场价格的物造成的损害。《民法典》第1184条规定:"侵害他人财产的,财产损失按照损失发生时的市场价格或者其他合理方式计算。"对于没有市场价格的物的损害,尽管损害具有确定性,但是,一般很难将损害较为精确地计算出来,或者,尽管能够根据一定标准计算出来,但是对于计算标准本身,也会发生很大争议。

比如,关于精神损害赔偿和死亡赔偿金的争论,表面上是关于赔偿的争论,实际上是人们对于精神损害和死亡赔偿金针对的损害产生了意见分歧。尽管损害是确定存在的,尽管法律对赔偿标准有明确或者大致明确的规定,但是人们对损害的赔偿还是存在较大的争议。比如,从《人身损害赔偿解释》开始引发的所谓"同命同价"话题,到现在也并没有平息。《侵权责任法》第17条、《民法典》第1180条所谓"因同一侵权行为造成多人死亡的,可以以相同数额确定死亡赔偿金"的规定,看似解决了问题,实际上是回避了问题。

即使在财产损失方面,也存在着计算的难题。

"虽然原告蒋某强提交的死鱼清单有瑕疵,但考虑到被告公司排污必定是事实,且该行为一直在延续,同时原告鱼塘的鱼死亡也是事实,如果仅仅因为原告蒋某强不能提交其鱼塘的鱼死亡的确切数据而判决其败诉,有显失公平之嫌。在已经能认定损害确实存在,只是具体数据尚难以确认或者无法确认的情况下,本院将结合有关间接证据和案件其他事实,遵循法官职业道德,运用逻辑推理和日常生活经验,适当确定侵权人应当承担的赔偿数额。本案中,本院从以下几个方面进行裁量:原告蒋某强承包的鱼塘面积为6.3亩,南岸区渔业生产的平均亩产是1000公斤,故推定原告蒋某强的鱼塘总产量为6300公斤。从被告公司排水渠进入另一原告蒋某菊鱼塘入水口处所取水样鉴定,多项指标均超过正常值许多倍,在这种恶劣的条件下,是无法从事渔业生产的。综合本案的实际情况,考虑到朝旭公司排放的污水已经在蒋某菊的鱼塘经过稀释后再排入蒋某强鱼塘,其污染程度轻于蒋某菊鱼塘,本院裁量原告蒋某强鱼塘因污染死亡的鱼按35%死亡率计算,即2205公斤。由于蒋某强死亡的鱼中既有鲫鱼,也有青鱼,但由于没有青鱼的当时市场价格,本院酌情全部死鱼按照鲫鱼当时的市场价每公斤16元的标准进行计算,原告蒋某强的损失为35280元,对原告治理鱼塘污染的用药花费的药费4750元亦根据实际情况酌情主张2000元,两项合计37280元。"[①]

侵权法主要保护既存利益,只有在特定情况下才对将来利益进行保护。这与将来利益损害的确定性不强有关。比如,纯经济利益的损失,主要是一种将来利益的损失,其确定性的特征就很不明显,故而,侵权法对其保护也就存在很多争议。保护纯经济利益损失是合同法的长项;或者说,对纯经济利益的规范,名义上是在侵权法的调整范围内,实际上是合同法的延伸。[②]

第二节 损害的分类和认定

一、损害的分类

根据不同标准,损害可以进行不同的分类。

(一) 狭义的损害和广义的损害

损害可以分为狭义的损害和广义的损害。如前所述,狭义的损害,是指侵权损害赔偿所针对的损害,即需要通过损害赔偿方式补救的损害。广义的损害,是

[①] 重庆市第五中级人民法院(2010)渝五中法民终字第2755号民事判决书。

[②] Simon Deakin, "Differences between Contractual and Tortious Liability: the Common Law", *Contractual and Tortious Liability Conference Materials*, pp. 27-28, September 29, 2017, Yantai China.

指一切侵权责任方式所针对的受害人权利和利益的不圆满状态,既包括狭义的损害,也包括停止侵害所针对的正在进行中的侵害、消除危险所针对的危险、排除妨碍所针对的妨碍以及返还财产所针对的非法侵占,等等。

(二) 财产损害和非财产损害

1. 财产损害

财产损害是指因为侵害财产、人身权利或者利益而造成的经济上的损失。可见,财产损害不仅仅是侵害财产造成的损害。

(1) 财产损害根据侵权行为侵害对象的不同分为五类。

一是因侵害财产或者财产权益造成的财产损失。

《民法典》中有大量规定。《民法典》第 238 条规定:"侵害物权,造成权利人损害的,权利人可以依法请求损害赔偿,也可以依法请求承担其他民事责任。"第 714 条规定:"承租人应当妥善保管租赁物,因保管不善造成租赁物毁损、灭失的,应当承担赔偿责任。"第 431 条规定:"质权人在质权存续期间,未经出质人同意,擅自使用、处分质押财产,造成出质人损害的,应当承担赔偿责任。"第 434 条规定:"质权人在质权存续期间,未经出质人同意转质,造成质押财产毁损、灭失的,应当承担赔偿责任。"这两条规定中,侵害的对象都是质押财产,造成的损害是因为质押财产受侵害造成的财产损失。第 436 条第 1 款规定:"债务人履行债务或者出质人提前清偿所担保的债权的,质权人应当返还质押财产。"此处的返还,应当限缩解释为及时返还。如果质权人不及时返还质押财产,则构成对出质人质押财产权利的侵害。第 437 条第 2 款规定:"出质人请求质权人及时行使质权,因质权人怠于行使权利造成出质人损害的,由质权人承担赔偿责任。"在质权人该行使质权而怠于行使时,如果在怠于行使期间质押财产的价格大幅降低,使得原本足以清偿债权的质押财产如今无法足额清偿时,就对出质人造成了损害。此种侵害的对象应当是出质人对质押财产的处分权利。

关于侵害抵押权的情形,"江宁城建公司在法律法规等已有明确规定的情况下,且也知晓交通银行江苏分行为涉案被拆迁房产抵押权人,但拆迁时既未要求王某某、朱某某变更抵押财产,也未有效通知交通银行江苏分行核实抵押房产所担保的剩余债权,进而向公证机关进行提存,其直接将所有征收拆迁补偿款全数支付给被拆迁人,主观上存在明显过错,从而导致交通银行江苏分行对王某某、朱某某享有合法抵押的债权不能实现","江宁城建公司应当对涉案侵权损害结果承担全部责任"[①]。

需要讨论的是,侵害财产造成财产无法被所有人享用的损失,究竟是财产损失还是精神损失。比如,有一供观赏、供漫游用的马匹受侵害,所有人于马匹痊

---

① 参见江苏省南京市中级人民法院(2017)苏 01 民终 3241 号民事判决书。

愈之前无法乘用该马,所有人玩赏马匹骑乘漫游的乐趣被剥夺。就其财产状况而言,似乎并未减少,但其生活乐趣却似乎有所短缺。类似的例子还有,因他人行为导致别墅无法入住、旅行途中遭遇事故无法尽兴、私车被毁导致周末无法去郊区游玩,等等。上述事例之共同点在于因侵权行为造成物的损害因而导致该物的使用即某种生活上的享受丧失。此种享受因侵害财产而引起,但却不是财产本身的损失。侵权法对非财产损失的赔偿向来有各种限制,如果认定为非财产损失,则意味着受害人可能无法得到赔偿。德国联邦法院认为,该损失为财产损失,赔偿义务人应予赔偿。其理由在于:享受如已商业化,换言之,如其取得须为相当之财产上给付者,则妨害或剥夺该享受即构成财产上之损害。①

二是因侵害纯经济利益造成的财产损失。

侵害纯经济利益造成的财产损失,是指侵害他人利益造成的金钱损失,而不是侵害人身或者财产权利造成的损失,其侵害对象既非财产、人身,也非人身、财产权利。比如,甲驾车撞毁乙的出租车,系侵害他人之"物",就乙不能营业所受损失(附随的经济上损失),亦应负赔偿责任。假设车祸阻塞道路,致丙的出租车被困巷内,不能外出营业所受损失,则为纯粹的经济上损失。② 对此也存在不同的看法。在德国的一个案例中,原告船运商一直向坐落在市内航运水道旁的一家面粉加工厂运货。被告因过错导致堤墙倒塌,使得这段运河将近一年无法通行。原告的一艘电动船被困在了这段水道之中,其他原本专为面粉加工厂运货用的驳船也无法到达面粉加工厂。原告以无法以确定的用途使用船只为理由,要求赔偿损失。德国联邦最高普通法院肯定了对电动船所有权的侵害:"对物的财产所有权的损害不仅仅可能通过损害物的实体,还可能通过其他在事实上对所有人对物的支配的侵害而发生。在本争讼中,产生损害的原因在于,由于水道的封闭,那条电动船不得不停留在面粉加工厂的卸货点……它实际上已不能被用作交通工具,并丧失了它的用途。因此,对该船的'禁锢'即构成了事实上对所有权人对这一交通工具的支配的损害,这也正是对财产所有权的损害。"③

关于纯经济利益损失,最常见的例子是:施工挖断电力公司的电缆,造成使用电力公司电缆的第三人的经济损失。王泽鉴教授在其《民法学说与判例研究》(第七册)中曾引用 Spartan Steel and Alloys Ltd. V. Martin and Co. (Contractors) Ltd. 一案,阐述了 Lord Denning 在处理纯经济利益损失是否赔偿时的五点考虑。④ 在我国,也曾发生类似电缆案。被告永安公司在所承

---

① 参见曾世雄:《损害赔偿法原理》,詹森林续著,新学林出版股份有限公司2005年版,第167—169页。
② 参见王泽鉴:《损害赔偿》,北京大学出版社2017年版,第169—170页。
③ 参见〔德〕马克西米利安·福克斯:《侵权行为法》,齐晓琨译,法律出版社2006年版,第37页。
④ 参见王泽鉴:《民法学说与判例研究》(第七册),北京大学出版社2009年版,第63—65页。

包金三角河堤段工程的施工过程中,损坏了被告供电公司埋在该地段的10KV电力电缆,导致输电线路中断,造成原告民族医院停电26小时,影响了原告民族医院的正常经营。法官认为,本案民族医院要求赔付停电期间的营业损失,性质就属于纯粹经济利益损失。对于该损失是否赔偿,法官采用了与Lord Denning在前案中几乎完全相同的考量。①

歌星因为车祸无法按计划到剧场演出,剧场附近饭店的损失、小商贩的损失、停车场的损失等,都可能构成纯经济利益的损失。在繁忙的道路上发生交通事故,被撞车辆被侵犯的是财产权,如果车上人员受伤,则他们被侵犯的是人身权。因事故导致道路堵塞,致他人不能按时上班,无法及时搭乘班机等导致的损失,则可能构成纯经济利益的损失。

2021年3月23日,苏伊士运河被22万吨的"长赐号"巨轮堵塞的事件,为理解纯经济利益的损失提供了现实资料。因为堵塞无法通行,在之后不到6天的时间里,数不清的货轮、船只开始绕道非洲好望角。由此导致每个航程的成本额外增加了45万美元。还有369艘大型巨轮因不能掉头而无法绕道。据说,14%的世界贸易货物通过苏伊士运河运送,平均每天有50多艘货船要通行。每天因为航道堵塞滞留的货物金额高达120亿美元。其中,通过运河输送的石油总量占全球石油贸易的10%。据报道,3天前停滞船只中的17艘油轮所载原油至少有3300万桶。事故次日,国际原油价格急剧上涨,收涨接近6%。2021年3月29日,苏伊士运河正式恢复通航。②

在证券发行或者交易过程中,信息披露义务人因虚假陈述造成他人的损害,也是因侵害纯经济利益造成的财产损失。《审理证券市场虚假陈述案件的规定》第4条第1款规定:"信息披露义务人违反法律、行政法规、监管部门制定的规章和规范性文件关于信息披露的规定,在披露的信息中存在虚假记载、误导性陈述或者重大遗漏的,人民法院应当认定为虚假陈述。"第24条规定:"发行人在证券发行市场虚假陈述,导致原告损失的,原告有权请求按照本规定第二十五条的规定赔偿损失。"

《产品质量法》第40条第1款规定:"售出的产品有下列情形之一的,销售者应当负责修理、更换、退货;给购买产品的消费者造成损失的,销售者应当赔偿损失:(一)不具备产品应当具备的使用性能而事先未作说明的;(二)不符合在产品或者其包装上注明采用的产品标准的;(三)不符合以产品说明、实物样品等方式表明的质量状况的。"购买的产品有缺陷,导致购买者经济利益的减损的,即属于纯经济利益的损失。

---

① 参见重庆市第四中级人民法院(2006)渝四中法民一终字第9号民事判决书。
② https://www.sohu.com/na/458125581_651611,最后访问日期:2022年5月1日。

《反不正当竞争法》第 17 条第 3 款规定:"因不正当竞争行为受到损害的经营者的赔偿数额,按照其因被侵权所受到的实际损失确定;实际损失难以计算的,按照侵权人因侵权所获得的利益确定。经营者恶意实施侵犯商业秘密行为,情节严重的,可以在按照上述方法确定数额的一倍以上五倍以下确定赔偿数额。赔偿数额还应当包括经营者为制止侵权行为所支付的合理开支。"此处规定的损失,也属于纯经济利益的损失。①

纯经济利益的损失因为是侵犯利益、而并非直接侵害财产权利或者人身权利所致,法律在利益衡量上存在差异。侵权法不能对一切权益做同样的保护,必须有所区别:人的保护最为优先、所有权的保护次之、财富的保护又次之,仅在严格的条件下,才给予保护。② 纯经济利益损失的最大特点是不确定性,涉及者不仅人数众多,往往数量也非常巨大。如果一概承认纯经济利益的损失,一方面会导致加害人承担与其行为不相称的责任,另一方面很可能会引起逆向选择和道德风险问题。救济的闸门(floodgates)何时开启需要认真考量。③ 当事人之间如果存在合同关系,其不确定性可以因合同当事人之间的约定而受到控制,受害人数量和损失程度都可以通过约定而加以确定。因此,合同法就成为保护纯经济利益损失的重要机制。④ 对纯经济利益损失的规范,名义上是在侵权法的调整范围内,实际上是合同法的延伸。⑤

在当事人没有约定的情况下,究竟侵犯哪些利益造成的损失可以算作纯经济利益的损失,如何构成以及是否给予赔偿,都是侵权法面临的难题。

三是因侵害生命权、健康权等物质性人身权造成的财产损失。

侵害生命权、健康权等造成的受伤、残疾或者死亡等,本身为非财产损失,但是,为治疗康复要支出的医疗费、护理费、交通费、营养费、住院伙食补助费等,因误工减少的收入,残疾辅助器具费,丧葬费,等等,都是财产损失。这些损失,加害人应当赔偿(《民法典》第 1179 条)。至于残疾赔偿金、死亡赔偿金所针对的损失是财产损失还是非财产损失,存在不同看法。2020 年修订前的《精神损害赔偿解释》第 9 条曾规定,致人残疾的,精神损害抚慰金就是残疾赔偿金;致人死亡

---

① 参见北京百度网讯科技有限公司诉青岛奥商网络技术有限公司、中国联合网络通信有限公司青岛市分公司、中国联合网络通信有限公司山东省分公司、青岛鹏飞国际航空旅游服务有限公司不正当竞争纠纷案。http://vip.chinalawinfo.com/newlaw2002/slc/SLC.asp? gid=33844999&tiao=20&km=cas&subkm=0&db=cas,最后访问日期:2011 年 1 月 11 日。
② 参见王泽鉴:《侵权行为法》,台湾 1998 年自版,第 75 页。
③ Simon Deakin, "Differences between Contractual and Tortious Liability: the Common Law", *Contractual and Tortious Liability Conference Materials*, pp. 32—38, 29 September 2017, Yantai China.
④ 参见王泽鉴:《侵权行为》(第三版),北京大学出版社 2016 年版,第 363 页。
⑤ Simon Deakin, "Differences between Contractual and Tortious Liability: the Common Law", *Contractual and Tortious Liability Conference Materials*, pp. 27—28, 29 September 2017, Yantai China.

的,精神损害抚慰金就是死亡赔偿金。其后的 2003 年《人身损害赔偿解释》第 17 条列举了因伤、因伤致残及死亡的各项赔偿,其中包括残疾赔偿金、死亡赔偿金。第 18 条单独规定了精神损害赔偿。第 31 条更规定:"人民法院应当按照民法通则第一百三十一条以及本解释第二条的规定,确定第十九条至第二十九条各项财产损失的实际赔偿金额。前款确定的物质损害赔偿金与按照第十八条第一款规定确定的精神损害抚慰金,原则上应当一次性给付。"由此,残疾赔偿金、死亡赔偿金所针对的损失被定位为财产损失,采劳动能力丧失说及继承丧失说。[①]《侵权责任法》《民法典》延续了这样的定位和立场。2020 年及 2022 年修订后的《人身损害赔偿解释》第 23 条均规定:"精神损害抚慰金适用《最高人民法院关于确定民事侵权精神损害赔偿责任若干问题的解释》予以确定。"由此进一步确定,《人身损害赔偿解释》中的各项损害,包括残疾赔偿金、死亡赔偿金均为物质性损害。

四是因侵害肖像权、姓名权等精神性人身权益造成的财产损失。

侵害肖像权、姓名权等精神性人身权,会造成财产损失。"自然人对肖像、姓名的利用可以带来一定的商业利益。原告周星驰作为知名艺人、演员,能够通过参演影视节目、广告代言等活动获取相应的经济利益,其肖像权、姓名权具有一定的商业化利用价值。被告中建荣真建材公司对原告肖像权、姓名权的侵害,导致原告人格权权能中包含经济性利益的部分受损,有损原告形象的商业价值,故应当对非法使用原告肖像、姓名造成的财产损失予以赔偿。"[②]

《民法典》第 1182 条规定:"侵害他人人身权益造成财产损失的,按照被侵权人因此受到的损失或者侵权人因此获得的利益赔偿;被侵权人因此受到的损失或者侵权人因此获得的利益难以确定,被侵权人和侵权人就赔偿数额协商不一致,向人民法院提起诉讼的,由人民法院根据实际情况确定赔偿数额。"

五是因侵害人身利益造成的财产损失。

人身利益是指法律规定的未被权利化但受法律保护的利益。《民法典》第 111 条、第 1034 条规定的个人信息就是一种人身利益。侵犯个人信息,会带来财产损失。

根据《消费者权益保护法》第 50 条的规定,侵害消费者的个人信息,要承担赔偿损失的责任。《民法典》侵权责任编没有关于侵害利益责任的规定,因此侵害利益应当类推适用《民法典》第 1182 条的规定。

(2) 财产损害可以分为直接损失、间接损失。

此种分类的基础是所谓差额说。即受害人的总财产额因事故的发生与无该

[①] 参见最高人民法院民事审判第一庭编著:《最高人民法院人身损害赔偿司法解释的理解与适用》,人民法院出版社 2015 年版,第 295、339—343 页。

[②] 《周星驰诉中建荣真无锡建材科技有限公司肖像权、姓名权纠纷案》,载《最高人民法院公报》2020 年第 2 期(总第 280 期)第 43—48 页。

侵害事故时产生的差额。①

第一，直接损失。直接损失又称积极损失、实际损失，是指既得利益的丧失或者现有财产的减损，即本不该减少的减少了。

《民法通则》第 117 条第 1 款、第 2 款曾规定："侵占国家的、集体的财产或者他人财产的，应当返还财产，不能返还财产的，应当折价赔偿。损坏国家的、集体的财产或者他人财产的，应当恢复原状或者折价赔偿。"《民法典》没有类似的规定。

《产品质量法》第 44 条第 2 款前段规定："因产品存在缺陷造成受害人财产损失的，侵害人应当恢复原状或者折价赔偿。"

这里所规定的损失就是因侵害财产造成的直接损失。

《民法典》第 1179 条前段规定："侵害他人造成人身损害的，应当赔偿医疗费、护理费、交通费、营养费、住院伙食补助费等为治疗和康复支出的合理费用，以及因误工减少的收入。"

医疗费、护理费、交通费、营养费、住院伙食补助费等为治疗和康复支出的合理费用，就是因侵害人身权造成的直接损失。如果没有侵权行为，这些既得利益原本可以不减少。

第二，间接损失。间接损失又称消极损失、所失利益，是指可得利益的损失，即未来财产的减少，该得到的没有得到；此种损失虽然不是现实利益的损失，但损失的利益是可以得到的，而非虚构的、臆想的；如果没有侵权行为的发生，正常情况下受害人可以得到该利益。

《德国民法典》第 252 条后段规定："按事物之通常发展或者特殊情事，即如按已订之措施或设备可得期待之利益，视为所失利益。"②我国台湾地区"民法"第 216 条第 2 款规定："依通常情形，或依已定之计划、设备或其他特别情事，可得预期之利益，视为所失利益。"第 2 款规定了两种预期可得利益。"依通常情形"，为依通常情形可得预期利益；"依已定之计划、设备或其他特别情事"，为依特别情事可得预期利益。③

《民法典》中没有类似的规定。《民法通则》第 117 条第 3 款曾规定："受害人因此遭受其他重大损失的，侵害人并应当赔偿损失。"《产品质量法》第 44 条第 2 款后段规定："受害人因此遭受其他重大损失的，侵害人应当赔偿损失。"

上述规定中受害人因财产损失而导致的其他重大损失，就是间接损失。

《民法典》第 1179 条规定的因误工减少的收入即误工费，就是因侵害人身权

---

① 参见王泽鉴：《损害赔偿》，北京大学出版社 2017 年版，第 63 页。
② 本书所引《德国民法典》条文，除另有说明外，均引自台湾大学法律学院、台大法学基金会编译：《德国民法典》，北京大学出版社 2017 年版。
③ 参见曾世雄：《损害赔偿法原理》，詹森林续著，新学林出版股份有限公司 2005 年版，第 189—190 页。

造成的间接损失。如果没有侵权行为,正常情况下受害人原本可以得到该利益。

2. 非财产损害

非财产损害是指因侵害权利人的人身权益或者特定财产而造成的受害人人身或者精神方面的损害。非财产损害既包括有形的损害即人身损害,也包括无形的损害即精神损害。

非财产损害可以分为以下四种:

一是侵害自然人物质性人身权造成的非财产损害。

侵害身体权、健康权、生命权等物质性人身权,可以造成非财产损害。比如以非法拘禁等方式剥夺、限制他人的行动自由,或者非法搜查他人身体(《民法典》第1011条),或者对他人实施身体接触类的性骚扰(《民法典》第1010条),或者侵害他人人身致其受伤、因伤致残、死亡(《民法典》第1179条),都会造成非财产损害。

国家行政机关、司法机关非法侵害物质性人身权的,可能导致非财产损害,受害人可以主张精神损害赔偿。《国家赔偿法》第3条规定:"行政机关及其工作人员在行使行政职权时有下列侵犯人身权情形之一的,受害人有取得赔偿的权利:(一)违法拘留或者违法采取限制公民人身自由的行政强制措施的;(二)非法拘禁或者以其他方法非法剥夺公民人身自由的;(三)以殴打、虐待等行为或者唆使、放纵他人以殴打、虐待等行为造成公民身体伤害或者死亡的;(四)违法使用武器、警械造成公民身体伤害或者死亡的;(五)造成公民身体伤害或者死亡的其他违法行为。"第17条规定:"行使侦查、检察、审判职权的机关以及看守所、监狱管理机关及其工作人员在行使职权时有下列侵犯人身权情形之一的,受害人有取得赔偿的权利:(一)违反刑事诉讼法的规定对公民采取拘留措施的,或者依照刑事诉讼法规定的条件和程序对公民采取拘留措施,但是拘留时间超过刑事诉讼法规定的时限,其后决定撤销案件、不起诉或者判决宣告无罪终止追究刑事责任的;(二)对公民采取逮捕措施后,决定撤销案件、不起诉或者判决宣告无罪终止追究刑事责任的;(三)依照审判监督程序再审改判无罪,原判刑罚已经执行的;(四)刑讯逼供或者以殴打、虐待等行为或者唆使、放纵他人以殴打、虐待等行为造成公民身体伤害或者死亡的;(五)违法使用武器、警械造成公民身体伤害或者死亡的。"《国家赔偿案件精神损害赔偿解释》第3条规定:"赔偿义务机关有国家赔偿法第三条、第十七条规定情形之一,依法应当承担国家赔偿责任的,可以同时认定该侵权行为致人精神损害。但是赔偿义务机关有证据证明该公民不存在精神损害,或者认定精神损害违背公序良俗的除外。"

二是侵害自然人精神性人身权造成的非财产损害。

"精品报社在使用刘翔肖像过程中,因过错造成刘翔人格受商业化侵害,构成侵犯肖像权。为消除精品报社这一侵权行为给刘翔人格带来的商业化负面影响,公开赔礼道歉理所应当,故应令精品报社在《精品购物指南》上刊登致歉声明为宜;考虑到因干期专刊的发行使刘翔人格在较广泛的社会范围受商业化侵害,存在一定的侵权后果,而且刘翔本人对此并无过错,所以在赔礼道歉之外,还应当令精品报社赔偿适当的精神损害抚慰金,具体数额本院酌定为二万元,对刘翔要求的精神损害抚慰金过高部分不予支持。"①

侵害肖像权会带来非财产损害,可以主张精神损害赔偿。但刘翔案中,法院认为刘翔肖像权受侵害是因为遭受了"商业化负面影响"似乎并不妥当。被告行为并非是使得不愿意商业化的肖像商业化,刘翔的肖像早已经商业化。因商业化负面影响立论而给予非财产损害的救济,应属答非所问。

三是侵害自然人人身利益造成的非财产损害。

人身利益为没有权利化的合法利益,侵害人身利益同样可以造成非财产损害。在引起广泛关注的北京市朝阳区人民法院(2008)朝民初字第29276号案中,法院认为:"王某的婚姻不忠行为、姓名、工作单位等信息被披露后,成为公众知晓其真实身份的依据,引发了众多网民的批评性言论和不满情绪的蔓延和爆发。网民们利用被披露的信息,开始在其他网站上使用人肉搜索的网络搜索方式,主动搜寻更多的关于王某的个人信息,甚至出现了众多网民到王某家上门骚扰的严重后果,使王某正常工作和生活秩序受到严重影响。因此,在王某婚姻不忠行为被披露的背景下,披露王某的姓名、工作单位名称、家庭住址等信息亦侵犯了王某的隐私权。""王某因此事遭受舆论压力,承受较大精神痛苦,应适当考虑由凌云公司赔偿精神抚慰金。"②考虑到当时的法律背景,此案中姓名、工作单位名称、家庭住址等信息被认定为隐私的范畴。从《民法典》的规定来看,姓名、住址都是第1034条列举的个人信息。未经同意将这些个人信息公之于众,构成侵害个人信息的行为,可以造成非财产损害。

四是侵害特定财产造成的非财产损害。

侵害特定财产能否造成非财产损害,在我国司法及立法上存在着反复。2020年修订前的《精神损害赔偿解释》第4条规定:"具有人格象征意义的特定纪念物品,因侵权行为而永久性灭失或者毁损,物品所有人以侵权为由,向人民法院起诉请求赔偿精神损害的,人民法院应当依法予以受理。"根据这一规定,"骨灰作为具有特定人格象征意义的物质载体,蕴含着亲人精神寄托、感情抚慰的特殊意义。羊场煤矿因过失致黎某某骨灰混同使杨某某等亲人丧失祭拜的特定物,给杨某某等人造成精神痛苦,羊场煤矿应对造成杨某某等人的精神痛苦予

---

① 北京市第一中级人民法院(2005)一中民终字第8144号民事判决书。
② 参见北京市朝阳区人民法院(2008)朝民初字第29276号民事判决书。

以赔偿"①。《侵权责任法》第 22 条规定:"侵害他人人身权益,造成他人严重精神损害的,被侵权人可以请求精神损害赔偿。"这一规定将财产权益排除在可以主张精神损害赔偿的范围之外。《民法典》第 1283 条第 2 款规定:"因故意或者重大过失侵害自然人具有人身意义的特定纪念物品造成严重精神损害的,被侵权人有权请求精神损害赔偿。"这一规定又回到了《精神损害赔偿解释》的立场。据此,侵害特定财产,可以产生非财产损害。侵害该特定财产之所以会引起精神损害,归根到底还是因为该特定财产上具有人格要素。②

非财产损害虽然无法用金钱计量,但是金钱赔偿却是救济非财产损害的重要途径。此外,消除影响、恢复名誉、赔礼道歉等责任形式也是重要的救济手段。

需要注意的是,侵权行为造成的一个损害结果中可能包括多种损害,比如,侵害他人健康权的,健康本身受损属于人身损害,误工损失、医疗费、护理费、交通费等都是因健康权受损导致的财产损害,但是这些财产损害并不能等同于侵害健康权造成的全部损害。受害人还可能遭受肉体和精神痛苦、生活不便、生活质量降低等损害。这些损害,一般都是归入精神损害。救济精神损害,可以采用金钱赔偿的方式,有时候需要采取赔礼道歉等非财产的方式。

二、损害的结构与损害的认定

(一) 损害的结构

损害的结构即构成一个损害需要具备的条件。构成侵权法上的损害事实,需要权利或者合法利益受侵害,同时遭受了法律认可的不利影响。

损害是侵害权利及合法利益使受害人遭受的不利影响,因此,对损害的认定需要以对权利和合法利益的认定作为前提。受害人主张自己遭受了损害,必须有某种权利或者合法利益作为基础。比如,甲的财产被乙损坏,是其对该财产的所有权受到侵害,因而遭受损害。甲的身体被乙打伤,则是其健康权受到侵害,因而遭受损害。乙在网络散布关于甲两性关系的不实言论,甲因此被同事议论纷纷,其家庭关系也受到影响,则是甲的名誉权受到侵害,因而遭受损害。可见,受害人遭受损害,一定是其权利或者合法利益受到了侵害。

《民法典》总则编第五章规定了各种民事权益。法律规定的人身、财产权益,皆可以作为受害人据以提出主张的基础。

除民事权益遭受侵害外,受害人还必须因此承受了某种法律认可的不利影

---

① 参见云南省高级人民法院(2003)云高民一终字第 138 号民事判决书。
② 对于某些财产的侵害,即使没有人格要素,产生的也并非必然是财产损失。比如,窃用他人物品,物本身并无损害,所有人的财产也并未减少,所引起的应该是所有人的心理不适,此时赔偿的究竟是财产损害还是非财产损害,颇堪玩味。参见曾世雄:《损害赔偿法原理》,詹森林续著,新学林出版股份有限公司 2005 年版,第 57 页。

响,损害才可能构成。

所谓法律认可的不利影响,一般是指不利影响达到了一定的严重程度,法律认为有给予救济的需要。这意味着,对于轻微的不利影响,当事人需要自己来承受,法律不给予救济。日本法上有"新忍受限度理论"说明这一问题。日本法上的"忍受限度理论"主要用作公害中的违法性判断,认为在社会生活中损害只有超过难以忍受的程度才能被认定为违法。新忍受限度理论对此作了进一步发展,主张将《日本民法典》第709条的故意、过失要件与权利侵害(违法性)要件统一到"损害超过忍受的限度"这个要件上来。根据新忍受限度理论,判断损害赔偿时,需要综合考虑被侵害利益的性质、程度、地区性、防止措施的难易等多种多样的要素,如果侵害的程度超过了受害人应该忍受的程度且满足《日本民法典》第709条要件的话,就必须承担损害赔偿义务,如果没有达到这个程度的话,就不发生赔偿义务。①

当事人所受损害轻微,可以不给予赔偿,而给予其他形式的救济。"《精神损害赔偿解释》第8条第1款规定,因侵权致人精神损害,但未造成严重后果,受害人请求赔偿精神损害的,一般不予支持,人民法院可以根据情形判令侵权人停止侵害、恢复名誉、消除影响、赔礼道歉。如前所述,本案中,被告中建荣真建材公司侵害原告周星驰肖像权、姓名权的行为造成人格权权能中包含经济性利益的部分受损,但并未达到严重精神损害的程度,故法院对原告要求精神损害赔偿1元的诉讼请求不予支持。"②

(二) 损害的认定

侵权行为发生后,无论侵犯的是财产权益还是人身权益,客观上都会带来许多不利的后果。在法律上认定为损害,同时可以赔偿或者给予其他救济的,仅仅是其中的某些部分。前者可以称为客观的损害,后者可以称为法律上的损害。比如,在前述1971年车祸中,受害人为花季少年,因一场车祸改变了人生。鉴于当时的社会生活背景,肇事者所在部队、受害人所在公社参与了事件的处理。"1971年11月11日,部队、公社和伤者家长开了座谈会,双方研究结案如下:1. 伤者治疗费用由621部队负担(1971年9月14日至1971年11月11日)(已办);2. 关于伤者3次手术(装颅骨、接假肢、换假肢)治疗和住院费用由621部队负责(已办);3. 鉴于事故发生后造成伤者家中生活困难,621部队给其家中补贴500元(交公社保存),以示关怀(已办);4. 为便于伤者上学和生活,621部队给伤者手摇三轮车一辆(已办);5. 其伤者今后工作安排,当地政府负责。

---

① 参见〔日〕吉村良一:《日本侵权行为法》(第4版),张挺译,文元春校,中国人民大学出版社2013年版,第61—62页。
② 《周星驰诉中建荣真无锡建材科技有限公司肖像权、姓名权纠纷案》,载《最高人民法院公报》2020年第2期(总第280期)第43—48页。

1974年1月15日,根据伤者家长意见,双方第二次研究,按伤者年龄再付其4次假肢费用(每次费用150元,包括乘车和挂号费),共计600元,由621部队付给王某云(伤者王某成之父)自行掌握(已办);其他问题履行1971年11月11日结案。"[①]从上述解决方案可以看出,就法律认定的损害的赔偿,在当时的货币条件下,应当是非常好了。如果这样的案件发生在今天,绝对不可能会有安排工作这样的救济措施。但是,受害人因此事故,人生发生了巨大改变。在忍受各种病痛折磨后,最终于2009年去世,让人不胜唏嘘。

1971年车祸案,生动地说明了客观损失和法律损失的分野。以侵害物质性人身权为例,《民法典》第1179条事实上起到的是过滤作用,即将客观损害过滤为法律损害,并以后者作为赔偿的基础。法律为何要进行过滤操作,实为无奈之举。究其原因,大概有以下几方面:

第一,人类理性的有限性。

人类对客观世界的认识是有限的。因加害行为导致受害人的生活变化,无法确切呈现和计算,甚至不可被观察。某一损害发生后,其不利益会波及多大的范围,不见得都能够认识得很清楚。有些损害是非常主观的,比如受害人遭受的痛苦、心理变化等会因人而异,外人无法感知,但也是客观存在的。有些损害是客观的,比如因虚假陈述导致的证券市场上的损失,是非常客观的,但是却不容易考察和计算清楚。因此有所谓蝴蝶效应一说。

第二,可操作性。

为了操作成本的考量,人类思维有将问题简单化的倾向。有些损害尽管认识到了,但是计算起来会采取尽量简单可操作的方法。比如,受害人因伤致残或者死亡的后果,再客观不过。但如何将这些损失量化,却是很大的难题。2003《人身损害赔偿解释》第25条、第29条(2022年修订后分别为第12条、第15条)在计算时以农村居民人均纯收入和城市居民人均可支配收入作为基数,是因为国家统计局每年都要公布这两项指标,可以轻易获取。而这两项指标均采用受诉法院所在地而非事故发生地、受害人住所地或者经常居住地等与受害人联系更紧密地方的指标,应当也与受诉法院所在地的指标更容易获得有关(尤其是在解释制定时的2003年,获取信息的手段不像今天这样发达)。此点可以第30条(2020年修订后、2022年修订前的第18条)所谓"赔偿权利人举证证明其住所地或者经常居住地城镇居民人均可支配收入或者农村居民人均纯收入高于受诉法院所在地标准的,残疾赔偿金或者死亡赔偿金可以按照其住所地或者经常居住地的相关标准计算"作为佐证。

[①] 北京市海淀区人民法院(2009)海民初字第4722号民事判决书。

第三,加害人方面的考虑。

加害行为会造成什么样的后果,加害人往往也无法想象和控制。侵权损害赔偿属于民事赔偿,不能因为加害人一时的行为,就让加害人倾家荡产。加害人的主观状态,也会对赔偿产生影响。在加害人仅仅是过失的情况下,赔偿范围会进一步缩小。《民法典》第1173条到1178条规定的各种免责或者减轻责任的事由,均可能对赔偿范围产生影响。

第四,预防的考虑。

不同的加害行为造成同样的损害后果的,让不同的加害人承担不同的赔偿责任,可能要比承担同样的赔偿责任,在预防方面会有更好的效果。由此,同样的损害,可能会给以不同的赔偿。《民法典》上的惩罚性赔偿均以行为人故意为前提(第1185条、第1207条以及第1232条),其中预防的意味明显。

第五,道德风险。

如果损害发生后,受害人会得到完全的补偿,甚至可能得到更多,就会产生道德风险,即将人性中恶的一面诱发出来,可能使人作出违背公序良俗的事情。

客观损害和法律损害之间的差异,可能在客观上会起到促使所有人都小心行事、预防损害发生的效果。

(三) 司法实务中的难题

近年来,司法实务中出现了一些案件,当事人的损害如何认定,值得讨论。

比如,甲与乙是夫妻,乙怀孕后一直在某医院进行例行检查。在乙怀孕37+3周到医院检查时,B超显示胎动、胎心率和脐动脉血流正常,但B超提示羊水过多。医院未让其留院观察,而是让其回家,次日再来复诊。第二天再次检查,诊断为妊娠期糖耐量异常。行催产素点滴引产术,自娩一死女婴,死胎尸检结果:宫内窒息,肺羊水吸入。①

本案中,乙在将要临产前遭遇变故,甲、乙自然是遭受了社会一般观念认可的不利影响。但乙的什么权益受到侵害、损害是什么?丈夫甲的什么权益受到侵害、损害是什么?甲和乙的损害是否是同样的损害?

在另一个案件中,甲与乙是夫妻。乙与其上司丙有染,二人生育一子丁。甲一开始并不知道此事,对丁疼爱有加。后来甲发现此事,要求丙支付丁的抚养费。除此之外,甲还提出,由于计划生育政策要求一夫一妻只能生育一个孩子,乙已与丙生育了丁,甲与乙无法再生育自己的孩子,故起诉了丙。

本案中,甲由于乙与丙在婚外生育了丁,因为当时的政策所限无法再生育自己的孩子。甲遭受了社会一般观念认可的不利影响,但甲的什么权益遭受侵害、损害是什么?

---

① 参见北京市海淀区人民法院(2003)海民初字第6622号民事判决书。

这些问题,需要学说的不断发展,以满足司法的需求。

三、损害的计算

侵权案件的裁判中,损害的计算必不可少。损害的计算关系原被告双方切身利益,需要裁判者认真对待。

不同案件中损害计算的复杂程度不同。对于常规案件,法院多已存在成熟的计算标准。对于复杂案件,则需要综合各种因素酌情判断。

在重庆市南岸区朝旭养殖有限公司与蒋某强环境污染侵权纠纷上诉案中,被告朝旭公司经营的养鸡场超标排出的污水进入原告蒋某强的鱼塘。从2009年5月起,原告蒋某强鱼塘的鲫鱼和青鱼陆续死亡,由于废水不断排入,蒋某强鱼塘所养鱼的死亡数量不断加大(截止到2009年9月)。

关于赔偿数额的问题,在前引重庆市第五中级人民法院(2010)渝五中法民终字第2755号案中,原告确定遭受损失,但损失无法确切计算,法官只能"结合有关间接证据和案件其他事实,遵循法官职业道德,运用逻辑推理和日常生活经验,适当确定侵权人应当承担的赔偿数额"[①]。

---

① 参见重庆市第五中级人民法院(2010)渝五中法民终字第2755号民事判决书。

第九章 数人侵权行为与责任

第一节 数人侵权行为概述

一、数人侵权行为的概念

数人侵权行为,是指二人以上实施的造成同一损害后果的侵权行为。

数人侵权行为与单独侵权行为对应。单独侵权行为仅有一个行为主体。数人侵权行为则有数个行为主体,因此也就产生了数个行为主体之间如何配置责任的问题。根据承担责任的方式,数人侵权行为可以分为承担连带责任的数人侵权行为和承担按份责任的数人侵权行为。《民法典》第1168条规定:"二人以上共同实施侵权行为,造成他人损害的,应当承担连带责任。"本条规定的是承担连带责任的数人侵权行为。第1172条规定:"二人以上分别实施侵权行为造成同一损害,能够确定责任大小的,各自承担相应的责任;难以确定责任大小的,平均承担责任。"本条规定的是承担按份责任的数人侵权行为。

哪些数人侵权行为承担连带责任,哪些数人侵权行为承担按份责任,涉及数人侵权行为的类型体系。

二、数人侵权行为的类型体系

《民法通则》关于数人侵权的规定非常简单,仅在第130条中规定了承担连带责任的共同侵权行为。此外,《民通意见》第148条规定:"教唆、帮助他人实施侵权行为的人,为共同侵权人,应当承担连带民事责任。教唆、帮助无民事行为能力人实施侵权行为的人,为侵权人,应当承担民事责任。教唆、帮助限制民事行为能力人实施侵权行为的人,为共同侵权人,应当承担主要民事责任。"

2003年《人身损害赔偿解释》第一次构建了我国的数人侵权行为类型体系。第3条规定:"二人以上共同故意或者共同过失致人损害,或者虽无共同故意、共同过失,但其侵害行为直接结合发生同一损害后果的,构成共同侵权,应当依照民法通则第一百三十条规定承担连带责任。二人以上没有共同故意或者共同过失,但其分别实施的数个行为间接结合发生同一损害后果的,应当根据过失大小或者原因力比例各自承担相应的赔偿责任。"第4条规定:"二人以上共同实施危及他人人身安全的行为并造成损害后果,不能确定实际侵害行为人的,应当依照民法通则第一百三十条规定承担连带责任。共同危险行为人能够证明损害后果不是由其行为造成的，不承担赔偿责任。"

根据上述规定，数人侵权行为包括共同故意或者共同过失的共同侵权行为、共同危险行为、无意思联络的数人侵权行为以及教唆、帮助行为。其中，无意思联络的数人侵权行为又可以分为行为直接结合和行为间接结合的数人侵权行为两种，前者纳入共同侵权行为承担连带责任，后者承担按份责任。教唆、帮助完全民事行为能力人、限制民事行为能力人的，构成共同侵权行为；教唆、帮助无民事行为能力人的，为单独侵权。

《侵权责任法》对该体系进行了修正。《民法典》延续了《侵权责任法》的类型体系和规范内容，仅对个别措辞作了调整。根据《民法典》的规定，数人侵权行为包括有意思联络的数人侵权行为和无意思联络的数人侵权行为两大类。其中有意思联络的数人侵权行为又包括共同侵权行为（第1168条）、教唆帮助行为（第1169条），都承担连带责任；无意思联络的数人侵权行为又包括承担连带责任和承担按份责任（第1172条）两类。前者包括共同危险行为（第1170条）、累积因果关系的无意思联络的数人侵权行为（第1171条）。此外在类型侵权行为中，有对上述规定具体化的规定，比如第1231条应当是对第1172条的具体化。还有一些特别规定的数人侵权行为，比如第1191条第2款、第1193条等。

第二节　共同侵权行为与责任

一、共同侵权行为的概念

共同侵权行为是指二人以上共同故意或者共同过失侵害他人，依法承担连带责任的行为。《民法典》第1168条规定："二人以上共同实施侵权行为，造成他人损害的，应当承担连带责任。"此处的共同实施，强调的是共同故意或者共同过失。共同故意或者共同过失，是共同侵权行为人承担连带责任的正当性所在。也有观点认为，此处的"共同"，除共同故意、共同过失外，还包括数个行为相结合而实施的行为。① 从体系角度看，《民法典》关于数人侵权的体系，第1168条、第1169条属于有意思联络的数人侵权，第1170条到第1172条属于无意思联络的数人侵权。将第1168条中的"共同"解释为包括行为结合的共同，彼此之间并无意思联络，似乎与这一体系不合。但从立法论角度看，《民法典》侵权责任编关于数人侵权的5条规定中，没有行为关联共同的类型，似为法律漏洞。我国台湾地区"民法"中原本也不存在这一类型。台湾地区司法管理机构相关规定扩大解释

---

① 参见最高人民法院民法典贯彻实施工作领导小组主编：《中华人民共和国民法典侵权责任编解与适用》，人民法院出版社2020年版，第54页。

台湾地区"民法"第 185 条第 1 项前段的"共同",即于主观(意思联络)共同加害行为外,另创设客观行为关联加害行为。① 借鉴这一思路,《民法典》第 1168 条中的"共同"解释为包含行为关联,也具有合理性。

在黑龙江省七台河市中级人民法院(2021)黑 09 民终 708 号案中,法院查明,2019 年开始,原告的房屋出现不同程度的损坏。被告联通七台河公司与被告移动七台河公司的地下光缆窨井内均有积水,并持续溢出流入原告房屋基础附近土壤中。经原告申请,法院委托的鉴定机构出具鉴定意见认为,"移动七台河公司与联通七台河公司二者管道相连,通信管道存在积水饱和,通过通信管道套管渗漏流向附近土壤中,导致原告的房屋损失存在因果关系。"法院认为,二被告作为地下光缆窨井的管理者,疏于对通信管道的安全监测管理,致使通信管道存在积水饱和,通过通信管道套管渗漏流向附近土壤中,导致原告的房屋被水淹受损,二被告应共同对原告的损失承担赔偿责任。因二被告的二口窨井互通,故应对原告的房屋损害后果承担连带赔偿责任。② 本案中,二被告承担连带责任,在结果上是妥当的。只是法院的裁判依据是《民法典》第 1168 条,但二被告并无意思联络,让二被告承担连带责任,只能对"共同"扩大解释为包括行为关联。

二、共同侵权行为的构成要件

(一) 行为人为二人以上

共同侵权行为主体应当多于一人,由此产生数个行为人作为一方对受害人的责任承担以及彼此之间的责任认定和分担问题。这里的主体,可以是自然人,也可以是法人或者其他组织。在行为人为自然人的场合,作为共同侵权行为的主体,需要具备民事责任能力。我国民法没有关于民事责任能力的规定,可以以民事行为能力代之。这一结论可以从《民通典》第 1188 条得出。

数个民事主体之间如果存在用人单位与工作人员关系、个人之间劳务关系、帮工关系、承揽关系等,则不构成数人侵权行为,而要按照有关规定处理。

(二) 行为的关联性

共同侵权行为的数个行为人,每个人都实施了加害行为。这些行为结合在一起,形成一个有机整体,共同造成了同一损害后果,各行为彼此之间具有密切的关联性。

(三) 共同的过错

传统民法学说认为,共同侵权行为以共同的过错为必要,这种共同过错可以

---

① 参见王泽鉴:《侵权行为》(第三版),北京大学出版社 2016 年版,第 440 页。
② 参见黑龙江省七台河市中级人民法院(2021)黑 09 民终 708 号民事判决书。

是共同的故意,也可以是共同的过失,还可以是故意和过失的混合。① 传统民法学说将共同的意思作为若干行为人承担连带责任的基础,此即所谓意思共同说。与意思共同说相对应的,是行为共同说。根据 2003 年《人身损害赔偿解释》第 3 条第 1 款的规定,在没有共同的故意或者共同的过失的情况下,数人侵害行为的直接结合也可以构成共同侵权行为。此条规定将无意思联络数人侵权中行为直接结合的部分纳入共同侵权行为,此即所谓行为共同说。《侵权责任法》第 12 条规定:"二人以上分别实施侵权行为造成同一损害,能够确定责任大小的,各自承担相应的责任;难以确定责任大小的,平均承担赔偿责任。"由此可见,《侵权责任法》重新回到了传统民法意思共同说的立场。《民法典》第 1172 条延续了《侵权责任法》的规定,不再采行为共同说的立场。

共同的过错系针对各共同行为人的行为部分,无须及于其法律效果。例如数人对房屋纵火,虽不知屋中有人,仍须就该人的伤害或者死亡负责。共同加害人之一人所为逾越共同计划者,就此部分不适用连带责任。例如甲、乙、丙共谋绑架丁女,勒索金钱。甲趁乙、丙不在,对丁女施暴。乙、丙对该施暴行为,不负连带责任。②

(四)结果的同一性

数个侵权人虽然实施了多个侵权行为,但数个行为造成了同一损害后果的,该损害后果不可分割。对该同一结果的出现,每个加害人所起作用并非必须完全相同。其中某一加害人纵使能够证明其分担行为部分,对结果的出现因果关系较远,也不能免除其连带责任的承担。③

三、共同侵权责任

共同侵权行为较之单独侵权行为,人数多,加害人的主观恶性往往更大,由于共同的故意或者过失作用于同一后果,所造成的损害程度一般也更为严重,因此,共同侵权人对受害人承担连带责任。《民法典》第 1168 条对此有明文规定。

《民法典》第 178 条第 1 款规定:"二人以上依法承担连带责任的,权利人有权请求部分或者全部连带责任人承担责任。"

连带责任意味着共同侵权行为的每个行为人都要对受害人所遭受的侵害承担全部责任。受害人有权请求全部行为人或者其中部分行为人承担全部的侵权责任。部分行为人向受害人承担全部责任后,即解除了全部行为人的责任;受害人的请求权全部实现后,就不得再次提出请求。共同侵权人的连带责任是一种

---

① 在一方是故意、一方是过失的情况下,是否还可谓"共同",值得讨论。当然,这首先取决于规范目的,其次才取决于由此导致的对"共同"一词的理解。
② 参见王泽鉴:《侵权行为》(第三版),北京大学出版社 2016 年版,第 432 页。
③ 同上。

法定责任,不因加害人内部的约定而有所改变。

共同侵权人向受害人承担责任后,其内部责任如何分配,有两种不同主张。一种主张认为,各加害人之间应当平均分担,不需要考虑相关的过错程度及原因力等因素。另一种主张认为,应当根据各加害人的过错程度以及其行为与损害结果之间原因力的比例来分担责任。只有在彼此的过错程度及原因力的大小无法区分时,才可以平均分担。《民法典》第178条第2款前段规定:"连带责任人的责任份额根据各自责任大小确定;难以确定责任大小的,平均承担责任。"可见,《民法典》采后一主张。此处所谓"各自责任大小",往往是根据过错程度来确定的。

《民法典》第178条第2款后段规定:"实际承担责任超过自己责任份额的连带责任人,有权向其他连带责任人追偿。"需要考虑的一个问题是,受害人是否可以免除部分加害人的侵权责任。这一问题应当从实体和程序两个角度加以分析。从实体角度来看,受害人无权仅免除部分加害人的责任,而只让其他加害人承担侵权责任。因为共同侵权责任是法定连带责任,每个侵权人都应当承担全部责任,同时其内部还有责任的分担,因此,受害人无权免除部分加害人的责任;或者说,受害人无法仅仅免除部分加害人的责任。受害人选择部分侵权人承担全部责任后,承担责任的侵权人有权向未承担责任的其他加害人进行追偿。也就是说,向未承担责任的侵权人进行追偿是已经承担责任的侵权人的权利,受害人无权剥夺他人的权利。如果受害人免除部分侵权人的责任,该部分侵权人所承担的相应责任部分也不应当由其他责任人承担。从程序的角度看,根据连带责任制度,受害人可以选择共同侵权人中的一个或者几个,也可以选择全部侵权人来承担责任。在诉讼中,受害人可以起诉全部侵权人,也可以只起诉部分侵权人,这样才可以更好地保护受害人的利益。

在北京市第四中级人民法院(2022)京04民终30号案中,法院认为,关于第三人东风柳州公司是否与厦门昱诚公司构成共同侵权的问题,《民法典》第1168条规定:二人以上共同实施侵权行为,造成他人损害的,应当承担连带责任。因涉案文章系由第三人制作,厦门昱诚公司应第三人东风柳州公司的通知发布于其微信公众号中,双方就该侵权行为具有共同意思联络,构成共同侵权。经法庭释明,原告明确不向第三人主张侵权责任,故仅对厦门昱诚公司的侵权责任予以审查认定。①

本案中,原告明确不向构成共同侵权的第三人主张侵权责任,应当解释为仅仅是程序上不向共同侵权人主张。此时,法院将该共同侵权人追加为第三人,便于查清事实,同时也存在让其承担责任的可能性。值得肯定。

---

① 参见北京市第四中级人民法院(2022)京04民终30号民事判决书。

第三节　教唆行为、帮助行为及其责任

一、教唆行为

(一) 教唆行为的概念与特征

教唆行为是指利用一定方式对他人进行开导、说服,或者通过怂恿、刺激、利诱等办法使其接受某种意图、并实施侵权行为的行为。我国台湾地区"民法"第185条第2款将教唆称为造意,即教唆他人使生侵权行为决意。[①] 根据《民法典》第1169条第1款的规定,教唆他人实施侵权行为的,应当与行为人承担连带责任。

教唆行为具有以下特征:

(1) 教唆行为采取的是积极的作为形式,可以通过开导、说服、怂恿、刺激、利诱、收买、授意等方法进行。它既可以用口头方式、书面方式或者手机、电子邮件等其他通讯方式进行,也可以采用打手势、使眼神等方式进行;既可以是公开的,也可以是秘密的。

(2) 教唆者主观上大多是故意的,他不仅认识到自己的教唆行为会使被教唆者产生侵权的意图并可能实施侵权行为,而且认识到被教唆者行为导致的后果,并希望或者放任这种结果的发生。在某些情况下,因疏忽而向他人做出不正当的指示,致使他人加害于第三人的,亦构成过失的教唆。比如,通过言语刺激他人产生加害他人的意图,但轻信他人不会实施加害行为,结果加害行为发生了,此时,应当认定构成教唆。

(3) 教唆的目的是使他人接受教唆,产生侵权意图,并实施特定的侵权行为。我国台湾地区"民法"第185条第2款使用"造意"一词,更为形象。

(二) 教唆行为与被教唆者的加害行为构成共同侵权的要件

教唆行为与被教唆者的加害行为构成共同侵权的要件如下:

(1) 教唆者实施了教唆行为,被教唆者按教唆内容实施了加害行为,二者之间具有因果关系。如果仅仅有教唆行为,但被教唆者未按教唆内容实施加害行为,则不构成共同侵权。

(2) 教唆者与被教唆者主观上有共同过错。如教唆者和被教唆者主观上都是故意,其共同行为构成损害结果发生的原因,当然构成共同侵权。如教唆者主观上是故意,而被教唆者主观上是过失,仍可构成共同侵权。比如,被教唆者接受教唆实施侵权行为,但是被教唆者以为不会发生侵权结果,或者认为受害人可

---

① 参见王泽鉴:《侵权行为》(第三版),北京大学出版社2016年版,第441页。

以轻易躲开其侵权行为,但侵权结果还是发生了,此时被教唆者就是过失。即使教唆者与被教唆者主观上都是过失,亦可以构成共同侵权。

(3)教唆者和被教唆者都是完全民事行为能力人。如果被教唆者是无民事行为能力人或者限制民事行为能力人,则由教唆者单独承担责任。

(三)教唆行为的侵权责任

教唆者使原本无害之他人产生侵害意图并加以实施,给受害人造成损失。教唆乃受害人损失的源头。与直接实施侵权行为的人相比较而言,教唆人更阴险可恶且其行为具有隐蔽性,更具有可归责性,更要承担侵权责任。教唆者与被教唆者之间如何分担责任,因被教唆者的行为能力不同而不同。

教唆者和被教唆者都是完全民事行为能力人时,构成共同侵权行为,承担连带责任。

在被教唆者是无民事行为能力人、限制民事行为能力人时,根据《民法典》第1169条第2款的规定,教唆者应当承担侵权责任;该无民事行为能力人、限制民事行为能力人的监护人未尽到监护职责的,应当承担相应的责任。据此,如果被教唆者是无民事行为能力人或者限制民事行为能力人,由教唆者单独承担责任。其原因在于,由于无民事行为能力人、限制民事行为能力人的判断能力有限,教唆这些人实施侵权行为,完全是利用他们判断能力不足的特点,将其作为实施侵权行为的工具,教唆者的主观恶意更大。另外,该无民事行为能力人、限制民事行为能力人的监护人未尽到监护责任的,应当承担相应的责任。此处有两个问题需要讨论:一个是"相应"监护责任的范围如何确定,另一个是"相应"监护责任的性质。

对于"相应"监护责任范围的确定,主要应当根据监护人的过错程度来判断。监护人有多少过错,就应在其过错范围内承担多大的责任。过错的范围要结合监护人未尽到监护责任的程度、加害人的行为能力、教唆人在加害行为中起的作用等综合认定。①

至于此种"相应"监护责任的性质如何,即其与教唆人责任是什么关系,有观点认为,首先,"相应"的责任不是监护人与教唆人之间的连带责任。连带责任应建立在共同过错的基础上,而监护人承担责任的原因是未尽到监护责任,是消极的不作为,而非积极的作为,其对加害行为的发生往往并不知情,和教唆人之间在主观上不成立共同过错。再者,连带责任的认定需要有法律的明确规定或当事人的特别约定,第1169条第1款明文规定了"连带",但第2款没有规定"连带",故从立法逻辑出发,不应理解为连带责任。其次,"相应"的责任也不是补充

---

① 参见最高人民法院侵权责任法研究小组编著:《〈中华人民共和国侵权责任法〉条文理解与适用》,人民法院出版社2016年版,第80页。

责任。补充责任指先由教唆人赔偿，教唆人赔偿不了或者只赔偿了一部分的，剩下的所有都由监护人来赔偿。补充责任对受害人比较有利，但对监护人来说可能责任是非常重的。补充责任若适用，往往法律也会作特别规定，故结合上下文的规定理解，本条"相应"的责任不是补充责任。"相应"的责任应为一种按份责任，按份责任的认定标准为监护人的过错，认定监护人的过错时可采纳比较过错原则、比较原因力原则和衡平考量原则。法院在认定时，可先认定教唆人承担全部责任，在有证据证明监护人"未尽到监护责任"时，再认定监护人承担一定的责任。[①]

笔者认为，此处"相应"监护责任应当认定为补充责任。补充责任意味着全部责任都应当首先由教唆人单独承担。在教唆人无力承担时，再由监护人在其过错范围内承担一部分补充责任。监护人承担补充责任后，应当还可以向教唆人追偿。如果是按份责任的话，监护人承担后无法向教唆人追偿。这样的责任安排，与教唆人、帮助人以及监护人的过错相适应，符合教唆人独立承担全部责任的立法目的，可以惩罚教唆人教唆无民事行为能力人、限制民事行为能力人的恶意行为，也能兼顾受害人保护。将补充责任限定在监护人过错范围之内，监护人只承担与其过错相适应的责任，也不至于过分增加监护人的负担。

相应责任解释为补充责任，的确需要回答一个问题，即法律为什么不明确规定为补充责任？换言之，如果立法者认为是补充责任，就会加以明确规定。[②] 笔者认为，规定所谓"相应责任"不可避免地会带来解释上的困惑。从立法论角度，的确应当规定为补充责任更为妥当。

二、帮助行为

（一）帮助行为的概念与特征

帮助行为，是指通过提供工具、指示目标或者以语言激励等方式在物质上或者精神上帮助他人实施侵权行为的行为。根据《民法典》第1169条第1款，帮助他人实施侵权行为的，应当与行为人承担连带责任。

帮助行为具有以下特征：

（1）帮助的形式一般应是积极的作为，只有在行为人具有作为义务并与实施加害行为人之间具有共同故意的情况下，不作为的方式才可能构成帮助。帮助行为的方式很多，包括提供工具、指示目标、言语激励等，它可以是物质上的，

[①] 参见最高人民法院侵权责任法研究小组编著：《〈中华人民共和国侵权责任法〉条文理解与适用》，人民法院出版社2016年版，第80—81页。最高人民法院民法典贯彻实施工作领导小组主编：《中华人民共和国民法典侵权责任编理解与适用》，人民法院出版社2020年版，第64—65页。

[②] 参见最高人民法院民法典贯彻实施工作领导小组主编：《中华人民共和国民法典侵权责任编理解与适用》，人民法院出版社2020年版，第65页。

也可以是精神上的。

（2）帮助行为的内容主要是从物质或者精神上帮助他人实施侵权行为，在行为的实施过程中只起辅助作用，这是它与教唆行为的主要区别。

（3）帮助者主观上一般出于故意，与被帮助者具有共同致人损害的意思联络，但在特殊情况下，应当知道因疏忽而不知他人的行为为侵权行为而提供帮助，对加害行为起到了辅助作用的，亦构成共同侵权。帮助人出于故意对加害人提供帮助且客观上起到帮助作用、而加害人不知帮助人提供的帮助的，也应当构成共同侵权。

（二）帮助行为与被帮助行为构成共同侵权的要件

帮助行为与被帮助行为构成共同侵权的要件如下：

（1）帮助者与被帮助者分别实施了帮助行为和加害行为，帮助行为与加害行为具有内在关联性，即帮助行为对损害结果的发生起到了一定作用。

在上海知识产权法院（2021）沪73民终716号案中，法院认为，佰申公司作为涉案店铺所在的奥特莱斯购物中心的经营管理者，其应当知道普拉达公司的专卖店经营模式，也明知涉案店铺并非普拉达公司经营，也与普拉达公司无任何授权关系，但佰申公司对于骊云公司在店招等处使用普拉达公司"PRADA"注册商标的行为并未予以制止，且在奥特莱斯购物中心的品牌折扣宣传标语及店铺楼层指示牌中予以标注，导致未能向消费者准确传达涉案店铺的经营者信息，致使消费者产生混淆误认。因此，佰申公司的上述行为为骊云公司的商标侵权和不正当竞争行为提供了帮助，佰申公司应当就此与骊云公司共同承担侵权的连带责任。[1]

（2）帮助者和被帮助者都是完全民事行为能力人。如果被帮助者是无民事行为能力人或者限制民事行为能力人，则由帮助者单独承担责任。

（三）帮助行为的侵权责任

帮助者使原本不具备或者不完全具备加害条件之他人具备或者完全具备了加害条件并加以实施，给受害人造成损失。帮助行为，具有可归责性，要承担侵权责任。帮助者与被帮助者之间如何分担责任，因被帮助者的行为能力不同而不同。

帮助完全民事行为能力人实施侵权行为的，帮助行为与被帮助者的加害行为构成共同侵权行为，承担连带责任。

帮助无民事行为能力人、限制民事行为能力人实施侵权行为的，由帮助者承担侵权责任。被帮助的无民事行为能力人、限制民事行为能力人的监护人，根据监护情况承担相应的监护责任。具体情况可以参见"教唆"部分的讨论。

---

[1] 参见上海知识产权法院（2021）沪73民终716号民事判决书。

三、教唆、帮助以及无民事行为能力、限制民事行为能力的区分

《民法典》第1169条没有区分教唆和帮助的法律效果,也没有区分限制民事行为能力人和无民事行为能力人。

已失效的《民通意见》第148条第2款、第3款曾规定:"教唆、帮助无民事行为能力人实施侵权行为的人,为侵权人,应当承担民事责任。""教唆、帮助限制民事行为能力人实施侵权行为的人,为共同侵权人,应当承担主要民事责任。"上述规定区分教唆、帮助无民事行为能力人以及限制民事行为能力人而分别独立承担全部责任以及承担主要责任。

有观点认为,对无民事行为能力人和限制民事行为能力人作适当区分更有利于案件的公平妥善处理。与教唆行为相比较,帮助行为在加害行为实施中起辅助作用。[1]

笔者认为,上述观点所述情况的确存在。但是,帮助者、尤其是教唆者,帮助、尤其是唆使无民事行为能力人或者限制民事行为能力人侵害他人,比其自己直接侵害,其恶意应当更大,不仅使受害人受到伤害,同时对无民事行为能力人以及限制民事行为能力人,更是一种伤害,对善良风俗也是一种伤害。《民法典》第1169条不区分限制民事行为能力人以及无民事行为能力人,让教唆人、帮助人承担全部责任,也未尝不是一种好的选择。

当教唆者、帮助者与被教唆者、被帮助者都是限制民事行为能力人或者无民事行为能力人时,责任应当如何构成?《民法典》对此没有规定。本书认为,此时,教唆者、帮助者与被教唆者、被帮助者在意思能力方面没有区别,因此没有特别保护的必要。在责任构成上,应当成立连带责任,由监护人承担责任。

第四节 共同危险行为与责任

一、共同危险行为的概念

共同危险行为,又称准共同侵权行为,指二人以上实施危及他人人身或者财产安全的行为并造成损害后果,不能确定实际侵害行为人的情况。共同危险行为属于无意思联络的数人侵权。共同危险行为中的"共同",与共同侵权行为中的"共同"不同,并非指共同的过错,而是指数个行为人实施了可能造成同一损害后果、具有同样危险的行为。数个行为可能发生在相同的时间、相同的地点,但

---

[1] 参见最高人民法院民法典贯彻实施工作领导小组主编:《中华人民共和国民法典侵权责任编理解与适用》,人民法院出版社2020年版,第66页。

并不以此为必要。比如,数人同时向受害人所在地方开枪,受害人中一枪死亡,但无法识别身中哪个人的子弹。这就是在相同时间、相同地点实施的数个具有同样危险的行为。再比如,在数家医院输血,感染血液病,数家医院血液制品均存在危险,不知道究竟是因哪家医院感染。这就是在不同时间、不同地点实施的数个具有同样危险的行为。无论《侵权责任法》第 10 条还是《民法典》第 1170 条,条文中均未出现"共同"字样,值得赞同。

在辽宁省鞍山市中级人民法院(2021)辽 03 民终 4657 号案中,法院认为,本案张某宾家火灾引发的原因是由于鞭炮掉落至其简易仓库东侧,引燃可燃物导致火灾发生。造成简易库房及库房内农机和物品、简易库房东侧小房及小棚内物品不同程度烧损或烧毁。火灾发生的当日,张某丰、张某申、张某力、高某江(在其父亲高某昌家)均在其自家附近燃放了鞭炮。嗣后,公安消防部门对火灾事故进行了调查,无法确定引发该起火灾的具体行为人。依据《民法典》第 1170 条"二人以上实施危及他人人身、财产安全的行为,其中一人或者数人的行为造成他人损害,能够确定具体侵权人的,由侵权人承担责任;不能确定具体侵权人的,行为人承担连带责任"之规定,张某丰、张某申、张某力、高某江的行为,构成了共同危险行为,因无法确定引发该起火灾的具体行为人,故张某丰、张某申、张某力、高某江承担连带赔偿责任。[①]

二、共同危险行为的构成要件

共同危险行为需要以下构成要件:

(1)主体必须是二人以上。

(2)每个人都单独实施了危险行为。所谓危险行为,是指极可能引发损害后果的行为。二个以上的主体都单独实施了极可能引发损害后果的行为,彼此行为之间无关联或者结合关系。

(3)每个人的行为都可能构成侵权行为。如果某个人的行为的确不构成侵权行为,则根本无须承担侵权责任。行为是否构成侵权行为,依侵权行为构成要件加以判断。

(4)不能确定是哪个人的行为造成了损害后果。在因果关系方面,只有一个人的行为造成了损害后果,但无法确定是哪个人的行为造成了损害后果。因此,也称为择一因果关系。[②] 如果能够确定具体侵权人的,则属于一般侵权行为,由侵权人承担责任。

---

① 参见辽宁省鞍山市中级人民法院(2021)辽 03 民终 4657 号民事判决书。
② 参见王泽鉴:《侵权行为》(第三版),北京大学出版社 2016 年版,第 445 页。

三、共同危险责任

《民法典》第1170条规定:"二人以上实施危及他人人身、财产安全的行为,其中一人或者数人的行为造成他人损害,能够确定具体侵权人的,由侵权人承担责任;不能确定具体侵权人的,行为人承担连带责任。"如果能够确定具体的侵权行为人,就不是共同的危险行为了。当行为人是一人时,则是单独侵权行为;当行为人是数人时,则需要依据其他数人侵权的规则来确定责任人。只有在无法确定具体侵权人时,才构成共同危险行为。共同危险行为人要对受害人承担连带责任。承担责任的共同危险人内部可以进行追偿。

四、共同危险责任的免责事由

关于共同危险责任的免责事由,学说一直存在争论。一种观点认为,行为人必须证明谁是实际侵权人,才可以免除自己的责任。另一种观点认为,行为人只要证明自己的行为与损害后果之间没有因果关系即可免责。两种学说之间的区别在于利益衡量的不同。前者更注重保护受害人,认为后一学说可能导致所有行为人都因证明因果关系不存在而免责,使得受害人无法获得赔偿的结果。《民法典》第1170条的措辞是:不能确定具体侵权人的,由行为人承担连带责任。从反面解释,只有在确定具体加害人的情形下,其他行为人才可以免除责任。《侵权责任法》第10条就采取这样的立场。[1]《民法典》第1170条延续了《侵权责任法》第10条的措辞,与《侵权责任法》第10条作同样的解释。[2] 2003年《人身损害赔偿解释》第4条后段规定:"共同危险行为人能够证明损害后果不是由其行为造成的,不承担赔偿责任。"可见修正前《人身损害赔偿解释》采纳了后一种观点。其理由在于行为人全部免责的情况甚为罕见,因此不能将法律规则建立在偶然情况上。作为弥补,人民法院在认定行为人主张自己行为与损害无因果关系的证明时,应当严格审查。[3] 同时,如果行为人能够证明损害确由某人所致,当然可以免除行为人的责任。

笔者认为,共同危险行为的典型场景是指数个行为人都无法证明谁是具体侵权人,也无法证明自己与损害结果之间没有因果关系。为保护受害人,在行为人无法证明其行为与损害结果之间不存在因果关系时,依然让其承担连带责任,属于因果关系推定。推定可以被反证推翻。[4] 如果某一行为人能够证明其行为

---

[1] 参见王胜明主编:《中华人民共和国侵权责任法释义》,法律出版社2010年版,第67页。
[2] 参见黄薇主编:《中华人民共和国民法典侵权责任编解读》,中国法制出版社2020年版,第30页。
[3] 参见最高人民法院民事审判第一庭编著:《最高人民法院人身损害赔偿司法解释的理解与适用》,人民法院出版社2015年版,第71页。
[4] 参见王泽鉴:《侵权行为》(第三版),北京大学出版社2016年版,第446—447页。

的确与损害结果之间无因果关系,则意味着侵权行为不构成,此时该行为人当然不应该承担责任。共同危险条款不应当脱离侵权行为一般构成要件。修正前的《证据规则》第 4 条第 1 款第 7 项曾规定:"因共同危险行为致人损害的侵权诉讼,由实施危险行为的人就其行为与损害结果之间不存在因果关系承担举证责任。"按照本条逻辑推论,当实施危险行为的人能够证明因果关系不存在时,该行为人就不应当承担责任。

同理,在共同危险行为中,行为人是否可以通过证明自己不存在过错而免责？在采过错归责的共同危险行为的情况下,过错是责任的前提,因此,既然因果关系不存在可以免责,过错不存在当然也可以免责。因为过错不存在,说明某一行为人的行为不构成侵权行为,与因果关系的逻辑相同。

第五节 无意思联络的数人侵权行为与责任

一、无意思联络的数人侵权行为的概念

无意思联络的数人侵权行为是指数个行为人之间并无意思的联络,但由于数个行为的结合关系而导致同一损害后果的侵权行为。

2020 年修正前的《人身损害赔偿解释》第 3 条将数人之间行为的结合方式分为直接结合和间接结合,前者承担连带责任,后者承担按份责任。《侵权责任法》未采用此种分类方法。《民法典》延续了《侵权责任法》的分类方法。

二、无意思联络的数人侵权行为的类型

(一) 承担连带责任的无意思联络的数人侵权行为

《民法典》第 1170 条规定的共同危险行为,数人之间没有意思联络,也属于承担连带责任的无意思联络的数人侵权行为。上一节已有专门讨论,此处不再赘述。

《民法典》第 1171 条规定:"二人以上分别实施侵权行为造成同一损害,每个人的侵权行为都足以造成全部损害的,行为人承担连带责任。"

承担连带责任的无意思联络数人侵权行为需要满足以下要件:

(1) 行为人为二人以上。
(2) 数个行为人分别实施了侵权行为,彼此之间没有任何的意思联络。
(3) 损害后果同一。
(4) 每个人的行为都足以造成全部损害结果。

每个人的行为与损害结果之间都有完全的因果关系,各自都符合侵权行为构成要件,即两个彼此无任何联系的侵权行为各自独立造成了全部损害。因此,

此种侵权行为也被称为聚合因果关系或者累积因果关系的侵权行为。① 累积的因果关系,正是此种侵权行为中无意思联络的数人承担连带责任的正当性所在。

(二) 承担按份责任的无意思联络的数人侵权行为

《民法典》第 1172 条规定:"二人以上分别实施侵权行为造成同一损害,能够确定责任大小的,各自承担相应的责任;难以确定责任大小的,平均承担责任。"

承担按份责任的无意思联络的数人侵权行为需要满足以下要件:

(1) 行为人为二人以上。

(2) 数个行为人分别实施了侵权行为,彼此之间没有任何的意思联络。

(3) 行为有某种结合关系。承担按份责任的无意思联络的数人侵权行为,每个人的行为都不足以单独造成损害结果,是每个人的行为以某种方式结合在一起,共同造成了损害后果。2003 年《人身损害赔偿解释》将这种结合关系进一步区分为直接结合与间接结合,《民法典》未采用此种进一步的分类方法。

(4) 损害后果同一。

除损害后果同一外,数个侵权行为互相独立,各自都符合构成要件。

不存在累积因果关系的情况下,无意思联络的数人侵权行为承担按份责任。责任大小如果能够确定,则各自承担相应的责任;责任大小难以确定的,平均承担责任。

在辽宁省锦州市中级人民法院(2022)辽 07 民终 229 号案中,一审法院认为,《道路交通安全法》第 43 条第 1 款中规定"同车道行驶的机动车,后车应当与前车保持足以采取紧急制动措施的安全距离"。原告安某某违反上述规定,与许某某驾驶的车辆相撞,原告安某某承担全部责任。后被告郭某某驾驶车辆违反第 43 条第 1 款的规定,与杨某某驾驶的车辆碰撞,杨某某车辆又与原告安某某驾驶的车辆相撞。两次事故均导致了原告安某某驾驶的车辆前部受损。《中华人民共和国民法典》第 1172 条规定:"二人以上分别实施侵权行为造成同一损害,能够确定责任大小的,各自承担相应的责任;难以确定责任大小的,平均承担责任。"故被告郭某某对原告安某某驾驶车辆前部的损失应承担 50% 的责任,即 7492.5 元(14985 元×50%)。二审法院认为,本案中,安某某驾驶的车辆先与许某某驾驶的车辆相撞,造成车辆前部受损,后郭某某驾驶的车辆与杨某某驾驶的车辆碰撞后,杨某某驾驶的车辆又与安某某驾驶的车辆相撞,再次导致安某某车辆前部受损,现安某某主张在第一次碰撞时其车辆前部损失为轻微刮蹭、因此应由被上诉人承担全部赔偿责任,但上诉人对此未能提供证据证明,即两次碰撞对于车辆前部损伤的程度现无法认定,一审法院适用《民法典》第 1172 条关于共同侵权且难以确定责任大小时应当如何承担责任的规定,认定郭某某对安某某驾

---

① 参见王泽鉴:《损害赔偿》,北京大学出版社 2017 年版,第 86 页。

驶车辆前部的损失承担50%的责任并无不当。①

（三）其他类型的无意思联络的数人侵权行为

其他类型的无意思联络的数人侵权，还包括承担补充责任的无意思联络的数人侵权等。

比如《民法典》第1198条第2款前段规定："因第三人的行为造成他人损害的，由第三人承担侵权责任；经营者、管理者或者组织者未尽到安全保障义务的，承担相应的补充责任。"在此种场合，存在着直接侵权行为的第三人与未尽到安全保障义务的人，构成数人侵权行为，但彼此之间无意思联络。

此外，还有一些特别规定的数人侵权行为，比如《民法典》第1193条后段规定的定作人对定作、指示或者选任有过错的，应当承担相应的责任。此时存在定作人与承揽人两个责任主体，构成数人侵权行为。再比如《民法典》第1191条第2款规定的劳务派遣单位有过错的，承担相应的责任。此时劳务派遣单位和用工单位都是责任主体，构成数人侵权行为。这些特别规定的数人侵权行为，各自适用其特别规定。

---

① 参见辽宁省锦州市中级人民法院(2022)辽07民终229号民事判决书。

第十章 侵权责任

第一节 侵权责任概述

一、侵权责任的概念

侵权责任是指侵权人因侵权行为而承担的民事责任。

按照侵权法的思维模式,行为人因加害行为构成侵权行为,在没有免责事由的情况下,则应当承担侵权责任。因此,侵权责任的承担以侵权行为的成立为前提。换言之,如果侵权行为不成立,则谈不上侵权责任的问题。

侵权责任是私法责任,发生在侵权人与被侵权人之间。其中被侵权人可以请求侵权人承担侵权责任。为了合理界定侵权人的责任,原则上,只有被侵权人才可以主张侵权责任、且只可以主张自己遭受的损害。[①] 但是,也存在着例外。《民法典》第 1234 条规定:"违反国家规定造成生态环境损害,生态环境能够修复的,国家规定的机关或者法律规定的组织有权请求侵权人在合理期限内承担修复责任。侵权人在期限内未修复的,国家规定的机关或者法律规定的组织可以自行或者委托他人进行修复,所需费用由侵权人负担。"本条中,向侵权人提出主张的是国家规定的机关或者法律规定的组织。再比如,《民事诉讼法》第 58 条规定:"对污染环境、侵害众多消费者合法权益等损害社会公共利益的行为,法律规定的机关和有关组织可以向人民法院提起诉讼。人民检察院在履行职责中发现破坏生态环境和资源保护、食品药品安全领域侵害众多消费者合法权益等损害社会公共利益的行为,在没有前款规定的机关和组织或者前款规定的机关和组织不提起诉讼的情况下,可以向人民法院提起诉讼。前款规定的机关或者组织提起诉讼的,人民检察院可以支持起诉。"据此,在行为人污染环境、侵害众多消费者合法权益等损害社会公共利益的时候,法律规定的机关和有关组织以及人民检察院可以作为原告提起诉讼。

（一）侵权人

侵权人包括行为主体和责任主体。行为主体指实施侵权行为的人,责任主体指承担侵权责任的人。多数情况下,行为主体和责任主体是同一个人。但是在有些情况下,行为主体和责任主体会发生分离,即实施侵权行为的人和承担侵

---

① 参见王泽鉴:《损害赔偿》,北京大学出版社 2017 年版,第 272 页。

权责任的人不是同一个人。

比如,《民法典》第1188条第1款前段规定:"无民事行为能力人、限制民事行为能力人造成他人损害的,由监护人承担侵权责任。"第1191条第1款前段规定:"用人单位的工作人员因执行工作任务造成他人损害的,由用人单位承担侵权责任。"第1192条第1款前段规定:"个人之间形成劳务关系,提供劳务一方因劳务造成他人损害的,由接受劳务一方承担侵权责任。"

在上述规定中,行为主体分别是无民事行为能力人、限制民事行为能力人、用人单位的工作人员以及提供劳务一方;责任主体分别是监护人、用人单位以及接受劳务一方。

这种行为主体和责任主体分离的情况,从侵权行为的角度被称为自己所应负责之他人行为构成的侵权行为。正如本书前面所讨论到的,这种自己所应负责之他人行为构成的侵权行为,是指他人行为侵犯第三人合法权益,但该他人行为应当由自己来负责,因此应当由自己来承担侵权责任的行为。在这种情况下,行为主体和责任主体分离。此类侵权行为构成的前提,是自己和该他人之间存在某种关系。此种关系的存在,使得自己为他人行为承担责任,具有了正当性。

(二)被侵权人

有权主张侵权责任的人为被侵权人。被侵权人有广义和狭义之分。狭义的被侵权人就是直接受害人。广义的被侵权人包括:直接受害人、间接受害人、承继权利的人。

直接受害人是指自己的人身或者财产权益直接遭受加害行为侵害的人。间接受害人是指因直接受害人受害从而也受到侵害的人。

哪些人可以作为间接受害人向侵权人进行何种主张,是侵权法上的基本问题[①],涉及侵权法的基本范畴。为权衡权利救济与行为自由,侵权法对间接受害人有严格限定。间接受害人主要指直接受害人的近亲属。《民法典》第1181条第1款前段规定:"被侵权人死亡的,其近亲属有权请求侵权人承担侵权责任。"1045条第2款规定:"配偶、父母、子女、兄弟姐妹、祖父母、外祖父母、孙子女、外孙子女为近亲属。"间接受害人之所以成为受害人,是因为其与直接受害人之间存在近亲属等法律关系。此外,《民法典》第1181条第2款规定:"被侵权人死亡的,支付被侵权人医疗费、丧葬费等合理费用的人有权请求侵权人赔偿费用,但是侵权人已经支付该费用的除外。"支付医疗费、丧葬费等合理费用的人,因侵权行为造成直接受害人死亡,使其遭受纯经济利益的损失,故而可以向侵权人主张赔偿费用。

---

① 参见曾世雄:《损害赔偿法原理》,詹森林续著,新学林出版股份有限公司2005年版,第22—27页。

除法律明确规定外,其他间接受害人,例如因员工死亡而受有损失的雇主,因失去密友而伤心的同学,不能向加害人主张损害赔偿。① 限制间接受害人的目的,在于限制损害赔偿的范围,以免加害人责任无限扩大。

承继权利的人是指因单位的分立、合并而有权向侵权人提出主张的人。《民法典》第1181条第1款后段规定:"被侵权人为组织,该组织分立、合并的,承继权利的组织有权请求侵权人承担侵权责任。"

二、侵权责任的特征

（一）侵权责任是因为侵权行为而承担的责任

侵权行为成立是侵权责任成立的前提。没有侵权行为或者侵权行为不构成的,也就谈不上侵权责任。

（二）侵权责任是民事责任

侵权责任是一种民事责任,它不同于行政责任、刑事责任。行为人实施某一侵权行为,除导致侵权责任外,还可能同时构成行政责任、刑事责任。几种责任可以同时成立,互不影响。《民法典》第187条前段规定:"民事主体因同一行为应当承担民事责任、行政责任和刑事责任的,承担行政责任或者刑事责任不影响承担民事责任。"

（三）财产性的侵权责任具有优先性

《民法典》第187条后段规定:"民事主体的财产不足以支付的,优先用于承担民事责任。"

行政责任和刑事责任是公法责任,侵权责任是民事责任、私法责任。侵权责任优先,是出于救济受害人的考虑。行政责任中的罚款、刑事责任中的罚金与侵权责任中的赔偿损失同时构成时,应当先承担赔偿损失的责任。

财产性的民事责任优先是我国法律的一贯立场。《刑法》《公司法》《证券法》《食品安全法》《合伙企业法》《产品质量法》《证券投资基金法》以及《个人独资企业法》等都有类似的规定。

（四）侵权责任具有法定性

侵权责任的主体由法律规定。《民法典》第1198条规定了安全保障义务的主体。再比如,产品责任究竟应当由生产者、销售者、运输者还是仓储者承担,生产者承担责任后,何种情况下可以向销售者追偿,《民法典》第1202条、第1203条及第1204条对此有明确规定。

关于医疗损害责任的主体,《侵权责任法》第59条曾规定:"因药品、消毒药剂、医疗器械的缺陷,或者输入不合格的血液造成患者损害的,患者可以向生产

---

① 参见王泽鉴:《损害赔偿》,北京大学出版社2017年版,第134页。

者或者血液提供机构请求赔偿,也可以向医疗机构请求赔偿。患者向医疗机构请求赔偿的,医疗机构赔偿后,有权向负有责任的生产者或者血液提供机构追偿。"据此,承担医疗损害责任的主体包括生产者、血液提供机构或者医疗机构。《民法典》第1223条规定:"因药品、消毒产品、医疗器械的缺陷,或者输入不合格的血液造成患者损害的,患者可以向药品上市许可持有人、生产者、血液提供机构请求赔偿,也可以向医疗机构请求赔偿。患者向医疗机构请求赔偿的,医疗机构赔偿后,有权向负有责任的药品上市许可持有人、生产者、血液提供机构追偿。"据此,承担医疗损害责任的主体除原《侵权责任法》第59条规定的以外,还增加了药品上市许可持有人。2020年修订后的《审理医疗纠纷案件的解释》第1条相应作了修改。

侵权责任的方式由法律规定。《民法典》第179条规定了侵权责任的八种主要方式。除此之外,其他法律也可以对侵权责任的方式加以规定。

侵权责任的内容由法律规定。比如,《民法典》第1179条规定了侵犯物质性人身权时损害赔偿的内容。

侵权责任的适用条件由法律规定。比如《民法典》第1183条、第1185条分别规定了精神损害赔偿和侵犯知识产权惩罚性赔偿的适用条件。第1218条规定了医疗损害责任的适用条件。此外,停止侵害、排除妨碍、消除危险等责任方式适用何种归责原则、是否适用诉讼时效等,都由法律加以规定。

侵权责任的免责事由由法律规定。《民法典》第1173条、第1174条等对此作了规定。第1224条规定了医疗损害责任的免责事由。

(五)被侵权人对是否主张侵权责任具有决定权

侵权责任是一种私法责任,当事人可以在法律规定的基础上,对是否追究责任以及责任的内容加以变更和处分。被侵权人有权决定是否提出主张、提出何种主张。比如,被侵权人可以同时主张赔偿损失和赔礼道歉,也可以单独主张赔礼道歉。被侵权人还可以决定主张赔偿数额的多少。法院的裁判应当以被侵权人的主张为基础。被侵权人没有主张的,法院不应当主动裁判;被侵权人主张较少的赔偿数额的,法院不应当判决高于当事人主张的赔偿数额。

(六)侵权责任主要是一种财产责任,但不限于财产责任

由于绝大部分侵权行为都会给受害人造成一定的财产损失,故而,行为人需要以自己的财产对行为后果负责,使受害人的财产状况回复到侵权行为发生之前的状态。同时,金钱损害赔偿可以作为替代方式,弥补侵权行为给受害人造成的非财产损失。因此侵权责任形式主要是财产责任。但是,金钱损害赔偿又具有其局限性,为了充分保护民事主体的合法权益,特别是人身权益,《民法典》除规定了赔偿损失、返还财产等财产责任外,还规定了停止侵害、恢复名誉、消除影响、赔礼道歉等非财产责任形式。

三、侵权责任的承担方式

侵权责任的承担方式,是指侵权人承担侵权责任的具体形式。侵权责任与侵权责任的承担方式不同。侵权责任决定是否有必要对被侵权人加以救济,而侵权责任的承担方式决定如何对被侵权人加以救济。在时间和逻辑顺序上,侵权责任在先,侵权责任的承担方式在后。后者是对前者的具体落实。

侵权责任的承担方式与被侵权人遭受的不利后果关系密切。就效果而言,侵权责任是对被侵权人的救济。因此,被侵权人需要救济的形式决定侵权责任的承担方式。比如,被侵权人需要给予赔偿,就有赔偿损失的承担方式;被侵权人的财产有被侵害的危险,就有消除危险的承担方式;被侵权人的财产被侵占,就有返还财产的承担方式;等等。

《民法典》第179条规定了八种承担侵权责任的主要方式。这八种承担方式每一种都针对被侵权人需要救济的不利后果。另外,这里规定的是八种主要责任方式,这意味着还可能有其他责任方式。其他法律也可以对侵权责任的承担方式作出规定。比如《水污染防治法》第96条第1款规定:"因水污染受到损害的当事人,有权要求排污方排除危害和赔偿损失。"此处的排除危害,就不同于《民法典》规定的八种责任方式。

根据《民法典》第179条第3款的规定,侵权责任的承担方式,可以单独适用,也可以合并适用。

第二节 侵权责任的类型

一、自己责任

自己责任,指为自己行为承担的责任。自己责任是现代法治的基本原则。个人的选择是自己行为的私人成本和私人收益比较的结果。每个人都应当为自己的行为负责,这样整个社会的秩序才能得以保持。因此,自己责任也是侵权责任的基本原则和基本类型。如果没有特别规定,行为人就应当是责任人。这也意味着,法律配置自己责任,无须特别理由;如果配置自己责任的例外,则需要特别的规定。

二、他人责任

他人责任,指为他人行为承担的责任。他人责任意味着自己要为他人的行为承担责任。在他人责任的情况下,行为主体和责任主体发生分离。他人责任是自己责任原则的例外,必须有法律的明确规定才能够成立。他人责任成立,必须具有自己之所以要为他人行为承担责任的正当性理由。这种正当性理由往往需要从自己和他人之间的法律关系中寻找。

比如,《民法典》第1188条第1款前段规定:"无民事行为能力人、限制民事行为能力人造成他人损害的,由监护人承担侵权责任。"此处监护人承担的就是他人责任。行为主体是无民事行为能力人、限制民事行为能力人,责任主体是监护人。监护人之所以要为被监护人承担侵权责任,是因为二者之间存在监护关系。基于监护关系,监护人应当约束被监护人的行为,从而不至于使被监护人因为不承担行为责任而不顾及其行为的后果。

《民法典》第1191条第1款前段规定:"用人单位的工作人员因执行工作任务造成他人损害的,由用人单位承担侵权责任。"此处用人单位承担的责任也是他人责任。行为主体是工作人员,责任主体是用人单位。用人单位之所以要为其工作人员承担责任,是因为二者之间存在工作关系。基于工作关系,用人单位要为其工作人员支付报酬,可以约束其工作人员,享有其工作人员的工作成果,同时也要承担其行为的不利后果。当然,从另一个角度看,单位的意思需要由其工作人员来实现,工作人员的行为就是单位的行为。在这样的意义上,用人单位承担的又是自己责任。

《民法典》第1192条前段规定:"个人之间形成劳务关系,提供劳务一方因劳务造成他人损害的,由接受劳务一方承担侵权责任。"接受劳务一方因为劳务关系而为提供劳务一方的行为承担侵权责任,也是他人责任。因劳务关系形成的原因和类型比较复杂,因劳务关系而形成的他人责任的情形也比较复杂。

三、按份责任

按份责任,指在同一侵权行为中若干侵权人按照法律规定的份额各自向被侵权人承担相应责任的责任形式。按份责任适用于数人侵权的场合。按份责任是数个侵权人对外向被侵权人承担的责任。数个侵权人之间如何分担责任,是侵权法的重要内容。按份责任,意味着数个侵权人只承担自己行为的责任。被侵权人只能够分别向不同的侵权人主张相应的份额,而不能要求某一侵权人承担超过其应承担部分的赔偿。

《民法典》第1231条规定:"两个以上侵权人污染环境、破坏生态的,承担责任的大小,根据污染物的种类、浓度、排放量,破坏生态的方式、范围、程度,以及行为对损害后果所起的作用等因素确定。"本条规定中两个以上侵权人向受害人承担的就是按份责任。

至于侵权人彼此之间的份额如何确定,需要具体情况具体分析。《民法典》第177条规定:"二人以上依法承担按份责任,能够确定责任大小的,各自承担相应的责任;难以确定责任大小的,平均承担责任。"《民法典》第1172条规定:"二人以上分别实施侵权行为造成同一损害，能够确定责任大小的，各自承担相应的责任；难以确定责任大小的，平均承担责任。"上述两条规定都将按份责任份额的确定交由个案中确定。

四、连带责任

连带责任，指在同一侵权行为中若干侵权人之间按照法律规定不分份额地对被侵权人承担全部责任的责任形式。

《民法典》第178条第1款、第2款规定："二人以上依法承担连带责任的，权利人有权请求部分或者全部连带责任人承担责任。连带责任人的责任份额根据各自责任大小确定；难以确定责任大小的，平均承担责任。实际承担责任超过自己责任份额的连带责任人，有权向其他连带责任人追偿。"承担连带责任，所有侵权人都要向被侵权人承担全部责任。所有侵权人，称为连带责任人。连带责任人内部，需要进行责任的划分。无法确定责任份额的，平均承担责任。《民法典》第178条第3款规定："连带责任，由法律规定或者当事人约定。"连带责任有利于被侵权人得到损害赔偿，同时每个侵权人都有可能要为其他侵权人承担一部分责任，意味着每个侵权人责任的加重，属于自己责任的例外，因此，需要法律的明确规定或者当事人的约定。

《民法典》侵权责任编规定了很多连带责任，比如，第1168条、第1169条、1170条、第1171条、第1195条、第1197条、第1211条、第1214条、第1215条、第1241条、第1242条、第1252条等。这些规定，体现了立法者倾向于救济被侵权人的立法政策。

其他法律中也有许多连带责任的规定。比如《食品安全法》第140条第2款、第3款规定："广告经营者、发布者设计、制作、发布虚假食品广告，使消费者的合法权益受到损害的，应当与食品生产经营者承担连带责任。社会团体或者其他组织、个人在虚假广告或者其他虚假宣传中向消费者推荐食品，使消费者的合法权益受到损害的，应当与食品生产经营者承担连带责任。"《旅游法》第54条规定："景区、住宿经营者将其部分经营项目或者场地交由他人从事住宿、餐饮、购物、游览、娱乐、旅游交通等经营的，应当对实际经营者的经营行为给旅游者造成的损害承担连带责任。"

司法解释中也有大量连带责任的规定。比如《保险法解释四》第16条规定："责任保险的被保险人因共同侵权依法承担连带责任，保险人以该连带责任超出被保险人应承担的责任份额为由，拒绝赔付保险金的，人民法院不予支持。保险人承担保险责任后，主张就超出被保险人责任份额的部分向其他连带责任人追偿的，人民法院应予支持。"

需要注意的是，法律规定中某些责任，尽管表述为连带责任，但并非真正的连带责任。比如,《民法典》第 688 条规定:"当事人在保证合同中约定保证人和债务人对债务承担连带责任的,为连带责任保证。连带责任保证的债务人不履行到期债务或者发生当事人约定的情形时,债权人可以请求债务人履行债务,也可以请求保证人在其保证范围内承担保证责任。"第 700 条前段规定:"保证人承担保证责任后,除当事人另有约定外,有权在其承担保证责任的范围内向债务人追偿。"根据上述规定,连带责任保证是对债权人而言的,债权人可以向债务人主张债务履行、也可以向保证人主张承担保证责任。在保证人承担保证责任后,保证人可以向债务人追偿。但是债务人履行债务后,则不能向保证人追偿。可见,在连带责任保证中,债务人是终局责任人,保证人是中间责任人。这种连带责任保证,就不是真正的连带责任,而是属于下面讨论的不真正连带责任。

五、不真正连带责任

(一)不真正连带责任的概念及特征

不真正连带责任,是指数个侵权人基于不同事由对同一被侵权人承担全部赔偿责任,任何一个侵权人承担全部赔偿责任后,被侵权人不得再向其他侵权人主张赔偿;中间责任人承担全部责任后,有权向终局责任人全部追偿的责任形式。

不真正连带责任与连带责任一样,都存在着数个侵权人、同一被侵权人、同一损害后果。但在连带责任中,数个侵权人多数都基于同样的事由而承担责任;而在不真正连带责任中,数个侵权人一般是基于不同事由而承担责任。

就侵权人与被侵权人的外部关系而言,不真正连带责任与连带责任一样,每个责任人都承担全部的赔偿责任,由此,被侵权人可以向任一责任人主张全部赔偿数额,也可以向任意几个或者全部责任人主张全部赔偿数额。不真正连带责任和真正连带责任在外部关系方面是没有差别的。① 这就是不真正连带责任中"连带责任"的意义所在。

就侵权人内部关系而言,在连带责任中,每个责任人都是终局责任人,彼此之间要进行责任的分摊,只不过比例有大小。在不真正连带责任中,存在中间责任人和终局全部责任人。被侵权人有权向每个责任人主张全部责任,但是,中间责任人承担责任后,有权向终局全部责任人追偿,终局全部责任人最终要承担全部的责任。在这个意义上,这种责任方式被称为不真正连带责任。

不真正连带责任中的中间责任人只是代人受过。基于救济被侵权人的考量,不真正连带责任允许被侵权人向终局全部责任人主张全部赔偿,也允许被侵权人向中间责任人主张全部赔偿。2020 年修订后的《审理医疗纠纷案件的解

---

① 参见林诚二:《民法债编总论——体系化解说》,中国人民大学出版社 2003 年版,第 477 页。

释》第3条第1款规定："患者因缺陷医疗产品受到损害，起诉部分或者全部医疗产品的生产者、销售者、药品上市许可持有人和医疗机构的，应予受理。"

这样安排对被侵权人而言是很大的便利，中间责任人则要自己负担向终局全部责任人追偿的费用和风险。连带责任中，存在中间责任人，即某责任人可能会被要求向受害人承担全部责任，但是不存在终局全部责任人，最终的责任要在所有连带责任人之间进行分摊。

由于不真正连带责任的上述特点，不真正连带责任对应的诉讼是非必要的共同诉讼。被侵权人无须识别中间责任人和终局责任人，他可以选择全部、也可以选择某个不真正连带责任人请求赔偿，一旦请求得到满足，其请求权就归于消灭，不可以再向其他不真正连带责任人基于同样事由提出同样的主张。不真正连带责任是多重保护，但不能多重满足。而承担责任的中间责任人可以向终局责任人进行追偿。2020年修订后的《审理医疗纠纷案件的解释》第21条规定："因医疗产品的缺陷或者输入不合格血液受到损害，患者请求医疗机构、缺陷医疗产品的生产者、销售者、药品上市许可持有人或者血液提供机构承担赔偿责任的，应予支持。医疗机构承担赔偿责任后，向缺陷医疗产品的生产者、销售者、药品上市许可持有人或者血液提供机构追偿的，应予支持。因医疗机构的过错使医疗产品存在缺陷或者血液不合格，医疗产品的生产者、销售者、药品上市许可持有人或者血液提供机构承担赔偿责任后，向医疗机构追偿的，应予支持。"

在实际的诉讼中，被侵权人为使自己利益最大化，往往会将全部的侵权人同时起诉。在这种情况下，法院应当分别予以判决，并应注明：某一侵权人履行判决，被侵权人的诉讼请求得到满足后，对其他侵权人不得再申请执行。履行判决的中间责任人，可以向终局全部责任人追偿。如果被侵权人只起诉某一侵权人，在判决经强制执行后，无法得到履行或者无法得到全部履行时，可以再次就未执行部分起诉其他侵权人。

不真正连带责任，在更大程度上保障和便利了受害人获得救济的同时，可能使中间责任人承担全部赔偿责任，同时受害人将对终局全部责任人的求偿权转移给了中间责任人。这样的责任配置构成了自己责任的例外，因此需要法律的明确规定。

（二）《民法典》的有关规定

《民法典》侵权责任编关于不真正连带责任的规定有以下几方面。

《民法典》第1192条第2款规定："提供劳务期间，因第三人的行为造成提供劳务一方损害的，提供劳务一方有权请求第三人承担侵权责任，也有权请求接受劳务一方给予补偿。接受劳务一方补偿后，可以向第三人追偿。"

《民法典》第1203条规定："因产品存在缺陷造成他人损害的，被侵权人可以向产品的生产者请求赔偿，也可以向产品的销售者请求赔偿。产品缺陷由生产者造成的,销售者赔偿后,有权向生产者追偿。因销售者的过错使产品存在缺陷的,生产者赔偿后,有权向销售者追偿。"产品生产者和销售者对被侵权人承担的是不真正连带责任。生产者和销售者对被侵权人都有责任承担全部的赔偿。在其内部,二者可以进行追偿。如果缺陷是生产者造成的,生产者就是终局全部责任人,销售者是中间责任人;反之,则销售者是终局全部责任人,生产者是中间责任人。

《民法典》第1223条规定:"因药品、消毒产品、医疗器械的缺陷,或者输入不合格的血液造成患者损害的,患者可以向药品上市许可持有人、生产者、血液提供机构请求赔偿,也可以向医疗机构请求赔偿。患者向医疗机构请求赔偿的,医疗机构赔偿后,有权向负有责任的药品上市许可持有人、生产者、血液提供机构追偿。"医疗机构和药品上市许可持有人、生产者、血液提供机构对受害患者承担的是不真正连带责任。医疗机构和药品上市许可持有人、生产者、血液提供机构都有责任对受害患者进行全部赔偿。按照第1223条的文义解释,医疗机构是中间责任人,有权向作为终局全部责任人的药品上市许可持有人、生产者、血液提供机构追偿。按照产品责任同样的法理,如果药品、消毒产品、医疗器械的缺陷或者血液的不合格是因医疗机构的原因造成的,医疗机构也可能成为终局全部责任人。

《民法典》第1233条规定:"因第三人的过错污染环境、破坏生态的,被侵权人可以向侵权人请求赔偿,也可以向第三人请求赔偿。侵权人赔偿后,有权向第三人追偿。"污染者和第三人对被侵权人承担的是不真正连带责任。污染者和第三人都有责任对被侵权人进行全部赔偿。就其内部而言,污染者是中间责任人,第三人是终局全部责任人。前者承担责任后,可以向后者追偿。《水污染防治法》第96条第4款规定:"水污染损害是由第三人造成的,排污方承担赔偿责任后,有权向第三人追偿。"此处规定的责任形式与《民法典》第1233条规定的不真正连带责任不同:即使水污染是由第三人造成的,也是先由排污方向受害人承担责任。

《民法典》第1250条规定:"因第三人的过错致使动物造成他人损害的,被侵权人可以向动物饲养人或者管理人请求赔偿,也可以向第三人请求赔偿。动物饲养人或者管理人赔偿后,有权向第三人追偿。"动物饲养人或者管理人和第三人承担的是不真正连带责任。动物饲养人或者管理人和第三人都有责任对被侵权人进行全部赔偿。就其内部而言,动物饲养人或者管理人是中间责任人,第三人是终局全部责任人。前者承担责任后,可以向后者追偿。

除《民法典》外,其他法律和司法解释也规定有不真正连带责任。

《旅游法》第71条第2款规定:"由于地接社、履行辅助人的原因造成旅游者人身损害、财产损失的,旅游者可以要求地接社、履行辅助人承担赔偿责任,也可以要求组团社承担赔偿责任;组团社承担责任后可以向地接社、履行辅助人追偿。但是,由于公共交通经营者的原因造成旅游者人身损害、财产损失的,由公共交通经营者依法承担赔偿责任,旅行社应当协助旅游者向公共交通经营者索赔。"

不真正连带责任有向连带责任转化的可能。比如,中间责任人和终局责任人对损害的发生都存在过错的,则可能因共同过错而构成共同侵权行为,承担连带责任。2020年修订后的《审理医疗纠纷案件的解释》第22条规定:"缺陷医疗产品与医疗机构的过错诊疗行为共同造成患者同一损害,患者请求医疗机构与医疗产品的生产者、销售者、药品上市许可持有人承担连带责任的,应予支持。医疗机构或者医疗产品的生产者、销售者、药品上市许可持有人承担赔偿责任后,向其他责任主体追偿的,应当根据诊疗行为与缺陷医疗产品造成患者损害的原因力大小确定相应的数额。输入不合格血液与医疗机构的过错诊疗行为共同造成患者同一损害的,参照适用前两款规定。"

六、补充责任

(一) 补充责任的概念

补充责任,是指由直接责任人的行为造成被侵权人损失,补充责任人因为对该损害的发生也具有一定的过错而承担的相应的责任。补充责任是相对于直接责任而言的。讨论补充责任的场合,一定存在直接责任;没有直接责任就无所谓补充责任。补充责任只能适用于赔偿损失的责任方式,因此补充责任也称为补充赔偿责任。

在补充责任存在的场合,损害是由直接责任人造成的,但直接责任人的责任财产往往不足以承担全部责任;为了对被侵权人给予更充分的救济,于是让对损害发生也具有某种过错的人承担部分补充责任。补充责任人往往是具有一定经济实力的单位或者组织。需要注意的是,补充责任人的过错仅仅是为损害的发生提供了一定条件。这种条件的提供,类似于帮助,但是补充责任人没有帮助的意思,彼此之间没有意思的联络。尽管有这种条件,但如果没有直接责任人的行为,损害一般不会发生。否则,补充责任人承担的就不仅仅是补充责任了。为了平衡责任施加给补充责任人带来的负担,法律也赋予补充责任人相应的保护措施。

(二) 补充责任的特点

1. 补充责任具有从属性

补充责任的从属性体现在以下几个方面:第一,成立上的从属性。补充责任依赖于直接责任的成立。没有直接责任也就没有补充责任。第二,责任范围上的从属性。补充责任人承担与其过错相适应的责任。该过错与责任的适应需要置于直接责任整个大背景下才可能加以判断。第三,存续上的从属性。如果直接责任人完全承担了赔偿责任,补充责任也便消失了。①

2. 补充责任人具有过错

补充责任人本身对于损害后果的发生,具有某种过错。只不过该种过错对于损害的发生,不具有积极的原因力。补充责任人的过错往往是为损害的发生提供了条件。如果没有直接责任人的行为,即使存在该过错,也不会造成被侵权人的损害。

3. 补充责任人应当后于直接责任人承担责任

被侵权人的损失由直接侵权人造成,因此首先应当由直接侵权人承担责任,补充责任人的责任应当后于直接责任人。需要讨论的是,此处的先后顺序应当如何理解。有观点认为,第三人的直接侵权责任和安全保障义务人的补充赔偿责任的先后顺序是实在的。应当先由第三人承担侵权责任,在无法找到第三人或者第三人没有能力全部承担赔偿责任时,才由安全保障义务人承担补充责任。② 这种观点值得商榷。首先,补充责任人是为自己的过错承担责任,尽管如果没有第三人的行为,侵权后果不会发生,但是毕竟安全保障义务人自己也存在过错。其次,从保护受害人的角度,如果让受害人在穷尽各种手段无法得到全部救济后再向安全保障义务人主张补充责任,无疑会增加受害人的负担。再次,安全保障义务人承担补充责任后,能够向直接责任人追偿,可以缓和让其先承担补充责任对其造成的不利影响。综上,补充责任人后于直接责任人承担责任,与一般保证中保证人的先诉抗辩权不同。补充责任人毕竟是为自己的过错承担责任,因此,这种先后的顺序更多是观念上的,是在终局责任意义上的。被侵权人同时请求直接责任人和补充责任人承担责任的,法院应当允许。被侵权人如果先起诉补充责任人,应当将直接责任人列为共同被告。但如果直接责任人无法确定,则应当允许被侵权人单独起诉补充责任人。如果被侵权人起诉的是直接责任人,则无须追加补充责任人。如果直接责任人无力承担赔偿责任,则可以另行起诉补充责任人。③

4. 补充责任人只承担与其过错相适应的责任

补充责任人的过错没有直接导致损害的发生,只是为损害的发生提供了条件,如果没有直接责任人的行为,损害一般不会发生。因此,补充责任人只承担

---

① 参见王竹:《侵权责任分担论——侵权损害赔偿责任数人分担的一般理论》,中国人民大学出版社 2009 年版,第 186 页。

② 参见最高人民法院民法典贯彻实施工作领导小组主编:《中华人民共和国民法典侵权责任编理解与适用》,人民法院出版社 2020 年版,第 291—292 页。

③ 参见最高人民法院民事审判第一庭编著:《最高人民法院人身损害赔偿司法解释的理解与适用》,人民法院出版社 2015 年版,第 104—105 页。

与其过错相适应的责任,而不是承担全部的责任。补充责任人作为中间责任人,只是部分中间责任人,这是它与不真正连带责任的不同之处。

5. 补充责任人承担责任后可以向直接责任人追偿

补充责任人不承担终局责任。如果没有直接责任人的行为,损害后果不会发生。在这个意义上说,补充责任人也是直接责任人行为的受害人,属于代人受过。补充责任人承担责任后可以向直接责任人追偿。故而,补充责任人是中间责任人,直接责任人是终局责任人。这种责任方式因此才被称为补充责任。在这一点上,补充责任与不真正连带责任相同,而与连带责任不同。

关于补充责任人向直接责任人追偿的问题,情况较为复杂。2020年修订前的《人身损害赔偿解释》第6条第2款中段曾规定:"安全保障义务人承担责任后,可以向第三人追偿。"但是第7条第2款仅规定:"第三人侵权致未成年人遭受人身损害的,应当承担赔偿责任。学校、幼儿园等教育机构有过错的,应当承担相应的补充赔偿责任。"第7条第2款没有规定学校、幼儿园等教育机构承担补充赔偿责任后,可以向第三人追偿。但是按照起草者的解释,也是可以追偿的。①《侵权责任法》对各种追偿关系并没有明确规定。其原因是立法部门认为,追偿关系比较复杂。根据不同行业、不同工种和不同劳动条件,追偿条件应当有所不同。哪些因过错、哪些因故意或者重大过失可以追偿,法律难以作出一般规定。②

《民法典》回到了2020年修订前的《人身损害赔偿解释》的立场。第1198条第2款规定:"因第三人的行为造成他人损害的,由第三人承担侵权责任;经营者、管理者或者组织者未尽到安全保障义务的,承担相应的补充责任。经营者、管理者或者组织者承担补充责任后,可以向第三人追偿。"第1201条规定:"无民事行为能力人或者限制民事行为能力人在幼儿园、学校或者其他教育机构学习、生活期间,受到幼儿园、学校或者其他教育机构以外的第三人人身损害的,由第三人承担侵权责任;幼儿园、学校或者其他教育机构未尽到管理职责的,承担相应的补充责任。幼儿园、学校或者其他教育机构承担补充责任后,可以向第三人追偿。"上述两条改变了《侵权责任法》第37条和第40条的做法,都规定补充责任人可以向直接责任人进行追偿。补充责任人能否向直接责任人追偿,笔者认为,这取决于补充责任人过错的大小。如果补充责任人过错很小,仅仅是为直接责任人对受害人的侵害提供了条件或者帮助,补充责任可归责性不那么强的话,补充责任人应当可以向直接责任人进行追偿。比如,《民法典》第1198条第2款

---

① 参见最高人民法院民事审判第一庭编著:《最高人民法院人身损害赔偿司法解释的理解与适用》,人民法院出版社2015年版,第126页。

② 参见2009年12月22日《全国人民代表大会法律委员会关于〈中华人民共和国侵权责任法(草案)〉审议结果的报告》。

规定的安全保障义务人的补充赔偿责任,安全保障义务人未尽到安全保障义务的漏洞被直接责任人加以利用的,此时,安全保障义务人承担责任后就可以向直接责任人追偿。假如补充责任人的过错本身就很大,其过错对受害人遭受的损害产生了较大的影响,则不应当赋予补充责任人向直接责任人追偿的权利。补充责任人的过错大到一定程度,则可能变成直接责任人,与实施侵权行为的人一起承担按份责任甚至是连带责任。比如,根据《会计师事务所审计业务活动民事侵权赔偿案件的规定》第5条第1款第1项的规定,注册会计师在审计业务活动中与被审计单位恶意串通,出具不实报告并给利害关系人造成损失的,应当认定会计师事务所与被审计单位承担连带赔偿责任。该规定第6条第1款规定:"会计师事务所在审计业务活动中因过失出具不实报告,并给利害关系人造成损失的,人民法院应当根据其过失大小确定其赔偿责任。"根据该规定第10条第1项的规定,人民法院根据本规定第6条确定会计师事务所承担与其过失程度相应的赔偿责任时,应先由被审计单位赔偿利害关系人的损失。被审计单位的出资人虚假出资、不实出资或者抽逃出资,事后未补足,且依法强制执行被审计单位财产后仍不足以赔偿损失的,出资人应在虚假出资、不实出资或者抽逃出资数额范围内向利害关系人承担补充赔偿责任。出资人承担补充赔偿责任后,则不应当再有权利向作为直接责任人的被审计单位进行追偿。对被审计单位、出资人的财产依法强制执行后仍不足以赔偿损失的,由会计师事务所在其不实审计金额范围内承担相应的赔偿责任。

最高人民法院《审理食品药品纠纷案件的规定》第12条规定:"食品检验机构故意出具虚假检验报告,造成消费者损害,消费者请求其承担连带责任的,人民法院应予支持。食品检验机构因过失出具不实检验报告,造成消费者损害,消费者请求其承担相应责任的,人民法院应予支持。"食品检验机构故意出具虚假检验报告的,要承担连带责任;食品检验机构过失出具不实检验报告的,要承担相应责任。此处的相应责任,按照最高人民法院的解释,则为按份责任,而不是补充责任。[①] 笔者认为,此处之所以不是补充责任而是按份责任,与其过失的严重程度直接相关。

6. 补充责任只适用于赔偿损失的责任方式

补充责任的机理在于补足直接责任人责任财产的不足,从而使受害人的救济获得更大程度的保障。补充责任是让补充责任人的财产变为责任财产。在可以追偿的场合,补充责任将追偿的风险转由补充责任人来承担。因此,其他责任方式都无法适用补充责任。

---

① 参见最高人民法院民事审判第一庭编著:《最高人民法院关于食品药品纠纷司法解释理解与适用》,人民法院出版社2015年版,第177页。

7. 补充责任的适用需要法律的特别规定

补充责任要求补充责任人为直接责任人承担部分责任，属于自己责任的例外，故而需要法律的特别规定。

(三) 适用补充责任的侵权行为类型

1.《民法典》中的补充责任类型

(1) 安全保障义务人承担的补充责任

安全保障义务人承担补充责任开始于 2003 年《人身损害赔偿解释》第 6 条。该第 6 条规定："从事住宿、餐饮、娱乐等经营活动或者其他社会活动的自然人、法人、其他组织，未尽合理限度范围内的安全保障义务致使他人遭受人身损害，赔偿权利人请求其承担相应赔偿责任的，人民法院应予支持。因第三人侵权导致损害结果发生的，由实施侵权行为的第三人承担赔偿责任。安全保障义务人有过错的，应当在其能够防止或者制止损害的范围内承担相应的补充赔偿责任。安全保障义务人承担责任后，可以向第三人追偿。赔偿权利人起诉安全保障义务人的，应当将第三人作为共同被告，但第三人不能确定的除外。"

安全保障义务人的补偿责任主要体现在第 6 条第 2 款，即第三人造成他人损害，安全保障义务人同时存在过错的，承担补偿赔偿责任。

《侵权责任法》第 37 条对安全保障义务人的补充责任也进行了规定。《民法典》侵权责任编延续和发展了第 37 条的规定。《民法典》第 1198 条规定："宾馆、商场、银行、车站、机场、体育场馆、娱乐场所等经营场所、公共场所的经营者、管理者或者群众性活动的组织者，未尽到安全保障义务，造成他人损害的，应当承担侵权责任。因第三人的行为造成他人损害的，由第三人承担侵权责任；经营者、管理者或者组织者未尽到安全保障义务的，承担相应的补充责任。经营者、管理者或者组织者承担补充责任后，可以向第三人追偿。"

第三人造成他人损害时，安全保障义务人因过错承担的补充责任，是最典型的补充责任。造成损害的第三人是直接责任人，安全保障义务人是补充责任人。无论 2003 年《人身损害赔偿解释》第 6 条还是《侵权责任法》第 37 条，都规定安全保障义务人只有存在过错的情况下才承担相应的补充责任。《侵权责任法》第 37 条尽管没有明确安全保障义务人的追偿权，但是，应当采与 2003 年《人身损害赔偿解释》第 6 条同样的解释。《民法典》第 1198 条对《侵权责任法》第 37 条的发展主要体现在两方面：其一是扩大了安全保障义务主体的范围。例示列举的范围中增加了"机场、体育场馆"；将"公共场所"扩大为"经营场所、公共场所"；将"管理人"扩大为"经营者、管理者"。其二是明确规定了补充责任人承担责任后可以向第三人进行追偿。

(2) 幼儿园、学校或者其他教育机构对未成年人承担的补充责任

此类补充责任也始于 2003 年《人身损害赔偿解释》。2003 年《人身损害赔

偿解释》第 7 条规定:"对未成年人依法负有教育、管理、保护义务的学校、幼儿园或者其他教育机构,未尽职责范围内的相关义务致使未成年人遭受人身损害,或者未成年人致他人人身损害的,应当承担与其过错相应的赔偿责任。第三人侵权致未成年人遭受人身损害的,应当承担赔偿责任。学校、幼儿园等教育机构有过错的,应当承担相应的补充赔偿责任。"

《侵权责任法》第 40 条对此类补充责任也进行了规定。《民法典》侵权责任编延续和发展了第 40 条规定。《民法典》第 1201 条规定:"无民事行为能力人或者限制民事行为能力人在幼儿园、学校或者其他教育机构学习、生活期间,受到幼儿园、学校或者其他教育机构以外的第三人人身损害的,由第三人承担侵权责任;幼儿园、学校或者其他教育机构未尽到管理职责的,承担相应的补充责任。幼儿园、学校或者教育机构承担补充责任后,可以向第三人追偿。"

在幼儿园、学校或者其他教育机构里发生的第三人致害场合,造成损失的第三人是直接责任人,幼儿园、学校或者其他教育机构是补充责任人。后者只承担与其过错相应的补充责任。承担责任后可以向第三人追偿。

2.《民法典》未延续《侵权责任法》规定的补充责任类型

《侵权责任法》第 34 条第 2 款规定:"劳务派遣期间,被派遣的工作人员因执行工作任务造成他人损害的,由接受劳务派遣的用工单位承担侵权责任;劳务派遣单位有过错的,承担相应的补充责任。"《民法典》第 1191 条第 2 款规定:"劳务派遣期间,被派遣的工作人员因执行工作任务造成他人损害的,由接受劳务派遣的用工单位承担侵权责任;劳务派遣单位有过错的,承担相应的责任。"第 1191 条第 2 款将第 34 条第 2 款中的"补充责任"修改为了"相应责任"。关于修改的原因,立法机关起草的释义书解释说:在编撰过程中有人提出,劳务派遣单位的责任类型大致可以分为三种情形:一是用工单位是第一顺位的责任人,劳务派遣单位是第二顺位的责任人,在用工单位承担了全部赔偿责任的情况下,劳务派遣单位对被侵权人就不再承担赔偿责任。二是在用工单位财力不足,无法全部赔偿的情况下,剩余的部分由劳务派遣单位来承担。三是劳务派遣单位存在过错,劳务派遣单位应当按照过错程度直接承担侵权责任。《侵权责任法》第 34 条第 2 款"相应的补充责任"的表述涵盖不了第三种情形,建议修改为"承担相应的责任"。此种建议被采纳。[①]

由上可知,将补充责任改为相应责任,目的是扩大责任的范围。但是上述理由似有可议之处。首先看所谓补充责任无法涵盖的第三种情形,即在劳务派遣单位存在过错时,要按照过错程度直接承担侵权责任。此处所谓直接承担,应当

[①] 参见黄薇主编:《中华人民共和国民法典侵权责任编解读》,中国法制出版社 2020 年版,第 112 页。

是指对受害人直接承担。但是,补充责任也是面对受害人直接承担的责任。故而,补充责任无法涵盖第三种情形的观点似乎不能成立。反倒是第二种情形,即在用工单位财力不足,无法全部赔偿时,剩余部分由劳务派遣单位承担的情形不属于补充责任的范畴。问题是,劳务派遣单位为何要承担此种责任?直接由财力是否充足来分配责任,正当性似乎存在严重问题。上述第一种情形则完全属于补充责任的范围。综上,上述理由似乎无法证成舍弃补充责任而改采相应责任。反倒是,相应责任究竟属于何种责任,在司法实务中如何适用,变成了说不清楚的问题。

3. 司法解释中的补充责任类型

司法解释中规定了大量的补充责任类型。

(1) 2020年修正后的《破产法解释二》第33条第1款规定:"管理人或者相关人员在执行职务过程中,因故意或者重大过失不当转让他人财产或者造成他人财产毁损、灭失,导致他人损害产生的债务作为共益债务,由债务人财产随时清偿不足弥补损失,权利人向管理人或者相关人员主张承担补充赔偿责任的,人民法院应予支持。"

(2) 2020年修正后的《审理旅游纠纷案件的规定》第7条第2款规定:"因第三人的行为造成旅游者人身损害、财产损失,由第三人承担责任;旅游经营者、旅游辅助服务者未尽安全保障义务,旅游者请求其承担相应补充责任的,人民法院应予支持。"

(3) 2020年修正后的《审理公证案件的规定》第5条规定:"当事人提供虚假证明材料申请公证致使公证书错误造成他人损失的,当事人应当承担赔偿责任。公证机构依法尽到审查、核实义务的,不承担赔偿责任;未依法尽到审查、核实义务的,应当承担与其过错相应的补充赔偿责任;明知公证证明的材料虚假或者与当事人恶意串通的,承担连带赔偿责任。"

(4) 2020年修正后的《公司法解释三》第13条第2款规定:"公司债权人请求未履行或者未全面履行出资义务的股东在未出资本息范围内对公司债务不能清偿的部分承担补充赔偿责任的,人民法院应予支持;未履行或者未全面履行出资义务的股东已经承担上述责任,其他债权人提出相同请求的,人民法院不予支持。"

第14条第2款规定:"公司债权人请求抽逃出资的股东在抽逃出资本息范围内对公司债务不能清偿的部分承担补充赔偿责任、协助抽逃出资的其他股东、董事、高级管理人员或者实际控制人对此承担连带责任的,人民法院应予支持;抽逃出资的股东已经承担上述责任,其他债权人提出相同请求的,人民法院不予支持。"

第26条第1款规定:"公司债权人以登记于公司登记机关的股东未履行出

资义务为由,请求其对公司债务不能清偿的部分在未出资本息范围内承担补充赔偿责任,股东以其仅为名义股东而非实际出资人为由进行抗辩的,人民法院不予支持。"

(5) 2020年修正后的《审理存单纠纷案件的规定》第6条第2款第2项规定:"出资人未将资金交付给金融机构,而是依照金融机构的指定将资金直接转给用资人,金融机构给出资人出具存单或进账单、对账单或与出资人签订存款合同的,首先由用资人偿还出资人本金及利息,金融机构对用资人不能偿还出资人本金及利息部分承担补充赔偿责任;利息按人民银行同期存款利率计算至给付之日。"

第8条第2款规定:"存单持有人以金融机构开具的、未有实际存款或与实际存款不符的存单进行质押,以骗取或占用他人财产的,该质押关系无效。接受存单质押的人起诉的,该存单持有人与开具存单的金融机构为共同被告。利用存单骗取或占用他人财产的存单持有人对侵犯他人财产权承担赔偿责任,开具存单的金融机构因其过错致他人财产权受损,对所造成的损失承担连带赔偿责任。接受存单质押的人在审查存单的真实性上有重大过失的,开具存单的金融机构仅对所造成的损失承担补充赔偿责任。明知存单虚假而接受存单质押的,开具存单的金融机构不承担民事赔偿责任。"

(6)《会计师事务所审计业务活动民事侵权赔偿案件的规定》第10条中规定:"人民法院根据本规定第六条确定会计师事务所承担与其过失程度相应的赔偿责任时,应按照下列情形处理:(一)应先由被审计单位赔偿利害关系人的损失。被审计单位的出资人虚假出资、不实出资或者抽逃出资,事后未补足,且依法强制执行被审计单位财产后仍不足以赔偿损失的,出资人应在虚假出资、不实出资或者抽逃出资数额范围内向利害关系人承担补充赔偿责任……"

七、补偿责任

(一) 补偿责任的概念

补偿责任,是指一方当事人在没有过错的情况下基于公平原则对受害人的损失加以补偿,从结果上减轻受害人所受损害的责任形式。

补偿责任人对损害的发生不存在过错,同时法律也没有规定让其承担无过错责任。他之所以对受害人进行补偿,要么是作为受益人、要么是作为无过错但造成了损害的行为人。在后一种情况下,按照过错责任原则,行为人尽管造成了损害,但是因为没有过错,所以无须承担责任。但是,让受害人独自承担损害后果,有违公平原则。可见,无论是受益人还是无过错的行为人承担补偿责任,都是基于结果的公平。在这种情况下,尽管仍将当事人对受害人的补偿称为责任,但此种责任的机理与其他责任存在不同。

补偿责任的适用需要法律明确规定。在个案中如何补偿,需要由法官根据具体情况作出判断。

(二)补偿责任的规定

《民法通则》对补偿责任就有所规定。《民法通则》第 109 条规定:"因防止、制止国家的、集体的财产或者他人的财产、人身遭受侵害而使自己受到损害的,由侵害人承担赔偿责任,受益人也可以给予适当的补偿。"

2003 年《人身损害赔偿解释》有两处规定了补偿责任。其中第 14 条规定:"帮工人因帮工活动遭受人身损害的,被帮工人应当承担赔偿责任。被帮工人明确拒绝帮工的,不承担赔偿责任;但可以在受益范围内予以适当补偿。帮工人因第三人侵权遭受人身损害的,由第三人承担赔偿责任。第三人不能确定或者没有赔偿能力的,可以由被帮工人予以适当补偿。"第 15 条规定:"为维护国家、集体或者他人的合法权益而使自己受到人身损害,因没有侵权人、不能确定侵权人或者侵权人没有赔偿能力,赔偿权利人请求受益人在受益范围内予以适当补偿的,人民法院应予支持。"

2020 年修正后的《人身损害赔偿解释》删除了上述第 15 条,保留了帮工责任。上述第 14 条修改后调整为第 5 条:"无偿提供劳务的帮工人因帮工活动遭受人身损害的,根据帮工人和被帮工人各自的过错承担相应的责任;被帮工人明确拒绝帮工的,被帮工人不承担赔偿责任,但可以在受益范围内予以适当补偿。""帮工人在帮工活动中因第三人的行为遭受人身损害的,有权请求第三人承担赔偿责任,也有权请求被帮工人予以适当补偿。被帮工人补偿后,可以向第三人追偿。"

《侵权责任法》在四个条文中规定了补偿责任。

第 23 条规定:"因防止、制止他人民事权益被侵害而使自己受到损害的,由侵权人承担责任。侵权人逃逸或者无力承担责任,被侵权人请求补偿的,受益人应当给予适当补偿。"

第 31 条规定:"因紧急避险造成损害的,由引起险情发生的人承担责任。如果危险是由自然原因引起的,紧急避险人不承担责任或者给予适当补偿。紧急避险采取措施不当或者超过必要的限度,造成不应有的损害的,紧急避险人应当承担适当的责任。"

第 33 条第 1 款规定:"完全民事行为能力人对自己的行为暂时没有意识或者失去控制造成他人损害有过错的,应当承担侵权责任;没有过错的,根据行为人的经济状况对受害人适当补偿。"

第 87 条规定:"从建筑物中抛掷物品或者从建筑物上坠落的物品造成他人损害,难以确定具体侵权人的,除能够证明自己不是侵权人的外,由可能加害的建筑物使用人给予补偿。"

《民法典》一共规定了 32 处补偿责任。与侵权责任有关的有如下五个条文：

第 182 条第 2 款规定："危险由自然原因引起的,紧急避险人不承担民事责任,可以给予适当补偿。"

第 183 条规定："因保护他人民事权益使自己受到损害的,由侵权人承担民事责任,受益人可以给予适当补偿。没有侵权人、侵权人逃逸或者无力承担民事责任,受害人请求补偿的,受益人应当给予适当补偿。"

第 1190 条第 1 款规定："完全民事行为能力人对自己的行为暂时没有意识或者失去控制造成他人损害有过错的,应当承担侵权责任；没有过错的,根据行为人的经济状况对受害人适当补偿。"

第 1192 条第 2 款规定："提供劳务期间,因第三人的行为造成提供劳务一方损害的,提供劳务一方有权请求第三人承担侵权责任,也有权请求接受劳务一方给予补偿。接受劳务一方补偿后,可以向第三人追偿。"

第 1254 条第 1 款规定："禁止从建筑物中抛掷物品。从建筑物中抛掷物品或者从建筑物上坠落的物品造成他人损害的,由侵权人依法承担侵权责任；经调查难以确定具体侵权人的,除能够证明自己不是侵权人的外,由可能加害的建筑物使用人给予补偿。可能加害的建筑物使用人补偿后,有权向侵权人追偿。"

（三）补偿责任的类型

总结我国法上关于补偿责任的规定,可以将补偿责任分为行为人的补偿责任与受益人的补偿责任。行为人的补偿责任包括紧急避险人的补偿责任(《民法典》第 182 条第 2 款)、完全民事行为能力人对自己的行为暂时没有意识或者失去控制没有过错造成他人损害时的补偿责任(《民法典》第 1190 条第 1 款)、高空抛物中可能加害的建筑物使用人的补偿责任(《民法典》第 1254 条第 1 款)；受益人的补偿责任包括接受他人保护而他人受到损害时的补偿责任(《民法典》第 183 条)、第三人造成提供劳务一方损害时接受劳务一方的补偿责任(《民法典》第 1192 条第 2 款)以及帮工人因帮工活动或者第三人行为遭受损害时被帮工人的补偿责任(2022 年《人身损害赔偿解释》第 5 条)。

（四）补偿责任与公平责任原则

无论哪种补偿责任,结果公平都是重要考量。在行为人补偿责任类型中,行为人一般都没有过错(《民法典》第 1254 条第 1 款规定的可能加害的建筑物使用人是例外)。基于上述原因,有学者将补偿责任与公平责任原则联系到了一起。尤其是《民法典》第 1186 条规定："受害人和行为人对损害的发生都没有过错的,依照法律的规定由双方分担损失。"有学者认为,补偿责任是公平责任原则的具体适用。《民法典》中关于补偿责任的规定,就是第 1186 条中"依照法律的规定"的那个法律规定。① 反对观点则认为补偿责任并非公平责任原则的具体适用。②

将补偿责任原则等同于公平责任原则,尤其是将《民法典》中补偿责任的规定作为第 1186 条的具体规定,似有不妥。首先从第 1186 条文义来看,适用主体是受害人和行为人,这就将《民法典》第 183 条、第 1192 条第 2 款规定的受益人补偿责任排除在外了。同时第 1186 条要求双方都没有过错,这就将《民法典》第 1254 条规定的高空抛物中可能加害的建筑物使用人排除在外了。其次,补偿责任的价值导向是追求结果的公平,但追求结果公平未必就是第 1186 条的适用。《民法典》第 6 条规定的公平原则是民法的基本原则。追求结果公平更应当是作为基本原则的公平原则的适用。再次,《民法典》规定的补偿责任法条,都是完全法条,可以独立适用,无须依赖第 1186 条。将补偿责任与第 1186 条拉在一起,既无必要性,也缺乏正当性。最后,立法者不喜欢公平责任原则,完全可以直接删除。保留目前这种状态,不知意欲何为。

第三节 侵权损害赔偿

一、侵权损害赔偿的概念与特征

损害赔偿是包括侵权损害赔偿和违约损害赔偿等在内的一项相对独立的法律制度。损害赔偿系民法上最核心的制度。所谓民事问题,实乃损害赔偿问题。③ 此处仅讨论侵权损害赔偿。由于本书第 8 章第 2 节已经讨论了损害,此部分重点讨论对损害的赔偿。因此,关于损害的界定,此处略去。有需要的读者可以参阅前面的内容。侵权损害赔偿,是指支付一定的金钱或者实物以赔偿侵权行为所造成损失的侵权责任方式。侵权损害赔偿具有以下特征:

其一,侵权损害赔偿是适用最广泛的侵权责任方式。作为民事责任方式,损害赔偿,包括侵权损害的适用范围最为广泛。损害赔偿是民事责任的核心。④ 在其他责任方式无法实现或者其他责任方式不足以救济受害人时,侵权损害赔偿都有适用余地。尽管《民法典》第 179 条规定了八种侵权责任方式,但侵权责任篇的很多规定都是以侵权损害赔偿为背景制定的。

---

① 参见程啸:《中国民法典侵权责任编的创新与发展》,载《中国法律评论》2020 年第 3 期;黄薇主编:《中华人民共和国民法典侵权责任编解读》,中国法制出版社 2020 年版,第 92 页。
② 参见张新宝、宋志红:《论〈侵权责任法〉中的补偿》,载《暨南学报(哲学社会科学版)》2010 年第 3 期。
③ 参见王泽鉴:《损害赔偿》,北京大学出版社 2017 年版,第 56 页。
④ 同上书,第 13 页。

其二,侵权损害赔偿具有非常丰富的内容,构成一项法律制度。侵权损害赔偿不仅适用范围最为广泛,也包含了非常复杂的内容,这些内容与违约损害赔偿等一起,构成一个相对独立的损害赔偿法律制度。《民法典》合同编第8章规定了违约损害赔偿。侵权责任编第2章专章规定了侵权损害赔偿。《民法典》其他部分也有许多损害赔偿的规定。比如,第157条规定了民事法律行为无效、被撤销或者确定不发生效力后,有过错的一方应当赔偿对方因此所受到的损失。第164条第2款规定了代理人和相对人恶意串通,损害被代理人合法权益的,代理人和相对人应当承担连带责任。第171条第3款前段规定了行为人实施的行为未被追认的,善意相对人有权请求行为人履行债务或者就其受到的损害请求行为人赔偿。第316条后段规定了拾得人或有关部门因故意或者重大过失致使遗失物毁损、灭失的,应当承担民事责任。第434条规定了质权人在质权存续期间,未经出质人同意转质,造成质押财产毁损、灭失的,应当承担赔偿责任。第987条规定了得利人知道或者应当知道取得的利益没有法律依据的,受损失的人可以请求得利人返还其取得的利益并依法赔偿损失。第1054条第2款规定了婚姻无效或者被撤销的,无过错方有权请求损害赔偿。第1091条规定了因重婚,与他人同居,实施家庭暴力,虐待、遗弃家庭成员以及有其他重大过错,导致离婚的,无过错方有权请求损害赔偿。第1148条规定了遗产管理人因故意或者重大过失造成继承人、受遗赠人损害的,应当承担民事责任。

在单行民商法及司法解释中,也有许多损害赔偿的规定。比如,《公司法》第20条第2款、第3款规定:"公司股东滥用股东权利给公司或者其他股东造成损失的,应当依法承担赔偿责任。""公司股东滥用公司法人独立地位和股东有限责任,逃避债务,严重损害公司债权人利益的,应当对公司债务承担连带责任。"第21条规定:"公司的控股股东、实际控制人、董事、监事、高级管理人员不得利用其关联关系损害公司利益。违反前款规定,给公司造成损失的,应当承担赔偿责任。"《公司法解释二》第19条规定:"有限责任公司的股东、股份有限公司的董事和控股股东,以及公司的实际控制人在公司解散后,恶意处置公司财产给债权人造成损失,或者未经依法清算,以虚假的清算报告骗取公司登记机关办理法人注销登记,债权人主张其对公司债务承担相应赔偿责任的,人民法院应依法予以支持。"

王泽鉴教授在其《损害赔偿》一书中提出,损害赔偿的条文,遍布于民法及特别法。为有效查找得为适用的规定,需要借助请求权基础的方法。损害赔偿的请求权基础包括:契约、类似契约、无因管理、物权关系、不当得利、侵权行为、亲属关系以及其他。[①]

---

① 参见王泽鉴:《损害赔偿》,北京大学出版社2017年版,第三章第二节。

其三，侵权损害赔偿可以是金钱赔偿，也可以是实物赔偿，但主要是金钱赔偿。金钱是一般等价物，可以起到其他实物无法替代的作用。

其四，侵权损害赔偿的基础是造成损害的侵权行为。侵权损害赔偿作为一种侵权责任方式，以侵权行为的成立作为基础。换言之，只有在侵权行为成立后，受害人需要以赔偿的方式加以救济时，才有侵权损害赔偿的必要。在思维模式上，侵权损害赔偿置于侵权行为成立之后。

二、侵权损害赔偿的原则与确定赔偿数额的考量因素

(一) 侵权损害赔偿的原则

1. 侵权损害赔偿以全部赔偿为原则

侵权法的功能之一是填补损失。侵权行为给他人造成损失，作为救济方式，损害赔偿应当使受害人的状况尽可能恢复到权益发生之前的原状。① 此乃在宣示填补损害的一项重要原则，即责任要件一旦具备，加害人就其加害行为所致全部损害，包括所受损害及所失利益，均应负赔偿责任，学说上称为"全部赔偿原则"。反面言之，责任成立要件不具备时，被害人就其所受损害概不得请求赔偿（全有全无原则）。此乃在贯彻填补损害的理念，保护被害人。② 传统大陆法系民法的损害赔偿以回复原状为目的，是为贯彻全部赔偿原则。《德国民法典》第249条第1款规定："负损害赔偿义务者，应恢复至如同使赔偿义务发生之情事未发生时之状态。"我国台湾地区"民法"第213条第1款规定："负损害赔偿责任者，除法律另有规定或者契约另有订定外，应回复他方损害发生前之原状。"第216条第1款规定："损害赔偿，除法律另有规定或者契约另有订定外，应以填补债权人所受损害及所失利益为限。"

全部赔偿是原则，亦是理想状态，存在诸多例外及限制条件。在我国台湾地区，全部赔偿原则受相当因果关系、与有过失、损害赔偿酌减等影响。③ 违约损害赔偿要受可预见规则的限制（我国《民法典》第584条）。侵权损害赔偿既包括直接损失的赔偿，也包括间接损失以及精神损失的赔偿。侵权损害赔偿受更多因素的限制。由于过错的认定与行为人的预见及预防程度密切关联，而过错又对损害赔偿有实质影响，因此，行为人的预见及预防实质上也会影响到损害赔偿数额的确定。因果关系、过失相抵、损益相抵、人道主义等考量，都会影响全部赔偿原则的贯彻落实。

---

① 参见王泽鉴：《损害赔偿》，北京大学出版社2017年版，第13页。
② 参见曾世雄：《损害赔偿法原理》，第27页以下。转引自王泽鉴：《损害赔偿》，北京大学出版社2017年版，第29页。
③ 参见王泽鉴：《损害赔偿》，北京大学出版社2017年版，第31页。

2. 侵权损害赔偿以统一赔偿为原则

所谓统一赔偿原则,是指在不同的侵权场合,对损害赔偿数额进行计算时,具体项目的计算方法应当统一。例如,在具体项目计算方面,因医疗事故发生的损害赔偿,应当与因其他侵权行为发生的损害赔偿相同。目前,不同法律规定之间存在的不统一情况还较为严重,例如,《医疗事故处理条例》规定的医疗事故损害赔偿各项目数额的确定,基本是以医疗事故发生地的标准来计算(《医疗事故处理条例》第 50 条);而《人身损害赔偿解释》中误工费、残疾赔偿金、死亡赔偿金以及被扶养人生活费等,是以受诉法院所在地的标准来计算(《人身损害赔偿解释》第 7 条、第 12 条、第 15 条、第 17 条)。这样做的结果,首先是无法解释这种不同的原因;其次,损害后果相同,赔偿数额不同,会造成不公平的局面,也会影响法制的统一。

我国台湾地区,责任成立(发生原因)的规定,分散于"民法"及其他特别法;责任内容(法律效果)则统一规定于"民法""损害赔偿之债"的一般规定,而以填补损害为共同原则。① 在大陆地区,《民法典》施行后,作为行政法规的《医疗事故处理条例》会如何进行调整,值得继续观察。

(二) 客观损害赔偿与主观损害赔偿

损害的构成因素可以分为普通因素与特别因素。就特定损害而言,其存在不因被害人而异的因素为普通因素。就特定损害而言,其存在因被害人而异的因素为特别因素。普通因素也称为客观因素。特别因素也称为主观因素。计算损害赔偿时,仅考虑斟酌客观因素的,为客观损害赔偿;兼而考虑斟酌客观因素与主观因素的,为主观损害赔偿。②

2022 年修改后的《人身损害赔偿解释》第 12 条规定:"残疾赔偿金根据受害人丧失劳动能力程度或者伤残等级,按照受诉法院所在地上一年度城镇居民人均可支配收入标准,自定残之日起按二十年计算。但六十周岁以上的,年龄每增加一岁减少一年;七十五周岁以上的,按五年计算。受害人因伤致残但实际收入没有减少,或者伤残等级较轻但造成职业妨害严重影响其劳动就业的,可以对残疾赔偿金作相应调整。"上述第 1 款为客观损害赔偿,第 2 款为主观损害赔偿。第 15 条规定:"死亡赔偿金按照受诉法院所在地上一年度城镇居民人均可支配收入标准,按二十年计算。但六十周岁以上的,年龄每增加一岁减少一年;七十五周岁以上的,按五年计算。"本条规定为客观损害赔偿。2022 年修改前的《人身损害赔偿解释》中残疾赔偿金和死亡赔偿金区分城镇居民人均可支配收入和

---

① 参见王泽鉴:《损害赔偿》,北京大学出版社 2017 年版,第 48 页。
② 参见曾世雄:《损害赔偿法原理》,詹森林续著,新学林出版股份有限公司 2005 年版,第 192—201 页。

农村居民人均纯收入,则为主客观相结合的计算方式。

《人身损害赔偿解释》规定的各项损害赔偿额的计算,多为客观损害赔偿。《精神损害赔偿解释》中规定的精神损害赔偿的计算,则为主观损害赔偿。

(三)确定损害赔偿数额的考量因素

在确定侵权损害赔偿时,应当充分考虑以下因素:

1. 预防损害的发生

预防损害的发生是侵权法的重要功能。预防损害体现在侵权法的方方面面,包括损害赔偿方面。损害后果是行为造成的社会成本。由加害人对受害人的损失进行赔偿,在效果上就由侵权人自己承担其行为的成本,实现了成本的内化。一个人行为时考虑的主要是私人成本和私人收益,成本内化就是将社会成本转化为私人成本,即由行为人承担给他人和社会造成的损失。这样,在以后类似的行为中,行为人以及潜在行为人在作出类似侵权行为之前,就会考虑可能造成的损失。经过成本收益的权衡,行为人就可能采取措施预防损害的发生,从而使损害有可能得以避免。

2. 考虑加害人的过错程度

我国台湾地区损害赔偿体系有一重要原则,即损害赔偿的目的在于填补损害,不受其责任发生原因的影响。[1] 为贯彻损害填补原则,加害行为究出于故意或者过失,或其过失轻重,对损害赔偿的内容和范围的认定不生影响,不采取责任与赔偿比例原则。此种立法例,就是曾世雄教授所谓的以赔偿权利人为标准设计的赔偿制度。[2] 例如,甲杀伤乙,或毁损乙的古董,其损害赔偿的范围,不因甲系故意或者过失而有不同,即乙不因甲系故意而得多获赔偿,亦不因甲系轻过失而应少获赔偿。至于惩罚性赔偿,则是填补原则的例外。[3] 在慰抚金的量定上,加害人故意或过失的程度应予斟酌,故意伤人与过失肇致车祸对被害人精神的慰抚应有不同。酒醉驾车撞伤人、强制性交少女、故意公开他人隐私,须斟酌加害人的故意程度,始足慰抚被害人的精神痛苦。加害人的故意或过失作为量定因素,实有肯定的必要。[4]

从经济分析的角度看,损害赔偿实现了损失的内化,从而改变了行为人行为的成本收益。一般情况下,加害人主观状态不同,其行为的成本和收益也不同。当行为人主观过错为故意时,行为人预期该行为的成本很小,收益很大,成本收益之比最大。此时就应当要求行为人承担较大的损害赔偿数额,才可能抵销其

---

[1] 参见王泽鉴:《损害赔偿》,北京大学出版社2017年版,第22页。
[2] 参见曾世雄:《损害赔偿法原理》,詹森林续著,新学林出版股份有限公司2005年版,第21—22页。
[3] 参见王泽鉴:《损害赔偿》,北京大学出版社2017年版,第28页。
[4] 同上书,第262—263页。

行为成本与收益的差距,起到预防损害发生的作用。很多国家和地区支持在故意情况下判处惩罚性赔偿,原因正在于此。当行为人主观过错为过失时,行为人预期行为的成本收益之比就要小于故意的场合,此时,行为人承担的损害赔偿就应当小于故意时的赔偿。因此在过失的场合,一般不会支持惩罚性赔偿。我国法也采这种立场。《民法典》侵权责任编规定的惩罚性赔偿,都以故意作为其要件。比如第1207条规定:"明知产品存在缺陷仍然生产、销售,或者没有依据前条规定采取有效补救措施,造成他人死亡或者健康严重损害的,被侵权人有权请求相应的惩罚性赔偿。"第1185条规定:"故意侵害他人知识产权,情节严重的,被侵权人有权请求相应的惩罚性赔偿。"但是,需要注意的是,同样是过失,也存在程度上的差异。行为人在重大过失时的成本收益之比非常接近故意的情况,因此,法律一般将重大过失等同于故意来处理。过错程度也一直是影响是否给予精神损害赔偿以及确定精神损害赔偿数额的重要因素。《民法典》第1183条第2款规定:"因故意或者重大过失侵害自然人具有人身意义的特定物造成严重精神损害的,被侵权人有权请求精神损害赔偿。"《精神损害赔偿解释》规定,侵权人过错程度是确定精神损害赔偿数额的首要考虑因素。(2020年修订前第10条、修订后第5条)

3. 过错相抵

过错相抵,也称为与有过失,是指受害人对同一损害的发生或者扩大存在过错的,可以减轻加害人损害赔偿数额的规则。过失原本无法抵销,如同违法无法抵销一样,过失相抵并非是受害人与加害人的过失进行抵销。过失相抵系基于公平原则与诚实信用原则而来:赔偿义务人之所以应负赔偿责任,系因其对于损害之发生或扩大有过失,如赔偿权利人对损害之发生或扩大亦与有过失,自不应当让赔偿义务人负赔偿全部损害之责,否则,即等于将基于自己之过失所引发之损害赔偿转嫁于赔偿义务人负担。①

我国台湾地区"民法"第217条第1款、第2款规定:"损害之发生或扩大,被害人与有过失者,法院得减轻赔偿金额,或免除之。""重大之损害原因,为债务人所不及知,而被害人不预促其注意或怠于避免或减少损害者,为与有过失。"《德国民法典》第254条规定:"损害之发生被害人与有过失者,赔偿义务及赔偿之范围,应按具体情事而定,即如斟酌损害在何种程度系主要由一方或他方所引起者。""被害人之过失纵仅为怠于预促债务人注意其所不知或不可得而知之非通常高度损害之危险,或怠于避免或减轻损害者,亦同。"过失可以因作为或者不作为构成。就不作为而言,重大损害原因,被害人应当提前促使加害人注意,或者应当避免、减少损害,否则,此种不作为构成与有过失。

---

① 参见曾世雄:《损害赔偿法原理》,詹森林续著,新学林出版股份有限公司2005年版,第309页。

《民法通则》第 131 条曾规定:"受害人对于损害的发生也有过错的,可以减轻侵害人的民事责任。"2003 年《人身损害赔偿解释》第 2 条第 1 款曾规定:"受害人对同一损害的发生或者扩大有故意、过失的,依照民法通则第 131 条的规定,可以减轻或者免除赔偿义务人的赔偿责任。但侵权人因故意或者重大过失致人损害,受害人只有一般过失的,不减轻赔偿义务人的赔偿责任。"2001 年《精神损害赔偿解释》第 11 条曾规定:"受害人对损害事实和损害后果的发生有过错的,可以根据其过错程度减轻或者免除侵权人的精神损害赔偿责任。"《侵权责任法》第 26 条曾规定:"被侵权人对损害的发生也有过错的,可以减轻侵权人的责任。"

《民法典》对《侵权责任法》第 26 条的规定进行了修改完善,第 1173 条规定:"被侵权人对同一损害的发生或者扩大有过错的,可以减轻侵权人的责任。"相比较第 26 条,第 1173 条删除了"也"字,意味着受害人与有过失,不以加害人存在过错为必要,扩大了与有过失的适用范围。

受害人对同一损害的发生或者扩大有过错,意味着受害人的过错行为与损害的发生即责任的成立或者扩大也即损害范围的扩大之间具有因果关系,此为当然应有之意。被侵权人对损害的发生或者扩大有过错,也意味着被侵权人需要具备过错能力。对于无民事行为能力或者限制民事行为能力人,要考察其监护人是否尽到监护职责。

被侵权人的代理人或者使用人有过错的,被侵权人应当加以承受。我国台湾地区"民法"第 217 条 1999 年修订时,增加第 3 款规定:"前 2 款之规定,于被害人之代理人或使用人与有过失者,准用之。"其修正理由为:"按学者通说及实务上之见解('最高法院'68、3、21 民庭会议决议参考),均认为'民法'第 224 条之规定,于过失相抵之情形,被害人方面应有类推适用。亦即被害人之代理人或使用人之过失,应视同被害人之过失,方得其平,爰增订第 3 款之规定。"

间接受害人对于直接受害人的过失,也要加以承受。

过错相抵的原因在于,损害结果的出现部分是受害人过错的结果。此时,受害人和加害人各自承担自己行为及过错的后果,方显公平。至于过错如何相抵,除非法律有明确规定,需要由法官在个案中具体裁量。

值得注意的是,受害人的体质状况对损害后果的影响不属于可以减轻侵权人责任的法定情形。在最高人民法院 2014 年 1 月 26 日发布的指导案例 24 号中,法院认为,《侵权责任法》第 26 条规定:"被侵权人对损害的发生也有过错的,可以减轻侵权人的责任。"《道路交通安全法》第 76 条第 1 款第 2 项规定:"机动车与非机动车驾驶人、行人之间发生交通事故,非机动车驾驶人、行人没有过错的,由机动车一方承担赔偿责任;有证据证明非机动车驾驶人、行人有过错的,根据过错程度适当减轻机动车一方的赔偿责任……"因此,交通事故中在计算残疾赔偿金是否应当扣减时应当根据受害人对损失的发生或扩大是否存在过错进行分析。本案中,虽然原告荣某某的个人体质状况对损害后果的发生具有一定的影响,但这不是侵权责任法等法律规定的过错,荣某某不应因个人体质状况对交通事故导致的伤残存在一定影响而自负相应责任,原审判决以伤残等级鉴定结论中将荣某某个人体质状况"损伤参与度评定为75%"为由,在计算残疾赔偿金时作相应扣减属适用法律错误,应予纠正。从交通事故受害人发生损伤及造成损害后果的因果关系看,本起交通事故的引发系肇事者驾驶机动车穿越人行横道线时,未尽到安全注意义务碰擦行人荣某某所致;本起交通事故造成的损害后果系受害人荣某某被机动车碰撞、跌倒发生骨折所致,事故责任认定荣某某对本起事故不负责任,其对事故的发生及损害后果的造成均无过错。虽然荣某某年事已高,但其年老骨质疏松仅是事故造成后果的客观因素,并无法律上的因果关系。因此,受害人荣某某对于损害的发生或者扩大没有过错,不存在减轻或者免除加害人赔偿责任的法定情形。同时,机动车应当遵守文明行车、礼让行人的一般交通规则和社会公德。本案所涉事故发生在人行横道线上,正常行走的荣某某对将被机动车碰撞这一事件无法预见,而被告驾驶机动车在路经人行横道线时未依法减速慢行、避让行人,导致事故发生。因此,依法应当由机动车一方承担事故引发的全部赔偿责任。

4. 原因力比较

与过错相抵相联系的一个概念是原因力比较。顾名思义,原因力指的是原因对结果产生的影响力。所谓原因力比较,是指各方当事人的行为或者受害人自身的特殊情况都构成损害结果的原因时,根据不同原因对损害结果所起作用和影响力的大小来确定各自承担的责任。原因力比较依赖于因果关系的判断。某一因素只有被认定为导致结果的原因后,才有进行比较的可能。

有观点主张,在无过错责任原则下,由于不考虑行为人的过错,或者行为人对损害的发生没有过错,此时就可以适用原因力比较。① 在医疗侵权案件中,医疗机构的过错与受害人自身原因对损害结果的发生都可能产生影响,受害人自身原因无法认定为过错,此时,法院用原因力的概念对此进行描述和解释。《审理医疗纠纷案件的解释》第12条规定:"鉴定意见可以按照导致患者损害的全部原因、主要原因、同等原因、次要原因、轻微原因或者与患者损害无因果关系,表述诊疗行为或者医疗产品等造成患者损害的原因力大小。"鉴定意见确定的原因力大小,一般会作为判决确定责任大小的依据。

---

① 参见最高人民法院研究室、最高人民法院环境资源审判庭编著:《最高人民法院环境侵权责任纠纷司法解释理解与适用》,人民法院出版社2016年版,第60页。

原因力概念在我国司法裁判中被大量使用。① 在环境侵权案件中,法官大量使用原因力比较来确定《审理环境侵权案件的解释》第 4 条规定的两个以上污染者的责任大小。② 这种对原因力比较的使用,与《审理医疗纠纷案件的解释》第 12 条属于同一种情况。

关于原因力更多讨论,参见本书第 7 章第 3 节。

5. 损益相抵

损益相抵是指受害人基于损失发生的同一原因而获得利益时,应当将该利益从赔偿数额中抵销,受害人仅能主张抵销后的损失赔偿。

损益相抵的理论依据在于,赔偿损失的目的是恢复损害发生前应有的状态,其前提是受害人的损失,而受害人基于同一原因获得的利益本身就会冲抵其损失。损益相抵的目的是要计算出受害人真正的损失,一方面使受害人的真正损失得到赔偿,另一方面受害人不能因此得到额外利益。即受害人不能比损害未发生前更优越。③ 因此,损益相抵并非是使加害人对受害人取得一种对待给付请求权,其相抵不必依意思表示为之,亦非属抗辩,而是损害与收益自始相互构成一个计算的单位,以其差额作为被害人得请求的损害。④ 受害人获得利益的形态,可以是财产的增加,可以是费用的节省,也可以是从第三人取得的赔偿。对受害人获得利益的认定,需要结合法规目的及社会通常观念加以判断。我国台湾地区法院民事会议曾认为:"未成年人遭不法侵害致死,其父母因而得免支出扶养费,依社会通常之观念,不能认为系受有利益,加害人不得主张扣除之。"⑤基于利益给付者意思不应相抵时,不得相抵。比如,甲被乙撞伤,丙赠与甲金钱表示慰问,该金钱为甲因伤所获利益,但是不得相抵。原因在于丙之目的是使甲受益,如果可以相抵,则使乙变成了受益人。基于法规目的不应相抵时,不得相抵。比如,甲本可独立生活,因伤致残后由乙扶养。乙对甲的扶养,为甲因伤获得的利益,但是不得相抵。扶养义务是法律强制规定的,可能并非扶养义务人的本意。如果可以相抵,则使得加害人可以将其对受害人的责任转嫁给扶养义务人,这并非法律规定扶养义务的目的。⑥

我国台湾地区"民法"第 216 条之 1 规定:"基于同一原因事实受有损害并受

---

① 比如,在海南省三亚市中级人民法院(2007)三亚民一终字第 112 号民事判决书中,法院认为:受害人的人身损害,被告供电公司和原告刘某三、被告刘某四违法行为的原因力作用相当,双方应承担同等民事责任,即被告供电公司承担 50%的赔偿责任。
② 最高人民法院历年来发布的环境资源典型案件中,都有适用原因力比较的案例。
③ 参见曾世雄:《损害赔偿法原理》,詹森林续著,新学林出版股份有限公司 2005 年版,第 283 页。
④ 参见王泽鉴:《损害赔偿》,北京大学出版社 2017 年版,第 286、301 页。
⑤ 参见陈聪富:《侵权行为法原理》(修订二版),元照出版公司 2018 年版,第 534—537 页。
⑥ 参见曾世雄:《损害赔偿法原理》,詹森林续著,新学林出版股份有限公司 2005 年版,第 295—298 页。

有利益者,其请求之赔偿金额,应扣除所受之利益。"

《民法典》没有类似一般性规定。第 1213 条规定:"机动车发生交通事故造成损害,属于该机动车一方责任的,先由承保机动车强制保险的保险人在强制保险责任限额范围内予以赔偿;不足部分,由承保机动车商业保险的保险人按照保险合同的约定予以赔偿;仍然不足或者没有投保机动车商业保险的,由侵权人赔偿。"受害人获得的交强险及商业保险的赔偿,可以看作是受害人因损害获得的利益,且此两项保险皆由侵权人支付保险费、其目的就是替代侵权人的赔偿,因此,侵权人赔偿的是扣除掉上述保险赔偿后的数额。但受害人因自己支付保费投保的人身意外伤害等商业保险获得的赔偿,不应当从侵权人的赔偿数额中扣除。《保险法》第 46 条规定:"被保险人因第三者的行为而发生死亡、伤残或者疾病等保险事故的,保险人向被保险人或者受益人给付保险金后,不享有向第三者追偿的权利,但被保险人或者受益人仍有权向第三者请求赔偿。"本条规定的正当性在于,人身伤害保险不享有追偿权,侵权人无须面对双重给付的问题。加之,该商业保险是因为受害人自己支付保费而获得的对价;如果允许扣除的话,将使得该保险的真正受益人变成侵权人。

对于从受害人获得的保险人有追偿权即赔偿代位的财产保险支付,是否构成损益相抵,学者见解不同。一种观点认为,在保险人有代位权时,就应当有损益相抵的适用。另一种观点认为,在保险人有代位求偿权时,不发生被害人获得双重赔偿的问题,也不生损益相抵的问题。在保险人为保险给付前,加害人对被害人之赔偿请求,应为全部赔偿,不得主张损益相抵。此时损害业已填补,保险人无须再为保险给付。反之,在保险人为保险给付后,被害人对加害人之损害赔偿请求权,法定转移于保险人,加害人得主张在保险给付范围内,被害人已无债权,而仅于保险给付范围外负赔偿义务,此与损益相抵之理论无涉。①

《保险法》第 60 条规定:"因第三者对保险标的的损害而造成保险事故的,保险人自向被保险人赔偿保险金之日起,在赔偿金额范围内代位行使被保险人对第三者请求赔偿的权利。前款规定的保险事故发生后,被保险人已经从第三者取得损害赔偿的,保险人赔偿保险金时,可以相应扣减被保险人从第三者已取得的赔偿金额。保险人依照本条第一款规定行使代位请求赔偿的权利,不影响被保险人就未取得赔偿的部分向第三者请求赔偿的权利。"

上述两种观点的不同,在于如何解释被保险人分别从保险人或加害人处已经获得的赔偿与将要获得的赔偿的关系。从被保险人获得赔偿的数额来看,从一方已经得到的赔偿部分,不能从另一方处再次获得。就这一现象而言,损益得到了抵销。后一观点的着眼点在于,如果被保险人从保险人处获得的赔偿,被加

---

① 参见陈聪富:《侵权行为法原理》(修订二版),元照出版公司 2018 年版,第 542—545 页。

害人抵销掉的话,保险人将无从获得代位求偿权。因此,不应当解释为损益相抵,而应当解释为该部分权利已经转移给保险人,受害人仅就未获得保险赔偿的部分享有权利。第 60 条第 3 款表达的似乎就是被保险人仅享有代位求偿权之外的权利。但是,如果不将损益相抵理解为损害与利益相互抵销,而是将所受的利益纳入所受损害中加以计算,乃损害计算问题[①],也可以消除因抵销而使得保险人无从获得代位求偿权的顾虑。

6. 人道主义

损害赔偿应贯彻人道主义的考量。所谓人道主义的考量,是指在确定损害赔偿数额时,应适当考虑受害人及加害人的经济状况。既要考虑受害人的救济状况,也要为加害人保留基本生活所必需的经济条件。

我国台湾地区"民法"第 218 条规定:"损害非因故意或重大过失所致者,如其赔偿致赔偿义务人之生计有重大影响时,法院得减轻其赔偿金额。"第 187 条第 3 项规定:"如不能依前 2 项规定受损害赔偿时,法院因被害人之声请,得斟酌行为人及其法定代理人与被害人之经济状况,令行为人或其法定代理人为全部或一部之损害赔偿。"第 188 条第 2 项规定:"如被害人依前项但书之规定,不能受损害赔偿时,法院因其声请,得斟酌雇佣人与被害人之经济状况,令雇佣人为全部或一部之损害赔偿。"

《民通意见》第 142 条曾规定:"为了维护国家、集体或者他人合法权益而使自己受到损害,在侵害人无力赔偿或者没有侵害人的情况下,如果受害人提出请求的,人民法院可以根据受益人受益的多少及其经济状况,责令受益人给予适当补偿。"根据 2020 年修正的《精神损害赔偿解释》第 5 条第 5 项的规定,精神损害赔偿数额的确定要考虑侵权人承担责任的经济能力。

《民法典》也在多个条文中体现了人道主义。比如,第 183 条规定:"因保护他人民事权益使自己受到损害的,由侵权人承担民事责任。受益人可以给予适当补偿。没有侵权人、侵权人逃逸或者无力承担民事责任,受害人请求补偿的,受益人应当给予适当补偿。"第 1187 条规定:"损害发生后,当事人可以协商赔偿费用的支付方式。协商不一致的,赔偿费用应当一次性支付;一次性支付确有困难的,可以分期支付,但是被侵权人有权请求提供相应的担保。"

人道主义的考量在我国司法实务中也多有体现。

第四节　财产损害赔偿

财产损害指因为侵害财产、人身权利或者利益而造成的经济上的损失。财

---

① 参见王泽鉴:《损害赔偿》,北京大学出版社 2017 年版,第 284 页。

产损害赔偿,指对这些经济损失进行的赔偿。关于财产损害,前面已经有讨论,此处主要讨论对财产损害的赔偿。

如前文讨论,财产损害根据侵权行为侵害对象的不同分为五类,此处继续按照这一分类逐项讨论财产损害的赔偿。

一、对因侵害财产或者财产权益造成的财产损害的赔偿

(一)《民法典》的规定

关于因侵害财产或者财产权益造成的财产损害的赔偿,《民法典》多处仅规定需要赔偿,但是没有规定该如何赔偿。比如,第711条规定:"承租人未按照约定的方法或者未根据租赁物的性质使用租赁物,致使租赁物受到损失的,出租人可以解除合同并请求赔偿损失。"第714条规定:"承租人应当妥善保管租赁物,因保管不善造成租赁物毁损、灭失的,应当承担赔偿责任。"第715条第2款规定:"承租人未经出租人同意,对租赁物进行改善或者增设他物的,出租人可以请求承租人恢复原状或者赔偿损失。"

《民法典》侵权责任编第2章"损害赔偿"中,仅第1184条规定:"侵害他人财产的,财产损失按照损失发生时的市场价格或者其他合理方式计算。"本条中的财产,应当包括财产权益。据此,第711条和第714条中租赁物的损失,可按照财产损失发生时租赁物受损的市场价格计算。第715条中租赁物被改善或者增设他物的,其赔偿似乎就需要按照"其他合理方式计算"。第1185条规定:"故意侵害他人知识产权,情节严重的,被侵权人有权请求相应的惩罚性赔偿。"《民法典》没有规定如何计算惩罚性赔偿。

(二)司法实务对法律规定的适用

《民法典》中规定损害赔偿的条文很多。以下仅举一例稍作讨论。第437条第2款延续了《物权法》第220条第2款的规定,即:"出质人请求质权人及时行使质权,因质权人怠于行使权利造成出质人损害的,由质权人承担赔偿责任。"《担保法解释》第95条第2款也曾规定:"债务履行期届满,出质人请求质权人及时行使权利,而质权人怠于行使权利致使质物价格下跌的,由此造成的损失,质权人应当承担赔偿责任。"

在河南省三门峡市中级人民法院(2020)豫12民终796号案中,原告申请对豫M×××号出租车车辆价值及营运损失进行鉴定,经双方协商选择河南×××评估有限公司进行评估,鉴定意见为豫M×××号小型轿车(带出租牌照)在估价基准日2014年6月5日市场价值为188900元。法院认为:"被告常某某与债务人张某某之间已经形成事实上的质押合同关系,其借款期限止2014年8月5日,但在借款期限届满后,被告并未提出实现质权,时至豫M×××号出租车报废后,常某某才向法院提起诉讼,请求张某某偿还借款,然而在张某某辩称以

车抵债的情况下,被告仍未提出行使质权,被告常某某作为质权人怠于行使权利造成原告的车辆损失,依据上述法律规定,应承担相应的赔偿责任。""民事主体依照法律规定或当事人约定履行义务,行为人因过错侵害他人民事权利应承担民事责任,本案原告主张的车辆价值损失为188900元,被告常某某怠于行使质权,侵害了原告的合法财产权利,应当依据侵权责任法的过错责任原则,赔偿原告车辆价值损失132300元,但在主债务借款期限届满后,原告亦未请求质权人常某某行使权利,其自身存在一定过错,应承担其车辆损失56600元。""原告主张的车辆营运损失,因其未提供车辆合法营运手续,本院依法不予支持。"①

本案判决中赔偿损失部分,有几点可以讨论:首先,依据《民法典》第1184条及对应的《侵权责任法》第19条,"财产损失按照损失发生时的市场价格"计算。本案中评估鉴定机构评估了市场价格为188900元,但怎么确定"损失发生时",却是一个麻烦的问题。本案中借款期限截至日期是2014年8月5日,鉴定估价基准日是2014年6月5日。出质车辆损失的发生恐怕是一连续过程,似无法准确确定损失发生的时间。其次,本案中原告还主张车辆营运损失,只是"因其未提供车辆合法营运手续",法院未予支持。这意味着只要当事人提供了车辆合法营运手续,法院就应当予以支持。只是这种损失该如何计算,需要讨论。按照第1184条,应当以"其他合理方式计算"。再次,本案中法官适用了过错相抵规则,也值得关注。

(三)知识产权法中对损害赔偿的规定

知识产权各个单行法对损害如何赔偿都有更为详细的规定。《商标法》第63条第1—3款规定:"侵犯商标专用权的赔偿数额,按照权利人因被侵权所受到的实际损失确定;实际损失难以确定的,可以按照侵权人因侵权所获得的利益确定;权利人的损失或者侵权人获得的利益难以确定的,参照该商标许可使用费的倍数合理确定。对恶意侵犯商标专用权,情节严重的,可以在按照上述方法确定数额的一倍以上五倍以下确定赔偿数额。赔偿数额应当包括权利人为制止侵权行为所支付的合理开支。人民法院为确定赔偿数额,在权利人已经尽力举证,而与侵权行为相关的账簿、资料主要由侵权人掌握的情况下,可以责令侵权人提供与侵权行为相关的账簿、资料;侵权人不提供或者提供虚假的账簿、资料的,人民法院可以参考权利人的主张和提供的证据判定赔偿数额。权利人因被侵权所受到的实际损失、侵权人因侵权所获得的利益、注册商标许可使用费难以确定的,由人民法院根据侵权行为的情节判决给予五百万元以下的赔偿。"《专利法》第71条、《著作权法》第54条都有类似的规定。

---

① 参见河南省三门峡市中级人民法院(2020)豫12民终796号民事判决书。

二、对因侵害纯经济利益造成的财产损害的赔偿

侵害纯经济利益造成的财产损害,指侵害他人合法经济利益造成的损害。如前面所讨论的,纯经济利益损失是否给予赔偿,本身涉及复杂的利益权衡。在给予赔偿的前提下,如何计算赔偿数额,也是一个复杂的问题。

《民法典》中没有关于纯经济利益损害如何赔偿的规定。

《反不正当竞争法》第17条第1款规定:"经营者违反本法规定,给他人造成损害的,应当依法承担民事责任。"不正当性竞争行为,侵害的是其他经营者或者消费者的合法权益(《反不正当竞争法》第2条第2款)。由此造成的损失,则是纯经济利益的损失。第17条第3款、第4款规定:"因不正当竞争行为受到损害的经营者的赔偿数额,按照其因被侵权所受到的实际损失确定;实际损失难以计算的,按照侵权人因侵权所获得的利益确定。经营者恶意实施侵犯商业秘密行为,情节严重的,可以在按照上述方法确定数额的一倍以上五倍以下确定赔偿数额。赔偿数额还应当包括经营者为制止侵权行为所支付的合理开支。经营者违反本法第六条、第九条规定,权利人因被侵权所受到的实际损失、侵权人因侵权所获得的利益难以确定的,由人民法院根据侵权行为的情节判决给予权利人五百万元以下的赔偿。"

在北京知识产权法院(2021)京73民终1161号案中,法院认为:"善佳公司与凯伟公司均经营点胶机等机械设备,二者具有竞争关系。""涉案关键词www.shanjia.com.cn系善佳公司的官网网址,善佳公司对此享有合法的权益,并通过善佳公司的经营、推广行为积累了一定的商业信誉和竞争优势。凯伟公司与善佳公司系同业竞争者,凯伟公司明知其在百度网上设置关键词的目的系为了利用搜索引擎平台的推广服务来引导相关公众进入其网站,进而产生商业机会。凯伟公司却将善佳公司的官网网址设置为搜索关键词用于商业推广,会使使用'善佳机械'文字进行搜索的网络用户误认为第一条搜索结果对应的链接网址为善佳公司所有或与善佳公司相关,进而抢夺本属于善佳公司的商业机会。凯伟公司的行为具有主观恶意,会降低用户对于善佳公司网站的访问几率,系有意剥夺善佳公司的潜在客户和交易机会的行为,有悖诚实信用和公认的商业道德,属于违反反不正当竞争法第2条之规定的不正当竞争行为。""关于赔偿金额,鉴于双方未能提交充分证据证明因涉案不正当竞争行为对善佳公司造成的实际损失或凯伟公司因涉案行为所获利润,一审法院综合考虑以下情节:1. 凯伟公司与善佳公司系同业竞争者,其将善佳公司官网网址设置为关键词主观恶意明显;2. 凯伟公司自2018年8月31日至2019年5月6日期间使用涉案关键词,侵权行为持续时间不长;3. 善佳公司未举证证明凯伟公司设置关键词行为的影响范围。综合以上因素,一审法院认为,善佳公司提出的赔偿数额过高,一审法院酌

情确定本案赔偿额为50000元,对于善佳公司主张的过高部分不再予以支持。善佳公司为本案支出的律师费20000元、公证费3130元,均提交了相应的证据予以佐证,一审法院全额支持善佳公司该部分诉讼请求。"①

因证券市场虚假陈述行为造成的损失,也属于纯经济利益的损失。根据《审理证券市场虚假陈述案件的规定》,信息披露义务人违反法律、行政法规、监管部门制定的规章和规范性文件关于信息披露的规定,在披露的信息中存在虚假记载、误导性陈述或者重大遗漏的,人民法院应当认定为虚假陈述(第4条第1款)。信息披露义务人在证券交易市场承担民事赔偿责任的范围,以原告因虚假陈述而实际发生的损失为限。原告实际损失包括投资差额损失、投资差额损失部分的佣金和印花税(第25条)。

三、对因侵害物质性人身权造成的财产损害的赔偿

物质性人身权,指生命权、身体权、健康权。侵害物质性人身权,会造成生命的失去,身体、健康的损害,这些损害本身是非财产的。但是,这些损害会带来财产的损害。医疗费、护理费等以及残疾赔偿金、死亡赔偿金等,就是侵害物质性人身权带来的财产损害。

此类损害的赔偿,因为侵犯的是人身权,从被侵害对象的角度,一般也称为人身损害赔偿,最高人民法院的司法解释就称为《关于审理人身损害赔偿案件适用法律若干问题的解释》。此类赔偿较为复杂,稍后专节讨论。

四、对因侵害精神性人身权造成的财产损害的赔偿

精神性人身权,指姓名权、肖像权、名誉权、荣誉权、隐私权等具有精神属性的人身权。侵害精神性人身权,会造成姓名、肖像、名誉、荣誉、隐私等的损害,这些损害本身是非财产性的。但是,这些损害会带来财产的损害。比如,民事主体可以由其肖像获得商业回报,侵害其肖像,则会造成其商业回报的损害。

与侵害物质性人身权的情况相同,此类损害的赔偿,因为侵犯的是人身权,从被侵害对象的角度,一般也称为人身损害赔偿。此类赔偿较为复杂,稍后专节一并讨论。

五、对因侵害人身利益造成的财产损害的赔偿

人身利益指法律规定的未被权利化但受法律保护的利益。侵害人身利益,会带来财产损害。与侵害人身权的情况相同,此类损害的赔偿,因为侵犯的是人身权益,从被侵害对象的角度,一般也称为人身损害赔偿。稍后专节一并讨论。

---

① 参见北京知识产权法院(2021)京73民终1161号民事判决书。

第五节 人身损害赔偿

人身损害赔偿,是针对受损害的人身权益给予的赔偿。根据受损害的人身权益的类型,可以将人身损害赔偿分为侵害物质性人身权的损害赔偿和侵害精神性人身权益的损害赔偿。侵害人身权益,会带来财产损害,也会带来精神损害。由于精神损害赔偿较为复杂,稍后专节讨论。本节仅讨论侵权人身权益造成的财产损害赔偿。

一、侵害物质性人身权的财产损害赔偿

(一) 侵害物质性人身权财产损害赔偿的界定

物质性人身权,指以人的身体利益为载体的人身权。根据《民法典》第110条第1款的规定,自然人享有生命权、身体权、健康权。侵害物质性人身权的财产损害赔偿,即侵害生命权、身体权和健康权等给予的财产损害赔偿。

侵害物质性人身权的财产损害赔偿,是最常见的损害赔偿。侵权行为造成他人人身损失的,行为人应当承担人身损害赔偿责任。人身损害赔偿实质上是对侵害物质性人身权造成的财产损害的赔偿。人身受到伤害,受害人需要花费金钱进行治疗和康复;成年人无法工作,会造成收入损失。经过治疗无法完全康复的,会造成大量的额外支出,以及收入的损失。因侵害行为死亡的,则需要支出丧葬费,同时会造成被扶养人扶养费的减少或者丧失(扶养丧失说)或者遗产的减少或者丧失(继承丧失说)。物质性人身权遭受侵害后,多数情况下无法完全回复到遭受侵害之前的状态。财产赔偿是最主要和最好的救济方式,同时也是无奈的选择。

(二) 侵害物质性人身权财产损害赔偿的内容

1. 侵害物质性人身权财产损害赔偿法律规定的沿革

新中国立法中,最早全面规定侵害物质性人身权财产损害赔偿的,是《民法通则》第119条,即:"侵害公民身体造成伤害的,应当赔偿医疗费、因误工减少的收入、残废者生活补助费等费用;造成死亡的,并应当支付丧葬费、死者生前扶养的人必要的生活费等费用。"

2003年《人身损害赔偿解释》,总结多年来司法审判工作及研究成果,第一次对人身损害赔偿作出了较为详细、全面的规定,在操作上具有重要意义。2003年《人身损害赔偿解释》第17条曾规定:"受害人遭受人身损害,因就医治疗支出的各项费用以及因误工减少的收入,包括医疗费、误工费、护理费、交通费、住宿费、住院伙食补助费、必要的营养费,赔偿义务人应当予以赔偿。受害人因伤致残的,其因增加生活上需要所支出的必要费用以及因丧失劳动能力导致的收入

损失，包括残疾赔偿金、残疾辅助器具费、被扶养人生活费，以及因康复护理、继续治疗实际发生的必要的康复费、护理费、后续治疗费，赔偿义务人也应当予以赔偿。受害人死亡的，赔偿义务人除应当根据抢救治疗情况赔偿本条第一款规定的相关费用外，还应当赔偿丧葬费、被扶养人生活费、死亡补偿费以及受害人亲属办理丧葬事宜支出的交通费、住宿费和误工损失等其他合理费用。"

《侵权责任法》第16条延续和修正了上述第17条的规定："侵害他人造成人身损害的，应当赔偿医疗费、护理费、交通费等为治疗和康复支出的合理费用，以及因误工减少的收入。造成残疾的，还应当赔偿残疾生活辅助具费和残疾赔偿金。造成死亡的，还应当赔偿丧葬费和死亡赔偿金。"

《民法典》第1179条延续和完善了《侵权责任法》第16条的规定："侵害他人造成人身损害的，应当赔偿医疗费、护理费、交通费、营养费、住院伙食补助费等为治疗和康复支出的合理费用，以及因误工减少的收入。造成残疾的，还应当赔偿辅助器具费和残疾赔偿金；造成死亡的，还应当赔偿丧葬费和死亡赔偿金。"

2020年，为因应《民法典》生效，《人身损害赔偿解释》进行了较大修改。2022年，《人身损害赔偿解释》再次修改。本次修改主要为了统一城乡居民赔偿标准。修改涉及第12条、第15条、第17条、第18条、第22条和第24条六个条文，将残疾赔偿金、死亡赔偿金以及被扶养人生活费由原来按照城乡区分的赔偿标准修改为统一采用城镇居民标准计算。

此外，有些单行法也规定了人身损害赔偿。比如《产品质量法》第44条第1款规定："因产品存在缺陷造成受害人人身伤害的，侵害人应当赔偿医疗费、治疗期间的护理费、因误工减少的收入等费用；造成残疾的，还应当支付残疾者生活自助具费、生活补助费、残疾赔偿金以及由其扶养的人所必需的生活费等费用；造成受害人死亡的，并应当支付丧葬费、死亡赔偿金以及由死者生前扶养的人所必需的生活费等费用。"《国家赔偿法》第4章专门规定了国家赔偿的赔偿方式和计算标准。

以下，先结合上述规定、尤其是《民法典》和《人身损害赔偿解释》，讨论侵害物质性人身权损害赔偿的一般规则，之后再讨论几个具体问题。

2. 侵害物质性人身权财产损害赔偿的一般规则

根据受害人所遭受人身损害的程度，人身损害赔偿可分为三种情况：

(1) 受害人遭受人身损害，但没有致残或者死亡的

《民法典》第1179条前段规定："侵害他人造成人身损害的，应当赔偿医疗费、护理费、交通费、营养费、住院伙食补助费等为治疗和康复支出的合理费用，以及因误工减少的收入。"

受害人遭受物质性人身损害的，需要为治疗和康复支出合理费用，并因无法工作而减少收入，这些都是因侵害物质性人身权利而造成的物质损害，加害人应

当予以赔偿。关于各项费用的计算,2020年、2022年修正后的《人身损害赔偿解释》都有详细规定。

关于医疗费,《人身损害赔偿解释》第6条规定:"医疗费根据医疗机构出具的医药费、住院费等收款凭证,结合病历和诊断证明等相关证据确定。赔偿义务人对治疗的必要性和合理性有异议的,应当承担相应的举证责任。医疗费的赔偿数额,按照一审法庭辩论终结前实际发生的数额确定。器官功能恢复训练所必要的康复费、适当的整容费以及其他后续治疗费,赔偿权利人可以待实际发生后另行起诉。但根据医疗证明或者鉴定结论确定必然发生的费用,可以与已经发生的医疗费一并予以赔偿。"

关于护理费,《人身损害赔偿解释》第8条规定:"护理费根据护理人员的收入状况和护理人数、护理期限确定。护理人员有收入的,参照误工费的规定计算;护理人员没有收入或者雇佣护工的,参照当地护工从事同等级别护理的劳务报酬标准计算。护理人员原则上为一人,但医疗机构或者鉴定机构有明确意见的,可以参照确定护理人员人数。护理期限应计算至受害人恢复生活自理能力时止。受害人因残疾不能恢复生活自理能力的,可以根据其年龄、健康状况等因素确定合理的护理期限,但最长不超过二十年。受害人定残后的护理,应当根据其护理依赖程度并结合配制残疾辅助器具的情况确定护理级别。"

关于交通费,《人身损害赔偿解释》第9条规定:"交通费根据受害人及其必要的陪护人员因就医或者转院治疗实际发生的费用计算。交通费应当以正式票据为凭;有关凭据应当与就医地点、时间、人数、次数相符合。"

关于营养费,《人身损害赔偿解释》第11条规定:"营养费根据受害人伤残情况参照医疗机构的意见确定。"

关于住院伙食补助费,《人身损害赔偿解释》第10条规定:"住院伙食补助费可以参照当地国家机关一般工作人员的出差伙食补助标准予以确定。受害人确有必要到外地治疗,因客观原因不能住院,受害人本人及其陪护人员实际发生的住宿费和伙食费,其合理部分应予赔偿。"

关于误工费,《人身损害赔偿解释》第7条规定:"误工费根据受害人的误工时间和收入状况确定。误工时间根据受害人接受治疗的医疗机构出具的证明确定。受害人因伤致残持续误工的,误工时间可以计算至定残日前一天。受害人有固定收入的,误工费按照实际减少的收入计算。受害人无固定收入的,按照其最近三年的平均收入计算;受害人不能举证证明其最近三年的平均收入状况的,可以参照受诉法院所在地相同或者相近行业上一年度职工的平均工资计算。"

(2)受害人遭受人身损害致残的

《民法典》第1179条中段规定:"造成残疾的,还应当赔偿辅助器具费和残疾赔偿金"。

受害人因伤致残的,侵权人首先需要根据伤情赔偿第1179条前段规定的各项费用。此外,还应当根据具体情况赔偿辅助器具费和残疾赔偿金。

关于辅助器具费,《人身损害赔偿解释》第13条规定:"残疾辅助器具费按照普通适用器具的合理费用标准计算。伤情有特殊需要的,可以参照辅助器具配制机构的意见确定相应的合理费用标准。辅助器具的更换周期和赔偿期限参照配制机构的意见确定。"

关于残疾赔偿金,《人身损害赔偿解释》第12条规定:"残疾赔偿金根据受害人丧失劳动能力程度或者伤残等级,按照受诉法院所在地上一年度城镇居民人均可支配收入标准,自定残之日起按二十年计算。但六十周岁以上的,年龄每增加一岁减少一年;七十五周岁以上的,按五年计算。受害人因伤致残但实际收入没有减少,或者伤残等级较轻但造成职业妨害严重影响其劳动就业的,可以对残疾赔偿金作相应调整。"

(3) 受害人遭受人身伤害死亡的

《民法典》第1179条后段规定:"造成死亡的,还应当赔偿丧葬费和死亡赔偿金。"

受害人遭受人身伤害死亡,有些是受伤一段时间后死亡的,有些则是直接死亡的。如果是受伤后一段时间死亡的,侵权人首先需要根据伤情赔偿第1179条前段规定的各项费用,然后再赔偿丧葬费和死亡赔偿金。如果是直接死亡的,则直接赔偿丧葬费和死亡赔偿金。

关于丧葬费,《人身损害赔偿解释》第14条规定:"丧葬费按照受诉法院所在地上一年度职工月平均工资标准,以六个月总额计算。"

关于死亡赔偿金,《人身损害赔偿解释》第15条规定:"死亡赔偿金按照受诉法院所在地上一年度城镇居民人均可支配收入标准,按二十年计算。但六十周岁以上的,年龄每增加一岁减少一年;七十五周岁以上的,按五年计算。"

3. 残疾赔偿金和死亡赔偿金

与医疗费等其他赔偿项目都可以通过实际支出的证据证实其具体数额或者与丧葬费等可以通过通常情形作出一般判断不同,残疾赔偿金和死亡赔偿金都是对面向将来损失的赔偿,无法通过证据加以证明或者通过一般情形进行概算。因此,残疾赔偿金和死亡赔偿金是两个特殊的赔偿项目。

《民法典》第1179条基本上延续了《侵权责任法》第16条的规定,仅在条文中提到了残疾赔偿金和死亡赔偿金。但是残疾赔偿金和死亡赔偿金如何定性、如何计算,《民法典》都没有规定。2020年及2022年修订后的《人身损害赔偿解释》保留了第12条和第15条关于残疾赔偿金和死亡赔偿金计算的规定。

(1) 残疾赔偿金和死亡赔偿金的性质

2001年《精神损害赔偿解释》第9条曾规定:"精神损害抚慰金包括以下方

式:(1)致人残疾的,为残疾赔偿金;(2)致人死亡的,为死亡赔偿金;(3)其他损害情形的精神抚慰金。"这一规定,将这两种赔偿金定性为精神损害赔偿。但2003年《人身损害赔偿解释》第31条曾规定:"人民法院应当按照民法通则第一百三十一条以及本解释第二条的规定,确定第十九条至第二十九条各项财产损失的实际赔偿金额。前款确定的物质损害赔偿金与按照第十八条第一款规定确定的精神损害抚慰金,原则上应当一次性给付。"残疾赔偿金和死亡赔偿金分别规定在第25条和第29条,可见,这两种赔偿金被定性为物质损害赔偿金。根据2003年《人身损害赔偿解释》第36条第2款的规定,在该解释公布施行之前已经生效施行的司法解释,其内容与该解释不一致的,以该解释为准。《精神损害赔偿解释》于2001年3月10日生效,《人身损害赔偿解释》于2004年5月1日生效,因此,伤残赔偿金和死亡赔偿金属于物质损害赔偿金,受害人还可以依据《人身损害赔偿解释》第18条的规定,要求精神损害赔偿。之后的《侵权责任法》延续了残疾赔偿金和死亡赔偿金为物质性赔偿的定性。这一立场也为《民法典》所延续。

(2)残疾赔偿金和死亡赔偿金的计算与理论支持

2020年及2022年修正后的《人身损害赔偿解释》第12条和第15条规定了残疾赔偿金和死亡赔偿金的计算。如此规定与其定性及理论支持密切相关。

如前,残疾赔偿金和死亡赔偿金是物质性赔偿,但无法通过实际支出的证据显示。残疾赔偿金和死亡赔偿金是对将来损失的赔偿,但究竟是对将来什么损失的赔偿,存在不同的观点。

关于残疾赔偿金,学说上有三种主张。①

第一种主张为收入丧失说。此说认为,残疾赔偿的目的,在于填补受害人实际收入受到的损害。在受害人劳动能力因残疾而丧失或者减弱、但其收入并未受到损害,或者残疾前后的收入并没有差别时,则不得请求赔偿。计算时,以受害人残疾前后收入的差额为损害赔偿数额。依收入丧失说,未成年人、因年龄原因失去劳动能力的老年人以及残疾前没有收入的人,都无法获得任何赔偿。残疾前从事甲工作,残疾后不得已从事乙工作,但收入没有减少的人,也无法得到赔偿。更何况,残疾后工作收入更高的人,按照收入丧失的逻辑,似乎该得出更不符合一般公平认知的结果。

第二种主张为劳动能力丧失说。此说认为,受害人因伤致残的,受损的劳动能力本身就是损害,无须计算确切的收入差额。故而,因伤致残赔偿的是受损的劳动能力,而并非收入的差额,由此可以回避收入丧失说的种种弊病。

---

① 参见最高人民法院民事审判第一庭编著:《最高人民法院人身损害赔偿司法解释的理解与适用》,人民法院出版社2015年版,第290—296页。

第三种主张为生活来源丧失说。此说认为,受害人因伤致残,致使其生活来源丧失或者减少,故而应当通过赔偿,使其重新获得生活来源或者恢复其原有水平。

《民法通则》第119条前段规定:"侵害公民身体造成伤害的,应当赔偿医疗费、因误工减少的收入、残废者生活补助费等费用。"其中残废者生活补助费,《民通意见》第146条规定:"侵害他人身体致使其丧失全部或者部分劳动能力的,赔偿生活补助费一般应补足到不低于当地居民基本生活费的标准。"一般认为,所谓"应补足到不低于当地居民基本生活费的标准",采用的就是生活来源丧失说,赔偿标准比较低。

《人身损害赔偿解释》综合采纳了劳动能力丧失说和收入丧失说。2003年第25条第1款、2022年修正后第12条第1款规定中所谓"根据受害人丧失劳动能力程度或者伤残等级,按照受诉法院所在地上一年度城镇居民人均可支配收入标准,自定残之日起按二十年计算",采用的是劳动能力丧失说。第2款"受害人因伤致残但实际收入没有减少,或者伤残等级较轻但造成职业妨害严重影响其劳动就业的,可以对残疾赔偿金作相应调整"的规定又吸收了收入丧失说的成分。

关于死亡赔偿金,学说上有两种主张。①

第一种主张为扶养丧失说。此说认为,应该以被扶养人丧失的生活来源作为赔偿内容。与残疾赔偿的生活来源丧失说一样,这种赔偿是具体的、直接的,赔偿数额比较少。只不过残疾赔偿是赔偿直接受害人本人,死亡赔偿是赔偿间接受害的被扶养人。《民法通则》第119条后段规定:"造成死亡的,并应当支付丧葬费、死者生前扶养的人必要的生活费等费用。"死者生前扶养的人必要的生活费等费用,其理论支持就是扶养丧失说。

第二种主张为继承丧失说。此说认为,应该以受害人死亡导致的家庭整体减少的收入作为计算的依据。这种赔偿是抽象的、间接的,赔偿数额比较高。《人身损害赔偿解释》采纳的就是继承丧失说。

(3) 关于同命同价的争论

同命同价的争论发生在《人身损害赔偿解释》制定的过程中。一种观点认为,人与人尽管在教育背景、年龄、工作、职务、收入等方面存在不同,但是因侵权行为死亡后,应当给予同样数额的赔偿。因为人的生命都是一样的,没有高低贵贱之分,不应当在赔偿数额上有所区分。这就是所谓同命同价。另一种观点认为,死亡赔偿并非赔偿命的钱,而是对被扶养人丧失的生活来源的赔偿(扶养丧

---

① 参见最高人民法院民事审判第一庭编著:《最高人民法院人身损害赔偿司法解释的理解与适用》,人民法院出版社2015年版,第237—239页。

失说），或者是对家庭整体收入减少的赔偿（继承丧失说）。由此侵权行为导致不同的人死亡后会有不同数额的赔偿。但是不同的人死亡后该如何区别计算赔偿数额，也存在分歧。

前一种观点是一种天下大同的理想观点，后一种观点则是一种现实理性的观点。前者认为没有差别是公平，后者认为有差别才是公平。归根到底，死亡赔偿并非是赔偿命的钱，残疾赔偿也不是赔偿失去的身体某个部位的钱。

死亡赔偿和残疾赔偿都存在一个悖论：侵权赔偿追求全面赔偿，但在死亡赔偿和残疾赔偿方面根本无法全面赔偿。同时，死亡赔偿和残疾赔偿都存在理性与非理性两个方面。所谓理性，体现在计算死亡赔偿金和残疾赔偿金时都可以精确到元角分；所谓非理性，体现在计算标准的选择上，比如，死亡赔偿金为什么要以"上一年度城镇居民人均可支配收入"为标准？为什么要"按二十年计算"？为什么"六十周岁以上的，年龄每增加一岁减少一年；七十五周岁以上的，按五年计算"？以及为什么是受诉法院所在地、而不是受害人所在地？等等。

我国台湾地区民法同样面临这样的问题。甲驾车撞伤乙、丙、丁；乙为无业游民，丙为家庭主妇，丁为医生。该如何赔偿？王泽鉴教授认为，损害赔偿不采所谓"平等原则"，其采平等原则的是社会保障型的救济制度或强制责任保险，其给付对象、给付内容等具有平等化倾向。损害赔偿以填补受害人损失为基本目的和原则，即恢复损害发生前的状态。台湾地区"民法"第213条第1款规定："负损害赔偿责任者，除法律另有规定或契约另有订定外，应恢复他方损害发生前之原状。"财产上的损害与非财产上的损害，须就各被害人的职业、身份、地位加以认定。台湾地区法院1974年台上字第1394号判例认为："被害人因身体健康而丧失劳动能力所受之损害，其金额应就被害人受侵害前之身体健康状态、教育程度、专门技能、社会经验等方面酌定之，不能以一时一地之工作收入为准。"台湾地区法院1962年台上字第223号判例认为："慰藉金之赔偿须以人格权遭遇侵害，使精神上受有痛苦为必要，其核给之标准固与财产上损害之计算不同，然非不可斟酌双方身份资力与加害程度，及其他各种情形核定相当之金额。"①

（4）死亡赔偿金和残疾赔偿金计算规则的调整

2003年《人身损害赔偿解释》出台后，除了两方面的问题外，其确定的残疾赔偿金和死亡赔偿金计算规则基本上被接受。

第一方面的问题是：残疾赔偿金和死亡赔偿金以"受诉法院所在地上一年度城镇居民人均可支配收入或者农村居民人均纯收入标准"计算，而城镇居民人均可支配收入和农村居民人均纯收入相差甚多，按照不同标准计算20年，会造成

---

① 参见王泽鉴：《损害赔偿》，北京大学出版社2017年版，第25—26页。

结果上的巨大差异。尤其是某些受害人尽管是农村居民，但是长年在城镇居住、生活、工作、消费，而计算标准的核心因素正好是收入，这类人究竟应当按照何种标准计算，引发争议。

2006年4月3日《最高人民法院民一庭关于经常居住地在城镇的农村居民因交通事故伤亡如何计算赔偿费用的复函》中，最高人民法院民一庭针对云南省高级人民法院《关于罗金会等五人与云南昭通交通运输集团公司旅客运输合同纠纷一案所涉法律理解及适用问题的请示》作出如下答复：人身损害赔偿案件中，残疾赔偿金、死亡赔偿金和被扶养人生活费的计算，应当根据案件的实际情况，结合受害人住所地、经常居住地等因素，确定适用城镇居民人均可支配收入（人均消费性支出）或者农村居民人均纯收入（人均年生活消费支出）的标准。本案中，受害人唐某虽然是农村户口，但在城市经商、居住，其经常居住地和主要收入来源地均为城市，有关损害赔偿费用应当根据当地城镇居民的相关标准计算。

最高人民法院在2006年第9期《最高人民法院公报》上刊登了"季某等诉财保海安支公司、穆某、徐某交通事故损害赔偿纠纷案"。江苏省海安县人民法院认为，本案受害人季某户籍登记虽为农村居民，但根据现有证据，季某与许某婚后常年居住于海安县城，季某生前曾在海安县城多家单位从事工作，有较稳定的收入，其主要消费地也在海安县城。季某的死亡必然会影响其家庭的消费水平，其家庭可预期的未来收入势必也随之减少。故在确认季某的死亡赔偿金计算标准时，应客观考虑季某生前的经常居住地、工作地、获取报酬地、生活消费地等均在城镇的因素，以城镇居民的标准计算死亡赔偿金。据此，确认季某的死亡赔偿金应按照江苏省统计部门公布的2004年度城镇居民人均可支配收入10482元计算20年，共计209640元。

鉴于最高人民法院案例"是最高人民法院正式选编的适用法律和司法解释审理各类案件的典型裁判范例"[①]，因此，本案中法院的处理意见，可以看作是最高人民法院的意见。

2006年6月，河南省高级人民法院制定了《河南省高级人民法院关于加强涉及农民工权益案件审理工作 切实保护农民工合法权益的意见》。该意见第15条规定，受害人为农民工的医疗损害、交通肇事及其他损害赔偿案件审理中，凡在城镇有经常居住地，且其主要收入来源地为城镇的，有关损害赔偿费用根据当地城镇居民的相关标准计算。河南省法院将此意见也适用到了有关案件的审理中。[②]

最高人民法院及河南省高级人民法院等关于《人身损害赔偿解释》中残疾赔

[①] 参见《最高法院人民公报》征订资料，载《最高人民法院公报》2006年第9期中缝插页。
[②] 参见河南省南阳市中级人民法院(2006)南民二终字第672号民事判决书。

偿金和死亡赔偿有关规定的解释修正值得肯定。从文意来看,解释规定了城镇居民人均可支配收入和农村居民人均纯收入两个标准,但是条文并没有明确什么样的人适用什么样的标准。根据死者生前的经常居住地、工作地、获取报酬地、生活消费地等因素,综合考量确定残疾赔偿金和死亡赔偿金的赔偿标准,具有一定合理性。

第二方面的问题是:同一侵权行为中,造成在户籍、居住地、工作、收入、生活消费等方面存在差异的人同时死亡时,如何计算死亡赔偿金。

比如同一个车祸中,城镇户籍但收入较少的公司司机和农村户籍但收入较高的公司高管同时死亡,或者农村户籍、收入较少和城镇户籍、收入较高的公司同事同时死亡,是否还是按照解释规定的标准给予差异化赔偿?按照差异化标准赔偿,更会凸显差异化带来的不公平,寻找正当性理由会变得更加困难。

基于上述考虑,《侵权责任法》第 17 条曾规定:"因同一侵权行为造成多人死亡的,可以以相同数额确定死亡赔偿金。"《民法典》第 1180 条延续了《侵权责任法》第 17 条的规定。

法院"可以"根据同一标准确定死亡赔偿金,而不是"必须"采用相同标准。第 1180 条是一种授权条款,即授权法官根据案件的实际情况,综合考量各种因素加以确定。以相同数额确定死亡赔偿金并非确定死亡赔偿金的一般方式。[①] 法院可以以相同数额确定死亡赔偿金,究竟应该以哪个标准计算"相同数额"呢?法院采取的往往是就高不就低的做法。即如果同一侵权行为中的受害人有些要按照城镇标准计算,有些要按照农村标准计算,则都按照城镇的标准计算死亡赔偿金。

2022 年《人身损害赔偿解释》修改后,残疾赔偿金、死亡赔偿金以及被扶养人生活费都统一按照城镇居民人均可支配收入作为计算基数,这一问题彻底画上了句号。

4. 被扶养人生活费

根据 2003 年《人身损害赔偿解释》第 17 条第 2 款、第 3 款,受害人残疾或者死亡后赔偿项目中,都包括有被扶养人生活费。《侵权责任法》第 16 条关于受害人致残或者死亡的赔偿项目的规定中,没有被扶养人生活费的内容。

根据《最高人民法院关于适用〈中华人民共和国侵权责任法〉若干问题的通知》,人民法院适用侵权责任法审理民事纠纷案件,如受害人有被扶养人的,应当依据 2003 年《人身损害赔偿解释》第 28 条的规定,将被扶养人生活费计入残疾赔偿金或死亡赔偿金。据此,在《侵权责任法》的赔偿体系里,被扶养人生活费包括在残疾赔偿金和死亡赔偿金里,但计算方法仍然沿用《人身损害赔偿解释》的

[①] 参见王胜明主编:《中华人民共和国侵权责任法释义》,法律出版社 2010 年版,第 92—93 页。

规定。

《民法典》第1179条所列的赔偿项目中也没有被扶养人生活费一项。2020年修正后的《人身损害赔偿解释》第16条规定："被扶养人生活费计入残疾赔偿金或者死亡赔偿金。"2022年修正后的第17条规定："被扶养人生活费根据扶养人丧失劳动能力程度，按照受诉法院所在地上一年度城镇居民人均消费支出标准计算。被扶养人为未成年人的，计算至十八周岁；被扶养人无劳动能力又无其他生活来源的，计算二十年。但六十周岁以上的，年龄每增加一岁减少一年；七十五周岁以上的，按五年计算。被扶养人是指受害人依法应当承担扶养义务的未成年人或者丧失劳动能力又无其他生活来源的成年近亲属。被扶养人还有其他扶养人的，赔偿义务人只赔偿受害人依法应当负担的部分。被扶养人有数人的，年赔偿总额累计不超过上一年度城镇居民人均消费支出额。"

二、侵害精神性人身权益的财产损害赔偿

（一）侵害精神性人身权益财产损害赔偿的界定

所谓精神性人身权益，指以人的精神利益为载体的人身权利和利益。根据《民法典》第110条第1款和第111条的规定，自然人享有姓名权、肖像权、名誉权、荣誉权、隐私权、婚姻自主权等权利以及个人信息等人身利益。

侵害精神性人身权益的财产损害赔偿，可以分为侵害精神性人身权的财产损害赔偿和侵害精神性人身利益的财产损害赔偿。前者指对侵害姓名权、肖像权、名誉权、荣誉权、隐私权、婚姻自主权等给予的财产损害赔偿；后者指对侵害个人信息等给予的财产损害赔偿。

侵害精神性人身权益，可能给受害人造成精神损害，也可能给受害人造成财产损害。侵害精神性人身权益之所以可能给受害人造成财产损害，原因在于精神性人身权益的商品化。自然人的精神性人身权益可以通过市场获得物质性回报。最常见的被商品化的精神性人身权益包括姓名权及肖像权。名誉权、荣誉权、隐私权及婚姻自主权一般不可能被商品化，因此，侵害这些权利，一般只造成精神损害，可给予精神损害赔偿以及其他责任方式的救济。侵害个人信息造成的财产损害赔偿，需要特别关注。

精神损害赔偿部分，下节专题讨论。这里仅讨论侵害精神性人身权益造成财产损害的赔偿。

（二）侵害精神性人身权益财产损害赔偿的内容

侵害精神性人身权益给予财产损害赔偿的制度，从《民法通则》就开始了。《民法通则》第120条曾规定："公民的姓名权、肖像权、名誉权、荣誉权受到侵害的，有权要求停止侵害，恢复名誉，消除影响，赔礼道歉，并可以要求赔偿损失。法人的名称权、名誉权、荣誉权受到侵害的，适用前款规定。"

《民通意见》第 150 条曾规定:"公民的姓名权、肖像权、名誉权、荣誉权和法人的名称权、名誉权、荣誉权受到侵害,公民或者法人要求赔偿损失的,人民法院可以根据侵权人的过错程度、侵权行为的具体情节、后果和影响确定其赔偿责任。"

《侵权责任法》第 20 条曾规定:"侵害他人人身权益造成财产损失的,按照被侵权人因此受到的损失赔偿;被侵权人的损失难以确定,侵权人因此获得利益的,按照其获得的利益赔偿;侵权人因此获得的利益难以确定,被侵权人和侵权人就赔偿数额协商不一致,向人民法院提起诉讼的,由人民法院根据实际情况确定赔偿数额。"

《侵权责任法》第 20 条确立了侵害精神性人身权益损害赔偿额确定的四个规则,依次是:受害人遭受的损失、侵权人获得的收益、双方协商、法院确定。

这些方法是对法院多年司法经验的总结,对具体案件的处理具有意义。

在腾格尔诉沈阳市腾格尔音乐艺术发展有限公司名誉权、姓名权、肖像权纠纷一案中,腾格尔认为被告利用自己的声誉,在公司名称中使用自己的姓名、在经营场所悬挂自己的照片构成侵权。腾格尔的诉讼请求中包括请求赔偿经济损失 10 万元。北京市海淀区人民法院一审认为,腾格尔公司在营业中未经过腾格尔同意使用腾格尔的姓名和肖像,应给予腾格尔相应的使用费补偿,具体数额由法院酌定为 2 万元。二审北京市第一中级人民法院认为,腾格尔要求赔偿经济损失的诉讼请求包含要求腾格尔公司补偿使用费的部分,原审法院判决由腾格尔公司补偿腾格尔使用费并无不当。[①] 本案中,法院以使用费来确定赔偿数额,可以看作是以原告遭受的损失来确定赔偿数额。

在刘翔诉《精品购物指南》报社肖像权纠纷一案中,刘翔认为《精品购物指南》报社未经其许可在封面上使用其肖像构成侵权。刘翔的诉讼请求中包括请求判令被告赔偿经济损失 125 万元,其中包含精神损害抚慰金 25 万元以及被告其他不当获利 100 万元。北京市海淀区人民法院一审认为被告不构成侵权,因此对其请求概不支持。二审北京市第一中级人民法院撤销了一审判决,但对于刘翔的该项主张,法院认为,刘翔没有提供证据证实受有经济损失,故不予支持。[②] 单纯从损害赔偿的主张来看,如果案件发生在《侵权责任法》生效之后,刘翔可以根据第 20 条,主张自己的损失难以确定,要求按照对方的获利来确定损害赔偿数额,或者要求法院根据实际情况确定赔偿数额。

《民法典》第 1182 条延续了《侵权责任法》第 20 条确定的赔偿规则,但是对

[①] 参见北京市海淀区人民法院(2003)海民初字第 12870 号民事判决书,北京市第一中级人民法院(2004)一中民终字第 04637 号民事判决书。

[②] 参见北京市海淀区人民法院(2005)海民初字第 2938 号民事判决书,北京市第一中级人民法院(2005)一中民终字第 8144 号民事判决书。

确定损失规则的顺序有些调整。第1182条规定:"侵害他人人身权益造成财产损失的,按照被侵权人因此受到的损失或者侵权人因此获得的利益赔偿;被侵权人因此受到的损失以及侵权人因此获得的利益难以确定,被侵权人和侵权人就赔偿数额协商不一致,向人民法院提起诉讼的,由人民法院根据实际情况确定赔偿数额。"根据本条规定,被侵权人受到的损失和获得的收益是并列关系,而《侵权责任法》第20条中二者是有前后顺序的。这种不同会导致被侵权人的选择不同:根据第20条的规定,被侵权人需要根据四种方法依次展开。根据第1182条,被侵权人可以首先在自己所受损失和对方获得利益之间进行选择。在二者均无法确定时,可以和对方协商。协商不成的,由法院确定。第1182条使用"人身权益"的概念,一并规定了侵害人身权利和人身利益的财产损害赔偿。《民法典》上最典型的人身利益就是个人信息。《民法典》之前,关于侵害个人信息财产损失赔偿,湖南省郴州市北湖区人民法院(2014)郴北民二初字第947号一案中,法院认为,被告某保险公司非法收集、利用原告个人信息,多次致电原告推销车辆保险,侵扰了原告正常生活,原告致电被告某保险公司反映、投诉所产生的通话费4.54元,系因被告某保险公司的侵权行为所造成的经济损失,依法应由被告某保险公司赔偿。[①]《个人信息保护法》第69条规定:"处理个人信息侵害个人信息权益造成损害,个人信息处理者不能证明自己没有过错的,应当承担损害赔偿等侵权责任。前款规定的损害赔偿责任按照个人因此受到的损失或者个人信息处理者因此获得的利益确定;个人因此受到的损失和个人信息处理者因此获得的利益难以确定的,根据实际情况确定赔偿数额。"本条规定的财产损害赔偿,采用的规则与《民法典》第1182条基本相同,但是没有规定双方协商确定的规则。

与名称、肖像等人身权利不同,单个个人信息的财产价值都很低,损害赔偿数额也不易确定。个人信息以大数据形式出现时,其价值就会体现出来。此时,单个个人利益通过何种途径保护,《个人信息保护法》第70条规定:"个人信息处理者违反本法规定处理个人信息,侵害众多个人的权益的,人民检察院、法律规定的消费者组织和由国家网信部门确定的组织可以依法向人民法院提起诉讼。"

2022年4月11日,最高人民法院发布《民法典》颁布后人格权司法保护典型民事案例。其中案例九为"非法买卖个人信息民事公益诉讼案"。2019年2月起,被告孙某以34000元的价格,将自己从网络购买、互换得到的4万余条含姓名、电话号码、电子邮箱等的个人信息,通过微信、QQ等方式贩卖给案外人刘某。案外人刘某在获取相关信息后用于虚假的外汇业务推广。公益诉讼起诉人认为,被告孙某未经他人许可,在互联网上公然非法买卖、提供个人信息,造成4

[①] 参见湖南省郴州市北湖区人民法院(2014)郴北民二初字第947号判决书。

万余条个人信息被非法买卖、使用,严重侵害社会众多不特定主体的个人信息权益,致使社会公共利益受到侵害,据此提起民事公益诉讼。杭州互联网法院经审理认为,《民法典》第 111 条规定,任何组织或者个人需要获取他人个人信息的,应当依法取得并确保信息安全,不得非法收集、使用、加工、传输他人个人信息,不得非法买卖、提供或者公开他人个人信息。被告孙某在未取得众多不特定自然人同意的情况下,非法获取不特定主体个人信息,又非法出售牟利,侵害了承载在不特定社会主体个人信息之上的公共信息安全利益。遂判决孙某按照侵权行为所获利益支付公共利益损害赔偿款 34000 元,并向社会公众赔礼道歉。

第六节 精神损害赔偿

一、精神损害赔偿的概念

精神损害赔偿,是指自然人在人身权益或者某些财产权益受到不法侵害,致使其本人或者其近亲属遭受精神痛苦时,受害人本人或本人死亡后其近亲属有权要求侵权人给予的非财产性损害赔偿。

精神损害赔偿,是对侵害自然人的精神利益造成的非财产损害的赔偿。这种精神利益,主要蕴含在人身权益当中,也蕴含在某些财产权益当中。如前面讨论的,非财产损害可以分为四种情况:侵害自然人物质性人身权造成的非财产损害、侵害自然人精神性人身权造成的非财产损害、侵害自然人人身利益造成的非财产损害以及侵害特定财产造成的非财产损害。对这些非财产损害的赔偿,统称为精神损害赔偿。

一般而言,精神损害赔偿必须是精神利益遭受非法侵害才可以要求赔偿。侵害某些财产权益也可能造成他人精神损害,但此时是因为该财产上附着了精神利益。精神损害包括两种情况,一种情况是因为遭受有形人身损害或者财产损害而导致的精神损害,另一种情况是未遭受有形人身损害或者财产损害而直接导致的精神损害。精神损害包括两种形态,一种是积极的精神损害即受害人可以感知的精神痛苦,另一种是消极的精神损害即受害人无法感知的知觉丧失或心智丧失。精神损害必须达到一定严重程度,才可以给予赔偿。心理上的不方便、不愉快、不适宜,发生频繁情节轻微,本着繁微不规范的原则,自然不能得到救济。[①] 所谓达到一定严重程度,一般认为,受害人死亡或者残疾的,均可以认定其近亲属或者本人的精神痛苦达到了一定严重程度。除此之外,需要根据具体情况加以确定。在身体权、健康权和生命权等人身权未遭受任何有形损害

[①] 曾世雄:《损害赔偿法原理》,詹森林续著,新学林出版股份有限公司 2005 年版,第 56—57 页。

的前提下,受害人也可能遭受严重的精神痛苦。精神损害本身是一种无形的痛苦,无法确切计算和度量。但是,不能因为精神损害无法确切计算和度量,就不给予赔偿。对精神损害给予救济,物质性赔偿是主要的途径。除此之外,受害人还可以要求赔礼道歉等。

死者的近亲属可以提出精神损害赔偿,有以下几层含义:第一,只有死者的近亲属可以提出精神损害赔偿;受害人未死亡的,其近亲属一般不可以提出精神损害赔偿。

第二,受害人死亡后,其近亲属主张精神损害赔偿的,分为两种情况。

2001年《精神损害赔偿解释》第7条规定:"自然人因侵权行为致死,或者自然人死亡后其人格或者遗体遭受侵害,死者的配偶、父母和子女向人民法院起诉请求赔偿精神损害的,列其配偶、父母和子女为原告;没有配偶、父母和子女的,可以由其他近亲属提起诉讼,列其他近亲属为原告。"2020年修订时,尽管将本条删除,但其规定的精神损害赔偿的类型依然存在。据此,受害人死亡后近亲属主张精神损害赔偿的,可以分为:

其一,受害人因侵权行为致死的,其近亲属可以主张精神损害赔偿。

《民法典》第1181条第1款前段规定:"被侵权人死亡的,其近亲属有权请求侵权人承担侵权责任。"本条来源于《侵权责任法》第18条第1款前段。此处的"侵权责任",应当包括精神损害赔偿。2001年《精神损害赔偿解释》第9条第2项曾规定,致人死亡的,精神损害抚慰金为死亡赔偿金。受害人已经死亡的,主张精神损害赔偿的只能是其近亲属。这意味着受害人因侵权行为而死亡时,其近亲属可以得到名为死亡赔偿金的精神损害赔偿。精神损害赔偿与死亡赔偿金不能并列。其后的2003年《人身损害赔偿解释》第31条,将死亡赔偿金定位为物质性赔偿金。该解释第18条同时规定了精神损害赔偿。这意味着死亡受害人的近亲属除可以主张死亡赔偿金外,还可以主张精神损害赔偿,二者是可以同时主张的并列关系。

我国台湾地区"民法"第194条规定:"不法侵害他人致死者,被害人之父、母、子、女及配偶,虽非财产上之损害,亦得请求赔偿相当之金额。"此处"非财产上之损害",即台湾地区"民法"第18条第2款的"慰抚金"。之所以设"民法"第194条规定,系不法侵害他人致死时,因权利主体不存在,死亡本身非属得请求赔偿的财产上损害或非财产上损害,不发生继承问题。①

在他人受到伤害经过一段时间才死亡的,其本人可能曾主张过精神损害赔偿,也可能未主张过精神损害赔偿。在其死后,其近亲属主张的精神损害赔偿,是其本人的精神损害赔偿,还是近亲属的精神损害赔偿?此点与精神损害赔偿

---

① 参见王泽鉴:《损害赔偿》,北京大学出版社2017年版,第242—243页。

其二,侵害已经去世的人的姓名、肖像、名誉、荣誉、隐私、遗体等的,死者近亲属可以主张精神损害赔偿。死者近亲属提出损害赔偿的请求权基础,是死者近亲属遭受了精神损害,而不是死者遭受了精神损害。《民法典》第994条规定:"死者的姓名、肖像、名誉、荣誉、隐私、遗体等受到侵害的,其配偶、子女、父母有权依法请求行为人承担民事责任;死者没有配偶、子女且父母已经死亡的,其他近亲属有权依法请求行为人承担民事责任。"这里的民事责任,包括精神损害赔偿。

二、精神损害赔偿法律根据的沿革

以时间先后为序,我国法上精神损害赔偿的法律根据如下。

(一)《民法通则》

精神损害赔偿最早在民事基本法中的法律根据是《民法通则》第120条。该条第1款规定:"公民的姓名权、肖像权、名誉权、荣誉权受到侵害的,有权要求停止侵害,恢复名誉,消除影响,赔礼道歉,并可以要求赔偿损失。"其中所谓"并可以要求赔偿损失",一般认为就包括了赔偿精神损失。

侵害生命、身体及健康权等物质性人身权的场合,有学说主张扩大解释《民法通则》第119条。该条规定:"侵害公民身体造成伤害的,应当赔偿医疗费、因误工减少的收入、残废者生活补助费等费用;造成死亡的,并应当支付丧葬费、死者生前扶养的人必要的生活费等费用。"学说认为,可以将此条规定中两处"等费用"解释为包括精神损害赔偿在内。

司法实务中判决给予物质性人身权受到侵害的受害人精神损害赔偿的第一个案件,正是扩大解释了《民法通则》第119条。这一案件即著名的贾某诉北京国际气雾剂有限公司、山东龙口市厨房配套设备用具厂、北京市海淀区春海餐厅人身损害赔偿案。北京市海淀区人民法院审理查明,1995年3月8日晚7时许,原告贾某与家人及邻居在春海餐厅聚餐。被告春海餐厅在提供服务时,所使用的卡式炉燃烧气是被告北京国际气雾剂有限公司生产的"白旋风"牌边炉石油气,炉具是被告厨房用具厂生产的 YSQ-A "众乐"牌卡式炉。当贾某等人使用完第一个燃气罐换置第二个燃气罐继续使用约10分钟时,餐桌上正在使用的卡式炉燃气罐发生爆炸,致使贾某面部、双手烧伤,当即被送往医院治疗。医院诊断结果为:"面部、双手背部深2度烧伤,烧伤面积8%。"原告贾某主张,此次事故造成其容貌被毁,手指变形,留下残疾,不仅影响了学业,也给其身体、精神造成极大痛苦。

法院认为,依照《民法通则》第119条"侵害公民身体造成伤害的,应当赔偿医疗费、因误工减少的收入、残废者生活补助费等费用"的规定,人身损害赔偿应当按照实际损失确定。根据《民法通则》第119条规定的原则和司法实践掌握的标准,实际损失除物质方面外,也包括精神损失,即实际存在的无形的精神压力与痛苦。本案原告贾某在事故发生时尚未成年,身心发育正常,烧伤造成的片状疤痕对其容貌产生了明显影响,并使之劳动能力部分受限,严重地妨碍了其学习、生活和健康,除肉体痛苦外,无可置疑地给其精神造成了伴随终身的遗憾与伤痛,必须给予抚慰与补偿。赔偿额度要考虑当前社会普遍生活水准、侵害人主观动机和过错程度及其偿付能力等因素。据此,法院判决被告给予精神损害赔偿10万元。[①]

(二)《精神损害赔偿解释》

《精神损害赔偿解释》于2001年3月10日施行,是最高人民法院在总结多年民事侵权精神损害赔偿案件审理经验、吸收学说研究成果的基础上作出的重要司法解释,是法院审理精神损害赔偿案件重要的法律依据。2020年,《精神损害赔偿解释》作出修正,由原来的12条变为6条。

(三)《侵权责任法》

《侵权责任法》第22条规定:"侵害他人人身权益,造成他人严重精神损害的,被侵权人可以请求精神损害赔偿。"这是我国法律第一次明确规定精神损害赔偿,意义重大。但是,《侵权责任法》没有规定精神损害赔偿的计算方法,精神损害赔偿的计算仍需要依赖司法解释的规定。

(四)《国家赔偿法》

《国家赔偿法》第35条规定:"有本法第三条或者第十七条规定情形之一,致人精神损害的,应当在侵权行为影响的范围内,为受害人消除影响,恢复名誉,赔礼道歉;造成严重后果的,应当支付相应的精神损害抚慰金。"第3条和第17条分别规定了行政机关,行使侦查、检察、审判职权的机关以及看守所、监狱管理机关及其工作人员行使职权时侵犯人身权的情况。因上述机关及其工作人员行使职权过程中人身权遭受损害的,可以请求精神损害赔偿。

(五)《民法典》

《民法典》有两个条文明确规定精神损害赔偿。第1183条规定:"侵害自然人人身权益造成严重精神损害的,被侵权人有权请求精神损害赔偿。因故意或者重大过失侵害自然人具有人身意义的特定物造成严重精神损害的,被侵权人有权请求精神损害赔偿。"第996条规定:"因当事人一方的违约行为,损害对方人格权并造成严重精神损害,受损害方选择请求其承担违约责任的,不影响受损害方请求精神损害赔偿。"

---

① 参见北京市海淀区人民法院(1995)海民初字第5287号民事判决书。

(六)《国家赔偿案件精神损害赔偿解释》

《国家赔偿案件精神损害赔偿解释》于 2021 年 4 月 1 日生效,主要适用于"公民以人身权受到侵犯为由提出国家赔偿申请,依照国家赔偿法第三十五条的规定请求精神损害赔偿的"(第 1 条)情况。

《民法通则》《侵权责任法》已经失去效力。目前我国精神损害赔偿法律制度,是以《民法典》《国家赔偿法》规定为基础,以上述两个司法解释为主要规则体系构建起来的。

除法律规定外,当事人可以约定给予精神损害赔偿。

三、精神损害赔偿制度的主要内容

(一) 可以请求精神损害赔偿的主体

法人或者非法人组织是法律拟制的人,只有自然人有精神痛苦,因此只有自然人才可以主张精神损害赔偿。《民法典》第 1183 条规定,只有自然人的人身权益或者特定物遭受侵害,才可以主张精神损害赔偿。《国家赔偿案件精神损害赔偿解释》第 1 条第 2 款规定:"法人或者非法人组织请求精神损害赔偿的,人民法院不予受理。"2020 年修正后的《精神损害赔偿解释》第 4 条规定:"法人或者非法人组织以名誉权、荣誉权、名称权遭受侵害为由,向人民法院起诉请求精神损害赔偿的,人民法院不予支持。"

(二) 精神损害赔偿所依据的基础

1. 自然人的人身权益

侵害自然人的人身权益遭受严重精神损害的,可以主张精神损害赔偿。这是我国法一贯的立场。此处的人身权益,既包括人身权利,也包括人身利益。

2. 自然人具有人身意义的特定物

侵害特定物能否引起精神损害赔偿,我国法律的态度有过反复。2001 年《精神损害赔偿解释》第 4 条曾规定:"具有人格象征意义的特定纪念物品,因侵权行为而永久性灭失或者毁损,物品所有人以侵权为由,向人民法院起诉请求赔偿精神损害的,人民法院应当依法予以受理。"《侵权责任法》持否定立场,第 22 条将精神损害赔偿的权利基础限定在人身权益范围。《民法典》第 1183 条第 2 款又回到了 2001 年《精神损害赔偿解释》第 4 条的立场。同时与第 4 条相比,第 1183 条第 2 款又有了新的发展。

第一,将侵权人的过错限定在故意或者重大过失。只有在故意或者重大过失的情形,才可以主张精神损害赔偿。第 4 条没有这样的限定。

第二,侵害对象是"具有人身意义的特定物"。第 1183 条第 2 款没有继续使用第 4 条"具有人格象征意义的特定纪念物品"这一措辞。是否是纪念物不重要,关键需要看是否有人身意义。特定物中包含"人身意义"才是精神损害赔偿的关键因素。"人身意义"比"人格象征意义"更加精炼、也更加精确。

第三,要求造成"严重精神损害"。比较而言,第 4 条所谓"因侵权行为而永久性灭失或者毁损",只是阶段性结果。因"永久性灭失或者毁损""造成严重精神损害"而赔偿精神损害,更符合因果关系的逻辑。第 1183 条直接点明"造成严重精神损害",值得肯定。

3. 亲子关系或亲属关系等身份法益

《精神损害赔偿解释》第 2 条规定:"非法使被监护人脱离监护,导致亲子关系或者近亲属间的亲属关系遭受严重损害,监护人向人民法院起诉请求赔偿精神损害的,人民法院应当依法予以受理。"

在孙某某等与通化市人民医院其他侵权责任纠纷上诉案中,孙某某的妻子李某某于 1981 年 10 月 29 日在通化市人民医院分娩一男婴,该婴儿由医护人员在婴儿室看护,三日后由通化市人民医院交予李某某一同出院。该男婴取名孙某,由孙、李夫妇抚养长大。与李某某同住一产房的宫某与李某某同日分娩一男孩,三日后,被告亦交给宫某一男婴(取名赵某)抱回家中抚育至今。2001 年 4 月的一天,在学校刚刚献过血的赵某无意中向父母说起自己的血型是 ab 型,因为父亲赵某某和母亲宫某的血型都是 b 型,根本不存在孩子是 ab 型的可能,引起怀疑。2001 年 10 月,宫某找到二原告,告知原告当年在医院可能将孩子抱错。2002 年 2 月 5 日,经辽宁省公安厅进行亲子鉴定,结论为:孙某与孙某某、李某某无血缘关系,系赵某某、宫某的亲生子。

法院认为,由于被告的过错致使二原告错抱他人孩子抚养二十余年,而且亲生子至今下落不明,给二原告带来了巨大的精神痛苦,后果极其严重。原告要求被告赔偿精神抚慰金的请求符合法律规定,法院予以支持。①

我国台湾地区对身份法益的保护要更为宽泛。台湾地区"民法"1999 年修订时,第 195 条增加了第 3 款:"前二款规定,于不法侵害他人基于父、母、子、女或配偶关系之身份法益而情节重大者,准用之。"其修正理由认为:身份法益与人格法益同属非财产法益。本条第 1 款仅规定被害人得请求人格法益被侵害时非财产上之损害赔偿。至于身份法益被侵害时可否请求非财产上之损害赔偿,则付阙如,有欠周延,宜于增订。惟对身份法益之保障不宜太过宽泛。鉴于父母或配偶与本人之关系最为亲密,基于此种亲密关系所生之身份法益被侵害时,其所受精神上之痛苦最深,故明定"不法侵害他人基于父母或配偶关系之身份法益而情节重大者",始受保障。例如未成年子女被人掳掠时,父母监护权被侵害所受精神上之痛苦。又如配偶之一方被强奸,他方身份法益被侵害所致精神上之痛

---

① 参见冯彦彬:《孙华东、李爱野诉通化市人民医院侵犯亲权、亲属权精神损害赔偿案》,载《中国法律》2004 年第 1 期。

苦等是，爰增订第三款准用规定，以期周延。

台湾地区法院 2016 年台上 2109 号判决中，原审法院认为，丙某某因系争车祸受重伤，精神极其痛苦，斟酌其与丁某某之年龄、身份、教育、经济能力等一切情状，其请求精神损害抚慰金 150 万元，核属适当。至于乙某某固因丙某某车祸受伤，需由其照顾、陪伴而受有精神痛苦，然非丁某某过失驾驶行为所致之不法侵害其基于母亲身份法益而情节重大，自不得请求精神抚慰金。台湾地区法院认为，不法侵害他人之身体、健康、名誉、自由、信用、隐私、贞操，或不法侵害其他人格法益而情节重大者，被害人虽非受财产上之损害，亦得请求赔偿相当之金额；该项规定于不法侵害他人基于父、母、子、女或配偶关系之身份法益而情节重大者，准用之，"民法"第 195 条第 1 款、第 3 款分别定有明文。倘子女因交通事故引致身体缺陷及心智障碍，父母基于亲子间之关系至为亲密，此种亲密关系所生之身份法益被侵害时，在精神上自必感受莫大之痛苦，不可言喻。查丁某某不法侵害丙某某之身体、健康，致丙某某遗有上述身体机能障碍及呈轻度智障状态，且长期需仰赖专人全日照护，则乙某某照顾、陪伴其女丙某某面对手术及长期复健治疗，其母女关系之亲情及生活相互扶持之身份法益，似难谓无受到侵害而情节重大。原审未就此进一步推求调查，即谓乙某某之精神痛苦非丁某某过失驾驶行为所致，认不得依上开规定请求赔偿精神抚慰金，殊属未洽①。

身份关系遭受非财产损害，系因为亲情、伦理、生活扶持之利益受损。② 台湾地区民法上述发展动向值得关注。

《民法典》对一般身份关系是否可以请求精神损害赔偿没有明确规定。

（三）违约中的精神损害赔偿

因当事人一方的违约行为，损害对方人格权益时，发生请求权竞合。《民法典》第 186 条规定："因当事人一方的违约行为，损害对方人身权益、财产权益的，受损害方有权选择请求其承担违约责任或者侵权责任。"这一规定延续了原《合同法》第 122 条的规定。我国民法采请求权竞合说。当事人可以选择主张违约或者侵权责任，只是诉讼中需要在一审开庭之前选定。《合同法解释一》第 30 条前段曾规定："债权人依照合同法第一百二十二条的规定向人民法院起诉时作出选择后，在一审开庭以前又变更诉讼请求的，人民法院应当准许。"当事人一经选定，此后不得再进行变更。③ 当事人如果选择主张违约责任，能否主张精神损害赔偿，向有疑义。在长春公共交通（集团）有限责任公司与宋某某城市公交运输

---

① 参见陈忠五主编：《民法》，新学林出版股份有限公司 2018 年版，B311—B313 页。
② 参见台湾地区法院 2003 年台上 1507 号判例。
③ 参见《最高人民法院关于津龙翔（天津）国际贸易公司与南京扬洋化工运贸公司、天津天龙液体化工储运公司沿海货物运输合同货损赔偿纠纷一案请示的复函》（2001 年 8 月 10 日〔2001〕民四他字第 7 号）。

合同纠纷上诉案中,一审法院认为:因宋某某诉讼中主张的法律关系系客运合同纠纷,而非健康权纠纷,故对宋某某主张精神损害抚慰金不予支持。此立场为二审法院生效判决所维持。①

我国台湾地区"民法"1999年债编修订,增加第227条之1:"债务人因债务不履行,致债权人之人格权受侵害者,准用第192条至第195条之规定,负损害赔偿责任。"其增订理由认为:债权人因债务不履行致其财产权受侵害者,固得依债务不履行之有关规定求偿。惟如同时侵害债权人之人格权致其受有非财产上之损害者,依现行规定,仅得依据侵权行为之规定求偿。是同一事件所发生之损害竟应分别适用不同之规定解决,理论上尚有未妥,且侵权行为之要件较之债务不履行规定严苛,如故意、过失等要件举证困难,对债权人之保护亦嫌未周。为免法律割裂适用,并充分保障债权人之权益,爰增订本条规定,俾求公允。

德国民法在2002年8月1日就损害赔偿有若干重大之修正,在损害赔偿一般规定方面,确立慰抚金请求权不以侵权责任为限,纵在契约责任亦得请求慰抚金。②

《民法典》第996条也采取了相同的立场:受损害方选择请求其承担违约责任的,不影响受损害方请求精神损害赔偿。这一改变值得赞同。契约责任与侵权责任竞合的目的,在于提供重复之保护,而非重复之满足。③ 请求权竞合的目的是避免受害人双重得利,但不能因为竞合而使受害人的损害无法得到救济。加害人的行为给受害人造成精神损失时,就应当有精神损害赔偿。不能因救济途径选择的问题,使遭受的损害无法得到填补。但需注意的是,违约中主张精神损害赔偿,其基础依然是"人身权益"受损。因违约使债权人蒙受巨大财务损失而致债权人精神亦遭受打击者,该精神上之损害,并不得请求赔偿。④

(四) 侵害死者人格权益的精神损害赔偿

2001年《精神损害赔偿解释》第3条曾规定:"自然人死亡后,其近亲属因下列侵权行为遭受精神痛苦,向人民法院起诉请求赔偿精神损害的,人民法院应当依法予以受理:(一) 以侮辱、诽谤、贬损、丑化或者违反社会公共利益、社会公德的其他方式,侵害死者姓名、肖像、名誉、荣誉;(二) 非法披露、利用死者隐私,或者以违反社会公共利益、社会公德的其他方式侵害死者隐私;(三) 非法利用、损害遗体、遗骨,或者以违反社会公共利益、社会公德的其他方式侵害遗体、遗骨。"

《民法典》中没有与上述规定同样的关于侵害死者人格权益精神损害赔偿的

---

① 参见吉林省长春市中级人民法院(2016)吉01民终3858号民事判决书。
② 参见台湾大学法律学院、台大法学基金会编译:《德国民法典》,北京大学出版社2017年版,第233页。
③ 参见黄茂荣:《法学方法与现代民法》(第5版),法律出版社2007年版,第219页。
④ 参见曾世雄:《损害赔偿法原理》,詹森林续著,新学林出版股份有限公司2005年版,第167页。

规定。但是《民法典》第 994 条规定:"死者的姓名、肖像、名誉、荣誉、隐私、遗体等受到侵害的,其配偶、子女、父母有权依法请求行为人承担民事责任;死者没有配偶、子女且父母已经死亡的,其他近亲属有权依法请求行为人承担民事责任。"解释上,本条规定涵盖了侵害死者人格权益的精神损害赔偿。但如解释第 3 条所规定的,死者人格权益遭受侵害,导致的是近亲属的精神痛苦,故而赔偿的是近亲属的精神损害。其背后之权益基础,应当是近亲属与死者之间的身份关系。

(五)确定精神损害赔偿数额的考量因素

《民法典》中没有关于确定精神损害赔偿考量因素的规定。2020 年修正后的《精神损害赔偿解释》第 5 条规定:"精神损害的赔偿数额根据以下因素确定:(一)侵权人的过错程度,但是法律另有规定的除外;(二)侵权行为的目的、方式、场合等具体情节;(三)侵权行为所造成的后果;(四)侵权人的获利情况;(五)侵权人承担责任的经济能力;(六)受理诉讼法院所在地的平均生活水平。"

《国家赔偿案件精神损害赔偿解释》更为详细地规定了精神损害赔偿数额。第 8 条规定:"致人精神损害,造成严重后果的,精神损害抚慰金一般应当在国家赔偿法第三十三条、第三十四条规定的人身自由赔偿金、生命健康赔偿金总额的百分之五十以下(包括本数)酌定;后果特别严重,或者虽然不具有本解释第七条第二款规定情形,但是确有证据证明前述标准不足以抚慰的,可以在百分之五十以上酌定。"第 9 条规定:"精神损害抚慰金的具体数额,应当在兼顾社会发展整体水平的同时,参考下列因素合理确定:(一)精神受到损害以及造成严重后果的情况;(二)侵权行为的目的、手段、方式等具体情节;(三)侵权机关及其工作人员的违法、过错程度、原因力比例;(四)原错判罪名、刑罚轻重、羁押时间;(五)受害人的职业、影响范围;(六)纠错的事由以及过程;(七)其他应当考虑的因素。"第 10 条规定:"精神损害抚慰金的数额一般不少于一千元;数额在一千元以上的,以千为计数单位。赔偿请求人请求的精神损害抚慰金少于一千元,且其请求事由符合本解释规定的造成严重后果情形,经释明不予变更的,按照其请求数额支付。"

(六)精神损害赔偿的专属性

2003 年《人身损害赔偿解释》第 18 条第 2 款规定:"精神损害抚慰金的请求权,不得让与或者继承。但赔偿义务人已经以书面方式承诺给予金钱赔偿,或者赔偿权利人已经向人民法院起诉的除外。"这种请求权的不得让与或者继承,就是精神损害赔偿的专属性。精神损害赔偿的专属性,适用于一切精神损害赔偿。既包括死亡受害人生前可能的精神损害赔偿请求权,也包括死亡受害人的近亲属提出的精神损害赔偿请求权。

根据司法解释起草者的释义书解释,精神损害赔偿抚慰金不得让与或者继承,原因在于,这种权利是与自然人的人身密不可分的权利,是自然人人身权受到侵害时的一种补救的权利,是自然人人身权的延伸,只能由本人行使,以保护自然人的人格尊严和人身自由。从诉讼上讲,允许让与或者继承的,受让人还要面临举证困难的问题。另外,精神损害赔偿本质上是财产责任,既然是财产责任,就应当允许转让或者继承。在赔偿义务人进行了书面承诺或者赔偿权利人已经向法院起诉后,精神损害赔偿抚慰金请求权已经变成了具体的财产债权,可以让与或者继承。①

2020年修正《人身损害赔偿解释》时,第18条变成了第23条,同时删去了第2款关于专属性的规定。

第18条第2款关于专属性的规定,来自我国台湾地区"民法"。台湾地区"民法"第195条第2款规定:"前项请求权,不得让与或继承。但以金额赔偿之请求权已依契约承诺,或已起诉者,不在此限。"

台湾地区"民法"上述规定来源于《德国民法典》第847条。后者立法理由认为,如果不加以限制,精神损害赔偿请求权将无限制地移转予继承人。但是,被害人可能由于其本身未感觉受有损害,或由于个人事由,而不行使此项请求权。在此情形,若仍允许其继承人得为主张,违背事理,殊非妥适。被害人自身不行使其权利时,继承人自无主张余地。同时为避免争议,此项请求权须依契约承认或者系属于法院时,始移转予继承人。同理,其让与性亦应受限制,在债权让与非基于债权人意思时,尤应如此。第847条规定一直存在争议。德国于1990年废除该项规定,使得精神损害赔偿请求权可以让与或继承。废除的理由,主要在于避免解释适用的争议,尤其是保护被害人,解除了此项请求权与被害人不可分的关系。②

我国台湾地区"民法"第195条立法理由书认为,慰抚金请求权不得让与或继承的原因在于请求权的专属性。③ 但此项请求权为何具有专属性?王泽鉴教授认为,专属性主要保护权利人的决定权,即权利是否行使,应当只能由权利人即受害人自己决定。一旦权利人决定行使,则与普通财产权无异,具有移转性。契约承诺或者起诉则表明权利人决定要行使该项请求权,因此可以解除慰抚金的专属性。④

《民法典》对精神损害赔偿请求权的专属性没有规定。《人身损害赔偿解释》2020年修正时删除了有关规定,应当解释为对专属性不再限制。学理上如何反

---

① 参见最高人民法院民事审判第一庭编著:《最高人民法院人身损害赔偿司法解释的理解与适用》,人民法院出版社2015年版,第256—257页。
② 参见王泽鉴:《损害赔偿》,北京大学出版社2017年版,第252—254页。
③ 参见陈忠五主编:《民法》,新学林出版股份有限公司2018年版,B312页。
④ 参见王泽鉴:《损害赔偿》,北京大学出版社2017年版,第252页。

思上述种种变化,尚有余地。

其一,专属性本意是保护受害人自己的决定权,但受益人似乎是加害人。例如,甲致乙重伤,甲对乙拒不依契约承认乙的请求权,或乙在起诉前死亡时,甲得不负赔偿责任,诚非合理。实务上最感困难的,系被害人身受重伤,已失知觉,死亡与起诉之间,形成特殊微妙竞争关系。为克服此项困难,维护被害人及继承人利益,应在"时"与"人"两方面适当解释起诉的概念。就时间而言,所谓起诉系指对法院提出起诉而言,是否送达于被告,在所不问。就人而言,应认为被害人失其知觉者,其由他人代为起诉,而经继承人承认。继承人代为起诉者,亦可发生起诉的效力。①

在大陆地区,也有诸多判决涉及 2003 年《人身损害赔偿解释》第 18 条第 2 款,否定精神损害赔偿请求权的可继承性,客观上使加害人得到益处。

其二,转让和继承应有所不同。从保护受害人自己决定权角度,转让本身是否就可以解释为受害人已经决定行使该项请求权。而就继承而言,被害人去世后,其近亲属可以自己主张精神损害赔偿,而并非继承被害人的精神损害赔偿。如果该请求权可以继承,意味着存在两份精神损害赔偿。《人身损害赔偿解释》起草人认为,此种情况下,死者近亲属就其自身遭受的精神损害仍然可以要求加害人负责赔偿,原因在于遭受精神损害的主体不同。死者生前提出的精神损害赔偿,是赔偿死者生前遭受的精神损害。死亡后,其近亲属提出的精神损害赔偿,是根据 2020 年《精神损害赔偿解释》第 1 条第 1 项的规定,应该得到的赔偿。当然,法院在审理这类案件时,为了防止发生新的不公平,可以考虑赔偿义务人赔偿这两项精神损害后其责任是否过重,而在精神损害赔偿抚慰金总量上根据案情适当具体控制。但必须注意的是,这两项精神损害抚慰金赔偿义务人都必须赔偿。②

其三,从《侵权责任法》第 22 条到《民法典》第 1183 条,法律都没有关于精神损害赔偿专属性的规定。司法解释创设这一限制,尽管早于《侵权责任法》,但是在《侵权责任法》施行后一直未有变化,是否符合《立法法》的精神,有反思余地。如今加以废除,单单从这个角度,值得肯定。

第七节 惩罚性赔偿

惩罚性赔偿,指给予受害人超过其所遭受损害的赔偿。赔偿的目的原本是

---

① 参见王泽鉴:《损害赔偿》,北京大学出版社 2017 年版,第 254、252 页。
② 参见最高人民法院民事审判第一庭编著:《最高人民法院人身损害赔偿司法解释的理解与适用》,人民法院出版社 2015 年版,第 257—258 页。

填平损害。在填平损害之外，受害人得到更多的赔偿，对加害人而言，即具有惩罚性。

我国法上的惩罚性赔偿始于1993年《消费者权益保护法》第49条。该条规定："经营者提供商品或者服务有欺诈行为的，应当按照消费者的要求增加赔偿其受到的损失，增加赔偿的金额为消费者购买商品的价款或者接受服务的费用的一倍。"这一规定中的惩罚性赔偿被称为双倍赔偿。此后，历经多次修改，《消费者权益保护法》中惩罚性赔偿金的力度逐步加大。《侵权责任法》第47条规定了产品责任领域的惩罚性赔偿。《民法典》规定了三种类型的惩罚性赔偿。《食品安全法》《药品管理法》《商标法》《专利法》《著作权法》等都规定了惩罚性赔偿。

总结起来，我国法上的惩罚性赔偿有如下特点。

一、惩罚性赔偿只能由法律规定

惩罚性赔偿是在填补损失之外的赔偿，限制了行为自由，加重了行为人的责任。惩罚性赔偿与传统大陆法系填补损害、恢复原状的赔偿目的及理念不同，被学者认为是"民事损害赔偿体系的异体物"[1]，其适用范围应当有所限制。《民法典》第179条第2款规定："法律规定惩罚性赔偿的，依照其规定。"据此，惩罚性赔偿的适用只能由法律加以规定。

二、惩罚性赔偿限定在特定领域

与美国法上惩罚性赔偿的适用领域不受限制不同，《民法典》规定三处惩罚性赔偿，设定了惩罚性赔偿的适用领域。这三处适用领域，或者是与普通百姓日常生活密切相关的领域，或者是故意侵权多发的领域。前者如产品（包括食品、药品）责任侵权、环境侵权领域，后者如知识产权侵权领域。

（一）产品责任领域

《民法典》第1207条规定："明知产品存在缺陷仍然生产、销售，或者没有依据前条规定采取有效补救措施，造成他人死亡或者健康严重损害的，被侵权人有权请求相应的惩罚性赔偿。"

产品与普通百姓日常生活密切相关，产品责任是最早适用惩罚性赔偿的领域。1993年《消费者权益保护法》第49条从消费者保护的角度出发规定了惩罚性赔偿，其实就是产品责任。《消费者权益保护法》2013年修改时，原第49条改为第55条，大幅提高了惩罚性赔偿的力度。《食品安全法》2015年修改时，原第96条改为148条，也大幅提高了惩罚性赔偿的力度。《药品管理法》2019年修改时，增加了第144条惩罚性赔偿条款，与《食品安全法》保持了一致。由于食品、

---

[1] 参见王泽鉴：《损害赔偿》，北京大学出版社2017年版，第40页。

药品对百姓生活的极端重要性,惩罚性赔偿的力度比一般产品领域更有提高。《侵权责任法》规定的唯一一处惩罚性赔偿,也在产品责任领域。

(二)知识产权领域

《民法典》第1185条规定:"故意侵害他人知识产权,情节严重的,被侵权人有权请求相应的惩罚性赔偿。"

知识产权领域故意侵权多发。与《民法典》规定相适应,单行知识产权法对惩罚性赔偿也都有规定。

《商标法》第63条第1款规定:"侵犯商标专用权的赔偿数额,按照权利人因被侵权所受到的实际损失确定;实际损失难以确定的,可以按照侵权人因侵权所获得的利益确定;权利人的损失或者侵权人获得的利益难以确定的,参照该商标许可使用费的倍数合理确定。对恶意侵犯商标专用权,情节严重的,可以在按照上述方法确定数额的一倍以上五倍以下确定赔偿数额。赔偿数额应当包括权利人为制止侵权行为所支付的合理开支。"《专利法》第71条第1款规定:"侵犯专利权的赔偿数额按照权利人因被侵权所受到的实际损失或者侵权人因侵权所获得的利益确定;权利人的损失或者侵权人获得的利益难以确定的,参照该专利许可使用费的倍数合理确定。对故意侵犯专利权,情节严重的,可以在按照上述方法确定数额的一倍以上五倍以下确定赔偿数额。"《著作权法》第54条规定:"侵犯著作权或者与著作权有关的权利的,侵权人应当按照权利人因此受到的实际损失或者侵权人的违法所得给予赔偿;权利人的实际损失或者侵权人的违法所得难以计算的,可以参照该权利使用费给予赔偿。对故意侵犯著作权或者与著作权有关的权利,情节严重的,可以在按照上述方法确定数额的一倍以上五倍以下给予赔偿。"

(三)环境侵权领域

《民法典》第1232条规定:"侵权人违反法律规定故意污染环境、破坏生态造成严重后果的,被侵权人有权请求相应的惩罚性赔偿。"

污染环境、破坏生态如何给予惩罚性赔偿,尚需专门法律加以落实。

三、惩罚性赔偿以恶意或者故意为前提

我国台湾地区"消费者保护法"第51条规定:"依本法所提之诉讼,因企业经营者之故意所致之损害,消费者得请求损害额五倍以下之惩罚性赔偿金;但因重大过失所致之损害,得请求三倍以下之惩罚性赔偿金,因过失所致之损害,得请求损害额一倍以下之惩罚性赔偿金。"由此引发对过失行为加以惩罚性赔偿是否合理、有无必要的质疑。① 我国大陆法上的惩罚性赔偿条款,无论产品责任、侵

---

① 参见王泽鉴:《损害赔偿》,北京大学出版社2017年版,第39页。

犯知识产权责任还是环境侵权责任,都以故意为前提。《民法典》使用"明知""故意",单行知识产权法使用"恶意""故意"。可见,惩罚性赔偿的目的是对故意或恶意行为施加更高的违法成本,阻遏意味明显。惩罚性赔偿在英国更多称为exemplary damages(典范性赔偿)①,其意在表示该赔偿具有示范意义,吓阻潜在加害人从事类似行为。

与故意或者重大过失可能导致惩罚性赔偿相反,我国台湾地区"民法"第218条规定:"损害非因故意或重大过失所致者,如其赔偿致赔偿义务人之生计有重大影响时,法院得减轻其赔偿金额。"

四、惩罚性赔偿以损害后果或者情节严重为前提

《民法典》第1207条要求"造成他人死亡或者健康严重损害",第1185条要求"情节严重",第1232条要求"造成严重后果"。一般损害后果或者情节轻微不能适用惩罚性赔偿。值得注意的是《食品安全法》第148条第2款和《药品管理法》第144条第3款规定中,都没有要求损害后果,说明在食品药品领域,产品质量的极端重要性。

五、惩罚性赔偿的数额或者计算方法由法律规定

不同领域,惩罚性赔偿的数额或者计算方法不同,但都由法律加以明确规定。

在一般产品责任领域,适用《消费者权益保护法》第55条"增加赔偿的金额为消费者购买商品的价款或者接受服务的费用的三倍;增加赔偿的金额不足五百元的,为五百元","经营者明知商品或者服务存在缺陷,仍然向消费者提供,造成消费者或者其他受害人死亡或者健康严重损害的",则"有权要求所受损失二倍以下的惩罚性赔偿"的规定。在食品药品领域,则适用《食品安全法》第148条第2款"生产不符合食品安全标准的食品或者经营明知是不符合食品安全标准的食品,消费者除要求赔偿损失外,还可以向生产者或者经营者要求支付价款十倍或者损失三倍的赔偿金;增加赔偿的金额不足一千元的,为一千元"的规定,以及《药品管理法》第144条第3款"生产假药、劣药或者明知是假药、劣药仍然销售、使用的,受害人或者其近亲属除请求赔偿损失外,还可以请求支付价款十倍或者损失三倍的赔偿金;增加赔偿的金额不足一千元的,为一千元"的规定。

在侵害知识产权领域,按照一般赔偿数额的一倍以上五倍以下确定惩罚性赔偿数额(《商标法》第63条第1款、《专利法》第71条第1款、《著作权法》第54条第1款)。

---

① 参见王泽鉴:《损害赔偿》,北京大学出版社2017年版,第360页。

第八节 其他侵权责任方式

《民法典》第 179 条规定："承担民事责任的方式主要有：（一）停止侵害；（二）排除妨碍；（三）消除危险；（四）返还财产；（五）恢复原状；（六）修理、重作、更换；（七）继续履行；（八）赔偿损失；（九）支付违约金；（十）消除影响、恢复名誉；（十一）赔礼道歉。法律规定惩罚性赔偿的，依照其规定。本条规定的承担民事责任的方式，可以单独适用，也可以合并适用。"第 179 条在总则编中，将各种民事责任方式一并规定。以下仅讨论侵权责任方式。

赔偿损失是相对间接的责任方式，并非针对损害发生的直接原因，而是针对已经发生的损害，是间接迂回的救济方式，手段比较温和。停止侵害、排除妨碍、消除危险等侵害排除或者侵害防止的方式，是直接打击侵害的方法，手段比较激烈。[①]

赔偿损失前面已经讨论过，下面分别讨论其他侵权责任方式。

一、停止侵害

停止侵害是一种预防性救济措施，具有广泛的适用性。加害行为即将被实施或者正在侵害他人民事权益，如果不停止将导致损失的发生或者扩大的，被侵权人可以请求侵权人停止加害行为。《民法典》第 179 条、第 1167 条将停止侵害定位为民事责任。台湾地区"民法"第 18 条、第 19 条、第 767 条规定有人格权、姓名权的侵害除去请求权及物权的妨害除去请求权。也有观点认为，《民法典》第 1167 条规定的停止侵害也是基于物权、人格权等绝对权而产生的保护性请求权，不要求损害后果。[②]

停止侵害可以分为作为民事责任的停止侵害与程序性的停止侵害。《民法典》第 179 条、第 995 条、第 1167 条规定的停止侵害是作为民事责任的停止侵害。《民法典》第 997 条、《商标法》第 65 条、《专利法》第 65 条、《著作权法》第 52 条、《民事诉讼法》第 101 条以及《审查知识产权纠纷行为保全案件的规定》规定的是程序性的停止侵害，属于行为保全措施。

《民法典》第 997 条规定："民事主体有证据证明行为人正在实施或者即将实施侵害其人格权的违法行为，不及时制止将使其合法权益受到难以弥补的损害的，有权依法向人民法院申请采取责令行为人停止有关行为的措施。"

《商标法》第 65 条规定："商标注册人或者利害关系人有证据证明他人正在

---

① 参见曾世雄：《损害赔偿法原理》，詹森林续著，新学林出版股份有限公司 2005 年版，第 3 页。
② 参见黄薇主编：《中华人民共和国民法典侵权责任编解读》，中国法制出版社 2020 年版，第 20 页。

实施或者即将实施侵犯其注册商标专用权的行为，如不及时制止将会使其合法权益受到难以弥补的损害的，可以依法在起诉前向人民法院申请采取责令停止有关行为和财产保全的措施。"依本条规定，商标注册人或者利害关系人可以在起诉前向法院申请停止侵害措施。这种程序性的停止侵害更加注重时效性。因为自起诉到判决结果生效，还有比较长的时间。为避免在这段时间里造成难以弥补的损失，申请人可以在诉前就申请停止侵害的措施。此种停止侵害属于行为保全措施，是预防性程序措施。

《民事诉讼法》第104条第1款规定："利害关系人因情况紧急，不立即申请保全将会使其合法权益受到难以弥补的损害的，可以在提起诉讼或者申请仲裁前向被保全财产所在地、被申请人住所地或者对案件有管辖权的人民法院申请采取保全措施。申请人应当提供担保，不提供担保的，裁定驳回申请。"

《审查知识产权纠纷行为保全案件的规定》第6条规定："有下列情况之一，不立即采取行为保全措施即足以损害申请人利益的，应当认定属于民事诉讼法第一百条、第一百零一条规定的'情况紧急'：（一）申请人的商业秘密即将被非法披露；（二）申请人的发表权、隐私权等人身权利即将受到侵害；（三）诉争的知识产权即将被非法处分；（四）申请人的知识产权在展销会等时效性较强的场合正在或者即将受到侵害；（五）时效性较强的热播节目正在或者即将受到侵害；（六）其他需要立即采取行为保全措施的情况。"第10条规定："在知识产权与不正当竞争纠纷行为保全案件中，有下列情形之一的，应当认定属于民事诉讼法第一百零一条规定的'难以弥补的损害'：（一）被申请人的行为将会侵害申请人享有的商誉或者发表权、隐私权等人身性质的权利且造成无法挽回的损害；（二）被申请人的行为将会导致侵权行为难以控制且显著增加申请人损害；（三）被申请人的侵害行为将会导致申请人的相关市场份额明显减少；（四）对申请人造成其他难以弥补的损害。"

《民事诉讼法》第104条第3款规定："申请人在人民法院采取保全措施后三十日内不依法提起诉讼或者申请仲裁的，人民法院应当解除保全。"申请人在采取保全措施后30日内提起诉讼或者申请仲裁的，《审查知识产权纠纷行为保全案件的规定》第13条第2款规定："裁定停止侵害知识产权行为的效力，一般应当维持至案件裁判生效时止。"

《民事诉讼法》第108条规定："申请有错误的，申请人应当赔偿被申请人因保全所遭受的损失。"《审查知识产权纠纷行为保全案件的规定》第16条规定："有下列情形之一的，应当认定属于民事诉讼法第一百零五条规定的'申请有错误'：（一）申请人在采取行为保全措施后三十日内不依法提起诉讼或者申请仲裁；（二）行为保全措施因请求保护的知识产权被宣告无效等原因自始不当；（三）申请责令被申请人停止侵害知识产权或者不正当竞争，但生效裁判认定不构成侵权或者不正当竞争;(四)其他属于申请有错误的情形。"第 17 条第 2 款规定:"申请人撤回行为保全申请或者申请解除行为保全措施的,不因此免除民事诉讼法第一百零五条规定的赔偿责任。"

《专利法》第 65 条、《著作权法》第 52 条与《商标法》第 65 条的情况相同。

原告在申请程序性停止侵害的同时,可以在诉讼请求中主张作为民事责任的停止侵害。

(一)停止侵害责任的构成要件

1. 各种民事权益受到侵害,均可主张停止侵害

根据《民法典》第 995 条的规定,人格权受到侵害的,受害人可以请求停止侵害。根据《民法典》第 1167 条的规定,侵权行为危及他人人身、财产安全的,被侵权人有权请求侵权人承担停止侵害的侵权责任。此处的"人身、财产",涵盖了各种人身财产权益。停止侵害的主要目的是防止侵害后果的扩大,它可以适用于各种侵权行为。例如,砍伐他人林木,销售侵害他人注册商标的商品,印刷销售侵害他人名誉权、著作权的书籍,排放有害气体,在网上暴露他人的隐私,进行不正当竞争等。

根据《民法典》第 286 条第 2 款的规定,业主大会或者业主委员会,对任意弃置垃圾、排放污染物或者噪声、违反规定饲养动物、违章搭建、侵占通道、拒付物业费等损害他人合法权益的行为,有权依照法律、法规以及管理规约,请求行为人承担停止侵害等责任。

2. 不同民事权益适用停止侵害时的考量因素不同

在判断是否适用停止侵害时,不同民事权益的考量因素并不相同。对于物权及物质性人格权,有侵害的结果,一般可以适用停止侵害。对于精神性人格权,情况较为复杂。有些可以直接作出停止侵害的判断,有些则往往还需要结合侵权行为的构成要件,在侵权行为构成后,才可能适用停止侵害。《民法典》第 998 条规定:"认定行为人承担侵害除生命权、身体权和健康权外的人格权的民事责任,应当考虑行为人和受害人的职业、影响范围、过错程度,以及行为的目的、方式、后果等因素。"比如,公布他人裸照,一般会侵害他人人身权利,可以要求停止侵害。但是,公布裸体模特的人体绘画作品,并不当然侵害他人人身权利。此种情况下,行为人和所谓"受害人"的职业就是重要考虑因素。

对于可能涉及公共利益的新闻报道等行为,判断是否停止侵害,要更为复杂。我国台湾地区(2014)台上 1611 判决认为:"按人格权受侵害时,得请求法院除去其侵害;有受侵害之虞时,得请求防止之。'民法'第 18 条第 1 款定有明文。""人格权侵害责任之成立以'不法'为要件;而不法性之认定,采法益衡量原则,就被侵害之法益、加害人之权利及社会公益,依比例原则而为判断;倘衡量之结果对加害人之行为不足正当化,其侵害即具有不法性。原审斟酌系争报道内

容属被上诉人与患者之私权争端,无涉公共利益,认系争报道已过度侵入被上诉人个人隐私,损害其名誉,上诉人应负侵害被上诉人人格权责任,自无违误。"

《民法典》第 999 条规定:"为公共利益实施新闻报道、舆论监督等行为的,可以合理使用民事主体的姓名、名称、肖像、个人信息等;使用不合理侵害民事主体人格权的,应当依法承担民事责任。"本条以使用是否合理作为是否承担民事责任的判断标准。

在刘翔诉《精品购物指南》报社肖像权纠纷一案中,刘翔除请求法院判令被告停止在《精品购物指南》封面使用其肖像的行为外,还要求被告对 2004 年第 80 期(总 1003 期)《精品购物指南》第 18 版中的肖像停止使用。北京市第一中级人民法院认为,由于在不构成侵权的条件下可以对肖像进行使用,故刘翔无权要求《精品购物指南》报社一概停止使用其肖像,更无权要求精品报社停止使用不构成侵权的千期专刊第 18 版中的肖像。①

3. 侵害民事权益的行为正在进行中

侵害行为正在进行中,如果不停止将导致损失的延续或者扩大的,停止侵害的责任方式就有适用的必要。停止侵害责任的核心是侵害的"停止",因此,对尚未发生和已经终止的侵害行为不适用停止侵害责任。

比如,在刘翔诉《精品购物指南》报社肖像权纠纷一案中,刘翔请求法院判令被告停止使用其肖像的行为。二审北京市第一中级人民法院认为,(《精品购物指南》)千期专刊已经发行,报社在千期专刊封面使用刘翔肖像的行为已经完成,故刘翔要求停止侵权行为,无法得到支持。②

对侵害时间的认定可扩大解释,即停止侵害责任不仅适用于正在进行的侵害行为,而且适用于很可能重复进行侵害的情况。例如,一个成年人经常殴打他的母亲,法院为保护被侵权人身体完整性发出了禁止令等。③

4. 停止侵害责任的承担无须以过错为要件

台湾地区"民法"上,由于人格权的重要性及绝对排他性,"民法"第 18 条规定了侵害除去及侵害防止请求权。这两种请求权都不具有侵权行为的性质,非属侵权法上的请求权,均不以故意或过失为要件,但其侵害须具有违法性。④《民法典》第 1167 条紧接着第 1165 条(过错责任原则)、第 1166 条(无过错责任原则),条文中没有明确适用何种归责原则。有观点认为,适用停止侵害等不需要归责原则。笔者认为,合法权益本身具有合法性,不得侵犯《民法典》第 3

---

① 参见北京市第一中级人民法院(2005)一中民终字第 8144 号民事判决书。
② 同上。
③ 参见〔德〕克雷斯蒂安·冯·巴尔:《欧洲比较侵权行为法》(下卷),焦美华译,法律出版社 2004 年版,第 167—169 页。
④ 参见王泽鉴:《人格权法:法释义学、比较法、案例研究》,北京大学出版社 2013 年版,第 387 页。

条)。侵害合法权益的行为,都需要停止,除非行为人能够提供正当性理由。"凡侵害人格法益的,原则上均具有不法性,除非加害人能证明有违法阻却事由的存在。"①侵害合法权益行为发生后,法律更看重让侵权行为尽快停止的结果,而不是去考察侵害行为的过错。行为人如果认为其行为具有正当性,则需要负担举证责任。如此一来,证明无须停止"侵害"的负担由行为人来承担,实际上转换了举证责任。以《民法典》第999条为例,为公共利益实施新闻报道、舆论监督等行为的,可以合理使用他人姓名、名称、肖像、个人信息。权利人认为其使用不合理的,可以要求其停止使用,而无须证明行为人行为的不合理性;行为人则需要证明其行为的合理性。

第1166条无过错责任采"不论有无过错"作为归责事由,停止侵害等责任方式也可以解释为适用无过错责任。如果权利人能够证明行为人存在过错时,行为人更应当承担停止侵害的责任。

在湖南王跃文诉河北王跃文等侵犯著作权、不正当竞争纠纷案中,法院查明,原告湖南王跃文系国家一级作家,擅长撰写官场小说,在全国范围内享有较高知名度,其1999年创作的小说《国画》,被"中华读书网"称为十大经典反腐小说的代表作。2004年6月,原告湖南王跃文在被告叶国军经营的叶洋书社购买了长篇小说《国风》。该书定价25元,由被告华龄出版社出版,被告中元公司负责发行。该书封面标注的作者署名为"王跃文",封三下方以小号字刊登的作者简介为:"王跃文,已发表作品近百万字,并触及敏感问题,在全国引起较大争议"。发行商中元公司给书商配发的该书大幅广告宣传彩页上,以黑色字体标注着"王跃文最新长篇小说""《国画》之后看《国风》""华龄出版社隆重推出""风行全国的第一畅销小说"等内容。另查明:被告河北王跃文原名王立山,后改名为王跃文。在《国风》一书出版前,未发表过任何文字作品。

原告湖南王跃文主张,四被告严重侵犯原告的著作权,且对原告构成不正当竞争,请求判令四被告:(1)停止侵权,公开赔礼道歉;(2)连带赔偿原告的经济损失50万元,原告为诉讼的合理开支3万元;(3)负担本案诉讼费用。

关于停止侵害部分,长沙市中级人民法院判令被告叶国军、河北王跃文、中元公司、华龄出版社立即停止对原告湖南王跃文的不正当竞争行为。关于叶国军部分,法院认为,被告叶国军从正规渠道进货,并在获取相关委托手续后才销售《国风》一书。作为一般图书经营者,叶国军已尽合理的注意义务,对本案的不正当竞争后果不具有主观过错,无须承担赔偿责任,但若继续销售《国风》一书,

---

① 参见王泽鉴:《人格权法:法释义学、比较法、案例研究》,北京大学出版社2013年版,第387、390页。

则是扩大不正当竞争损害后果,故应当停止销售。①

5. 损害后果已经出现或者将要出现

民事权益正在受到侵害又分为两种情况:一种情况是民事权益正在遭受侵害,损害后果已经显现。例如销售侵害他人注册商标的商品。另一种情况是侵害民事权益的行为正在进行中,损害后果还未显现,但如果行为不停止的话,损害后果就会出现。例如,正在印刷侵害他人名誉权的书籍,尚未造成他人名誉的贬损,但如果任其行为延续的话,损害后果将会出现。

6. 停止侵害请求权,不适用诉讼时效的规定

根据《民法典》第 196 条第 1 项、第 995 条第 2 款的规定,停止侵害、排除妨碍、消除危险以及消除影响、恢复名誉、赔礼道歉请求权,不适用诉讼时效的规定。

关于停止侵害、排除妨碍、消除危险。有观点认为,停止侵害、排除妨碍和消除危险是所有权和其他物权的功能,是以解决对物权权能的障碍、发挥物的效用、回复权利人对权利客体的支配为目的。根据物权的理论,无论经过多长时间,法律不可能任侵害物权的行为取得合法性。如果请求停止侵害、排除妨碍、消除危险的权利适用诉讼时效,将会发生物权人必须容忍他人对其物权进行侵害的结果,这对权利人不公平,也违反物权法基本理论。②

这一观点无法回答一个问题:损害赔偿请求权之所以存在,是因为对物权损害的存在,物权遭受损害,对权利人影响更大,适用诉讼时效,使得权利人丧失对他人的求偿权,必须容忍对物权的侵害,对权利人似乎更不公平。但是为何还要适用?

另有观点认为,物权请求权是物权效力的具体内容,只要物权存在,物权请求权就应当存在。作为物权权能的停止侵害、排除妨碍、消除危险请求权,也不应当因时效届满而消灭。③

关于人格权请求权。有观点认为,其不适用诉讼时效的理由有三:其一,人格权请求权不适用诉讼时效,可以在侵权损害赔偿之债超出诉讼时效后发挥作用。人格权遭受侵害或者妨碍,依据诉讼时效制度提起侵权损害赔偿丧失胜诉权时,受害人可以通过行使人格权请求权寻求救济,有利于强化对人格权的保护。其二,人格权请求权与诉讼时效的设立目的相冲突。诉讼时效本质上是一项财产上的制度,而人格权具有人身性。人格权请求权作为一项附随于人格权产生的权利,本身不应受到诉讼时效的限制。其三,人格权请求权的诉讼时效起

---

① 参见湖南省长沙市中级人民法院(2004)长中民三初字第 221 号民事判决书。
② 参见黄薇主编:《中华人民共和国民法典总则编解读》,中国法制出版社 2020 年版,第 657 页。
③ 参见最高人民法院民法典贯彻实施工作领导小组主编:《中华人民共和国民法典总则编理解与适用(下)》,人民法院出版社 2020 年版,第 989 页。

点难以确定。在人格权受到侵害或者妨碍的情形下,由于行为人的行为一直处于持续状态,诉讼时效无法确定起算点,因此,不应当适用诉讼时效。①

上述看法似乎都没有说明物权及人格权请求权为何都不适用诉讼时效的真正理由:其一,所谓"物权存在,请求权就应当存在"的观点,只是重复了结论,而并未说清楚请求权为何就应当存在的理由。其二,诉讼时效制度都不利于对权利人的保护,其制度重点原本就是要牺牲权利人的权利,维护交易安全,维持社会秩序的稳定。如果要强调对权利人的保护,把所有时效制度都废除才是最好的选择。其三,诉讼时效并非天然就是一项财产上的制度,能否适用于人格权,完全是一种立法选择。现在讨论的重点是为何要这样选择。其四,诉讼时效的起算点与加害行为是否一直持续无关。根据《民法典》第188条第2款,诉讼时效期间自权利人知道或者应当知道权利受到损害以及义务人之日起计算。加害行为一直持续,反倒更容易证明权利人的知道或者应当知道。

诉讼时效制度的设立,原本就是各种利弊权衡的结果。一方面是权利人权利的保护,另一方面是交易安全及社会生活秩序稳定的考量。我国台湾地区"民法"第1编第6章"诉讼时效"及第125条立法理由书认为:"规定请求权经若干年不行使而消灭,盖期确保交易之安全,维持社会秩序耳。""盖以请求权永久存在,足以碍社会经济之发展。"总结起来,诉讼时效制度存在理由有四:其一,保护债务人,避免因时日久远,举证困难,致遭受不利益。其二,尊重现存秩序,维护法律平和。其三,权利上之睡眠者,不值保护。其四,简化法律关系,减轻法院负担,降低交易成本。②

从这些理由看,似乎应当得出绝对权请求权同样应当适用诉讼时效的结论,而不是相反。

(二) 停止侵害责任的承担

侵害行为造成损害的,行为人除承担停止侵害责任外,还应当承担赔偿损失的责任。③

有些营业活动造成附近居民的侵害,如果停止营业对更多的人不利,则可采取特定时间暂停营业或者用金钱补偿等方法解决。④

二、排除妨碍

根据《民法典》第1167条的规定,侵权行为危及他人人身、财产安全的,被侵

---

① 参见最高人民法院民法典贯彻实施工作领导小组主编:《中华人民共和国民法典人格权编理解与适用》,人民法院出版社2020年版,第79页。
② 参见王泽鉴:《民法总则》,北京大学出版社2009年版,第410页。
③ 参见广东省广州市中级人民法院(2005)穗中法民二终字第1770号民事判决书。
④ 参见魏振瀛主编:《民法》(第8版),北京大学出版社、高等教育出版社2021年版,第811页。

权人可以请求侵权人承担排除妨碍的责任。

《民法典》第 236 条规定:"妨害物权或者可能妨害物权的,权利人可以请求排除妨害或者消除危险。"此处使用的是"排除妨害"。在解释上,应当认为排除妨害和排除妨碍为同一个意思。

妨碍行为可能针对物权(第 236 条),也可能针对人格权(第 995 条)。第 462 条第 1 款中段规定了针对占有的排除妨害:"对妨害占有的行为,占有人有权请求排除妨害或者消除危险"。第 286 条第 2 款规定了更为广泛的适用排除妨碍的行为:"业主大会或者业主委员会,对任意弃置垃圾、排放污染物或者噪声、违反规定饲养动物、违章搭建、侵占通道、拒付物业费等损害他人合法权益的行为",都可以请求行为人排除妨碍。《民法典》还在产品责任中规定了排除妨碍责任(第 1205 条)。排除妨碍是一种预防性救济措施,不要求受害人遭受实际的损失。如果因此遭受损失,自然可以主张损害赔偿。

(一)排除妨碍责任的构成要件

1. 存在妨碍他人正常行使民事权利或者享有民事权益的行为或者状态

妨碍状态多数是行为造成的,比如,堆放物品影响他人通行,违章建筑妨碍相邻一方通风、采光,在楼道内饲养动物,在他人建筑物上设置广告,将有害液体泄露在他人的土地上,等等。妨碍状态也有自然原因形成的,例如树根蔓延至相邻一方的土地。

排除妨碍与停止侵害关系密切,但二者针对的是不同的侵权事实。排除妨碍一般针对对权利的行使构成妨碍的行为或状态,停止侵害一般针对对权利本身构成侵害的行为。排除妨碍针对的妨碍对受害人的不利影响多表现为静态,而停止侵害针对的侵害对受害人的不利影响多表现为动态。

在有些场合,排除妨碍与停止侵害不容易区分清楚。

在梁某诉史某等侵权赔偿纠纷案中,法院查明,原告承包了属于磨湾村东洼组的石门荒沟,承包期限 20 年。合同约定,原告可根据需要对荒沟进行平整、改良。2010 年 6 月 6 日,原告租赁挖掘机、铲车各 1 台开始对石门荒沟进行平整时,二被告以该荒沟属于寺河村为由,阻挡机械施工,致使机械闲置 6 天。6 月 11 日,寺河乡村镇建设发展中心召集磨湾村、寺河村干部,依据两个村于 1992 年 3 月签订的权属界线协议书,经过双方现场指认界点,并经土地管理部门卫星定位、测绘界线图,确认原告承包的石门荒沟属磨湾村界内。6 月 12 日,原告重新开始施工。6 月 14 日早,被告段某再次阻挡机械施工,直至 6 月 18 日,致机械再次闲置 5 天。6 月 21 日,原告起诉,要求二被告立即停止对原告荒沟平整改良工程施工的阻挡,并赔偿因被告阻挡行为给原告造成的经济损失 2.2 万元。

河南省灵宝市人民法院认为,原告承包属于寺河乡磨湾村东洼组的石门荒沟,在对该荒沟进行工程施工时,二被告阻挡原告正常施工,二被告的行为属侵权行为,同时给原告造成了相应经济损失。原告要求二被告停止侵权行为,并赔偿因侵权行为给原告造成的经济损失 2.2 万元,合法有据,本院予以支持。法院判决:(1) 二被告不得对原告石门荒沟施工设置障碍或阻挡。(2) 二被告共同赔偿原告梁某经济损失 2.2 万元。①

在本案中,究竟适用停止侵害还是排除妨碍,判决书也语焉不详。笔者认为,本案中,被告的行为主要表现为妨碍了原告正常权利的行使,因此,适用排除妨碍更合适些。当然,在很多场合,适用停止侵害和排除妨碍都可以对原告加以救济,作更细致的区分并没有太多实益。原告在起诉时往往会同时提出停止侵害、排除妨碍的主张。

2. 妨碍行为或状态不具有正当性

妨碍行为或状态不具有正当性,是指妨碍行为或状态没有法律根据或者合同约定,缺乏合理性。有些妨碍同时造成他人财产损失,例如,在施工过程中,塔吊因超负荷砸坏了他人的房屋,并阻塞了通道。妨碍状态一般都给他人造成不便,但给予排除妨碍的救济,还需要看妨碍是否超过了合理的限度。现代社会,轻微的妨碍势所难免。妨碍状态是否超过了合理的限度,应当结合当时当地人们一般的观念判断。

3. 不以过错的存在为必要

根据《民法典》第 1167 条,被侵权人主张排除妨碍时,无须考虑侵权人的过错。这意味着,侵权人即使没有过错,也应当承担排除妨碍的责任。同时,如果侵权人存在过错,当然更应当承担排除妨碍的责任。

4. 不适用诉讼时效

根据《民法典》第 196 条第 1 项的规定,排除妨碍请求权不适用诉讼时效的规定。有关讨论参见停止侵害部分。

(二) 行为妨碍人与状态妨碍人

通过行为造成妨碍状态的人为行为妨碍人。妨碍状态的出现虽然与某人的行为无关,但是有责任排除这种妨碍的人为状态妨碍人。例如,他人在夜里把散发臭味的垃圾倒在甲使用的土地上,这些垃圾也给乙使用土地造成了无法忍受的状态。在这种情况下,甲是状态妨碍人,有责任清除这些垃圾。按照德国民法理论,此例中甲对其使用的土地为其责任领域,甲承担责任是由于"后果不法",责任性质属于"状态责任"。②

---

① 参见河南省三门峡市中级人民法院(2010)三民终字第 623 号民事判决书。

② 参见〔德〕迪特尔·施瓦布:《民法导论》,郑冲译,法律出版社 2006 年版,第 268 页;〔德〕马克西米利安·福克斯:《侵权行为法》,齐晓琨译,法律出版社 2006 年版,第 135 页;王泽鉴《民法物权》(第 2 版),北京大学出版社 2010 年版,第 132 页。

三、消除危险

根据《民法典》第 1167 条的规定，侵权行为危及他人人身、财产安全的，被侵权人可以请求侵权人承担消除危险的责任。与排除妨碍一样，消除危险属于预防性救济措施。《民法典》中规定有排除妨碍的地方，都有消除危险，比如，第 196 条、第 236 条、第 286 条、第 462 条、第 995 条、第 1167 条、第 1205 条。因此，二者适用的情形应当是一样的。

消除危险责任需要以下构成要件。

(一) 存在危及他人人身、财产安全的现实危险

何种情况下构成危险，应当根据一般社会观念确定，有的需要技术鉴定。例如，房屋将要倒塌，剧烈的机械震动使相邻一方的墙壁产生裂缝，从事高度危险作业没有按照规定采取必要的安全防护措施等。

危险必须是现实的，而不是主观臆想出来的。比如，家人怀孕，担心无线 wifi 对孕妇及胎儿产生危险，从而要求邻居都不能使用。就目前的科技认知来看，无线 wifi 应该不会对孕妇及胎儿产生危险。此种危险就是一种主观臆想的危险。通信公司通信基站的电磁辐射是否会造成危险，需要依靠科学来认定。①

消除危险针对的危险极有可能导致他人损害，但损害一般尚未发生。当然，也有损害已经发生，但还可能有更大损害发生的危险。此时，也存在消除危险的必要。比如，建筑物的部分墙体倒塌，砸坏受害人的部分财产。如果不及时消除危险的话，整个建筑物都可能倒塌，从而造成更大的损失。

(二) 危险的存在是由某人的行为或者其管理的物造成的

前者如企业从事拆迁作业等行为，后者如归某公司所有或者管理的危险建筑物等。

(三) 不以过错的存在为必要

危险状态如果不及时消除，很可能会给受害人造成现实的损失。因此，被侵权人主张消除危险时，无须考虑侵权人的过错。这意味着，侵权人即使没有过错，也应当承担消除危险的责任。如果侵权人存在过错，当然更应当承担消除危险的责任。

(四) 不适用诉讼时效

根据《民法典》第 196 条第 1 项的规定，消除危险请求权不适用诉讼时效的规定。有关讨论参见停止侵害部分。

---

① 参见江苏省无锡市新吴区人民法院 (2018) 苏 0214 民初 2851 号民事判决书。

四、返还财产

返还财产是指将侵占他人的特定财产返还给被侵权人。

《民法典》第179条第1款第4项规定的民事责任方式是返还财产。《民法典》第53条第2款、第196条使用的措辞是返还财产。同时,《民法典》还有多处条文使用的措辞是返还原物。比如,第235条规定:"无权占有不动产或者动产的,权利人可以请求返还原物。"此外,第312条、第460条、第462条等规定的也是返还原物。由此产生的问题是:返还财产和返还原物究竟是什么关系?从立法机关工作人员起草的释义书来看,自《物权法》《侵权责任法》《民法总则》到《民法典》,起草者并未刻意区分返还财产和返还原物。从这个角度,可以将二者视为同一含义,不进行区分。

基于合同、无因管理、不当得利、拾得遗失物等法律关系,也会发生返还财产。但是这些法律关系与侵权关系的性质不同,基于这些法律关系的返还财产与基于侵权的返还财产责任的性质不同。

返还财产责任需要以下构成要件:

(一)存在侵占或者以其他不合法方式占有他人特定财产的侵权行为

返还财产是侵权责任的方式,承担侵权责任需要以侵权行为构成为前提。因此,返还原物需要有侵占或者以其他不合法方式占有他人特定财产的侵权行为。

侵占他人的物是指非法占有他人的物,抢劫、盗窃、强行占有他人的物属于侵占,以其他不合法的方式占有他人财产的行为也属于侵占,例如,擅自长期占有或者使用他人的物。

(二)被侵占的财产是特定物或者被特定化的种类物

返还财产针对的财产应当是特定物或者已经被特定化的种类物。如果是一般可以替代的种类物,可以看作返还财产,也可以看作是以物进行的损害赔偿。

(三)相对人为无权占有人

占有人指现在占有其物的人,包括直接占有人和间接占有人。占有辅助人受他人指派而占有,不属于占有人。如果占有人享有正当权源,包括基于物权或者债的关系而占有的,即为有权占有,则不可以向其主张。只有无权占有人,才应当返还其占有的财产。[1]

(四)财产具备返还的条件

财产具备返还的条件,首先需要财产仍然存在且未被毁损。如果财产已

---

[1] 参见王泽鉴:《民法物权》(第2版),北京大学出版社2010年版,第120—122页。

经灭失,则没有返还的可能;如果财产没有灭失,但是已经被毁损,此时要看财产被毁损的程度,赋予被侵权人选择请求返还财产或者赔偿损失的权利。其次,返还财产的成本应当是合理的。如果返还财产的花费甚巨,则应当赔偿损失。

当财产被转卖无法追回时,可以返还价款作为返还财产的替代。

在路某与韩某返还财产纠纷上诉案中,河南省辉县人民法院查明:本案争议车辆(车号为豫 E34591 及挂车豫 E4473)由万某从安阳国安运销有限责任公司购买,后万某以 10.75 万元的价格卖给了路某,路某将车款付清。2005 年 6 月 3 日,路某与安阳国安运销有限责任公司补办了买卖协议。之后,路某交由韩某帮助运输。其间,韩某私自将该车变卖,得款 5 万元。

辉县法院认为:路某从他人手中购买的车辆,并有证据证明该车的所有权归其所有,韩某使用后在未征得路某同意的情况下私自将车卖掉,其行为已构成侵权,理应承担相应的赔偿责任,路某现要求韩某返还车辆或赔偿损失理由正当,应予以支持,但该车辆韩某已经卖掉,现对其价格也无法认定,应按照韩某销售车辆所得实际价款予以返还路某为宜,不足部分待路某证据充分后,可另行主张。①

在我国台湾地区"民法"上,返还财产属于损害赔偿中回复原状的范畴。②

(五)关于诉讼时效

根据《民法典》第 196 条第 2 项的规定,不动产物权和登记的动产物权的权利人请求返还财产请求权,不适用诉讼时效的规定。不动产物权和登记的动产物权,权利状态清晰,他人长期占有也不会发生权利状态不清晰的情况。返还财产不适用诉讼时效,不会发生破坏既存生活秩序的后果。③

五、恢复原状

《民法通则》第 117 条第 2 款曾规定:"损坏国家的、集体的财产或者他人财产的,应当恢复原状或者折价赔偿。"《民法典》中没有类似规定。

恢复原状有狭义、广义和最广义之分。狭义的恢复原状是指将受到损坏的物恢复到侵权行为发生之前的状态,包括动产修理、不动产修缮、填平被挖掘的土地、恢复被填平的湖泊、修复被堵塞的航道等。广义的恢复原状是指将受到损害的民事权益恢复到受侵害之前的状态,但金钱赔偿除外。最广义的

---

① 参见河南省新乡市中级人民法院(2010)新中民四终字第 136 号民事判决书。
② 参见王泽鉴:《财产上损害赔偿》(三),载台湾《月旦法学》第 135 期。
③ 参见黄薇主编:《中华人民共和国民法典总则编解读》,中国法制出版社 2020 年版,第 658—660 页。

恢复原状是指将受到损害的民事权益恢复到受侵害之前的状态,包括金钱赔偿在内。①

需要注意的是,恢复原状旨在恢复他方在损害发生前的原状,其应恢复的并非原来的状态,而是应有的状态,须将损害事故发生后的变动状况考虑在内。②

在我国,恢复原状与回复原状的含义相同。《民法通则》《侵权责任法》及《民法典》都使用"恢复原状"一词,并采狭义的恢复原状概念。

恢复原状在具体场合中可以有具体的表现形式。比如,2020年修订后的《审理环境侵权案件的解释》第13条、第14条将原来的"恢复原状"改为"修复生态环境"。这一方面是为了因应《民法典》第七编第七章将《侵权责任法》第八章的"环境污染责任"改为"环境污染和生态破坏责任",另一方面也说明,在环境污染尤其是生态破坏领域,恢复原状的具体表现就是修复生态环境。

恢复原状责任需要以下构成要件:

(一) 动产或者不动产受到损坏

动产或者不动产的损坏是指其外在形态被破坏、变形或者内在质量降低,影响了原有的使用功能,降低了原有的价值。

(二) 恢复原状有可能和必要

恢复原状有可能是指可以将被损坏的物恢复到受侵害前的状态,无法修复的不适用恢复原状责任。恢复原状有必要,主要是从成本角度考虑的。如果恢复原状花费过巨,甚至超过了被损坏的物的价值,一般不适用恢复原状责任。

我国台湾地区"民法"使用"回复原状"一词。回复原状为损害赔偿法的基本目的,以保护完整利益,即恢复损害发生前状态的利益,旨在除去权益受侵害所生的损害。③ 台湾地区"民法"第213条第1项规定:"负损害赔偿责任者,除法律另有规定或契约另有订定外,应回复他方损害发生前之原状。""民法"同时保护价值利益,即因加害事由致使被害人财产受有损害而减少的价值。第215条规定:"不能回复原状或回复显有重大困难者,应以金钱赔偿其损害。"灭失之物如果是具代替性的新物,则应赔偿同类的新物;如果是具代替性的旧物,则应赔偿同类等价物。仅在灭失物为不可替代物时,才以金钱赔偿。

回复原状有回复原有状况与回复应有状况之分。原有状况,指损害事故发生时之状况。例如偷窃一百元,一个月后返还一百元,为回复原有状况。一个月期间可能孳生的利息,未加考虑。应有状况,指损害事故终结时之状况。例如偷

---

① 参见魏振瀛主编:《民法》(第8版),北京大学出版社、高等教育出版社2021年版,第814页。
② 参见王泽鉴:《损害赔偿》,北京大学出版社2017年版,第117页。
③ 同上书,第114—115页。

窃一百元,一个月后返还一百元及法定孳息,为回复应有状况。回复原状,本于赔偿全部损害之理念,以回复应有状况为其内涵。①

1999年台湾地区"民法"债编修订时,增加第213条第3项规定:"第1项之情形,债权人得请求支付回复原状所必要之费用,以代替回复原状。"此项修订被认为是损害赔偿金钱化的一项重大制度性变革。其立法理由认为,民法损害赔偿之方法,以回复原状为原则,金钱赔偿为例外。然回复原状,若必由债务人为之,对被害人有时可能缓不济急,或者不能符合被害人之意。为期合乎实际需要,并使被害人获得更周密之保障,爰参考《德国民法典》第249条后段之立法例,增设第三项,使被害人得请求回复原状所必要之费用,以代回复原状。②

我国台湾地区"民法"以回复原状为原则,金钱赔偿为例外。我国大陆地区正好相反,受害人财物受损,多数给予金钱赔偿救济而不是恢复原状。

在浙江中隧建设投资有限公司等与张某等财产损害赔偿纠纷上诉案中,陕西省榆林市中级人民法院认为,根据我国有关法律规定:国家、集体、公民的合法财产受法律保护,禁止任何组织、个人侵犯、破坏,否则要恢复原状或折价赔偿。张某等四人的住房属合法财产,浙江中隧建设投资有限公司在施工中实施爆破作业,致使其房屋裂缝受损,故应当对房屋裂缝的损失承担赔偿责任。陕西红柠铁路有限公司属工程的发包人,当张某等人的房屋出现裂缝后,书面承诺对损坏房屋进行赔偿,但一直未作赔偿,故应对房屋损失承担连带赔偿责任。③

本案中,上诉人施工爆破致使被上诉人房屋裂缝受损,法院没有判决恢复原状,而是判决赔偿损失,符合我国大陆地区法院的通行做法。

我国台湾地区"民法"上的回复原状,在实际操作中也常面临转换为金钱赔偿的情况。"回复原状之全部或者一部带有行为给付之色彩。赔偿义务人单纯之行为不能强制执行,影响所及,回复原状于诉讼外虽具几乎绝对之功能,诉讼上所具之功能相对有限,常见其最终必须转换为金钱赔偿之尴尬场面。"④

六、赔礼道歉

赔礼道歉是指侵权人承认其行为错误、并就其行为给被侵权人造成的不利后果表示歉意。

赔礼道歉是一种精神性的责任方式,它所针对的是被侵权人遭受的精神损害。但是,赔礼道歉和赔偿精神损失是两回事情。通过赔礼道歉加以救济的精

---

① 参见曾世雄:《损害赔偿法原理》,詹森林续著,新学林出版股份有限公司2005年版,第176页。
② 参见王泽鉴:《财产上损害赔偿(三)》,载台湾《月旦法学》第135期。
③ 参见陕西省榆林市中级人民法院(2010)榆中法民二终字第203号民事判决书。
④ 参见曾世雄:《损害赔偿法原理》,詹森林续著,新学林出版股份有限公司2005年版,第177页。

神损害,不是必然要给予精神损害赔偿。是否给予精神损害赔偿,需要看有关精神损害赔偿的规定。

2001年《精神损害赔偿解释》第8条曾规定:"因侵权致人精神损害,但未造成严重后果,受害人请求赔偿精神损害的,一般不予支持,人民法院可以根据情形判令侵权人停止侵害、恢复名誉、消除影响、赔礼道歉。因侵权致人精神损害,造成严重后果的,人民法院除判令侵权人承担停止侵害、恢复名誉、消除影响、赔礼道歉等民事责任外,可以根据受害人一方的请求判令其赔偿相应的精神损害抚慰金。"本条规定强调精神损害赔偿与侵权后果严重程度的关系,这一点与《侵权责任法》第22条、《民法典》第1183条的规定是一致的。造成他人精神损害的,可以是他人人身权益的损害,也可以是他人财产权益的损害。比如,放火将他人房屋烧毁,导致他人颠沛流离,居无定所。此时他人要求赔礼道歉,似乎不是过分的要求。在前文讨论过的湖南王跃文诉河北王跃文等侵犯著作权、不正当竞争纠纷案中,长沙市第一中级人民法院认为,赔礼道歉是人身权利受到侵害时,侵权人承担民事责任的方式。由于各被告的行为不构成侵犯著作权,故对此项诉讼请求不予支持。① 此结论似乎有待斟酌。按照《侵权责任法》第22条的规定,给予精神损害赔偿的只能是人身损害,不等于说给予赔礼道歉也只能针对人身损害。

赔礼道歉有助于抚慰被侵权人的精神伤害,化解矛盾,维护社会和谐,具有其他责任方式不可替代的作用。

赔礼道歉可以是口头的,也可以是书面的。在诉讼过程中,如果侵权人现场口头道歉或者在诉讼外进行了道歉,被侵权人接受的,则无须再进行书面赔礼道歉。但赔礼道歉是侵权人向受害人表达歉意的方式,其目的在于受害人所受精神伤害的慰藉。如果口头道歉无法得到受害人谅解,则应当继续道歉。

在"上诉人艺龙网信息技术(北京)有限公司(以下简称艺龙网公司)与被上诉人葛优肖像权纠纷一案"中,艺龙网公司二审主张其在葛优起诉后及时删除了涉案微博且发表了致歉声明,故一审法院不应判决其再次于微博中道歉。

二审北京市第一中级人民法院认为,艺龙网公司该项上诉主张不应予以支持,理由有二:

其一,赔礼道歉作为一种向对方表示歉意进而请求对方原谅的表达行为,既是道德责任,也是法律责任,两种责任的区别在于,作为民事法律责任承担方式,法律赋予了其强制性的力量。当赔礼道歉作为民事责任承担方式以法院判决的形式作出时,能够更有效地平息当事人之间的纷争,并对社会形成行为指引,其起到的社会效果、公示效果及法律效果与当事人在诉讼之外的道歉显然不同。

---

① 参见湖南省长沙市中级人民法院(2004)长中民三初字第221号民事判决书。

因此，艺龙网公司认为其诉讼之外的主动道歉等同于法院判决赔礼道歉的观点不能成立。

其二，赔礼道歉作为民事责任承担方式的一种，具有承认错误、表示歉意并请求对方谅解的功能，是对被侵权人内心伤害的一种填补。与其他责任承担方式不同的是，赔礼道歉的效果难以量化。因此，当一方当事人在诉讼之外已经进行赔礼道歉，但并未得到被侵权人的谅解，且被侵权人在诉讼中仍然坚持要求法院判决赔礼道歉时，法院应对诉讼外的道歉予以审查，确定道歉是否已经达到了应达到的效果，即是否对被侵权人的内心伤害予以弥补。

本案中，艺龙网公司确实发布了含有致歉内容的微博，但从整体来看，上述致歉微博的语气表达轻松诙谐，缺乏严肃性，且再次涉及宣传品牌的表述。在葛优不认可该致歉微博且坚持要求法院判决赔礼道歉的情况下，本院认为，上述致歉微博不能达到相应的致歉效果。故在艺龙网公司确实侵犯了葛优肖像权的情形下，一审法院判决艺龙网公司在其微博上公开发布致歉声明并无不当。①

诉讼中，法院如果支持原告要求被告赔礼道歉的请求，判词往往如下：被告于本判决生效后 10 日内向原告书面致歉，内容需经本院审核，逾期不执行的，本院将在相关媒体上刊登本判决书的主要内容，所需费用由被告承担。② 这种做法被《民法典》吸收。《民法典》第 1000 条第 2 款规定：行为人拒不履行前款规定的民事责任的（即消除影响、恢复名誉、赔礼道歉），人民法院可以采取在报刊、网络等媒体上发布公告或者公布生效裁判文书等方式执行，产生的费用由行为人负担。这种执行方式究竟能否起到赔礼道歉应有的效果，值得反思。

有学说认为，赔礼道歉必须是侵权人发自内心地承认错误、表示歉意，因此，赔礼道歉属于不可代替行为，不可强制执行。法院采用刊登判决书的方式，仅仅起到了消除影响或者恢复名誉的效果，不宜作为赔礼道歉的替代方式。赔礼道歉能否作为一种法律责任的方式，也值得讨论。③ 笔者认为，赔礼道歉的重点不在于侵权人内心的感受，而在于受害人内心的感受。侵权人被迫道歉可能比自愿道歉更能慰藉受害人精神受到的伤害。因为侵权人不愿意就放弃让其赔礼道歉，其合理性值得商榷。法院判决认定侵权人需要赔礼道歉的，赔礼道歉就成为判决内容。不履行法院判决，可以适用《民事诉讼法》第 260 条后段的规定，即被执行人未按判决、裁定和其他法律文书指定的期间履行其他义务的，应当支付迟延履行金。如果拒不履行，可以一直计算迟延履行金。迟延履行金将赔礼道歉

---

① 北京市第一中级人民法院(2018)京 01 民终 97 号民事判决书。
② 参见北京市第一中级人民法院(2017)京 01 民终 509 号民事判决书。
③ 参见吴小兵：《赔礼道歉的合理性研究》，载《清华法学》2010 年第 6 期。

从行为义务变成金钱义务,可以适用拒不履行财产责任的规则。

七、消除影响、恢复名誉

加害行为给他人造成不良影响的,被侵权人可以请求侵权人消除影响。

加害行为贬损他人名誉的,被侵权人可以请求侵权人为其恢复名誉。

《民法通则》第134条和《侵权责任法》第15条将消除影响和恢复名誉放在一项中规定,主要是因为二者关系密切。《民法典》第179条延续了这种做法。在侵害名誉权的场合,消除影响可以作为恢复名誉的方法。但是,二者所针对的侵权行为有所不同。消除影响的目的在于澄清因被告行为导致的不实事实。此种不实事实不限于涉及名誉的不实事实,因此,消除影响和恢复名誉不必然总是同时适用。

在上海帕弗洛文化用品有限公司诉上海艺想文化用品有限公司擅自使用知名商品特有名称、包装、装潢纠纷案中,上海市第一中级人民法院认为,原告从2004年起就开始经营"毕加索"书写工具,并将现有设计运用到商品的包装装潢上。被告于2008年5月成立,生产、销售"毕加索金笔"。原、被告双方生产、销售的是同类商品,属于同业竞争者。从原、被告双方商品名称及其包装装潢的比对情况可以看出,无论是商品名称(包括"毕加索"及902、903、908各型号与款式的名称)、"毕加索"、中英文标识的组合方式及其标注的位置,还是钢笔装潢与包装装潢上图案、文字与色彩的组合方式,被告均与原告的上述信息形成一一对应关系(除902A钢笔的笔盒外)。被告对原告所述两者近似性的对比情况亦表示无异议,故原、被告双方生产、销售的902、903、908型钢笔的商品名称与包装装潢构成近似(除902A钢笔的笔盒以外)。被告的关联公司通过在香港注册含有"毕加索"或与之相近的企业名称,在国家商标局与香港商标注册处分别申请注册了"毕加索"等商标。被告在系争商品上标注了上述未核准注册的商标标识以及香港公司的名称,使用与原告商品极其近似的标识与装潢,并在网上大肆做宣传,故被告从设立之初就存在仿冒原告商品名称及其包装装潢的故意,且主观恶意明显。仿冒他人商品的商品名称、包装装潢是一种违反公平和诚实信用原则的不正当竞争行为,其行为会造成消费者对商品的误认和误购。同时,由于原、被告双方销售的是同类商品,而被告的商品价格与原告的价格相比明显较低,故被告的行为还将直接损害原告的经济利益与商品信誉。因此,尽管原告在本案中主张其商品为知名商品的请求未获支持,但基于原告成立在先,经过数年经营已形成一定规模并有相应的消费群体,而被告生产、销售故意仿冒原告"毕加索"商品名称与包装装潢的商品,违反了公平与诚实信用原则,故被告的行为对原告构成了不正当竞争。被告实施了不正当竞争行为,依法应当承担停止侵害、消除影响并赔偿损失的民事责任。据此法院判定,被告于本判决生效之日起立即停止对原告的不正当竞争行为;被告于本判决生效之日起 30 日内就其不正当竞争行为在《新民晚报》上刊登声明以消除影响,声明内容须经法院审核。[1]

本案中,被告不正当行为给原告造成了损失,同时其行为会造成消费者对商品的误认和误购。因此,法院判决被告停止侵害、消除影响并赔偿损失。但是,被告行为并未给原告名誉造成影响,因此无须判决被告承担恢复名誉的责任。

随着人权观念和人格权观念的增强,消除影响和恢复名誉就显得更加重要。消除影响和恢复名誉难以用其他责任方式替代。

《民法典》第 1000 条第 1 款规定:行为人因侵害人格权承担消除影响、恢复名誉、赔礼道歉等民事责任的,应当与行为的具体方式和造成的影响范围相当。为消除影响和恢复名誉责任所应采取的措施,应当结合侵权行为的具体情况和后果而定。应当在不良影响和贬损名誉所及的范围内,采取妥当措施;既不应敷衍了事,也要避免方式不当反而扩大不良影响和贬损名誉。

八、侵权责任方式的开放性

侵权责任方式应当能够救济受害人遭受的不利益。故而,侵权责任的方式取决于受害人遭受的不利益。《民法典》规定的是主要的侵权责任方式。既然是"主要",意味着还有其他责任方式,即侵权责任方式具有开放性。侵权责任方式的开放性体现在法律可以有特别规定,还体现在人民法院在审判实践中可以根据案件具体情况适用民事责任方式。

现代社会是高科技社会、高风险社会、注重人格尊严的社会,伴随而来的是民事权益种类的增多,侵权的方法多样,侵权责任方式也应当有所发展。侵权责任方式既要贯彻法定原则,又要灵活适用;既要充分保护民事权益,又要不限制人们的自由。[2]

---

[1] 参见上海市第一中级人民法院(2009)沪一中民五(知)初字第 20 号民事判决书。
[2] 参见魏振瀛主编:《民法》(第 8 版),北京大学出版社、高等教育出版社 2021 年版,第 816 页。

第十一章　侵权责任的免责事由

侵权责任的免责事由,是指免除或者减轻侵权责任的条件。有些学者将免责事由称为抗辩事由。在我国台湾地区,由于学说继受德国理论,强调违法性,因此将免责事由称为违法阻却事由。①

顾名思义,免责事由的作用在于免除或者减轻行为人的侵权责任。这一概念也意味着,免责事由存在的前提是侵权行为已经构成。按照侵权法的思维模式,在逻辑顺序上,侵权行为构成要件具备后,如果没有免责事由,则会有侵权责任的成立。免责事由是从结果上免除或者减轻行为人的侵权责任,因此,将其称为免责事由更确切一些。

免责事由可以分为特殊免责事由和一般免责事由。

所谓特殊免责事由,是指仅适用于某些侵权责任的免责事由,比如,《产品质量法》第41条第2款规定:"生产者能够证明有下列情形之一的,不承担赔偿责任:(一)未将产品投入流通的;(二)产品投入流通时,引起损害的缺陷尚不存在的;(三)将产品投入流通时的科学技术水平尚不能发现缺陷的存在的。"再比如,《民法典》第1224条第1款规定:"患者在诊疗活动中受到损害,有下列情形之一的,医疗机构不承担赔偿责任:(一)患者或者其近亲属不配合医疗机构进行符合诊疗规范的诊疗;(二)医务人员在抢救生命垂危的患者等紧急情况下已经尽到合理诊疗义务;(三)限于当时的医疗水平难以诊疗。"

所谓一般免责事由,是指对一般侵权责任都适用的免责事由。下面讨论的免责事由,就是指一般免责事由。

一般认为,侵权责任的免责事由可以分为两大类:正当理由和外来原因。

作为免责事由的正当理由包括依法执行公务、正当防卫、紧急避险、自助行为、受害人同意与自甘风险、无因管理。在正当理由作为免责事由的场合,行为人的行为造成了受害人的损失,因此构成侵权行为。但是,行为人的行为具有正当理由,从而抵消或者阻却了行为侵害他人权益的不法性,因此,可以免除或者减轻行为人的责任。

作为免责事由的外来原因包括不可抗力、意外事件、受害人过错、第三人过错。在外来原因作为免责事由的场合,行为人的行为造成了受害人的损失,因此构成侵权行为。但是,是其他原因促成了行为人的行为,或者行为人的行为并非

---

① 参见王泽鉴:《侵权行为》(第三版),北京大学出版社2016年版,第268—293页。

导致损失的唯一原因,多因一果使得行为人承担责任或者承担全部责任失去正当性。因此,需要免除或者减轻行为人的侵权责任。

总体而言,无论是正当理由还是外来原因,都使得行为人的行为具有某种正当性,从而可以免除或者减轻责任。

第一节 正当理由

一、依法执行公务

（一）依法执行公务的概念

作为免责事由的依法执行公务,是指造成他人损害的侵权行为是国家机关工作人员依照法律授权执行公务的行为,比如,依法限制犯罪嫌疑人或者罪犯的人身自由、依法剥夺死刑犯的生命等。按照国家形成理论,社会个体将一定的权利让渡给国家,由国家基于社会成员整体的考虑,行使一定的公共管理职能。这些公共管理职能的行使,可能会给社会个体造成损失。由于这种损失是公共权力行使必须付出的代价,所以,需要受损失的个体加以容忍,依法执行公务的行为人无须承担侵权责任。

《侵权责任法》及《民法典》的多个专家建议稿中,都将依法执行公务作为了免责事由,但是《侵权责任法》第三章关于"不承担责任和减轻责任的情形"的规定中,没有依法执行公务免责的内容。法律起草机关对此的解释是:其一,国家工作人员依法履行职责不存在过错,自然免责;其二,国家机关工作人员执行职务的行为主要应由行政管理方面的法律来规定。[①]《民法典》延续了《侵权责任法》的做法,总则编第八章"民事责任"和侵权责任编第一章"一般规定"中都没有将依法执行公务规定为免责事由。但是,客观上,国家机关在依法行使职权时给执行对象造成损失,是无须承担责任的。比如,行政机关依法对犯罪嫌疑人采取了限制人身自由的强制措施的,无须因此而承担责任。另外,国家机关及其工作人员如果有《国家赔偿法》规定的情形,则要承担责任。《国家赔偿法》第2条第1款规定:"国家机关和国家机关工作人员行使职权,有本法规定的侵犯公民、法人和其他组织合法权益的情形,造成损害的,受害人有依照本法取得国家赔偿的权利。"

上述两方面的情况产生了这样的问题:执行公务的行为可能免除责任,也可能承担责任。如果存在《国家赔偿法》规定的情形,则产生国家赔偿责任。如果不属于履行公职权、在从事一般民事活动时造成他人损害,则要根据《民法典》的

---

① 参见王胜明主编:《中华人民共和国侵权责任法释义》,法律出版社2010年版,第132页。

一般规定判断是否要承担民事责任。但是，依然还存在一些模糊地带。比如，在夜查醉酒驾车时，为了防止违法驾驶者拒不停车或者突然加速驾车逃跑、甚至撞伤民警的情况发生，交通警察使用拦车破胎器，由此给车辆、驾驶人甚至路人造成损失的，是否应当予以赔偿？又如，警察搜查犯罪嫌疑人的身体，因此侵害了犯罪嫌疑人的身体甚至隐私，是否应当承担责任？再比如，歹徒劫持车辆，警察在解救过程中，造成了车上游客伤亡，警察是否应当承担责任？城管机关拆除违章建筑，造成相邻房屋松动、倒塌，是否要承担责任？

可见，在确定承担国家赔偿责任及民事责任，以及确定可以免责的中间地带，存在着需要具体判断的情形。由此，就需要讨论执行公务免责的正当性以及是否需要承担责任的界限。

（二）依法执行公务的正当性

国家机关及其工作人员承载着人民的信任，为人民提供服务。因此，执行公务当然也是为了社会或者大多数人的公益。执行公务侵犯他人利益是否可以免责的问题，就转化成了社会或者大多数人利益与少数人或者个人利益之间的权衡问题。

社会或者大多数人利益与少数人或者个人利益能够同时兼顾，是一个理想状态。但在多数情况下，为了社会或者大多数人的利益，不得已必须牺牲少数人或者个人的利益。由此，我们讨论的问题就出现了。

执行公务行为之所以可以免责的正当性在于，我们推定执行公务是为了整个社会或者更多人的利益，不得已只好牺牲个人或者少数人的利益。反过来，如果不是为了整个社会或者更多人的利益，侵犯他人的权益，就要承担责任。比如，个人私自限制他人人身自由要承担责任，一方面是为了受害人的合法权益，另一方面也是为了整个社会的秩序。所以，让侵犯他人权益的个人承担责任和让侵犯他人合法权益的执行公务的国家机关及其工作人员不承担责任，都是为了社会整体的利益、为了社会的秩序。换言之，国家机关及其工作人员之所以侵犯他人合法权益、却不承担责任，其正当性不在于不构成侵权，而是因为社会整体利益使得该种行为具有了正当性，因此可以免责。少数人或者个人的利益并非天然不应当保护，归根到底，社会或者大多数人的利益，也是由个人或者少数人的利益组成的。少数人或者个人的利益之所以被牺牲，是当其和社会以及大多数人利益冲突的时候，没有办法得到兼顾。人类对犯罪的界定和惩罚也是如此。正如涂尔干所言：如果一种行为触犯了强烈而又明确的集体意识，那么这种行为就是犯罪。[①] 我们不该说一种行为因为是犯罪才会触犯集体意识，而应该说正是因为它触犯了集体意识才是犯罪。

---

① 〔法〕埃米尔·涂尔干：《社会分工论》，渠东译，生活·读书·新知三联书店2000年版，第43页。

因此,在执行公务过程中,除非是为了社会整体利益或者大多数人的利益不得已必须牺牲少数人的利益,否则,不能侵犯少数人的利益。换言之,如果能够兼顾少数人或者个人的利益,就一定要兼顾。这就是执行公务的界限。如果超出了这个界限,就可能要承担责任。

比如,警察对犯罪嫌疑人依法采取相应强制措施,目的是要确保犯罪嫌疑人配合对其进行询问、讯问或者羁押。所以,只要这一目的能够实现,就不能采取更多的强制措施。如果执行公务或者采取强制措施超出了必要的限度,其正当性就会减弱或者消失。因为在必要的限度内,社会整体利益就可以得到维护。超出了必要限度,就不再是维护社会整体利益了,反倒是损害社会整体利益,就又回到了侵权的范畴。

所以,执行公务造成他人利益受损能否免责的关键,不在于权利该不该保护,而在于是否为维护社会整体利益所必要。如果必要,则具有正当性,可以免责;反之则不可以免责。在具体判断时,可以根据比例原则进行目的与手段之间的利益衡量。按照适当性审查、必要性审查和均衡性审查的三阶审查步骤展开。适当性原则审查手段是否有助于目的实现;在此基础上,必要性原则要求在所有相同有效实现目的的手段中必须选取最温和、对权利损害最小的手段;最后,均衡性原则进一步审查手段产生的损害与目的追求的利益之间的平衡性。[①]

二、正当防卫

(一) 正当防卫的概念

正当防卫,是指为了使公共利益、本人或者他人的财产或人身免于正在遭受的不法侵害而对行为人采取的防卫措施。正当防卫属于适法行为,因正当防卫造成损害,不承担民事责任。但超出必要限度造成不应有损害的,则承担适当的责任。

《民法典》延续了《民法通则》第128条、《侵权责任法》第30条关于正当防卫的规定。其第181条规定:"因正当防卫造成损害的,不承担民事责任。正当防卫超过必要的限度,造成不应有的损害的,正当防卫人应当承担适当的民事责任。"

《民法典》中没有关于正当防卫的界定。《民法典总则编解释》第30条规定:"为了使国家利益、社会公共利益、本人或者他人的人身权利、财产权利以及其他合法权益免受正在进行的不法侵害,而针对实施侵害行为的人采取的制止不法侵害的行为,应当认定为民法典第一百八十一条规定的正当防卫。"

---

① 参见蒋红珍:《比例原则适用的范式转型》,载《中国社会科学》2021年第4期。纪海龙:《比例原则在私法中的普适性及其例证》,载《政法论坛》2016年第3期。

（二）正当防卫的条件

正当防卫属于私力救济，必须有严格的条件限定，否则社会秩序将会受到损害。作为免责事由，正当防卫必须具备以下条件：(1) 防卫必须出于正当的目的，即防卫目的不是为了伤害他人，而是为了避免国家利益、社会公共利益、本人或者他人的人身权利、财产权利以及其他合法权益遭受侵害。对于自然人来说，正当防卫主要针对侵害物质性人身权及物权的行为。(2) 防卫必须针对正在进行的、现实的不法侵害行为。不能在侵害行为已经结束或者尚未开始时对他人实施防卫行为，也不能对臆想的侵害行为采取所谓的防卫措施。(3) 防卫必须对行为人本人实施，而不能对行为人以外的人实施。因为防卫的目的是为了制止侵害的发生，所以只能对行为人本人实施。(4) 防卫不能超过必要的限度造成不应有的损害。所谓必要的限度，一般以足以防止或者制止侵害行为为标准，只要是为了制止不法行为所必需，就不认为是超越了必要的限度。《民法典总则编解释》第31条规定："对于正当防卫是否超过必要的限度，人民法院应当综合不法侵害的性质、手段、强度、危害程度和防卫的时机、手段、强度、损害后果等因素判断。经审理，正当防卫没有超过必要限度的，人民法院应当认定正当防卫人不承担责任。正当防卫超过必要限度的，人民法院应当认定正当防卫人在造成不应有的损害范围内承担部分责任；实施侵害行为的人请求正当防卫人承担全部责任的，人民法院不予支持。实施侵害行为的人不能证明防卫行为造成不应有的损害，仅以正当防卫人采取的反击方式和强度与不法侵害不相当为由主张防卫过当的，人民法院不予支持。"

在司法实务中，正当防卫的认定比较困难。在因琐事发生争执扭打造成伤害的案件中，一方甚至双方往往都会主张正当防卫。但由于证据问题，此种主张一般难以得到支持。或许正是因为这样的原因，认定正当防卫构成的民事判决并不多见。涉及正当防卫的刑事案件较多。同时，随着视频录制手段的普及，侵害与防卫之间的细节也容易再现。例如，2018年8月27日夜晚江苏省昆山市发生的于海明正当防卫事件，现场视频起了至关重要的作用。[①]

三、紧急避险

（一）紧急避险的概念

紧急避险，是指为了防止公共利益、本人或者他人的合法权益免受正在发生的紧急危险，不得已而采取的损害另一较小利益的行为。

[①] 参见《检例第47号：于海明正当防卫案》，载《最高人民检察院公报》2019年第1号（总第168号）第26—28页。天津市第一中级人民法院（2018）津01刑终326号刑事判决书，最高人民法院指导案例144号：张那木拉正当防卫案。

《民法通则》第 129 条曾规定:"因紧急避险造成损害的,由引起险情发生的人承担民事责任。如果危险是由自然原因引起的,紧急避险人不承担民事责任或者承担适当的民事责任。因紧急避险采取措施不当或者超过必要的限度,造成不应有的损害的,紧急避险人应当承担适当的民事责任。"《侵权责任法》第 31 条曾规定:"因紧急避险造成损害的,由引起险情发生的人承担责任。如果危险是由自然原因引起的,紧急避险人不承担责任或者给予适当补偿。紧急避险采取措施不当或者超过必要的限度,造成不应有的损害的,紧急避险人应当承担适当的责任。"《民法典》第 182 条分三款延续了上述规定:"因紧急避险造成损害的,由引起险情发生的人承担民事责任。""危险由自然原因引起的,紧急避险人不承担民事责任,可以给予适当补偿。""紧急避险采取措施不当或者超过必要的限度,造成不应有的损害的,紧急避险人应当承担适当的民事责任。"

《民法典》中没有关于紧急避险的界定。《民法典总则编解释》第 32 条规定:"为了使国家利益、社会公共利益、本人或者他人的人身权利、财产权利以及其他合法权益免受正在发生的急迫危险,不得已而采取紧急措施的,应当认定为民法典第一百八十二条规定的紧急避险。"紧急避险对物权和物质性人身权具有意义。

(二)紧急避险的条件

紧急避险属于私力救济,因此必须有严格的条件限定,否则社会秩序将会严重受损。作为免责事由,紧急避险必须具备以下条件:(1) 必须是国家利益、社会公共利益、本人或者他人的人身权利、财产权利以及其他合法权益遭遇现实存在的急迫危险。所谓急迫危险,指近在眼前、刻不容缓。此类案件需要从严认定,故饥饿不能作为偷窃面包的借口,无屋栖身不足以作为占有他人住宅的理由。① (2) 必须是在不得已的情况下采取的紧急措施。所谓不得已,是指如果不采取紧急避险措施将会有严重后果。(3) 避险行为应当措施适当或者不得超过必要的限度。由于紧急避险行为的采取一定发生在万分紧急的情况下,因此,这里的必要限度不应要求过于苛刻。《民法典总则编解释》第 33 条第 1 款规定:"对于紧急避险是否采取措施不当或者超过必要的限度,人民法院应当综合危险的性质、急迫程度、避险行为所保护的权益以及造成的损害后果等因素判断。"

与正当防卫相比,紧急避险涉及更多利益的权衡与取舍。紧急避险行为的正当性在于迫不得已的情况下以较小损失换来了较大收益,此种成本收益衡量,为一般人所赞同,故而可以免除或者减轻侵权责任。但是,紧急避险毕竟造成了无辜人的损失,让无辜人自己承担损失,也有所不妥。《民法典》第 182 条根据险情由谁引起以及避险行为的措施是否妥当或者是否超过必要限度,规定了以下

---

① 参见王泽鉴:《侵权行为》(第三版),北京大学出版社 2016 年版,第 277 页。

责任安排:因人为原因引起险情的,由引起险情发生的人承担民事责任;由自然原因引起的,紧急避险人不承担民事责任,可以给予适当补偿。因紧急避险采取措施不当或者超过必要的限度,造成不应有的损害的,紧急避险人应当承担适当的民事责任。

根据第182条,首先,要区分险情发生的原因。人为原因引起的,由引起险情的人承担责任,紧急避险人不承担责任。自然原因引起的,紧急避险人也不承担责任,但可以给予适当补偿。其次,要区分措施是否适当或者是否超过必要的限度。《民法典总则编解释》第33条第2款前段规定:"经审理,紧急避险采取措施并无不当且没有超过必要限度的,人民法院应当认定紧急避险人不承担责任。"如果措施得当或者没有超过必要的限度,则按照上述规则处理。无论险情是人为引起还是自然原因引起,如果措施不当或者超过必要限度的,按照《民法典总则编解释》第33条第2款后段"紧急避险采取措施不当或者超过必要限度的,人民法院应当根据紧急避险人的过错程度、避险措施造成不应有的损害的原因力大小、紧急避险人是否为受益人等因素认定紧急避险人在造成的不应有的损害范围内承担相应的责任"的规定处理。在陕西省汉中市中级人民法院(2010)汉中民终字第238号案中,被告李某用砖头撇砸刘某,砖头扔出后,被老师徐某发现并用手一挡,砖头偏离方向,砸在原告侯某前额,致使原告受伤。原告受伤后被同学送到诊所简单包扎,因伤势较重被送到勉县医院住院治疗30天,诊断为:(1)左额骨开放粉碎性骨折;(2)脑挫裂伤并出血。

一审汉中市勉县人民法院认为,被告徐某在发现砖头飞来时,情急之下采取措施用手阻挡砖头是为了保护学生,属于紧急避险,因此被告徐某对原告的损害后果不承担民事责任,应由引起险情发生的被告李某承担民事责任。二审汉中市中级人民法院认为,被上诉人徐某在发现砖头飞来时,情急之下采取措施用手阻挡砖头,是为了保护学生,属于紧急避险,对侯某的损害后果不承担民事责任。[1]

本案中,徐某发现李某抛来的砖头,用手臂一挡,使得砖头偏离方向,造成本案原告损害。如果徐某不用手臂挡住砖头的话,则可能造成刘某的更大伤害,一二审法院关于徐某行为属于紧急避险的认定值得赞同。该险情由人为因素引起,应当由引起险情的李某承担责任。

四、自助行为

(一)自助行为的概念

作为免责事由的自助行为,也称为紧急自助行为,是指自己合法权益无法实

---

[1] 参见陕西省汉中市中级人民法院(2010)汉中民终字第238号民事判决书。

现、情况紧急无法及时获得公力救济时,通过自己的力量实现自己合法权益的行为。

自助行为在实现自己合法权益同时,可能造成他人损害,因此成为侵权法讨论的话题。自助行为属于私力救济。正当防卫和紧急避险都不属于自助行为。《民法典》第1177条使用"合法权益受到侵害"的表述,使得自助行为可能与正当防卫及紧急避险产生混淆。正当防卫中的"防卫"和紧急避险中的"避险",表明二者是被动的。此处讨论的自助行为的目的是实现自己的权利,因而是主动的。我国台湾地区"民法"第151条最后一句"请求权不得实行或者其实行显有困难者",表明自助行为规范合法权益的实现。第151条立法理由书认为:"以自己权力,实行享有权利,因而有害于社会秩序之行为,当然在所不许。然非自由行使,则不得实行享有权利,或其实行显有困难时,特于例外,许其依自己权力实行权利,以完全保护其利益。"自助行为在于权衡权利实现与社会秩序之间的关系。自助行为是公力救济的补充,它对于保护合法权益、维护社会善良风俗具有重要意义,故而为法律所例外允许。行为人因适当自助行为给他人造成的损失,可以免于承担侵权责任。

(二) 自助行为的条件

《民法典》第1177条规定:"合法权益受到侵害,情况紧迫且不能及时获得国家机关保护,不立即采取措施将使其合法权益受到难以弥补的损害的,受害人可以在保护自己合法权益的必要范围内采取扣留侵权人的财物等合理措施;但是,应当立即请求有关国家机关处理。受害人采取的措施不当造成他人损害的,应当承担侵权责任。"

自助行为是权利通常实现方式的例外,需要具备以下条件:(1) 必须是合法权益受到侵害。此处所谓"合法权益受到侵害",我国台湾地区"民法"第151条措辞为"为保护自己权利",应理解为合法权益无法实现。合法权益无法实现是自助行为免责的前提。没有合法权益作为基础,不构成作为免责事由的自助行为。(2) 必须是情况紧迫且不能及时获得公力救济。我国台湾地区"民法"第151条后段规定:自助行为"但以不及受法院或其他有关机关援助,并非于其时为之,则请求权不得实行或其实行显有困难者为限"。(3) 必须是"不立即采取措施将使合法权益受到难以弥补的损害"。与此措辞相比,台湾地区"民法""请求权不得实行或其实行显有困难者"的表述更为确切。在公力救济不可及,权利可能无法实现或者实现显有困难时,私力救济具有了正当必要性。《民法典》第1177条要求措施必须"合理",并将合理措施限定在"保护自己合法权益的必要范围""扣留侵权人的财物等"范围内。尽管有"等"字,但"扣留侵权人的财物"的例举,反映出立法者对自助行为持保守态度。我国台湾地区"民法"第151条前段规定:为保护自己权利,对于他人之自由或者财产施以拘束、扣押或毁损者,不负损害赔偿之责。可见,台湾地区"民法"对自助行为的对象可以扩展到他人的自由。(4)采取的措施必须适当。所谓适当,指所采取措施对于实现合法权益是必要的。措施是否适当的认定,需要根据具体情况以及一般社会观念加以判断。措施不当造成他人损害的,行为人要承担侵权责任。(5)必须及时请求公力救济。自助行为是在紧急情况下不得已采取的措施,一旦情况许可则需要及时请求公力救济。自助行为的拖延,也可能构成侵权行为。

在河南省安阳市中级人民法院(2008)安民二终字第882号案中,2007年10月26日,原告李某驾驶豫E61520号货车,将被告周某的机器设备从林州运至安阳。原告李某在被告周某纸箱厂门口卸货时,机器设备将路过此处的被告张某妻子董某砸伤。当晚,因医疗费问题,二被告将原告豫E61520号货车暂扣于被告周某纸箱厂院内。原告于2007年10月27日给付被告张某3000元,2007年10月29日给付被告张某9000元。2007年10月30日晚上,原告李某前去被告周某纸箱厂开车,被告周某以张某不在场为由,不同意原告将车开走,原告电话联系张某,张某当时在医院,并以时间太晚为由未到现场,原告未能将车辆开走。原告的豫E61520号货车一直被扣留于被告周某纸箱厂院内。2008年2月1日,在法院主持下,原告李某将其车辆开走。

河南省安阳市文峰区人民法院认为,二被告在事故发生后,因医疗费暂时扣留原告车辆,属紧急自助行为,并无不当。但在原告支付1.2万元医疗费后,二被告应及时通过法律途径进行解决,却仍长期扣留原告车辆达92天(从2007年10月31日至2008年2月1日),已侵犯了原告的财产所有权。①

本案中,法院认定紧急情况下暂扣原告车辆,属于紧急自助行为。在能够通过法律途径加以解决时,仍长期扣留,则转化成侵权行为。此种认定值得赞同。

五、受害人同意与自甘风险

受害人同意和自甘风险既有联系又有不同。《民法典》同时对二者作了规定。

(一)受害人同意的概念

作为免责事由的受害人同意,是指在不违背法律及公序良俗的情况下,受害人同意他人对自己或者利用自己的某些利益实施某种行为。

比如,《民法典》第1219条第1款规定:"医务人员在诊疗活动中应当向患者说明病情和医疗措施。需要实施手术、特殊检查、特殊治疗的,医务人员应当及时向患者具体说明医疗风险、替代医疗方案等情况,并取得其明确同意;不能或

---

① 参见河南省安阳市中级人民法院(2008)安民二终字第882号民事判决书。

者不宜向患者说明的,应当向患者的近亲属说明,并取得其明确同意。"又如,第1226条规定:"医疗机构及其医务人员应当对患者的隐私和个人信息保密。泄露患者的隐私和个人信息,或者未经患者同意公开其病历资料的,应当承担侵权责任。"

意思自治是民法的核心理念。权利人在公序良俗的范围内,可以处分自己的合法权益。同意体现的是权利人意识到各种可能性并从中作出选择的自由意志①;体现着对他人主体性的尊重,具有道德转化和合法性功能。② 受害人同意,表明权利人同意他人进入自己合法权益的领域内。受害人同意在于免除他人进入权利人权益领域内的责任,并不必然同意承受其他损害。

受害人同意必须是受害人完全自愿的表示,可能为明示或者默示。同意接受一般医疗检查、同意手术、同意他人处理个人信息、同意为他人献血、同意拥抱接吻、同意发生性关系等,对同意的形式可能有不同的要求。法律对同意的方式有明确规定时,应当依照法律的规定。比如,《民法典》第1219条第1款要求"实施手术、特殊检查、特殊治疗"的同意为"明确同意",此时就不能通过受害人的行为推定其同意。如果没有同意,即使没有不利后果,他人行为也可能构成侵权行为甚至犯罪行为。同意在加害行为实施前可以撤回。

(二) 受害人同意的特征

作为免责事由,受害人的同意必须具备以下特征:(1) 受害人自愿同意他人实施某种行为,该种行为不必然造成不利后果。当该行为造成某种不利后果时,需要看该种后果是否可以包括在同意范围内。如果侵权行为导致的损害不是受害人同意承担的不利后果,而是另一种不利后果,则受害人的同意不能免除导致另一种后果行为的责任。当受害人同意的行为出现某种不利后果时,受害人同意和自甘风险就有了重合的可能。(2) 受害人的同意是其真实意思表示,不能存在欺诈、胁迫等情形。(3) 同意可以采取明示或者默示的方式。当法律有明确要求时,应当依照法律的规定。在默示推定时,应当采严格解释。(4) 受害人的同意不违背法律及公序良俗。比如,根据《民法典》第506条的规定,造成对方人身损害或者因故意或重大过失造成对方财产损失的免责条款无效。据此,尽管受害人同意,侵权人的侵权责任仍不能免除。但是第506条的"人身损害"应当作限缩解释。《民法典》第1008条和第1219条规定的情形下,即使使用的是格式条款,即使造成了人身伤害,只要属于同意的范畴,行为人的责任就可以因同意而免除。否则,第1008条和第1219条就没有适用的余地,相关医疗活动就

---

① Eddy Nahmias,"Free Will as a Psychological Accomplishment", in David Schmidtz and Carmen E. Pavel, eds., *The Oxford Handbook of Freedom*, Oxford University Press, 2016, pp. 492-493.

② Alan Wertheimer, "Consent and Sexual Relations", *Legal Theory*, Vol. 2. no. 2,1996, pp. 89-112.

无法开展了。再比如,某些人体医学实验为法律所禁止,此时同意的意思表示无效。(5)如果同意的行为造成某种不利后果,受害人的同意应当在不利后果发生前作出。如果受害人在损害后果发生后表示自愿承担该不利后果,应当视为受害人对加害人侵权责任的事后免除。

受害人的同意可以表现为双方协议的条款,也可以表现为单方的允诺。一般认为,受害人的同意不在于发生一定法律效果,仅仅涉及自己权益被侵害后的处理,因此不属于意思表示,而属于准法律行为,不能完全适用民法关于行为能力的规定,原则上应不以行为能力为要件,而应当以具体的识别能力为判断标准。① 不具有相当识别能力的受害人,其同意不产生免责的效果。此时应当征得其监护人同意。

《民法典》第1219条第1款规定:"医务人员在诊疗活动中应当向患者说明病情和医疗措施。需要实施手术、特殊检查、特殊治疗的,医务人员应当及时向患者具体说明医疗风险、替代医疗方案等情况,并取得其明确同意;不能或者不宜向患者说明的,应当向患者的近亲属说明,并取得其明确同意。"

本条规定的患者或其近亲属的明确同意,即属于典型的受害人同意。患者或其近亲属的明确同意,意味着医疗机构可以对患者实施手术、特殊检查、特殊治疗。由于对患者实施手术、特殊检查、特殊治疗,不可避免地要侵犯患者的人身权益,故而,如果没有患者的同意,可能要承担侵权责任。需要注意的是,患者或其近亲属同意的是对患者实施手术、特殊检查或者特殊治疗。如果在上述过程中发生了不可避免的并发症,应当视为仍属于同意的范围内。但是,如果发生了医疗事故,则超出了患者同意的范围,医疗机构要承担侵权责任。

此外,《民法典》第1008条第1款规定:"为研制新药、医疗器械或者发展新的预防和治疗方法,需要进行临床试验的,应当依法经相关主管部门批准并经伦理委员会审查同意,向受试者或者受试者的监护人告知试验目的、用途和可能产生的风险等详细情况,并经其书面同意。"本条规定也是受害人同意。

(三)自甘风险

自甘风险,也称为自甘冒险,指行为人明知某种风险存在而自愿承担该种风险。风险只是可能性,未必一定出现。但是,按照一般经验,这种风险出现的可能性很大,一旦出现并造成损害,对方当事人则可以减轻或者免除责任。可能适用自甘风险的场合,都是该风险已经变成了现实。自甘风险来自受害人同意。② 自甘风险承担的是行为本身的风险,如果是因为加害人故意或者重大过失造成

---

① 参见王泽鉴:《侵权行为》(第三版),北京大学出版社2016年版,第280—281页。
② 参见曾世雄:《损害赔偿法原理》,詹森林续著,新学林出版股份有限公司2005年版,第102页。

的其他风险,则不可以因自甘风险而免责。

《民法典》第1176条第1款规定:"自愿参加具有一定风险的文体活动,因其他参加者的行为受到损害的,受害人不得请求其他参加者承担侵权责任;但是,其他参加者对损害的发生有故意或者重大过失的除外。"

自甘风险的风险应当来自其他参与者。比如,足球比赛中的其他队员,拳击、摔跤比赛中的对手。有些场合,风险并非来自其他参与者,而是来自活动本身,比如参加长跑活动时心脏病发作导致死亡、参加登山活动意外滑落摔伤等。此时,应当适用第1176条第2款规定的活动组织者责任。

本条规定将规范对象限定在文体活动,最常见的情形是体育活动或者比赛。其他文体活动,比如拍摄影视剧有时也存在很大风险。对于成年人之间尤其是职业的体育活动或者比赛,受害人自甘风险的适用应无异议。

值得讨论的是未成年人参加具有一定风险的体育活动,能否视为自甘风险。王泽鉴教授曾讨论过小学生摔跤游戏的问题。王泽鉴教授认为:摔跤游戏,系台湾中小学普遍之课外活动,非法令所不许。因此,应认为参与运动或游戏者,默示在他人于不违反运动或者嬉戏规则下,愿意忍受此种运动或者游戏通常所生之损害。摔跤为中小学校普遍之课外活动,所发生之伤害,若为此种运动通常难以避免,则责任由行为人负担,衡诸情理,似有未妥。①

曾世雄教授认为,行为人能否预见或可得预见,允宜客观予以判断,亦即就各该具体特定案件以一般人客观之预见能力为准而决定。行为人预见能力较一般人为低者,似可经由举证证明以较低之标准判断,预见能力较一般人为高者,似仍应以一般人之标准为断。盖自甘冒险乃加害人得据(阻却违法)以主张免责之事由,法律在保护加害人方面已够优厚,自不宜再使其藉行为人之低能而逍遥于责任之外。②

在福建省福州市中级人民法院(2021)闽01民终4324号案中,2017年4月7日下午放学后,林某某与同学林某等人在学校篮球场上打篮球。在争抢篮板时,林某无意间致林某某左眼受伤,经鉴定构成八级伤残。一审法院认为,打篮球具有对抗性及人身危险性,打球过程中,必然会发生冲撞、抢夺、进攻、防守行为。受害人系限制民事行为能力人,已具备相应的认识和判断能力,在知道篮球活动存在危险的情况下,仍参与打篮球,应属于自愿承担风险的行为。林某在争抢篮板时无意致林某某左眼受伤,对损害发生没有故意或者重大过失,不应当对受害人损失承担责任。二审法院认为,事发时,林某某虽系限制民事行为能力人,但按照其年龄和认知能力,其应当对参加篮球运动的风险具有一定的预见

---

① 参见王泽鉴:《民法学说与判例研究》(第一册),北京大学出版社2009年版,第168—171页。
② 曾世雄:《损害赔偿法原理》,詹森林续著,新学林出版股份有限公司2005年版,第104页。

性,其自愿参加篮球运动,说明其对于这一运动的危险性及可能产生的不利后果已经有了一定的认识,参与者无一例外地处于潜在的危险中,既是危险的潜在制造者,亦是危险的潜在承担者。本案的伤害系发生在篮球运动中,林某某未提供证据证明林某对其损害发生存在故意或者重大过失,因此其主张林某对其损失承担连带赔偿责任没有依据,本院不予支持。①

在北京市第一中级人民法院(2019)京01民终5059号案中,一、二审法院对是否构成自甘风险有不同认定。本案事实如下:李某1为启迪宏奥公司会员,参加花样滑冰培训,并购买一对一私教训练课。2018年7月14日,李某1在启迪宏奥公司上滑冰课时,与散滑的会员王某1相撞,二人倒地,李某1受伤。一审法院认为,众所周知,滑冰是高风险的体育运动,李某1的父母作为成年人,对从事滑冰运动可能产生的人身伤害后果应有一定认知,而滑冰运动自身所包含的风险并不是通过一对一私教培训的方式就能够完全避免,故李某1的监护人明知学习滑冰可能遭受风险仍允许其参与该项运动,也应当承担该项运动的合理风险,构成自甘风险,可以减轻启迪宏奥公司的赔偿责任。二审法院则认为,构成自甘风险应符合三个要件,一是受害人知悉危险存在;二是受害人有自愿承担危险的表示或者可以推知的默示;三是接受该危险不违反公共利益或善良风俗。本案中,第一,李某1选择学习的为花样滑冰,并非激烈性较强、对抗性较高的如篮球、足球、冰球等体育运动项目;第二,李某1的监护人为其购买了一对一专业教练课程,事发时李某1正处于专业教练授课过程中,李某1及其监护人有理由认为李某1得到了较高程度的安全保护;第三,李某1系滑冰初学者,从成为会员学习滑冰至事发时不足两个月,且事发时李某1并非处于快速滑行状态;第四,事发时李某1亦非处于竞技状态的体育比赛中。综合以上事实,从选择的运动项目、选择的学习方式、其时的水平阶段及运动状态等方面考察,均难以得出李某1及其监护人对事发时点的危险有所知悉之结论,更无法认定李某1及其监护人有自愿承担本案如此严重损害后果的表示或者可以推知的默示。一审判决李某1构成自甘风险并判令其自担35%的比例责任不当,本院予以纠正。

需要注意的是,本案裁判时,尚未有《民法典》,一、二审法院均是依学理进行的论理。尽管如此,本案裁判对《民法典》第1176条的解释适用具有案例价值。上揭案例至少有以下几点值得总结:其一,关于文体活动的一定风险,依赖于裁判者主观判断,也依赖于判断是具体的还是笼统概括的。在篮球案中,一、二审法院均认为篮球具有对抗性及人身危险性。在滑冰案中,一审法院认为滑冰是高风险运动,且风险并不是通过一对一私教培训的方式就能够完全避免的。二

---

① 参见福建省福州市中级人民法院(2021)闽01民终4324号民事判决书。

审法院则认为,花样滑冰并非激烈性较强、对抗性较高的体育运动项目;一对一专业教练课程应当能得到较高程度的安全保护;事发时受害人并非处于快速滑行状态,亦非处于竞技状态的体育比赛中。其二,对于未成年人而言,对风险的认知是渐进的。当未成年人无法认知风险时,认知风险的责任在于其监护人。其三,是否构成自甘风险,存在结果妥当性的考量。摔跤案中,王泽鉴教授认为,摔跤为中小学校普遍之课外活动,所发生之伤害,若为此种运动通常难以避免,则责任由行为人负担,衡诸情理,似有未妥。

《民法典》第1176条将自甘风险限定在文体活动领域。但是在文体活动之外,也存在可以用自甘风险法理解释的行为。《民法典》第1217条规定:"非营运机动车发生交通事故造成无偿搭乘人损害,属于该机动车一方责任的,应当减轻其赔偿责任,但是机动车使用人有故意或者重大过失的除外。"无论从车的角度还是驾驶人的角度,营运机动车要比非营运机动车有更严格的要求。无偿搭乘非营运机动车,意味着搭乘人甘愿承担这一风险。因此本条规定也属于自甘风险的规定。本条规定的情形也可以从过失相抵的角度进行分析。无偿搭乘人应当对搭乘他人非营运车辆尽到适当注意义务,没有尽到适当注意义务的,则存在过失。

行为人如果是在履行法律或者道德上的义务,则不构成自甘风险。比如,消防员、警察明知风险存在,舍身救人,是在履行法律上的义务。见孩童被机车撞到铁路上而火车已至乃奋不顾身急行抢救而受伤,或汽车相撞后着火而驾驶员昏厥于驾驶台上,前往抢救巧遇汽油箱因焚爆炸而受伤,则是在履行道德上的义务。上述行为都不能认为构成自甘风险。①

(四)受害人同意和自甘风险的关系

曾世雄教授认为,自甘冒险行为自"被害人同意"抽出,成"被害人在损害事故发生前之同意",再从中抽出,成"被害人在损害事故发生前单方之同意",又再局限于"被害人在损害事故发生前单方之默示同意"。②

受害人同意和自甘风险既有联系又有区别。二者的共同之处在于,都是受害人自愿从事某种行为或者接受某种后果。因此,自甘风险也属于受害人同意的范畴。在刘某与丁山花园酒店等赔偿案中,1998年11月28日,南京丁山花园酒店有限公司职工组成的足球队与江苏星汉美食城有限公司职工组成的足球队举行足球比赛。原告刘某得知赛事后,也来到赛场。比赛进行到下半场星汉美食城球队守门员要求换人时,刘某要求上场,星汉美食城球队未予反对,刘某即上场担任该队守门员。当丁山花园酒店球队球员郑某某带球向星汉美食城球

---

① 曾世雄:《损害赔偿法原理》,詹森林续著,新学林出版股份有限公司2005年版,第105页。
② 同上书,第106页。

门进攻时,刘某上前扑球,双方发生碰撞,致使刘某腿部受伤,经医院诊断为左髌骨粉碎性骨折。南京市中级人民法院认为:足球比赛是一种激烈的竞技性运动,此性质决定了参赛者难以避免地存在潜在的人身危险。参赛者自愿参加比赛,属自甘风险行为,在比赛中受到人身损害时,被请求承担侵权民事责任者可以以受害人的同意作为抗辩理由,从而免除民事责任。[①]

受害人同意和自甘风险也存在不同。受害人同意一般是指同意对方进入权利人权益的范围。对方进入权利人权益的范围,未必一定造成某种不利后果。受害人同意的场合,尽管对方进入了权利人权益范围,但是从结果上来说,对权利人还是有利的。对方的行为也可能会有某种风险,这种情况下,受害人同意就开始逐步向自甘风险过渡。行为或者活动本身的风险可能性很大时,就变成了自甘风险。自甘风险的适用范围要小于受害人同意。《民法典》第1176条的规范范围是"具有一定风险的文体活动"。另外,自甘风险的行为,在风险发生之前,对方不一定进入权利人权益的范围之内。只有在发生风险后,才造成了权利人权益受损的结果。在行为之前,各方对风险存在的可能性就有明确的意识,同时甘愿接受这种风险。

在比较法上,自甘冒险有时也会被认为是与有过失。比如,明知他人酒后驾车,仍然搭乘。此时,侵权人的责任可能被减轻,但却不可以被完全免除。[②] 我国法院的判决中,法院也认为,主张自甘冒险抗辩,也并不必定免除加害人的侵权责任,而是要通过适用过失相抵规则具体地、因案制宜地减轻或免除其责任。[③]

六、无因管理

根据《民法典》第979条的规定,无因管理,是指没有法定的或者约定的义务,为避免他人利益受损失而管理他人事务的行为。

无因管理行为是对他人事务的干涉,可能构成侵权行为;但无因管理同时又是人人互助的行为,为法律和社会道德所提倡,因此,无因管理可以作为侵权责任的免责事由。无因管理成立后,管理人因为过错侵害本人权利的,侵权行为仍可以成立。比如,收留迷路儿童,管理人于该儿童生病时,因疏忽大意而没有及时送医诊治。管理人的管理行为没有依照本人明示或者可得推知的意思,以有利于本人的方法为之,导致其健康受损的,则构成侵权行为。

---

① 参见 http://vip.chinalawinfo.com/case/displaycontent.asp?Gid=117463383&Keyword=受害人同意,最后访问日期:2010年12月14日。
② 参见王泽鉴:《侵权行为》,北京大学出版社2009年版,第226—227、512页。
③ 参见北京市第一中级人民法院(2017)京01民终1536号民事判决书。

第二节 外来原因

一、不可抗力

(一) 不可抗力的概念和作用机理

1. 不可抗力的概念

《民法典》第180条第2款规定:"不可抗力是不能预见、不能避免且不能克服的客观情况。"

不可抗力指"一般人所不能注意"[①]的客观情况。随着科学技术的发展,原本无法预见的客观情况可能会变得能够预见,因而也可能避免。在罗某诉奥士达公司人身损害赔偿纠纷案中,法院认为,台风作为一种严重的自然灾害,确实是难以避免的。但是,在气象等相关科学高度发展的今天,台风是可以预见的,通过采取适当的措施,台风过境造成的影响也是能够减小到最低程度的。本案中,政府已经对14号(云娜)台风即将登陆发出了通告,且台风在登陆前就已经对台州市产生影响,奥士达公司对台风即将登陆这一事实是明知的。因此,被告对于受台风袭击致工棚倒塌,造成一死六伤这一恶性事故,并非不能预见、不能避免,被告完全有条件在台风登陆前停止生产,疏散人员,或者安排工人到相对安全的地点工作。但是在台风登陆的当日,被告为了自己的利益还组织工人到工棚工作,致使在工棚这个在台风过境时相当危险的工作场所内的所有人员身处险境,最终导致工棚倒塌、一死六伤惨剧的发生。因此,被告关于本案事故发生系因不可抗力的抗辩理由,没有事实根据和法律依据,不予支持。[②] 但是,人类对地震的预见还无法达到准确的程度,因此,地震可能构成不可抗力。

不可抗力是具体的,需要在个案中加以判断。比如,地震可能构成某些案件中的不可抗力,但是,有些事情恰好就是围绕地震展开的,在这样的场合地震就不再是不可抗力。

《民法典》第180条第1款规定:"因不可抗力不能履行民事义务的,不承担民事责任。法律另有规定的,依照其规定。"根据本条规定,不可抗力可以作为一般民事责任的免责事由。但是,作为客观事实,不可抗力可以引起多种法律后果。如果构成情势变更的话,可能导致合同变更或者解除(《民法典》第533条);如果致使不能实现合同目的的,可能构成合同解除的法定理由(《民法典》第563条第1款第1项);如果致使一方当事人违约,可能成为违约责任的法定免责事

---

① 曾世雄:《损害赔偿法原理》,詹森林续著,新学林出版股份有限公司2005年版,第95页。
② 案例参见《最高人民法院公报》2007年第7期(总第129期)。

由(《民法典》第 180 条、第 590 条);如果致使当事人无法及时行使请求权的,可能发生诉讼时效中止的法律效果(《民法典》第 194 条第 1 款第 1 项);在运输过程中如果因不可抗力致使货物灭失的,承运人不得主张运费(《民法典》第 835 条)。不可抗力也可能构成侵权责任的免责事由(《民法典》第 180 条、第 1239 条、第 1240 条)。本书仅讨论作为侵权责任免责事由的不可抗力。

2. 不可抗力的作用机理

不可抗力构成免责事由的机理是:不可抗力作用于加害行为,加害行为再作用于受害人的权益,并造成受害人损失。此处的加害行为,可能是作为,也可能是不作为。比如,安全保障义务人没有尽到安全保障义务,但由于不可抗力造成了受害人的损失。对于这样的损失,根据《民法典》第 180 条第 1 款的规定,行为人不承担责任。比如,在前引罗某诉奥士达公司人身损害赔偿纠纷案中,如果台风构成不可抗力,则被告的责任可能避免。如果是不可抗力直接造成了受害人损失,而没有行为人的行为作为中介,则当然不会有侵权责任的存在。

3. 《民法》第 180 条第 1 款的解释

第 180 条第 1 款规定在总则编,由此,不可抗力是一般民事责任包括一般侵权责任的免责事由。依此逻辑,如果适用不可抗力作为免责事由,则无须法律另有规定。所谓"法律另有规定的",应当理解为不可抗力不能免责时才有必要另有规定。换言之,不可抗力可以免责是原则,不可抗力不能免责是例外。例外才需要另有规定,否则,所有责任条款都需要把不可抗力作为免责事由单独规定一遍。比如,《邮政法》第 48 条规定,因不可抗力造成的给据邮件损失,邮政企业不承担赔偿责任,但因不可抗力造成的保价的给据邮件的损失除外。

《民法典》第 1239 条前段规定:"占有或者使用易燃、易爆、剧毒、高放射性、强腐蚀性、高致病性等高度危险物造成他人损害的,占有人或者使用人应当承担侵权责任;但是,能够证明损害是因受害人故意或者不可抗力造成的,不承担责任。"第 1240 条前段规定:"从事高空、高压、地下挖掘活动或者使用高速轨道运输工具造成他人损害的,经营者应当承担侵权责任;但是,能够证明损害是因受害人故意或者不可抗力造成的,不承担责任。"从这两条规定不可抗力免责,能否推导出第 7 编第 8 章的其他规定,以及所有没有规定不可抗力可以免责的条文,因没有出现"不可抗力可以免责的字样",不可抗力就都不可以免责?笔者更倾向于认为,上述两条中单独规定不可抗力作为免责事由,仅仅是为了起强调作用。

(二) 不可抗力的理解与适用

1. 不存在一般意义上的不可抗力

不可抗力的三个"不能",需要置于具体个案中判断。换言之,只有在个案的具体情境下,才能够判断是否可以预见、避免和克服。故而,不存在一般意义上的不可抗力。

2. 三个"不能"需要同时具备

不能预见、不能避免以及不能克服，需要同时具备才能够构成不可抗力。

3. 不可抗力与加害人的行为以及受害人的损失之间存在因果关系

构成免责事由的不可抗力，一定是经过加害人的行为，作用于受害人，产生了损害后果。故而，不可抗力与加害人的行为之间、加害人的行为与受害人的损失之间，应当有连续的因果关系链条。

4. 不可抗力是小概率事件

所谓不能预见、不能避免以及不能克服，在很多时候是指预见、避免以及克服的成本太高，以至于人们不愿意投入成本去预见、避免和克服。而与成本太高相对应的，是收益很低；或者是在收益也很高的情况下，发生的概率太低。构成不可抗力的客观情况，其发生概率往往都非常低，属于小概率事件。因此人们往往放弃投入太高成本进行预见、避免和克服。

5. 不可抗力排除了加害人过错的存在

行为人因不可抗力造成受害人损失时，不能有过错的存在。如果有过错，则要因该过错而承担责任。

6. 不可抗力免责的正当性

不可抗力之所以可以免责，从成本收益的角度分析，就是对构成不可抗力的客观事件进行预见、避免和克服太不合算了。与花那么大成本进行预防相比较，人们不得不接受这种小概率事件造成的不利后果。

二、意外事件

意外事件也称为意外事故，是指通常情况下无法预见的小概率事件。由于意外事件无法预见，因此通常也无法避免。或者说，为了预防和避免意外事件，需要太多的成本，不符合人们日常行为习惯，因此，意外事件可以作为侵权责任的免责事由。

意外事件是具体的，需要结合具体情境加以判断。比如，城市或者公路上的堵车是否可以构成意外事件？在通常并不堵车的时间和场所发生堵车，可能构成意外事件。相反，堵车在某时某地经常发生，则应当不是小概率事件，不构成意外事件。

手术过程中停电是否构成意外事件，值得讨论。在河南省高级人民法院(2010)豫法民提字第185号案中，西平县人民医院对张某某进行抢救过程中，3月10日9时30分，张某某呼吸停止，给予呼吸机辅助呼吸，进一步用药治疗，此后张某某依靠呼吸机持续维持呼吸。3月11日0时14分，因突然停电而停用呼吸机，西平县人民医院未能始终保障张某某呼吸道的通畅和有效通气，导致其心脏骤停,该医院遂用药物进行治疗,同时行胸外心脏按压,0时58分张某某因抢救无效而死亡。河南省高级人民法院认为,西平县人民医院在病房大楼未安装双回路电路的情况下,应当预见到停电将会给依靠呼吸机呼吸的张某某造成损害后果而未预见,具有过错,故此次停电对西平县人民医院来说不属医疗意外。①

意外事件与不可抗力的关系在于,二者都是通常情况下无法预见的事件,但是,不可抗力通常是无法克服的自然灾难或者重大社会事件,即使预见,也可能无法克服。而意外事件通常只是无法预见,如果能够提前预见,往往可以克服。此外,意外事件往往用来衡量过错的存在,因此一般只适用于过错责任原则下的侵权责任。不可抗力则往往可以适用于各种归责原则下的侵权责任。

三、受害人过错

作为免责事由的受害人过错,是指当受害人对于损失的发生或者扩大存在过错时,可以减轻或者免除行为人的侵权责任。

《民法典》将受害人过错分为过失和故意分别规定。《民法典》第1173条规定:"被侵权人对同一损害的发生或者扩大有过错的,可以减轻侵权人的责任。"第1174条规定:"损害是因受害人故意造成的,行为人不承担责任。"前者规定的是过错相抵,受害人的过错应当是故意之外的过失;后者规定的是受害人故意。

(一)受害人过失

在过错责任原则下,过错是归责的根据。如果损害是由于加害人过错造成的,要由加害人承担责任。如果被侵权人的过失也是造成损害的原因,则要因其过错承担相应的责任,侵权人的责任则相应减少。《民法典》第1173条指的就是这种情况。

在无过错责任原则下,被侵权人存在过错是否可以减轻侵权人的责任,不无疑问。2003年《人身损害赔偿解释》第2条第2款规定:"适用民法通则第一百零六条第三款规定确定赔偿义务人的赔偿责任时,受害人有重大过失的,可以减轻赔偿义务人的赔偿责任。"可见,解释采肯定立场,但是将受害人过错限定为重大过失。《水污染防治法》第96条第3款后段规定:"水污染损害是由受害人重大过失造成的,可以减轻排污方的赔偿责任。"

《民法典》同样采肯定立场。第1239条规定:"占有或者使用易燃、易爆、剧毒、高放射性、强腐蚀性、高致病性等高度危险物造成他人损害的,占有人或者使用人应当承担侵权责任;但是,能够证明损害是因受害人故意或者不可抗力造成的,不承担责任。被侵权人对损害的发生有重大过失的,可以减轻占有人或者使

---

① 参见河南省高级人民法院(2010)豫法民提字第185号民事判决书。

用人的责任。"第1240条规定:"从事高空、高压、地下挖掘活动或者使用高速轨道运输工具造成他人损害的,经营者应当承担侵权责任;但是,能够证明损害是因受害人故意或者不可抗力造成的,不承担责任。被侵权人对损害的发生有重大过失的,可以减轻经营者的责任。"

(二) 受害人故意

在受害人故意的情况下,侵权人的责任一般都可以免除。除《民法典》第1174条作为一般规定外,第1237条到第1240条、第1245条等都规定受害人故意的情况下,侵权人不承担责任。《道路交通安全法》第76条第2款规定:"交通事故的损失是由非机动车驾驶人、行人故意碰撞机动车造成的,机动车一方不承担赔偿责任。"《水污染防治法》第96条第3款前段规定:"水污染损害是由受害人故意造成的,排污方不承担赔偿责任。"

除了过错相抵和受害人故意以外,还需要讨论的是,受害人具有的故意以外的过失是造成损害的唯一原因时,责任该如何配置?

受害人的过失是造成损害的唯一原因,意味着行为人对损害的发生没有过错。在这种情况下,如果适用过错责任原则,由于行为人对损失的发生没有过错,所以也就没有侵权责任。因此,损失只能够由受害人自己承担,行为人对损失不承担责任。但是,这种责任的不承担是因为原本就不存在责任,而并非免责事由所致。如果适用无过错责任原则,行为人即使不存在过错,也要承担侵权责任。因此,受害人过错的存在可能使行为人的责任得以减轻或者免除。

四、第三人过错

(一) 第三人过错的概念

作为免责事由的第三人过错,是指当第三人对于损失的发生或者扩大存在过错时,可以减轻或者免除行为人的侵权责任。

(二) 第三人过错的几种情况

第三人过错作为免责事由,可以分为以下几种情况:

(1) 第三人过错导致的行为是损失发生的唯一原因。行为人和受害人对损失的发生都没有过错。

在此情况下,如果适用过错责任原则,行为人对损失发生没有过错,因此不存在侵权责任。此时责任应当由第三人来承担。行为人不承担责任是因为责任不构成,而不是因为免责事由的存在。此种情况如果适用无过错责任原则,行为人即使不存在过错,也要承担侵权责任。同时,第三人过错的存在可能使行为人的责任得以减轻或者免除。

《民法典》第1175条规定:"损害是因第三人造成的,第三人应当承担侵权责任。"第1198条第2款前段规定:"因第三人的行为造成他人损害的,由第三人承担侵权责任。"第 1201 条前段规定："无民事行为能力人或者限制民事行为能力人在幼儿园、学校或者其他教育机构学习、生活期间，受到幼儿园、学校或者其他教育机构以外的第三人人身损害的，由第三人承担侵权责任。"上述条文所规范的，都是损害完全由第三人造成的情况。

(2) 第三人和行为人对损失的发生都存在过错。在此情况下，行为人的责任可能因第三人的过错而承担可以追偿的补充责任。

《民法典》第 1198 条第 2 款中段及后段规定："经营者、管理者或者组织者未尽到安全保障义务的，承担相应的补充责任。经营者、管理者或者组织者承担补充责任后，可以向第三人追偿。"第 1201 条后段规定："幼儿园、学校或者其他教育机构未尽到管理职责的，承担相应的补充责任。幼儿园、学校或者其他教育机构承担补充责任后，可以向第三人追偿。"

(3) 关于第三人过错责任的特别规定。

《民法典》第 1175 条属于一般规定，在法律有特别规定的情况下，要优先适用特别规定。比如，第 1250 条规定："因第三人的过错致使动物造成他人损害的，被侵权人可以向动物饲养人或者管理人请求赔偿，也可以向第三人请求赔偿。动物饲养人或者管理人赔偿后，有权向第三人追偿。"这种情况下，因第三人的过错造成损害的，发生不真正连带责任，由第三人承担终局责任。饲养人或者管理人承担责任后，可以向第三人追偿。从终局责任归属的意义上，也可以说饲养人或者管理人的责任得到了免除。同样的情况还有第 1233 条的规定，即："因第三人的过错污染环境、破坏生态的，被侵权人可以向侵权人请求赔偿，也可以向第三人请求赔偿。侵权人赔偿后，有权向第三人追偿。"《审理环境侵权案件的解释》第 5 条规定："被侵权人根据民法典第一千二百三十三条规定分别或者同时起诉侵权人、第三人的，人民法院应予受理。被侵权人请求第三人承担赔偿责任的，人民法院应当根据第三人的过错程度确定其相应赔偿责任。侵权人以第三人的过错污染环境、破坏生态造成损害为由主张不承担责任或者减轻责任的，人民法院不予支持。"

我国法律也存在第三人过错不免除行为人责任的情况。《水污染防治法》第 96 条第 4 款规定："水污染损害是由第三人造成的，排污方承担赔偿责任后，有权向第三人追偿。"据此，在水污染造成损害的情况下，相对于受害人而言，第三人过错并不能免除排污方的责任。当然，在终局意义上，排污方的责任也得到了免除。

第十二章　类型化侵权责任

第一节　产品责任

一、产品责任的概念

产品责任,是指产品的制造者、销售者等责任主体,因制造、销售、推荐等的产品存在缺陷造成他人人身、财产损害或者危及他人人身、财产安全而应当承担的民事责任。

现代社会,没有人可以完全自给自足,每个人都需要其他人提供产品。产品质量存在缺陷,就可能形成产品责任。因此,产品责任是非常重要的侵权责任类型。《民法通则》规定的第一种类型化侵权责任就是第122条的产品责任。《侵权责任法》规定的第一种侵权责任类型也是产品责任。《民法典》也是如此,侵权责任编第四章基本上延续了《侵权责任法》第五章的规定。

除《民法典》对产品责任进行规定外,我国还有专门的《产品质量法》(1993年通过,2000年、2009年和2018年修改)。此外,还有一系列单行法对产品责任加以规范,比如《消费者权益保护法》(1993年通过,2009年和2013年修改)、《食品安全法》(2009年通过,2015年、2018年和2021年修改)、《药品管理法》(1984年通过,2001年、2013年、2015年和2019年修改)等。

二、产品侵权行为的构成要件

(一)产品有缺陷

1. 产品和缺陷的界定

关于产品和缺陷,《民法典》没有界定,应当按照《产品质量法》的有关规定来认定。

关于产品,《产品质量法》第2条第2款、第3款规定:"本法所称产品是指经过加工、制作,用于销售的产品。""建设工程不适用本法规定;但是,建设工程使用的建筑材料、建筑构配件和设备,属于前款规定的产品范围的,适用本法规定。"由此可知,经过加工、制作的过程,通过销售进入消费领域的,都属于产品。根据《产品质量法》第41条第2款第1项的规定,未将产品投入流通的,即使产品存在缺陷,生产者也不承担责任。此处使用的"流通"概念,其范围要大于第2条中的"销售"。销售要有对价,流通未必有对价。通过赠与方式,也可以使产品进入消费领域。《审理食品药品纠纷案件的规定》第 4 条规定:"食品、药品生产者、销售者提供给消费者的食品或者药品的赠品发生质量安全问题,造成消费者损害,消费者主张权利,生产者、销售者以消费者未对赠品支付对价为由进行免责抗辩的,人民法院不予支持。"《审理网络消费案件的规定(一)》第 8 条规定:"电子商务经营者在促销活动中提供的奖品、赠品或者消费者换购的商品给消费者造成损害,消费者主张电子商务经营者承担赔偿责任,电子商务经营者以奖品、赠品属于免费提供或者商品属于换购为由主张免责的,人民法院不予支持。"

关于缺陷,《产品质量法》第 46 条规定:"本法所称缺陷,是指产品存在危及人身、他人财产安全的不合理的危险;产品有保障人体健康和人身、财产安全的国家标准、行业标准的,是指不符合该标准。"另外,根据该法第 40 条第 1 款的规定,售出的产品有下列情形之一的,销售者应当负责修理、更换、退货;给购买产品的消费者造成损失的,销售者应当赔偿损失:(1) 不具备产品应当具备的使用性能而事先未作说明的;(2) 不符合在产品或者其包装上注明采用的产品标准的;(3) 不符合以产品说明、实物样品等方式表明的质量状况的。

缺陷,在有些规定中用"不合格"来描述。《审理食品药品纠纷案件的规定》第 7 条规定:"食品、药品虽在销售前取得检验合格证明,且食用或者使用时尚在保质期内,但经检验确认产品不合格,生产者或者销售者以该食品、药品具有检验合格证明为由进行抗辩的,人民法院不予支持。"

《消费者权益保护法》还使用"瑕疵"的概念。比如,第 23 条第 1 款规定:"经营者应当保证在正常使用商品或者接受服务的情况下其提供的商品或者服务应当具有的质量、性能、用途和有效期限;但消费者在购买该商品或者接受该服务前已经知道其存在瑕疵,且存在该瑕疵不违反法律强制性规定的除外。"据此,瑕疵是产品或者服务不具有应当具有的质量、性能、用途和有效期限。消费者明知产品或者服务存在瑕疵,但依然接受的话,经营者无须承担责任,但是该瑕疵的存在须不违反法律强制性规定。如果法律有强制性规定须依照该规定。比如,食品药品就是一种除外情形。《审理食品药品纠纷案件的规定》第 3 条规定:"因食品、药品质量问题发生纠纷,购买者向生产者、销售者主张权利,生产者、销售者以购买者明知食品、药品存在质量问题而仍然购买为由进行抗辩的,人民法院不予支持。"

瑕疵严重到一定程度,就可能存在危及人身、财产安全的不合理的危险,就可能构成缺陷。可见,瑕疵的范围要比缺陷的范围更广,缺陷应该是严重的瑕疵。

2. 产品有缺陷的证明

产品有缺陷,是产品侵权行为及责任构成的核心关键,也是胜诉、败诉的核心关键。值得讨论的是,缺陷的证明,应当由被告还是由原告来承担?

《证据规则》第 1 条规定:"原告向人民法院起诉或者被告提出反诉,应当提供符合起诉条件的相应的证据。"据此,主张产品存在缺陷的,应当由主张者承担证明责任。值得注意的是,《消费者权益保护法》第 23 条规定:"经营者应当保证在正常使用商品或者接受服务的情况下其提供的商品或者服务应当具有的质量、性能、用途和有效期限;但消费者在购买该商品或者接受该服务前已经知道其存在瑕疵,且存在该瑕疵不违反法律强制性规定的除外。经营者以广告、产品说明、实物样品或者其他方式表明商品或者服务的质量状况的,应当保证其提供的商品或者服务的实际质量与表明的质量状况相符。经营者提供的机动车、计算机、电视机、电冰箱、空调器、洗衣机等耐用商品或者装饰装修等服务,消费者自接受商品或者服务之日起六个月内发现瑕疵,发生争议的,由经营者承担有关瑕疵的举证责任。"据此,产品责任的受害人如果是消费者的话,产品瑕疵的证明责任应当由经营者来承担。

《审理食品药品纠纷案件的规定》第 6 条前段规定:"食品的生产者与销售者应当对于食品符合质量标准承担举证责任。"食品缺陷的证明责任也是由生产者与销售者来承担。

关于产品缺陷的证明责任,司法实务中有不同的裁判。

在宁夏回族自治区高级人民法院(2009)宁民终字第 12 号案中,法院认定,上诉人(原告)赵某应就奶牛"172"浓缩料存在缺陷、使用缺陷产品所致的财产损害、该产品缺陷与其饲养的奶牛产奶量下降之间的因果关系等事实承担举证责任。上诉人首先应举证证明正大公司生产的奶牛"172"浓缩料存在缺陷。上诉人未能举证证明,因此败诉。①

在江苏省徐州市中级人民法院(2009)徐民一终字第 1707 号案中,江苏省徐州市中级人民法院认为,受害人首先需举证证明其使用的产品存在缺陷,使用缺陷产品所导致的损害结果存在、产品缺陷与受害人所受损害之间存在因果关系,而产品的生产者主张免责,就应举证证明存在法律规定的免责事由。因此,本案中,上诉人秦某应当就涉案红砖存在缺陷,以及粉墙结果与涉案红砖之间存在因果关系承担举证责任。上诉人未能举证证明,因此败诉。②

在河南省濮阳市中级人民法院(2009)濮中法民申字第 76 号案中,申请再审人(一审原告、二审被上诉人)辛某认为,因缺陷产品致人损害的侵权诉讼应由产品"豆拜拜"的生产者甘肃青黛中草药美容研究有限责任公司举证证明"豆拜拜"是合格产品、申诉人双眼失明与使用"豆拜拜"没有因果关系;如不能举证证明以上免责事实,就应承担赔偿责任,而原判却错误规定由申诉人承担举证责任。河

---

① 参见宁夏回族自治区高级人民法院(2009)宁民终字第 12 号民事判决书。
② 参见江苏省徐州市中级人民法院(2009)徐民一终字第 1707 号民事判决书。

南省濮阳市中级人民法院认为,被申请人甘肃青黛中草药美容研究有限责任公司生产的"豆拜拜"产品有国家质量监督检验检疫总局颁发的"食品卫生许可证"和"产品生产许可证",该产品又经甘肃省医学科学研究院检验。申请再审人称该产品属存在缺陷产品,但无证据证明。据此,濮阳中院驳回辛某之再审申请。①

在陕西省西安市中级人民法院(2002)西经二初字第074号案中,西安市中级人民法院选择适用日本的《制造物责任法》作为审理本案的准据法。日本于1995年7月1日制定了《制造物责任法》,并于1996年7月1日作为日本民法的特别法开始适用。法院认为,原告要求适用《制造物责任法》追究制造商的损害赔偿责任,首先应证明"8·9"事故现场的爆胎产品是被告制造的产品,及该产品存在缺陷之事实,而原告现有的证据不足以认定该事实存在,故其诉请事由,不能成立。②

在陕西省高级人民法院(2010)陕民二终字第34号案中,原审陕西省商洛市中级人民法院认为,根据产品责任制度保护消费者合法权益的立法目的,在认定产品缺陷时以不合理危险为衡量标准,产品不符合保障人身、财产安全的国家标准或行业标准的,可以直接认定产品存在缺陷,产品符合保障人身、财产安全的国家标准或行业标准的,只能初步证明产品无缺陷,若有证据证明产品存在不合理危险,仍应认定产品存在缺陷。本案中,秦锌公司所购的车辆烧毁后,当地消防部门对火灾原因进行了技术鉴定,西安汽车产品质量监督检验站受秦锌公司的委托对烧毁车辆起火原因进行了技术鉴定,这两个机构虽无鉴定汽车产品质量缺陷的资质,不能以两份技术鉴定报告直接认定秦锌公司所购的车辆存在缺陷,但两份报告均确认火源是来自汽车自身,可以认定秦锌公司所购的车辆是在正常行驶过程中发生的燃烧。从秦锌公司2007年4月6日购车之日至2007年4月19日事故发生之日仅13天,按常理,这时候车辆各方面性能和状况应该是非常好的,不存在电器、油路老化问题,四被告也没有证据证明秦锌公司使用不当或者没有尽维修、保养义务。在秦锌公司正常使用车辆的情况下,车辆发生燃烧,造成严重损害,超出了秦锌公司安全行驶的合理期待和对危险的预防能力,在排除了其他可能原因的情况下,作为致害原因之一的产品存在缺陷的可能性达到了高度盖然性,此种情况下,四被告没有证据证明秦锌公司使用不当或其他原因导致车辆烧毁,可以推定产品存在危及人身、财产安全的不合理危险,即产品存在缺陷。

二审陕西省高级人民法院认为,东风公司承认争议车辆底盘由其生产,故东

---

① 参见河南省濮阳市中级人民法院(2009)濮中法民申字第76号民事裁定书。
② 参见陕西省西安市中级人民法院(2002)西经二初字第074号民事判决书。

风公司应是涉案底盘车的生产者。在本院庭审中,楚胜公司承认其实施了改装行为,所以楚胜公司亦是争议车辆的生产者。东风公司、楚胜公司均以出厂合格证证明其产品不存在产品缺陷,而是对方原因所致,但并未举证证明,况且,东风公司、楚胜公司在本案诉讼中均未举出具有法定免责事由的证据,故东风公司、楚胜公司均应依法对损害后果承担责任。东风公司、楚胜公司上诉认为其不应承担责任的理由不能成立。①

在上述讨论的五个案件中,前四个案件的判决均认定缺陷的证明责任应当由原告承担,原告因此而败诉。第五个案件中,判决事实上将缺陷的证明责任转由被告承担,原告因此而胜诉。

缺陷的认定本身涉及方方面面的专业技术问题,非一般人所能够证明。加之,事故一旦发生,产品本身必定有所毁损、甚至灭失,要证明缺陷之存在,更加难上加难。可见,缺陷证明责任配置之所在,胜诉败诉之所在。此处讨论的五个案件充分证明了此点。因此,缺陷证明的配置,值得认真讨论和反思。

(二) 人身、财产遭受损害或有遭受损害之虞

1. 人身、财产遭受损害

产品缺陷致人损害包括人身损害、精神损害、财产损害。财产损害中包括纯经济利益的损失。人身损害包括致人受伤、伤残以及致人死亡。

关于财产损害,《产品质量法》分两条分别规定。根据第40条第1款的规定,售出的产品如果有不具备产品应当具备的使用性能而事先未作说明的,不符合在产品或者其包装上注明采用的产品标准的,不符合以产品说明、实物样品等方式表明的质量状况的,销售者应当负责修理、更换、退货;给购买产品的消费者造成损失的,销售者应当赔偿损失。此处的损失应当是纯经济利益的损失,即由于产品存在缺陷造成购买者经济利益的减损。《产品质量法》第41条第1款规定:"因产品存在缺陷造成人身、缺陷产品以外的其他财产(以下简称他人财产)损害的,生产者应当承担赔偿责任。"此处他人财产的损害属于纯经济利益损失之外的其他财产损害。

《民法典》第1202条规定:"因产品存在缺陷造成他人损害的,生产者应当承担侵权责任。"此处的损害,既包括人身损害、精神损害,也包括财产损害。财产损害既包括《产品质量法》第40条第1款的损失,也包括第41条第1款的损失。损害的存在及大小,需要由原告来证明。

2. 人身、财产有遭受损害之虞

《民法典》第1205条规定:"因产品缺陷危及他人人身、财产安全的,被侵权人有权请求生产者、销售者承担停止侵害、排除妨碍、消除危险等侵权责任。"只

---

① 参见陕西省高级人民法院(2010)陕民二终字第34号民事判决书。

要存在损害的危险,被侵权人就有权请求生产者、销售者承担预防性侵权责任。

(三) 须有因果关系

产品的缺陷与受害人的损害之间需要存在引起与被引起的关系,亦即产品缺陷是损害的原因,损害是产品缺陷导致的后果。

因果关系的认定与缺陷的证明一样,非常困难。前面所讨论的五个案件也充分说明了此点。

《审理食品药品纠纷案件的规定》第5条第2款规定:"消费者举证证明因食用食品或者使用药品受到损害,初步证明损害与食用食品或者使用药品存在因果关系,并请求食品、药品的生产者、销售者承担侵权责任的,人民法院应予支持,但食品、药品的生产者、销售者能证明损害不是因产品不符合质量标准造成的除外。"在食品、药品侵权领域,消费者承担因果关系证明的初步责任,生产者、销售者可以举证证明因果关系不存在。

食品、药品之外其他产品责任的因果关系如何证明,是司法实务中的难题。有学者认为,对于高科技产品致人损害的侵权,理论上认为可以有条件地适用因果关系推定理论,即受害人证明使用或者消费某产品后发生了某种损害,且这种缺陷产品通常可以造成这种损害的,即可以推定因果关系成立,除非产品的销售者、生产者等能够证明该因果关系不成立。①

事实上,不单单是高科技产品,几乎所有产品责任中的因果关系的证明都有反思的必要。其原因,一是因为因果关系本身的极端复杂性,二是因为与缺陷一样,产品事故一旦发生,产品本身往往已经毁损甚至灭失,此时再从技术上认定因果关系,相当困难。

在产品本身没有毁损的情况下,认定缺陷及因果关系的难度就会小一些。对于某些因果关系,可以通过专业技术鉴定加以认定。

在陕西省汉中市中级人民法院(2010)汉中民终字第(68)号案中,陕西省汉中市中级人民法院查明,植物院三号院发生触电事故后,汉台区政府组织成立的事故调查组对现场进行了勘查。在汉中市兴汉商业大厦有限责任公司和汉中市陕南珍稀植物培育有限公司双方均在场的情况下将触电的热水器取下,贴上由汉中市兴汉商业大厦有限责任公司和汉中市陕南珍稀植物培育有限公司双方签字的封条,送汉中质检局检验,没检验成后存放在植物园的仓库内。2008年6月13日中国质量检验协会组织的鉴定专家到陕南珍稀植物园查勘了现场,并与汉中市陕南珍稀植物培育有限公司和汉中市兴汉商业大厦有限责任公司相关人员就发生事故的热水器的安装使用情况进行了座谈了解,同时对封存的希贵牌热水器进行了检验、试验。专家组作质量鉴定报告后,参与鉴定的专家均签名,

---

① 参见王利明:《侵权责任法》(第二版),中国人民大学出版社2021年版,第234页。

同时中国质量检验协会在鉴定报告上盖章并附函寄送委托其鉴定的汉中市中级人民法院。汉中市中级人民法院认为,经中国质量检验协会对该希贵牌热水器进行质量鉴定,结论为该热水器绝缘系统良好,未发现存在漏电问题。该热水器使用的插座零线与保护性接地线接错,造成电热水器外壳带电。此种情况下,触及热水器外壳或用其洗浴时,会发生触电危险。①

产品责任主体众多,不同主体实施的行为不同,因果关系也不同。比如,生产者生产了缺陷产品;销售者销售了缺陷产品或者在销售过程中使产品产生了缺陷;运输者、仓储者在运输或者仓储过程中使产品产生了缺陷;网络交易平台及广告经营者、发布者、代言人等促成了缺陷产品对他人的损害;等等。总之,凡是制造缺陷产品、造成产品缺陷或者促成缺陷产品对他人损害的主体,都是产品责任的责任主体,都可能为其行为承担责任。

三、产品责任的责任主体

产品源自生产者。生产者是产品责任的当然主体。产品经生产者生产后,还需要经由销售者、运输者、仓储者、广告业者等,才能进入消费或者下一环节。因此,生产者、销售者、运输者、仓储者、广告业者等,都可能成为产品责任的责任主体。

(一)产品生产者和销售者

《产品质量法》第4条规定:"生产者、销售者依照本法规定承担产品质量责任。"

《民法典》第1202条规定:"因产品存在缺陷造成他人损害的,生产者应当承担侵权责任。"第1203条第1款规定:"因产品存在缺陷造成他人损害的,被侵权人可以向产品的生产者请求赔偿,也可以向产品的销售者请求赔偿。"

可见,生产者和销售者都是产品责任的责任主体。《民法通则》《产品质量法》《侵权责任法》以及《民法典》中都没有关于产品生产者的定义。最高人民法院在《关于产品侵权案件的受害人能否以产品的商标所有人为被告提起民事诉讼的批复》(2020年修正)中提出:"任何将自己的姓名、名称、商标或者可资识别的其他标识体现在产品上,表示其为产品制造者的企业或者个人,均属于《中华人民共和国民法典》和《中华人民共和国产品质量法》规定的'生产者'"。此外,一般认为,产品的进口商可以视为产品的生产者。

《审理食品药品纠纷案件的规定》第18条规定:"本规定所称的'药品的生产者'包括药品上市许可持有人和药品生产企业,'药品的销售者'包括药品经营企业和医疗机构。"《药品管理法》第30条第1款规定:"药品上市许可持有人是指

---

① 参见陕西省汉中市中级人民法院(2010)汉中民终字第(68)号民事判决书。

取得药品注册证书的企业或者药品研制机构等。"产品生产者和销售者承担的是不真正连带责任。《民法典》第1203条规定:"因产品存在缺陷造成他人损害的,被侵权人可以向产品的生产者请求赔偿,也可以向产品的销售者请求赔偿。产品缺陷由生产者造成的,销售者赔偿后,有权向生产者追偿。因销售者的过错使产品存在缺陷的,生产者赔偿后,有权向销售者追偿。"《审理食品药品纠纷案件的规定》第2条第1款规定:"因食品、药品存在质量问题造成消费者损害,消费者可以分别起诉或者同时起诉销售者和生产者。"

不真正连带责任意味着产品生产者和销售者对被侵权人都要承担全部赔偿责任。任何一方承担责任后,可以向终局责任人追偿。被侵权人往往都是和销售者打交道,甚至不知道生产者是何人、居于何处,不真正连带责任的安排有利于被侵权人及时有效低成本地获得救济。《侵权责任法》第42条第2款曾规定:"销售者不能指明缺陷产品的生产者也不能指明缺陷产品的供货者的,销售者应当承担侵权责任。"由于无论是否知晓生产者,被侵权人都可以主张销售者承担责任,另外,《产品质量法》第42条第2款有完全相同的规定,因此,《民法典》未延续这一规定。

如果是食品、药品存在质量问题造成损害,根据《审理食品药品纠纷案件的规定》第2条的规定,消费者可以分别起诉或者同时起诉销售者和生产者。消费者仅起诉销售者或者生产者的,必要时人民法院可以追加相关当事人参加诉讼。

(二)产品运输者和仓储者等第三人

《民法典》第1204条规定:"因运输者、仓储者等第三人的过错使产品存在缺陷,造成他人损害的,产品的生产者、销售者赔偿后,有权向第三人追偿。"

因运输者、仓储者等第三人的过错造成缺陷致人损害的,被侵权人依然是向产品的生产者、销售者请求赔偿。赔偿后的生产者、销售者可以向运输者、仓储者追偿。在责任最终承担的意义上,运输者、仓储者等也是产品责任的主体。

(三)使用他人营业执照的违法经营者

《消费者权益保护法》第42条规定:"使用他人营业执照的违法经营者提供商品或者服务,损害消费者合法权益的,消费者可以向其要求赔偿,也可以向营业执照的持有人要求赔偿。"违法经营者提供商品或者服务损害消费者合法权益的行为包括因产品缺陷致人损害的行为,因此,使用他人营业执照的违法经营者也是产品责任的主体,与营业执照持有人承担连带责任。但此处"使用他人营业执照"应当限缩解释为在他人同意情况下的使用。如果未经他人同意,使用他人营业执照提供商品或者服务,违法经营者同样要承担责任,但是营业执照持有人不应当承担责任。这一结论可以从下面规定中得到佐证。《审理食品药品纠纷案件的规定》第10条第1款规定:"未取得食品生产资质与销售资质的民事主体,挂靠具有相应资质的生产者与销售者,生产、销售食品,造成消费者损害,消费者请求挂靠者与被挂靠者承担连带责任的,人民法院应予支持。"

（四）展销会的举办者、柜台的出租者

《消费者权益保护法》第43条规定:"消费者在展销会、租赁柜台购买商品或者接受服务,其合法权益受到损害的,可以向销售者或者服务者要求赔偿。展销会结束或者柜台租赁期满后,也可以向展销会的举办者、柜台的出租者要求赔偿。展销会的举办者、柜台的出租者赔偿后,有权向销售者或者服务者追偿。"消费者合法权益受到损害的情形,包括因产品缺陷受到损害的情形。在展销会结束或者柜台租赁期满后,被侵权人可以向展销会的举办者、柜台的出租者要求赔偿。因此,他们也是产品责任的主体。

《审理食品药品纠纷案件的规定》第8条规定:"集中交易市场的开办者、柜台出租者、展销会举办者未履行食品安全法规定的审查、检查、报告等义务,使消费者的合法权益受到损害的,消费者请求集中交易市场的开办者、柜台出租者、展销会举办者承担连带责任的,人民法院应予支持。"消费者合法权益受到损害,包括因产品缺陷造成的损害,因此,未履行食品安全法规定的审查、检查、报告等义务的集中交易市场的开办者、柜台出租者、展销会举办者也是产品责任的主体。

（五）网络交易平台

《消费者权益保护法》第44条规定:"消费者通过网络交易平台购买商品或者接受服务,其合法权益受到损害的,可以向销售者或者服务者要求赔偿。网络交易平台提供者不能提供销售者或者服务者的真实名称、地址和有效联系方式的,消费者也可以向网络交易平台提供者要求赔偿;网络交易平台提供者作出更有利于消费者的承诺的,应当履行承诺。网络交易平台提供者赔偿后,有权向销售者或者服务者追偿。网络交易平台提供者明知或者应知销售者或者服务者利用其平台侵害消费者合法权益,未采取必要措施的,依法与该销售者或者服务者承担连带责任。"

消费者通过网络服务平台购买商品或者接受服务,合法权益受到损害的情况包括因产品缺陷遭受的损害。网络服务平台承担责任的情况包括:第一,网络交易平台提供者不能提供销售者或者服务者的真实名称、地址和有效联系方式的,消费者可以向网络交易平台提供者要求赔偿。第二,网络交易平台提供者作出更有利于消费者的承诺的,应当按照其承诺承担责任。第三,网络交易平台提供者明知或者应知销售者或者服务者利用其平台侵害消费者合法权益,未采取必要措施的,与该销售者或者服务者承担连带责任。

《审理食品药品纠纷案件的规定》第9条也有类似规定。

（六）广告经营者、发布者和广告代言人

《消费者权益保护法》第45条规定:"消费者因经营者利用虚假广告或者其

他虚假宣传方式提供商品或者服务,其合法权益受到损害的,可以向经营者要求赔偿。广告经营者、发布者发布虚假广告的,消费者可以请求行政主管部门予以惩处。广告经营者、发布者不能提供经营者的真实名称、地址和有效联系方式的,应当承担赔偿责任。广告经营者、发布者设计、制作、发布关系消费者生命健康商品或者服务的虚假广告,造成消费者损害的,应当与提供该商品或者服务的经营者承担连带责任。社会团体或者其他组织、个人在关系消费者生命健康商品或者服务的虚假广告或者其他虚假宣传中向消费者推荐商品或者服务,造成消费者损害的,应当与提供该商品或者服务的经营者承担连带责任。"

《广告法》第56条也规定:"违反本法规定,发布虚假广告,欺骗、误导消费者,使购买商品或者接受服务的消费者的合法权益受到损害的,由广告主依法承担民事责任。广告经营者、广告发布者不能提供广告主的真实名称、地址和有效联系方式的,消费者可以要求广告经营者、广告发布者先行赔偿。关系消费者生命健康的商品或者服务的虚假广告,造成消费者损害的,其广告经营者、广告发布者、广告代言人应当与广告主承担连带责任。前款规定以外的商品或者服务的虚假广告,造成消费者损害的,其广告经营者、广告发布者、广告代言人,明知或者应知广告虚假仍设计、制作、代理、发布或者作推荐、证明的,应当与广告主承担连带责任。"

根据《广告法》第2条的规定,广告主,是指为推销商品或者服务,自行或者委托他人设计、制作、发布广告的自然人、法人或者其他组织。广告主就是《消费者权益保护法》上的经营者。广告经营者,指接受委托提供广告设计、制作、代理服务的自然人、法人或者其他组织。广告发布者,是指为广告主或者广告主委托的广告经营者发布广告的自然人、法人或者其他组织。广告代言人,是指广告主以外的,在广告中以自己的名义或者形象对商品、服务作推荐、证明的自然人、法人或者其他组织。广告代言人就是《消费者权益保护法》中在广告或者其他宣传中推荐商品或者服务的社会团体或者其他组织、个人。

消费者因经营者利用虚假广告或者其他虚假宣传方式提供的产品或者服务造成的损害,包括因缺陷产品造成的损害,广告经营者、广告发布者不能提供经营者真实名称、地址和有效联系方式的,应当承担赔偿责任。该缺陷产品关系生命健康的,广告经营者、广告发布者、广告代言人与经营者承担连带责任。其他产品存在缺陷造成消费者损害的,其广告经营者、广告发布者、广告代言人,明知或者应知广告虚假仍设计、制作、代理、发布或者作推荐、证明的,应当与广告主承担连带责任。

(七)食品、药品检验机构

《审理食品药品纠纷案件的规定》第12条规定:"食品检验机构故意出具虚假检验报告,造成消费者损害,消费者请求其承担连带责任的,人民法院应予支持。食品检验机构因过失出具不实检验报告,造成消费者损害,消费者请求其承担相应责任的,人民法院应予支持。"

消费者因虚假或者不实检验报告遭受的损害,包括因产品缺陷造成的损害,因此,食品检验机构是产品责任的主体。

(八)食品认证机构

《审理食品药品纠纷案件的规定》第13条规定:"食品认证机构故意出具虚假认证,造成消费者损害,消费者请求其承担连带责任的,人民法院应予支持。食品认证机构因过失出具不实认证,造成消费者损害,消费者请求其承担相应责任的,人民法院应予支持。"

消费者因虚假或者不实认证遭受的损害,包括因产品缺陷造成的损害,因此,食品认证机构是产品责任的主体。

四、产品责任的归责原则

关于产品责任的归责原则,存在两种不同观点。一种观点认为产品责任是无过错责任,另一种观点认为产品责任是过错责任。

笔者认为,产品责任的归责原则因产品责任的主体不同而不同。如上所述,产品责任的主体是多元的,其中绝大多数主体的责任都是过错责任,比如,食品认证机构、食品和药品的检验机构、网络交易平台,等等。其中广告经营者、发布者和代言人的产品责任,则因产品类型不同,归责原则也不同。产品责任最典型的责任主体是生产者和销售者。根据《民法典》第1203条第2款的规定,在终局的意义上,销售者承担的是过错责任。但是,根据第1203条第1款的规定,因产品缺陷造成损害的,被侵权人既可以向产品的生产者请求赔偿,也可以向产品的销售者请求赔偿。可见,对被侵权人而言,他可以不区分产品的销售者和生产者。换言之,对被侵权人而言,产品的销售者和生产者采同样的归责原则。因此,关于产品责任归责原则的争议主要是关于生产者责任归责原则的争议。《民法典》第1202条规定:"因产品责任的缺陷造成他人损害的,生产者应当承担侵权责任。"本条条文中没有过错的表述。那么,生产者的责任究竟是无过错责任还是过错责任呢?

有观点认为,生产者的责任应当是无过错责任。理由在于,无过错责任能够兼顾救济权利、补偿损失与惩罚侵权的功能,也合乎国际立法趋向。[①] 还有观点认为,销售者承担过错责任,《产品质量法》第42条第1款和《民法典》第1203条第2款都明确使用了"过错"一词,如果生产者承担的也是过错责任的话,立法应当同样对待、采取同样的措辞。因此,生产者的责任应当是无过错责任。

---

① 参见杨立新:《侵权责任法》(第4版),法律出版社2021年版,第365页。

笔者认为:第一,《民法典》第1203条第2款规定的"因销售者的过错使产品存在缺陷的",其意思应当解释为"是因为销售者的原因使产品存在缺陷的"。此处的过错与侵权法上一般过错的含义不完全相同。按照《民法典》第1202条的规定,因产品存在缺陷造成他人损害的,生产者应当承担侵权责任。此处的意思是说,缺陷是因为生产者的原因造成的。这样来看,立法对于生产者和销售者的态度,是完全一致的。此点可以从《民法典》第1203条第2款的措辞中看出。第二,根据《民法典》第1202条、《产品质量法》第41条的规定,产品责任的前提是产品存在缺陷,缺陷本身就是一个客观标准的过错。如果产品不存在缺陷,也就不存在产品责任。至于产品缺陷的存在是因为生产者的故意还是过失,则在所不问。在这个意义上,产品责任也可以说是无过错责任,或者严格责任。

五、产品责任的责任方式

产品责任既有一般侵权责任共有的责任方式,也有其独特的责任方式。

(一)损害赔偿

损害赔偿是产品责任的基本责任方式。《民法典》第1203条、第1204条规定了损害赔偿责任。当事人可以约定更高的赔偿标准。《审理网络消费案件的规定(一)》第10条规定:"平台内经营者销售商品或者提供服务损害消费者合法权益,其向消费者承诺的赔偿标准高于相关法定赔偿标准,消费者主张平台内经营者按照承诺赔偿的,人民法院应依法予以支持。"

(二)停止侵害、排除妨碍、消除危险

《民法典》第1205条规定:"因产品缺陷危及他人人身、财产安全的,被侵权人有权请求生产者、销售者承担停止侵害、排除妨碍、消除危险等侵权责任。"

现代社会,每个人的生活时时刻刻都离不开产品。产品的安全相当重要。对于有缺陷的产品,如何使缺陷不造成损害,至关重要。停止侵害、排除妨碍、消除危险是预防性救济措施,有助于减少产品缺陷造成的危害。

(三)停止销售、警示、召回

《民法典》第1206条规定:"产品投入流通后发现存在缺陷的,生产者、销售者应当及时采取停止销售、警示、召回等补救措施。未及时采取补救措施或者补救措施不力造成损害扩大的,对扩大的损害也应当承担侵权责任。依据前款规定采取召回措施的,生产者、销售者应当负担被侵权人因此支出的必要费用。"

停止侵害、排除妨碍、消除危险是在消费者发现产品存在缺陷,可能危及人身、财产安全时,向生产者、销售者提出请求,生产者、销售者被动采取的预防性救济措施。停止销售、警示、召回等属于生产者、销售者主动发现缺陷后采取的预防性救济措施。

停止销售、警示、召回等,被称为产品的跟踪观察义务,其目的是赋予产品生产者、销售者在发现产品存在原本没有被发现的缺陷时，及时采取预防措施的义务。《民法典》第1206条在民事基本法的意义上确立了产品停止销售、警示、召回制度。此外，《消费者权益保护法》第19条规定了缺陷商品或者服务的召回制度。《食品安全法》第63条第1款规定，国家建立食品召回制度。食品生产者发现其生产的食品不符合食品安全标准或者有证据证明可能危害人体健康的，应当立即停止生产，召回已经上市销售的食品，通知相关生产经营者和消费者，并记录召回和通知情况。《药品管理法》第82条规定了药品召回制度。《疫苗管理法》第73条规定了疫苗召回制度。此外，《大气污染防治法》第58条规定："国家建立机动车和非道路移动机械环境保护召回制度。生产、进口企业获知机动车、非道路移动机械排放大气污染物超过标准，属于设计、生产缺陷或者不符合规定的环境保护耐久性要求的，应当召回；未召回的，由国务院市场监督管理部门会同国务院生态环境主管部门责令其召回。"《特种设备安全法》第26条第1款规定："国家建立缺陷特种设备召回制度。因生产原因造成特种设备存在危及安全的同一性缺陷的，特种设备生产单位应当立即停止生产，主动召回。"

由上述列举可知，停止销售、警示、召回已经成为一种具有相当普遍意义的预防性补救措施。

(四) 惩罚性赔偿

我国台湾地区"消费者权益保护法"第51条规定："依本法所提之诉讼，因企业经营者之故意所致之损害，消费者得请求损害额五倍以下之惩罚性赔偿金；但因重大过失所致之损害，得请求三倍以下之惩罚性赔偿金，因过失所致之损害，得请求损害额一倍以下之惩罚性赔偿金。"我国大陆地区最早的惩罚性赔偿也是以《消费者权益保护法》的形式规定在产品责任领域。近年来，产品责任领域，包括食品和药品责任领域是惩罚性赔偿的重点。

《民法典》第1207条规定："明知产品存在缺陷仍然生产、销售，或者没有依据前条规定采取有效补救措施，造成他人死亡或者健康严重损害的，被侵权人有权请求相应的惩罚性赔偿。"本条是民事基本法上的惩罚性赔偿的一般条款，其适用的前提，一是明知产品缺陷的存在仍然生产、销售，或者应当采取而没有采取停止销售、警示、召回等补救措施；二是后果必须是造成他人死亡或者健康严重损害。

本条没有明确惩罚性赔偿的数额、形式或者计算方法，专门性的法律对此可以进行进一步规定。比如，2015年修订前的《食品安全法》第96条第2款规定："生产不符合食品安全标准的食品或者销售明知是不符合食品安全标准的食品，消费者除要求赔偿损失外，还可以向生产者或者销售者要求支付价款十倍的赔偿金。"

2013年修改后的《消费者权益保护法》大幅提高了惩罚性赔偿的赔偿标准。第55条第2款规定："经营者明知商品或者服务存在缺陷，仍然向消费者提供，造成消费者或者其他受害人死亡或者健康严重损害的，受害人有权要求经营者依照本法第四十九条、第五十一条等法律规定赔偿损失,并有权要求所受损失二倍以下的惩罚性赔偿。"

2015年修订后的《食品安全法》也体现了这种变化。民以食为天,食品的重要性不言而喻,食品的惩罚性赔偿应当比一般产品更严厉。《食品安全法》第148条第2款规定:"生产不符合食品安全标准的食品或者经营明知是不符合食品安全标准的食品,消费者除要求赔偿损失外,还可以向生产者或者经营者要求支付价款十倍或者损失三倍的赔偿金;增加赔偿的金额不足一千元的,为一千元。但是,食品的标签、说明书存在不影响食品安全且不会对消费者造成误导的瑕疵的除外。"

2019年修改后的《药品管理法》第144条第3款规定:"生产假药、劣药或者明知是假药、劣药仍然销售、使用的,受害人或者其近亲属除请求赔偿损失外,还可以请求支付价款十倍或者损失三倍的赔偿金;增加赔偿的金额不足一千元的,为一千元。"这一规定,弥补了药品领域产品责任惩罚性赔偿的缺失,使得药品领域产品责任惩罚性赔偿与食品领域产品责任惩罚性赔偿完全统一了起来。

与这一修改相适应,2020年修正后的《审理食品药品纠纷案件的规定》第15条增加了第2款:"生产假药、劣药或者明知是假药、劣药仍然销售、使用的,受害人或者其近亲属除请求赔偿损失外,依据药品管理法等法律规定向生产者、销售者主张赔偿金的,人民法院应予支持。"这里所称"药品管理法等法律规定",所指就是上述《药品管理法》第144条第3款。

需要注意的是,2020年修正后的《审理医疗纠纷案件的解释》第23条规定:"医疗产品的生产者、销售者、药品上市许可持有人明知医疗产品存在缺陷仍然生产、销售,造成患者死亡或者健康严重损害,被侵权人请求生产者、销售者、药品上市许可持有人赔偿损失及二倍以下惩罚性赔偿的,人民法院应予支持。"

从上面两条规定可以看出,药品和其他医疗产品适用的惩罚性赔偿标准是不一样的。药品和食品一样,惩罚性赔偿的标准是价款十倍或者损失三倍,不足一千元的,为一千元。其他医疗产品惩罚性赔偿的标准适用《消费者权益保护法》第55条确定的标准,即是损失的二倍。

问题是,《审理医疗纠纷案件的解释》2020年修正时,第23条的责任主体中特地增加了药品上市许可持有人,是否意味着第23条的规范对象也包括药品,存在疑问。关于药品和医疗产品惩罚性赔偿的适用,还有两点需要讨论:

第一,医疗机构是否适用惩罚性赔偿。

根据《审理医疗纠纷案件的解释》第22条的规定,缺陷医疗产品与医疗机构的过错诊疗行为共同造成患者同一损害的,患者可以请求医疗机构与医疗产品的生产者或者销售者承担连带责任。但是,从第23条的规定来看,惩罚性赔偿的责任主体只是医疗产品的生产者、销售者,医疗机构不适用惩罚性赔偿。根据司法解释起草者的解释,其原因在于,惩罚性赔偿的功能是为了震慑生产者、销售者,防止其研发、制造或者销售缺陷产品。医疗机构为患者提供的是服务,不宜认定为医疗产品的销售者,其对研发、制造过程并无影响力,令其承担惩罚性赔偿,并不能达到震慑效果。虽然目前存在医药不分家、医疗机构加价销售医疗产品的情况,但是改革的趋势是医药分家。此外,医疗产品的生产者和销售者作为经营企业能够向产品的使用者分散风险,而医疗机构是公益机构,其承担惩罚性赔偿,意味着风险最终由社会公众承担。①

值得注意的是,《药品管理法》第 144 条第 3 款规定了药品惩罚性赔偿的适用条件和标准,但是没有规定责任主体。因此,责任主体需要从第 1 款和第 2 款中寻找。第 144 条第 1 款、第 2 款规定:"药品上市许可持有人、药品生产企业、药品经营企业或者医疗机构违反本法规定,给用药者造成损害的,依法承担赔偿责任。""因药品质量问题受到损害的,受害人可以向药品上市许可持有人、药品生产企业请求赔偿损失,也可以向药品经营企业、医疗机构请求赔偿损失。接到受害人赔偿请求的,应当实行首负责任制,先行赔付;先行赔付后,可以依法追偿。"这里明确规定了医疗机构违反本法规定的,要依法承担赔偿责任。此处的赔偿责任,自然应当包括第 3 款的惩罚性赔偿。此外,2020 年修正后的《审理食品药品纠纷案件的规定》特别增加了第 18 条。第 18 条规定:"本规定所称的'药品的生产者'包括药品上市许可持有人和药品生产企业,'药品销售者'包括药品经营企业和医疗机构。"据此,医疗机构应当是药品惩罚性赔偿的责任主体。是否是药品之外其他医疗产品的责任主体,也留有疑问。

第二,知假买假是否适用惩罚性赔偿。

知假买假是指明知产品存在缺陷而购买的行为。知假买假是否可以适用《消费者权益保护法》《食品安全法》以及《药品管理法》等规定的惩罚性赔偿,向来有肯定与否定两种观点,司法实务中肯定和否定的判决都有。《审理食品药品纠纷案件的规定》第 3 条规定:"因食品、药品质量问题发生纠纷,购买者向生产者、销售者主张权利,生产者、销售者以购买者明知食品、药品存在质量问题而仍然购买为由进行抗辩的,人民法院不予支持。"可见,至少在食品、药品领域,最高人民法院司法解释采肯定立场。②

六、产品责任的免责事由

产品责任适用一般侵权责任的免责事由。此外,《产品质量法》第 41 条第 2

---

① 参见沈德咏、杜万华主编:《最高人民法院医疗损害责任司法解释理解与适用》,人民法院出版社 2018 年版,第 390—391 页。
② 参见最高人民法院民事审判第一庭编著:《最高人民法院关于食品药品纠纷司法解释理解与适用》,人民法院出版社 2014 年版,第 54—64 页。

款规定:"生产者能够证明有下列情形之一的,不承担赔偿责任:(1) 未将产品投入流通的;(2) 产品投入流通时,引起损害的缺陷尚不存在的;(3) 将产品投入流通时的科学技术水平尚不能发现缺陷的存在的。"

七、产品责任的诉讼时效

《民法典》第 188 条第 1 款规定:"向人民法院请求保护民事权利的诉讼时效期间为三年。法律另有规定的,依照其规定。"《产品质量法》第 45 条规定:"因产品存在缺陷造成损害要求赔偿的诉讼时效期间为二年,自当事人知道或者应当知道其权益受到损害时起计算。因产品存在缺陷造成损害要求赔偿的请求权,在造成损害的缺陷产品交付最初消费者满十年丧失;但是,尚未超过明示的安全使用期的除外。"产品责任要适用《产品质量法》的特别规定。

八、责任竞合

在受害人为产品的购买者时,可以产生侵权责任和违约责任的竞合。《民法典》第 186 条规定:"因当事人一方的违约行为,损害对方人身权益、财产权益的,受损害方有权选择请求其承担违约责任或者侵权责任。"在受害人是产品的购买者时,意味着受害人与另一方当事人之间存在合同关系,受害人可以基于合同关系而主张违约责任;同时,因对方的违约行为造成受害人的人身、财产权益的损害,因此,也可以基于侵权而主张侵权责任。但是,对于合同关系以外的其他受害人,只能够主张侵权,因为合同关系具有相对性,无法约束合同关系以外的当事人。同时,同样由于合同相对性的存在,基于合同关系主张违约责任时,如果产品的生产者和销售者不是同一主体,违约责任只能够向销售者主张,而不能向生产者主张。

《民法典》第 996 条规定:"因当事人一方的违约行为,损害对方人格权并造成严重精神损害,受损害方选择请求其承担违约责任的,不影响受损害方请求精神损害赔偿。"本条在产品责任领域同样适用。

第二节 道路交通事故责任

一、道路交通事故侵权行为的概念

道路交通事故是指道路交通参与人之间因违反道路交通安全法律法规或者因意外情况发生的造成人身或者财产损失的事故。道路交通事故侵权行为指道路交通参与人因违反道路交通安全法律法规发生道路交通事故,导致他人人身或者财产损失、应当承担侵权责任的行为。

《民法典》侵权责任编第五章的题目是"机动车交通事故责任"。本节使用"道路交通事故责任"为题,是因为道路交通事故要比机动车交通事故的范围更广。机动车是道路交通事故的主角,但是还有一些交通事故发生在机动车以外的主体之间。《道路交通安全法》第2条规定:"中华人民共和国境内的车辆驾驶人、行人、乘车人以及与道路交通活动有关的单位和个人,都应当遵守本法。"车辆驾驶人、行人、乘车人彼此之间都可能发生交通事故。《道路交通安全法》第119条第5项规定:"'交通事故',是指车辆在道路上因过错或者意外造成的人身伤亡或者财产损失的事件。"第119条第2项规定:"'车辆',是指机动车和非机动车。"可见,交通事故不限于机动车交通事故。另外,道路交通参与人包括机动车驾驶人、非机动车驾驶人、乘车人及行人,但承担道路交通事故责任的主体则不限于机动车驾驶人、非机动车驾驶人、乘车人及行人。比如,《民法典》第1214条规定:"以买卖或者其他方式转让拼装或者已经达到报废标准的机动车,发生交通事故造成损害的,由转让人和受让人承担连带责任。"因此,本节使用"道路交通事故"的概念展开讨论。

根据前引《道路交通安全法》第119条第5项,交通事故发生在道路上。何谓道路,《道路交通安全法》第119条第1项规定:"'道路',是指公路、城市道路和虽在单位管辖范围但允许社会机动车通行的地方,包括广场、公共停车场等用于公众通行的场所。"《道路交通安全法》第77条规定:"车辆在道路以外通行时发生的事故,公安机关交通管理部门接到报案的,参照本法有关规定办理。"

二、道路交通事故侵权行为的类型

根据《道路交通安全法》的规定,因道路交通事故主体的不同,道路交通事故侵权行为可以分为机动车之间发生的道路交通事故侵权行为以及机动车与非机动车驾驶人、行人彼此之间发生的道路交通事故侵权行为。

《道路交通安全法》第119条第3项规定:"'机动车',是指以动力装置驱动或者牵引,上道路行驶的供人员乘用或者用于运送物品以及进行工程专项作业的轮式车辆。"第4项规定:"'非机动车',是指以人力或者畜力驱动,上道路行驶的交通工具,以及虽有动力装置驱动但设计最高时速、空车质量、外形尺寸符合有关国家标准的残疾人机动轮椅车、电动自行车等交通工具。"《电动自行车安全技术规范》(GB 17761-2018)3.1规定:电动自行车是"以车载蓄电池作为辅助能源,具有脚踏骑行能力,能实现电助动或/和电驱动功能的两轮自行车"。根据第4.1条的规定,电驱动行驶时,电动自行车最高设计车速不超过25 km/h;电助动行驶时,车速超过25 km/h的,电动机不得提供电力输出;装配完整的电动自行车的整车质量小于或等于55 kg,蓄电池标称电压小于或等于48 V;电动机额定连续输出功率小于或等于 400 W。超过这些标准,就被认定为机动车。①

三、道路交通事故责任的法律适用

《民法典》第 1208 条规定:"机动车发生交通事故造成损害的,依照道路交通安全法律和本法的有关规定承担赔偿责任。"《道路交通安全法》等和《民法典》侵权责任编第五章都是规范道路交通事故责任的法律根据。

四、道路交通事故侵权行为的构成要件

(一)道路交通参与人有违反道路交通安全法律法规的行为,存在过错

过错包括故意和过失。过失的认定采客观主义,以是否违反道路交通安全法律法规作为认定标准。在道路交通事故侵权行为中,很多情况是当事人双方都有过错,因此,过错相抵在道路交通事故侵权中会经常用到。

需要注意的是,《道路交通安全法》第 76 条第 1 款第 2 项第三段规定:"机动车一方没有过错的,承担不超过百分之十的赔偿责任。"这意味着,对于机动车一方而言,即使在没有过错的情况下,也可能构成侵权行为,但承担的是有限的赔偿责任。

尽管有上述规定,总体而言,道路交通事故侵权行为的构成,需要有过错。在处理道路交通事故时,需要分清基本的对错。《荀子·富国》中说:"不教而诛,则刑繁而邪不胜。"分清对错,对于预防事故的发生,妥善解决纠纷、平衡各方利益,实现社会和谐是非常必要的。

(二)道路交通事故参与人一方或者双方受有损失

在机动车与非机动车驾驶人或者行人之间发生道路交通事故后,受有损失的一方往往是非机动车驾驶人或者行人。这一特点是许多人对道路交通事故中的侵权行为进行讨论时的出发点。但是,在许多情况下,机动车驾驶人的人身或者机动车也会受有损失。在机动车与机动车之间发生的道路交通事故,更是如此。《民法典》第 1208 条中的损害,包括因道路交通事故造成的全部损害。

(三)违反道路交通安全法律法规的行为与损失之间有因果关系

机动车闯红灯发生交通事故造成人行道上行人人身损害的,闯红灯行为与损害之间具有因果关系。假设机动车刹车尾灯不亮,在道路信号灯为绿灯时与横闯马路的行人发生交通事故,那么尽管刹车尾灯不亮也违反了道路交通安全法律法规,但是与该损失之间不存在因果关系。

我国台湾地区法院 1994 年台上字第 2342 号判决提到:"查上开车祸之发生,系因林某翔驾车行经行人穿越道,未暂停让行人即林胡某英先行通过,为肇

---

① 参见四川省内江市中级人民法院(2018)川 10 民终 990 号民事判决书。

事原因,业经台湾省台北区行车事故鉴定委员会鉴定明确,而前开另案民、刑事确定判决亦均认定,林某翔途径行人穿越道前,疏未注意车前状况及减速慢行,未暂停让行人先行通过,因而撞及正欲穿越行人穿越道之行人林胡某英倒地死亡等情形。足证该损害结果之发生,并非由于林某翔所驾上开小货车之机件因素所致。则该小货车未依规定参加定期检验,既非造成本件车祸之原因。被上诉人未为定期检验该小货车与林某翔之肇事及被害人林胡某英死亡之间,即无相当因果关系存在,被上诉人自不负共同侵权行为之责任。"①

(四) 道路交通事故侵权行为的归责原则

《道路交通安全法》第76条规定:"机动车发生交通事故造成人身伤亡、财产损失的,由保险公司在机动车第三者责任强制保险责任限额范围内予以赔偿;不足的部分,按照下列规定承担赔偿责任:(一)机动车之间发生交通事故的,由有过错的一方承担赔偿责任;双方都有过错的,按照各自过错的比例分担责任。(二)机动车与非机动车驾驶人、行人之间发生交通事故,非机动车驾驶人、行人没有过错的,由机动车一方承担赔偿责任;有证据证明非机动车驾驶人、行人有过错的,根据过错程度适当减轻机动车一方的赔偿责任;机动车一方没有过错的,承担不超过百分之十的赔偿责任。交通事故的损失是由非机动车驾驶人、行人故意碰撞机动车造成的,机动车一方不承担赔偿责任。"

第76条没有规定非机动车驾驶人之间以及非机动车驾驶人和行人之间因道路交通事故发生的侵权行为。《北京市实施〈中华人民共和国道路交通安全法〉办法》第71条规定:"非机动车之间、非机动车与行人之间发生交通事故造成人身伤亡、财产损失的,由有过错的一方承担赔偿责任;双方都有过错的,按照各自过错的比例承担赔偿责任;无法确定双方当事人过错的,平均分担赔偿责任。"

1. 上述规定明确,机动车之间、非机动车之间、非机动车与行为人之间发生的道路交通事故侵权行为,适用过错责任原则。

2. 机动车与非机动车驾驶人、行人之间发生的道路交通事故侵权行为应当适用什么样的归责原则,存在激烈的争论。这些争论直接影响到了《道路交通安全法》相关条文的制定。

机动车与非机动车驾驶人、行人之间发生的道路交通事故侵权行为,其归责原则有两种不同的主张。

一种主张认为,机动车与非机动车驾驶人、行人之间发生的道路交通事故侵权行为应当采用无过错责任原则。主要理由在于以下三个理论:

第一,报偿理论,即谁享受利益谁承担风险,机动车一方享受了机动车带来的利益,自然应当由其承担因机动车运行所带来的风险。

---

① 参见王泽鉴:《侵权行为》(第三版),北京大学出版社2016年版,第592页。

第二，危险控制理论，即谁能够控制、减少危险，谁承担责任，机动车一方更能够控制机动车带来的危险，因此应当由机动车一方承担责任。

第三，危险分担理论，即机动车一方承担的责任，可以通过保险制度分散到整个社会。无过错责任似乎对机动车一方很苛刻，实际上是最公平的。

另一种主张认为，机动车与非机动车驾驶人、行人之间的道路交通事故侵权行为的归责原则应当采用过错责任原则。笔者坚持后一种主张，主要理由如下：

第一，道路交通安全法律、法规是全体道路交通参与人的法规，除机动车驾驶人外，非机动车驾驶人和行人也应当遵守。

第二，道路交通事故是由双方原因决定的事故，仅仅一方的预防无法使事故发生概率降低。

第三，只有所有道路交通参与人都有动力采取措施预防事故的发生，才可能使事故发生概率降低。而只有事故发生概率下降，非机动车驾驶人和行人的人身和财产权益才能够真正得到保障。

第四，机动车一方的无过错责任可能会使机动车一方预防过度，而非机动车驾驶人和行人一方则可能预防不足。

第五，只有双方适用过错责任，根据过错程度承担责任，双方才都有动力采取预防措施，才可能实现事故发生概率下降，从而真正保护非机动车驾驶人和行人的合法权益。①

3. 在日本，1955 年制定的《机动车损害赔偿保障法》修改了民法的过失责任，改采过失推定。受害人不需要证明加害人的故意或者过失，提供营运者，即为了自己的需要而提供机动车用以营运之人，需要证明自己以及驾驶人没有怠于注意等免责事由。② 我国台湾地区"民法"1999 年债编修正时，增设第 191 条之 2 采过失推定责任。该条规定："汽车、机车或其他非依轨道行驶之动力车辆，在使用中加损害于他人者，驾驶人应赔偿因此所生之损害。但于防止损害之发生，已尽相当注意者，不在此限。"关于归责原则，其立法理由认为："参考各立法例并斟酌台湾地区情况增订第 1 项，规定汽车、机车或其他非依轨道行驶之动力车辆，在使用中加损害于他人者，驾驶人应赔偿因此所生之损害，惟如驾驶人于防止损害之发生，已尽相当之注意，不在此限，以期缓和驾驶人之责任。"③

4. 2003 年《道路交通安全法》第 76 条第 1 款第 2 项规定："机动车与非机动车驾驶人、行人之间发生交通事故的，由机动车一方承担责任；但是，有证据证明

---

① 关于道路交通事故侵权行为归责原则更详细的讨论，可参见王成：《道路交通事故损害赔偿归责原则之经济分析》，载崔建远主编：《民法九人行》（第 1 卷），金桥文化出版（香港）有限公司 2003 年版，第 195—229 页。

② 参见〔日〕吉村良一：《日本侵权行为法》（第 4 版），张挺译、文元春校，中国人民大学出版社 2013 年版，第 199—205 页。

③ 参见王泽鉴：《侵权行为（第三版）》，北京大学出版社 2016 年版，第 590 页。

非机动车驾驶人、行人违反道路交通安全法律、法规,机动车驾驶人已经采取必要处置措施的,减轻机动车一方的责任。"据此,机动车与非机动车驾驶人、行人之间发生交通事故的,由机动车一方承担无过错责任。如果能够证明非机动车驾驶人、行人违反道路交通安全法律、法规,存在过错,而机动车驾驶人已经采取必要处置措施的,机动车一方的责任可以减轻。

2011 年《道路交通安全法》第 76 条第 1 款第 2 项规定:"机动车与非机动车驾驶人、行人之间发生交通事故,非机动车驾驶人、行人没有过错的,由机动车一方承担赔偿责任;有证据证明非机动车驾驶人、行人有过错的,根据过错程度适当减轻机动车一方的赔偿责任;机动车一方没有过错的,承担不超过百分之十的赔偿责任。"据此,机动车与非机动车驾驶人、行人之间发生交通事故时,要根据过错程度来确定彼此的责任。按照第 76 条第 1 款第 2 项规定的第一段,只要非机动车驾驶人、行人没有过错的,就要由机动车一方来承担责任。这是一种机动车一方的结果责任。但是,结合该规定第三段,无论非机动车驾驶人、行人有没有过错,包括第一段规定的非机动车驾驶人、行人没有过错的情况,也包括其存在过错或者过错不明的情况,只要机动车一方没有过错,就只承担不超过 10% 的责任。这是一种机动车一方的无过错责任。在双方都没有过错的情况下,让机动车一方承担不超过 10% 的责任,体现了法律向非机动车驾驶人、行人一方的倾斜。① 机动车一方有过错的,承担过错责任。双方都有过错的,各自按照过错程度承担责任。

2003 年《道路交通安全法》第 76 条第 2 款规定:"交通事故的损失是由非机动车驾驶人、行人故意造成的,机动车一方不承担责任。"据此,只有非机动车驾驶人、行人故意造成交通事故的情况下,机动车一方才可以免责。

2011 年《道路交通安全法》第 76 条第 2 款规定:"交通事故的损失是由非机动车驾驶人、行人故意碰撞机动车造成的,机动车一方不承担赔偿责任。"比较而言,修订后的条文对非机动车驾驶人、行人的故意进行了更加明确的限定。

5. 简单的小结

就我国现行法而言,道路交通事故侵权行为采多种归责原则混合适用的归责体系。有结果归责、过错归责,也有无过错归责。这种多种归责原则混合适用的归责原则体系值得赞同。但就总体而言,我国现行法采用的还是过错责任原则。

---

① 这一规定,基本上回归到了 1991 年《道路交通事故处理办法》的规定。《道路交通事故处理办法》第 44 条规定:"机动车与非机动车、行人发生交通事故,造成对方人员死亡或者重伤,机动车一方无过错的,应当分担对方 10% 的经济损失。但按照 10% 计算,赔偿额超过交通事故发生地十个月平均生活费的,按十个月的平均生活费支付。前款非机动车、行人一方故意造成自身伤害或者进入高速公路造成损害的除外。"

五、道路交通事故责任的认定

根据《道路交通安全法》第 70 条,发生道路交通事故后,当事人应"迅速报告执勤的交通警察或者公安机关交通管理部门"。《道路交通安全法》第 72 条第 1 款规定:"公安机关交通管理部门接到交通事故报警后,应当立即派交通警察赶赴现场,先组织抢救受伤人员,并采取措施,尽快恢复交通。"第 73 条规定:"公安机关交通管理部门应当根据交通事故现场勘验、检查、调查情况和有关的检验、鉴定结论,及时制作交通事故认定书,作为处理交通事故的证据。交通事故认定书应当载明交通事故的基本事实、成因和当事人的责任,并送达当事人。"

据此,道路交通事故发生后,首先应当由公安机关交通管理部门对事故进行处理,及时制作交通事故认定书。交通事故认定书是确定道路交通事故侵权责任非常重要的证据。事故认定书不仅是认定事实的证据,也是认定双方过错及过错程度的证据。一方面,道路交通事故的现场处理具有专业性;另一方面,如果发生诉讼,法官不可能回到过去到现场进行勘验。诉讼中事实的认定对公安机关交通管理部门出具的事故认定书具有很强的依赖性。

2020 年修正后的《道路交通事故赔偿解释》第 24 条规定:"公安机关交通管理部门制作的交通事故认定书,人民法院应依法审查并确认其相应的证明力,但有相反证据推翻的除外。"交通事故认定书是道路交通事故民事诉讼中最重要的证据。除非有相反证据,法官应确认交通管理部门出具的交通事故认定书的证明力。在交通事故认定书明显不合常理的情况下,法院也可能会否定其证据效力。

在北京市海淀区人民法院(2001)海民初字第 11755 号案中,被告何某于 2000 年 3 月 26 日 22 时 30 分在北京市海淀区屯佃村二队场口,驾驶小客车(京 C86578)由西向东行驶,适有原告杨某驾驶小客车(京 AR8376)内乘胡某由东向南左转弯,何车前部与杨车右侧相撞,两车损坏,杨某、胡某受伤。北京市公安交通管理局海淀交通支队经查后做出责任认定书认定,何某驾车超速行驶,未确保安全以至于发生事故,违反《道路交通管理条例》(现已失效,下同)第 7 条第 2 款的规定;杨某驾车发生事故,违反《道路交通管理条例》第 40 条第 3 项的规定。故根据《道路交通事故处理办法》(现已失效,下同)第 19 条的规定,认定何某、杨某负此事故的同等责任。何某对此责任认定不服提出复议,海淀支队于 2000 年 11 月 14 日做出道路责任认定书,认定"事故后经调查,京 C86578 小客车司机驾车发生交通事故,弃车逃逸,违反《道路交通事故处理办法》第 20 条的规定;认定京 C86578 小客车司机负此事故全部责任;杨某、胡某不负此事故责任"。法院审理中查明,京 C86578 小客车的车主王某在开庭时称何某是事故发生时该车的司机,何某在庭审中以证人身份出庭陈述时承认其是事故的肇事司机,杨某在庭审中认可事故发生后,何某在事故现场,并在起诉时也认可何某是肇事司机。海淀支队在事故发生后从事故车上提取的血液与何某的血液进行鉴定的结果是:车上提取的血液与何某的血液是一致的。因此第一次认定何某是肇事司机,故认定何某与杨某负事故的同等责任。在海淀支队对何某的异议加以复议时,于2000年7月14日从事故车上提取的毛发与何某的血液鉴定结论进行对比后,因结论不同,故得出肇事司机逃逸的结论,因此由京C86578小客车的司机负此事故的全部责任。

法院认为,海淀支队所做出的肇事司机逃逸结论的依据是从事故车上提取的毛发,但此次提取毛发的时间距事发已四月之久,其间不排除事故车辆已被人为变动,且该鉴定结论与事发不久从车内提取的血液鉴定结论不同。根据双方陈述情况,在何某承认其为肇事司机,杨某也曾在起诉书中以何某为被告要求其承担赔偿责任的情况下,仅以事后所做的毛发鉴定,不能排除何某是肇事司机的可能。因此,海淀支队最后做出的事故认定,不能作为本案确定赔偿责任的依据。①

六、道路交通事故责任的赔偿范围

根据《道路交通安全法》第76条的规定,机动车发生交通事故造成人身伤亡、财产损失,都要予以赔偿。《道路交通事故赔偿解释》第11条规定:"道路交通安全法第七十六条规定的'人身伤亡',是指机动车发生交通事故侵害被侵权人的生命权、身体权、健康权等人身权益所造成的损害,包括民法典第一千一百七十九条和第一千一百八十三条规定的各项损害。道路交通安全法第七十六条规定的'财产损失',是指因机动车发生交通事故侵害被侵权人的财产权益所造成的损失。"

《道路交通事故赔偿解释》第12规定:"因道路交通事故造成下列财产损失,当事人请求侵权人赔偿的,人民法院应予支持:(一)维修被损坏车辆所支出的费用、车辆所载物品的损失、车辆施救费用;(二)因车辆灭失或者无法修复,为购买交通事故发生时与被损坏车辆价值相当的车辆重置费用;(三)依法从事货物运输、旅客运输等经营性活动的车辆,因无法从事相应经营活动所产生的合理停运损失;(四)非经营性车辆因无法继续使用,所产生的通常替代性交通工具的合理费用。"

第12条列举的四项赔偿项目中,没有机动车的贬值损失。所谓机动车的贬值损失,是指在交通事故中受损的机动车修复后的价值与未受损前价值之间的差额。贬值损失不限于机动车,也可能涉及对物的毁损。贬值损失可以分为技

---

① 参见北京市海淀区人民法院(2001)海民初字第11755号民事判决书。

术性贬值以及交易性贬值两种类型。前者指进行修复后并未完全恢复原状,仍留有在客观上可以认定的瑕疵。后者指被毁损之物虽经完全修复,但亦有可能因心理因素致其交易价值减少。在我国台湾地区,对于技术性贬值,被害人可以根据台湾地区"民法"第196条规定请求减少的价值。对于交易性贬值,台湾地区法院2002年台上字第1114号民事判决认为:物损坏后纵经修复,价值仍必减少,甚难恢复未受损前之价值,此心理因素减价,为社会生活之必然结果。本件原判认上诉人李○祥之房屋受损后,经修复恢复原状,心理因素减价即应排除云云,与经验法则与论理法则,不无违背。①

德国法院从利益说出发,认为事故发生前后受害人财产状况存在差额,支持对贬值损失的赔偿。法国判例大致认为就贬值损失并非都可以请求赔偿,其赔偿以赔偿权利人出卖汽车时为限。如其仍保有汽车自用而不出卖,则该损失不得请求赔偿。其理由在于,贬值损失因汽车出卖而产生,汽车若不出卖仍保留自用,则无贬值损失可言,故该损失的赔偿以汽车出卖为条件。法国判例的立场,在操作上可能面临较大困难。②

大陆地区有法院判决支持贬值损失的赔偿。2006年3月4日中午,南京市某公司的陈某驾驶一辆崭新的轿车,到饭店用餐。到达饭店门前广场时,司机即将车辆交给店方泊车管理人员,由他们统一停放。泊车人员在停车时,将车子撞上了饭店门前的石柱,损坏十分严重。保险公司以饭店泊车人员属无照驾驶,不符合理赔条件为由拒绝理赔。经评估,该车辆修复的贬值损失为5.8万元。由于双方未能达成一致的修复意见,车主方遂将饭店起诉到南京市鼓楼区人民法院,请求法院判令被告赔偿车辆维修费、车辆修复后的贬值损失及其他损失,共计15.96万元。法院认为,原告主张的车辆修理费、维修评估费、施救及停车费等直接损失,均有相应的证据证实,被告应予赔偿。关于贬值损失,法院认为,民法上的财产损害赔偿以填补损失为原则,虽然原告车辆被撞后有一些部件可以完全修复或者更换,但也有一些部件的功能性损失和隐蔽性损害,在客观上并不能通过修理来恢复其正常形态,其贬值损失客观存在,侵权人应对该损失承担赔偿责任。鼓楼区物价局认证中心的《价格鉴定结论书》,是在车辆已经实际维修、现场查看车辆、动态测试后出具,更加科学和符合实际,法律予以采信。被告应当依照该份鉴定结论所确定的数额,赔偿原告车辆修复后的贬值损失3.71万元。③

---

① 参见王泽鉴:《损害赔偿》,北京大学出版社2017年版,第180—182页。
② 参见曾世雄:《损害赔偿法原理》,詹森林续著,新学林出版股份有限公司2005年版,第178—179页。
③ 杨向涛、李自庆:《江苏首例轿车受损贬值索赔案落槌》,载《江苏法制报》2006年9月15日,http://hi.baidu.com/nj8688/item/2bf2d7a5fb6f6dda5af19167,最后访问时间:2014年6月15日。

关于上述解释第 12 条规定列举的四项财产损失中没有包括贬值损失的原因,起草者认为,从理论上讲,损害赔偿的基本原则是填平损失,有损失就应当有赔偿。但是,任何一部法律以及司法解释的出台,都要考虑当时的社会经济发展情况综合判断,目前尚不具备完全支持贬值损失的客观条件:(1)虽然理论上多数观点认为贬值损失具有可赔偿性,但仍有较多争议。(2)贬值损失的可赔偿性要兼顾一国的道路交通实际状况。在事故率比较高、道路交通安全意识尚需提高的我国,赔偿贬值损失会加重道路交通参与人的负担,不利于社会经济发展。(3)我国鉴定市场尚不规范,鉴定机构在逐利目的驱动下,贬值损失的确定有较大随意性。(4)可能导致本不会成诉的交通事故案件大量涌入法院,不利于减少纠纷。[1]

从起草人的论证来看,贬值损失的赔与不赔,是立法政策问题。但上述法院判决及不支持的理由均未区分技术性贬值和交易性贬值,是否赔偿、如何赔偿,尚有深入研究的余地。

七、机动车第三者责任强制保险和道路交通事故社会救助基金

《道路交通安全法》第 17 条规定:"国家实行机动车第三者责任强制保险制度,设立道路交通事故社会救助基金。具体办法由国务院规定。"

《民法典》第 1216 条规定:"机动车驾驶人发生交通事故后逃逸,该机动车参加强制保险的,由保险人在机动车强制保险责任限额范围内予以赔偿;机动车不明、该机动车未参加强制保险或者抢救费用超过机动车强制保险责任限额,需要支付被侵权人人身伤亡的抢救、丧葬等费用的,由道路交通事故社会救助基金垫付。道路交通事故社会救助基金垫付后,其管理机构有权向交通事故责任人追偿。"

(一)机动车第三者责任强制保险

1. 机动车第三者责任强制保险的界定

机动车第三者责任强制保险,简称为交强险,《机动车交通事故责任强制保险条例》第 3 条规定:"本条例所称机动车交通事故责任强制保险,是指由保险公司对被保险机动车发生道路交通事故造成本车人员、被保险人以外的受害人的人身伤亡、财产损失,在责任限额内予以赔偿的强制性责任保险。"

顾名思义,交强险属于强制保险,在中华人民共和国境内道路上行驶的机动车的所有人或者管理人,应当依照《道路交通安全法》的规定投保交强险。

2. 交强险法律关系的主体

交强险法律关系的主体包括:保险人、投保人、被保险人、受害人。

---

[1] 参见最高人民法院民事审判第一庭编著:《最高人民法院关于道路交通损害赔偿司法解释理解与适用》,人民法院出版社 2015 年版,第 200 页。

(1) 保险人

保险人是指承保交强险的保险公司。2012年5月1日之前，承保交强险的只能是经原保监会批准的中资保险公司。其后，承保交强险的不再限于中资保险公司。

(2) 投保人

投保人，是指与保险公司订立机动车交通事故责任强制保险合同，并按照合同负有支付保险费义务的机动车的所有人、管理人。

(3) 被保险人

被保险人，是指投保人及其允许的合法驾驶人。

(4) 受害人

《机动车交通事故责任强制保险条例》第21条第1款规定："被保险机动车发生道路交通事故造成本车人员、被保险人以外的受害人人身伤亡、财产损失的，由保险公司依法在机动车交通事故责任强制保险责任限额范围内予以赔偿。"

交强险属于第三者责任险，因此交强险的受害人限于第三者。《道路交通事故赔偿解释》第14条规定："投保人允许的驾驶人驾驶机动车致使投保人遭受损害，当事人请求承保交强险的保险公司在责任限额范围内予以赔偿的，人民法院应予支持，但投保人为本车上人员的除外。"可见，投保人也可能成为交强险中的受害人。能否成为交强险的受害人，关键是看其在事故发生时为本车人员还是第三者。这一问题在第三者责任商业险中同样存在。

在郑某诉徐某、中国人民财产保险股份有限公司长兴支公司道路交通事故人身损害赔偿纠纷案中，原告郑某乘坐被告徐某所有、杨某驾驶的汽车沿312国道由西向东行驶，途中车辆失控，将乘坐在车内的原告甩出车外，原告随后又被该车碾压致重伤。交警部门事故认定书认定杨某负事故全部责任，原告不负事故责任。

被告徐某为涉案肇事车辆向被告财保长兴支公司投保了机动车辆第三者责任险，同时还为该车投保了车上人员险。

本案一审的争议焦点之一是：原本坐在涉案肇事车辆内的郑某因车辆失控被甩出车外，而后被该车碾伤，该情形属于机动车第三者责任险的理赔范围，还是属于车上人员责任险的理赔范围。

长兴县人民法院一审认为：在交通事故发生之前，原告是车上的乘客，属于车上人员，但原告先是因车辆失控被甩出车外，落地后又被该车碾压致伤，涉案交通事故发生时原告已经置身于车之下，据此认定原告属于"因保险车辆发生意外事故遭受人身损害的保险车辆下的受害者"，即在涉案交通事故发生时，原告已经由"车上人员"（乘客）转化为"第三者"。

湖州市中级人民法院二审认为,本案二审的争议焦点仍然是涉案交通事故责任属于机动车辆第三者责任险的理赔范围,还是属于车上人员责任险的理赔范围。

湖州市中级人民法院认为,判断因保险车辆发生意外交通事故而受害的人属于"第三者"还是属于"车上人员",必须以该人在交通事故发生当时这一特定的时间是否身处保险车辆之上为依据,在车上即为"车上人员",在车下即为"第三者"。同时,由于机动车辆是一种交通工具,任何人都不可能永久地置身于机动车辆之上,故涉案机动车辆保险合同中所涉及的"第三者"和"车上人员"均为在特定时空条件下的临时性身份,即"第三者"与"车上人员"均不是永久的、固定不变的身份,二者可以因特定时空条件的变化而转化。本案中,涉案交通事故的事实,是郑某被涉案保险车辆碾压致伤。该事故发生前,郑某的确乘坐于涉案保险车辆之上,属于车上人员。但由于驾驶员遇到紧急情况时操作不当,导致涉案保险车辆失控,郑某被甩出车外,随后被涉案保险车辆碾压至重伤。因此,涉案交通事故发生时,郑某不是在涉案保险车辆之上,而是在该车辆之下。如果郑某在涉案交通事故发生时是涉案保险车辆车上人员,则根本不可能被该车碾压致伤。因此,财保长兴支公司仅以郑某在涉案交通事故发生前乘坐于涉案保险车辆之上的事实,即认为郑某属于涉案保险车辆车上人员、涉案交通事故责任应当按照车上人员责任险理赔的观点不仅不符合涉案保险合同的规定,亦有悖于常理。①

在广州市中级人民法院(2010)穗中法民一终字第2863号案中,谢某驾驶登记车主为张某的鄂S08851号车牵引鄂S1928号挂车满载货物并搭载杨某等三人行驶至广州市环城高速公路右线岑村匝道由西往南转弯处时,由于谢某违反安全驾驶规范,而且车厢水泥货物未经捆绑紧扎,导致乘坐在货物表层的杨某等三人随部分水泥货物从车上甩出摔下,杨某当场死亡。鄂S08851号重型半挂牵引车交强险保险单位为中华联合财产保险股份有限公司随州中心支公司;鄂S1928号重型普通半挂车交强险保险单位为中联财险随州支公司。交警部门道路交通事故认定书认定:谢某承担事故的全部责任。

关于责任的承担问题,为证明中联财险随州支公司的保险责任问题,张某举出上述案例,即郑某诉徐某、中国人民财产保险股份有限公司长兴支公司道路交通事故人身损害赔偿纠纷案。

一审广州市天河区人民法院认为,本案具体情节与郑某案迥然不同。在郑案中郑某是合法乘车人,由于驾驶员操作失当致郑某甩出车外之后,又被该车碾压致重伤,其先期存在甩出,之后发生碾压,郑某的五级重伤是因汽车碾压而发

---

① 参见《最高人民法院公报》2008年第7期。

生,并非从车体甩出即发生,因此,本案杨某之死不能简单套用郑案中关于车上和车下的论述。本案中,杨某的死亡并不存在如郑案中甩至"车下"之后又出现"汽车碾压"的转化情形,也就没有由"乘车人"转化为"第三者"的事实依据。谢某让杨某等三人搭车的行为本身首先即属违法,并且鄂 S08851 号货车存在超载现象;其次散装水泥货物未经捆绑紧扎即驶入高速公路,对于搭乘的杨某等三人在高速路转弯中被甩出车体的危险,谢某应当能够预见而没有预见或自信能够避免,存在疏忽大意的过失或者过于自信的过失,因此,对于杨某的死亡,谢某和车主张某要承担过失侵权的民事责任。另外,虽然杨某被甩至车下,但于"车下"之时,杨某的身体并没有与鄂 S08851 号货车车体出现接触或碰撞,亦即于车下之时空范围内杨某和货车并没有发生"关系",相对于鄂 S08851 号货车而言,杨某只是一个潜在的"第三者",而没有形成实质上的第三者关系。在机动车辆第三者责任险中的第三者概念是指,"除投保人、被保险人、保险人以外的,因保险车辆发生意外事故遭受人身伤亡或财产损失的保险车辆下的受害者",即先有车辆事故,之后基于车辆和人之间发生接触而产生的关系,出现人的伤亡或财产损失,如此才形成"第三者"概念。本案杨某是从车体被抛离,因重力作用与地面发生碰撞而致死亡,并非出现从"车上"到"车下"之后,再有与车体的实质接触才遭受身体伤亡,不符合机动车交强险适用条件,因此中联财险随州支公司无须承担交强险保险责任。

二审广州市中级人民法院认为,本案的争议焦点之一为本案交通事故责任是否属于交强险保险责任范围。由于运行中的机动车具有相当的质量与速度,也就具有非常大的危险性,因此交强险的主要目的在于保护道路通行中的相对机动车而言处于弱势地位的车外人员,而不包括本车车上人员。故本案交通事故责任是否属于交强险保险责任范围,关键在于确定死者杨某是否属于《机动车交通事故责任强制保险条例》所规定的"本车车上人员"。根据民法侵权理论中的因果关系学说,先行行为是导致损害结果产生的原因,损害结果只是先行行为作用的具体表现和必然延展。对于交通事故保险赔偿而言,受害人与被保险车辆在事故发生时的位置关系决定了适用保险的种类,也因此,只要事故的发生是一个连续的过程,中间并无其他外在介入因素的影响,以先行行为发生的瞬间时间进行判断,此时受害人在车下就属于车下人员,在车上就属于车上人员,而不是根据损害结果出现的时间来判断。本案中,先行行为系驾驶员违反安全驾驶规范,且车厢水泥货物未经捆绑紧扎,导致乘坐在货物表面的杨某随部分水泥货物从车上甩出摔下而死亡,事故的发生过程是连续的,中间并无其他外在介入因素(如本车碾压碰撞等),在事故发生瞬间,杨某应属车上人员,不符合交强险赔偿责任范围,因此中联财险随州支公司无须承担交强险保险责任。①

---

① 参见广州市中级人民法院(2010)穗中法民一终字第 2863 号民事判决书。

3. 责任限额

《机动车交通事故责任强制保险条例》第 23 条规定:"机动车交通事故责任强制保险在全国范围内实行统一的责任限额。责任限额分为死亡伤残赔偿限额、医疗费用赔偿限额、财产损失赔偿限额以及被保险人在道路交通事故中无责任的赔偿限额。机动车交通事故责任强制保险责任限额由国务院保险监督管理机构会同国务院公安部门、国务院卫生主管部门、国务院农业主管部门规定。"

根据 2020 年 9 月 9 日中国银保监会发布的《关于调整交强险责任限额和费率浮动系数的公告》,在中华人民共和国境内(不含港、澳、台地区),被保险人在使用被保险机动车过程中发生交通事故,致使受害人遭受人身伤亡或者财产损失,依法应当由被保险人承担的损害赔偿责任,每次事故责任限额为:死亡伤残赔偿限额 18 万元,医疗费用赔偿限额 1.8 万元,财产损失赔偿限额 0.2 万元。被保险人无责任时,死亡伤残赔偿限额 1.8 万元,医疗费用赔偿限额 1800 元,财产损失赔偿限额 100 元。

至于上述各项赔偿能否突破,最高人民法院《关于在道路交通事故损害赔偿纠纷案件中机动车交通事故责任强制保险中的分项限额能否突破的请示的答复》(〔2012〕民一他字第 17 号)采否定态度:"根据《中华人民共和国道路交通安全法》第十七条、《机动车交通事故责任强制保险条例》第二十三条,机动车发生交通事故后,受害人请求承保机动车第三者责任强制保险的保险公司对超出机动车第三者责任强制保险分项限额范围予以赔偿的,人民法院不予支持。"

4. 赔偿条件

(1)《机动车交通事故责任强制保险条例》第 21 条规定:"被保险机动车发生道路交通事故造成本车人员、被保险人以外的受害人人身伤亡、财产损失的,由保险公司依法在机动车交通事故责任强制保险责任限额范围内予以赔偿。道路交通事故的损失是由受害人故意造成的,保险公司不予赔偿。"第 22 条规定:"有下列情形之一的,保险公司在机动车交通事故责任强制保险责任限额范围内垫付抢救费用,并有权向致害人追偿:(一)驾驶人未取得驾驶资格或者醉酒的;(二)被保险机动车被盗抢期间肇事的;(三)被保险人故意制造道路交通事故的。有前款所列情形之一,发生道路交通事故的,造成受害人的财产损失,保险公司不承担赔偿责任。"

第 22 条第 2 款关于保险公司对财产损失不承担赔偿责任的规定,有学者持批评意见:交强险的目的在于保护交通事故受害人。因为驾驶人原因或者被保险机动车原因对受害人的财产损失不予赔偿,于理不通。[①]

[①] 参见李明发、王俊超:《机动车交通事故责任险与民事赔偿关系研究》,载《法学家》2007 年第 5 期。

《道路交通事故赔偿解释》第15条第1款规定:"有下列情形之一导致第三人人身损害,当事人请求保险公司在交强险责任限额范围内予以赔偿,人民法院应予支持:(一)驾驶人未取得驾驶资格或者未取得相应驾驶资格的;(二)醉酒、服用国家管制的精神药品或者麻醉药品后驾驶机动车发生交通事故的;(三)驾驶人故意制造交通事故的。"

(2)《道路交通事故赔偿解释》第20条规定:"机动车所有权在交强险合同有效期内发生变动,保险公司在交通事故发生后,以该机动车未办理交强险合同变更手续为由主张免除赔偿责任的,人民法院不予支持。机动车在交强险合同有效期内发生改装、使用性质改变等导致危险程度增加的情形,发生交通事故后,当事人请求保险公司在责任限额范围内予以赔偿的,人民法院应予支持。前款情形下,保险公司另行起诉请求投保义务人按照重新核定后的保险费标准补足当期保险费的,人民法院应予支持。"

5. 未投保交强险的机动车发生交通事故时的赔偿

机动车未投保交强险,可能是投保义务人不愿意投保,也可能是由于保险公司的原因未与投保义务人订立交强险合同。

对于前者,《道路交通事故赔偿解释》第16条规定:"未依法投保交强险的机动车发生交通事故造成损害,当事人请求投保义务人在交强险责任限额范围内予以赔偿的,人民法院应予支持。投保义务人和侵权人不是同一人,当事人请求投保义务人和侵权人在交强险责任限额范围内承担连带责任的,人民法院应予支持。"

对于后者,《道路交通事故赔偿解释》第17条规定:"具有从事交强险业务资格的保险公司违法拒绝承保、拖延承保或者违法解除交强险合同,投保义务人在向第三人承担赔偿责任后,请求该保险公司在交强险责任限额范围内承担相应赔偿责任的,人民法院应予支持。"

6. 多辆机动车发生交通事故时的赔偿

《道路交通事故赔偿解释》第18条规定:"多辆机动车发生交通事故造成第三人损害,损失超出各机动车交强险责任限额之和的,由各保险公司在各自责任限额范围内承担赔偿责任;损失未超出各机动车交强险责任限额之和,当事人请求由各保险公司按照其责任限额与责任限额之和的比例承担赔偿责任的,人民法院应予支持。依法分别投保交强险的牵引车和挂车连接使用时发生交通事故造成第三人损害,当事人请求由各保险公司在各自的责任限额范围内平均赔偿的,人民法院应予支持。多辆机动车发生交通事故造成第三人损害,其中部分机动车未投保交强险,当事人请求先由已承保交强险的保险公司在责任限额范围内予以赔偿的,人民法院应予支持。保险公司就超出其应承担的部分向未投保交强险的投保义务人或者侵权人行使追偿权的,人民法院应予支持。"

7. 交强险和商业三者险的赔偿顺序

《民法典》第1213条规定:"机动车发生交通事故造成损害,属于该机动车一方责任的,先由承保机动车强制保险的保险人在强制保险责任限额范围内予以赔偿;不足部分,由承保机动车商业保险的保险人按照保险合同的约定予以赔偿;仍然不足或者没有机动车商业保险的,由侵权人赔偿。"《道路交通事故赔偿解释》第13条规定:"同时投保机动车第三者责任强制保险(以下简称交强险)和第三者责任商业保险(以下简称商业三者险)的机动车发生交通事故造成损害,当事人同时起诉侵权人和保险公司的,人民法院应当依照民法典第一千二百一十三条的规定,确定赔偿责任。被侵权人或者其近亲属请求承保交强险的保险公司优先赔偿精神损害的,人民法院应予支持。"精神损害赔偿属于交强险"死亡伤残赔偿"部分,被侵权人或者其近亲属作为权利人,有权选择赔偿的项目。

(二)道路交通事故社会救助基金

《道路交通安全法》第17条规定:"国家实行机动车第三者责任强制保险制度,设立道路交通事故社会救助基金。具体办法由国务院规定。"《民法典》第1216条后段规定:"机动车不明、该机动车未参加强制保险或者抢救费用超过机动车强制保险责任限额,需要支付被侵权人人身伤亡的抢救、丧葬费用的,由道路交通事故社会救助基金垫付。道路交通事故社会救助基金垫付后,其管理机构有权向交通事故责任人追偿。"《机动车交通事故责任强制保险条例》第24条规定:"国家设立道路交通事故社会救助基金(以下简称救助基金)。有下列情形之一时,道路交通事故中受害人人身伤亡的丧葬费用、部分或者全部抢救费用,由救助基金先行垫付,救助基金管理机构有权向道路交通事故责任人追偿:(一)抢救费用超过机动车交通事故责任强制保险责任限额的;(二)肇事机动车未参加机动车交通事故责任强制保险的;(三)机动车肇事后逃逸的。"第25条规定:"救助基金的来源包括:(一)按照机动车交通事故责任强制保险的保险费的一定比例提取的资金;(二)对未按照规定投保机动车交通事故责任强制保险的机动车的所有人、管理人的罚款;(三)救助基金管理机构依法向道路交通事故责任人追偿的资金;(四)救助基金孳息;(五)其他资金。"

八、机动车交通事故责任的类型

机动车交通事故责任是以机动车使用人,即《道路交通安全法》第76条中的机动车驾驶人,作为直接责任主体构建起来的。之所以围绕机动车使用人即驾驶人而不是机动车所有人展开,是因为机动车具有的危险性,即危险责任思想以及因驾驶机动车而得到了利益的报偿责任思想。[①] 机动车的方向盘掌握在谁的手里，谁就更直接地控制着机动车的危险，也更直接地享有机动车带来的利益。机动车所有人对机动车的危险当然也负有责任，也享有机动车带来的利益。机动车所有人和使用人有时重合、有时分离。分离的原因又多种多样，由此导致机动车交通事故责任也有诸多类型。

（一）租赁、借用他人机动车发生交通事故后的责任承担

《民法典》第1209条规定："因租赁、借用等情形机动车所有人、管理人与使用人不是同一人时，发生交通事故造成损害，属于该机动车一方责任的，由机动车使用人承担赔偿责任；机动车所有人、管理人对损害的发生有过错的，承担相应的赔偿责任。"

如上所述，之所以让机动车使用人承担赔偿责任，是因为使用人直接控制着机动车，更有能力和可能避免损害的发生。但是，如果所有人、管理人的过错对损害的发生造成了影响，则要承担相应的责任。

《道路交通事故赔偿解释》第1条规定："机动车发生交通事故造成损害，机动车所有人或者管理人有下列情形之一，人民法院应当认定其对损害的发生有过错，并适用民法典第一千二百零九条的规定确定其相应的赔偿责任：（一）知道或者应当知道机动车存在缺陷，且该缺陷是交通事故发生原因之一的；（二）知道或者应当知道驾驶人无驾驶资格或者未取得相应驾驶资格的；（三）知道或者应当知道驾驶人因饮酒、服用国家管制的精神药品或者麻醉药品，或者患有妨碍安全驾驶机动车的疾病等依法不能驾驶机动车的；（四）其他应当认定机动车所有人或者管理人有过错的。"第1条中规定的所有人、管理人的过错分为两种类型，一种是关于机动车的过错、一种是关于驾驶人的过错。当这两种过错与损害的发生存在因果关系时，所有人、管理人就要承担相应的责任。

（二）未经允许驾驶他人机动车发生交通事故后的责任承担

《民法典》第1212条规定："未经允许驾驶他人机动车，发生交通事故造成损害，属于该机动车一方责任的，由机动车使用人承担赔偿责任；机动车所有人、管理人对损害的发生有过错的，承担相应的赔偿责任，但是本章另有规定的除外。"这一规定，有以下几点说明：

第一，本条规定来自2020年修正前的《道路交通事故赔偿解释》第2条。由于《侵权责任法》对此种情形没有加以规定，第2条将其解释到《侵权责任法》第49条即《民法典》第1209条中，与租赁、借用适用同样的规则。

[①] 参见〔日〕吉村良一：《日本侵权行为法》（第4版），张挺译、文元春校，中国人民大学出版社2013年版，第200页。

第二,在机动车使用人直接承担责任方面,未经允许驾驶他人机动车与租赁、借用的规则相同。但是,所有人、管理人因过错承担相应责任时,所有人、管理人因租赁、借用存在的过错与未经允许存在的过错并不相同。如解释第1条所确定的,在租赁、借用的场合,所有人、管理人的过错体现在车和人两方面,但是在未经允许的场合,这两方面的过错都无法适用。使用人都没有征得其同意,所有人、管理人自然无法得知使用人的情况、也无法告知使用人车的缺陷。因此,未经允许的场合,有其独立的过错情形。比如,机动车所有人或管理人长时间将未锁甚至点着火的机动车弃之不顾或者将车钥匙随意放置,他人因此有机会驾驶机动车结果肇致损害,此时,所有人或管理人就存在过错,应当承担相应的责任。在北京市密云区人民法院(2016)京0118民初字第6725号案中,法院查明,事故车辆的所有权人系新月联合公司,焦某某系该车辆的承包人,事发当天正值焦某某当班,其系该车辆的使用权人。焦某某事发当天与孙某某(未成年人)同行去水库边钓鱼,其将事故车辆停在离钓鱼位置步行有一段距离的路边,并将该车的车钥匙放在身边约两米的地上。在焦某某钓鱼时,孙某某私自拿走车钥匙,并以出去溜达为名私自驾驶该车辆,驾驶过程中发生了交通事故。法院认为,新月联合公司系事故车辆的所有权人,在本次交通事故中没有过错,不应承担赔偿责任;焦某某系事故车辆的使用权人,在保管车钥匙及看管限制民事行为能力人行为方面未尽到必要的注意义务,给孙某某私自驾驶机动车创造了一定的机会,本院结合实际情况酌情确定其过错程度为10%。①

　　第三,第1212条中所谓"本章另有规定的除外",指的是《民法典》第1215条盗窃、抢劫或者抢夺机动车发生交通事故的情形。盗窃、抢劫或者抢夺机动车,当然属于未经允许的情形,但是应当适用另外的规则,稍后再作讨论。

　　(三)转让机动车但未办理所有权移转手续期间发生交通事故后的责任承担

　　《民法典》第1210条规定:"当事人之间已经以买卖或者其他方式转让并交付机动车但是未办理登记,发生交通事故造成损害,属于该机动车一方责任的,由受让人承担赔偿责任。"

　　《道路交通事故赔偿解释》第2条规定:"被多次转让但未办理登记的机动车发生交通事故造成损害,属于该机动车一方责任,当事人请求由最后一次转让并交付的受让人承担赔偿责任的,人民法院应予支持。"

　　《机动车登记规定》第25条第1款规定:"已注册登记的机动车所有权发生转让的,现机动车所有人应当自机动车交付之日起三十日内向登记地车辆管理所申请转让登记。"《民法典》第225条规定:"船舶、航空器和机动车等的物权的设立、变更、转让和消灭,未经登记,不得对抗善意第三人。"根据上述规定,机动

---

① 参见北京市密云区人民法院(2016)京0118民初字第6725号民事判决书。

车转让并交付后,即使未进行转让登记,原机动车所有人也已不再是所有权人,更不是机动车的占有人,丧失了对机动车运行支配的能力,不具有防范事故发生的控制力。① 可见,让受让人承担责任的原因,依然是源于危险责任思想和报偿责任思想。受让人控制着机动车,更有能力和可能避免损害的发生;同时受让人享有机动车带来的利益。机动车被多次转让时,由最后一手受让人承担责任,符合危险责任思想和报偿责任思想。如果受让人将机动车以租赁或者借用的方式交由他人驾驶期间发生交通事故,此时的受让人则相当于《民法典》第1209条中的所有人,对损害的发生如果有过错,要承担相应的赔偿责任。

(四)挂靠的机动车发生交通事故后的责任承担

《民法典》第1211条规定:"以挂靠形式从事道路运输经营活动的机动车,发生交通事故造成损害,属于该机动车一方责任的,由挂靠人和被挂靠人承担连带责任。"

本条规定来源于2020年修正前的《道路交通事故赔偿解释》第3条。根据《道路运输条例》第2条第2款的规定,道路运输经营包括道路旅客运输经营和道路货物运输经营。无论客运经营还是货运经营,均需按照《道路运输条例》第二章规定的条件和程序获得许可。许可就是一个门槛,没有申请或者不符合条件的人不能从事有关活动。没有申请或者不符合条件但还希望从事道路运输经营的,此时就出现了挂靠的需要。所谓挂靠,就是没有营运许可资格的主体以具有营运资格主体的名义从事道路运输经营。前者为挂靠人,后者为被挂靠人。

没有营运许可资格,说明不符合法律规定的条件。挂靠经营仅仅在外观上符合了条件,实际上的瑕疵并未消除。《道路运输条例》第33条规定:"道路运输车辆应当随车携带车辆营运证,不得转让、出租。"第66条规定:"违反本条例的规定,客运经营者、货运经营者、道路运输相关业务经营者非法转让、出租道路运输许可证件的,由县级以上地方人民政府交通运输主管部门责令停止违法行为,收缴有关证件,处2000元以上1万元以下的罚款;有违法所得的,没收违法所得。"挂靠如果是有偿的,就构成营运资格的转让或者出租,违反了《道路运输条例》上述规定。无偿挂靠也应当作同样的解释。

挂靠人从事道路运输经营活动发生交通事故,属于机动车一方责任的,自然应当承担责任。根据《民法典》第1211条的规定,被挂靠人要与挂靠人承担连带责任。被挂靠人明知法律禁止出租转让营运资格,依然同意他人挂靠其名下的,属于故意违反法律规定。这是其承担连带责任的第一个基础。被挂靠人同意挂靠人以其名义开展经营活动,往往会获得利益回报。享有利益同时就需要承担责任,这是其连带责任的第二个基础。在对外关系上,挂靠人是以被挂靠人名义

---

① 参见王胜明主编:《中华人民共和国侵权责任法释义》,法律出版社2010年版,第266页。

从事经营活动,在受害人看来,加害人就是被挂靠人,如果不让其承担责任,受害人很可能就找不到加害人,因此,被挂靠人和挂靠人在外观形式上是一体的。连带责任有助于受害人获得救济。这是其承担连带责任的第三个基础。连带责任也有助于被挂靠人拒绝被他人挂靠。或者在希望获得挂靠利益的同时,更加谨慎地选择挂靠人,对挂靠人行为加以有效约束,从而可能避免或者减少道路交通事故的发生。这是其承担连带责任的第四个基础。

(五)转让拼装或者报废的机动车发生交通事故后的责任承担

《民法典》第1214条规定:"以买卖或者其他方式转让拼装或者已经达到报废标准的机动车,发生交通事故后造成损害的,由转让人和受让人承担连带责任。"本条来自《侵权责任法》第51条。

根据《道路交通安全法》第16条第1项的规定,任何人不得拼装机动车。该法第100条第1款规定:"驾驶拼装的机动车或者已达到报废标准的机动车上道路行驶的,公安机关交通管理部门应当予以收缴,强制报废。"《道路运输条例》第45条规定:"机动车维修经营者不得承修已报废的机动车,不得擅自改装机动车。"可见,拼装机动车或者驾驶已达报废标准的机动车,是违法行为;买卖拼装机动车或者已达报废标准的机动车,也是违法行为。

拼装机动车或者已经达到报废标准的机动车,危险性大大增加,这是加重其责任的主要原因。《民法典》第1214条中没有第1209条、第1210条、第1211条以及第1212条中"属于机动车一方责任"的措辞。从逻辑上来看,拼装车、已经达到报废标准的机动车发生道路交通事故,似乎不以"属于机动车一方责任"为前提。那么,根据第1214条的规定,是否意味着无论其他机动车、非机动车驾驶人、行人存在过错与否,一概由拼装车或者已经达到报废标准的机动车承担全部责任?笔者认为,应当采否定见解。第1214条规定转让人和受让人承担连带责任,强调的是转让人要承担连带责任。如果不是拼装车或者已达报废标准的机动车,则应当适用第1210条,转让人并不承担责任。第1214条的适用,应当以第1208条引致的《道路交通安全法》第76条的适用作为前提。即发生道路交通事故后,首先应当判断当事人之间的过错及责任划分。连带责任的承担,同样是以机动车一方存在责任作为前提。即只有在确定机动车一方存在责任后,该责任才由转让人和受让人连带承担。解释上,第1214条中,也应当包括"属于机动车一方责任的"。此点也为司法实践所证明。在山西省浮山县人民法院(2016)晋1027民初95号一案中,法院认定:"被告刘某某驾驶的晋LEC365号车将原告李某某碰撞,发生交通事故。经浮山县公安交通警察大队事故责任认定,被告刘某某承担此次事故的全部责任,原告不承担责任。故原告的损害被告刘某某应予以赔偿。被告郭某某作为车辆所有人,且该车辆已达报废标准,故被告郭某某承担连带赔偿责任。"①

修正后的《道路交通事故赔偿解释》第 4 条规定："拼装车、已达到报废标准的机动车或者依法禁止行驶的其他机动车被多次转让,并发生交通事故造成损害,当事人请求由所有的转让人和受让人承担连带责任的,人民法院应予支持。"与多次转让正常机动车但未办理过户手续,由最后一手受让人承担责任(《道路交通事故赔偿解释》第 2 条)不同,第 4 条要求所有受让人都要承担连带责任。反映了对转让拼装车、已达到报废标准机动车行为的否定。

需要注意的是,《民法典》第 1214 条以及之前的《侵权责任法》第 51 条都只是规范拼装车以及已经到达报废标准的机动车,而第 4 条的规范范围扩大到"依法禁止行驶的其他机动车",比如未经年检不能上路行驶的机动车。未经年检不能上路行驶的机动车,其危险性与拼装车、达到报废标准的机动车并不相同,三者适用共同的规则,由所有转让人和受让人承担连带责任,正当性还需要斟酌。②

(六) 盗窃、抢劫或者抢夺的机动车发生交通事故后的责任承担

《民法典》第 1215 条规定:"盗窃、抢劫或者抢夺的机动车发生交通事故造成损害的,由盗窃人、抢劫人或者抢夺人承担赔偿责任。盗窃人、抢劫人或者抢夺人与机动车使用人不是同一人,发生交通事故造成损害,属于该机动车一方责任的,由盗窃人、抢劫人或者抢夺人与机动车使用人承担连带责任。保险人在机动车强制保险责任限额范围内垫付抢救费用的,有权向交通事故责任人追偿。"本条来源于《侵权责任法》第 52 条。

机动车辆被盗窃、抢劫或者抢夺后,机动车的所有人、管理人失去了对机动车的控制。相反,机动车由盗抢人控制,应当由其承担责任;在被盗抢机动车由他人使用时,盗抢人要承担连带责任。这种安排既可以激励其避免损害的发生,也体现了对盗抢人的制裁和惩罚。

本条第 2 款规定,保险人垫付抢救费用后,有权向责任人追偿。由此引发两方面的问题:其一,保险人是否必须垫付抢救费用;其二,保险人垫付的是否仅限于抢救费用。

《机动车交通事故责任强制保险条例》第 22 条规定:"有下列情形之一的,保险公司在机动车交通事故责任强制保险责任限额范围内垫付抢救费用,并有权向致害人追偿:(一)驾驶人未取得驾驶资格或者醉酒的;(二)被保险机动车被盗抢期间肇事的;(三)被保险人故意制造道路交通事故的。有前款所列情形之一,发生道路交通事故的,造成受害人的财产损失,保险公司不承担赔偿责任。"

---

① 山西省浮山县人民法院(2016)晋 1027 民初 95 号民事判决书。
② 参见广东省惠州市中级人民法院(2016)粤 13 民终 604 号民事判决书。

本条第1款的措辞比《民法典》第1215更为明确,应当理解为保险公司有义务垫付抢救费用。

至于保险人垫付的是否仅限于抢救费用,需要解释第22条第2款。第2款明确受害人的财产损失,保险公司不承担赔偿责任。这里所谓"不承担赔偿责任",由于第1款明确规定保险公司垫付抢救费用后可以向致害人追偿,这里采用不同的措辞就不能作同样的解释,即不能解释为保险人仍需要垫付,垫付后可以向致害人追偿,因此只是不承担最终赔偿责任。第2款所谓"不承担赔偿责任"的意思应解释为无论中间垫付责任还是最终赔偿责任,保险人都不承担。另外需要解释的是第2款中规定的财产损失的范围。最高人民法院《关于对安徽省高级人民法院如何理解和适用〈机动车交通事故责任强制保险条例〉第二十二条的请示的复函》([2009]民立他字第42号)中认为,此处财产损失与精神损失相对应,包括死亡赔偿金等。如此看来,当机动车在被盗抢期间发生交通事故时,保险人仅需要在责任限额范围内垫付抢救费用。

反对上述立场的声音一直存在。上述批复所针对的安徽省高级人民法院请示函中请求批复的是醉酒驾驶案件中适用第22条中财产损失的范围问题。该案一审法院认为第22条第2款中的财产损失不包括造成受害人死亡、伤残时的死亡、残疾赔偿金,因此死亡及残疾赔偿金属于保险公司赔付的范围。二审法院则认为保险公司仅具有抢救费用的垫付义务,对其他损失都不负有赔偿义务。安徽高院审委会讨论后,形成两种意见:

第一种意见认为:二审适用法律错误。理由是:第一,《道路交通安全法》第76条关于"机动车发生交通事故造成人身伤亡、财产损失的,由保险公司在机动车第三者责任强制保险责任限额范围内予以赔偿"的规定,明确了保险公司应对保险事故承担无过失赔偿责任,即投保交强险的机动车发生交通事故,致第三人人身伤亡及财产损失的,保险人应在责任限额内予以赔偿。第二,《机动车交通事故责任强制保险条例》第22条就醉酒驾车等情形的免赔范围作出了限制性规定。从《机动车交通事故责任强制保险条例》第21条规定的人身伤亡、财产损失两种情形看,第22条第2款中的"财产损失"只应作限制性理解,不应包括死亡伤残赔偿金等项目。因此,本案中保险公司对受害人的财产损失依法不承担赔偿责任,但不能免除其支付受害人死亡赔偿金的法定义务。第三,《机动车交通事故责任强制保险条例》系国务院制定的行政法规,原保监会制定的《机动车交通事故责任强制保险条款》第9条与该条例相关条款发生法律冲突的,应以该条例为处理依据。

第二种意见认为:二审适用法律正确。理由是:第一,对《条例》第22条中的"财产损失"应作广义理解。从《人身损害赔偿解释》第1条第1款"因生命、身体、健康遭受侵害,赔偿权利人起诉请求赔偿义务人赔偿物质损失和精神损害的,人民法院应予受理"的规定来看,"财产损失"系指与精神损害相对应的广义上的财产损失,因此,《机动车交通事故责任强制保险条例》第22条的免赔范围包括因人身伤亡产生的各项经济损失,如伤残赔偿金、死亡赔偿金等。第二,《机动车交通事故责任强制保险条款》第9条规定:"被保险车辆在本条(一)至(四)之一的情形下发生的交通事故,造成受害人受伤需抢救的,保险人在接到公安机关交通管理部门的书面通知和医疗机构出具的抢救费用清单后,按照国务院卫生主管部门组织制定的交通事故人员创伤临床诊疗指南和国家基本医疗费用赔偿限额内垫付。被保险人在交通事故中无责任的,保险人在无责任医疗费用赔偿限额内垫付。对于其他损失和费用,保险人不负垫付和赔偿。(一)驾驶人未取得驾驶资格的;(二)驾驶人醉酒的;(三)被保险机动车被盗抢期间肇事的;(四)被保险人故意制造交通事故的。对于垫付的抢救费用,保险人有权向致害人追偿。"本案中,驾驶人醉酒驾车致人死亡,保险公司对受害人的死亡赔偿金依法不予理赔。

最后,安徽高院审委会倾向性意见是同意第一种意见,即认为第22条第2款中的财产损失应当作限制性理解,不应当包括死亡赔偿金等。

上述请示过程清晰表明了在此问题上的意见分歧:一审法院、二审法院意见不同,安徽高院审委会自身有两种意见,最高法院的意见又与安徽高院审委会的倾向性意见不同。

此外,《道路交通事故赔偿解释》第15条第1款规定:"有下列情形之一导致第三人人身损害,当事人请求保险公司在交强险责任限额范围内予以赔偿,人民法院应予支持:(一)驾驶人未取得驾驶资格或者未取得相应驾驶资格的;(二)醉酒、服用国家管制的精神药品或者麻醉药品后驾驶机动车发生交通事故的;(三)驾驶人故意制造交通事故的。"此处使用"人身损害",而没有使用《机动车交通事故责任强制保险条例》第21条中的"人身伤亡"一词,为在未取得驾照、醉酒等情形下第三人获得更多赔偿留下了空间。解释起草者认为:从《道路交通安全法》第76条的规定看,交强险的赔偿范围既包括人身损害也包括财产损失,但是本条司法解释将交强险的赔偿范围限定在人身损害。主要理由是:(1)要求交强险保险人承担交通事故损害赔偿的严格责任,即使在驾驶人存在严重过错的情况下,仍要对受害人进行赔偿,主要是基于受害人生命健康权益的紧迫性和必要性,而财产损失的补偿显然没有这样迫切;(2)交强险的保障水平与一国的经济社会发展水平密切相关,应当在全体投保人的保险负担和保险对受害人的保障之间力求平衡。因此,将驾驶人严重过错下的交强险赔偿范围限定在人身损害范围内,较为符合目前我国经济社会发展的实际状况和需求。[①]

[①] 参见最高人民法院民事审判第一庭编著:《最高人民法院关于道路交通损害赔偿司法解释理解与适用》,人民法院出版社2015年版,第238—239页。

针对第 1215 条第 2 款，最高人民法院民法典贯彻实施工作领导小组起草的释义书认为：盗抢后造成交通事故的，交强险不应仅限于垫付抢救费用。理由在于以下几个方面：第一，交强险的目的在于公益而非商业利益，应当优先保障受害人权利。第二，交强险免责的唯一事由是受害人故意，无论机动车的过错和责任大小，只要并非受害人故意造成自身伤亡和财产损失，交强险应当赔付。第三，在未发生盗抢的情况下，交强险尚且需要赔付受害人的损失，若因盗抢而免除其赔付责任，对无辜的受害人缺乏公平性，有违交强险的目的和价值。①

这些理由值得赞同。交强险的目的不是督促行为人不违法，而是填补受害人损害。越是违法行为，机动车越有可能出事故，对受害人进行赔偿越有意义。

（七）发生交通事故后机动车驾驶人逃逸的责任承担

《民法典》第 1216 条规定："机动车驾驶人发生交通事故后逃逸，该机动车参加强制保险的，由保险人在机动车强制保险责任限额范围内予以赔偿；机动车不明、该机动车未参加强制保险或者抢救费用超过机动车强制保险责任限额，需要支付被侵权人人身伤亡的抢救、丧葬等费用的，由道路交通事故社会救助基金垫付。道路交通事故社会救助基金垫付后，其管理机构有权向交通事故责任人追偿。"本条规定来自《侵权责任法》第 53 条。

发生交通事故后逃逸的，除承担民事责任外，尚可能承担行政及刑事责任。根据《道路交通安全法》第 99 条的规定，造成交通事故后逃逸，尚不构成犯罪的，由公安机关交通管理部门处 200 元以上 2000 元以下罚款，可以并处 15 日以下拘留。该法第 101 条第 2 款规定："造成交通事故后逃逸的，由公安机关交通管理部门吊销机动车驾驶证，且终生不得重新取得机动车驾驶证。"《刑法》第 133 条规定："违反交通运输管理法规，因而发生重大事故，致人重伤、死亡或者使公私财产遭受重大损失的，处三年以下有期徒刑或者拘役；交通运输肇事后逃逸或者有其他特别恶劣情节的，处三年以上七年以下有期徒刑；因逃逸致人死亡的，处七年以上有期徒刑。"

（八）非营运机动车造成无偿搭乘人损害后的责任承担

《民法典》第 1217 条规定："非营运机动车发生交通事故造成无偿搭乘人损害，属于机动车一方责任的，应当减轻其赔偿责任，但是机动车使用人有故意或者重大过失的除外。"

本条规定的情况一般被称为好意同乘过程中的责任配置。顾名思义，好意

---

① 参见最高人民法院民法典贯彻实施工作领导小组主编：《中华人民共和国民法典侵权责任编理解与适用》，人民法院出版社 2020 年版，第 397 页。

同乘,指机动车使用人出于好意让他人无偿搭乘其机动车的行为。此种行为属于互助善行的利他行为,也有利于提高机动车利用效率,减少空气污染,缓解大城市交通压力,值得鼓励。各种机动车都可以让他人无偿搭乘。条文中的"非营运机动车"该如何解释？从鼓励互助善行的角度,条文中的"非营运机动车",既包括不具有营运资格的机动车,也包括具有营运资格但处于非营运状态的机动车,在这一过程中,造成了无偿搭乘人的损害,且属于机动车一方的责任。此时,法律需要权衡的是搭乘人的损害、搭乘的无偿性以及机动车一方的好意。一方面,搭乘人的损害需要救济,另一方面,搭乘毕竟是无偿的。同时,机动车一方的互助善行需要保护,否则会降低让他人无偿搭乘的积极性。权衡的结果,是减轻机动车使用人的赔偿责任。从结果上看,就是由无偿搭乘的受害人和有互助善行的机动车一方分担损失。当机动车使用人存在故意或者重大过失时,其责任不得减轻,以彰显对故意或者重大过失的否定。

本条规定的情形与《民法典》第823条规定的情形不同。《民法典》第823条规定:"承运人应当对运输过程中旅客的伤亡承担赔偿责任；但是,伤亡是旅客自身健康原因造成的或者承运人证明伤亡是旅客故意、重大过失造成的除外。前款规定适用于按照规定免票、持优待票或者经承运人许可搭乘的无票旅客。"第823条第2款规定承运人对按照规定免票、持优待票或者经许可搭乘的无票旅客在运输过程遭受的伤亡也要承担责任。第823条第2款的责任主体是承运人,双方之间存在运输合同,只不过旅客无须支付票款或者可以少支付票款。第1217条中不存在承运人,双方之间也没有运输合同。非营运机动车使用人与无偿搭乘人之间存在着意思的交换,但是双方的意思中不存在受法律约束效果的意思,二者之间并非是因要约和承诺而形成受法律约束的合同关系。双方之间应该属于情谊行为,彼此都无法要求对方强制履行,比如,搭乘过程中,机动车一方临时改变主意拒绝搭乘人搭乘的,搭乘人不能要求其强制履行。即使一方因好意同乘遭受损失,双方也不是因其意思而承担违约责任。《民法典》第176条规定,民事主体依照法律规定或者按照当事人约定,履行民事义务,承担民事责任。《民法典》第823条第2款的责任产生于当事人的约定,第1217条的责任产生于法律的规定。

双方不因意思而产生责任,但双方的意思也会对责任产生影响。这一点主要体现在本条与《民法典》第1176条规定的自甘风险的关系上。机动车在路上行驶,本身就存在风险。此种风险可能来自其他机动车,可能来自道路上的其他因素,也可能来自机动车使用人的过失。无偿搭乘人搭乘机动车完全出于自愿,应当推定其对所搭乘机动车的风险有相当的判断。同时,好意同乘者无偿搭乘的行为并不意味着其甘愿冒一切风险。驾驶者对于好意同乘者的注意义务并不因为有偿和无偿加以区别。① 根据第 1217 条,机动车使用人有故意或者重大过失的情况下,属于机动车一方责任时,不再减轻其责任。但是,在无偿搭乘人明知机动车或者机动车使用人存在某种异乎平常的风险,仍然选择搭乘时,是否要为其选择承担责任?比如,在无偿搭乘人明知机动车驾驶人饮酒甚至醉酒或者没有驾驶资质还要搭乘其机动车的情况下,是否会产生《民法典》第 1176 条规定的自甘风险的法律后果,第 1176 条将自甘风险的范围限定于"具有一定风险的文体活动",所以无法直接援用第 1176 条处理上述情况。但是,搭乘人明知存在异乎寻常的更大风险的情况下,仍然自愿搭乘机动车的情形,与第 1176 条的逻辑是一样的。

在广东省广州市从化区人民法院(2015)穗从法民一初字第 1137 号案件中,法院认为,虽然交通管理部门认定被告禤某某承担事故的全部责任,原告不承担事故责任,但导致事故的原因是被告禤某某在没有取得机动车驾驶证的情况下醉酒驾驶经检验不符合技术标准的机动车上路行驶。原告黄某某作为成年人,完全能够识别醉酒之人与无饮酒之人的区别。原告乘坐没有驾驶证且醉酒的人驾驶的车辆,其本人安全防患意识不够,该乘坐行为存在一定过错,对其损失应承担 20% 的责任。② 在广西壮族自治区北海市中级人民法院(2021)桂 05 民终 286 号案件中,法院认为,周某作为具有完全民事行为能力的成年人,在明知郝某某无机动车驾驶证和醉酒的情况下,仍然搭乘其驾驶的机动车,其自身存在过错,亦应对损害结果自行承担相应责任。③

上述法院判决值得赞同。

(九)套牌机动车发生交通事故后的责任承担

《道路交通事故赔偿解释》第 3 条规定:"套牌机动车发生交通事故造成损害,属于该机动车一方责任,当事人请求由套牌机动车的所有人或者管理人承担赔偿责任的,人民法院应予支持;被套牌机动车所有人或者管理人同意套牌的,应当与套牌机动车的所有人或者管理人承担连带责任。"

套牌行为可能发生在各种实行牌照管理的行业,比如种子、船舶等。本条规定的套牌,是指非法冒用他人的机动车号牌,从而形成两辆或者两辆以上的机动车号牌相同的情况。套牌是一种非法行为,会严重扰乱机动车管理秩序,也会影响到道路交通事故侵权责任主体的认定。套牌分为主动套牌和被动套牌。主动套牌是指被套牌机动车所有人或者管理人自己给其他车辆套牌或者同意他人套牌。被动套牌则是被套牌机动车所有人或者管理人不知情的情况下进行的套

---

① 《指导性案例:"好意同乘"发生交通事故责任如何认定》,载最高人民法院民事审判第一庭编,《民事审判指导与参考》(总第 36 集),法律出版社 2009 年版,第 114—120 页。
② 参见广东省广州市从化区人民法院(2015)穗从法民一初字第 1137 号民事判决书。
③ 参见广西壮族自治区北海市中级人民法院(2021)桂 05 民终 286 号民事判决书。

牌。根据上述解释第 3 条的规定,发生交通事故后,被动套牌由套牌车的所有人或者管理人承担赔偿责任。如果被套牌机动车的所有人或者管理人同意套牌的,则与套牌机动车的所有人或者管理人承担连带责任。

最高人民法院 2013 年 11 月 8 日发布的指导案例 19 号中,法院认为,鲁 F41703 货车的登记所有人福山公司和实际所有人卫某平,明知卫某辉等人套用自己的机动车号牌而不予阻止,且提供方便,纵容套牌货车在公路上行驶,福山公司与卫某平的行为已属于出借机动车号牌给他人使用的情形,该行为违反了《道路交通安全法》等有关机动车管理的法律规定。将机动车号牌出借他人套牌使用,将会纵容不符合安全技术标准的机动车通过套牌在道路上行驶,增加道路交通的危险性,危及公共安全。套牌机动车发生交通事故造成损害,号牌出借人同样存在过错,对于肇事的套牌车一方应负的赔偿责任,号牌出借人应当承担连带责任。故福山公司和卫某平应对卫某辉与林某东一方的赔偿责任份额承担连带责任。

(十) 机动车驾驶培训单位的学员在培训活动中发生交通事故后的责任承担

《道路交通事故赔偿解释》第 5 条规定:"接受机动车驾驶培训的人员,在培训活动中驾驶机动车发生交通事故造成损害,属于该机动车一方责任,当事人请求驾驶培训单位承担赔偿责任的,人民法院应予支持。"

《道路交通安全法实施条例》第 20 条第 2 款后段规定:"学员在学习驾驶中有道路交通安全违法行为或者造成交通事故的,由教练员承担责任。"教练员的行为属于职务行为,因此,责任最终应当由其所任职的单位承担。在机动车驾驶培训单位接受培训的人员,不具备驾驶资格,其驾驶技术由培训单位教授,其驾驶行为的危险性也应当由培训单位管控。故而,发生交通事故后,其责任也应当由培训单位承担。

在广西壮族自治区河池市中级人民法院(2020)桂 12 民终 1952 号案件中,2018 年 1 月 7 日上午,原告赵某某与被告王某某等四名天峨县职技驾校有限责任公司的学员,在被告天峨县职技驾校有限责任公司的教练曾某某的带领下到被告南丹路通驾考中心进行科目二考试前机动车驾驶练习。原告等四名学员交了训练场地费后,被告南丹路通驾考中心的安全员把桂 M××××学号机动车交给原告等人使用,并指明其在三号库训练,教练员曾某某与原告等人一起在训练场上进行训练。轮到被告王某某进行训练时,原告及其他学员在三号库旁边进行观摩,教练员与原告等人站在一起进行指导。被告王某某因操作不当,开车直接撞向在旁边观摩的原告,导致原告受重伤。法院认为,原告赵某某、被告王某某等是被告天峨职技驾校的学员,在被告天峨职技驾校的教练员曾某某的带领下到被告南丹路通驾考中心进行科目二考试前的模拟训练,在明知道被告王某某未取得机动车驾驶证的情况下,让被告王某某独自一人驾驶训练车,致使王某某操作不当造成原告受伤,根据《道路交通事故赔偿解释》"接受机动车驾驶培训的人员,在培训活动中驾驶机动车发生交通事故造成损害,属于该机动车一方责任,当事人请求驾驶培训单位承担赔偿责任的,人民法院应予支持"的规定,对原告主张被告天峨职技驾校承担赔偿责任的请求予以支持。① 本案中,法院似乎认为驾校是存在过错的情况下才承担责任。但是,根据司法解释规定,培训单位承担责任不以其过错为前提,只要是在培训活动中发生交通事故,属于该机动车一方责任,培训单位都要承担责任。

(十一)试乘过程中发生交通事故后的责任承担

试乘,也称为试驾,顾名思义,指机动车生产者或者销售者,即提供试乘服务者,向他人提供尝试乘坐或者驾驶的行为。试乘可以分为尝试乘坐以及尝试驾驶两种情况。前者是典型的试乘,试乘人不驾驶机动车;后者则是试驾,由试乘人自己驾驶机动车。试乘行为本身一般是无偿的。试乘行为的目的是为了推销机动车,通过试乘让消费者切身感受机动车的性能,从而激发其购买愿望,最终促成交易。试乘前双方一般会签署试乘协议。综上,试乘具有非营运性、无偿性及合意性三个特征。②

试乘过程中的机动车可能发生交通事故造成损害。这种损害可以分为试乘人的损害以及第三人的损害。

关于造成试乘人损害的情形,《道路交通事故赔偿解释》第 6 条规定:"机动车试乘过程中发生交通事故造成试乘人损害,当事人请求提供试乘服务者承担赔偿责任的,人民法院应予支持。试乘人有过错的,应当减轻提供试乘服务者的赔偿责任。"从文义来看,本条规定首先确定由提供试乘服务者承担赔偿责任,似乎是确定了试乘服务提供者的结果责任。仅仅在试乘人有过错时才减轻试乘服务提供者的责任。

但是,从司法解释起草人写的释义书来看,本条的规范目的似乎并非是要提供试乘服务者承担结果责任。释义书认为:首先需要区分试乘过程中交通事故的责任。如果对方负责,则提供试乘服务者无须负责。如果属于试乘车辆的责任,则应根据不同情况作出具体认定。如果驾驶员由试乘服务提供者提供即试乘人仅是尝试乘坐的场合,则应当由试乘服务提供者承担责任。如果驾驶员是消费者的随行人员,试乘服务提供者的责任承担就比较复杂。需要判断试乘服务提供者的过错,以确定其应当承担的责任。如果是因为驾驶的车辆存在潜在的危险,驾驶的路线选择不合理等由于试乘服务提供者的原因造成的损害,试乘

---

① 参见广西壮族自治区河池市中级人民法院(2020)桂 12 民终 1952 号民事判决书。
② 参见最高人民法院民事审判第一庭编著:《最高人民法院关于道路交通损害赔偿司法解释理解与适用》,人民法院出版社 2015 年版,第 106 页。

服务提供者应当承担责任。如果是因为驾驶不当造成的损害，由机动车的驾驶人承担责任。如果是因为驾驶人欠缺相应的驾驶资格，而试乘服务提供者未尽到审查义务，则试乘服务提供者应当根据《侵权责任法》第49条(《民法典》第1209条)的规定承担责任。①

总结起来，释义书认为应当按照过错来归责，不同情况下过错认定不同，试乘服务提供者承担的是过错责任，而不是承担结果责任。此点值得赞同。释义书仅仅提到驾驶员是消费者随行人员的情况，驾驶员是消费者自身时也应当同理处理。

试乘过程中发生交通事故造成第三人损害，如何承担责任，解释没有规定。

在上海市第一中级人民法院(2011)沪一中民一(民)终字第2959号案中，2010年9月23日上午11时50分许，被告姚某在参加被告永达星田汽销公司的试乘试驾活动中，驾驶被告永达星田汽销公司名下轿车沿浦东新区御桥路由东向西行驶至869号向左掉头时，撞到同方向驾驶电动自行车的原告，原告车损人伤。被告姚某的试驾路线由被告永达星田汽销公司指定，并有被告公司的工作人员在副驾驶员位置上于试驾途中进行相应操控提示。交警部门认定被告姚某负本起事故全部责任，原告不负事故责任。

一审上海市浦东新区人民法院认为，超出交强险责任限额损失部分的责任主体，应从肇事车辆的运行支配和运行利益两方面加以判断。被告姚某、永达星田汽销公司之间构成试乘试驾关系，从肇事车辆的运行支配来看，根据试乘试驾同意书，永达星田汽销公司将车辆交给姚某试驾期间，姚某必须服从永达星田汽销公司的一切指示，并按规定的试驾路线行驶。姚某是车辆的直接操作者，永达星田汽销公司是车辆运行的支配者。从肇事车辆的运行利益来看，永达星田汽销公司从举办试乘试驾活动中推广销售车辆以便获取潜在客户，其商业利益是明显的。姚某则在试驾中体验相关车辆的操控性能并获得直观感受，亦在此过程中获得了利益。作为商业活动的利益享有者，应承担合理的风险。综上，被告姚某、永达星田汽销公司共同支配、操控了本案肇事车辆，并获取各自的运行利益，应由两被告共同承担原告超出交强险责任限额损失部分的赔偿责任。

二审上海市第一中级人民法院经审理认为，首先，上诉人永达星田汽销公司作为车辆所有人及试驾活动的组织方，于试驾进行前未详尽告知试驾人车辆性能及试驾路线，故可以认定其在预防和减少危险发生的方面存在一定过错。其次，尽管各方当事人对于陪驾人员在试驾过程中所起的作用陈述不一，但二审法院认为，根据上诉人与姚某所签订的试乘试驾同意书，试驾期间姚某应服从上诉

---

① 参见最高人民法院民事审判第一庭编著：《最高人民法院关于道路交通损害赔偿司法解释理解与适用》，人民法院出版社2015年版，第108页。

人的一切指示,现上诉人上诉称,其提供的试驾人员除解答车辆性能、提醒试驾路线外并无操纵驾驶的行为,但其未提供充分证据加以证明,故对其该项主张,二审法院不予采信。此外,上诉人作为试驾活动的利益享有者也应承担相应的风险,对此原审判决书中已详细阐明,二审法院不再赘述。故而判决驳回上诉、维持原判。①

本案中,二审法院尽管维持了一审法院的判决,但在责任正当性方面,二级法院的论证并不一致。一审法院认为试乘者和提供试乘服务者共同承担责任的原因是二者共同支配、操控了肇事车辆,并获取了各自的运行利益,似乎采结果归责。二审法院则认为二者承担责任是因为过错。试乘人姚某的过错不言而喻。对于提供试乘服务者,除享有试乘活动的利益外,更主要的原因是"作为车辆所有人及试驾活动的组织方,于试驾进行前未详尽告知试驾人车辆性能及试驾路线,故可以认定其在预防和减少危险发生的方面存在一定过错"。加之,根据上诉人与姚某所签订的试乘试驾同意书,试驾期间姚某应服从上诉人的一切指示,因此,其应当为试乘人的行为承担责任。

本案中,被告永达星田汽销公司认为,被告姚某为本起事故涉诉车辆的实际使用人,而其仅为涉诉车辆的所有人,在本起事故中并无过错,故不应承担任何赔偿责任。这一观点未得到法院的支持。根据一审法官的观点,本案不适用《侵权责任法》第 49 条(《民法典》第 1209 条)。理由有二:第一,占有转移之不同。租赁、借用等情形导致权属分离,均发生占有转移。就试驾者而言,其与试驾车辆在空间上具有密切联系,足以认定其对该车有事实上的管领。然而,汽车销售商对试驾时间、路线等方面往往会作出一定的限制与规定,特别是试驾时间较为短暂,故试驾者与试驾车辆在时间因素上显然缺乏继续性。因此,试驾者对试驾车辆并不构成占有,继而不享有基于占有的使用及收益权。就汽车销售商而言,其通常会指派相关工作人员作为陪驾人,试驾车辆并未脱离其实际占有与控制。为此,陪驾人因受雇并被指派陪驾可视为汽车销售商之占有辅助人,所以试驾车辆的占有并未由汽车销售商转移至试驾者。第二,占有状态的目的性不同。借用、租赁等法律关系产生占有转移的目的是体现标的物的使用价值。而在试乘试驾活动中,试驾者更多的是借助试驾行为来了解该车的性能情况,认识试驾车辆作为待售商品本身的交换价值。综上,试驾者与汽车销售商之间签订的试乘试驾同意书本质上系双方达成的提供或接受试乘试驾服务的无名合同关系,该试乘试驾活动并不适用《侵权责任法》第 49 条(《民法典》第 1209 条)之规定。②

---

① 参见上海市第一中级人民法院(2011)沪一中民一(民)终字第 2959 号民事判决书。
② 参见谈卫峰、俞硒:《上海永达星田汽车销售服务有限公司等与任传标交通事故赔偿纠纷上诉案——试驾引发的交通事故中汽车销售商责任之认定》,载《人民司法·案例》2013 年第 2 期。

笔者认为,可以参照《侵权责任法》第49条即《民法典》1209条的规定处理试乘过程中造成第三人损害的问题。首先,第1209条规范对象为"因租赁、借用等情形机动车所有人、管理人与使用人不是同一人时,发生交通事故造成损害"的情形。此处的租赁、借用仅为列举,故而后有"等"字,其意指所有基于机动车所有人、管理人与使用人的意思导致机动车所有与使用分离的情形。因此,试乘情形可以涵摄到第1209条的规范范围中。其次,租赁、借用关系中,双方同样都享有所谓运行利益,此点与试乘关系相同。事实上,所有基于合意导致的机动车所有和使用分离的情形,利益都是双方共享的。唯有这样,合意才能达成。再次,关于机动车所有与使用分离的运行支配,判断标准应该是发生事故那一刻的情形。尽管双方的试乘协议中约定:试乘期间试乘人应服从提供试乘服务者的一切指示,但是,毕竟方向盘在试乘人手中。试乘车辆不像驾校的学习车辆,在副驾驶处往往也有刹车装置,紧急情况下教练可以自主刹车。试乘车辆并不具有同样的装置,紧急情况时旁边的陪驾人根本无法干涉。故而,应当由机动车使用人即试乘人承担责任。最后,提供试乘服务者责任的正当性来源于其过错。《道路交通事故赔偿解释》第1条解释的《民法典》第1209条的四种过错,对于提供试乘服务者完全适用。除此之外,如果损害完全是由提供试乘服务者的指示造成的,也应当由其承担责任。

综上所述,试乘过程中造成第三人损害的情形,完全可以适用《侵权责任法》第49条即《民法典》第1209条的规定。

也有法院认定,提供试乘服务者应当承担活动组织者的安全保障义务。在天津市第二中级人民法院(2013)二中保民终字第37号案件中,法院认为:斯巴鲁公司作为试乘试驾活动的组织者,对试乘试驾活动具有事实上的控制力,是负有安全保障义务的主体。试乘试驾活动本身具有较高的人身危险性,不同于一般的住宿、餐饮、娱乐等经营活动。斯巴鲁公司对试驾车辆的提供和对试驾人驾驶资格的审查只是达到了普通人驾驶车辆上路行驶的基本法定要求,与开展试乘试驾这种高风险活动所应具备的合理限度范围内的安全保障义务显然不匹配。其在试驾线路的规划、试驾场地的选择、驾乘人员的安排、试驾途中的警示等此类与试乘试驾人员安全密切相关的环节上存在多处疏漏,显然未尽到合理限度内的安全保障义务,存有过错。原审法院在再审判决中酌定斯巴鲁公司在本案全部人身损害赔偿数额40%的范围内承担补充赔偿责任,并无不当,应予维持。[①]

---

① 参见天津市第二中级人民法院(2013)二中保民终字第37号民事判决书。

第三节　医疗损害责任

一、医疗侵权行为的概念

医疗侵权行为,是指因医疗机构及其医务人员的过错,致使患者在诊疗活动中受到损害,由医疗机构承担赔偿责任的行为。

《侵权责任法》第七章没有采用"医疗事故"的概念,而是用"医疗损害责任"的概念。《民法典》侵权责任编第六章延续了这一做法。

医疗行为具有高度的专业性,医疗损害责任属于专家责任的范畴。

二、医疗侵权行为的构成要件

（一）医疗机构或者其医务人员实施了诊疗活动

根据《民法典》第1218条的规定,医疗机构承担赔偿责任的前提是患者在诊疗活动中受到损害。因此,医疗侵权行为发生在医务人员以医疗机构名义从事的诊疗活动中。多数情况下,医务人员是行为主体,医疗机构是责任主体。有时也存在没有具体医务人员的情形,比如第1223条中,因药品、消毒产品、医疗器械的缺陷造成损害时,就不存在具体的医务人员。

（二）患者遭受非正常的损害

大多数医疗行为都具有侵袭性。因此,在诊疗活动中遭受一定的侵袭,是医疗行为不可避免的。患者同意医疗机构为其实施治疗行为,视为患者同意接受这种侵袭行为及其后果。但是,这种侵袭必须是正常医疗行为导致的合理损害,如果超出了合理范围,则构成了非正常损害。这种非正常损害,构成医疗侵权行为的损害。

患者遭受非正常损害的证明责任,由患者一方承担。《审理医疗纠纷案件的解释》第4条第1款规定:"患者依据民法典第一千二百一十八条规定主张医疗机构承担赔偿责任的,应当提交到该医疗机构就诊、受到损害的证据。"

（三）医疗机构存在过错

医疗侵权采过错归责原则。《民法典》第1218条规定:"患者在诊疗活动中受到损害,医疗机构或者其医务人员有过错的,由医疗机构承担赔偿责任。"

医疗机构或者其医务人员在诊疗活动中既负有一般的注意义务,又负有法律规定的特殊注意义务。没有尽到这些义务,则构成过错。医疗机构或者其医务人员的义务主要分为以下几类：

1. 遵守法律、行政法规、规章以及其他有关诊疗规范的义务

诊疗规范是医疗机构及其医务人员从事诊疗活动的行为准则。医疗机构及

其医务人员的一切诊疗活动都应当遵守诊疗规范。《民法典》第1222条第1项规定:"违反法律、行政法规、规章以及其他有关诊疗规范的规定"的,推定医疗机构有过错。医疗机构及其医务人员应当根据诊疗规范,适当履行检查、治疗等与当时医疗水平相适应的各项诊疗义务。《民法典》第1221条规定:"医务人员在诊疗活动中未尽到与当时的医疗水平相应的诊疗义务,造成患者损害的,医疗机构应当承担赔偿责任。"此处"当时的医疗水平",应当扩大解释为包括具体地区、具体医疗机构的资质等因素。医疗机构及其医务人员不能违反诊疗规范进行过度医疗。《民法典》第1227条规定:"医疗机构及其医务人员不得违反诊疗规范实施不必要的检查。"

《审理医疗纠纷案件的解释》第16条规定:"对医疗机构及其医务人员的过错,应当依据法律、行政法规、规章以及其他有关诊疗规范进行认定,可以综合考虑患者病情的紧急程度、患者个体差异、当地的医疗水平、医疗机构与医务人员资质等因素。"

在江苏省邳州市人民法院(2014)邳民初字第4836号案中,法院认为:根据江苏省医学会医疗损害鉴定书中记载显示,高某某反映在实施麻醉过程中其出现两次穿刺异感但邳州医院没有按照中华医学会麻醉分会颁布的《椎管内麻醉快捷指南》的意见放弃该麻醉方法,而坚持继续实施椎管内麻醉,该诊疗行为违反了中华医学会麻醉分会确定的常规诊疗规范,故邳州医院在实施诊疗过程中也存在过错。高某某在手术后提出左下肢"麻木不适",管床医生请麻醉医生会诊时,麻醉科会诊医生仅在出院记录中给高某某开了甲钴胺和vb1的处方及骨科随诊的医嘱,在出院记录中,没有会诊内容,对患者左下肢"麻木不适"的原因未说明,为什么要服用甲钴胺及骨科门诊随诊的理由和重要性也未阐明。在高某某手术后的恢复阶段,邳州医院没有对高某某出现的病症认真对待,导致未能发现高某某症状病因,未能及时开展对症救治,延误患者病症的诊疗,医方的上述行为没有尽到与当下医疗水平相应的诊疗注意义务,对因此给患者造成的损害应承担赔偿责任。[①]

2. 及时说明及征得同意的义务

诊疗行为往往都具有侵袭性,比如,检查患者身体要侵害患者的身体权、隐私权,要获取患者的个人信息,做手术要侵害患者的身体权、健康权,等等。但是,医疗机构或者其医务人员的诊疗行为并不因其具有侵袭性而承担责任。其原因正在于患者的同意,同时,患者的同意以其充分知情为前提,患者的充分知情又以医务人员的说明为前提。根据《民法典》等法律的规定,及时说明及征得同意的义务又可以分为以下情况:

[①] 江苏省邳州市人民法院(2014)邳民初字第4836号判决书。

(1) 一般说明义务

《民法典》第1219条第1款前段规定:"医务人员在诊疗活动中应当向患者说明病情和医疗措施。"《医疗纠纷预防和处理条例》第13条第1款前段也规定:"医务人员在诊疗活动中应当向患者说明病情和医疗措施。"据此,在所有的诊疗活动中,医务人员均需要向患者说明病情和医疗措施。

(2) 特殊说明及征得同意的义务

患者到医疗机构就诊,其行为本身并不能被推定为愿意接受所有的检查、治疗及手术。因此,要实施手术、特殊检查、特殊治疗,医疗机构必须在充分说明医疗风险、替代治疗方案的基础上,征得患者或者近亲属的明确同意。换言之,患者到医疗机构就诊,同意医疗机构为其治疗疾病,该同意不能扩大解释为对所有医疗行为的同意。只有患者明确同意后,医疗机构才能够为患者实施手术、特殊检查、特殊治疗。

《民法典》第1219条第1款后段规定:"需要实施手术、特殊检查、特殊治疗的,医务人员应当及时向患者具体说明医疗风险、替代医疗方案等情况,并取得其明确同意;不能或者不宜向患者说明的,应当向患者的近亲属说明,并取得其明确同意。"《民法典》第1219条将《侵权责任法》第55条中的"书面同意"修改为"明确同意",意在强调意思表示的确定性。《医疗纠纷预防和处理条例》第13条第1款后段规定:"需要实施手术,或者开展临床试验等存在一定危险性、可能产生不良后果的特殊检查、特殊治疗的,医务人员应当及时向患者说明医疗风险、替代医疗方案等情况,并取得其书面同意;在患者处于昏迷等无法自主作出决定的状态或者病情不宜向患者说明等情形下,应当向患者的近亲属说明,并取得其书面同意。"本条中措辞依然使用《侵权责任法》第55条中"书面同意"的表述,在适用时应当与《民法典》第1219条保持一致。

《民法典》第1008条第1款规定:"为研制新药、医疗器械或者发展新的预防和治疗方法,需要进行临床试验的,应当依法经相关主管部门批准并经伦理委员会审查同意,向受试者或者受试者的监护人告知试验目的、用途和可能产生的风险等详细情况,并经其书面同意。"此处使用的也是"书面同意",但解释上应当与第1219条保持一致。

无论是一般说明义务,还是特殊说明及征得同意的义务,如果违反,造成患者损害的,医疗机构应当承担赔偿责任(《民法典》第1219条第2款)。

一般情况下,医疗机构的说明是征得患者同意的前提。但是,同意并不必然表明医疗机构向患者尽到了说明义务。《审理医疗纠纷案件的解释》第5条第2款后段规定:"医疗机构提交患者或者患者近亲属明确同意证据的,人民法院可以认定医疗机构尽到说明义务,但患者有相反证据足以反驳的除外。"

在安某与新疆维吾尔自治区人民医院分院等医疗损害赔偿纠纷上诉案中,

乌鲁木齐市中级人民法院认为,上诉人安某因髌骨粉碎性骨折首次入住自治区人民医院分院诊治时,被上诉人自治区人民医院分院在手术治疗方式的选择上,没有完全向患方履行充分的说明和告知义务,而自行决定直接实施关节镜下复位内固定术,因关节镜下复位内固定术并不是手术治疗髌骨粉碎性骨折的唯一方式,因此被上诉人在手术治疗方式的选择上,侵害了患者的知情权和同意权。①

《审理医疗纠纷案件的解释》第17条规定:"医务人员违反民法典第一千二百一十九条第一款规定义务,但未造成患者人身损害,患者请求医疗机构承担损害赔偿责任的,不予支持。"在未向患者说明也未征得患者同意时,医疗机构不能以患者尽管未同意、但肯定会同意为由而主张免责。如果手术不成功,则要承担责任;如果手术成功,其违法性亦不因此而受影响,只是因为无损害,故而不成立因果关系。②

在蔡某与重庆市第二人民医院医疗损害赔偿纠纷上诉案中,重庆市永川区人民法院查明:2003年8月14日,蔡某因右腹疼痛5天、加重伴全腹痛10+小时入住重庆市第二人民医院治疗,经蔡某及其家属同意后于当日行剖腹探查术,术中,重庆市第二人民医院将所见输卵管情形向蔡某家属交代,征得蔡某家属同意后,切除了蔡某双侧明显积脓的输卵管部分,同时,亦切除了蔡某的阑尾。术后,医院将切除的双侧输卵管及阑尾交蔡某家属过目后,进行了病检,病理诊断为双侧化脓性输卵管炎并一侧穿孔、慢性阑尾炎。蔡某认为重庆市第二人民医院在为其诊治过程中存在如下过错:(1)阑尾不应当切除而切除,且切除时未履行告知义务;(2)双侧输卵管切除术中,只切除了右侧输卵管,未切除左侧输卵管;(3)在未告知的情况下切除了其右侧部分卵巢。针对上述过错,蔡某书面提出鉴定申请,经双方选定鉴定机构,法院依法委托重庆市法庭科学司法鉴定所对重庆市第二人民医院在为蔡某诊治过程中有无上述过错、过错大小及过错与损害后果的关联程度进行了鉴定。该鉴定所出具司法鉴定意见书,认为:(1)蔡某以"全腹膜炎"收住院。入院时体检急性化脓性全腹膜炎已经存在,手术指征明确。术中发现"阑尾充血、水肿明显,表面附有脓苔",阑尾炎症存在(继发性可能大),具有阑尾手术切除指征,术后病理检验亦予以证实。术中腹腔脓液清洗后发现妇科疾病,请妇科医生会诊手术符合医疗处置规范。(2)妇科手术中发现蔡某双侧输卵管显著肿胀,状如充气小肠,输卵管内积脓,鉴于蔡某有生育史,小孩健康,经其及家属同意,切除双侧病变输卵管的手术指征明确,术后病理检验证实为"双侧化脓性输卵管炎伴一侧穿孔"。根据法院目前所提供病历材料无证

---

① 参见新疆维吾尔自治区乌鲁木齐市中级人民法院(2010)乌中民一终字第840号民事判决书。
② 参见王泽鉴:《侵权行为》(第三版),北京大学出版社2016年版,第289页、292页。

据证实蔡某右侧卵巢被切除。如果重庆市第二人民医院在对蔡某实施手术前即考虑到妇科疾病的鉴别诊断，预先邀请妇科医生进行会诊更为完善。但双侧输卵管已经积脓并有一侧穿孔，病变输卵管仍需切除。综上所述，重庆市第二人民医院在蔡某的医疗处置过程中存在术前未请妇科会诊的过错，其过错符合重庆市司法局《医疗过错司法鉴定规则（试行）》第30条第6项"有过错、无因果关系：指医疗行为虽存在过错，但与损害后果无因果关系"之规定。鉴定结论为：重庆市第二人民医院在蔡某的医疗处置过程中存在过错，但与蔡某双侧病变输卵管切除无因果关系。2010年1月21日，重庆市法庭科学司法鉴定所针对蔡某提出的过错出具补充说明意见，认为：（1）手术时，蔡某左侧输卵管内的脓液已经破溃入腹污染了整个腹腔，阑尾因此而继发感染致"慢性阑尾炎（病理报告）"急性发作，根据法院所提供病历材料中手术记录描述"阑尾充血、水肿明显，表面脓苔覆盖"具备明确的手术指征。如果当时未切除，很可能会导致二次开腹手术，增加患者的身体痛苦及经济负担。未告知属重庆市第二人民医院的过错，但切除病变之阑尾符合医疗处置规范。……（4）本次手术与蔡某长期腹痛无因果关系，其腹痛与自身原发疾病化脓性输卵管炎脓液破溃入腹腔所导致全腹膜炎、腹腔内粘连直接相关。

永川区人民法院认为，蔡某提出重庆市第二人民医院在术中不应当切除其阑尾而切除，且切除时未履行告知义务，对此，司法鉴定意见书及补充说明意见认为重庆市第二人民医院在术中发现"阑尾充血、水肿明显，表面附有脓苔"，阑尾炎症存在（继发性可能大），具有阑尾切除手术指征，且术后病理检验亦予以证实，如当时不切除阑尾，很可能会导致二次开腹手术，增加患者的身体痛苦及经济负担，切除病变之阑尾符合医疗处置规范。但重庆市第二人民医院未向蔡某履行告知义务，属重庆市第二人民医院的过错。另司法鉴定意见书及补充说明意见认为重庆市第二人民医院存在术前未请妇科会诊的过错，但该过错与蔡某的双侧病变输卵管被切除无因果关系；切除阑尾未履行告知义务是重庆市第二人民医院的过错，但切除病变之阑尾符合医疗处置规范。综上，重庆市第二人民医院在对蔡某的诊治过程中，切除阑尾、双侧病变输卵管手术指征明确，仅存在术前未请妇科会诊及切除阑尾时未履行告知义务的过错，而该过错与损害后果无因果关系，故蔡某的请求不能成立，不予支持。

重庆市第五中级人民法院认为，根据重庆市法庭科学司法鉴定所的鉴定结论及补充说明意见认定：阑尾手术时未告知属重庆市第二人民医院的过错，但切除病变之阑尾符合医疗处置规范。重庆市第二人民医院确实切除了蔡某双侧积脓之输卵管，手术治疗的原则是只切除病变组织，不能擅自扩大手术范围。术后左侧残余输卵管因为没有功能退化"僵硬"，随着时间的推移会逐渐被机体所吸收，对身体无害。本次手术与蔡某长期腹痛无因果关系。综上，一审判决认定事实清楚,适用法律正确,审理程序合法。故而予以维持。①

(3) 紧急情况下无法征得同意时经批准立即实施相应医疗措施的义务

《民法典》第1220条规定:"因抢救生命垂危的患者等紧急情况,不能取得患者或者其近亲属意见的,经医疗机构负责人或者授权的负责人批准,可以立即实施相应的医疗措施。"

《审理医疗纠纷案件的解释》第18条规定:"因抢救生命垂危的患者等紧急情况且不能取得患者意见时,下列情形可以认定为民法典第一千二百二十条规定的不能取得患者近亲属意见:(一)近亲属不明的;(二)不能及时联系到近亲属的;(三)近亲属拒绝发表意见的;(四)近亲属达不成一致意见的;(五)法律、法规规定的其他情形。前款情形,医务人员经医疗机构负责人或者授权的负责人批准立即实施相应医疗措施,患者因此请求医疗机构承担赔偿责任的,不予支持;医疗机构及其医务人员怠于实施相应医疗措施造成损害,患者请求医疗机构承担赔偿责任的,应予支持。"据此,在不能取得患者近亲属意见时,医疗机构有义务立即启动批准程序并采取相应措施,否则即可能承担责任。

3. 按照规定填写并妥善保管病历资料的义务

病历资料是医疗机构诊疗活动最原始、完整的记录。如果病历资料记录不完整、不一致,诊疗行为的真实情况就无法认定。

《民法典》第1225条第1款规定:"医疗机构及其医务人员应当按照规定填写并妥善保管住院志、医嘱单、检验报告、手术及麻醉记录、病理资料、护理记录等病历资料。"《民法典》第1222条第3项规定,"遗失、伪造、篡改或者违法销毁病历资料"的,推定医疗机构有过错。

《审理医疗纠纷案件的解释》第6条第1款规定:"《民法典》第一千二百二十二条规定的病历资料包括医疗机构保管的门诊病历、住院志、体温单、医嘱单、检验报告、医学影像检查资料、特殊检查(治疗)同意书、手术同意书、手术及麻醉记录、病理资料、护理记录、出院记录以及国务院卫生行政主管部门规定的其他病历资料。"

《医疗纠纷预防和处理条例》第15条规定:"医疗机构及其医务人员应当按照国务院卫生主管部门的规定,填写并妥善保管病历资料。因紧急抢救未能及时填写病历的,医务人员应当在抢救结束后6小时内据实补记,并加以注明。任何单位和个人不得篡改、伪造、隐匿、毁灭或者抢夺病历资料。"

在新疆维吾尔自治区人民医院与高某等医疗损害赔偿纠纷上诉案中,在一审乌鲁木齐市天山区人民法院审理过程中,自治区人民医院申请乌鲁木齐医学会对自治区人民医院的医疗行为与张某的死亡之间是否存在因果关系以及是否

---

① 参见重庆市第五中级人民法院(2010)渝五中法民终字第2830号民事判决书。

构成医疗事故进行鉴定。鉴定过程中,高某等对自治区人民医院提供的病历提出质疑。2009年5月14日,乌鲁木齐医学会作出医疗事故鉴定中止通知书。后法院根据高某等三人的申请,委托新疆光正司法鉴定所对自治区人民医院提供的20753953号住院病历的真实性、客观性进行鉴定。鉴定意见为:张某在自治区人民医院治疗期间,由于医护人员的病历记载不完整,书写记录多处不一致,病历缺乏客观性,不能如实地反映医院对张某术后真实的诊疗行为。因双方无新的鉴定材料向乌鲁木齐医学会提交,2009年10月20日,乌鲁木齐医学会作出《医疗事故技术鉴定终止通知书》。

天山区人民法院认为:因医疗行为引起的侵权诉讼,由医疗机构就医疗行为的过错承担举证责任。对于医疗机构而言承担上述举证责任最主要的证据就是其在诊疗过程中的病历记录,而病历成为证据的前提条件是其本身具有真实性,使得其可以成为评价医疗行为的客观依据。在进行医疗事故技术鉴定过程中,高某等三人对自治区人民医院提供的病历真实性提出了质疑。经其申请,法院委托新疆光正司法鉴定所对该病历的真实性、客观性进行了鉴定,鉴定意见为:病历记载不完整,书写记录多处不一致,病历缺乏客观性,不能如实反映医院对张某术后真实的诊疗行为。因自治区人民医院提供的病历不具有真实性,从而导致医疗事故技术鉴定工作无法进行,并导致本案的基本事实无法查清,对此自治区人民医院应承担相应责任。自治区人民医院又未提供其他相应有效证据证明其医疗行为与张某的死亡之间不存在因果关系及其医疗行为不存在医疗过错,故推定自治区人民医院具有过错,其应对张某的子女即高某等三人承担民事赔偿责任。

乌鲁木齐市中级人民法院认为:患者的诊疗病历是医疗行为发生的第一手原始证据材料,更是诉讼前与诉讼中进行鉴定的基础材料,因此,病历资料的真实、完整性对医患纠纷的双方而言,无疑是至关重要的。因为,病历资料不仅记载了患者就医的整个过程,对案件的事实认定产生决定性的影响,也记录了诊疗过程中医生的主观诊疗过程,对认定医方的主观过错存在与否及过错程度具有决定性的直接影响。因此,医方有责任保证医疗纠纷案件相关病历资料的真实性与完整性。本案中,自治区人民医院对其病历记载不规范的事实表示认可,而本案讼争也正是因为其提供的病历缺乏真实性和客观性致使乌鲁木齐医学会终止医疗事故鉴定而引起。本院认为,鉴于医疗行为的复杂性、专业性和技术性,决定了医疗事故技术鉴定在医疗纠纷中的重要作用。一般情况下,人民法院不能直接通过证据审查得出有无因果关系的结论,必须依赖于专业技术鉴定结论对争议事实作出判断。本案由于乌鲁木齐医学会终止医疗事故技术鉴定,导致本院对患者张某的死亡后果与自治区人民医院的治疗行为之间是否存在因果关系无法确定。加之自治区人民医院所提供的病历记录尚不足以否定上述两者之间的因果关系及过错的存在。因此,本院认为可以推定自治区人民医院对张某的治疗存在过错,且不能排除该过错与患者死亡之间的因果关系。故原审判决认定事实清楚,适用法律适当。①

篡改、伪造、隐匿、毁灭病历资料,还可能产生行政及刑事责任。《医疗纠纷预防与处理条例》第45条规定:"医疗机构篡改、伪造、隐匿、毁灭病历资料的,对直接负责的主管人员和其他直接责任人员,由县级以上人民政府卫生主管部门给予或者责令给予降低岗位等级或者撤职的处分,对有关医务人员责令暂停6个月以上1年以下执业活动;造成严重后果的,对直接负责的主管人员和其他直接责任人员给予或者责令给予开除的处分,对有关医务人员由原发证部门吊销执业证书;构成犯罪的,依法追究刑事责任。"

4. 及时提供病历资料的义务

《民法典》第1225条第2款规定:"患者要求查阅、复制前款规定的病历资料的,医疗机构应当及时提供。"《民法典》第1222条第2项规定,"隐匿或者拒绝提供与纠纷有关的病历资料"的,推定医疗机构有过错。

《审理医疗纠纷案件的解释》第6条第2款规定:"患者依法向人民法院申请医疗机构提交由其保管的与纠纷有关的病历资料等,医疗机构未在人民法院指定期限内提交的,人民法院可以依照《民法典》第一千二百二十二条第二项规定推定医疗机构有过错,但是因不可抗力等客观原因无法提交的除外。"

《医疗纠纷预防与处理条例》第16条规定:"患者有权查阅、复制其门诊病历、住院志、体温单、医嘱单、化验单(检验报告)、医学影像检查资料、特殊检查同意书、手术同意书、手术及麻醉记录、病理资料、护理记录、医疗费用以及国务院卫生主管部门规定的其他属于病历的全部资料。患者要求复制病历资料的,医疗机构应当提供复制服务,并在复制的病历资料上加盖证明印记。复制病历资料时,应当有患者或者其近亲属在场。医疗机构应患者的要求为其复制病历资料,可以收取工本费,收费标准应当公开。患者死亡的,其近亲属可以依照本条例的规定,查阅、复制病历资料。"

5. 保密义务

《民法典》第1226条规定:"医疗机构及其医务人员应当对患者的隐私和个人信息保密。泄露患者的隐私和个人信息,或者未经患者同意公开其病历资料的,应当承担侵权责任。"

根据《个人信息保护法》第28条的规定,生物识别和医疗健康信息属于敏感个人信息,一旦泄露或者非法使用,容易导致自然人的人格尊严受到侵害或者人身、财产安全受到危害,只有在具有特定的目的和充分的必要性,并采取严格保

---

① 参见新疆维吾尔自治区乌鲁木齐中级人民法院(2010)乌中民一终字第666号民事判决书。

护措施的情形下,个人信息处理者方可处理敏感个人信息。

(四) 医疗过失行为与患者遭受的损害之间具有因果关系

1. 因果关系的证明

医疗侵权行为中因果关系的认定是异常复杂的。一方面,医疗损害的造成,往往是多因一果,既有医疗机构的过失,也有患者自身体质的因素。到目前为止,人类对自身身体结构和机理的认识还非常有限,很多损害结果的确切原因究竟是什么,并不是非常清晰。另一方面,由于医疗活动的高度专业性,就像过错的证明一样,对于患者而言要证明因果关系的存在,几乎是不可能的。同样不具有专业知识的法官,面对当事人提出的专业证据,一般也无法对因果关系是否存在直接作出判断。基于这些考虑,2019 年修改前的《证据规则》第 4 条第 1 款第 8 项规定:"因医疗行为引起的侵权诉讼,由医疗机构就医疗行为与损害结果之间不存在因果关系及不存在医疗过错承担举证责任。"

在荣昌县中医院与郑某医疗损害赔偿纠纷上诉案中,一审重庆市荣昌县人民法院认为,对于医疗损害赔偿纠纷,医疗机构负有证明其过错行为与损害后果之间不存在因果关系的证明责任,否则,应承担赔偿损失的民事责任。本案庭审中,中医院辩称其医疗行为不是造成损害后果的全部原因,郑某自身的疾病参与度是损害后果的次要原因,由于中医院没有举证证明,其辩解理由不能成立。

中医院对一审判决不服。关于因果关系部分,中医院认为,一审法院判决由中医院承担全部责任不公平。郑某自身的疾病参与度也是损害后果的原因之一,与损害后果之间存在一定的因果关系。郑某拒绝医疗事故鉴定,其过错不在中医院。另外,根据医疗等级鉴定为三级丙等医疗事故,也可以判断中医院的过错程度不应该是全部责任。

重庆市第五中级人民法院认为,中医院称其医疗行为不是造成损害后果的全部原因,郑某自身的疾病参与度是损害后果的次要原因,中医院不应承担全部民事赔偿责任,因中医院未提供证据证明其医疗行为不是造成损害后果的全部原因,一审法院根据本案已查明的事实,依法判决中医院承担全部民事赔偿责任是正确的。[①]

《侵权责任法》《民法典》都没有关于医疗损害赔偿中因果关系推定的规定。《审理医疗纠纷案件的解释》第 4 条第 2 款规定:"患者无法提交医疗机构或者其医务人员有过错、诊疗行为与损害之间具有因果关系的证据,依法提出医疗损害鉴定申请的,人民法院应予准许。"本条规定事实上改变了前述《证据规则》第 4 条第 1 款第 8 项确定的由诊疗机构证明因果关系是否存在的规则,将因果关系的证明责任放在了患者一方身上。在患者无法提供因果关系存在的证据时,需

[①] 参见重庆市第五中级人民法院(2010)渝五中法民终字第 2600 号民事判决书。

要由患者而不是诊疗机构提出因果关系鉴定的申请。

2. 因果关系、原因力及其比例

医疗侵权案件中,医疗过失行为与损害结果之间往往不是百分之百的对应关系,患者自身体质、疾病的发展也是造成损害结果的原因。医疗过失行为通常只是造成损害结果的部分原因,但究竟起了多大作用、产生了多大影响,需要在具体案件中加以判断。此点也是医疗案件审理的难题,鉴定是通常的解决方案。根据《审理医疗纠纷案件的解释》第 11 条第 1 款第 2 项,"诊疗行为与损害后果之间是否存在因果关系以及原因力大小",可以作为申请医疗损害鉴定的事项。该解释第 12 条规定:"鉴定意见可以按照导致患者损害的全部原因、主要原因、同等原因、次要原因、轻微原因或者与患者损害无因果关系,表述诊疗行为或者医疗产品等造成患者损害的原因力大小。"

在新疆维吾尔自治区乌鲁木齐市中级人民法院(2010)乌中民一终字第 840 号案中,安某在家摔倒致使右膝损伤,右髌骨骨折,伤后住新疆维吾尔自治区人民医院分院,先后行右髌骨骨折关节镜下复位、螺钉内固定手术,切开复位张力带内固定植骨术,骨折愈合后取内固定物＋关节镜下关节内松解术。术后安某认为医院在治疗过程中存在过错,造成其身体受损。

原审乌鲁木齐市沙依巴克区人民法院在审理过程中,委托新疆天正司法鉴定所进行司法鉴定。鉴定结论为"安某右膝损伤致十级伤残"。(1)自治区人民医院分院在对安某的诊治过程中存在医疗过错和不当。(2)医院的过错与安某右髌骨粉碎性骨折共同导致右膝关节创伤性关节炎,参与度域值 45％—55％。法院据此认为,本案中,依据司法鉴定结论,人民医院分院在 X 光拍片报告欠准确、手术方式选择欠妥、术后指导病人康复不明确等处存在过错和不当,其过错医疗行为与安某右髌骨粉碎性骨折共同导致右膝关节创伤性关节炎,参与度域值为 45％—55％。故认定:自治区人民医院分院的过失医疗行为与安某的损害之间存在因果关系,综合全案,自治区人民医院分院承担 50％的民事赔偿责任为宜。

乌鲁木齐市中级人民法院认为,本案医疗机构的过错行为与患者目前的损害事实存在一定因果关系是双方不争的事实。自治区人民医院分院的诊疗活动及手术诊治行为对患者安某目前造成的损害结果的原因力即应当承担何种比例的责任是本案主要争议焦点。法院认为,医方对患方在术后的相关注意事项并未明确予以指导,且在拍片发现患方存在术后分离骨片及骨折线较宽的情形下,理应预见到患者可能存在术后骨不连的症状,但医方并未采取积极有效的治疗补救措施,直至发生螺钉固定松动后近一个月才采取了相应的二次手术即切开复位张力带内固定并植骨术,后出现骨折愈合。现有的相关病历资料证明,从第一次入院未告知患者采取关节镜下复位内固定术导致骨不连,到第二次实施切开复位张力带内固定并植骨术后出现骨折愈合情形,医方在手术方式的选择上存在相关过失,另外在术后治疗中存在消极不作为。同时司法鉴定在对医方存在的过错分析中,亦说明医方所选择采取的首次手术方式欠妥,对病人的康复和功能训练方式及注意事项指导不明确。另外,虽然髌骨粉碎性骨折的手术、复位、固定有一定难度,难以达到原有的解剖复位,但髌骨粉碎性骨折并不意味着术后必然发生骨不连这一并发症状。这与患者的自身体质状况、病症及相关的医疗诊治行为存在关联性。本案正是由于自治区人民医院分院对患者采取相关的二次替代补救手术后,骨折出现了愈合,说明患者骨不连与医方的首次手术治疗及术后预防存在关联性,医方所进行的二次补救手术及必要的第三次手术,扩大了对患者的损害,增加了患者病症痛苦。综上,尽管患者系髌骨粉碎性骨折,但目前医疗诊疗资料均可证实自治区人民医院分院对患者的诊疗存在过错,自治区人民医院分院医源性的损害行为对患者右膝关节创伤性关节炎症状的发生应承担主要责任。对患者安某所造成的损害,自治区人民医院分院理应承担80%的赔偿责任为妥。原审法院认定由自治区人民医院分院与安某平均分担责任即由自治区人民医院分院承担50%的责任不妥,本院予以纠正。①

本案中,一审法院直接依据鉴定结论作出了判决,二审法院则根据具体案情对因果关系及原被告的责任比例作出了判决。哪种方式更为妥当、哪种结果更为合理,值得反思与讨论。

三、医疗损害纠纷中的鉴定

(一)医疗损害纠纷中鉴定的必要性

由于诊疗行为的高度专业性,医疗侵权诉讼的原告以及法官都无法根据一般生活常识对医疗机构及其工作人员在诊疗活动中是否存在过错、过错与损害之间是否存在因果关系以及原因力的大小作出判断。即使原告或者法官具有医学专业背景,也不可能对诉讼涉及的医学各方面的专业知识都熟悉,尤其是不可能跟踪医学专业日新月异的发展。通过专业人员对上述事项进行鉴定并得出供法官裁判时加以参考的结论,就显得非常必要。上面讨论的案例就可以反映出这一点。

(二)鉴定的发起

鉴定的发起,指鉴定的启动。鉴定可以由当事人申请启动,也可以由法院依职权启动。鉴定由当事人申请启动时,需要确定应该由哪方当事人提出鉴定的申请。

2019年修改前的《证据规则》第 4 条第 1 款第 8 项规定:"因医疗行为引起

---

① 参见新疆维吾尔自治区乌鲁木齐市中级人民法院(2010)乌中民一终字第 840 号民事判决书。

的侵权诉讼,由医疗机构就医疗行为与损害结果之间不存在因果关系及不存在医疗过错承担举证责任。"第25条第2款规定:"对需要鉴定的事项负有举证责任的当事人,在人民法院指定的期限内无正当理由不提出鉴定申请或者不预交鉴定费用或者拒不提供相关材料,致使对案件争议的事实无法通过鉴定结论予以认定的,应当对该事实承担举证不能的法律后果。"根据上述规定,医疗机构有义务发起鉴定,否则就要承担举证不能的法律后果。

《证据规则》修改后,上述第4条被删除。

《审理医疗纠纷案件的解释》第4条第2款规定:"患者无法提交医疗机构或者其医务人员有过错、诊疗行为与损害之间具有因果关系的证据,依法提出医疗损害鉴定申请的,人民法院应予准许。"患者需要提交的证据中,包括证明医疗机构及其医务人员有过错、诊疗行为与损害之间具有因果关系的证据。患者无法提交上述证据时,就应当提出鉴定申请,否则就要承担举证不能的法律后果。

《审理医疗纠纷案件的解释》第8条规定:"当事人依法申请对医疗损害责任纠纷中的专门性问题进行鉴定的,人民法院应予准许。当事人未申请鉴定,人民法院对前款规定的专门性问题认为需要鉴定的,应当依职权委托鉴定。"由此,人民法院也可以依职权发起鉴定。

(三)确定鉴定人的规则

鉴定人应当从具备相应鉴定能力、符合鉴定要求的专家中确定。根据《审理医疗纠纷案件的解释》第9条的规定,确定鉴定人有以下几种方法:首先是由双方当事人协商确定鉴定人。其次,当事人就鉴定人的确定无法达成一致意见时,人民法院可以提出确定鉴定人的方法,当事人同意的,按照该方法确定。最后,如果当事人不同意人民法院提出的鉴定人确定方法,则由人民法院指定鉴定人。

(四)鉴定的事项和要求

根据《审理医疗纠纷案件的解释》第11条第2款的规定,下列专门性问题可以作为申请医疗损害鉴定的事项:(1)实施诊疗行为有无过错;(2)诊疗行为与损害后果之间是否存在因果关系以及原因力大小;(3)医疗机构是否尽到了说明义务、取得患者或者患者近亲属明确同意的义务;(4)医疗产品是否有缺陷、该缺陷与损害后果之间是否存在因果关系以及原因力的大小;(5)患者损伤残疾程度;(6)患者的护理期、休息期、营养期;(7)其他专门性问题。

鉴定要求包括鉴定人的资质、鉴定人的组成、鉴定程序、鉴定意见、鉴定期限等。鉴定人应当按照委托鉴定的事项和要求进行鉴定。

(五)鉴定意见的采用

根据《审理医疗纠纷案件的解释》第13条的规定,鉴定意见应当经当事人质证。在对鉴定意见进行质证时,当事人可以申请鉴定人出庭作证。经人民法院审查同意,或者人民法院认为鉴定人有必要出庭的,应当通知鉴定人出庭作证。

如果双方当事人同意,鉴定人也可以通过书面说明、视听传输技术或者视听资料等方式作证。鉴定人因健康原因、自然灾害等不可抗力或者其他正当理由不能按期出庭的,案件可以延期开庭。经人民法院许可,鉴定人也可以通过书面说明、视听传输技术或者视听资料等方式作证。

如果缺乏上述理由,鉴定人拒绝出庭作证、当事人对鉴定意见又不认可的,对该鉴定意见不予采信。

根据《审理医疗纠纷案件的解释》第15条的规定,当事人共同委托鉴定人作出的医疗损害鉴定意见,一方当事人不认可的,应当提出明确的异议内容和理由。经法院审查,有证据足以证明异议成立的,该鉴定意见则不予采信;异议不成立的,则应予采信。当事人自行委托鉴定人作出的医疗损害鉴定意见,其他当事人认可的,可予采信。如果其他当事人不认可,则不予采信。

根据《审理医疗纠纷案件的解释》第14条的规定,在对鉴定意见进行质证时,当事人可以申请人民法院通知一至二名具有医学专门知识的人出庭,对鉴定意见或者案件的其他专门性事实问题提出意见。具有医学专门知识的人提出的意见,视为当事人的陈述,经质证可以作为认定案件事实的根据。

四、医疗产品侵权行为

医疗产品侵权行为是指因药品、医疗设备存在缺陷造成患者损害的侵权行为。

《民法典》第1223条规定:"因药品、消毒产品、医疗器械的缺陷,或者输入不合格的血液造成患者损害的,患者可以向药品上市许可持有人、生产者、血液提供机构请求赔偿,也可以向医疗机构请求赔偿。患者向医疗机构请求赔偿的,医疗机构赔偿后,有权向负有责任的药品上市许可持有人、生产者、血液提供机构追偿。"

医疗产品属于产品,因此,适用产品责任的有关法律规定。但医疗产品责任的特殊之处在于,一般产品责任的主体主要是产品的生产者和销售者,而医疗产品有一个重要的责任主体就是医疗机构。医疗机构具有特殊性。同时医疗产品中药品的重要性也不同于一般产品,药品的上市需要特殊许可,此时就又出现了另一个重要的主体:药品上市许可持有人。医疗机构、药品上市许可持有人与产品的生产者、销售者的关系,也需要法律特殊调整。

《审理医疗纠纷案件的解释》第21条规定:"因医疗产品的缺陷或者输入不合格血液受到损害,患者请求医疗机构、缺陷医疗产品的生产者、销售者、药品上市许可持有人或者血液提供机构承担赔偿责任的,应予支持。医疗机构承担赔偿责任后,向缺陷医疗产品的生产者、销售者、药品上市许可持有人或者血液提供机构追偿的,应予支持。因医疗机构的过错使医疗产品存在缺陷或者血液不合格,医疗产品的生产者、销售者、药品上市许可持有人或者血液提供机构承担赔偿责任后,向医疗机构追偿的,应予支持。"

因医疗产品缺陷或者血液不合格造成的损害,医疗机构、缺陷医疗产品的生产者、销售者、药品上市许可持有人或者血液提供机构之间承担的是不真正连带责任。最终使得产品存在缺陷或者血液不合格的主体是终局责任人,其他主体是中间责任人。中间责任人承担责任后,可以向终局责任人进行追偿。

当医疗机构的过错诊疗行为与产品缺陷或者不合格血液共同造成患者损害时,不真正连带责任就转化为连带责任。

《审理医疗纠纷案件的解释》第22条规定:"缺陷医疗产品与医疗机构的过错诊疗行为共同造成患者同一损害,患者请求医疗机构与医疗产品的生产者、销售者、药品上市许可持有人承担连带责任的,应予支持。医疗机构或者医疗产品的生产者、销售者、药品上市许可持有人承担赔偿责任后,向其他责任主体追偿的,应当根据诊疗行为与缺陷医疗产品造成患者损害的原因力大小确定相应的数额。输入不合格血液与医疗机构的过错诊疗行为共同造成患者同一损害的,参照适用前两款规定。"

需要注意的是,缺陷医疗产品可以适用惩罚性赔偿。《审理医疗纠纷案件的解释》第23条规定:"医疗产品的生产者、销售者、药品上市许可持有人明知医疗产品存在缺陷仍然生产、销售,造成患者死亡或者健康严重损害,被侵权人请求生产者、销售者、药品上市许可持有人赔偿损失及二倍以下惩罚性赔偿的,人民法院应予支持。"

关于惩罚性赔偿的详细讨论,还可以参看本书第十章的有关内容。

五、数个医疗机构的侵权行为

根据《审理医疗纠纷案件的解释》第19条的规定,因两个以上医疗机构的诊疗行为造成患者同一损害的,可能构成数人侵权行为。应当区分不同情况,依照《民法典》第1168条、第1171条或者第1172条的规定,确定各医疗机构承担的赔偿责任。

《审理医疗纠纷案件的解释》第20条规定:"医疗机构邀请本单位以外的医务人员对患者进行诊疗,因受邀医务人员的过错造成患者损害的,由邀请医疗机构承担赔偿责任。"对于患者而言,到某一医疗机构就医,不会区分也无法区分实施诊疗行为的医务人员究竟是该医疗机构的医务人员还是其他机构的医务人员。医务人员在医疗机构中为患者实施诊疗行为也是以该医疗机构的名义、而不是以个人名义或其原本所属单位的名义进行的。所以,因诊疗行为而产生的责任也应当由患者就医的医疗机构来承担。这样的责任承担方式,也会促使医疗机构在邀请本单位以外的医务人员时,更加谨慎小心。

《审理医疗纠纷案件的解释》第24条规定："被侵权人同时起诉两个以上医疗机构承担赔偿责任,人民法院经审理,受诉法院所在地的医疗机构依法不承担赔偿责任,其他医疗机构承担赔偿责任的,残疾赔偿金、死亡赔偿金的计算,按下列情形分别处理:(一)一个医疗机构承担责任的,按照该医疗机构所在地的赔偿标准执行;(二)两个以上医疗机构均承担责任的,可以按照其中赔偿标准较高的医疗机构所在地标准执行。"本条规定改变了《人身损害赔偿解释》第12条和第15条"按照受诉法院所在地上一年度城镇居民人均可支配收入标准"确定残疾赔偿金和死亡赔偿金的做法。

六、医疗损害责任的免责事由

医疗侵权行为具有特殊性。医疗活动为人类生活所必需,而人类对自身疾病的认知还非常有限,需要不断探索发展。大多数医疗活动都具有侵袭性,许多医疗风险已经向患者或者其家属说明并征得同意。患者或其家属在医疗风险与疾病得到救治之间,往往也只能接受风险。基于此,医疗侵权行为除可以适用一般过错侵权行为的免责事由外,还有一些特殊的免责事由。

《民法典》第1224条规定:"患者在诊疗活动中受到损害,有下列情形之一的,医疗机构不承担赔偿责任:(一)患者或者其近亲属不配合医疗机构进行符合诊疗规范的诊疗;(二)医务人员在抢救生命垂危的患者等紧急情况下已经尽到合理诊疗义务;(三)限于当时的医疗水平难以诊疗。前款第一项情形中,医疗机构或者其医务人员也有过错的,应当承担相应的赔偿责任。"本条第1款列举的三种情况,都表明医疗机构不存在过错。这与第1218条确定的医疗机构或者其医务人员承担过错责任的规定是一致的。这三种情况中,没有过错的存在,医疗机构得以免责。如果上述三种情况中,医疗机构或者其医务人员同时也存在过错,则承担相应的责任。

第四节　环境污染和生态破坏责任

《侵权责任法》第八章为"环境污染责任",《民法典》侵权责任编第七章为"环境污染和生态破坏责任",后者增加了生态破坏责任。环境污染和生态破坏都会损害人类生存环境,在侵权法的范畴内,根据是否存在具体受害人,可以分为环境私益侵权责任和环境公益侵权责任两种情况。① 从环境整体性角度,私益和公益密切相关。从受害人角度,环境私益侵权责任存在具体的受害人,因此直接

---

① 参见最高人民法院民法典贯彻实施工作领导小组主编:《中华人民共和国民法典侵权责任编理解与适用》,人民法院出版社2020年版,第506页。

保护的是私益,间接保护公益。环境私益侵权责任,习惯上也称为污染环境、破坏生态致人损害责任。环境公益侵权责任不存在具体的受害人,直接保护的是公益,间接保护私益。以下分别加以讨论。

一、污染环境、破坏生态致人损害责任

(一)污染环境、破坏生态致人损害侵权行为的概念

《环境保护法》第 2 条规定:"本法所称环境,是指影响人类生存和发展的各种天然的和经过人工改造的自然因素的总体,包括大气、水、海洋、土地、矿藏、森林、草原、湿地、野生生物、自然遗迹、人文遗迹、自然保护区、风景名胜区、城市和乡村等。"这里的环境,应当是既指生态环境,也指生活环境。

污染环境、破坏生态是指由于人为原因而使人类赖以生存发展的空间和资源发生化学、物理、生物特征上的不良变化,以致影响人类健康或者生物生存,即既指生态环境的破坏,也指生活环境的污染破坏。生态环境损害指对生态条件中某一、某些方面或其整体的损害。① 污染环境,应当专指生活环境的不良变化。污染环境、破坏生态致人损害的侵权行为,是指污染环境、破坏生态造成他人财产或者人身损害而应承担民事责任的行为。污染环境、破坏生态致人损害的侵权行为,即环境私益侵权行为,存在具体的受害人,同时对整个人类乃至生物也产生不良影响。故而,污染环境、破坏生态责任直接保护的是私益,间接保护公益。

早在《民法通则》中,第 124 条就规定了污染环境的民事责任。《侵权责任法》第八章专章规定环境污染责任。此外,《环境保护法》《海洋环境保护法》《水污染防治法》《大气污染防治法》《噪声污染防治法》和《放射性污染防治法》等法律对污染环境、破坏生态责任也都有规定。

《环境保护法》第 64 条规定:"因污染环境和破坏生态造成损害的,应当依照《中华人民共和国侵权责任法》的有关规定承担侵权责任。"本条一方面将污染环境责任扩展到污染环境、破坏生态责任,另一方面也规定了污染环境和破坏生态侵权责任的规范体系。可以预期的是,《环境保护法》修改后,第 64 条中的《侵权责任法》会改为《民法典》。污染环境、破坏生态造成损害而承担侵权责任时,要适用《民法典》的规范,上开各单行法另有特别规定的,则要依据该特别规定。

(二)污染环境、破坏生态致人损害侵权行为的构成要件

《民法典》第 1229 条规定:"因污染环境、破坏生态造成他人损害的,侵权人应当承担侵权责任。"本条规范对象为造成他人损害的侵权责任,因此属于侵害私益的侵权责任。污染环境、破坏生态致人损害侵权行为需要以下构成要件:

---

① 参见陈伟:《生态环境损害额的司法确定》,载《清华法学》2021 年第 2 期。

1. 行为人有污染环境、破坏生态的行为

污染环境破坏生态的行为多种多样。我国有《水污染防治法》《大气污染防治法》《海洋环境保护法》《噪声污染防治法》《土壤污染防治法》《放射性污染防治法》等。从这些法律的名称中，可以看出污染环境和破坏生态行为的多样性。

污染环境的行为和破坏生态的行为又存在不同。有观点认为，污染环境的核心特征是"过度排放"，通常是由于人类活动直接或者间接向环境排入了超过环境自净能力的物质和能量，导致环境危害人类生存和发展。破坏生态的核心特征是"过度索取"，主要表现为人类过量地向自然索取物质和能量或者不合理地使用自然资源，使得生态平衡受到破坏而危及人类生存和发展。① 这种观点具有参考价值。但也存在反例。比如，温室效应的出现，应当属于生态破坏的范畴，但却是过度排放二氧化碳的结果。海中输油管道破裂或者油轮故障造成大面积油污，核电站发生泄漏等造成的生态破坏，也都是过度排放的结果。

在司法实务中，污染环境的行为表现为：生产过程中排放有毒物质造成樱桃果树病害②，锅炉使用燃煤排放烟尘造成邻居烟尘污染③，排放污水造成鱼塘污染④，电梯噪声超标对居室环境构成噪声污染⑤，水泥、煤炭等粉灰被雨水冲刷后进入水库造成鱼类死亡⑥，交通事故造成油罐车所载变压器油泄漏导致鱼塘污染⑦，道路施工产生的噪声致使养鸡场蛋鸡受惊吓死亡及产蛋率下降⑧，等等。

《审理环境侵权案件的解释》第6条规定："被侵权人根据民法典第七编第七章的规定请求赔偿的，应当提供证明以下事实的证据材料：（一）侵权人排放了污染物或者破坏了生态……"据此，被侵权人应当对行为人排放污染物或者破坏生态的行为承担证明责任。

2. 被侵权人遭受了损害

污染环境、破坏生态致人损害侵权责任，以存在具体受害人为前提。受害人遭受的损害，可以是人身损害，也可以是财产损害。比如，因工厂排放有毒物质造成樱桃果树减产损失⑨，排放污水造成鱼塘鱼虾死亡⑩，住宅电梯噪声使得卧

---

① 参见最高人民法院民法典贯彻实施工作领导小组主编：《中华人民共和国民法典侵权责任编理解与适用》，人民法院出版社2020年版，第502—503页。
② 山东省高级人民法院(2013)鲁民一终字第303号民事判决书。
③ 安徽省滁州市中级人民法院(2004)滁民一终字第120号民事判决书。
④ 安徽省蚌埠市中级人民法院(2005)蚌民一终字第285号民事判决书。
⑤ 广州市中级人民法院(2015)穗中法民一终字第5108号民事判决书。
⑥ 广西壮族自治区防城港市中级人民法院(2014)防市民一终字第337号民事判决书。
⑦ 安徽省蚌埠市中级人民法院(2005)蚌民一终字第285号民事判决书。
⑧ 贵州省贵阳市中级人民法院(2015)筑环保民终字第2号民事判决书。
⑨ 山东省高级人民法院(2013)鲁民一终字第303号民事判决书。
⑩ 安徽省蚌埠市中级人民法院(2005)蚌民一终字第285号民事判决书。

室噪声超标①,交通事故造成油罐车所载变压器油泄漏导致鱼塘的鱼死亡②,道路施工噪声造成养鸡场蛋鸡死亡及产蛋率下降③,等等。

《审理环境侵权案件的解释》第 6 条规定:"被侵权人根据民法典第七编第七章的规定请求赔偿的,应当提供证明以下事实的证据材料:……(二)被侵权人的损害……"据此,被侵权人应当对自己遭受的损害承担证明责任。

3. 行为人污染环境、破坏生态行为与被侵权人损害之间存在因果关系

环境污染、破坏生态与损害之间的因果关系通常都非常复杂,有些后果需要很长时间才能显现出来。受害人一般不具有证明污染行为与损害结果之间因果关系的能力。因此,修正前的《证据规则》第 4 条第 1 款第 3 项规定:"因环境污染引起的损害赔偿诉讼,由加害人就法律规定的免责事由及其行为与损害结果之间不存在因果关系承担举证责任。"《侵权责任法》第 66 条作出了同样的规定。此外《水污染防治法》第 98 条规定:"因水污染引起的损害赔偿诉讼,由排污方就法律规定的免责事由及其行为与损害结果之间不存在因果关系承担举证责任。"

《民法典》延续了《侵权责任法》因果关系倒置的规则。第 1230 条规定:"因污染环境、破坏生态发生纠纷,行为人应当就法律规定的不承担责任或者减轻责任的情形及其行为与损害之间不存在因果关系承担举证责任。"

在安徽省蚌埠市中级人民法院(2005)蚌民一终字第 285 号案中,一审法院认定,2004 年 7 月 18 日,园味园食品公司排放的污水将陆某某的鱼塘污染,导致陆某某饲养的鱼虾大量死亡。当时,园味园食品公司同意代为低价出售因污染导致死亡的鱼虾,并赔偿陆某某出售的价格与市场价格的差价,陆某某当日遂以每斤 2 元的价格出售了 666.6 斤。2004 年 8 月 5 日陆某某为得知水体污染情况,花监测费 500 元,委托蚌埠市环境监测站对其水体进行监测,结果氨、氮均超标。法院认为,因环境污染引起的损害赔偿诉讼,由加害人就法律规定的免责事由及其行为与损害结果之间不存在因果关系承担举证责任,园味园食品公司提出流入陆某某鱼塘的污水并不是园味园食品公司一家,另外还有生活污水,从而导致鱼塘内鱼虾死亡,但园味园食品公司并没有证据证明鱼虾死亡与其之间不存在因果关系,故园味园食品公司应承担陆某某鱼塘内鱼虾死亡的后果。

二审法院认为,在上诉人排放的污水流入被上诉人鱼塘后,被上诉人鱼塘内出现鱼虾死亡现象,上诉人否认被上诉人鱼塘内鱼虾死亡系其排放的污水造成,应由上诉人举证证明。但上诉人没有证据证明其排污行为与被上诉人鱼塘内鱼虾死亡不存在因果关系。因此,被上诉人鱼塘内鱼虾死亡的损害后果应认定系

---

① 广州市中级人民法院(2015)穗中法民一终字第 5108 号民事判决书。
② 重庆市第一中级人民法院渝一中法民终字第 03125 号民事判决书。
③ 贵州省贵阳市中级人民法院(2015)筑环保民终字第 2 号民事判决书。

上诉人排污行为造成,上诉人对该损失应当承担赔偿责任。①

由于环境污染与损害结果之间因果关系的复杂性,受害人证明因果关系存在是个难题,侵权人证明因果关系的不存在,同样是个难题。《审理环境侵权案件的解释》第 7 条规定:"侵权人举证证明下列情形之一的,人民法院应当认定其污染环境、破坏生态行为与损害之间不存在因果关系:(一)排放污染物、破坏生态的行为没有造成该损害可能的;(二)排放的可造成该损害的污染物未到达该损害发生地的;(三)该损害于排放污染物、破坏生态行为实施之前已发生的;(四)其他可以认定污染环境、破坏生态行为与损害之间不存在因果关系的情形。"总结起来,上述四种情形分别是:相对于损害而言排放污染物、破坏生态行为不存在、污染物未到达、损害早已发生并且未加重以及其他兜底条款。②

行为人承担因果关系不存在的证明责任,并不意味着受害人因此就不需要承担任何证明责任。根据《审理环境侵权案件的解释》第 6 条第 3 项的规定,被侵权人应当就侵权人排放的污染物或者其次生污染物、破坏生态行为与损害之间具有关联性提供证据材料。

之所以由被侵权人就关联性提供证据材料,是基于以下三点理由:

第一,举证责任分为行为意义上的举证责任和结果意义上的举证责任。行为意义上的举证责任,是指依据《民事诉讼法》第 67 条的规定,当事人对自己提出的主张,有责任提供证据。因此,原被告双方都有义务就自己提出的任何主张提供证据。结果意义上的举证责任,是指当事人对自己提出的诉讼请求所依据的法律要件事实真伪不明时,由对该事实承担举证责任的一方承担不利后果。《侵权责任法》第 66 条(《民法典》第 1230 条)关于被告就不存在因果关系承担举证责任的规定即为结果意义上的举证责任。因此,就环境侵权责任纠纷案件中的因果关系而言,被侵权人和污染者双方都负有行为意义上的举证责任,都有提出证据的责任。人民法院结合双方的证据综合全案判断因果关系是否存在,事实仍然真伪不明的,才会启动举证责任分配原则,由对因果关系负有结果意义举证责任的污染者承担不利后果。

第二,环境侵权责任纠纷案件既要解决立案难问题,又要防止滥诉。提交关联性的初步证明材料,意味着只要具有一般表象证据即可,不必严苛到这些证据与污染行为之间存在必然的直接联系。这样规定,既有利于保护被侵权人的合法权益,又有利于防止滥诉。

第三,这种意见在实践中已基本形成共识。大多数环境侵权责任纠纷案件

---

① 参见安徽省蚌埠市中级人民法院(2005)蚌民一终字第 285 号民事判决书。
② 参见最高人民法院研究室、最高人民法院环境资源审判庭编著:《最高人民法院环境侵权责任纠纷司法解释理解与适用》,人民法院出版社 2016 年版,第 100 页。

都要求被侵权人提供污染行为与损害之间存在关联性的初步证据。法院普遍拒绝在原告未对因果关系存在的可能性进行初步举证的前提下,直接适用举证责任倒置规则,因为如果直接适用举证责任倒置规则,往往会导致推定出的因果关系在客观性和可靠性方面无法经受实践的检验。造成这一问题的原因在于举证责任倒置规则在逻辑结构上的不足。①

4. 违反国家保护环境防止污染的规定是否是污染环境、破坏生态侵权行为的构成要件

在这一问题上,存在着观点的分歧。

笔者认为,违反国家保护环境防止污染的规定是污染环境、破坏生态侵权行为的构成要件。这一要件是污染环境、破坏生态侵权行为最特殊的要件。其根据是《民法通则》第 124 条。此外,2021 年修订后的《噪声污染防治法》第 2 条规定:"本法所称噪声,是指在工业生产、建筑施工、交通运输和社会生活中产生的干扰周围生活环境的声音。本法所称噪声污染,是指超过噪声排放标准或者未依法采取防控措施产生噪声,并干扰他人正常生活、工作和学习的现象。"第 86 条第 1 款规定:"受到噪声侵害的单位和个人,有权要求侵权人依法承担民事责任。"根据第 2 条,只有超过噪声排放标准,并干扰他人正常生活、工作和学习的现象,才构成噪声污染。修订后的第 2 条增加了"未依法采取防控措施产生噪声"。这种类型似乎无须考虑排放标准,但是依然要有法律根据才符合"依法"的要求。

侵权法的基本范畴在于权衡权利救济和行为自由的关系。侵权法通过各种机制划定权利救济和行为自由的界限,在污染环境、破坏生态责任中,国家保护环境防止污染的规定就是一种划分机制。人活着就会产生各种污染,如果没有这种划分机制,所有噪声以及对周围环境、土壤、水、空气等的污染,都可能被认定为侵权行为。

有些国家通过结果来划分界限,比如日本的忍受限度理论。所谓忍受限度理论,是用来衡量环境侵权行为违法性的理论。它就受害者方面损害的性质(健康损害、精神损害、财产损害)及其轻重等情况,加害者方面加害行为的社会评价(公共性、有用性)、损害防除设施的设置状况、管制法律的遵守等各方面情况进行比较衡量,并对客观方面的工厂所在地的状况、先住后住关系等周边情况进行综合性考虑,从而个别地具体地判定损害的忍受限度,认定损害超过忍受限度时加害行为就是违法的。这种判断违法性的方法就是忍受限度理论。② 公害程度

---

① 参见最高人民法院研究室、最高人民法院环境资源审判庭编著:《最高人民法院环境侵权责任纠纷司法解释理解与适用》,人民法院出版社 2016 年版,第 86—87 页。

② 参见〔日〕原田尚彦:《环境法》,于敏译,法律出版社 1999 年版,第 24 页。

如超过被害人社会生活上应忍受限度时,被害人即得请求损害赔偿或请求排除、禁止或者防止公害。忍受限度理论的判断取决于各种利益的比较衡量,包括受害利益之性质及其程度,加害行为之态样、性质、程度及社会上的评价,地区性,加害人有无采取最完善损害防止措施,是否遵守公法上排放标准,土地利用之先后关系。①

我国司法实践中,在判断被告行为是否构成侵权行为从而承担侵权责任时,法院是以行为或其结果是否违反具体的标准来判断。

在安徽省蚌埠市中级人民法院(2015)蚌民一终字第00679号案中,被告在原告住宅东墙外热交换站东侧安装了增压泵,原告以增压泵影响其睡眠、住宅需要零噪声为由,提起诉讼。诉讼中双方委托蚌埠市环境监测站对增压泵进行监测,结果显示沈某某居住卧室室内噪声所有指标均未超过规定的限值。关于沈某某认为被告安装的增压泵在夜间应是零噪声的主张,法院认为,《环境噪声污染防治法》所谓环境噪声污染,是指所产生的环境噪声超过国家规定的环境噪声排放标准,并干扰他人正常生活、工作和学习的现象。增压泵作为被测主要声源,在正常连续工作时,并没有超过国家规定的环境噪声排放标准。沈某某所诉的增压泵夜间必须是零噪声的主张没有法律依据。②

在广州市中级人民法院(2015)穗中法民一终字第5108号案中,原告是被告所开发房地产其中一处住宅的产权人。该住宅电梯临近原告房屋,电梯设备直接置于与原告住房客厅公用墙之上。原告委托中科院广州化学研究所测试分析中心对其居住的房屋进行环境质量监测。监测报告显示该房屋卧室昼间、夜间的噪声测量均超过《民用建筑隔声涉及规范》(GB50118-2010)规定的标准。法院据此认为,被告安装的电梯构成了噪声污染。③

再比如,在安徽省滁州市琅琊区人民法院(2003)琅民一初字第649号案中,原告陈某某与被告尹某某系邻居。2000年底,尹某某以自家住房开办紫东浴室。尹某某在经营过程中,为降低成本,使用烟煤作为燃料。原告诉称:被告所烧的锅炉未采取环保防尘措施,致使大量烟尘落入其居住的房顶、院落和空间,使其家长年累月门窗不敢开,衣服无法晾晒,长年需要在家每日清扫数遍,无法正常生活。

一审法院认为:原告主张被告经营的浴室给其造成侵害,但未能提供相应的证据证明被告经营的浴室排污超过环保标准,且要求被告赔偿经济损失1.44万元,也未能提供相关证据证实,因此判决原告败诉。④ 二审中,法院另查明,根据

---

① 参见曾隆兴:《公害纠纷与民事救济》,三民书局1995年版,第79—87页。
② 参见安徽省蚌埠市中级人民法院(2015)蚌民一终字第00679号民事判决书。
③ 参见广州市中级人民法院(2015)穗中法民一终字第5108号民事判决书。
④ 参见安徽省滁州市琅琊区人民法院(2003)琅民一初字第649号民事判决书。

原告的申请,滁州市环境监测站于2003年12月27日对紫东浴室燃煤锅炉烟气黑度进行监测,并出具环监字(2003)第191号"检测报告书",认定紫东浴室燃煤锅炉烟气黑度为4级,超过限值,建议限期治理。法院认为:被上诉人尹某某自2000年开始经营浴室,浴室锅炉长期超标排放烟尘,上诉人陈某某住在其隔壁,长期遭受烟尘污染。尹某某的排污行为对陈某某的健康和居住环境构成损害,应承担相应的民事责任。尹某某辩称其已交纳了排污费,其排污行为是合法的。但排污费的收取是国家运用经济杠杆,对排污单位进行管理和限制的一种手段,并不能免除污染单位的治理责任和对污染造成损害的赔偿责任。据此,二审法院判决被上诉人立即停止侵害并赔偿上诉人损失。①

在本案中,原告之所以在一审中败诉、在二审中胜诉,关键在于被告排污是否违反有关标准。在室内噪声污染案件中、在工厂排污导致鱼塘污染引起鱼死亡案件中,法院也是根据污染是否违反有关标准来确定被告责任的有无及大小。② 可见,有关保护环境防止污染的规定和标准,在具体案件裁判中是判断侵权行为是否构成的关键所在。

特别值得一提的是,《民法典》第1234条、第1235条也都以"违反国家规定"作为前提。可见在环境公益侵权责任中,国家规定也是基本的判断标准。

另一种观点认为,保护环境防止污染的规定和标准,不是承担侵权责任的依据。《审理环境侵权案件的解释》第1条第2款规定:"侵权人以排污符合国家或者地方污染物排放标准为由主张不承担责任的,人民法院不予支持。"是否超过污染物排放标准,仅仅是体现在第4条中作为确定两个以上侵权人承担责任大小的依据。根据起草者撰写的释义书,其理由主要有三:第一,污染物排放标准,是环境保护主管部门决定排污单位是否需要交纳排污费和进行环境管理的依据,并不是确定污染者是否承担赔偿责任的界限;第二,环境侵权责任适用无过错责任归责原则,意味着即使按照排污标准排放污染物,给他人造成损害的,也应当承担赔偿责任;第三,即使排放的污染物符合排污标准,该污染物进入环境与其他物质进行物理、化学、生物的反应,生成新的污染物后,也有可能引起环境污染。③

这三点理由似乎都有可议之处。其一,污染物排放标准,作为主管部门决定排污单位是否交纳排污费和进行环境管理的依据,并不必然排除其作为是否承担赔偿责任的界限。行政责任与民事侵权责任并非互相排斥的关系,可以并存。

---

① 参见安徽省滁州市中级人民法院(2004)滁民一终字第120号民事判决书。
② 参见吉林省长春市朝阳区人民法院(2004)朝民重字第42号民事判决书,广东省广州市中级人民法院(2005)穗中法民二终字第1770号民事判决书。
③ 参见最高人民法院研究室、最高人民法院环境资源审判庭编著:《最高人民法院环境侵权责任纠纷司法解释理解与适用》,人民法院出版社2016年版,第23页。

况且,排污标准究竟可以起到什么作用,完全是解释的结果。其二,环境侵权责任适用无过错责任原则,与承担侵权责任是否需要超过排污标准,存在循环论证的嫌疑。即因为适用无过错责任原则,因此不需要考察是否超过排污标准;反过来,因为不需要考察是否超过排污标准,因此适用无过错责任原则。其三,至于排放污染物符合排放标准,进入环境后仍可能引起环境污染的观点,依此逻辑,所有的生产生活行为都需要承担侵权责任,由此,所有人都是污染者,所有人也都是受害者,所有人都要向所有人承担侵权责任。释义书还提到,"现有法律法规并未将有无过错以及污染物的排放是否超过标准,作为确定排污单位是否承担赔偿责任的条件"[①],这完全无视了当时依然生效的《民法通则》第 124 条,此种论述方法实不足取。

(三)污染环境、破坏生态致人损害侵权行为的归责原则

污染环境致人损害侵权行为适用什么样的归责原则,学者对此争论颇多。不同类型的环境污染是否应当适用不同的归责原则,也值得研究。例如欧洲各国对环境污染造成损害适用无过错责任的范围差别就很大。[②]

在我国,主要有三种观点。

一种观点认为,污染环境致人损害侵权行为应当适用无过错责任原则。国家保护环境防止污染的规定,是环保部门决定排污单位是否需要缴纳超标排污费和进行环境管理的依据,而不是确定排污单位是否承担赔偿责任的界限。2014 年修订前的《环境保护法》第 41 条第 1 款规定:"造成环境污染危害的,有责任排除危害,并对直接受到损害的单位或者个人赔偿损失。"本条采用的就是无过错责任原则。《侵权责任法》第 65 条规定:"因污染环境造成损害的,污染者应当承担侵权责任。"《民法典》第 1229 条规定:"因污染环境、破坏生态造成他人损害的,侵权人应当承担侵权责任。"就文意来看,这些规定采用的都是无过错责任原则。

污染环境致人损害侵权行为采无过错责任的观点在司法实务中有不小影响。[③]《审理环境侵权案件的解释》第 1 条第 1 款规定:"因污染环境、破坏生态造成他人损害,不论侵权人有无过错,侵权人应当承担侵权责任。"本条规定采用了《侵权责任法》第 7 条、《民法典》第 1166 条"不论行为人有无过错"的措辞,同时强调了污染者不得以排污符合有关标准而免责。可见,司法解释采纳了最严格的结果归责原则。

[①] 最高人民法院研究室、最高人民法院环境资源审判庭编著:《最高人民法院环境侵权责任纠纷司法解释理解与适用》,人民法院出版社 2016 年版,第 23 页。

[②] 参见〔德〕克雷斯蒂安·冯·巴尔:《欧洲比较侵权行为法》(下卷),焦美华译,法律出版社 2004 年版,第 505—515 页。

[③] 参见广东省广州市中级人民法院(2005)穗中法民二终字第 1770 号民事判决书。

也有一种观点认为,根据不同的污染源,要适用不同的归责原则。居民之间生活污染适用过错责任,主要由物权法规定的相邻关系解决,不属于《侵权责任法》第八章的调整范围。企业生产等污染环境的行为适用无过错责任,主要由《侵权责任法》《环境保护法》《大气污染防治法》《水污染防治法》等相关法律调整。①

区分不同情况适用不同归责原则的观点有一定启发。

《审理环境侵权案件的解释》第17条第2款也规定:"相邻污染侵害纠纷、劳动者在职业活动中因受污染损害发生的纠纷,不适用本解释。"根据司法解释起草者的解释,相邻污染侵权纠纷,分为两种情况。第一种情况,是相邻不动产的个人或者家庭生活排放污染物,要适用原《物权法》第90条即《民法典》第294条的规定。第294条规定:"不动产权利人不得违反国家规定弃置固体废物,排放大气污染物、水污染物、土壤污染物、噪声、光辐射、电磁辐射等有害物质。"第294条明确规定了"不得违反国家规定",是否合规排放应当是认定污染者是否承担民事责任的构成要件之一。第二种情况,是个人或者家庭生活之外的相邻不动产权利人实施环境侵权行为,即法人、其他组织以及自然人在生产经营过程中排放污染,则不能适用原《物权法》第90条即《民法典》第294条,应当适用《民法典》《环境保护法》等相关法律,即是否合规排放并非认定污染者应否承担责任的构成要件。侵权人以排污符合国家或者地方污染物排放标准为由主张不承担责任的,不予支持。劳动者在职业活动中因受污染损害发生的纠纷,要适用《职业病防治法》《工伤保险条例》等。除上述两种情况外,司法解释起草者认为,环境噪声污染侵权纠纷也不适用该解释,从而也不适用原《侵权责任法》即《民法典》侵权责任编,而是要适用《环境噪声污染防治法》第2条。原因是第2条并未区分因生活排放的噪声和因生产经营活动排放的噪声,因此,噪声是否合规排放是侵权责任的构成要件。②

还有一种观点认为,污染环境致人损害侵权行为应当适用过错责任原则。笔者持此种观点。从解释论的角度出发,《民法通则》第124条要求,承担环境污染责任要以违反国家保护环境防止污染的规定作为前提。《物权法》第90条、《民法典》第294条以及2021年修正前的《环境噪声污染防治法》第2条,均以"国家规定""排放标准"作为前提。违反国家保护环境防止污染的规定,本身就存在过错。这种认定正是过失客观化的体现。2014年修订前的《环境保护法》第41条第1款规定的是环境污染责任的后果,而不是确定归责原则。上述区分两种情况分别适用不同归责原则的观点,在正当性方面尚需更多论证。

---

① 参见王胜明主编:《中华人民共和国侵权责任法释义》,法律出版社2010年版,第326页。
② 参见最高人民法院研究室、最高人民法院环境资源审判庭编著:《最高人民法院环境侵权责任纠纷司法解释理解与适用》,人民法院出版社2016年版,第231—235页。

《噪声污染防治法》第2条的规范范围涵盖"工业生产、建筑施工、交通运输和社会生活中所产生的干扰周围生活环境的声音",没有区分生活排放和生产经营排放,《民法典》第294条的规范范围是"不动产权利人",也没有作任何区分。按照同样的逻辑,应当适用同样的规则。归根到底,《民法典》第294条和《噪声污染防治法》第2条规定中,之所以要以违反保护环境防止污染的规定作为是否承担责任的界限,是因为环境污染往往是与人类生存所必需的生产及生活活动相伴随的,尤其是在经济发展的起步阶段。侵权责任需要权衡权利救济与行为自由两个基本范畴。国家规定的排放标准,是在综合考虑各种条件后确定的。比如,《噪声污染防治法》第15条第1款规定:"国务院生态环境主管部门根据国家声环境质量标准和国家经济、技术条件,制定国家噪声排放标准以及相关的环境振动控制标准。"噪声排放标准的制定要考虑国家经济、技术条件,要符合国家声环境质量标准。国家声环境质量标准,也是由国家制定的。《噪声污染防治法》第14条规定:"国务院生态环境主管部门制定国家声环境质量标准。县级以上地方人民政府根据国家声环境质量标准和国土空间规划以及用地现状,划定本行政区域各类声环境质量标准的适用区域;将以用于居住、科学研究、医疗卫生、文化教育、机关团体办公、社会福利等的建筑物为主的区域,划定为噪声敏感建筑物集中区域,加强噪声污染防治。声环境质量标准适用区域范围和噪声敏感建筑物集中区域范围应当向社会公布。"在配置环境污染的归责原则时,不能不考虑侵权法的基本范畴。

如前所引判决所示,在我国司法裁判中,有关标准一直是区分责任是否构成的重要指标。在江西省九江市庐山区人民法院(2006)庐民一初字第116号案中,2002年初,被告江西九江供电公司架设220KV浔妙Ⅱ线从原告世居的李家凹43号房屋的附近上方通过。原告以房前屋后树木死亡以及父亲罹患癌症去世为由向法院起诉,要求判令被告停止侵害,消除高压电磁辐射造成的损害,并赔偿经济损失1万元。

江西省九江市庐山区人民法院认为,220KV浔妙Ⅱ线李家凹自然村43号处的最低高压线与原告土房屋脊的垂直距离21.623米,最边高压线与土房最近檐廊角的水平距离达3.63米,这两项数据均达到中华人民共和国经济贸易委员会1999年8月2日发布的中华人民共和国电力行业标准《110—500KV架空送电线路设计技术规程》的规定(该规程规定16.0.4 220KV导线与建筑物之间最小的垂直距离6米,16.0.4 220KV边导线与建筑物之间的最小水平距离为2.5米)。虽然水平距离未达到《电力设施保护条例实施细则》第5条规定的220KV电压导线边线在计算导线最大风偏情况下,距建筑物的水平安全距离5米的要求,但是,依据《110—500KV架空送电线路设计技术规程》,16.0.4—2 220KV边导线与建筑物之间的最小水平距离为5米,原告的房屋不在城市规划范围内,系一层土木结构瓦房,与浔妙Ⅱ线不在同一水平面上,二者的垂直水平距离在 2.5 米以上。并且,被告已采取增加杆塔高度的措施,使垂直距离达到 21.623 米,远远高于最小垂直 6 米的国家标准,这一措施已足以保证原告房屋安全。同时,经实地检测,原告胡某家生活场所电场强度为 0.011—0.913 KV/m,磁感应强度为 0.383—1.182 T,均低于国家环境保护总局 1998 年 11 月 19 日批准的中华人民共和国环境保护行业标准《500 KV 超高压送变电工程电磁辐射环境影响评价技术规范》(此规范适用于 500 KV 超高压送变电工程电磁辐射环境影响的评价,也可参照本规范应用于 110 KV、220 KV、330 KV 送变电工程电磁辐射环境影响的评价)推荐的工频电场、磁场强度限值(居民区工频电场评价标准为 4 KV/m,磁感应强度评价标准为 0.1 mT),符合国家环境保护行业标准。现有的证据证明被告的高压电线没有给原告的房屋带来损害及安全隐患。根据原、被告提供的照片以及实地所见,原告房前屋后的植物绝大部分长势良好,原告以经济作物干黄、枯死为由要求赔偿 10000 元经济损失的请求证据不足,不予支持。①

可见,以污染行为是否超出有关标准作为责任是否构成的界限,是环境污染案件处理的基本思路。②

(四)污染环境、破坏生态致人损害侵权责任的承担

污染环境、破坏生态致人损害,除适用侵权责任一般规则外,有以下几点需要讨论。

1. 数个行为主体时责任的承担

(1)连带责任

根据《审理环境侵权案件的解释》的规定,数个行为主体承担连带责任的情形包括:

第一,两个以上侵权人共同实施污染环境、破坏生态行为造成损害的,应当根据《民法典》第 1168 条的规定承担连带责任(第 2 条)。

第二,两个以上侵权人分别实施污染环境、破坏生态行为造成同一损害,每一个侵权人的行为都足以造成全部损害的,应当根据《民法典》第 1171 条的规定承担连带责任(第 3 条第 1 款)。

第三,两个以上侵权人分别实施污染环境、破坏生态行为造成同一损害,部分侵权人的行为足以造成全部损害,部分侵权人的行为只造成部分损害的,足以造成全部损害的侵权人与其他侵权人应当根据《民法典》第 1171 条规定就共同

---

① 参见江西省九江市庐山区人民法院(2006)庐民一初字第 116 号民事判决书。
② 另请参见广东省广州市中级人民法院(2005)穗中法民二终字第 1770 号民事判决书,上海市第二中级人民法院(2006)沪二中民一(民)终字第 3160 号民事判决书,重庆市第五中级人民法院(2010)渝五中法民终字第 3407 号民事判决书。

造成的损害部分承担连带责任,足以造成全部损害的侵权人应当对全部损害承担责任(第3条第3款)。

(2) 按份责任

根据《审理环境侵权案件的解释》第3条第2款的规定,两个以上侵权人分别实施污染环境、破坏生态行为造成同一损害,每一个侵权人的行为都不足以造成全部损害的,应当根据《民法典》第1172条的规定承担按份责任。

(3) 数个侵权人之间的责任划分

数个侵权人之间的责任划分,既包括数个侵权人对外承担连带责任时内部责任的分担,也包括数个侵权人对外承担按份责任时的责任划分。

《民法典》第1231条规定:"两个以上侵权人污染环境、破坏生态的,承担责任的大小,根据污染物的种类、浓度、排放量,破坏生态的方式、范围、程度,以及行为对损害后果所起的作用等因素确定。"

本条规定既适用于对外的按份责任份额的确定,也适用于两个以上污染者对外承担连带责任后的内部责任分担。

《审理环境侵权案件的解释》第4条规定:"两个以上侵权人污染环境、破坏生态,对侵权人承担责任的大小,人民法院应当根据污染物的种类、浓度、排放量、危害性,有无排污许可证、是否超过污染物排放标准、是否超过重点污染物排放总量控制指标,破坏生态的方式、范围、程度,以及行为对损害后果所起的作用等因素确定。"

关于本条规定,有以下两点值得注意:第一,本条看似进一步细化了《民法典》第1231条,但是却规定了与第1231条不一样的考量因素。尽管第1231条最后使用"等因素"字样保持开放性,但是,在适用上难免会造成第4条架空第1231条的后果。第二,值得注意的是第4条规定了"污染物排放标准"。解释起草者认为,尽管符合国家或者地方污染物排放标准不能成为企业不承担责任的抗辩事由,但是,为保护企业持证达标排放的积极性,体现"肯定持证达标排放企业,制裁未持证不达标排放企业"的指导思想,以维护法律的公平和促进经济的科学发展,持证达标排污的污染者可以主张减轻责任。[①]

根据《民法典》第1231条无法确定责任大小时,则应当根据《民法典》第1172条及第178条第2款的规定,由数个侵权人平均承担责任。

2. 损害是因第三人过错造成时的责任承担

《民法典》第1233条规定:"因第三人的过错污染环境、破坏生态的,被侵权人可以向侵权人请求赔偿,也可以向第三人请求赔偿。侵权人赔偿后,有权向第

---

① 参见最高人民法院研究室、最高人民法院环境资源审判庭编著:《最高人民法院环境侵权责任纠纷司法解释理解与适用》,人民法院出版社2016年版,第63页。

三人追偿。"本条规范的场景是：侵权人因污染环境、破坏生态造成了被侵权人的损失，但是侵权发生的原因是第三人的过错。比如，甲驾车与乙所有的重型罐式货车尾随相撞发生交通事故，造成罐式货车所载的一甲胺溶液发生泄漏，产生环境污染。此次交通事故泄露一甲胺溶液5.34吨，对当地鱼塘、农田造成污染。鱼塘、农田的权利人提起诉讼要求赔偿因环境污染造成的财产损失。甲承担此次事故的全部责任，乙的驾驶员不承担责任。[1]

关于本条规定的理解，有以下几点需要注意：

(1)《民法典》第1175条规定："损害是因第三人造成的，第三人应当承担侵权责任。"据此，当损害是第三人造成时，行为人可以因此而免责。如何处理第1175条与本条的关系？可以从两个方面进行解释。首先，第1175条中"第三人应当承担侵权责任"可以解释为终局责任。当第三人承担终局责任时，第1175条与第1233条的规定就是一致的。其次，从《民法典》侵权责任编的体系安排来看，第1175条是一般规定，第1233条是在环境侵权领域中的特别规定，故而本条规定在环境侵权领域应当优先适用。在环境侵权的场合，因第三人的过错污染环境造成损害的，污染者并不能因此而免除责任。《审理环境侵权案件的解释》第5条第3款规定："侵权人以第三人的过错污染环境、破坏生态造成损害为由主张不承担责任或者减轻责任的，人民法院不予支持。"此处的不承担责任或者减轻责任，应当限缩解释为中间责任。在水污染环境侵权场合，《水污染防治法》第96条第4款规定："水污染损害是由第三人造成的，排污方承担赔偿责任后，有权向第三人追偿。"依此规定，第三人造成的水污染损害，要先由排污方承担责任。第96条第4款，可以看作是《民法典》第1233条的特殊规定。

(2) 第三人承担的是过错责任。与《民法典》第1229条不同，第1233条明确规定，第三人承担的是过错责任。第三人只有在存在过错的情况下，才向被侵权人承担责任。《审理环境侵权案件的解释》第5条第2款规定："被侵权人请求第三人承担赔偿责任的，人民法院应当根据第三人的过错程度确定其相应的赔偿责任。"

(3) 第三人和污染者之间是不真正连带责任。《审理环境侵权案件的解释》第5条第1款规定："被侵权人根据民法典第一千二百三十三条规定分别或者同时起诉侵权人、第三人的，人民法院应予受理。"关于不真正连带责任的更多讨论，可以参看本书第十章第二节的有关内容。

3. 有关环境服务提供者的责任

《环境保护法》第65条规定："环境影响评价机构、环境监测机构以及从事环

---

[1] 参见重庆市长寿区龙河镇盐井村1组与蒙城县利超运输有限公司等环境污染责任纠纷案，载《最高人民法院公报》2014年第11期（总第217期）。

境监测设备和防治污染设施维护、运营的机构,在有关环境服务活动中弄虚作假,对造成的环境污染和生态破坏负有责任的,除依照有关法律法规规定予以处罚外,还应当与造成环境污染和生态破坏的其他责任者承担连带责任。"

这是 2014 年《环境保护法》修订时新增加的一项重要规定。根据本条规定,环境影响评价机构、环境监测机构以及从事环境监测设备和防治污染设施维护、运营的机构,如果在有关活动中弄虚作假,对造成环境污染和生态破坏负有责任的话,则要与造成环境污染和生态破坏的其他责任者承担连带责任。上述责任的核心要件是在环境服务活动中弄虚作假。《审理环境侵权案件的解释》第 16 条规定:"下列情形之一,应当认定为环境保护法第六十五条规定的弄虚作假:(一)环境影响评价机构明知委托人提供的材料虚假而出具严重失实的评价文件的;(二)环境监测机构或者从事环境监测设备维护、运营的机构故意隐瞒委托人超过污染物排放标准或者超过重点污染物排放总量控制指标的事实的;(三)从事防治污染设施维护、运营的机构故意不运行或者不正常运行环境监测设备或者防治污染设施的;(四)有关机构在环境服务活动中其他弄虚作假的情形。"

(五)污染环境、破坏生态致人损害侵权责任的免责事由

《审理环境侵权案件的解释》第 1 条第 3 款规定:"侵权人不承担责任或者减轻责任的情形,适用海洋环境保护法、水污染防治法、大气污染防治法等环境保护单行法的规定;相关环境保护单行法没有规定的,适用民法典的规定。"

据此,污染环境、破坏生态致人损害侵权责任人免责的途径有两条:

第一,单行法的规定。

比如,《海洋环境保护法》第 91 条规定:"完全属于下列情形之一,经过及时采取合理措施,仍然不能避免对海洋环境造成污染损害的,造成污染损害的有关责任者免予承担责任:(一)战争;(二)不可抗拒的自然灾害;(三)负责灯塔或者其他助航设备的主管部门,在执行职责时的疏忽,或者其他过失行为。"

《水污染防治法》第 96 条第 2 款、第 3 款规定:"由于不可抗力造成水污染损害的,排污方不承担赔偿责任;法律另有规定的除外。""水污染损害是由受害人故意造成的,排污方不承担赔偿责任。水污染损害是由受害人重大过失造成的,可以减轻排污方的赔偿责任。"

第二,《民法典》的规定。

《民法典》侵权责任编第七章"环境污染和生态破坏责任"中没有免责的规定,因此要适用侵权责任编第一章以及总则编第八章的一般规定。

(六)惩罚性赔偿

污染环境、破坏生态可以导致惩罚性赔偿。《民法典》第 1232 条规定:"侵权人违反法律规定故意污染环境、破坏生态造成严重后果的,被侵权人有权请求相

应的惩罚性赔偿。"惩罚性赔偿都限于故意场合,以造成严重后果为前提。但是,第1232条有"违反法律规定"这一特殊要件。而规定侵害知识产权惩罚性赔偿的第1185条以及规定产品责任惩罚性赔偿的第1207条中都没有这一要件。可见,在污染环境、破坏生态侵权责任场合,具体相关"法律规定"始终是无法绕开的考量因素。

关于惩罚性赔偿更详细的讨论,请参看第十章第七节的内容。

(七)诉讼时效

《环境保护法》第66条规定:"提起环境损害赔偿诉讼的时效期间为三年,从当事人知道或者应当知道其受到损害时起计算。"在《民法通则》时代,普通诉讼时效是2年,环境损害赔偿的诉讼时效是3年,属于特殊时效。自《民法总则》开始,普通诉讼时效延长为3年,《环境保护法》第66条也失去了其特殊意义。

二、环境公益侵权责任

(一)环境公益侵权责任

环境公益侵权责任,是指违反国家规定造成生态环境损害或者具有损害社会利益重大风险、但没有具体受害人时承担的侵权责任。生态环境损害对象是社会公共利益,不存在具体直接的受害人,因此是对环境公益的损害。长远来看,一定范围内的社会公众都是受害者,否则也谈不上损害。这种公共利益的损害有时候体现为国家利益遭受损害。比如,根据《民法典》第247条的规定,海域属于国家所有。《海洋环境保护法》第89条第2款规定:"对破坏海洋生态、海洋水产资源、海洋保护区,给国家造成重大损失的,由依照本法规定行使海洋环境监督管理权的部门代表国家对责任者提出损害赔偿要求。"

环境公益侵权责任的成立都以违反国家规定造成生态环境损害为要件,责任方式包括修复生态环境、赔偿损失和费用以及其他普通民事责任方式。生态环境损害的量化应主要量化其关键价值而非全部价值。所谓关键价值,指特定生态环境在人类现有认知能力范围内履行关键生态系统服务功能的价值。[1]

司法实务中,破坏生态的行为表现为非法采矿破坏林地植被[2],长期向大气超标排放污染物[3],无危险废物经营许可证非法处置危险废物[4],等等。

环境公益侵权直接损害的是公益,没有具体直接的受害人,因此由国家规定的机关和法律规定的组织向侵权人主张侵权责任。

---

[1] 参见陈伟:《生态环境损害额的司法确定》,载《清华法学》2021年第2期。
[2] 福建省高级人民法院(2015)闽民终字第2060号民事判决书。
[3] 山东省德州市中级人民法院(2015)德中环公民初字第1号民事判决书(最高人民法院指导案例第131号)。
[4] 江苏省常州市中级人民法院(2014)常环公民初字第2号民事判决书。

《民法典》第 1234 条规定:"违反国家规定造成生态环境损害,生态环境能够修复的,国家规定的机关或者法律规定的组织有权请求侵权人在合理期限内承担修复责任。侵权人在期限内未修复的,国家规定的机关或者法律规定的组织可以自行或者委托他人进行修复,所需费用由侵权人负担。"《民法典》第 1235 条规定:"违反国家规定造成生态环境损害的,国家规定的机关或者法律规定的组织有权请求侵权人赔偿下列损失和费用:(一)生态环境受到损害至修复完成期间服务功能丧失导致的损失;(二)生态环境功能永久性损害造成的损失;(三)生态环境损害调查、鉴定评估等费用;(四)清除污染、修复生态环境费用;(五)防止损害的发生和扩大所支出的合理费用。"

《审理环境民事公益诉讼案件的解释》第 18 条规定:"对污染环境、破坏生态,已经损害社会公共利益或者具有损害社会利益重大风险的行为,原告可以请求被告承担停止侵害、排除妨碍、消除危险、修复生态环境、赔偿损失、赔礼道歉等民事责任。"第 19 条规定:"原告为防止生态环境损害的发生或者扩大,请求被告停止侵害、排除妨碍、消除危险的,人民法院可以依法予以支持。原告为停止侵害、排除妨碍、消除危险采取合理预防、处置措施而发生的费用,请求被告承担的,人民法院可以依法予以支持。"

《审理海洋自然资源与生态环境赔偿案件的规定》第 6 条也规定:"依法行使海洋环境监督管理权的机关请求造成海洋自然资源与生态环境损害的责任者承担停止侵害、排除妨碍、消除危险、恢复原状、赔礼道歉、赔偿损失等民事责任的,人民法院应当根据诉讼请求以及具体案情,合理判定责任者承担民事责任。"另外,该规定第 10 条第 1 款规定:"人民法院判决责任者赔偿海洋自然资源与生态环境损失的,可以一并写明依法行使海洋环境监督管理权的机关受领赔款后向国库账户交纳。"

《审理环境民事公益诉讼案件的解释》第 9 条规定:"人民法院认为原告提出的诉讼请求不足以保护社会公共利益的,可以向其释明变更或者增加停止侵害、修复生态环境等诉讼请求。"

(二)环境民事公益诉讼

环境民事公益诉讼,是指法律规定的机关和有关组织,根据有关规定对已经损害社会公共利益或者具有损害社会公共利益重大风险的污染环境、破坏生态的行为提起的民事诉讼。环境民事公益诉讼是与环境公益侵权责任相配套的诉讼形式。

《环境保护法》第 58 条规定:"对污染环境、破坏生态,损害社会公共利益的行为,符合下列条件的社会组织可以向人民法院提起诉讼:(一)依法在设区的市级以上人民政府民政部门登记;(二)专门从事环境保护公益活动连续五年以上且无违法记录。符合前款规定的社会组织向人民法院提起诉讼,人民法院应当依法受理。提起诉讼的社会组织不得通过诉讼牟取经济利益。"《审理环境民事公益诉讼案件的解释》第 2 条规定:"依照法律、法规的规定,在设区的市级以上人民政府民政部门登记的社会团体、基金会以及社会服务机构等,可以认定为环境保护法第五十八条规定的社会组织。"

《民事诉讼法》第 58 条规定:"对污染环境、侵害众多消费者合法权益等损害社会公共利益的行为,法律规定的机关和有关组织可以向人民法院提起诉讼。人民检察院在履行职责中发现破坏生态环境和资源保护、食品药品安全领域侵害众多消费者合法权益等损害社会公共利益的行为,在没有前款规定的机关和组织或者前款规定的机关和组织不提起诉讼的情况下,可以向人民法院提起诉讼。前款规定的机关或者组织提起诉讼的,人民检察院可以支持起诉。"

在北京市第四中级人民法院(2020)京 04 民初 277 号案中,北京市人民检察院第四分院于 2019 年 11 月 27 日公告了案件的相关情况,公告期内未有法律规定的机关和有关组织提起民事公益诉讼。北京市人民检察院第四分院作为公益诉讼起诉人,提起了本案诉讼。①

根据《审理环境民事公益诉讼案件的解释》第 11 条的规定:法律规定的机关和有关组织提起诉讼的,检察机关、负有环境资源保护监督管理职责的部门及其他机关、社会组织、企业事业单位支持环境民事公益诉讼的方式包括提供法律咨询、提交书面意见、协调调查取证等。

《审理环境民事公益诉讼案件的解释》第 1 条规定:"法律规定的机关和有关组织依据民事诉讼法第五十五条、环境保护法第五十八条等法律的规定,对已经损害社会公共利益或者具有损害社会公共利益重大风险的污染环境、破坏生态的行为提起诉讼,符合民事诉讼法第一百一十九条第二项、第三项、第四项规定的,人民法院应予受理。"

根据最高人民法院《审理海洋自然资源与生态环境赔偿案件的规定》第 3 条的规定,《海洋环境保护法》第 5 条规定的行使海洋环境监督管理权的机关(包括国务院环境保护行政主管部门、国家海洋行政主管部门、国家海事行政主管部门、国家渔业行政主管部门以及军队环境保护部门),可以根据其职能分工提起海洋自然资源与生态环境损害赔偿诉讼。

环境民事公益诉讼不影响普通民事诉讼。《审理环境民事公益诉讼案件的解释》第 29 条规定:"法律规定的机关和社会组织提起环境民事公益诉讼的,不影响因同一污染环境、破坏生态行为受到人身、财产损害的公民、法人和其他组织依据民事诉讼法第一百一十九条的规定提起诉讼。"《审理矿业权案件的解释》第 21 条规定:"勘查开采矿产资源造成环境污染,或者导致地质灾害、植被毁损

---

① 参见北京市第四中级人民法院(2020)京 04 民初 277 号民事判决书。

等生态破坏,国家规定的机关或者法律规定的组织提起环境公益诉讼的,人民法院应依法予以受理。国家规定的机关或者法律规定的组织为保护国家利益、环境公共利益提起环境公益诉讼的,不影响因同一勘查开采行为受到人身、财产损害的自然人、法人和非法人组织依据民事诉讼法第一百一十九条的规定提起诉讼。"环境民事公益诉讼和普通民事诉讼不能合并审理。《审理环境民事公益诉讼案件的解释》第10条第3款规定:"公民、法人和其他组织以人身、财产受到损害为由申请参加诉讼的,告知其另行起诉。"环境民事公益诉讼不可以提起反诉。《审理环境民事公益诉讼案件的解释》第17条规定:"环境民事公益诉讼案件审理过程中,被告以反诉方式提出诉讼请求的,人民法院不予受理。"

第五节 高度危险责任

一、高度危险侵权行为和责任的概念

高度危险作业是指从事高空、高速、高压、易燃、易爆、剧毒、高放射性、强腐蚀性、高致病性等对他人人身或者财产安全具有高度危险性的活动。因从事高度危险作业造成他人损害而应当承担民事责任的行为就是高度危险侵权行为,因高度危险侵权行为而承担的侵权责任是高度危险责任。

从《民法通则》第123条开始,我国民法就规定了高度危险责任。《侵权责任法》第九章规定了高度危险责任。《民法典》侵权责任编第八章基本上延续了《侵权责任法》第九章的内容。

社会发展需要不断创新,创新过程难免存在各种危险。许多事物在最初出现时,由于经验的缺乏,往往会带来预想不到的危险。还有很多事物,在既有科技条件下,即使人们在操作、管理过程中尽可能谨慎,仍难免发生危险事故。基于此,法律一方面允许高度危险作业的存在,另一方面,高度危险作业者要为因此给他人带来的损害承担无过错责任。同时,通过给高度危险责任规定责任限额,平衡各方利益。《民法典》第1244条规定:"承担高度危险责任,法律规定赔偿限额的,依照其规定,但是行为人有故意或者重大过失的除外。"根据《国内航空运输承运人赔偿责任限额规定》第3条的规定,对每名旅客的赔偿责任限额为人民币40万元,对每名旅客随身携带物品的赔偿责任限额为人民币3000元,对旅客托运的行李和对运输的货物的赔偿责任限额为每公斤人民币100元。在行为人有故意或者重大过失的情况下,不再适用无过错责任,因此也就不能再适用责任限额。

二、高度危险侵权行为的认定

高度危险侵权行为的构成需要以下要件:

(一) 行为人从事了高度危险的作业

《民法典》第 1236 条规定:"从事高度危险作业造成他人损害的,应当承担侵权责任。"高度危险作业是一个集合概念。《民法通则》第 123 条曾列举了若干种典型的高度危险作业类型。《民法典》第 1239 条增加了高放射性、强腐蚀性、高致病性等类型。需要注意的是,所谓高空、高速、高压、易燃、易爆、剧毒、高放射性、强腐蚀性以及高致病性等各个概念,也是概括性概念。某种具体行为是否可以归入其中,也存在解释的需要。

在山东省东营市东营区人民法院(2002)东民再字第 2 号再审案中,原审原告于 2000 年 3 月 18 日承包了胜利石油管理局供水公司的 25 个池塘约 300 亩,从事鱼种养殖生产,期限 10 个月,承包费 8 万元,计划产值 34 万元。原审原告于 2000 年 5 月 20 日至 25 日购买花鲢、白鲢、草鱼、鲤鱼共 209 万尾,计款 38000 元,投放到 25 个鱼塘。2000 年度仅实现产值 34578.40 元。原审被告于 2000 年 5 月 29 日在原审原告所承包的 300 亩池塘范围内布线准备放炮进行勘探作业,同月 31 日放炮,共放 18 炮,其中池间陆地上钻井到地下 15 米处放 15 炮,在 3 个池塘中分别钻井到距水底 15 米处放 3 炮,以上 18 炮药量均为 1 公斤。原审原告在原审被告进行施工时就考虑到放炮会对鱼苗产生影响,经协商原审被告在勘探放炮之前同意给予一定的补偿,但因补偿数额太少,原审原告没有同意。

本案的焦点之一是,原审被告的勘探放炮作业是否属于高度危险作业。东营市东营区人民法院认为原审被告物探公司所从事的地震勘探作业,系在地下 15 米处,药量为 1 公斤的条件下进行的,不属于高度危险作业,不适用举证责任倒置。[①]

(二) 高度危险作业侵害了受害人的合法权益,造成了损害

高度危险作业侵害的一般是物权和物质性人身权,精神性人身权一般不会因高度危险作业而受到侵害。造成的损害包括人身损害、财产损害等各类损害。此类损害往往具有影响范围广、损害结果严重等特点。

(三) 行为人从事的高度危险作业与损害之间存在因果关系

与产品责任一样,高度危险作业与损害之间的因果关系往往非常复杂,受害人通常没有能力了解高度危险作业的运作原理和工作程序,更无法证明作业与损害之间的因果关系。比如,原告因无法证明修建机场实施的爆破行为与 600 米外的养猪场猪舍顶棚玻纤瓦破损、母猪流产之间是否存在因果关系而败诉。[②]

修正前的《证据规则》第 7 条规定:"在法律没有具体规定,依本规定及其他

---

① 参见山东省东营市东营区人民法院(2002)东民再字第 2 号民事判决书。
② 参见重庆市黔江区人民法院(2010)黔法民初字第 01104 号民事判决书。

司法解释无法确定举证责任承担时,人民法院可以根据公平原则和诚实信用原则,综合当事人举证能力等因素确定举证责任的承担。"这一规定尽管被删除,但是公平原则、诚信原则是民法基本原则,对于高度危险侵权行为的因果关系,可以考虑在一定情况下适用因果关系推定的方法,由行为人对此承担证明责任。

《民法典》侵权责任编第八章近一半的条文中规定有免责但书。比如第1237条但书规定:"但是,能够证明损害是因战争、武装冲突、暴乱等情形或者受害人故意造成的,不承担责任。"第1238条但书规定:"但是,能够证明损害是因受害人故意造成的,不承担责任。"第1239条但书规定:"但是,能够证明损害是因受害人故意或者不可抗力造成的,不承担责任。"第1240条但书规定:"但是,能够证明损害是因受害人故意或者不可抗力造成的,不承担责任。"这些但书规定里的"能够证明",都是指行为人对某些因果关系的证明责任,客观上起到了因果关系证明责任倒置的效果。

(四)高度危险作业致人损害的侵权行为适用无过错责任

在高度危险作业致人损害的情况下,受害人对损害的发生无能为力,因此,一方面,无过错责任不会产生受害人一方的道德风险问题;另一方面,由于无过错责任下如果存在过错时仍然要承担更重的过错责任,无过错责任有助于激励行为人投入适当的预防成本。如果行为人投入预防成本以及承担侵权责任后使得该作业人不敷出,说明对于社会而言,该作业给社会带来的成本要大于其带来的收益,因此可能没有存在的必要,或者需要调整其经营地点或者经营方式。就这一点而言,无过错责任具有纠错功能。

三、高度危险责任的类型

《民法典》侵权责任编第八章规定了高度危险责任的七种类型。

(一)民用核设施及核材料的核事故责任

《民法典》第1237条规定:"民用核设施或者运入运出核设施的核材料发生核事故造成他人损害的,民用核设施的营运单位应当承担侵权责任;但是,能够证明损害是因战争、武装冲突、暴乱等情形或者受害人故意造成的,不承担责任。"《核安全法》第90条第1款规定:"因核事故造成他人人身伤亡、财产损失或者环境损害的,核设施营运单位应当按照国家核损害责任制度承担赔偿责任,但能够证明损害是因战争、武装冲突、暴乱等情形造成的除外。"

第1237条的规范对象是民用核设施而不是军用核设施。《核安全法》第2条、《放射性污染防治法》第62条都对核设施进行了界定。根据《民用核设施安全监督管理条例》第2条的规定,该条例所称民用核设施包括:(1)核动力厂(核电厂、核热电厂、核供汽供热厂等);(2)核动力厂以外的其他反应堆(研究堆、实验堆、临界装置等);(3)核燃料生产、加工、贮存及后处理设施;(4)放射性废物的处理和处置设施;(5)其他需要严格监督管理的核设施。根据《民用核设施操作人员资格管理规定》第 2 条的规定,该规定所称民用核设施包括:(1)核电厂、核热电厂、核供汽供热厂等核动力厂及装置,统称为核动力厂;(2)核动力厂以外的研究堆、实验堆、临界装置等其他反应堆,统称为研究堆;(3)核燃料后处理生产设施,统称为后处理设施。

民用核事故责任的责任主体是民用核设施的营运单位。《核安全法》第 93 条规定,核设施的营运单位是指在中华人民共和国境内,申请或者持有核设施安全许可证,可以经营和运行核设施的单位。《核安全法》第 90 条第 2 款规定:"为核设施营运单位提供设备、工程以及服务等的单位不承担核损害赔偿责任。核设施营运单位与其有约定的,在承担赔偿责任后,可以按照约定追偿。"

本条规范的事故是核事故而不是一般的事故。《核安全法》第 93 条规定,核事故,是指核设施内的核燃料、放射性产物、放射性废物或者运入运出核设施的核材料所发生的放射性、毒害性、爆炸性或者其他危害性事故,或者一系列事故。民用核设施也可能发生一般的事故,比如核设施的墙体倒塌造成他人损害等。只有民用核设施以及运出核设施的核材料发生核事故才产生高度危险责任,因为核设施墙体倒塌与其他设施的墙体倒塌没有区别。

民用核设施及核材料的核事故责任采无过错归责原则。核设施的运营单位要想免除责任,需要自己来证明损害是由于战争、武装冲突、暴乱等情形或者受害人故意造成的。核事故责任一旦发生,影响范围大、持续时间长,受害人众多。预防核事故的发生,至关重要。同时,要提前做好赔偿的预案。《核安全法》第 90 条第 3 款规定:"核设施营运单位应当通过投保责任保险、参加互助机制等方式,作出适当的财务保证安排,确保能够及时、有效履行核损害赔偿责任。"

(二)民用航空器责任

《民法典》第 1238 条规定:"民用航空器造成他人损害的,民用航空器的经营者应当承担侵权责任;但是,能够证明损害是因受害人故意造成的,不承担责任。"

本条规范的对象是民用航空器而不是军用航空器。《民用航空法》第 5 条规定:"本法所称民用航空器,是指除用于执行军事、海关、警察飞行任务外的航空器。"《民法典》第 1238 条规定中民用航空器的范围,可以依照该第 5 条规定确定。由于高度危险责任的前提是存在高度危险,因此应当对第 1238 条作限缩解释,即只有与民用航空器特有危险相关的损害,民用航空器的经营者才承担无过错责任。比如,飞机座椅挤压衣服造成损害,不能适用第 1238 条。因为飞机座椅和任何其他座椅没有区别。

民用航空器责任的类型、责任的主体、免责事由、赔偿限额、诉讼时效等都非常复杂且具有特殊性,第1238条仅仅是规定了民用航空器责任的归责原则,不足以涵盖所有民用航空器责任的复杂性。民用航空器责任应当主要适用《民用航空法》等专门性规定。

根据《民用航空法》,民用航空器责任可以分为三类:

第一类是因发生在民用航空器上或者在旅客上、下民用航空器过程中的事件造成人身伤亡、随身携带物品损失而承担的责任。

《民用航空法》第124条前段规定:"因发生在民用航空器上或者在旅客上、下民用航空器过程中的事件,造成旅客人身伤亡的,承运人应当承担责任。"第125条第1款前段规定:"因发生在民用航空器上或者在旅客上、下民用航空器过程中的事件,造成旅客随身携带物品毁灭、遗失或者损坏的,承运人应当承担责任。"

第二类是因发生在航空运输期间的事件造成托运行李和货物损失而承担的责任。

《民用航空法》第125条第1款后段规定:"因发生在航空运输期间的事件,造成旅客的托运行李毁灭、遗失或者损坏的,承运人应当承担责任。"第125条第4款前段规定:"因发生在航空运输期间的事件,造成货物毁灭、遗失或者损坏的,承运人应当承担责任。"所谓航空运输期间,第125条第5款、第6款规定:"本条所称航空运输期间,是指在机场内、民用航空器上或者机场外降落的任何地点,托运行李、货物处于承运人掌管之下的全部期间。""航空运输期间,不包括机场外的任何陆路运输、海上运输、内河运输过程;但是,此种陆路运输、海上运输、内河运输是为了履行航空运输合同而装载、交付或者转运,在没有相反证据的情况下,所发生的损失视为在航空运输期间发生的损失。"

第三类是因飞行中的航空器造成地面人身、财产损失而承担的责任。

《民用航空法》第157条规定:"因飞行中的民用航空器或者从飞行中的民用航空器上落下的人或者物,造成地面(包括水面,下同)上的人身伤亡或者财产损害的,受害人有权获得赔偿;但是,所受损害并非造成损害的事故的直接后果,或者所受损害仅是民用航空器依照国家有关的空中交通规则在空中通过造成的,受害人无权要求赔偿。前款所称飞行中,是指自民用航空器为实际起飞而使用动力时起至着陆冲程终了时止;就轻于空气的民用航空器而言,飞行中是指自其离开地面时起至其重新着地时止。"

第159条规定:"未经对民用航空器有航行控制权的人同意而使用民用航空器,对地面第三人造成损害的,有航行控制权的人除证明本人已经适当注意防止此种使用外,应当与该非法使用人承担连带责任。"

第162条规定:"两个以上的民用航空器在飞行中相撞或者相扰,造成本法

第一百五十七条规定的应当赔偿的损害,或者两个以上的民用航空器共同造成此种损害的,各有关民用航空器均应当被认为已经造成此种损害,各有关民用航空器的经营人均应当承担责任。"根据《民法典》第 1238 条的规定,民用航空器的经营者要想免除责任,需要自己来证明损害是由于受害人故意造成的。在北京市第三中级人民法院(2017)京 03 民终 4319 号案中,法院认为,涉事航空器属于北京乔海公司所有,该航空器未取得中国民航的型号认可和生产许可证等行政许可,河南乔治公司组织此次飞行活动未向军、民航空管部门申报,涉案事故系北京乔海公司、河南乔治公司违法侵权造成,上述两公司未能举证证明受害人具有自杀或自伤的故意,因此不具备法定免责事由,应依法承担全部赔偿责任。①

受害人重大过错的情况下,能否减轻民用航空器经营者的责任?在四川省南充市中级人民法院(2016)川 13 民终 530 号案中,2013 年 7 月 14 日下午,民航飞行学院广汉分院飞行学员唐某某与何某某驾驶 C1xx/B-7906 飞机计划执行广汉—绵阳(飞越)—南充(落地)—遂宁(飞越)—广汉学生机长转场训练,15:55 分飞机在南充机场正常落地,16:02 唐某某按照管制指挥将飞机滑行至 4 号停机位,机头向西停放,设置停留刹车,并将发动机设置到慢车功率,约 1000 转/分。16:06 分,何某某下机后与飞机螺旋桨相撞导致当场死亡。《航空器事故/事故征候及其他不安全事件调查报告》认为:"经调查,这是一起通航训练中飞行学员在地面被螺旋桨桨叶击中死亡的通用航空一般飞行事故。导致事故发生的最大可能是该飞行学员下机后未按安全路线绕行飞机。"法院认为,何某某系航空学院四川广汉分院的在校学员,事故发生前已经取得私用驾驶员执照,但下飞机时未按安全路线绕行,导致了事故的发生,具有重大过错,应当减轻航空学院的赔偿责任。对此,该院酌定由航空学院承担 20%的责任。②

民用航空器责任是无过错责任。无过错责任的成立以包括因果关系等构成要件全部满足为前提。《民用航空法》第 124 条但书规定:"但是,旅客的人身伤亡完全是由于旅客本人的健康状况造成的,承运人不承担责任。"第 125 条第 2 款规定:"旅客随身携带物品或者托运行李的毁灭、遗失或者损坏完全是由于行李本身的自然属性、质量或者缺陷造成的,承运人不承担责任。"

当受害人遭受的损失与民用航空器的危险性无因果关系时,民用航空器的经营者不承担责任。在广东省深圳市宝安区人民法院(2012)深宝法民一初字第 1579 号案中,两原告及曹某乙等人乘坐被告某公司航班从广州飞往沈阳。飞机平稳起飞后,一起乘坐飞机的曹某乙的妹妹曹某丙发现曹某乙身体情况异样,即向乘务员大喊:"不行了,不行了",机组人员闻某立刻前往询问情况。曹某乙此

---

① 参见北京市第三中级人民法院(2017)京 03 民终 4319 号民事判决书。
② 参见四川省南充市中级人民法院(2016)川 13 民终 530 号民事判决书。

时面色苍白且大量出汗,机组人员得知曹某乙患有心脏病、糖尿病、脑血栓等既往疾病史后,一名乘务员迅速取来吸氧设备和应急医疗箱,并为曹某乙戴好氧气面罩供其吸氧,另一名乘务员则立即播放机舱广播寻找同机乘客中是否有医务人员可帮忙施救。乘务长进入驾驶舱向空管局和地面指挥中心同时发出求救信号,请求安排紧急备降。空管和地面指挥中心告知,可安排飞机于25分钟后备降于武汉天河机场。与此同时,同机具有临床内科专业执业资格的黄某甲医生听到广播后,跟随乘务员来到曹某乙的座位处。黄某甲为曹某乙检查病情时,曾向朱某询问曹某乙是否曾服用药物,朱某称已给曹某乙服用过速效救心丸。这时,曹某乙出现神志不清、无法吞食药物的现象,黄某甲为曹某乙进行心脏按压,几名乘务员也调整好座椅,腾出空间供曹某乙平躺。一名男乘务员和黄某甲一起为曹某乙进行心脏按压急救,其他几名乘务员均在旁边帮忙,后某凤云在黄某甲的指导下为曹某乙进行人工呼吸,但曹某乙接受心脏按压和人工呼吸后仍无反应。航班在16时09分紧急备降在武汉天河机场。已在等候的机场急救中心的医生携带医疗设备登机,对曹某乙进行抢救,时间大约半小时左右,曹某乙仍无任何反应,后使用担架抬下飞机,送往武汉市同济医院,曹某乙被证实死亡。

法院认为,证据显示,当次航班的飞机构造、设备、安全等均符合国家规定的标准,已具备全部适航条件,正常运行的航班对普通人而言不具有危险性,更无危及生命的危险性。曹某乙在乘坐航班过程中,该航班飞机无任何不正常飞行事件发生。曹某乙身患高死亡概率的疾病,多年的住院治疗也仅为好转,而未治愈。武汉市卫生局出具的《居民病伤死亡医学证明(推断)书》载明曹某乙死亡的直接原因是"猝死",引起猝死的原因是自身疾病发病所致。因此曹某乙在飞机上由于发病最终导致死亡,与民用航空器的使用无因果关系,死者应对自身健康问题造成伤亡的损害结果承担责任。曹某乙在乘坐当次航班的过程中发病,被告在事发第一时间内广播寻找同乘该次航班的医生,当值乘务员和同机医生及时提供了力所能及的救助,并实施了向空中交通管制单位报告、联系地面急救中心和备降等系列行为,已经在最大限度内采取了必要的、合理的救助措施,已尽到安全运输与救助义务。综上所述,曹某乙在乘坐航班的过程中发病致死,与民用航空器的使用无因果关系,被告某公司在曹某乙发病之时已采取了必要的、合理的救助措施。本案的损害结果系因死者自身健康问题造成,因此民用航空器经营者无须承担责任。①

(三) 占有、使用高度危险物责任

《民法典》第1239条规定:"占有或者使用易燃、易爆、剧毒、高放射性、强腐

---

① 参见广东省深圳市宝安区人民法院(2012)深宝法民一初字第1579号民事判决书。

蚀性、高致病性等高度危险物造成他人损害的,占有人或者使用人应当承担侵权责任;但是,能够证明损害是受害人故意或者不可抗力造成的,不承担责任。被侵权人对损害的发生有重大过失的,可以减轻占有人或者使用人的责任。"

易燃、易爆、剧毒、高放射性、强腐蚀性、高致病性等高度危险物的存在,会改变或者增加某地某时原有的危险,因此,占有或者使用行为本身即是责任产生的依据。法律或者行政法规对高度危险物的占有、使用也都有特别的规定。比如,《民用爆炸物品安全管理条例》第 40 条规定:"民用爆炸物品应当储存在专用仓库内,并按照国家规定设置技术防范设施。"《危险化学品安全管理条例》第 24 条规定:"危险化学品应当储存在专用仓库、专用场地或者专用储存室(以下统称专用仓库)内,并由专人负责管理;剧毒化学品以及储存数量构成重大危险源的其他危险化学品,应当在专用仓库内单独存放,并实行双人收发、双人保管制度。危险化学品的储存方式、方法以及储存数量应当符合国家标准或者国家有关规定。"如果损害是高度危险物的危险性与被侵权人重大过失共同的结果,则占有人或者使用人的责任可以减轻。

某一物品属于易燃、易爆危险物品的,对其使用是否适用《民法典》第 1239 条规范,有时也会产生争议。如果被认定属于该条规范范围,应当适用无过错归责原则;相反,则按照一般侵权行为采过错归责原则。在内蒙古自治区包头市中级人民法院(2021)内 02 民终 284 号案中,2019 年 5 月 11 日凌晨 2 时 30 分左右,原告在包头市××区家中夜晚上厕所,在拉灯的瞬间,室内发生天然气闪爆,原告被烧伤。在事发当日,原告报警后,被告内蒙古中浩燃气有限公司工作人员到达事发现场,在未向公司领导请示及未向事发现场政府部门报告,且未征得家属同意的情况下擅自将事发地点的入户立管切为两段,导致无法判断立管三处切口是否漏气。

一审法院认为,天然气属于易燃、易爆的高度危险物,被告中浩燃气公司作为原告小区居民楼燃气经营者和管理者,负有向原告安全供应天然气,并对相关燃气管道等设施进行维护和管理,采取安全保障措施,防止损害发生之责任。现原告因天然气闪爆遭受损害,被告应当承担侵权责任。二审法院则认为,天然气虽然属于易燃易爆品,但是作为家用天然气,只要按照相关规定正常使用,就能控制和有效预防事故的发生,不具有高度危险性,且本案中的燃气爆炸事故的发生并非燃气公司在作业过程中引起,故本案不适用高度危险作业民事责任的法律规定,应当适用侵权法的一般过错原则。[①]

天然气属于易燃、易爆物品,当无异议。但是天然气属于城市居民日用品,只要足够谨慎,则可以避免损害发生。此外,需要辨别谁是使用者。《包头市燃

---

① 参见内蒙古自治区包头市中级人民法院(2021)内 02 民终 284 号民事判决书。

气管理条例》第29条规定:"燃气计量表和燃气计量表出口前的管道及其附属设施,由管道燃气经营企业负责维护和管理,燃气用户应当给予配合;燃气计量表出口后的管道及其附属设施,由用户负责维护和管理。"从预防损害发生角度,适用过错责任应该更为妥当。

在四川省广元市中级人民法院(2020)川08民终621号案中,法院同样认为:天然气虽然属于易燃易爆品,但是作为家用天然气,只要按照相关规定正常使用,就能控制和有效预防事故的发生,不具有高度危险性,且本案中的燃气爆炸事故的发生也并非燃气公司在作业过程中引起,故本案不适用高度危险作业民事责任的法律规定。①

(四)高空、高压、地下挖掘活动或者使用高速轨道运输工具责任

《民法典》第1240条规定:"从事高空、高压、地下挖掘活动或者使用高速轨道运输工具造成他人损害的,经营者应当承担侵权责任;但是,能够证明损害是因受害人故意或者不可抗力造成的,不承担责任。被侵权人对损害的发生有重大过失的,可以减轻经营者的责任。"

《民法通则》第123条的规范对象之一是"高速运输工具",《侵权责任法》第73条改为"高速轨道运输工具",因为《侵权责任法》第六章规定了机动车交通事故责任,第71条规定了民用航空器责任。《民法典》延续了这一体例。从事高空、高压、地下挖掘活动或者使用高速轨道运输工具,会改变或者增加某地某时原有的危险,因此,活动本身即是责任产生的依据。但是,如果经营者能够证明损害发生的原因不是活动本身,而是受害人的故意或者不可抗力,经营者则不承担责任。如果损害是高空、高压、地下挖掘活动或者高速轨道运输工具的危险与被侵权人重大过失共同的结果,则经营者的责任可以减轻。

此类案件中最常见的当属因高压线路造成的事故。根据失效的《触电人身损害赔偿解释》第1条的规定,1千伏(KV)及其以上电压等级的为高压电。该解释第2条还规定,因高压电造成人身损害的案件,电力设施产权人是责任人。电力设施产权人可能是供电人,也可能是用电人,双方的分界点一般在《高压电供用电合同》中约定。事故如果发生在供电人为产权人的一侧,则供电人为责任人,反之,用电人则是责任人。②

《民法典》第1240条来自《侵权责任法》第73条,变动之处在于将第73条中被侵权人的"过失"改为"重大过失",与第1239条保持了一致,值得赞同。

关于被侵权人过失的认定,安徽省马鞍山市中级人民法院(2021)皖05民终

---

① 参见四川省广元市中级人民法院(2020)川08民终621号民事判决书。
② 参见北京市海淀区人民法院(2004)海民初字第15090号民事判决书,海南省三亚市中级人民法院(2007)三亚民一终字第225号民事判决书。

433号案中,法院认定,2020年1月20日上午7点多,受害人独自一人爬至雨山区碧溪花园东门旁的高压电塔上,不慎触电身亡,经马鞍山市公安局佳山派出所调查排除刑事案件可能。法院认为,马鞍山供电公司作为涉案高压电线塔的经营者,对于高压电线塔对他人造成的损害适用的是无过错责任原则。现无证据直接证明受害人的死亡损害后果系其故意为之,故马鞍山供电公司依法应承担赔偿责任。鉴于涉案高压电线塔均设有安全警示标志等,受害人无视安全警示标志的攀爬行为具有重大过失,可以减轻马鞍山供电公司的责任。一审酌定马鞍山供电公司承担30%的赔偿责任,比较适当。①

在山东省滨州市中级人民法院(2021)鲁16民终1030号案中,法院认为,根据现有证据,虽无法完全还原事故发生时现场的情况,但周围电杆配电箱上存在印有"有电危险"字样的标识。上诉人主张涉案高压线在事故发生时与地面的高度不符合国家规定,但未提交充分证据予以证实。且假设涉案线路是普通输电线路,高度亦不确定的情况下,受害人作为完全民事行为能力人,应当认识到在电线下进行钓鱼活动存在极大危险,对于该危险环境的认识,与本案现场是否有禁止标识、电线与地面的距离因素等无关,系其应有的生活常识。受害人对本案事故的发生存在较大过失,依法应减轻经营者的责任。②

需要注意的是,本条规定与单行法规定的关系。

1.《电力法》第60条规定:"因电力运行事故给用户或者第三人造成损害的,电力企业应当依法承担赔偿责任。电力运行事故由下列原因之一造成的,电力企业不承担赔偿责任:(一)不可抗力;(二)用户自身的过错。因用户或者第三人的过错给电力企业或者其他用户造成损害的,该用户或者第三人应当依法承担赔偿责任。"

第60条规定与《民法典》第1240条规定的归责原则都采结果责任。二者不同的是免责事由。第1240条规定,能够证明损害是因受害人故意或者不可抗力造成的,高压作业人可以免责;受害人有重大过失时,仅可以减轻高压作业人的责任。而在第60条中,不可抗力和用户自身过错都可以免责。此处自身过错,应当包括了故意、重大过失以及一般过失各种形态。由此,只要受害人存在一般过失,电力企业就可以不承担责任。二者出现了免责事由的不一致,由此导致解释的必要。

从立法论上,二者应当保持一致。在立法最终调整至保持一致之前,在解释论上,需要通过一般法、特别法这样的法律解释方法消除抵触之处。《民法典》和《电力法》孰为一般法、孰为特别法?就侵权责任而言,《民法典》自然应当为一般

---

① 参见安徽省马鞍山市中级人民法院(2021)皖05民终433号民事判决书。
② 参见山东省滨州市中级人民法院(2021)鲁16民终1030号民事判决书。

法,《电力法》为特别法。故而,第60条应当优先适用。但是,《电力法》第60条规定了所有的电力运行事故,《民法典》第1240条规定的是高压作业的事故。在这一特殊问题上,第1240条是特别法,第60条是一般法。由此也可以解释,除高压之外的电力运行事故,适用第60条,高压事故还应当适用第1240条。高压之外的电力运行事故,不属于高度危险作业,电力企业的责任也应当低于高度危险作业,受害人的一般过错即应可以免除电力企业的责任。

2.《铁路法》第58条规定:"因铁路行车事故及其他铁路运营事故造成人身伤亡的,铁路运输企业应当承担赔偿责任;如果人身伤亡是因不可抗力或者由于受害人自身的原因造成的,铁路运输企业不承担赔偿责任。违章通过平交道口或者人行过道,或者在铁路线路上行走、坐卧造成的人身伤亡,属于受害人自身的原因造成的人员伤亡。"

第58条与《民法典》第1240条一样规定了结果归责。在免责事由方面,二者不同的是:第1240条规定,受害人故意的,经营者可以免责;受害人有重大过失时,可以减轻经营者责任。第58条规定,人身伤亡由受害人自身原因造成的,铁路企业不承担责任。就第58条第2款列举情形而言,似只能归属到重大过失的范畴。如果是重大过失,根据第1240条仅仅是减轻责任,根据第58条则要完全免责。在立法论上,二者也存在着统一协调的问题。在解释论上,第58条规范对象包括所有铁路行车事故及其他铁路运营事故,第1240条规范对象只是高速轨道运输工具造成的损害。高速轨道运输工具造成损害,重在强调是轨道运输工具在高速运行过程中造成的损害。对于此类损害,应当适用第1240条。除此之外,则可以适用第58条。

适用第58条的情形有时会与第1243条未经许可进入高度危险活动区域的情形重合。在杨某某、侯某某与中国铁路上海局集团有限公司、中国铁路上海局集团有限公司南京站铁路运输人身损害责任纠纷案中,法院查明,2017年3月26日,受害人杨某持票乘坐G7248次列车由苏州于15时22分到达南京南。杨某由第23站台西端下车后,沿第22站台(第22站台与第23站台共用一个平台)向东行至换乘电梯附近,后在换乘电梯及出站口周围徘徊。15时43分,D3026次列车沿21站台以约37公里/小时的速度驶入车站。杨某在列车驶近时,由22站台(合宁高铁K304+128米处)跃下并进入轨道线路,后迅速横穿线路向21站台方向奔跑,并越过站台间立柱,于列车车头前横穿线路。站台值班的车站工作人员发现后向杨某大声示警。列车值乘司机发现有人跃下站台,立即采取紧急制动措施并鸣笛示警,数据显示,列车速度急速下降。杨某横向穿越轨道,在列车车头前,努力向21站台攀爬,未能成功爬上站台。15时43分,列车将杨某腰部以下挤压于车体与站台之间,并由于惯性裹挟杨某辗转向前行驶35米后停止于21站台合宁高铁K304+163米处,距正常机车停车位93米。车站工作人员于 15 时 44 分向南京市急救中心呼救,急救中心医务人员于 16 时 05 分到达现场。15 时 45 分,南京铁路公安处南京南站派出所接到南京南站工作人员报警,并于 15 时 49 分到达现场处警。民警于 15 时 53 分拨打"119"消防电话,消防人员于 16 时 09 分到达现场。16 时 38 分,参与现场施救的急救中心医务人员宣布杨某死亡。经对站台破拆,17 时 50 分将遗体移出站台。事故除造成杨某死亡外,还造成 21 站台被破拆,当日 D3026 次动车组彻底停运,后续交路无法运行。上海局南京南与合肥南两地动车所分别启用两组热备动车组,武汉局启用汉口一组热备动车组,担当南京南—合肥南、合肥南—汉口、汉口—宜昌东客运值乘任务。D3027 次列车(南京南站开车时车次变更为 D3027 次)于 17 时 20 分左右由南京南站驶出,超停 1 小时 30 分。

法院认为,车站内的轨道显然属于高度危险活动区域。杨某属于未经许可,进入高度危险活动区域。杨某在乘坐的列车到站后,应及时出站或由换乘通道换乘其他车次。但其在出站通道处徘徊后,滞留站台,并在看到 D3026 次列车开始进站后,主动跃下 22 站台,横穿轨道,试图攀上 D3026 次列车即将停靠的 21 站台,其举动本身极其危险。

同时,本次事故的发生系由杨某引起。一般而言,铁路运营破坏了行人的通行条件,并对周围的环境造成了危险,因此,法律对铁路运营企业作出了严格的责任规定。虽然杨某横穿站台轨道的意图已不可知,但通过其持有的后续客票以及其具体行为,法院推定,其系意图搭乘当日 D3026 次列车。杨某若想搭乘列车,应当遵守规定,服从管理,持票通行。其在无当日当次车票的情况下,不顾现场的安全警示标识,违背了众所周知的安全常识。在车站设有安全通道的情况下,杨某横穿线路,造成损害,显然系引起本次事故发生的一方。①

(五) 遗失、抛弃高度危险物责任

《民法典》第 1241 条规定:"遗失、抛弃高度危险物造成他人损害的,由所有人承担侵权责任。所有人将高度危险物交由他人管理的,由管理人承担侵权责任;所有人有过错的,与管理人承担连带责任。"

占有、使用高度危险物,即因占有、使用而产生责任。高度危险物不得随意抛弃。国家对高度危险物的处理有特别规定的,需要按照有关规定进行处理。《安全生产法》第 39 条规定:"生产、经营、运输、储存、使用危险物品或者处置废弃危险物品的,由有关主管部门依照有关法律、法规的规定和国家标准或者行业标准审批并实施监督管理。生产经营单位生产、经营、运输、储存、使用危险物品或者处置废弃危险物品,必须执行有关法律、法规和国家标准或者行业标准,建立专门的安全管理制度,采取可靠的安全措施,接受有关主管部门依法实施的监

---

① 《最高人民法院公报》2019 年第 10 期(总第 276 期),第 45—48 页。

督管理。"

不按照有关规定处置高度危险物使得危险范围无限扩大,因此可能产生行政责任及刑事责任。造成他人损害的,所有人或者管理人承担赔偿责任。遗失、抛弃高度危险责任本身没有特殊免责事由,由此可见立法者对遗失、抛弃高度危险物行为的严厉态度。

在物权法上,遗失和抛弃存在着差异。[①] 但在本条规范意义上,二者没有差别。无论是遗失还是抛弃,所有人都要对造成的损害承担侵权责任。高度危险物由管理人管理的,管理人承担责任。所有人有过错的,与管理人承担连带责任。所有人的过错包括选任不具有相应资质的管理人、对管理人作出错误的具体工作指示等。需要注意的是,此处的管理人不包括所有人的雇员。因为雇员的行为后果应当由所有人来承担。

本条中,承担责任的是被遗失、抛弃的高度危险物的所有人或者管理人。所有人或者管理人遗失尤其是抛弃高度危险物后,高度危险物造成他人损害,如何证明被遗失、抛弃的高度危险物与所谓所有人或者管理人之间的关系,是受害人获得赔偿的关键。在安徽省巢湖市人民法院(2016)皖0181民初464号案中,法院查明,原告经营再生资源物资回收站。2014年7月7日,原告对废铁进行气割切割时,其回收的制作烟花爆竹黑火药的废旧机械部件因其中残留火药发生爆炸,致其受伤。原告起诉了九个自然人被告以及被告十巢湖市散兵镇人民政府。原告认为,废铁是被告一和被告二卖给他的。被告一、被告二卖给原告的废铁件是从被告三手中购买的,该废铁件系属第四至第九被告合伙经营的原巢湖市高林姥山黑火药厂搅拌黑火药设备配件。法院另查明,2009年,被告四至被告九合伙成立巢湖市高林姥山黑火药厂。2012年2月20日,巢湖市高林姥山黑火药厂与被告巢湖市散兵镇人民政府签订了《巢湖市烟花爆竹生产企业有序退出和拆除补助协议书》。2012年5月31日,巢湖市安全生产监督管理局等相关主管部门与巢湖市高林姥山黑火药厂负责人即被告四签订了烟花爆竹有序退出生产企业验收表,显示已拆除、清理。被告三于2014年农历三月开始在原巢湖市高林姥山黑火药厂生活区以上山地搭建羊圈,并于农历三月让收废品的人收购过羊圈建筑废弃边角料。法院认为,本案争议的焦点为:损害后果与本案被告之间有没有关联;案涉废旧机器部件来自何处,通过什么过程流转到受害人手中。根据本案中现有证据无法证明原告方对此所主张的事实。故其要求本案被告承担赔偿责任缺乏事实根据和法律依据,对原告的诉请,法院依法不予

---

① 参见最高人民法院民法典贯彻实施工作领导小组主编:《中华人民共和国民法典侵权责任编理解与适用》,人民法院出版社2020年版,第621页。

支持。①

笔者认为，《民法典》第1241条要求的是被遗失、抛弃的高度危险物所有人承担责任，无须证明高度危险物遗失、抛弃后流转到受害人手中的过程。本案中，如果能够证明致害废铁原本属于被告四至被告九的黑火药厂所有，后被其抛弃，被告四至被告九就应当承担责任。至于被告一至被告三，并非致害废铁的管理人，应该无须承担责任，相反他们也随时可能因废铁遭受损失。如果他们遭受损失，也可以根据第1241条要求所有人承担责任。

在呼和浩特市中级人民法院(2015)呼民一终字第00618号案中，法院认为，红旗化工作为生产民用爆炸品的企业，应当对其使用的具有危险性的设备进行妥善管理，因其管理不善，未按照国家有关规定对废旧设备进行统一销毁处理，导致具有高度危险的废旧设备流入社会，因其废旧设备而产生的侵权属于高度危险物致人损害，应当由红旗化工举证证明不是该厂废弃的母液接收器爆炸导致贺某某死亡，虽其依据的公安厅物证检验报告系爆炸发生后作出的，但不足以证明废弃母液接收器爆炸不是其公司生产使用的爆炸性物品残留而引起，故红旗化工应当承担赔偿责任。②

（六）非法占有高度危险物责任

《民法典》第1242条规定："非法占有高度危险物造成他人损害的，由非法占有人承担侵权责任。所有人、管理人不能证明对防止非法占有尽到高度注意义务的，与非法占有人承担连带责任。"

物权法上的占有，指对于物有事实上的管领之力，即对于物得为支配、排除他人的干涉。物权法上的占有为法律事实，须依社会观念斟酌外部可以认识的空间、时间关系，就个案加以认定。所谓空间关系，指人与物场合上须有一定的结合关系，足以认为该物为某人事实上所管领。时间关系，指人与物在时间上须有相当的连续性，足认为该物为某人事实上所管领，其仅具有短暂性的，不成立占有。③ 本条中的占有，似不必严格遵照物权法上的认定标准，临时性的事实上管领关系，也足以认定为占有。对高度危险物进行生产、经营、运输、储存、使用等活动，也可以认定为占有。本条中的非法占有，是指违反法律特别规定，对高度危险物进行生产、经营、运输、储存、使用等活动。与《民法典》物权编第五分编中规定的善意占有、恶意占有等不是同样的概念。非法占有，意在强调违反法律规定，与所有人是否同意无关。非法占有不等于无权占有，也可能是所有人或者管理人同意其占有，只是其占有不符合法律的特别规定。

---

① 参见安徽省巢湖市人民法院(2016)皖0181民初464号民事判决书。
② 参见呼和浩特市中级人民法院(2015)呼民一终字第00618号民事判决书。
③ 王泽鉴：《民法物权》（第2版），北京大学出版社2010年版，第416页。

非法占有高度危险物，可能产生民事、行政及刑事责任。《安全生产法》第100条规定:"未经依法批准,擅自生产、经营、运输、储存、使用危险物品或者处置废弃危险物品的,依照有关危险物品安全管理的法律、行政法规的规定予以处罚;构成犯罪的,依照刑法有关规定追究刑事责任。"

就民事责任而言,非法占有高度危险物造成他人损害的,由非法占有者承担责任。所有人、管理人对危险物的管理,包括防止他人非法占有,应当尽到高度注意义务,否则,与非法占有人承担连带责任。此处的注意义务是高度注意义务,与一般注意义务不同。是否尽到高度注意义务,由所有人、管理人来证明。

（七）未经许可进入高度危险区域责任

《民法典》第1243条规定:"未经许可进入高度危险活动区域或者高度危险物存放区域受到损害,管理人能够证明已经采取足够安全措施并尽到充分警示义务的,可以减轻或者不承担责任。"

修正后的《道路交通事故赔偿解释》第7条第2款规定:"依法不得进入高速公路的车辆、行人,进入高速公路发生交通事故造成自身损害,当事人请求高速公路管理者承担赔偿责任的,适用民法典第一千二百四十三条的规定。"

《民法典》第1243条规定究竟采何种归责原则,值得讨论。本条位于第八章,似乎应当受第1236条规范。但是从文义来看,管理人能够证明自己已经采取足够安全措施并尽到充分警示义务后,其责任可以减轻或者免除。这意味着,管理人之所以承担责任或者承担较重责任,是因为没有采取安全措施并尽到警示义务。由此可见,本条采过错责任原则。

在辽宁省大连市中级人民法院(2021)辽02民终6197号案中,原告经营车辆运输生意。2019年10月14日,原告驾驶柴油三轮车同货主一同到被告建材经销处拉钢管。钢管长度为12米。该经销处使用龙门吊装货。原告将车开至龙门吊下,该经销处员工操作龙门吊往车上装好一捆后,吊起另半捆准备装车时,已装车的钢管往车尾方向下滑,随后三轮车向左侧发生侧翻,当时原告在其车斗上,被压在三轮车车厢下而受伤。法院认为,本案被告建材经销处用龙门吊调运货物时,因属危险作业,故应当按照操作规则做好安全防范工作,其没有阻止原告进入作业区域,存在过错,因此,对原告所受损失,负有赔偿责任,不受原告是否具有营运资格的影响。原告经营车辆运输生意,应当知道装载货物时应注意的安全事项,尤其其所驾驶的车辆为三轮车,稳定性本身比四轮以上机动车差,且所拉货物超长,货物没有装载完毕,车体不稳定性加大。其忽视此问题,货物未装载完毕便自行到车厢上,至车辆侧翻。因此,对损害事实的发生,原告有一定的过错,应承担相应的过错责任。纵观案情,承担50%的责任为宜。①

---

① 参见辽宁省大连市中级人民法院(2021)辽02民终6197号民事判决书。

第六节 饲养动物致人损害侵权责任

一、饲养动物致人损害侵权行为的概念

饲养动物致人损害的侵权行为,是指因饲养的动物造成他人人身或者财产损害而依法由动物饲养人或者管理人承担损害赔偿责任的行为。

饲养动物致人损害是一种多发的侵权行为。2009 年,根据我国人用狂犬病疫苗的使用量,估计全国(不含香港、澳门特别行政区及台湾地区)被动物伤害的人数超过 4000 万人。① 我国民众有养狗的习惯,因饲养的狗致人损害是此类侵权行为的主要类型。早在《民法通则》第 127 条就规定了饲养动物致人损害侵权责任。《侵权责任法》第十章专章规定了饲养动物损害责任。《民法典》侵权责任编第九章"饲养动物损害责任"基本上延续了《侵权责任法》第十章规定的内容。

二、饲养动物致人损害侵权行为的认定

认定饲养动物致人损害侵权行为,需要注意以下几点:

(1) 该损害是由饲养的动物造成的,饲养的动物所对应的概念是野生的动物。饲养的动物,是指为人们管束喂养的动物。

损害由饲养的动物造成,既包括动物撕咬致害的情况,也包括没有接触、但造成受害人惊吓而受损的情况。

"涉案的犬只虽未对人实施如'抓伤、扑倒、撕咬'等直接接触人体的动作,一般人在陌生犬只尤其是未被约束的犬只进入到自身安全界线内的时候,本能会产生恐惧的心理,故欧某某在看到未被采取任何约束措施的涉案犬只突然起立并向其逼近的时候,因本能的恐惧而避让进而摔倒,并致欧某某受伤。虽然犬只与人体不存在实际接触,但该犬只与伤害之间具备了引起与被引起的关系,故二者具备因果关系,动物饲养人或者管理人对此亦应当承担侵权责任。"②"根据本案查明的事实及事发视频,王某某从无障碍通道进入小区门洞,适逢潘某某牵犬从门洞出来,王某某遂后退,但犬只仍走向王某某,王某某再次后退时从台阶摔至地面导致受伤。从王某某受伤过程来看,在事实发生过程中,王某某处于被动承受的地位,对损害后果的产生并无存在故意或者重大过失,本案不存在能够免除或者减轻动物饲养方潘某某责任的事由。"③

---

① 参见王胜明主编:《中华人民共和国侵权责任法释义》,法律出版社 2010 年版,第 384 页。
② 参见欧丽珍诉高燕饲养动物损害责任纠纷案,载《最高人民法院公报》2019 年第 10 期(总第 276 期)第 40—44 页。
③ 参见上海市第二中级人民法院(2021)沪 02 民终 9065 号民事判决书。

(2) 该损害可能由动物独立的动作造成,也可能由他人命令、驱赶造成。

饲养人或者管理人责任属于自己所应照管之物造成他人损害的情形。造成他人损害的原因可能是动物本身的特性及独立的动作。动物本身的特性,比如狗可能咬伤人。动物独立的动作,是指动物自身的动作而非受外人驱使。例如,无人看管的恶狗在大街上咬伤行人,属于动物独立的动作。

在最高人民法院《关于李桂英诉孙桂清鸡啄眼赔偿一案的函复(1982年1月22日〔81〕民他字第32号)》所对应的内蒙古自治区高级人民法院《关于李桂英诉孙桂清赔偿一案的请示报告(1981年10月17日)》提到的案件中,3岁小孩独自玩耍,被邻居家白公鸡扑上,将小孩右眼眼眉处和下巴颏各啄了一个小口子。本案中的损害就是因动物本身特性及独立动作造成的。

如果动物是在受人驱赶、命令、诱导的情况下造成的伤害,则造成损害的根本原因是人的行为,属于另外的侵权行为类型。在法律适用上,侵权责任一般条款与饲养动物致害责任条款都可以适用。从预防损害发生及有利于受害人救济角度,在免责事由上应当从严适用。

三、饲养动物致人损害责任的类型

《民法典》第九章规定了以下几种饲养动物致人损害责任类型:

(一) 饲养动物致人损害的一般责任

《民法典》第1245条规定:"饲养的动物造成他人损害的,动物饲养人或者管理人应当承担侵权责任;但是,能够证明损害是因被侵权人故意或者重大过失造成的,可以不承担或者减轻责任。"

饲养动物致人损害的一般责任主体是动物的饲养人或者管理人。饲养人应当就是所有人。管理人应当是基于各种原因对饲养动物进行管理的人。饲养人和管理人有时是重合的,有时是分离的。当饲养人和管理人分离时,就面临如何确定责任主体的问题。本条中并没有关于所有人与管理人分离时二者责任如何确定的内容。动物致人损害的原因在于其危险性。预防损害的发生,着眼点是对动物危险性的管束。因此,强化实际对动物进行管束的人的责任,有助于激励其采取适当预防措施。解释上,可以类推适用第1241条遗失、抛弃高度危险物致人损害中所有人和管理人责任分配的规则。饲养人将动物交给他人管理的,由管理人承担责任;饲养人有过错的,与管理人承担连带责任。

饲养动物致人损害责任采无过错归责原则,即只要饲养的动物造成他人损害,动物饲养人或者管理人就应当承担责任。但责任人如果证明损害是被侵权人故意或者重大过失造成的,其责任可以减轻或者免除。对被侵权人的故意或者重大过失应当严格认定,只有被侵权人的故意或者重大过失是诱发动物致害的直接原因时,才能够作为责任免除或者减轻的事由。①

关于受害人过错的认定,有一则判决可供参考。

在重庆市第五中级人民法院(2009)渝五中法民终字第 4815 号案中,2009 年 7 月 27 日晚 7、8 时许,王某某与其同事在未提前招呼的情况下进入傅某某的房前院坝过程中,被傅某某以近 2 米长铁链拴养在院坝内的狗咬伤右小腿,造成一长约 6 厘米、宽约 2 厘米、深约 2 厘米的伤口。

重庆市万盛区人民法院认为,王某某被傅某某的狗咬伤属实,傅某某应对王某某所受的损失承担民事赔偿责任;但王某某在未提前招呼屋主的情况下,于夜间天色昏暗时贸然通过傅某某房前的巷道进入傅某某的院坝,而该巷道及院坝并非行人通行的必经之地,且王某某的陈述亦表明其系专程入内询问傅某某是否有房出租,因此王某某的行为对于其被狗咬伤的结果具有相当过错,应当对自己的损害承担主要责任。王某某称重庆市关于养狗的规定是要求拴狗的绳子不超过 1 米,因此傅某某有过错,但经核实,《重庆市预防控制狂犬病办法》规定拴养狗的绳子不能超过 3 米,故其观点不予采纳。故根据王某某的过错程度,确定王某某自行负担 70% 的责任,傅某某承担 30% 的赔偿责任。

重庆市第五中级人民法院认为,首先,尽管咬伤王某某的犬,犬种不明,但是,从其咬伤王某某的事实及其伤情看,该犬显属"烈性犬"、具有"攻击性"无疑。《重庆市养犬管理暂行办法》中明确规定:饲养烈性犬、攻击性犬的,必须在住所外显著位置张贴警示标牌。傅某某喂养该烈性犬、攻击性犬,没有遵守"在住所外显著位置张贴警示标牌"的规定,没有尽到告知义务,导致行人王某某不能警觉而采取必要的防范措施。其次,虽王某某经过的巷道及院坝并非行人通行的必经之地,但是,巷道及院坝并非傅某某私人区域,行人可以选择通行,傅某某应当注意到其饲养的犬对行人的威胁。再次,王某某的陈述亦表明其系专程入内询问是否有房出租,其通行并无不良动机。可见,傅某某对王某某被咬伤的后果,应当承担主要责任。众所周知,本市农村住户有养犬看家护院的习惯,王某某在未提前招呼房主的情况下,于天色昏暗时贸然通行于生疏的偏僻巷道、农村院坝,本应对可能有犬伤人有必要的警惕。加之,《重庆市预防控制狂犬病办法》第 10 条第 1 款规定,观赏犬以外的犬只必须拴养或圈养。拴养犬只的绳链不得超过 3 米。傅某某拴养犬的铁链长度近 2 米,符合该规定,因此,王某某疏忽大意的过失,也是其被犬咬伤的原因,由于受害人王某某对于损害的发生也有过错,依法可以减轻侵害人傅某某的民事责任。故王某某对其损害后果应承担次要责任。本院根据王某某、傅某某的过错程度,确认傅某某负担 70% 的责任,王

---

① 参见王胜明主编:《中华人民共和国侵权责任法释义》,法律出版社 2010 年版,第 393 页。

某某承担 30% 的赔偿责任。①

本案中一审、二审法院认定的责任比例正好相反。但需要注意的是,二审法院增加一个重要情节,即犬主人违反《重庆市养犬管理暂行办法》,对于烈性犬、攻击性犬,未遵守"在住所外显著位置张贴警示标牌"的规定,导致行人不能警觉而采取必要措施。此时,如果按照《民法典》规定处理,其法律根据应当是《民法典》第 1246 条,而非第 1245 条。

农村地区普遍存在养狗护院的习俗,进入他人院落应当谨慎,推定院中可能有狗,而不能要求院落主人提示。"事发时狗并非散养于室外公共场所,而系在被告自家院内,系其私人处所,陌生人不应未经允许自行开门或径自进入被告的住所,该养狗行为本身不会对院外人员产生明显威胁,故不应对被告院内养狗行为苛以较重的警示及看管义务。""且结合当地风土民情,村中平房院内养狗较为常见,原告在不了解被告院内是否养狗的情况下,本身应持审慎态度。"②

(二)第三人的过错致使动物致人损害责任

《民法典》第 1250 条规定:"因第三人的过错致使动物造成他人损害的,被侵权人可以向动物饲养人或者管理人请求赔偿,也可以向第三人请求赔偿。动物饲养人或者管理人赔偿后,有权向第三人追偿。"

本条规定的是一种不真正连带责任。动物饲养人或者管理人是中间责任人,第三人是终局责任人。

第 1250 条规范情形并未总有三方当事人。在湖北省宜昌市西陵区人民法院(2017)鄂 0502 民初 2160 号案中,被告开车压伤原告小狗,在抢救过程中小狗咬伤原告。原告要求被告赔偿。法院认为,本案属于第三人过错致使动物造成他人伤害的情形,故判决被告赔偿原告部分医疗费用。③

(三)违反管理规定时的动物致人损害责任

《民法典》第 1251 条规定:"饲养动物应当遵守法律法规,尊重社会公德,不得妨碍他人生活。"《民法典》第 1246 条规定:"违反管理规定,未对动物采取安全措施造成他人损害的,动物饲养人或者管理人应当承担侵权责任;但是,能够证明损害是因被侵权人故意造成的,可以减轻责任。"

本条规定重在强调对动物管理有特别规定时动物饲养人或者管理人的责任。依照第 1246 条的文义,在违反管理规定、未对动物采取安全措施造成他人损害时,仅在被侵权人故意的场合,可以减轻责任。这是否意味着即使被侵权人存在重大过失,也不能免除或者减轻动物饲养人的责任?被侵权人存在过失尤

---

① 参见重庆市第五中级人民法院(2009)渝五中法民终字第 4815 号民事判决书。需要注意的是,本案裁判时《侵权责任法》并未生效,故本案没有适用《侵权责任法》。
② 参见山东省威海市中级人民法院(2020)鲁 10 民终 3203 号民事判决书。
③ 参见湖北省宜昌市西陵区人民法院(2017)鄂 0502 民初 2160 号民事判决书。

其是重大过失的情况下,如何分配责任,存在着在个案中具体分析的需要。尤其值得注意的是,违反管理规定,也是过错的体现,也有轻重之分。在前面讨论的重庆市第五中级人民法院(2009)渝五中法民终字第4815号案中,傅某某违反管理规定的情节,只是违反《重庆市养犬管理暂行办法》,对于烈性犬、攻击性犬,未遵守"在住所外显著位置张贴警示标牌"的规定。但是却遵守了《重庆市预防控制狂犬病办法》第10条第1款关于"观赏犬以外的犬只必须拴养或圈养。拴养犬只的绳链不得超过3米"的规定。受害人方面,如二审判决所言:众所周知,本市农村住户有养犬看家护院的习惯,王某某在未提前招呼房主的情况下,于天色昏暗时贸然通行于生疏的偏僻巷道、农村院坝,本应对可能有犬伤人有必要的警惕。双方过错两相比较,如何确定分担比例,凸显公平价值,值得思考。

(四)禁止饲养的危险动物致人损害责任

《民法典》第1247条规定:"禁止饲养的烈性犬等危险动物造成他人损害的,动物饲养人或者管理人应当承担侵权责任。"

饲养禁止饲养的动物,属于违反管理规定中的严重情节,故而单独加以规定。因禁止饲养的危险动物造成他人损害的,动物饲养人承担无过错责任。危险动物禁止饲养,说明该类动物的危险性非同寻常,饲养本身即可极大增加某地某时的危险,动物饲养人或者管理人承担无过错责任具有正当性。第1247条本身没有规定任何免责事由,能否适用第1245条的免责事由?对此存在不同看法。

在湖北省武汉市中级人民法院(2019)鄂01民终11288号案中,2017年11月26日16时许,张某看见梁某在操场上遛狗,有人在与梁某饲养的阿拉斯加犬(体重约30公斤)一起拍照。张某亦向梁某提出要与狗单独合影,梁某表示同意,并将狗交与张某看管拍照。在拍摄期间,因张某与狗的距离较近,狗突然将其嘴唇和鼻子咬伤。

一审法院认为,根据《侵权责任法》第80条(即《民法典》第1247条),梁某是该犬的饲养人,应对该犬咬伤张某承担侵权责任。根据《侵权责任法》第78条(即《民法典》第1245条)"饲养的动物造成他人损害的,动物饲养人或者管理人应当承担侵权责任,但能够证明损害是因被侵权人故意或者重大过失造成的,可以不承担或者减轻责任"的规定,张某作为具备完全民事行为能力的公民,主动要求与烈性犬近距离拍照,存在重大过失。因此,可以减轻梁某的赔偿责任。根据双方的过错,一审法院酌定双方各承担50%的责任。

二审法院认为,梁某饲养的、咬伤张某的阿拉斯加雪橇犬为个人禁养犬只中的烈性犬品种。根据《侵权责任法》第80条(即《民法典》第1247条)"禁止饲养的烈性犬等危险动物造成他人损害的,动物饲养人或者管理人应当承担侵权责任"的规定,在危险动物致人损害时,适用无过错责任原则,并不适用过失相抵原则。即不论被侵权人是否存在过错,动物的饲养人或者管理人均应承担全部责任。本案中,梁某所饲养的阿拉斯加雪橇犬咬伤张某,属于"禁止饲养的烈性犬等危险动物造成他人损害"的情形,所以无论张某是否存在过错,梁某作为该动物饲养人都应当承担全部侵权责任。故一审法院适用《侵权责任法》第78条、第80条并根据双方各自过错程度判令各承担50%的责任,适用法律有误,本院依法予以纠正。①

《侵权责任法》第80条(《民法典》第1247条)不设免责事由,体现了立法者对饲养禁止饲养的烈性犬等动物行为的否定。二审法院的判决值得赞同。

(五) 动物园动物致人损害责任

《民法典》第1248条规定:"动物园的动物造成他人损害的,动物园应当承担侵权责任;但是,能够证明尽到管理职责的,不承担侵权责任。"

动物园动物致人损害的,动物园承担过错推定责任。如果能够证明已经尽到管理职责的,动物园可以不承担责任。

在谢某某诉上海动物园饲养动物致人损害纠纷案中,2011年4月10日上午,原告谢某某与其父母至被告上海动物园游玩,当日15时许,原告及其家人行至灵长类动物展区时,原告穿过笼舍外设置的防护栏,给猴子喂食食物时,右手中指被猴子咬伤。事发时,上海动物园无工作人员在场。法院对事发笼舍进行勘查:笼舍是铁制网状,在笼舍2米处悬挂"禁止跨越栏杆""禁止敲打""禁止戏弄"等图文并茂的警示牌,距笼舍外1.50米处建有高1.12米的金属防护栏,金属防护栏栏杆间距15厘米左右。经现场试验,原告谢某某及10周岁以下(偏瘦小)儿童可以通过栏杆间隙钻入。

关于被告上海动物园是否尽到管理职责以免除其责任的问题。法院认为,被告的管理职责应根据具体动物的种类和性质来定,并且鉴于动物园所承担的独特社会功能,其不应该只是承担善良管理人的注意义务,而应该承担更高的符合其专业管理动物的注意义务。具体可从以下几点考量:(1) 是否尽到了告知提醒义务。被告在动物园门口张贴了《上海市公园游园守则》,并在灵长馆笼舍等处悬挂了"禁止跨越栏杆""禁止敲打""禁止戏弄"等图文并茂的警示牌。原告谢某认为上述警示牌事发时没有,位置不合理,但原告未提供相反证据予以佐证,法院不予采信,且游览动物是从远至近,挂于2米处的位置,适合游客从远处明显观察到,且被告配置了儿童较易识别的图文警示,其已尽到了告知义务。(2) 管理人员是否有巡视制度,已尽到对游客擅自翻越、穿越栏杆靠近动物等行为的劝阻义务。被告提供的值班表、饲养员值班表等皆反映了事发当日,被告员

---

① 参见湖北省武汉市中级人民法院(2019)鄂01民终11288号民事判决书。

工正常上班、巡视。对动物园的看管义务应当在具体情况下以一个谨慎、小心的动物保有人的标准来确定,不能要求其尽到所有的注意义务。原告受伤事发于瞬间,显然不能苛求被告员工在事发时在场,故法院认为被告人员在巡视方面尽到了其职责。(3)动物园灵长馆设施、设备有无安全问题。对于动物园来说,需要安装特殊的防患设备将游客与动物隔离,避免动物因为游客的挑动而加害他人。动物园更应履行必要的防护义务,避免行人在过失的情况下擅入动物侵害范围之内,从而造成他人损害。被告给灵长类动物安装了网状的铁质笼舍,并在外加装了防护栏,保持了1.50米的安全间距,确实起到了一定的防护作用。但金属防护栏之间间距在15厘米左右仅仅能避免成年人钻入,并不能防止幼童的钻入,现原告穿过防护栏,用手喂食猴子导致右手中指受伤。动物园是一所对公众开放的公共场所,每年要接待成千上万的学龄前儿童,根据其专业能力应能预见此危险发生的可能性,而未采取必要补救措施,动物园有过错,未尽到其管理职责。①

(六) 遗弃、逃逸的动物致人损害责任

《民法典》第1249条规定:"遗弃、逃逸的动物在遗弃、逃逸期间造成他人损害的,由动物原饲养人或者管理人承担侵权责任。"

遗弃、逃逸动物致人损害采无过错责任。无过错责任的正当性在于促使动物饲养人或者管理人照管好饲养或者管理的动物,防止动物逃逸,不得遗弃动物。

与《民法典》第1241条规定的遗失、抛弃高度危险物责任一样,遗失、逃逸动物致人损害,受害人主张赔偿时,最大的难处在于证明被告是动物的原饲养人或者管理人。

在新疆维吾尔自治区乌鲁木齐市中级人民法院(2021)新01民终2280号案中,2020年1月起,韩某某发现自己种植的大葱地经常有马出没。韩某某报警后,一直未将马抓获,也不知马的主人。2020年1月18日,韩某某与同村村民合力将在葱地上的马围住后,与正在找寻马的顾某某相遇。韩某某与顾某某共同到韩某某所在村委会进行协商,顾某某表示会给予赔偿,自己有事,让韩某某先将马放回去。韩某某将马放回后,再找顾某某,顾某某否认马是自己的,不予赔偿。法院认为,顾某某虽否认涉案马匹是由其饲养和管理,但结合村委会证明、证人证言,结合顾某某作为成年人在寻马过程中被带往村委会要求赔偿过程中,应该明白在村委会干部、警务站的民警和要求赔偿的村民在场的情况下承诺向受损农民进行赔偿的法律后果,虽然顾某某在庭审中否认答应赔偿,但证人证言及从韩某某及其他围追马匹的村民围堵几天后在没有人愿意承担责

---

① 《最高人民法院公报》2013年第8期(总第202期)。

任的情况下就放走马匹不合常理,故法院对顾某某辩解其未答应赔偿的意见不予采纳。根据以上推断及证据法院认定顾某某的马匹损坏了韩某某种植的大葱。①

动物被遗弃、逃逸后,有可能被他人收养,从而形成新的饲养、管理关系。动物的危险性由新的饲养人、管理人进行管束。此时情况就可能转化为第1245条规范的情况,适用动物致人损害一般责任。

在北京市石景山区人民法院(2019)京0107民初14294号案中,2018年8月8日,崔某在某小区院内散步,被一条约1米长的黄色比特犬咬伤臂部、腿部等处。2019年4月29日,崔某将罗某诉至法院。为查明案件事实,法院追加温某作为被告参加诉讼。经释明,崔某坚持只要求罗某赔偿损失。崔某认可温某已经赔偿其6.5万元。法院调取了派出所的询问笔录。"吕甲的询问笔录"载明:"吕甲答:2018年8月8日14时30分,我准备去干活,听见有人喊救命。我赶紧过去看,当时看见有好多狗围着一名女子。我就大喊一声,那女子冲我跑了过来。问:黄狗是哪里来的?答:平时在维修队院里拴着的,最近都是散养的。问:这条狗是谁的?答:不知道。问:这条狗平时谁喂?答:好多人都喂。主要是院里的罗某喂。""吕乙的询问笔录"载明:"问:这条狗为什么会在工程队的门口?答:这条狗在院里有好几个月了,平时都在院的西南角待着,大部分的时候是拴着的。院里有个干活的罗某,每次他来就把狗放开了。问:这条狗平时谁在喂?答:平时罗某喂,有时候有当兵的来看狗。问:这条狗是谁的?答:我不知道。""罗某的询问笔录"载明:"问:狗为什么没拴在修理队南库?答:2018年3月,李某、徐某、温某三个人带着狗跟我说这个地方没人管,狗就放这里。当时把狗拴树上了。有时候我喂狗,有时候别的住在院里的人也喂狗。问:李某、徐某、温某三人把狗放在院子里是卖给你还是让你寄养的?答:都不是。问:你喂过这只狗几次?答:我做饭吃剩下的就喂这只狗。"

法院认为,温某在明知比特犬为烈性犬的情况下仍购买并饲养,且在部队不允许饲养后,温某未妥善处理比特犬,随意将狗安放在维修队的院落里,放任了危害后果的发生。故认定温某为比特犬的饲养人,应当对崔某的损失承担主要责任。此外,现有证据能够证实,不只罗某一人喂养涉案比特犬。但罗某是主要的无偿管理人。事发当天,罗某未将比特犬拴住,造成了崔某的损伤。故罗某应当对崔某的损失承担次要责任。②

---

① 参见新疆维吾尔自治区乌鲁木齐市中级人民法院(2021)新01民终2280号民事判决书。
② 参见北京市石景山区人民法院(2019)京0107民初14294号民事判决书。

第七节 建筑物和物件致人损害侵权责任

一、建筑物和物件致人损害侵权行为的概念

建筑物和物件致人损害侵权行为,是指建筑物或者其他设施以及建筑物上的搁置物、悬挂物等物件发生倒塌、脱落、坠落造成他人损害的侵权行为。

《民法通则》第126条曾规定:"建筑物或者其他设施以及建筑物上的搁置物、悬挂物发生倒塌、脱落、坠落造成他人损害的,它的所有人或者管理人应当承担民事责任,但能够证明自己没有过错的除外。"2003年《人身损害赔偿解释》第16条曾规定:"下列情形,适用民法通则第126条的规定,由所有人或者管理人承担赔偿责任,但能够证明自己没有过错的除外:(一)道路、桥梁、隧道等人工建造的构筑物因维护、管理瑕疵致人损害的;(二)堆放物品滚落、滑落或者堆放物倒塌致人损害的;(三)树木倾倒、折断或者果实坠落致人损害的。前款第(一)项情形,因设计、施工缺陷造成损害的,由所有人、管理人与设计、施工者承担连带责任。"

《侵权责任法》第十一章"物件损害责任"对建筑物和物件损害责任作了规定。《民法典》侵权责任编第十章"建筑物和物件损害责任"基本上延续了《侵权责任法》第十一章的内容。

二、建筑物和物件致人损害侵权责任的范围

建筑物和物件致人损害责任是一大类责任形式,涵盖了与建筑物和物件致人损害有关的各种不同情况。不同类型建筑物和物件致人损害侵权行为采不同的归责原则,既有过错推定原则,也有无过错责任原则。

三、建筑物和物件致人损害侵权行为及责任的类型

《民法典》侵权责任编第十章规定了七种建筑物和物件致人损害责任:

(一)建筑物等倒塌、塌陷致人损害责任

《民法典》第1252条规定:"建筑物、构筑物或者其他设施倒塌、塌陷造成他人损害的,由建设单位与施工单位承担连带责任,但是建设单位与施工单位能够证明不存在质量缺陷的除外。建设单位、施工单位赔偿后,有其他责任人的,有权向其他责任人追偿。因所有人、管理人、使用人或者第三人的原因,建筑物、构筑物或者其他设施倒塌、塌陷造成他人损害的,由所有人、管理人、使用人或者第三人承担侵权责任。"

建筑物是指在土地上建设的供人们居住、生产或者进行其他活动的场所,比

如房屋、城墙、纪念碑、电视塔以及其他类似场所。构筑物是指在土地上建设的不供人们直接在内进行生产和生活活动的场所,比如道路、桥梁、隧道、水井等。本条中规范对象有"或者其他设施"作为兜底,建筑物、构筑物仅是列举,另外,建筑物和构筑物适用同样的规则,使得建筑物和构筑物的区分失去了意义。

本条分两款规范了两种情形。

其一,因为质量缺陷造成倒塌、塌陷的情形。

如果建筑物、构筑物或者其他设施是因为建设、施工等原因倒塌、塌陷的,由建设单位、施工单位承担连带责任。如果存在其他责任人,包括设计人、监理人等,即如果是因为设计缺陷或者监理工作中的疏漏造成建筑物等倒塌、塌陷的,建设单位、施工单位承担责任后,可以向设计人、监理人等追偿。建设单位、施工单位承担责任的前提是存在质量缺陷。质量缺陷的证明采过错推定,由建设单位、施工单位承担证明责任。

其二,因为质量缺陷之外的原因造成倒塌、塌陷的情形。

如果建筑物、构筑物或者其他设施并非因设计、施工缺陷而倒塌、塌陷,而是由于所有人、管理人、使用人或者第三人的原因而倒塌、塌陷,则由其他责任人承担侵权责任。比如,建筑物使用人在装修过程中,破坏建筑物的承重结构、防水结构导致建筑物倒塌时,由该使用人承担责任。

《民法典》第1252条的规范对象为建筑物、构筑物或者其他设施的倒塌、塌陷,属于建筑物等最严重的质量缺陷。相对较轻的质量缺陷,比如建筑物等发生脱落、坠落等,由第1253条规范。介于倒塌、塌陷与脱落、坠落之间,还有各种质量缺陷的情形,难以列举穷尽。此处的质量缺陷,既包括建筑施工过程中形成的缺陷,也包括投入使用后因管理维护不规范形成的缺陷。

关于道路,2020年修正的《道路交通事故赔偿解释》第8条规定:"未按照法律、法规、规章或者国家标准、行业标准、地方标准的强制性规定设计、施工,致使道路存在缺陷并造成交通事故,当事人请求建设单位与施工单位承担相应赔偿责任的,人民法院应予支持。"第7条第1款规定:"因道路管理维护缺陷导致机动车发生交通事故造成损害,当事人请求道路管理者承担相应赔偿责任的,人民法院应予支持。但道路管理者能够证明已经依照法律、法规、规章的规定,或者按照国家标准、行业标准或者地方标准的要求尽到安全防护、警示等管理维护义务的除外。"

在河南省许昌市中级人民法院(2021)豫10民终318号案件中,法院认为,《公路交通安全设施设计规范 JTGD-2017》第5.2.2规定:"特殊路段的交通标线设计应符合下列规定:……3 当公路中心或车行道中有上跨桥梁的桥墩、中央分隔带端头、标志杆柱及其他可能对行车安全构成威胁的障碍物时,应设置接近障碍物标线。"第6.2.13规定:"迎交通流的护栏端头应按下列方法进行外展或设置缓冲设施：……3 无法外展时，高速公路、一级公路及作为二线的二级公路应按本规范第 6.5.1 条和第 6.5.2 条的规定设置防撞端头，或在护栏头前设置防撞垫。"本案事故发生时，事发路段未设置接近障碍物标线，中央隔离墩也未设置防撞端头或在隔离墩前设置防撞垫，上诉人许昌市公路养护中心在路段工程竣工后接养期间，未按新的规范对道路设施标线进行维护，事故路段未设置接近障碍物标线对行车安全构成一定的威胁，对事故的发生具有一定的影响。①

（二）建筑物等脱落、坠落致人损害责任

《民法典》第 1253 条规定："建筑物、构筑物或者其他设施及其搁置物、悬挂物发生脱离、坠落造成他人损害，所有人、管理人或者使用人不能证明自己没有过错的，应当承担侵权责任。所有人、管理人或者使用人赔偿后，有其他责任人的，有权向其他责任人追偿。"

本条规范对象是建筑物、构筑物或者其他设施本身以及上面的搁置物、悬挂物脱落、坠落致人损害的情形。至于从建筑物中抛掷或者坠落的物品，则属于第 1254 条规范的对象。可见，第 1252 条、第 1253 条以及第 1254 条，有层层递进的关系。

建筑物等脱落、坠落致害责任的主体包括所有人、管理人或者使用人。所有人即建筑物等的所有权人。管理人指对建筑物等负有管理、维护义务的人，比如国有资产一般都是由特定组织进行管理，该特定组织即为管理人。对建筑物等负有管理职责的物业公司，也是管理人。使用人指依法或者依照约定对建筑物等享有使用权的人，比如，承租人、借用人等。在房屋出租过程中，搁置物坠落造成他人损害时，受害人可以找承租人承担责任，也可以找所有人承担责任。所有人承担责任后，可以向承租人追偿。所有人、管理人或者使用人也可以重合为同一主体。

如果是其他责任人的原因造成的损害，所有人、管理人或者使用人赔偿后，可以向该责任人追偿。比如，如果因为建设质量缺陷造成外墙装饰、窗户脱落，则建设单位为被追偿的责任人。建筑物等脱落、坠落责任采过错推定原则，即所有人、管理人或者使用人需要证明自己没有过错，否则即应承担责任。此处之所以采过错推定，一是为了更便利救济受害人，二来也是因为所有人、管理人或者使用人离证据更近，更有助于揭示事实真相。

在江苏省东台市人民法院（2020）苏 0981 民初 1519 号案中，2020 年 3 月 27 日凌晨，顾某某所有的汽车停放于东城名苑小区 7 号楼楼下，被从 9 层楼掉下的石块砸中，致该车顶部塌陷。顾某某认为健源公司作为案涉小区开发商，对房屋质量问题引发的损害后果应承担赔偿责任；好帮手公司作为该小区物业公司，无

---

① 参见河南省许昌市中级人民法院（2021）豫 10 民终 318 号民事判决书。

法证明其无过错,应承担侵权责任。审理中,顾某某了解到砸中其汽车的石块系904室空调外机安放平台脱落的水泥块,而该房屋所有人为于某、余某,故申请追加于某、余某为共同被告。请求法院依法判令好帮手公司、健源公司、于某、余某共同赔偿车辆损失5410元。

　　法院认为,案涉平台虽规范设计为对应住宅的业主安装空调外机,但该住宅的业主无法从室内到达该平台,只能从大楼外部使用专业设备沿外墙面到达,且未登记在7号楼904室房屋业主名下,亦无法自行独立使用、正常管理,不宜认定为业主专有。此外,案涉平台外粉水泥层的脱落物,原系附着于该平台外沿,应属于外墙的组成部分,故应认定为共有部分。于某、余某作为7号楼904室房屋所有权人,事发前尚未在该平台上安放空调外机,未实际使用,于某、余某可以证明其不存在过错,故不应当承担赔偿责任。好帮手公司作为专业的物业服务管理机构,与健源公司签订前期物业服务合同,应按照合同约定全面履行义务,其中包含对共有部位的维修保养。因此,好帮手公司对案涉小区共有部分负有审慎管理义务,有义务对案涉小区进行检查、维修、养护,发现问题及时维修,消除安全隐患。对案涉平台外沿(水泥块)脱落造成的财产损害,好帮手公司提供的证据不足以证明其不存在过错,依法应当承担损害赔偿责任。好帮手公司辩称,案发当日狂风大作,是不可预见的意外。法院认为,本案事发当天风力为6级,不属于突发的意外事件,且在现有的气象预报条件下,其作为小区物业管理机构对上述天气应有合理预见,并采取相应管理措施避免损害的发生,故好帮手公司的辩称理由,法院依法不予采信。健源公司为案涉小区的开发商,顾某某主张其开发建设的案涉房屋存在质量问题,应对质量问题引发的损害后果承担赔偿责任,但顾某某对其上述主张未能提供证据证明,且健源公司交付房屋已7年之久,故对顾某某要求健源公司承担赔偿责任的诉讼请求,法院依法不予支持。①

　　本案形象呈现了第1253条适用的场景。唯有一点,本案中案涉房屋是否存在质量问题,证明责任由谁承担,值得反思。根据第1252条、第1253条的规定,似不应当由受害人来举证。当然,根据第1253条,开发商属于其他责任人,属于所有人、管理人、使用人赔偿后的追偿对象。

　　(三) 高空抛物或者坠物致人损害责任

　　高空抛物或者坠物致人损害,是侵权法上的难题。高空抛物或者坠物责任最早出现在《侵权责任法》。《侵权责任法》第87条规定:"从建筑物中抛掷物品或者从建筑物上坠落的物品造成他人损害,难以确定具体侵权人的,除能够证明

---

① 夏裕峰、金磊:《空调外机平台外沿脱落致人损害的责任分配》,载《人民司法·案例》2021年第14期。

自己不是侵权人的外,由可能加害的建筑物使用人给予补偿。"《民法典》第1254条规定:"禁止从建筑物中抛掷物品。从建筑物中抛掷物品或者从建筑物上坠落的物品造成他人损害的,由侵权人依法承担侵权责任;经调查难以确定具体侵权人的,除能够证明自己不是侵权人的外,由可能加害的建筑物使用人给予补偿。可能加害的建筑物使用人补偿后,有权向侵权人追偿。物业服务企业等建筑物管理人应当采取必要的安全保障措施防止前款规定情形的发生;未采取必要的安全保障措施的,应当依法承担未履行安全保障义务的侵权责任。发生本条第一款规定的情形的,公安等机关应当依法及时调查,查清责任人。"

与《侵权责任法》第87条相比,《民法典》第1254条极大地丰富了高空抛物或者坠物致人损害责任的内容。

1. 禁止从建筑物中抛掷物品

第1254条第1款首先明确了从建筑物中抛掷物品的非法性,赋予行为人不作为的义务,违反此种义务,即构成作为的侵权行为。第1254条既规范抛物,也规范坠物。抛物是作为侵权,坠物是不作为侵权。二者违反义务存在不同。

2. 侵权人对抛掷物品或者坠落物品造成的损害承担侵权责任

侵权人承担责任该如何归责?本条没有明确规定。笔者认为,应当采过错责任原则,同时因抛物或坠物而有所不同。

(1) 抛掷物品的场合。抛掷物品应当采过错责任归责。行为人从高处往建筑物下面抛掷物品,应当预见到可能会造成他人损害,故而,该行为本身足以表明,行为人至少存在重大过失。如果能够证明其故意,则认定其故意的存在。

(2) 坠落物品的场合。本条规范的坠落物品,不包括建筑物本身坠落的物品以及建筑物上的搁置物、悬挂物。后者属于第1253条规范的范围。但在本条坠落物品的场合,应当采用与第1253条同样的过错推定来归责。因为所坠落物品究竟属于什么性质,对于责任认定没有关系。因此,坠落物品的所有人或者管理人、使用人明确时,无论坠落的是什么物品,都应当采取同样的规则。至于采过错推定的原因,则是因为让受害人证明行为人对坠物存在过失,基本上没有可能;相反行为人应当说明其不存在过失。

如果无法确定坠落物品是否属于建筑物本身或者建筑物上的搁置物、悬挂物,尤其是无法确定坠落物品归属时,则适用第1254条第1款后段的规定。因为第1253条以所有人、管理人或者使用人明确为前提。

3. 公安等机关应当依法及时调查,查清责任人

高空抛物或者坠物之所以成为法律上的难题,原因在于无法找到具体行为人。本条明确了公安等机关负有及时调查的法定义务。

在本条规定之前,查清行为人的责任主要由受害人或其近亲属负担,属私力救济,可能采取的措施及收效有限。公安等机关的及时调查,属公力救济,可以

调动公权力资源,大大增加了发现行为人的可能性。由此,也可以产生对潜在行为人的阻遏作用,从而减少抛物或者坠物的发生。

与《民法典》相配套,2020年12月26日发布、2021年3月1日施行的《刑法》第十一修正案增加了第291条之二:"从建筑物或者其他高空抛掷物品,情节严重的,处一年以下有期徒刑、拘役或者管制,并处或者单处罚金。""有前款行为,同时构成其他犯罪的,依照处罚较重的规定定罪处罚。"高空抛物行为人承担刑事责任,对高空抛物行为会产生震慑作用。

4. 具体侵权人不明时,由可能加害的建筑物使用人给予补偿

具体侵权人不明,是高空抛物或者坠物成为侵权法上难题的原因所在。关于此点,有以下方面值得讨论。

(1) 具体侵权人不明时,抛物和坠物就不再有区别的必要

如前,能确定具体侵权人时,抛物和坠物在归责原则上存在不同。当具体侵权人不明时,致害原因到底是抛物还是坠物,很多情况下本身就很难分辨,客观上也没有分辨的必要。

(2) 可能加害的建筑物使用人是责任主体

如第1253条所规定的,建筑物有所有人、管理人以及使用人。此处强调的是建筑物的实际使用人。所有人、管理人和使用人可以是同一人,此时,所有人、管理人就是实际使用人。在三者分离的情况下,使用人实际处于建筑物中,只有他可能实施抛物行为或者对坠物负有作为义务。

由于具体侵权人无法确定,使用人只是"可能加害"。"可能加害"采推定形式判断,即所有建筑物使用人都被认为是可能加害的人,除非能够证明自己不可能加害。

(3) 建筑物使用人要想免责,需要证明自己不是侵权人

可能加害的建筑物使用人需要自己承担不是侵权人的证明责任。证明自己不是侵权人,需要证明自己不可能实施加害行为,比如,自己当时并未在家,同时家中也没有别人。或者即使自己实施了加害行为也不可能造成该种实际的后果。高层建筑物一楼、二楼的住户可以采取这种证明方式。

(4) 可能加害的建筑物使用人承担责任的正当性

由可能加害的建筑物使用人承担责任,其正当性一直存在争议。批评意见认为,可能加害的建筑物使用人仅仅因为自己无法证明自己没有实施加害行为就要承担责任,属于责任推定,不符合侵权法归责理念。肯定意见认为,可能加害的建筑物使用人承担补偿责任,可以分散损失,部分实现对受害人的救济。让可能加害的建筑物使用人承担责任,也有助于互相监督、有利于发现真正的抛物者,从而从根本上减少或者杜绝高空抛物,最终减少或者避免此类损害。

(5) 可能加害的建筑物使用人承担补偿责任

可能加害的建筑物使用人承担补偿责任而不是赔偿责任。补偿责任意味着责任人的行为不具有道德贬抑性，同时也仅仅是对受害人的基本损失给予补偿，客观上是与受害人分担损失。

(6) 按份责任还是连带责任

可能加害的建筑物使用人人数众多，彼此之间承担按份责任还是连带责任，值得讨论。笔者认为，应当承担按份责任。原因在于：其一，根据《民法典》第178条第3款，连带责任由法律规定或者当事人约定。本条中并未规定连带责任。其二，连带责任意味着责任人之间互相担保，由替他人承担了责任的责任人承担追偿的风险。而可能加害的建筑物使用人本身只承担补偿责任，让其承担追偿风险，与补偿责任的主旨似有不合。

(7) 追偿

第1254条第1款后段规定：可能加害的建筑物使用人补偿后，有权向侵权人追偿。依此文义，可能加害的建筑物使用人承担补偿责任后，有向侵权人追偿的权利。此处文义清晰，似无疑义，但由此可能引发许多操作上的问题。

追偿的实现，需要以具体侵权人确定为前提。一旦具体侵权人确定，可能加害的建筑物使用人就确定不再是加害人。此时，让其继续承担责任的正当性该如何解释？未履行补偿责任的人是否还需要继续履行补偿义务？已经履行了补偿责任的人为何只能向具体侵权人追偿？他为何不能直接要求受害人返还所获得的补偿？受害人还是否有权继续保有所获得的补偿？追偿是有风险的，确定未加害的建筑物使用人向具体侵权人追偿无果时，能否主张受害人返还？为何不让受害人将已经得到的补偿返还给补偿责任人，由其向具体侵权人直接主张赔偿？受害人向具体侵权人主张赔偿时，赔偿数额是否受已经获得的补偿数额影响？当某些补偿执行到位、某些补偿未执行到位时，赔偿数额该如何计算？

这些问题，都与可能加害的建筑物使用人承担补偿责任的正当性有关。笔者认为，从立法论上，当具体侵权人确定后，受害人再保有所获补偿，其正当性就完全消失了。此时受害人应当将所获补偿返还，适用第1254条第1款前段，由具体侵权人承担赔偿责任。如果某些补偿人愿意放弃已经支付的补偿，则尊重其意思。

5. 物业的安全保障义务

第1254条第2款为物业服务企业等建筑物管理人设置了安全保障义务。"物业服务企业等建筑物管理人应当采取必要的安全保障措施防止前款规定情形的发生；未采取必要的安全保障措施的，应当依法承担未履行安全保障义务的侵权责任。"此处的侵权责任究竟是何种责任，也值得讨论。根据《民法典》第1198条第2款，因第三人行为造成损害的，未尽到安全保障义务的安全保障义务人承担的是相应补充责任。承担补充责任后,可以向第三人追偿。本条中造成损害的是第三人,物业等建筑物管理人承担的也应当是补充责任。与可能加害的建筑物使用人承担补偿责任仅针对基本损失不同,补充责任以受害人全部损失作为补充对象。补充责任不以找到具体侵权人为必要。在具体侵权人未确定前承担的补充责任,具体侵权人确定后,安全保障义务人也不能向受害人追偿,而只能向具体加害人追偿。

(四)堆放物倒塌致人损害责任

《民法典》第1255条规定:"堆放物倒塌、滚落或者滑落造成他人损害,堆放人不能证明自己没有过错的,应当承担侵权责任。"

本条中堆放人是责任主体。堆放物倒塌采过错推定原则。堆放人要想免除责任,需要自己来证明没有过错的存在。

2003年《人身损害赔偿解释》第16条第1款中规定:"堆放物品滚落、滑落或者堆放物倒塌致人损害的","由所有人或者管理人承担赔偿责任"。《侵权责任法》第88条确定的责任人是堆放人。本条延续了第88条的规定。第16条第2款规定中,堆放物倒塌等是物的责任;《侵权责任法》第88条、《民法典》第1255条中,堆放物倒塌等是行为责任。笔者认为,从预防避免损害角度出发,此类责任的立法目的规范的应当是堆放物的行为,通过责任施加,促使堆放人在实施堆放行为时更加谨慎。而物的归属与责任距离较远。本条中堆放人是实际实施堆放行为的人。如果堆放人是用人单位的工作人员,则应当适用《民法典》第1191条的规定确定责任归属。如果堆放人与他人构成个人之间的劳务关系,则应当适用《民法典》第1192条。如果堆放人与他人形成承揽关系,则适用《民法典》第1193条。

在黑龙江省大庆市中级人民法院(2020)黑06民终1430号案中,一审法院认为,本案高某某在安装公司院内被堆放的墙板砸伤,曹某某作为墙板的堆放人在不能证明自己没有过错的情况下,应当对高某某所受损伤承担侵权责任,其虽主张系张某某委托其存放,但对此未提交证据予以证实,且张某某对此不予认可,故对其该抗辩主张,不予支持。二审法院认为,堆放物倒塌致害责任适用过错推定原则,即当受害人请求赔偿时,只需举证证明堆放物倒塌造成损害的事实,无须证明堆放人在主观上存在过错。堆放人如果认为自己无过错,则应自己举证证明。如果堆放人无法举证或举证不充分,则推定过错成立,其应当承担赔偿责任。本案中已经确认曹某某系案涉板材的堆放人,且未派人看管或以明显方式作出安全警示,忽视了其可能对附近人员造成不必要的伤害,故曹某某应当对高某某的人身损害承担相应的侵权责任。且其自认案涉板材堆放地点选择、板材运输、堆放管理均未通知张某某,张某某并不知情,故张某某不应承担责任。[①]

[①] 参见黑龙江省大庆市中级人民法院(2020)黑06民终1430号民事判决书。

(五) 公共道路上堆放、倾倒、遗撒物品致人损害责任

《民法典》第 1256 条规定:"在公共道路上堆放、倾倒、遗撒妨碍通行的物品造成他人损害的,由行为人承担侵权责任。公共道路管理人不能证明已经尽到清理、防护、警示等义务的,应当承担相应的责任。"

本条规定中包括两种类型的责任。

一种责任是实施了堆放、倾倒、遗撒行为的行为人责任。这种责任采无过错责任原则,即只要有堆放、倾倒、遗撒妨碍通行的物品造成他人损害的情形,行为人即应当承担侵权责任。无过错责任可以减轻受害人证明行为人存在过错的负担,不过,与《民法典》第 1241 条、第 1249 条一样,堆放、倾倒尤其是遗撒行为人的认定,也是具体案件中的难点。在广东省广州市中级人民法院(2021)粤 01 民终 19641 号案中,2020 年 10 月 4 日上午 7 点 20 多分,徐某某骑电动车上班经过瓦窑岗服务区东区垃圾池旁路段时突然摔倒受伤。涉案道路位于务丰村委会范围,道路卫生保洁由侨银环保科技股份有限公司负责。道路边上的垃圾站的建造及使用人为瓦窑岗服务区,根据瓦窑岗服务区与广州正汇骏业环保科技有限公司的协议,由广州正汇骏业环保科技有限公司提供垃圾清运服务。根据现场勘查及徐某某提供的事故发生后的照片相印证,徐某某摔倒的地方为一转弯下坡路,离垃圾站约十几米。垃圾站在弯道上方,地势高于路面。垃圾站门口的路面有大量的油污,一直延伸至垃圾站门口。徐某某摔倒的道路,为其上班必经之处。徐某某对该道路于摔倒处的转弯及下坡情况是熟悉的,正常行驶过程中不至于会失控摔倒。且摔倒的地方路面干燥,故应该是徐某某骑车驶过垃圾站门口时,车轮上沾上油污,随即在转弯下坡处打滑失控才导致摔倒。因此,徐某某的摔倒受伤,与垃圾站倾倒油污有因果关系。

至于道路上的油污为谁所造成,法院认为,因垃圾站前面道路上的油污一直延伸至垃圾站出口并至里面,且垃圾站的位置高于路面,很显然油污是从垃圾站流出扩散至道路。垃圾站为瓦窑岗服务区所建造和使用,虽说可能会有其他村民也将垃圾投放到此,但考虑到该垃圾站离村民的聚居点仍有一段距离,村民直接将生活垃圾倾倒到垃圾站并不方便,因此,大量的含有油污的生活垃圾为村民所倾倒的可能性不大。在瓦窑岗服务区未能证明油污为具体何人所倾倒的情况下,推定油污为瓦窑岗服务区所倾倒。[①]

另一种是管理人责任。公共道路的管理人承担过错推定责任。即管理人需要证明自己尽到了清理、防护和警示义务,否则要承担相应责任。关于相应责任,前引案件法院认为:公共道路管理人即使存在未尽到清理、防护、警示等义务的情形,其也只是消极未履行义务而非积极实施侵权行为,其承担的仅仅是对侵

[①] 参见广东省广州市中级人民法院(2021)粤 01 民终 19641 号民事判决书。

权人所承担的赔偿责任的补充责任,并非连带责任或按份责任。①

公共道路如何界定？有观点认为,公共道路既包括通行机动车的道路,也包括人行道路。另外,广场、停车场等可供公共通行的场地、建筑区划内属于业主共有但允许不特定公众通行的道路都属于公共道路。② 有法院判决认为,所谓公共道路是供各种无轨车辆和行人通行的基础设施,不具有排他性。而学校内的通道不属于公权力主体所有或使用,在未经学校许可的情况下,社会车辆如货车、客车等是不能进入的,即具有排他性,不属于该条所指的公共道路。对于一般道路应当适用过错责任原则进行归责。③

《道路交通事故赔偿解释》第7条第1款规定:"因道路管理维护缺陷导致机动车发生交通事故造成损害,当事人请求道路管理者承担相应赔偿责任的,人民法院应予支持。但道路管理者能够证明已经依照法律、法规、规章的规定,或者按照国家标准、行业标准、地方标准的要求尽到安全防护、警示等管理维护义务的除外。"本条规定将道路管理者的责任扩大到道路管理维护缺陷,不限于第三人堆放、倾倒、遗撒后的清理、防护、警示义务,但是将损害限定为机动车交通事故造成的损害。本条规定情形不以存在第三人为必要,但凡因道路管理维护缺陷导致机动车发生交通事故造成损害,都属于本条规范范围。本条在机动车交通事故造成损害方面,事实上扩大了第1256条的规范范围。

在范某某等诉淮安电信分公司淮阴区电信局、淮安市淮阴区公路管理站人身损害赔偿纠纷案中,2004年3月中共淮安市淮阴区委下发淮委(2004)103号文件,要求对全区范围内道路进行拓宽,县道的路面宽度不少于9米,路基宽度不少于12米,县道由区交通局组织实施,路基拓宽范围内的供电、邮电、广电杆线迁移分别由供电、电信、广电部门负责。为此,淮阴区人民政府还召开区长办公会议并形成纪要,被告电信局和被告公路站的有关人员参加了该会议。林蒋路路面的拓宽,导致电杆位于路面仅35厘米的路基上,且路面与路基基本一平。2007年12月16日20时20分许,范某金酒后驾驶二轮摩托车沿林蒋路由东向西行驶至林蒋路2KM+500米时,车辆驶入道路北侧,撞上路边电杆,造成范某金受伤经医院抢救无效死亡。另查明,电杆的产权单位为被告电信局,该路段的管理单位是被告公路站,该路段属县道,路面宽为9米。

法院认为,根据有关规定,在公路、公路用地范围内禁止设置电杆及其他有碍通行的设施。公路因社会发展需求拓宽后相对位移于路面的电杆必须及时移开。被告电信局作为涉案电杆的产权单位,知道也应该知道涉案电杆位于公路

---

① 参见广东省广州市中级人民法院(2021)粤01民终19641号民事判决书。
② 参见王胜明主编:《中华人民共和国侵权责任法释义》,法律出版社2010年版,第433页。
③ 参见重庆市石柱土家族自治县人民法院(2010)石法民初字第1574号民事判决书。

用地范围内,存在安全隐患,本应及时迁移,但电信局并未迁移,应承担未尽管理和注意义务而产生的相应赔偿责任。对于电信局关于15年前埋设电杆符合标准而公路拓宽电杆发生相对位移后未接到移杆通知、其已经依法对涉案电杆加以管理维护的辩解,法院认为,拓宽道路符合社会发展和人民利益的要求,公路管理等部门为了公路的通畅固然应当通知,但反观本案,电信局对此已然知晓,即使不知也不能就此推脱责任,因为物的所有人和管理人必须也应当关注、察知自身所有或管理之物的相对变化状况以及对他人权利的影响,并因维护管理瑕疵致人损害的后果承担赔偿责任。其自身是否及如何遵循部门法律法规规章对电杆进行管理维护,不能对外部权利人形成有效抗辩,故对该抗辩不予采纳。被告公路站虽然作为涉案路段的管理单位,负有管理和保护公路畅通的责任,但公路站对电信局没有管理的权能,各自的管理规范亦多有冲突,此种情形下,二被告特别是电杆所有人电信局无论如何当以民众权利的有效维护作为首要考虑去积极解决权利冲突的问题。况且,2004年淮阴区委区政府召开公路建设有关会议确定拓宽该公路并明确各自的责任,而电信局明知却怠于履行义务,故其未及时迁移电杆而造成的损害赔偿责任,公路站虽未再行通知也可不再承担。范某金酒后驾车,直接导致本案损害后果的发生,对此应承担主要责任。①

《道路交通事故赔偿解释》第7条第1款规定的是相应责任。这里的相应责任与《民法典》第1256条后段中的相应责任不同,不以存在其他责任为必要。此外,公共道路管理人的认定有时也会发生争议。在辽宁省盘锦市中级人民法院(2021)辽11民终1036号案中,2020年12月10日12时40分许,叶某某骑行电动摩托车前往坝墙子镇亲属家,途径东杨屯一支桥时不慎坠入桥下,头部撞到桥下石头,当场死亡。一审法院认为,该桥梁建成于20余年前,架设于水利干线上,现该桥梁档案资料无从查找。首先,根据交通部路网显示,该桥梁并不存在,因该桥梁连接的系乡镇公路,故应确认该桥梁并不属于交通运输局所管理的桥梁;其次,该桥梁虽然架设于水渠之上,但该桥梁的功能为通行之用,并非水利设施的组成部分,因此,其管理、养护工作也不属于水利局;最后,该桥梁所连接的系乡镇公路,应视为乡镇公路的组成部分,故该桥梁应认定为大洼区新立镇人民政府所管理、维护的桥梁。叶某某家与该桥梁的距离为200米左右,故叶某某的日常生活、劳动等活动会经常通过该桥梁,因此,叶某某对该桥梁的实际情况应是十分熟悉的,根据行车示意图及现场照片,案涉桥梁与叶某某的来路呈90度直角,叶某某驾驶车辆行经此处时,应当减速通过,事发时为中午,路面平整无积雪,叶某某坠落到桥下,主要原因应认定为车速过快及精力不集中而疏忽大意,故对其死亡,叶某某自己应承担主要责任。该桥梁架设于水渠之上,路面与水面

---

① 《最高人民法院公报》2011年第11期(总第181期)。

高差1米以上,为村屯出入的主要路线,虽然在建设之初为简易桥梁,但作为管理者,随着该桥梁通行人员及车辆的增加,应对该桥梁加装防护围栏,以减少和降低出行人员的风险。叶某某从桥上坠落,与桥梁无防护围栏存在因果关系,故该桥梁的管理、维护者应承担次要责任。结合双方的过错程度,新立镇政府承担20%的责任为宜。①

（六）林木致人损害责任

《民法典》第1257条规定:"因林木折断、倾倒或者果实坠落等造成他人损害,林木的所有人或者管理人不能证明自己没有过错的,应当承担侵权责任。"

林木致人损害责任采过错推定原则。林木所有人或者管理人要想免责,需要自己来证明没有过错的存在。至于无过错如何证明,因案件不同而不同。

在湖南省郴州市苏仙区人民法院(2020)湘1003民初1778号案中,2020年1月25日晚,原告将其所有的客车停在其住宅楼下的大树旁,第二天发现有棵大树折断压砸在其车上,原告称当晚可能下了小雨,被告则称下了暴雨。法院认为,本案对"林木折断"是否存在过错,举证责任在被告,被告提出停车区域和停车位的问题,因停车区域和停车位只划定在教学区,未在生活区划定,原告这些住户如在划定的停车区域和停车位停放,可能会影响正常的教学活动,也欠缺合理性,况且,被告也未对停车区域和停车位发出通知或规定;关于被告提出的暴雨造成事故,但未举证证明,也未举证证明对林木进行了防虫害等防护管理措施,故被告不能证明其无过错,应承担本案侵权责任。② 在河南省新乡市中级人民法院(2020)豫07民终2367号案中,原告货车停在被告招待所院内。院内的一棵大松树从根部崛起倒下,砸中货车驾驶室,造成车辆损坏。法院认为,被告提交的"外来车辆、共享单车禁止入内"提示照片不能证明原告系擅自进入事发区域,事故地点系被告招待所院内,应属于公开区域,故不能证明其对损害没有过错,应当承担侵权责任。③

（七）地下设施致人损害责任

《民法典》第1258条第2款规定:"窨井等地下设施造成他人损害,管理人不能证明尽到管理职责的,应当承担侵权责任。"

窨井是用在排水管道、电缆线路的转弯、分支等处便于检查、疏通用的井,学名叫检查井。其他地下设施包括地窖、地沟、水井、下水道等。

地下设施致人损害责任采过错推定原则,地下设施的管理人要想免责,需要自己来证明没有过错的存在。关于无过错的证明,也需要在个案中结合具体案

---

① 参见辽宁省盘锦市中级人民法院(2021)辽11民终1036号民事判决书。
② 参见湖南省郴州市苏仙区人民法院(2020)湘1003民初1778号民事判决书。
③ 参见河南省新乡市中级人民法院(2020)豫07民终2367号民事判决书。

情加以判断。

在鹤壁市山城区人民法院(2018)豫0603民初254号案中,原告掉入山城区红旗大桥西路南侧的窨井内摔伤,经路人发现报警后被救出。案涉窨井由被告市政管理处施工建设,于2016年年底投入使用。投入使用后,归被告市政管理处进行管理。该窨井东边是一道深达7、8米的深沟,窨井周围没有农田。法院认为,原告系掉入未盖井盖的窨井中受伤,被告是该窨井的管理人,对该窨井负有管理职责。被告辩称是被告鹿楼乡政府在窨井周边施工擅自移动了井盖,其没有过错不应承担赔偿责任,但其作为管理人,应在窨井使用过程中对其进行维护、修缮,却未发现、处理该窨井无井盖的安全隐患,且无证据证明其已尽到了管理职责,故其抗辩理由不能成立,依法应对原告承担侵权赔偿责任。①

在河北省元氏县人民法院(2019)冀0132民初628号案中,原告掉至被告经营的一汽青岛服务站的修车地沟内受伤。被告经营的修车厂位于公路一侧,是一个开放的场地,修车地沟位于修车门市前边,该地沟无遮挡物,无警示标志,作为地沟的管理者,未举证证明自己尽到了管理职责,对原告的损伤应承担相应的过错责任。②

第八节 公共场所施工致人损害侵权责任

一、公共场所施工致人损害侵权行为的概念

公共场所施工致人损害的侵权行为,是指在公共场所、道路上挖掘、修缮安装地下设施等,没有设置明显标志和采取安全措施造成他人损害的侵权行为。

公共场所施工致害责任尽管规定在《民法典》侵权责任编第十章,但是,第十章规定的主要是建筑物和物件因有关主体消极不作为造成损失带来的责任,或者侵权人从事不法行为造成损害带来的责任,比如高空抛物(第1254条),在公共道路上实施堆放、倾倒、遗撒行为(第1256条)。《民法典》第1258条第1款规定的公共场所施工是积极作为,也是合法行为,只是其中存在瑕疵。与同一条第2款规定的地下设施致害责任也不同,后者属于建筑物责任。因此,此处将其独立作为一类行为进行讨论。

公共场所施工致人损害侵权行为是一种传统的侵权行为类型。此类侵权行为在《民法通则》上就有规定,《侵权责任法》加以延续,《民法典》予以了保留。《民法典》第1258条第1款规定:"在公共场所或者道路上挖掘、修缮安装地下设

---

① 参见河南省鹤壁市山城区人民法院(2018)豫0603民初254号民事判决书。
② 参见河北省元氏县人民法院(2019)冀0132民初628号民事判决书。

施等造成他人损害,施工人不能证明已经设置明显标志和采取安全措施的,应当承担侵权责任。"

在公共场所、道路上进行施工,等于改变既有环境、给他人的行为安全带来新威胁,使损害发生的概率上升,法律要求引发危险的人采取一定措施预防、避免损害的发生。如果没有采取预防措施,因此造成损害的,应当承担民事责任。

二、公共场所施工致人损害侵权行为的认定

认定公共场所施工致人损害侵权行为需要注意以下几点:

1. 行为人在公共场所、道路上实施了挖掘、修缮安装地下设施等作业

施工人在公共场所进行施工,其施工行为会给周围环境带来改变,因此可能会改变他人合理预期。包括施工结束后未合理将公共场所或者道路恢复原状,比如施工结束后遗留的凹坑造成他人损害的,行为人也应当承担责任。在北京市西城区人民法院(2014)西民初字第14297号案中,2014年4月27日,原告骑自行车行至西城区广安门东桥西南侧西向东辅路非机动车道时,其自行车前轮扎到路面的凹坑后,原告摔倒在地受伤。法院认为,轨道交通公司系地铁7号线的建设单位,中铁三局四公司系地铁7号线的施工单位,其在地铁沿线根据地质情况不同设有沉降坑,且该坑为凹坑。由此推定造成原告摔伤的责任单位为中铁三局四公司,该公司应承担原告的赔偿责任。中铁三局四公司称其公司设有的沉降坑内有钢筋和钢圈,造成原告摔伤的凹坑没有钢筋和钢圈,不是其公司设有的沉降坑的抗辩,缺乏充分证据,本院不予采信。①

2. 行为人没有设置明显标志和采取安全措施

设置标志如何才够"明显"、采取措施如何才够"安全",需要结合具体情况认定。

在湖北省宜昌市中级人民法院(2005)宜民一终字第95号案中,2003年4月30日晚10时许,原告亲属商某驾驶农用运输车运木材返回龙泉镇,当车行至土峡公路14 km+500 m处,因该路段扩建施工作业,在道路两侧不规则堆放长9.0 m×宽4.0 m×高1.1 m和长10.4 m×宽3.3 m×高0.85 m的沙石料,商某驾车绕行沙石料时,车辆翻入道路左侧5.22 m深的柏临河中,商某当场溺水身亡、乘车人受伤、车辆受损。法院另查明,在土峡公路17 km处曾设置有"进入前方100米,道路施工,车辆缓行"的标识牌,但在堆积物前未设置相关警示标识。

湖北省宜昌市中级人民法院认为,泸县建安宜昌分公司虽在道路施工起始两端设置有警示标志,但根据《中华人民共和国道路交通管理条例》第66条第3款的规定,对于没有封闭中断交通的道路施工现场,需车辆绕行的,施工方须设

---

① 参见北京市西城区人民法院(2014)西民初字第14297号民事判决书。

置明显警示标志和安全防围设施,保证车辆和行人的安全。竣工后,须及时清理现场,修复路面和道路设施。事故现场勘验结论和庭审调查表明:事故现场的沙土系泸县建安宜昌分公司用于修道路护坡的临时堆积物,其没有尽到施工单位应尽的安全注意义务,是造成事故的主要原因。①

本案中,被告在距事发现场三公里之外,设置了"进入前方100米,道路施工,车辆缓行"的牌子,但这块牌子并不能免除其在"施工现场"还应设立明显夜间安全警示标志和采取安全防范措施的义务。可见,三公里之外的标志和措施,不能够算作设置了明显标志和采取了安全措施。

3. 未设置明显标志、未采取安全措施与损害之间存在因果关系

三、公共场所施工致人损害侵权行为的归责原则

《侵权责任法》第91条第1款曾规定:"在公共场所或者道路上挖坑、修缮安装地下设施等,没有设置明显标志和采取安全措施造成他人损害的,施工人应当承担侵权责任。"从文义看,本款究竟采何种归责原则可能存在多种解释。《民法典》第1258条第1款将上述措辞修正为"施工人不能证明已经设置明显标志和采取安全措施的,应当承担侵权责任",这一修正明确本款采过错推定归责,消除了疑义,值得肯定。

第九节 监护人责任

一、监护人责任的概念

《民法典》总则编第二章第二节对监护制度有专门规定。未成年人及无民事行为能力或者限制民事行为能力的成年人,有可能致人损害、也可能造成自己伤害或者遭受他人伤害。因此,需要有监护人保护被监护人,也保护不特定第三人。监护人与被监护人之间形成监护关系。监护人责任是指被监护人致人损害,被监护人因自己行为造成自己损害,或者被监护人遭受他人损害时监护人所应承担的责任。

二、监护人责任的类型

监护人对被监护人负有监督、教育和保护的职责。《民法典》第34条规定:"监护人的职责是代理被监护人实施民事法律行为,保护被监护人的人身权利、财产权利以及其他合法权益等。监护人依法履行监护职责产生的权利,受法律

---

① 参见湖北省宜昌市中级人民法院(2005)宜民一终字第95号民事判决书。

保护。监护人不履行监护职责或者侵害被监护人合法权益的,应当承担法律责任。因发生突发事件等紧急情况,监护人暂时无法履行监护职责,被监护人的生活处于无人照料状态的,被监护人住所地的居民委员会、村民委员会或者民政部门应当为被监护人安排必要的临时生活照料措施。"

监护人责任分为两类:一类是被监护人致人损害时的监护人责任,另一类是被监护人自己行为造成自己损害或者被监护人遭受他人损害时监护人的责任。

(一)被监护人致人损害时监护人的责任

1. 被监护人致人损害的侵权行为

被监护人致人损害的侵权行为是指作为被监护人的无民事行为能力人或者限制民事行为能力人侵犯他人合法权益的行为。

2. 被监护人致人损害侵权行为的认定与责任

《民法典》第1068条规定:"父母有教育、保护未成年子女的权利和义务。未成年子女造成他人损害的,父母应当依法承担民事责任。"《民法典》第1188条规定:"无民事行为能力人、限制民事行为能力人造成他人损害的,由监护人承担侵权责任。监护人尽到监护职责的,可以减轻其侵权责任。有财产的无民事行为能力人、限制民事行为能力人造成他人损害的,从本人财产中支付赔偿费用。不足部分,由监护人赔偿。"

认定被监护人致人损害侵权行为,需要注意以下几点:

(1) 行为主体是被监护人。

侵权行为由无民事行为能力人或者限制民事行为能力人实施,无民事行为能力人或者限制民事行为能力人是行为主体。

(2) 监护人与被监护人之间存在合法有效的监护关系。

监护关系需要根据《民法典》总则编第二章第二节的有关规定来认定。

(3) 关于被监护人致人损害侵权行为的归责。

根据民法关于民事行为能力的规定及理论,无民事行为能力人、限制民事行为能力人的精神意识状态存在欠缺。德国及我国台湾地区采用识别能力的概念对无民事行为能力人、限制民事行为能力人的精神意识状态加以判断。所谓识别能力,指认识其行为的不法或者危险,并认知应就其行为负责的能力。识别能力又称为过失责任能力,乃侵权行为的责任能力。其所以设此规定,主要理由是侵权行为法具有指导行为及预防损害的功能,无识别能力时,不能认识其行为的危险,而在其行为上有所选择或控制,不应径使其负侵权行为损害赔偿,以保护无识别能力的行为人。识别能力与过失不同。识别能力指对一般危险性的认知。过失则指对具体危险未尽应有的注意。《德国民法典》第828条规定:"未满7岁之人,就其所加于他人之损害,不负责任。满7岁但未满10岁之人,就其于动力车辆、轨道电车或空中缆车之事故所加于他人之损害,不负责任。但故意造成侵害者,不适用之。未满18岁且其责任未经第1款或第2款排除之人,在为加害行为时,未具识别其责任所必要之能力者,就其所加于他人之损害,不负责任。"可见,在德国法上,未满7岁的未成年人为绝对无识别能力;未满10岁的未成年人对动力车辆、轨道、高架桥事故不具有识别能力;其他场合,满7岁未满18岁是否具有识别能力,于行为时个别认定。在我国台湾地区,没有设绝对无识别能力制度,而采个别认定的方式。台湾地区"民法"第187条第1款规定:"无行为能力人或者限制行为能力人,不法侵害他人之权利者,以行为时有识别能力为限,与其法定代理人连带负损害赔偿责任。行为时无识别能力者,由其法定代理人负损害赔偿责任。"①

在我国大陆民法上,没有关于识别能力或者责任能力的规定。《民法典》第1188条的规定,实际上认定无行为能力人、限制行为能力人均不具有识别能力。在北京市第一中级人民法院(2019)京01民终5059号案中,一审法院认为:监控视频显示,事发时王某1从场边启动滑入冰场,滑至正在左转弯的李某1前方,其间既不存在急转弯或者磕绊等有意侵害或干扰李某1滑行的情形,也不存在未按照指示方向滑行的状况,故王某1对二人的相撞及李某1的损害后果并无过错,不应承担侵权责任。二审法院则认为,本案事发时王某1年仅6周岁,其作为无法辨认、控制自身行为及行为后果的无民事行为能力人,考察其对于碰撞及损害后果的发生是否存在过错,既无法律上的依据,亦无一般认知常识上的价值和意义。一审判决通过分析王某1是否存在急转弯、磕绊等有意侵害或干扰李某1滑行的情形,及是否存在未按指示方向滑行的状况,从而判定王某1无过错并不承担侵权责任,显属不当,本院予以纠正。②

被监护人对危险无意识或者意识不足,是客观事实。被监护人更可能造成他人伤害、也更可能造成自己伤害或者被伤害而不自知,也是客观事实。监护制度也由此而设立。监护制度既要保护被监护人、也要保护相对的受害人。我国大陆民法,自《民法通则》开始,或许是基于"教不严、父之过"的思想③,只要是被监护人给他人造成损害,都要由监护人承担责任。因此,被监护人侵害他人权益的,监护人要承担无过错责任。监护人尽到监护职责的,其责任可以减轻但不能免除。

认定无民事行为能力人、限制民事行为能力人一概均不具有识别能力,在未成年人即将成年时,依然认为其不具识别能力,与实际生活情况似有出入。时有法院判决讨论被监护人年龄的大小对责任的影响。在海南省海南中级人民法院

---

① 参见王泽鉴:《侵权行为》(第三版),北京大学出版社2016年版,第454—493页。
② 参见北京市第一中级人民法院(2019)京01民终5059号民事判决书。
③ 参见王泽鉴:《侵权行为》(第三版),北京大学出版社2016年版,第454页。

(2006)海南民二终字第 313 号案中,海南省海南中级人民法院认为,发生事故时受害人陈某是即将年满 18 周岁的限制行为能力人,应预见而未能预见火灾隐患,对事故的发生其本人及其监护人亦存在过错,应减轻侵害人的民事责任。①在山东省聊城市中级人民法院(2021)鲁 15 民终 4207 号案中,法院认为:"考虑到张某、穆某 1 在事发当时是未成年人,认知能力有限、躲避风险的意识有限,对潜在风险的意识不足,而当时开学也还没满 1 个月,开班会的时间距离事发时间最长不满半个月,而穆某 1 更是升入一年级的新生,是否已经能够自主独立地适应崇文学校的学习教育生活存疑。"另外,"张某、穆某 1 在事发当时虽然是未成年人,但其已处于在校学习阶段,张某通过一年多的学习,穆某 1 通过一个月的学习,根据其年龄及学校安排的学习情况,应当认定对学校的基本秩序已经都有了正常认知,对安全风险的规避在学校和家长的教育下也应有了一个基本认知。"②

(4)两层因果关系。

监护人责任考察的实际上是两个层次的问题:一是被监护人的行为是否造成了他人损害的后果,二是监护人对被监护人是否尽到了监护职责。由此,监护人责任需要两层因果关系。首先要求被监护人的行为与损害结果之间存在因果关系。同时,监护人未尽到监护职责与损害结果之间也应当有因果关系。

需要注意的是,根据《民法典》第 1188 条的规定,监护人尽到监护职责仅仅是减轻责任的条件而不是免除责任的条件。即使监护人证明自己已经尽到了监护职责,仍需要承担一定的责任。因此,证明监护人未尽到监护职责与损害结果之间存在因果关系,只关系到责任大小,而不影响责任的成立。我国台湾地区对是否尽到监护职责的认定采取了较为宽泛的标准。教养与监督应当并重,不能偏废。学说与判决认为,监督义务系就个别具体行为的危险性加以认定,但也需要斟酌平日教养,因为未成年人须经由长期反复的教导、学习,方能知道如何趋避危险,逐渐养成自我负责的生活方式,从而平日教养与监督具有互补作用的关系,平日教养不足者,应严格其就具体行为的监督义务。③

3. 监护人责任的承担

《德国民法典》第 832 条第 1 款规定:"对于因未成年,或因其精神上或身体上之状态,而须监督之人,依法负有监督义务者,就该人不法加于第三人之损害,负赔偿责任。监督义务人已尽监督之能事,或纵加以相当之监督仍将发生损害

---

① 参见海南省海南中级人民法院(2006)海南民二终字第 313 号民事判决书。
② 参见山东省聊城市中级人民法院(2021)鲁 15 民终 4207 号。
③ 比如,在台湾地区高等法院 2001 年上易字第 251 号判决中,法官认为,查林某某已就读高中,对于道路交通规则及个人安全之维护与遵守应能注意,而竟不注意,任意跨越马路,能谓法定代理人平日教养并无疏懈之处? 参见王泽鉴:《侵权行为》(第三版),北京大学出版社 2016 年版,第 471 页。

者,不生赔偿义务。"《德国民法典》第829条规定:"于第823条至第826条所定情形之一,依第827条及第828条规定,就其所致之损害不负赔偿责任之人,如损害之赔偿不能由负监督义务之第三人为之时,仍应赔偿该损害。但按其情形,即如依当事人之关系,损害之填补系衡平所要求,且不剥夺其为维持适当生计及履行法定扶养义务所需之资力者为限。"

台湾地区"民法"第187条规定:"无行为能力人或者限制行为能力人,不法侵害他人之权利者,以行为时有识别能力为限,与其法定代理人连带负损害赔偿责任。行为时无识别能力者,由其法定代理人负损害赔偿责任。前项情形,法定代理人如其监督并未疏懈,或纵加以相当之监督,而仍不免发生损害者,不负赔偿责任。如不能依前二项规定受损害赔偿时,法院因被害人之声请,得斟酌行为人及其法定代理人与被害人之经济状况,令行为人或其法定代理人为全部或一部之损害赔偿。"

可见,德国民法、我国台湾地区"民法"都规定,在监护人尽到监护职责或者即使尽到监护职责,损害仍发生时,监护人可以免责。但在监护人因上述情况免责时,监护人还要承担衡平责任。

根据《民法典》第1188条的规定,被监护人侵权行为的后果由其监护人来承担。在被监护人侵权行为中,行为主体和责任主体相分离,行为主体是被监护人,责任主体是其监护人。监护人承担责任的归责原则是无过错责任,即只要被监护人的行为构成侵权行为,监护人就应当承担侵权责任。如果监护人尽到了监护责任,可以减轻其责任。具体在损害赔偿方面,如果被监护人自己有财产的,则由该财产来支付。不足部分,由监护人赔偿。

另外,《精神卫生法》第79条规定:"医疗机构出具的诊断结论表明精神障碍患者应当住院治疗而其监护人拒绝,致使患者造成他人人身、财产损害的,或者患者有其他造成他人人身、财产损害情形的,其监护人依法承担民事责任。"

(二)被监护人自己行为造成自己损害或者被监护人遭受他人损害时监护人的责任

根据《民法典》第34条、第35条的规定,监护人应当按照最有利于被监护人的原则履行监护职责,代理被监护人实施民事法律行为,保护被监护人的人身、财产以及其他合法权益;监护人除为维护被监护人的利益外,不得处分被监护人的财产。监护人不履行监护职责或者侵害被监护人的合法权益的,应当承担法律责任。

因被监护人自己的行为造成自己损害,或者被监护人遭受他人损害时,如果监护人未尽到监护职责,监护人也要承担一部分责任。从加害人角度而言,构成与有过失,加害人的责任因此而减轻。

在河南省高级人民法院(2002)豫法民一终字第147号案中,河南省高级人民法院认为,因电业局的高压线路(击伤翟某的线路)是20世纪70年代架设的,该线路的架设是严格按照有关的行业管理规定施工的,受害人翟某的家人因未办理合法的手续在电力设施保护区建住宅,又乱放杂物(铝合金条等),致使翟某拿到5.92米长的铝合金条玩耍,碰到高压线造成伤残,其监护人应当预见到,而未加防范,未尽到保护被监护人的身体健康和对被监护人进行管理、教育的义务,原审认定翟某作为无民事行为能力的儿童,在高压线路保护区范围内居住生活被电击伤与其监护人没有尽到监护职责有直接的因果关系正确,应予维持。[1]

在海南省三亚市中级人民法院(2007)三亚民一终字第225号案中,9岁的周某在三亚湾新城陶然路(海坡六横路)玩耍时,攀爬架设变压器的电杆,当其爬至离地面2.8米高的变压器安装处时,触及高压带电导线被电击伤。海南省三亚市中级人民法院认为,周某因无知爬上架设高压线的电线杆,造成其触电、人身受到损害,由于周某的监护人对周某管教不力,对事故的发生负有一定的责任。[2]

根据《民法典》第34条的规定,在被监护人人身、财产或者其他合法权益受损时,被监护人承担责任的前提是监护人未尽到监护职责。值得注意的是,在司法实务中有一种倾向,凡是因被监护人自己的行为造成自己损害,或者被监护人作为受害人时,都或多或少会判决监护人承担一部分责任。这样的做法也值得反思。

(三) 监护职责委托他人时的责任承担

《民法典》第1189条规定:"无民事行为能力人、限制民事行为能力人造成他人损害,监护人将监护职责委托给他人的,监护人应当承担侵权责任;受托人有过错的,承担相应的责任。"

早在《民通意见》中,对于监护职责委托他人的情形就有规定。《民通意见》第22条曾规定:"监护人可以将监护职责部分或者全部委托给他人。因被监护人的侵权行为需要承担民事责任的,应当由监护人承担,但另有约定的除外;被委托人确有过错的,负连带责任。"

《民法典》吸收《民通意见》的规定设立本条,是因为监护职责委托他人的情形在生活中非常多见。监护关系由法律规定,一旦形成,无法通过合意而临时转移。但是,监护职责可以临时委托他人。监护职责的委托,可以是书面协议,也可以依默示方式而确定。现实生活中,监护人临时有事,将被监护人委托他人代管一段时间,也是生活常态。比如,父母外出工作,将未成年子女委托给家中老人;再比如,父母与婴幼儿托管机构签订协议,在特定时间段由后者代为照管;

---

[1] 参见河南省高级人民法院(2002)豫法民一终字第147号民事判决书。
[2] 参见海南省三亚市中级人民法院(2007)三亚民一终字第225号民事判决书。

等等。

德国民法上，依照契约承担监护责任的人，承担监护人责任。《德国民法典》第 832 条第 2 款规定："依契约承担监督执行之人，负同一责任。"这一立场与《民通意见》第 22 条的立场类似，可以通过约定而改变监护责任的主体。

《民法典》第 1189 条没有延续《民通意见》第 22 条中"另有约定"对监护人的排除。原因在于"另有约定的除外"为监护人规避监护责任提供了借口，且"约定"具有对内性，不能对抗被侵权人的损害赔偿请求权。第 1189 条将第 22 条中的"连带责任"改为了"相应责任"。原因在于，委托监护大量存在于亲朋好友之间，且基本是无偿的。连带责任过分强调了对被侵权人的保护而没有平衡委托人和受托人的利益。①《民法典总则编解释》第 13 条规定："监护人因患病、外出务工等原因在一定期限内不能完全履行监护职责，将全部或者部分监护职责委托给他人，当事人主张受托人因此成为监护人的，人民法院不予支持。"本条规定进一步明确了监护责任不可因委托约定而转移。

值得讨论的是《民法典》第 1189 条与第 1199 条、第 1200 条及第 1201 条如何衔接？在这三条中都没有出现监护人的角色。但是，这三条都是规范无民事行为能力人及限制民事行为能力人遭受伤害或者伤害他人时的责任配置问题。幼儿园、学校或者其他教育机构能否算作第 1189 条中的受托人？监护人将被监护人送入幼儿园、学校，应当有将在学期间的监护职责委托的意思。这一意思与将被监护人委托给祖父母等照顾的意思相同。但是，教育机构负担的是教育、管理职责，其内容与监护职责不同，监护职责要重于教育机构的教育、管理职责。同时，幼儿园、学校等教育机构需要同时面对数量众多的孩子，与一对一委托监护也存在不同。委托监护属于委托，需要明确一致的意思表示(《民法典》第 919 条)。因此，幼儿园、学校或者其他教育机构不属于第 1189 条中的受托人。

第十节　完全民事行为能力人暂时丧失意识侵权责任

一、完全民事行为能力人暂时丧失意识侵权行为的概念

完全民事行为能力人暂时丧失意识的侵权行为，是指完全民事行为能力人在因为各种原因导致意识暂时丧失的情况下，造成他人民事权益受损的行为。

成年人造成他人伤害时的确属于暂时丧失意识还是为逃避责任而故意伪装，属于事实认定问题。

---

① 参见黄薇主编：《中华人民共和国民法典侵权责任编解读》，中国法制出版社 2020 年版，第 102 页。

完全民事行为能力人暂时丧失意识，不等于其就是无民事行为能力人或者限制民事行为能力人。《民法典》第 24 条第 1 款规定："不能辨认或者不能完全辨认自己行为的成年人，其利害关系人或者有关组织，可以向人民法院申请认定该成年人为无民事行为能力人或者限制民事行为能力人。"可见，成年人只有经利害关系人或者有关组织申请、通过法院认定，才可以成为无民事行为能力人或者限制民事行为能力人。根据《民法典》第 28 条，成年人成为无民事行为能力人或者限制民事行为能力人后，才有监护人。成年人暂时丧失意识的，没有监护问题，也不适用监护责任。《民法典》第 1190 条在第 1188 条、第 1189 条之后单独规定，道理也在于此。

在江苏省徐州市泉山区人民法院(2019)苏 0311 民初 2099 号案中，法院认为，本案中，经鉴定，被告刘某 1 在实施侵权行为时患急性短暂性精神病，事发时无行为能力。被告刘某某作为被告刘某 1 的配偶和监护人，应当对被告刘某 1 造成的损害后果承担赔偿责任。被告刘某 2 在接受公安机关询问时关于"徐州火车站的民警给我打电话，说我哥从东莞到徐州来的火车上说想家而且一直哭还攻击人"的陈述能够证明，其在接站时知晓被告刘某 1 精神异常。在被告刘某某未予陪同且被告刘某 1 精神异常的情况下，被告刘某 2 作为被告刘某 1 的近亲属，应履行监护职责。然被告刘某 2 未采取就医等方式确认被告刘某 1 的健康状况进而采取相应措施，而是直接将被告刘某 1 接回家中继而发生损害后果，被告刘某 2 存在过错，应承担连带赔偿责任。①

本案中，被告仅是暂时失去意识，法院在未经申请而认定其行为能力有瑕疵的情况下，直接适用监护人责任，似有不妥。完全民事行为能力人暂时丧失意识的原因很多。根据其对暂时丧失意识造成他人损害是否存在过错为标准，可以将完全民事行为能力人暂时丧失意识的侵权行为分为两种情况，两种情况下存在不同的责任配置。

《德国民法典》第 827 条规定："于无意识状态，或于因疾病之精神障碍而排除自由意思决定之状态，加损害于他人者，就其损害不负责任。以醉酒或类似手段，自行陷于前述之暂时状态者，就其在此状态下所不法造成之损害，负担如同因过失而应负之责任；非因过失而陷于该状态者，其责任不发生。"根据本条规定，自行陷入无意识状态的，承担过失责任。非因过失而陷于无意识状态的，不承担责任。《民法典》第 1190 条同样区分行为人暂时丧失意识有无过错而配置不同的责任。

---

① 参见江苏省徐州市泉山区人民法院(2019)苏 0311 民初 2099 号民事判决书。

二、完全民事行为能力人对其行为暂时丧失意识存在过错时的侵权责任

《民法典》第 1190 条第 1 款前段规定:"完全民事行为能力人对自己的行为暂时没有意识或者失去控制造成他人损害有过错的,应当承担侵权责任。"

完全民事行为能力人对其行为暂时丧失意识或者失去控制存在过错的,要为因其过错给他人造成的损害承担责任。此种过错多体现为过失,即行为人在意识暂时丧失或者失去控制之前,应当预见到因自己过错可能导致自己暂时丧失意识或者失去控制,从而有可能给他人造成损害。

《民法典》第 1190 条第 2 款规定:"完全民事行为能力人因醉酒、滥用麻醉药品或者精神药品对自己的行为暂时没有意识或者失去控制造成他人损害的,应当承担侵权责任。"

因醉酒、滥用麻醉药品或者精神药品导致自己暂时失去意识或者失去控制,属于典型的过错。第 2 款单独列举这几种情况,是对这些过错应当承担责任的强调。其中,最常见的是醉酒驾车致人损害的情况。因醉酒驾车致人损害,当然要承担民事责任。根据《机动车交通事故责任强制保险条例》第 22 条第 1 款第 1 项的规定,驾驶人醉酒驾车的,保险公司在机动车交通事故责任强制保险责任限额范围内垫付抢救费用后,有权向致害人追偿。因醉酒驾车致人受伤或者死亡的,还可能引发行政责任和刑事责任。如何承担刑事责任,是近年来各界关注的热点问题。

三、完全民事行为能力人对其行为暂时丧失意识没有过错时的侵权责任

根据《民法典》第 1190 条第 1 款后段的规定,完全民事行为能力人对自己的行为暂时没有意识或者失去控制造成他人损害没有过错的,根据行为人的经济状况对受害人适当补偿。

据此,完全民事行为能力人对其行为暂时丧失意识或者失去控制不存在过错的,不承担侵权责任。但是,行为人不承担责任时,损害必然只能由受害人自己承担。这样的结果,对受害人有失公平。因此,比较好的处理方法是在双方当事人之间分担损失。分担损失时,要考虑行为人的经济状况,同时也应当考虑受害人的损失情况。前引江苏省徐州市泉山区人民法院(2019)苏 0311 民初 2099 号案应根据原《侵权责任法》第 33 条(《民法典》第 1190 条)适当分配责任。

关于暂时丧失意识时责任的承担,我国台湾地区"民法"准用监护责任的规定。台湾地区"民法"第 187 条第 4 款规定:"前项规定,于其他之人,在无意识或精神错乱中所为之行为致第三人受损害时,准用之。"所谓前项之规定,即"如不能因前二项受损害赔偿时,法院因被害人之声请,得斟酌行为人及其法定代理人与被害人之经济状况,令行为人或法定代理人为全部或一部之损害赔偿"。根据

前引《德国民法典》第 827 条的规定，非因过失而陷于无意识状态的，不承担责任。但第 829 条同时规定了衡平责任。第 829 条规定，依第 827 条等规定，"就其所致之损害不负赔偿责任之人，如损害之赔偿不能由负监督义务之第三人为之时，仍应赔偿该损害。但按其情形，即如依当事人之关系，损害之填补系衡平所要求，且不剥夺其为维持适当生计及履行法定扶养义务所需之资力者为限"。可见，《民法典》第 1190 条第 1 款后段适当补偿的规则，与台湾地区"民法"、德国民法所采衡平规则立场一致。

第十一节　职务侵权行为与责任

一、国家机关及其工作人员职务侵权行为与责任

国家机关及其工作人员的职务侵权行为，是指国家机关或者国家机关工作人员，在执行职务中侵犯他人合法权益并造成损害的行为。

国家机关及其工作人员的职务侵权行为，包括两种类型，一类属于履行公职权的行为，另一类不属于履行公职权的行为，是国家机关为了维持国家机关正常运转所进行的民事行为。①

对于履行公职权侵犯他人合法权益的行为，要根据《国家赔偿法》承担国家赔偿责任。《国家赔偿法》第 2 条第 1 款规定："国家机关和国家机关工作人员行使职权，有本法规定的侵犯公民、法人和其他组织合法权益的情形，造成损害的，受害人有依照本法取得国家赔偿的权利。"

对于不属于履行公职权侵犯他人合法权益的行为，则要承担一般民事责任。比如，国家机关工作人员在执行职务过程中发生车祸造成他人损害时，要依据《民法典》等法律承担赔偿损失等民事责任。《民法通则》第 121 条曾规定："国家机关或者国家机关工作人员在执行职务中，侵犯公民、法人的合法权益造成损害的，应当承担民事责任。"《侵权责任法》不再区分国家与其他组织，统一在第 34 条规定了用人单位责任。《民法典》第 1191 条延续了第 34 条的规定，条文中"用人单位"包括企业、事业单位、国家机关、社会团体、个体经济组织等。因此，国家机关及其工作人员在不属于履行公职权中侵犯他人合法权益时，适用《民法典》第 1191 条的规定。

二、用人单位工作人员的职务侵权行为及责任

1.《民法典》第 1191 条第 1 款规定："用人单位的工作人员因执行工作任务

---

① 参见王胜明主编：《中华人民共和国侵权责任法释义》，法律出版社 2010 年版，第 171 页。

造成他人损害的,由用人单位承担侵权责任。用人单位承担侵权责任后,可以向有故意或者重大过失的工作人员追偿。"

比较而言,本款规定扩大了《民法通则》第121条的适用范围。用人单位既包括国家机关,也包括一般法人及其他组织。

与本款规定类似的是2003年《人身损害赔偿解释》第8条第1款,即:"法人或者其他组织的法定代表人、负责人以及工作人员,在执行职务中致人损害的,依照民法通则第121条的规定,由该法人或者其他组织承担民事责任。上述人员实施与职务无关的行为致人损害的,应当由行为人承担赔偿责任。"

此外,2003年《人身损害赔偿解释》第9条还规定了雇员致他人损害情形下的雇主责任。第9条第1款规定:"雇员在从事雇佣活动中致人损害的,雇主应当承担赔偿责任;雇员因故意或者重大过失致人损害的,应当与雇主承担连带赔偿责任。雇主承担赔偿责任的,可以向雇员追偿。"

《侵权责任法》不再区分法人或者其他组织工作人员责任以及雇主责任,也不再规定雇员因故意或者重大过失致人损害时与雇主承担连带责任。其第34条统一规定了用人单位责任。《民法典》第1191条延续了第34条的规定,同时增加了用人单位可向有故意或者重大过失的工作人员追偿的内容。根据《民法典》第1191条第1款的规定,只要工作人员因执行工作任务实施了侵权行为,侵权责任就由用人单位来承担。在用人单位和工作人员的内部关系方面,采无过错责任。用人单位对其工作人员的选任及监督是否尽到充分注意,不是其承担责任的考量因素。在用人单位和第三人的外部关系方面,则根据有关法律规定来确定归责原则。

我国台湾地区"民法"上,雇用人因选任及监督过失而与受雇人负连带责任,雇用人之过失采推定过失。① 第188条规定:"受雇人因执行职务,不法侵害他人之权利者,由雇用人与行为人连带负损害赔偿责任。但选任受雇人及监督其职务之执行已尽相当之注意或纵加以相当之注意而仍不免发生损害者,雇用人不负赔偿责任。如被害人依前项但书之规定,不能受损害赔偿时,法院因其声请,得斟酌雇用人与被害人之经济状况,令雇用人为全部或一部之损害赔偿。雇用人赔偿损害时,对于为侵权行为之受雇人,有求偿权。"

与台湾地区"民法"第187条中过错责任加公平责任一样,第188条也是规定了层层递进的三种情况。第一项规定雇用人对受雇人的行为承担的是推定过失责任。② 其立法理由认为:"谨按受雇人因执行职务不法侵害他人之权利者,

---

① "衡诸今日的社会经济状况及人民的法律意识,在立法政策上,实应采无过失责任。"王泽鉴:《侵权行为》(第三版),北京大学出版社2016年版,第499页。

② 参见1930年上3025号判例。

由雇用人与行为人连带负赔偿之责,盖因故意或过失加害于人者,其损害不问其因自己之行为,抑他人之行为故也。然若雇用人对于受雇人之选任及监督,已尽相当之注意,或虽加以相当之注意,而其损害仍不免发生者,则不应使雇用人再负赔偿之责任。故设第一项以明其旨。"此处立法理由书并未说明,对受雇人之选任及监督已尽相当之注意或纵加以相当之注意,损害仍不免发生时,为何雇用人就可以免除责任。

《德国民法典》第831条也采过失推定。其理由在于:坚持过失责任的理念;顾及家庭及小型企业的负担能力;推定过失足以保护受害人同时不违背过失责任的理念。[①]

根据台湾地区"民法"第188条,在雇用人免除责任后,由实施侵权行为的受雇人自己承担责任。但受雇人的赔偿能力往往有限,故而立法理由书接着写道:"雇用人对于受雇人之选任及监督,已尽相当之注意,或纵加以相当之注意,其损害仍不免发生者,得免除赔偿之责任固矣,然若应负责赔偿之受雇人,绝对无赔偿之资力时,则是被害人之损失,将完全无所取偿,殊非事理之平,此时应斟酌雇用人与被害人之经济状况,以定雇用人之赔偿数额,以保护被害人。故设第二项以明其旨。雇用人赔偿损害时,不问其赔偿情形如何,均得于赔偿后向受雇人行使求偿权,盖以加害行为,究系出于受雇人,当然不能免除其责任也,故设第三项以明其旨。"

关于选任及监督之过失,判例认为:"雇用人选任受雇人虽曰尽相当之注意,而监督其职务之执行未尽相当之注意者,如无纵加以相当之注意,仍不免生损害之情事,仍负民法第188条第1项之赔偿责任。"[②]"法律上所谓雇用主必须注意之趣旨,系预防受雇人执行业务发生危害之意,故注意范围,除受雇人之技术是否纯熟而外,尚须就其人之性格是否谨慎精细亦加以注意,盖性格狂放或粗疏之人执此业务,易生危害乃意中之事。"[③]

雇用人替代受雇人承担责任的另一种归责模式是无过错责任。其理由主要是为了更好地保护受害人。在正当性论证方面,主要依据报偿理论:使用他人扩张活动的人,也应当就使用之人所致损害负责。即受其利者,亦须任其害。雇用人较具资力,得透过保险及价格机制,分散损害。雇用人(尤其是企业)得有效地组织及监督,以减少意外,雇用人得行使对受雇人的求偿权,以强化对企业管理的纪律。[④]

2003年《人身损害赔偿解释》第8条、第9条,《侵权责任法》第34条都采无

---

① 参见王泽鉴:《侵权行为》(第三版),北京大学出版社2016年版,第498页。
② 1933年上3116号判例。
③ 1931年上568号判例。
④ 参见王泽鉴:《侵权行为》(第三版),北京大学出版社2016年版,第497、535页。

过错责任归责。《民法典》第1191条延续无过错责任归责。无过错责任一方面使得责任财产范围增加，另一方面也能更好督促用人单位对其工作人员的选任及职务监督，免除了我国台湾地区"民法"第188条规定的雇用人可能因无过失而免责以及适用公平责任的复杂操作，更简便易行。但第1191条中的追偿以工作人员的故意或者重大过失为限。第188条则无此限制，无论受雇人行为时过错状态如何，也无论雇用人赔偿的是全部还是一部分，雇用人都可以向受雇人追偿。

单行法对此也有规定。比如，《公证法》第43条第1款规定："公证机构及其公证员因过错给当事人、公证事项的利害关系人造成损失的，由公证机构承担相应的赔偿责任；公证机构赔偿后，可以向有故意或者重大过失的公证员追偿。"依此规定，公证员对当事人、公证事项的利害关系人的侵权行为采过错归责原则。但公证员的过错行为，其责任主体是公证机构。公证机构不以其对公证员的选任及监督是否存在疏失为前提，只要公证员的行为构成侵权行为，公证机构就要承担责任。公证机构赔偿后，向公证员追偿的前提是公证员具有故意或者重大过失。

2. 用人单位是否为其工作人员的行为承担侵权责任，取决于致人损害的行为是否是执行工作任务即职务行为。职务行为由用人单位承担责任，非职务行为则由行为人自己承担责任。关于职务行为的认定，大体上有主观说和客观说两种主张。主观说是以法人或者组织的意思或者其工作人员的意思为标准。客观说则以行为的外在表现为标准。一般认为，如果就外观来看，行为人的行为属于职务行为，则应当由用人单位承担责任。

《民法典》第1191条和《侵权责任法》第34条均未对"执行工作任务"进行界定。我国台湾地区"民法"第188条也未对"执行职务"进行界定，司法判例均采客观说。"第188条第1项所谓受雇人因执行职务不法侵害他人之权利，不仅指受雇人因执行其所受命令，或委托之职务自体，或执行该职务所必要之行为，而不法侵害他人之权利者而言，即受雇人之行为，在客观上足认为与其执行职务有关，而不法侵害他人之权利者，就令其为自己利益所为亦应包括在内。"[1]"第188条第1项所谓受雇人，并非仅限于雇佣契约所称之受雇人，凡客观上被他人使用为之服劳务而受其监督者均系受雇人。"[2]"受雇人既系以听从雇用人之指示而作为，倘受雇人确系因服劳务而生侵害第三人权利之情事时，雇用人即不能籍口曾与受雇人有何约定，而诿卸其对第三人之责任。"[3]"第188条所称之受雇人，

---

[1] 我国台湾地区1953年台上1224号判例。
[2] 我国台湾地区1968年台上1663号判例。
[3] 我国台湾地区1967年台上1612号判例。

系以事实上之雇用关系为标准,雇用人与受雇人间已否成立书面契约,在所不问。"①

受雇人的行为是否属于执行职务,不能依雇用人与受雇人的意思而决定,实值赞同。但悉以雇用人的行为外观而认定,亦值商榷。其所涉及者,系在决定雇用人的责任范畴,乃价值判断问题,含有法政策的意涵,不能单就行为外观加以论断,行为外观理论不足以说明雇用人应就受雇人行为负其责任的实质理由。雇用人责任的依据,系使用他人,享有其利者,应承担其害,负其责任,雇用人并具有较佳能力,得借商品劳务的价格或保险分散损害。关于执行职务范围的认定,亦应考虑"内在关联",即须与雇用人所委办职务具有通常合理关联性,雇用人对此可为预见,事先防范,并计算其可能的损害,内化于经营成本,予以分散。②

2003年《人身损害赔偿解释》第9条第2款规定:"前款所称'从事雇佣活动',是指从事雇主授权或者指示范围内的生产经营活动或者其他劳务活动。雇员的行为超出授权范围,但其表现形式是履行职务或者与履行职务有内在联系的,应当认定为'从事雇佣活动'。"此处采表现形式加内在联系认定"从事雇佣活动",值得肯定,可以作为解释《民法典》第1191条"执行工作任务"的方法。

在上海市第二中级人民法院(2010)沪二中民一(民)终字2132号案中,2009年5月3日晚8时45分许,傅某在上海市虹口区群众影剧院门口与正在为该影剧院演出的陕西伊格瑞特艺术团所雇员工刘某发生争执,纷争中刘某将傅某殴打致伤。上海市虹口区人民法院认为,肇事人刘某作为陕西伊格瑞特艺术团的雇员,其行为虽超出授权范围,但发生在演出期间,且在影剧院门口售票处,其表现形式与履行职务有内在联系,应当认定为从事雇佣活动,故其致人损害的赔偿责任应由雇主艺术团承担。③

在重庆市第四中级人民法院(2010)渝四中法民终字第00573号案中,杨某等人受雇在付某的烟地做工。某天,付某之父付某元给几个人安排的工作为犁土,但因为微耕机无法发动,无法犁土,几人遂自行前去砌烤棚。在砌烤棚的过程中,因脚踩的跳板断裂而将杨某摔在地上,跳板上堆放的水泥砖随之下落砸在杨某的右下肢上。杨某因此受伤。

一审重庆市彭水苗族土家族自治县人民法院认为,本案焦点在于杨某自行前往修建烤棚的行为是否属于从事雇佣活动。所谓雇佣活动是指从事雇主授权或者指示范围内的生产经营活动或者其他劳务活动。雇员的行为超出授权范

---

① 我国台湾地区1956年台上1599号判例。
② 参见王泽鉴:《侵权行为》(第三版),北京大学出版社2016年版,第511—512页。
③ 参见上海市第二中级人民法院(2010)沪二中民一(民)终字2132号民事判决书。

围,但其表现形式是履行职务或者与履行职务有内在联系的,应当认定为从事雇佣活动。在事故发生当日,付某元给杨某等人安排的工作为犁地,杨某称自行前往修建烤棚,显然超过了雇主的授权或者指示范围。杨某及其他几名工人在该工地的主要职责是耕地,但亦曾参与过修建烤棚,且该工地的工作范围只有耕地与修建烤棚,杨某等人在微耕机不能发动的情况下自行前去修建烤棚,可以认定这一行为与履行职务之间有内在联系。故杨某自行前往修建烤棚的行为属于从事雇佣活动。

付某元不服一审判决。上诉理由之一是,杨某等人不具有从事修建烤棚的专业技术,也从未参与过修建烤棚工作,付某元只是雇请杨某等人从事耕地工作,事发当天因为微耕机出现故障,杨某等人为了混一天的工时,擅自决定去修建烤棚,故修建烤棚与雇主安排的耕地之间没有任何内在联系,原判认定杨某属于从事雇佣活动受伤属于适用法律不当。

二审重庆市第四中级人民法院认为,虽然杨某在受伤当日是被安排耕地,但一审认定杨某在受伤前曾经参与过修烤棚,对此双方没有提出异议,应当认定协助修建烤棚也是杨某等人的工作范围,故原判认定杨某属于从事雇佣活动受伤,符合相关法律规定,应予维持。①

本案中,一审法院以2003年《人身损害赔偿解释》第9条第2款"与履行职务有内在联系"认定是否是从事雇佣活动。但第9条第2款明确其界定的只是"前款"即第9条第1款规定的"雇佣活动"。第9条第1款规范的是从事雇佣活动致人损害的情形,此处致人损害,应当限定为致第三人损害。雇员从事雇佣活动造成自身损害情形,应当适用第11条第1款。案涉法律关系仅发生在雇主与雇员之间,似无所谓"表现形式是履行职务或者与履行职务有内在联系"的问题。应从解释双方之间的"指示或者授权范围"入手,考量双方过错程度,以结果公平妥当为导向加以解决。

3. 在劳务派遣的场合,涉及被派遣工作人员、接受劳务派遣单位(用工单位)及劳务派遣单位(用人单位)三方关系。《劳动合同法》第五章第二节对劳务派遣有专门规定。《民法典》第1191条第2款规定:"劳务派遣期间,被派遣的工作人员因执行工作任务造成他人损害的,由接受劳务派遣的用工单位承担侵权责任;劳务派遣单位有过错的,承担相应的责任。"

被派遣工作人员执行用工单位工作任务,受其指示监督,故应由用工单位承担责任。劳务派遣单位仅在有过错时承担相应责任。比如明知所派遣人员资质存在瑕疵,因该资质瑕疵造成第三人损害。

在北京市第三中级人民法院(2017)京03民终4015号案中,2015年9月21

---

① 参见重庆市第四中级人民法院(2010)渝四中法民终字第00573号民事判决书。

日 6 时 35 分许,孙某某驾驶车号为京 EY0×××小轿车与郑某某驾驶的中型普通客车发生交通事故,造成郑某某受伤、孙某某死亡,两车损坏。因无法查清全部事故事实,交通队未进行责任划分。经查,孙某某所驾车辆未投保交强险。

孙某某与文者汇中公司签订有劳动合同,并派遣到运道服务中心。运道服务中心与诺基亚公司之间存在服务协议,运道服务中心向诺基亚公司提供车辆租赁和司机服务(包括非指定司机和指定司机),租期为 2014 年 3 月 1 日至 2017 年 2 月 28 日,租用车辆为京 P9C×××,指定司机为孙某某,用车人为诺基亚公司高管张某。事发前一日,孙某某受指示第二天早上送张某开会,事发当天孙某某在由其住所去张某住所途中驾车发生交通事故。车号京 EY0×××小轿车注册所有人为北京健森生物医学工程研究所,张某丈夫苏某因与该研究所的合作项目取得对该机动车的占有、支配或收益,在该研究所被吊销后,苏某仍然对该机动车进行占有,并将该车交由孙某某使用。

郑某某起诉要求被告方赔偿各项损失共计人民币 972054.67 元并负担诉讼费。孙某某之近亲属乔某、孙某睿、朱某芳认为孙某某系履行职务行为,应当由单位承担赔偿责任。文者汇中公司认为,孙某某并非履行职务,该公司亦无过错,不同意承担赔偿责任。运道服务中心认为,诺基亚公司将孙某某劳动关系以劳务派遣的形式挂靠在运道服务中心,孙某某驾驶未投保交强险的他人车辆发生交通事故,不是执行租车合同和劳动合同中的工作任务,不构成职务行为。诺基亚公司认为,孙某某驾驶其借用的车辆上班途中发生交通事故,不构成职务行为;诺基亚公司与运道服务中心是车辆租赁及司机服务的合同关系,孙某某为诺基亚公司提供司机服务,是运道服务中心履行合同义务的具体体现,故孙某某与诺基亚公司之间不存在劳动、劳务派遣或雇佣关系,即便孙某某属于履行职务行为过程中发生的交通事故,也是履行运道服务中心的工作任务。

一审法院认为,首先,诺基亚公司与运道服务中心之间为车辆租赁和提供司机服务的合同关系,孙某某系文者汇中公司司机,派驻运道服务中心并为诺基亚公司提供指定司机服务,因此运道服务中心为接受派遣的用工单位,文者汇中公司为劳务派遣单位。诺基亚公司为接受车辆租赁和司机服务的合同相对方,孙某某接受指示提供司机服务是履行双方合同内容的具体表现,诺基亚公司不是孙某某的雇佣单位。其次,虽然事发时孙某某尚未开始驾驶运道服务中心提供的租赁车辆,但其已经处于为提供司机服务做准备工作阶段,故孙某某作为提供指定司机服务的司机,在接到指示并赶往接送途中发生事故造成他人损害属于执行职务时造成他人损害。综上,事发时孙某某属于履行职务,运道服务中心作为用工单位应承担赔偿责任。文者汇中公司作为劳务派遣单位在本案中无过错,不应承担赔偿责任。苏某作为车辆管理人负有投保交强险的义务,其未依法投保交强险,根据相关法律规定应当与侵权人在交强险责任限额范围内承担连带责任。

二审法院持相同看法：诺基亚公司为接受车辆租赁和司机服务的合同相对方，不是孙某某的雇佣单位。虽然孙某某事发时尚未开始驾驶运道服务中心提供的租赁车辆，但其是为了提供特约司机服务而前往工作地点，且其工作方式也是根据诺基亚公司高管张某的指示地点完成接送工作，其前往工作地点的行为亦应当视为履行职务的行为，运道服务中心作为接受劳务派遣的用工单位应当对孙某某执行职务时造成的他人损害承担赔偿责任。苏某系涉案车辆的实际所有人及控制人，是投保义务人，其未依法投保交强险，根据相关法律规定应当与侵权人在交强险责任限额范围内承担连带责任。①

需要注意的是，《民法典》第1191条第2款将《侵权责任法》第34条第2款中"承担相应的补充责任"改变为"承担相应的责任"。按照立法机关工作人员释义书的解释，改变的原因在于《民法典》编纂过程中，有意见提出，劳务派遣单位的责任大致有三种情况：一是用工单位是第一顺位的责任人，劳务派遣单位是第二顺位的责任人，在用工单位承担了全部责任的情况下，劳务派遣单位对被侵权人就不再承担赔偿责任。二是用工单位财力不足，无法全部赔偿的情况下，剩余的部分由劳务派遣单位承担。三是劳务派遣单位有过错的，应当按照过错承担侵权责任。《侵权责任法》第34条第2款"相应的补充责任"的表述涵盖不了第三种情况。《民法典》因此作出了上述修改。②

劳务派遣单位有过错时，应当根据过错承担侵权责任。此处根据过错承担的侵权责任，并不排斥接受劳务派遣的用工单位的责任，因此，其本质是一种补充责任。第1191条第2款"相应责任"自然可以涵盖补充责任，但不能否认劳务派遣单位承担的就是补充责任。"相应责任"的表述尽管涵盖范围更广，但不精确，似乎也不专业。

三、个人劳务关系中的侵权行为与责任

《民法典》第1192条规定："个人之间形成劳务关系，提供劳务一方因劳务造成他人损害的，由接受劳务一方承担侵权责任。接受劳务一方承担侵权责任后，可以向有故意或者重大过失的提供劳务一方追偿。提供劳务一方因劳务受到损害的，根据双方各自的过错承担相应的责任。提供劳务期间，因第三人的行为造成提供劳务一方损害的，提供劳务一方有权请求第三人承担侵权责任，也有权请求接受劳务一方给予补偿。接受劳务一方补偿后，可以向第三人追偿。"

---

① 参见北京市第三中级人民法院(2017)京03民终4015号民事判决书。
② 参见黄薇主编：《中华人民共和国民法典侵权责任编解读》，中国法制出版社2020年版，第112页。

个人之间形成劳务关系的情形很复杂,可能形成劳务关系的基础法律关系也很多。2003年《人身损害赔偿解释》分别在第9条和第11条规定了雇佣关系,第10条规定了承揽关系,第13条和第14条规定了帮工关系。因为基础法律关系的性质不同,责任配置也不同。

《民法典》第1192条规定的仅仅是自然人之间形成的劳务关系。在个人劳务关系中,一方提供劳务,另一方接受劳务同时支付报酬。劳务关系背后的基础法律关系如何,第1192条没有明确。解释上,雇佣关系、承揽关系以及帮工关系都有可能是个人劳务背后的基础关系。《民法典》第1193条特别规定了承揽关系中的侵权行为,也包括发生在个人之间的承揽关系。在解释第1192条的基础关系时,应当排除掉承揽关系。

在处理个人劳务关系中的侵权行为与责任时,首先需要分辨基础法律关系的性质。此点,不仅在《人身损害赔偿解释》区分雇佣、帮工、承揽关系时很重要,在《民法典》仅区分个人劳务关系与承揽关系时也很重要。

在辽宁省朝阳市中级人民法院(2021)辽13民终3810号案中,原告秦某某个人经营机动车修理部,原告本人系修理工。被告张某系被告刘某某雇佣的铲车司机。2020年6月10日,因铲车前桥螺丝有松动,被告张某在被告刘某某的指示下找到原告,要求原告帮忙维修一下铲车,并称修好后该给多少钱就给多少钱,原告对此未予反驳。原告在维修的过程中,让被告张某用铲车铲子将前桥支撑起来,自己钻到铲车前桥下面用风炮顶在自己腿上去紧前桥螺丝,因前桥上有颗螺丝跟着转,原告便让被告张某找个扳手卡一下,被告张某上车去取扳手时,车辆下沉,前桥将原告的右腿部压住,原告让被告张某继续用铲车铲子将前桥再次支起,被告张某在操作过程中,因铲子向下支撑的过程中车体有向下的缓冲,导致前桥再次下沉压住原告右腿,使其受伤。本案侵权行为,发生在三个个人之间。原告秦某某与被告张某、刘某某三者之间的关系,是需要处理的首要问题。① 在广东省广州市中级人民法院(2021)粤01民终28593号案中,一审法院认为,冯某某服务的对象不限于缘美公司、胡某某一方,即双方之间不存在控制、支配和从属关系;同时,冯某某在进行广告牌安装的过程中,自备工具,按次结算费用,符合承揽关系中的自备工具、一次性提供劳动成果并结算劳动报酬等特征,故一审法院对冯某某与缘美公司之间成立承揽关系的事实予以认定。二审法院认为,胡某某以缘美公司的名义聘请冯某某从事案涉工作,冯某某、胡某某均确认在本案中冯某某无须自带工具,工资按天结算,故本院认为冯某某是以其劳务而非最终工作成果结算劳动报酬,各方符合雇佣关系的主要特征,本案法律

---

① 参见辽宁省朝阳市中级人民法院(2021)辽13民终3810号民事判决书。

关系应为雇佣关系而非承揽关系,一审法院对此认定有误,予以纠正。[①] 本案中,一二审法院对案涉法律关系作出不同认定,原因可能在于各自对事实的判断不同。文书中的论证过程,有助于对雇佣关系和承揽关系的理解与认知。

个人劳务关系中的侵权行为与责任分为对外和对内两种情况。

对外情况是指提供劳务一方因劳务造成第三人损害以及被第三人行为造成损害的情形。根据《民法典》第1192条第1款前段的规定,提供劳务一方因劳务造成他人损害的,由接受劳务一方承担侵权责任。提供劳务一方的劳务活动的成果由接受劳务一方享有,提供劳务一方因劳务造成他人损害的,产生的责任也由接受劳务一方承担。提供劳务一方是行为主体,接受劳务一方是责任主体。因为劳务关系的存在,接受劳务一方为提供劳务一方的行为承担责任具有了正当性。接受劳务一方承担责任后,可以向有故意或者重大过失的提供劳务一方追偿,也有助于激励提供劳务一方在完成劳务过程中更加谨慎小心。

根据《民法典》第1192条第2款的规定,提供劳务期间,因第三人的行为造成提供劳务一方损害的,提供劳务一方有权请求第三人承担侵权责任,也有权请求接受劳务一方给予补偿。接受劳务一方补偿后,可以向第三人追偿。《侵权责任法》第35条没有类似的规定。此处,一方面强调接受劳务一方可以向侵权人主张侵权责任,而损害又发生在提供劳务期间,接受劳务一方受有劳务的利益,也应当同时承受劳务带来的不利后果,因此增加接受劳务一方的责任,以体现对受害人的保护。另一方面,劳务关系发生在个人之间,损害由第三人造成,不宜过分增加接受劳务一方的负担,因此接受劳务一方承担的是补偿责任。[②] 承担补偿责任后,还可以向第三人追偿。

对内情况是指提供劳务一方因劳务自身受到损害的情形。根据《民法典》第1192条第1款后段的规定,提供劳务一方因劳务受到损害的,根据双方各自的过错承担相应的责任。

这种责任配置与用人单位工作人员执行工作任务造成自身损害的责任配置不同。关于用人单位工作人员执行工作任务造成自身损害的情形,《民法典》第1191条并没有规定。《工伤保险条例》第2条第1款规定:"中华人民共和国境内的企业、事业单位、社会团体、民办非企业单位、基金会、律师事务所、会计师事务所等组织和有雇工的个体工商户(以下称用人单位)应当依照本条例规定参加工伤保险,为本单位全部职工或者雇工(以下称职工)缴纳工伤保险费。"根据《工伤保险条例》第14条、第15条、第16条的规定,工作人员在工作过程中遭受的

---

① 参见广东省广州市中级人民法院(2021)粤01民终28593号民事判决书。
② 参见黄薇主编:《中华人民共和国民法典侵权责任编解读》,中国法制出版社2020年版,第116—117页。

损害如果被认定为工伤的,就可以获得相应救济。第1192条中个人之间的劳务关系,不属于依法参加工伤保险的范围,提供劳务一方因劳务自身遭受损害的,无法享受工伤待遇。个人劳务关系中,接受劳务一方对提供劳务一方的约束和控制力,不像用人单位对工作人员的约束和控制力那么强。让接受劳务一方对提供劳务一方因劳务遭受的自身损害承担无过错责任,在没有保险等其他救济措施的情况下,对接受劳务一方负担太重。[①] 尤其是,让接受劳务一方承担全部责任,并不能起到激励其采取措施避免损失发生的效果。相反,双方根据过错各负其责,更能促使双方积极采取预防措施避免损害的发生。

第十二节 承揽关系中的侵权责任

一、承揽关系的概念

承揽关系是因承揽合同而形成的法律关系。承揽合同在实际生活中大量存在,各种加工、定作、修理、复制、测试、检验等工作都可以通过承揽合同完成。原《合同法》第十五章规定了承揽合同。《民法典》合同编第十七章规定了承揽合同。

《民法典》第770条第1款规定:"承揽合同是承揽人按照定作人的要求完成工作,交付工作成果,定作人支付报酬的合同。"

承揽关系中的基本当事人是定作人和承揽人。承揽关系,既可能发生在个人之间,也可能发生在法人及非法人组织之间,还可能发生在个人与法人及非法人组织之间。承揽合同以完成一定工作为目的,定作人订立合同的目的,并非仅仅是为了获得承揽人提供劳务的过程本身,而是为了获得承揽人所完成的工作成果。承揽合同为有偿合同。定作人取得承揽人完成的工作成果,要向承揽人支付约定的报酬。

二、承揽关系与雇佣关系、帮工关系的联系与区别

要想使用他人为自己完成一定事务,通过雇佣关系、承揽关系以及帮工关系都可以实现。但这三种关系中当事人的权利义务并不相同,责任配置也各异。2003年《人身损害赔偿解释》曾分别规定雇佣关系、承揽关系以及帮工关系中的侵权行为与责任。《民法典》将承揽关系中的侵权行为与责任吸收作为第1193条,雇佣关系中的侵权行为与责任因主体不同而分别被吸收进入第1191

[①] 参见黄薇主编:《中华人民共和国民法典侵权责任编解读》,中国法制出版社2020年版,第115—116页。

条和第 1192 条。修订后的《人身损害赔偿解释》第 4 条、第 5 条保留了帮工关系中的侵权行为与责任。可见,《民法典》之后,我国侵权法仍然保留有承揽关系、雇佣关系以及帮工关系区分的规则,这也符合实际生活的需要。关于《民法典》吸收司法解释条文的效力及彼此关系问题,此处不展开讨论。

法律关系的性质对侵权行为的成立与侵权责任的承担有实质影响。雇佣关系、帮工关系以及承揽关系之间的区别,导致了三种法律关系中不同的责任配置。

雇佣关系、帮工关系和承揽关系的区别,主要体现在以下几方面[①]:

第一,为了谁的利益。雇佣活动中受雇人从事雇佣活动是为了雇主的利益,帮工活动中帮工人从事帮工活动是为了被帮工人的利益,承揽关系中承揽人从事承揽活动是为了自己的利益。尽管承揽活动的工作成果是为了定作人,但承揽人完成工作成果的目的是获得对价。尽管受雇人从事雇佣活动也是为了获得报酬,但承揽人是将承揽事务作为自己的工作而不是定作人的工作完成的,承揽人完成工作一般无须定作人监督。

第二,按照谁的意思。受雇人要按照雇主的意思从事雇佣活动,受雇人无须自己独立思考。一般而言,帮工人要按照被帮工人的意思从事帮工活动。在现实生活中,帮工涉及的领域非常广泛而复杂。有些帮工人要按照自己的独立思考或者在未征得被帮工人同意的情况下,自己再找他人帮助从事帮工活动。但就多数情况而言,帮工人要按照被帮工人的意思从事帮工活动。另外,由于帮工活动的松散性、随机性、偶发性,帮工人遵守被帮工人的意思是非常有限的。此点与雇佣关系中雇主和雇员之间较强的人身依附性有很大的差异。承揽活动中承揽人要按照自己的意思完成承揽活动。尽管定作人会作出指示,有时还可能是非常详尽的指示,但此种指示往往是对工作成果的要求,承揽人要按照自己的意思来落实此种要求。当该种指示对承揽事项的完成产生实质影响时,定作人就要为该指示造成的后果承担责任。

第三,对价。雇佣关系中受雇人获得的对价是劳动报酬。此种对价一般只是受雇人劳动的市场价格。因为在雇佣关系中,受雇人一般不进行独立的思考,工作场所、设备甚至技术都由雇主提供。帮工关系中帮工人一般不会获得对价。被帮工人给予帮工人的感谢,包括实物或者金钱的感谢,都不是帮工活动的对价。在现实中,帮工人为他人提供帮工的动机很复杂,很多情况下是出于互助的目的。承揽关系中,承揽人获得的对价不是劳动力的市场价格,而是所交付劳动成果的市场价格。此种对价除了包括劳动力的价格外,还包括承揽人为完成劳动成果付出的独立思考、原材料、甚至聘请组织他人的劳动回报。

---

① 参见王成:《法律关系的性质与侵权责任的正当性》,载《中外法学》2009 年第 5 期。

按照科斯的理论，一个企业究竟是雇请员工自己生产所需的生产材料还是从市场上采购，取决于组织管理成本和市场运行成本。一般而言，雇请员工自己生产所需生产材料的成本要低于从市场采购的价格。但是，自己聘请员工进行生产是需要付出组织和管理成本的，这种组织管理成本随着企业规模的扩大而不断增加。当企业规模扩大到一定程度时，组织管理成本的扩大会抵销自己生产所节约的采购价格。因此在科斯看来企业不能无限扩大。[①] 在雇佣关系和承揽关系的对价方面，雇佣关系中的雇主自己负担了组织管理成本，因此只给雇员劳动力的市场价格。在承揽关系中，承揽人负担了组织管理成本，因此承揽人因劳动成果获得的对价就不只是劳动力的市场价格，而是劳动成果的市场价格。

第四，风险。雇佣关系中雇主承担雇佣活动的风险。雇佣活动无法完成、雇佣活动过程中出现意外事故等后果均由雇主承担。帮工关系中被帮工人承担帮工活动的风险。帮工活动无法完成、帮工活动过程中出现意外事故等后果均由被帮工人承担。承揽关系中承揽人承担承揽活动的风险。承揽活动无法完成、承揽活动过程中出现意外事故等后果均由承揽人承担。

以上四点，决定了承揽关系中侵权责任的承担不同于雇佣关系及帮工关系中的责任承担。前面已经讨论过雇主责任，下一节讨论帮工关系中的侵权责任，此处讨论承揽关系中的侵权责任。

三、承揽关系中的侵权行为与责任

承揽关系中的侵权行为与责任，主要讨论的是承揽事项完成过程中造成第三人以及承揽人自己损害时定作人的责任问题，因此一般也直接称为定作人责任。

《民法典》第1193条规定："承揽人在完成工作过程中造成第三人损害或者自己损害的，定作人不承担侵权责任。但是，定作人对定作、指示或者选任有过错的，应当承担相应的责任。"

本条规定源自2003年《人身损害赔偿解释》第10条。第10条借鉴了我国台湾地区"民法"第189条，第189条借鉴自《日本民法典》第716条，《日本民法典》第716条参考了英美法上独立契约者的判例。英美法上的独立契约者责任构成雇佣人代负责任（vicarious liability）的例外。其主要理由是独立契约者自己最能预防损害，并将之吸收内化于其营业成本。[②]

承揽人的独立性是承揽合同的重要特点。我国台湾地区"民法"第189条规

---

① See R. H. Coase, "The Nature of the Firm", *Economic New Series*, Volume4, Issue16, (Nov. 1937), pp. 386-405.

② 参见王泽鉴：《侵权行为》（第三版），北京大学出版社2016年版，第534—535页。

定:"承揽人因执行承揽事项,不法侵害他人之权利者,定作人不负损害赔偿责任。但定作人于定作或者指示有过失者,不在此限。"其立法理由书认为:"定作人不能负损害赔偿之责,因承揽人独立为其行为,而定作人非使用主之故也。但定作人于定作或指示有过失时,仍不能免赔偿之义务,盖此时承揽人有似定作人之使用人。"

从上述规定及比较法上之沿革,有几点需要说明:

1. 一般情况下定作人不对承揽事项造成第三人损害或者承揽人自己损害承担责任

《民法典》第1193条前段规定:"承揽人在完成工作过程中造成第三人损害或者自己损害的,定作人不承担侵权责任。"此处强调的是定作人不承担侵权责任。至于是由承揽人还是其他人承担责任,适用侵权法一般规范,需要根据具体情况结合相关法律规定判断。

承揽关系中,一般情况下定作人不承担侵权责任的根本原因在于:承揽人是独立完成承揽事项。有如买受人从市场上购买货物或者服务,定作人接受的是承揽人的工作成果,至于工作成果如何完成,定作人并不干涉。

2. 当定作人对定作、指示或者选任有过错时,应当承担相应的责任

在定作人存在定作、指示或选任过错,承揽事项因此造成损害时,定作人要因其过失而承担责任。正如台湾地区"民法"第189条立法理由书所言,此时承揽人有似定作人的使用人。在承揽人独立完成承揽事项时,承揽事项完成过程中没有定作人的意思,定作人自不必承担责任。《民法典》第779条规定:"承揽人在工作期间,应当接受定作人必要的监督检验。定作人不得因监督检验妨碍承揽人的正常工作。"定作人在定作、指示或者选任时其意思对承揽事项的完成产生了影响,而该影响造成了承揽人或者第三人损害时,承揽人的独立性受到了一定影响,定作人就要因此承担责任。

在定作人存在定作、指示或者选任过错时,如果承揽人同时过错执行承揽事项造成损害的,构成共同侵权行为。①

3. 台湾地区"民法"第189条仅规定定作或指示的过失

在解释上,定作中应当包括选任在内。② 之所以选任过错要承担责任,是因为定作人在选任承揽人时,对承揽人是否具备相应资质及相应安全生产条件有审查义务。③

我国台湾地区"民法"第189条使用"不法侵害他人之权利"措辞。结合第

---

① 参见王泽鉴:《侵权行为》(第三版),北京大学出版社2016年版,第542页。
② 同上书,第541页。
③ 参见黄薇主编:《中华人民共和国民法典侵权责任编解读》,中国法制出版社2020年版,第118页。

189 条立法理由书及判例，"他人"似仅指第三人。《民法典》第 1193 条明确造成第三人损害或者承揽人自己损害时，都有适用。

在浙江省德清县上武汽车修理厂诉董某某损害赔偿纠纷案中，2009 年 3 月 13 日被告董某某的重型半挂牵引车在高速公路上出现故障，原告上武汽修厂接到交警队指令遂派其雇员梅某某、沈某某前去修理，在修理过程中轮胎发生爆炸，导致原告雇员梅某某死亡。根据交警部门出具的询问笔录认定，梅某某未对故障轮胎进行放气减压，致使轮胎爆炸，直接导致其死亡。后经浙江出入境检验检疫鉴定所鉴定，鉴定意见为车辆使用维护不当、严重超载、轮胎气压过高以及维修操作不当是造成轮胎爆炸的主要原因。

法院认为，首先，本案中轮胎爆炸与车辆超载无因果关系，车辆装载的货物重量经车辆的轮胎传至地面，当千斤顶在地上将轮胎顶离地面时，该轮胎所承受的重量已经由千斤顶负载传至地面，已顶离地面的轮胎不再承受车载重量，因此，原告上武汽修厂员工在为已顶离地面的轮胎拧松固定螺母时发生的轮胎爆炸致死，与被告车辆装载的重量无因果关系。其次，更换受损车辆轮胎，只有先行对受损轮胎放气减压，才能拆卸轮胎并进行更换，上武汽修厂员工在明知轮胎损伤的情况下，未先行对轮胎放气减压，即拧松轮胎固定螺母进行拆卸，当最后一颗轮胎固定螺母被拧松时，受内侧轮胎内高气压的挤压，易破碎的轮胎钢圈不能承受其压力，遂发生轮胎爆炸。原告方员工未先行对受损轮胎放气减压即拆卸，是发生轮胎爆炸的原因，其行为显属违反操作程序，具有过错。被告雇佣的驾驶员，对内侧轮胎钢圈破碎发生轮胎爆炸没有过错。根据《人身损害赔偿解释》第 10 条"承揽人在完成工作过程中对第三人造成损害或自身损害的，定作人不承担赔偿责任，但定作人对定作、指示或者选任有过失的，应当承担相应的赔偿责任"的规定，本案中被告无定作、指示或选任的过失，车辆是否超载与本案的轮胎爆炸不具有关联性，上武汽修厂以车辆超载、被告所雇驾驶员有过错为由，要求被告赔偿的请求法院不予支持。①

4. 定作、指示、选任过错的认定

定作、指示及选任的过错，都是定作人自己的过错。当这种过错对承揽事项造成第三人损害及承揽人自己损害产生影响时，定作人就要承担责任。

定作的过错，是指定作之事项具有侵害他人权利之危险性，因承揽人之执行，果然引起损害之情形。指示的过错，即指示工作之执行存在过失之情形。②比如定作事项存在某种危险性，但定作人没有进行必要的提示。选任的过错，指定作人在选择承揽人时存在过错，比如承揽人该具有某种资质而不具备。

---

① 案件引自《最高人民法院公报》2011 年第 6 期（总第 176 期）。
② 参见我国台湾地区 2006 年台上 1355 号判例。

在张某某等与潘某某等雇员受害赔偿纠纷上诉案中,法院认为,国务院《村庄和集镇规划建设管理条例》第21条规定,在村庄内二层(含二层)以上的住宅建筑施工,必须由取得相应的设计资质证书的单位进行设计,或者选用通用设计、标准设计。安某某所建的民房高度达10米,相当于城市楼房三层甚至接近四层的跨度,又属二层以上民房建筑,显然应找有施工资质的单位进行施工,其对承揽人的选任有明显的过失;其作为承揽合同的定作人,对承揽人的承揽活动有监督的权利,同时亦有善意提示的附随义务,其非但未予监督,未给承包人提供安全的生产条件,反而为施工人员提供啤酒,安全意识麻痹,其对承揽人的指示起到了消极的负面作用,从这个角度,安某某亦存在着一定的过失。安某某上述选任和指示的过失是造成张某某事故的隐患之一,是张某某事故发生的潜在因素之一。①

5. 定作、指示、选任过错的证明责任

定作人如存在定作、指示及选任过错而承担责任,是因自己过错而承担责任,适用一般过错责任原则。过错的认定,适用一般过错的认定规则。就承揽关系中的责任承担而言,定作人因定作、指示或者选任过失而承担责任,是承揽关系中侵权责任承担的例外规定,需要由受害人就定作人存在相关过失承担证明责任。②

第十三节　帮工关系中的侵权责任

一、帮工关系的概念

我国法上没有帮工关系的界定。学理上,顾名思义,帮工指一方无偿帮助另一方完成某项工作。帮工关系指一方为另一方提供无偿帮助形成的法律关系。帮工关系中的当事人包括帮工人与被帮工人。帮工关系最大的特点是无偿性。帮工过程中,被帮工人向帮工人赠送小礼物、请其吃饭等,不改变帮工的无偿性。③

帮工行为与无因管理容易混淆。根据《民法典》合同编第二十八章的规定,由于不存在法定或者约定的义务,无因管理的目的也是为了给他人帮忙;帮工人为被帮工人提供帮助,同样不存在法定或者约定的义务。帮工活动是无偿的,无因管理也只能请求偿还因管理事务而支出的必要费用,不能主张报酬。在这些方面,帮工活动与无因管理是相同的。但是在帮工关系中,双方之间一般都有合

---

① 参见王道强:《民房建筑中雇员受害赔偿纠纷的法律适用》,载《人民司法》2010年第6期。
② 参见我国台湾地区2006年台上1615号判例。
③ 参见辽宁省沈阳市于洪区人民法院(2021)辽0114民初11036号民事判决书。

意;而无因管理,双方之间没有合意。①

相对而言,帮工活动的范围要更为宽泛。无因管理的目的是为了避免他人利益受损而进行管理;帮工的目的不限于避免利益受损,也可能是为了获得更多的利益。《民法典》中关于无因管理的内容主要解决如何管理他人事务以及管理人支出必要费用从而与受益人形成的债权债务问题。至于管理人因管理事务遭受损失或者造成他人损失如何处理,《民法典》第 979 条第 1 款后段规定:"管理人因管理事务受到损失的,可以请求受益人给予适当补偿。"除此之外,再无其他更多规定。② 如果当事人之间构成帮工关系,则可以适用《人身损害赔偿解释》的有关规定。

帮工关系在生活中普遍存在。规范帮工关系、研究帮工关系中的侵权行为与责任,具有重要意义。

二、帮工关系中的侵权责任

我国法上最早对此进行规定的是 2003 年《人身损害赔偿解释》第 13 条、第 14 条。第 13 条、第 14 条没有如第 10 条一样进入《民法典》。2020 年《人身损害赔偿解释》对第 13 条、第 14 条进行修改后在第 4 条、第 5 条保留了帮工关系,2022 年修订后亦是如此规定。

帮工关系中的侵权行为与责任包括以下几种情况:

(一) 帮工活动造成第三人损害时的责任承担

《人身损害赔偿解释》第 4 条规定:"无偿提供劳务的帮工人,在从事帮工活动中致人损害的,被帮工人应当承担赔偿责任。被帮工人承担赔偿责任后向有故意或者重大过失的帮工人追偿的,人民法院应予支持。被帮工人明确拒绝帮工的,不承担赔偿责任。"

1. 帮工活动造成第三人损害时,由被帮工人承担赔偿责任

帮工活动的受益人是被帮工人,造成第三人损害,也应当由被帮工人承担责任,符合权利义务责任一致的公平原则。此点与《民法典》第 1191 条用人单位责任以及第 1192 条个人劳务关系中接受劳务一方承担责任的规则相同。对于受害人来说,无须区分各种不同的内部法律关系。

2. 被帮工人明确拒绝帮工的,不承担赔偿责任

被帮工人明确拒绝帮工的,应当在造成第三人损害前就作出意思表示。如

---

① 《民法典》第 984 条规定:"管理人管理事务经受益人事后追认的,从管理事务开始时起,适用委托合同的有关规定,但是管理人另有意思表示的除外。"

② 我国台湾地区"民法"第 176 条第 1 款规定:"管理事务利于本人,并不违反本人明示或可得推知之意思者,管理人为本人支出必要或有益之费用,或负担债务,或受损时,得请求本人偿还其费用及自支出时起之利息,或清偿其所负担之债务,或赔偿其损害。"

果是在造成第三人损害之后再拒绝帮工,则有逃避责任之嫌,对受害人不公平。拒绝帮工必须是非常明确的。明确拒绝帮工的证明责任,由被帮工人承担。

3. 承担责任的被帮工人可以向有故意或者重大过失的帮工人进行追偿

让有故意或者重大过失的帮工人承担最终责任,有助于帮工人谨慎从事帮工活动。《民法典》第 1191 条、第 1192 条相较之前的《侵权责任法》第 34 条、第 35 条,都增加了向故意或者重大过失的行为人追偿的内容。第 4 条在此处与《民法典》的精神保持了一致。

另外,帮工关系的无偿性,又与第 1191 条、第 1192 条中的有偿性关系有所区别。这种区别,既应当体现在故意或者重大过失的认定上,又应当体现在最终追偿的数额比例上。

在吉林省松原市中级人民法院(2021)吉 07 民终 1958 号案中,一审法院认为,在无偿提供劳务帮工过程中,被告将铲车停在陡坡道上发生溜车,致使铲车将(原告雇员)案外人季某某左腿压伤,具有重大过失,对原告的追偿请求,法院予以支持。但鉴于被告是无偿提供劳务的帮工人,原告是无偿接受劳务的受益人,完全由无偿帮工人承担全部经济损失,有失公平,也不利于善良风俗的传承。因此,对事故造成的经济损失,应酌情分担 70% 为宜。二审法院认为,因被告系无偿帮工行为,属于国家与社会提倡和鼓励的行为,法律亦明确规定帮工人只有在有故意或重大过失的情形下才承担责任。本案中被告用自己的铲车帮助季某某运水箱,又在季某某的召唤下急于帮助其将水箱抬到船上,而当时处于江边堤岸只有坡地,因着急帮季某某抬水箱而将铲车熄火停至坡上才致使铲车溜车,发现铲车出现情况后被告赶紧往回跑处理表明其主观上是积极阻止事故发生的,可见其并非故意。而当时大家的注意点在于抬水箱,被告熄火停车即跳下帮季某某抬水箱可见其重大过失亦不明显。故原审判令被告承担 70% 的责任比例明显过高,综合本案案情应酌定 30% 为宜。①

(二)帮工过程中帮工人遭受损害时的责任承担

1. 帮工过程中帮工人因帮工活动遭受损害时的责任承担

《人身损害赔偿解释》第 5 条第 1 款规定:"无偿提供劳务的帮工人因帮工活动遭受人身损害的,根据帮工人和被帮工人各自的过错承担相应的责任;被帮工人明确拒绝帮工的,被帮工人不承担赔偿责任,但可以在受益范围内予以适当补偿。"

(1)帮工人因帮工活动遭受人身损害的,根据各自过错承担相应责任。

2003 年《人身损害赔偿解释》第 14 条第 1 款前段规定:"帮工人因帮工活动遭受人身损害的,被帮工人应当承担赔偿责任。"修订后改为各自根据过错承担

---

① 参见吉林省松原市中级人民法院(2021)吉 07 民终 1958 号民事判决书。

相应责任。这种责任配置与《民法典》第1192条关于个人之间劳务关系的责任配置相同。原因在于帮工关系当事人之间的关系类似于个人劳务关系中当事人的关系,责任配置的理由也与个人劳务关系相同。关于个人劳务关系中责任配置的理由,参见前面第十一节有关讨论。

(2) 被帮工人明确拒绝帮工时,仅在受益范围内适当补偿。

被帮工人的明确拒绝,未必一定要在帮工开始之前作出,但应当在损害发生之前作出。被帮工人明确拒绝后,帮工人仍坚持帮工的,损害再让被帮工人承担,没有任何道理可言。如果被帮工人因帮工人的行为获有收益,仅在受益范围内适当补偿,也符合公平原则。

2. 帮工过程中帮工人因第三人行为遭受损害时的责任承担

《人身损害赔偿解释》第5条第2款规定:"帮工人在帮工活动中因第三人的行为遭受人身损害的,有权请求第三人承担赔偿责任,也有权请求被帮工人予以适当补偿。被帮工人补偿后,可以向第三人追偿。"

(1) 帮工人因帮工活动遭受第三人侵害的,可以选择由侵权人赔偿,也可以选择由被帮工人适当补偿。

2003年《人身损害赔偿解释》第14条第2款规定:"帮工人因第三人侵权遭受人身损害的,由第三人承担赔偿责任。第三人不能确定或者没有赔偿能力的,可以由被帮工人予以适当补偿。"据此,帮工人仅在第三人不能确定或者没有赔偿能力时,才可以向被帮工人主张适当补偿。修订后的第5条第2款不再强调先后顺序,赋予了帮工人选择权。

第5条第2款的责任配置与《民法典》第1192条第2款保持了一致。一方面,在有偿关系中,受害人尚可选择主张;在无偿帮工关系中,自然更应当作出有利于受害人的安排。另一方面,除有偿无偿之外,帮工关系与个人劳务关系类似,故而应当有相同的责任配置。关于个人劳务关系中,提供劳务一方可以选择主张的理由,参见前面第十一节的讨论。

(2) 被帮工人补偿后,可以向第三人追偿。

2003年《人身损害赔偿解释》第14条第2款没有关于追偿的规定。修订后的《人身损害赔偿解释》第5条第2款关于追偿的规定,也与《民法典》第1192条第2款的规定一致。损害由第三人造成的,被帮工人承担补偿责任,等于代人受过,故而可以向第三人追偿。

第十四节　网络侵权责任

一、网络侵权行为的概念

网络侵权行为是通过互联网发生的各类侵害他人民事权益行为的总称。

互联网出现之后,网络侵权行为即随之出现。随着网络技术的发展,互联网日益普及,网络侵权行为也开始大量出现,且日益复杂。

网络具有传输速度快、无边界等特点,因此,网络侵权行为给他人造成的损害,往往要比其他侵权行为更严重。

二、网络侵权行为的认定

认定网络侵权行为,需要注意以下几点:

1. 网络侵权行为的主体是网络用户或者网络服务提供者

实施网络侵权行为的可能是网络用户,也可能是网络服务提供者。网络服务提供者包括技术服务提供者和内容服务提供者。

2. 网络侵权行为发生在互联网空间

网络空间和现实空间高度融合。但网络侵权行为一定有某些部分发生在互联网空间,否则就不属于网络侵权行为。互联网空间中发生的侵权行为,可以延伸到现实空间中。

3. 网络侵权行为一般采过错责任归责

《民法典》第1194条没有规定归责原则。但网络侵权行为需要以过错作为构成要件。[①] 网络服务提供者对网络用户的侵权行为承担责任,以接到通知后"未及时采取必要措施"以及"知道或者应当知道"为前提(《民法典》第1195条、第1197条;《电子商务法》第45条)。网络用户或者网络服务提供者转载网络信息行为构成侵权需要以过错为前提(《审理网络侵权纠纷案件的规定》第7条)。错误通知造成网络用户或者网络服务提供者损害的,要承担侵权责任(《民法典》第1195条第3款),恶意发出错误通知造成损害的,加倍承担赔偿责任(《电子商务法》第42条第3款后段)。

4. 网络侵权行为给受害人在现实世界中造成了损害

网络侵权行为发生在网络空间,受害人遭受的却是现实世界中的损害。网络世界属于虚拟世界,但是网络世界中每个行为都可以在现实中找到对应的主体。网络侵权行为造成的损害,也一定是现实世界中的损害。网络侵权行为多是造成精神性人身权、知识产权及财产利益方面的损害。《审理网络侵权纠纷案件的规定》就是专门针对利用信息网络侵害他人姓名权、名称权、名誉权、荣誉权、肖像权、隐私权等人身权益而制定的司法解释。该解释第11条规定:"网络用户或者网络服务提供者侵害他人人身权益,造成财产损失或者严重精神损害,被侵权人依据民法典第一千一百八十二条和第一千一百八十三条的规定,请求其承担赔偿责任的,人民法院应予支持。"

[①] 参见王胜明主编:《中华人民共和国侵权责任法释义》,法律出版社2020年版,第190页。

三、网络侵权责任的类型

（一）网络用户侵权责任或者网络服务提供者直接侵权责任

《民法典》第1194条规定："网络用户、网络服务提供者利用网络侵害他人民事权益的，应当承担侵权责任。法律另有规定的，依照其规定。"

网络是加害人侵害他人民事权益的手段，正如加害人利用其他手段侵害他人民事权益一样。网络用户或者网络服务提供者侵权行为是否构成，要根据一般侵权行为以及网络侵权行为的构成要件综合判断。

修订后的《审理网络侵权纠纷案件的规定》规定了两种侵权行为类型。

第8条规定："网络用户或者网络服务提供者采取诽谤、诋毁等手段，损害公众对经营主体的信赖，降低其产品或者服务的社会评价，经营主体请求网络用户或者网络服务提供者承担侵权责任的，人民法院应依法予以支持。"

第9条规定："网络用户或者网络服务提供者，根据国家机关依职权制作的文书和公开实施的职权行为等信息来源所发布的信息，有下列情形之一，侵害他人人身权益，被侵权人请求侵权人承担侵权责任的，人民法院应予支持：（一）网络用户或者网络服务提供者发布的信息与前述信息来源内容不符；（二）网络用户或者网络服务提供者以添加侮辱性内容、诽谤性信息、不当标题或者通过增删信息、调整结构、改变顺序等方式致人误解；（三）前述信息来源已被公开更正，但网络用户拒绝更正或者网络服务提供者不予更正；（四）前述信息来源已被公开更正，网络用户或者网络服务提供者仍然发布更正之前的信息。"

值得注意的是，《侵权责任法》第36条第1款中，并没有《民法典》第1194条第1款最后一句"法律另有规定的，依照其规定"。增加的目的，是为了与《著作权法》《专利法》《商标法》以及《电子商务法》等法律加以衔接。这些法律中有关于网络侵权的规定，在相应特定领域要优先适用。

（二）网络用户侵权时网络服务提供者的侵权责任

网络用户侵权时网络服务提供者的侵权责任，根据网络服务提供者知悉侵权事实途径的不同，分为两种情况：

1. 网络服务提供者接到侵权通知后未采取必要措施的侵权责任

网络用户侵权时，网络服务提供者是否承担责任以其是否知道或者应当知道而不同。

网络服务提供者不知道或者不应当知道网络用户存在侵权行为时，无法主动采取措施。此时需要权利人通知网络服务提供者。

《民法典》第1195条第1款、第2款规定："网络用户利用网络服务实施侵权行为的，权利人有权通知网络服务提供者采取删除、屏蔽、断开链接等必要措施。

通知应当包括构成侵权的初步证据及权利人的真实身份信息。""网络服务提供者接到通知后,应当及时将该通知转送相关网络用户,并根据构成侵权的初步证据和服务类型采取必要措施;未及时采取必要措施的,对损害的扩大部分与该网络用户承担连带责任。"

《民法典》第1196条规定:"网络用户接到转送的通知后,可以向网络服务提供者提交不存在侵权行为的声明。声明应当包括不存在侵权行为的初步证据及网络用户的真实身份信息。网络服务提供者接到声明后,应当将该声明转送发出通知的权利人,并告知其可以向有关部门投诉或者向人民法院提起诉讼。网络服务提供者在转送声明到达权利人后的合理期限内,未收到权利人已经投诉或者提起诉讼通知的,应当及时终止所采取的措施。"

上述规定总结了既有其他法律以及互联网公司投诉规则中的规定,确立了通知——转送、采取措施——声明——起诉的规则。在此类侵权行为中,行为主体是网络用户。网络服务提供者的义务是接到通知后,及时将该通知转送相关网络用户,并根据构成侵权的初步证据和服务类型采取必要措施。网络服务提供者仅在接到通知后未及时采取必要措施时,就损害的扩大部分与网络用户承担连带责任。

修订后的《审理网络侵权纠纷案件的规定》第4条规定:"人民法院适用民法典第一千一百九十五条第2款的规定,认定网络服务提供者采取的删除、屏蔽、断开链接等必要措施是否及时,应当根据网络服务的类型和性质、有效通知的形式和准确程度、网络信息侵害权益的类型和程度等因素综合判断。"

《信息网络传播权保护条例》第15条规定:"网络服务提供者接到权利人的通知书后,应当立即删除涉嫌侵权的作品、表演、录音录像制品,或者断开与涉嫌侵权的作品、表演、录音录像制品的链接,并同时将通知书转送提供作品、表演、录音录像制品的服务对象;服务对象网络地址不明、无法转送的,应当将通知书的内容同时在信息网络上公告。"

2. 网络服务提供者知道或者应当知道侵权行为而未采取必要措施的侵权责任

《民法典》第1197条规定:"网络服务提供者知道或者应当知道网络用户利用其网络服务侵害他人民事权益,未采取必要措施的,与该网络用户承担连带责任。"

修订后的《审理网络侵权纠纷案件的规定》第6条规定:"人民法院依据民法典第一千一百九十七条认定网络服务提供者是否'知道或者应当知道',应当综合考虑下列因素:(一)网络服务提供者是否以人工或者自动方式对侵权网络信息以推荐、排名、选择、编辑、整理、修改等方式作出处理;(二)网络服务提供者应当具备的管理信息的能力,以及所提供服务的性质、方式及其引发侵权的可能性大小;(三)该网络信息侵害人身权益的类型及明显程度;(四)该网络信息的社会影响程度或者一定时间内的浏览量;(五)网络服务提供者采取预防侵权措施的技术可能性及其是否采取了相应的合理措施;(六)网络服务提供者是否针对同一网络用户的重复侵权行为或者同一侵权信息采取了相应的合理措施;(七)与本案相关的其他因素。"其他相关因素,比如被侵权人不断通知网络服务提供者在某个地方存在侵权行为,而且每次都证实侵权行为存在的话,对于在同样地方出现同样或者类似侵权行为的"知道或者应当知道",就应当严格认定,网络服务提供者甚至应当主动进行审查。

《电子商务法》第38条第1款规定:"电子商务平台经营者知道或者应当知道平台内经营者销售的商品或者提供的服务不符合保障人身、财产安全的要求,或者有其他侵害消费者合法权益行为,未采取必要措施的,依法与该平台内经营者承担连带责任。"第45条规定:"电子商务平台经营者知道或者应当知道平台内经营者侵犯知识产权的,应当采取删除、屏蔽、断开链接、终止交易和服务等必要措施;未采取必要措施的,与侵权人承担连带责任。"

3. 网络服务提供者责任的正当性

网络用户利用网络服务侵害他人权益时,网络服务提供者仅在接到通知后以及知道或者应当知道网络用户侵害他人民事权益时,才承担侵权责任。为什么不让网络服务提供者对所有发生在网络上的侵权行为都承担侵权责任?很明显,这样的责任配置对保护受害人是有益的,也有助于预防和制止网络用户利用网络从事侵权行为。但是,这种以结果而非以过错为依据的责任配置对于网络服务提供者而言就是强人所难,这样的责任对于网络服务提供者来说是不可能完成的任务。如果这样配置责任的话,网络将可能从生活中消失。人们要享受网络带来的种种好处,也需要接受它可能存在的消极方面。

在原告吕某某与被告北京指南针科技发展股份有限公司、被告北京百度网讯科技有限公司和被告百度时代网络技术(北京)有限公司姓名权、名誉权纠纷一案中,一审北京市海淀区人民法院认为,虽百度网讯公司、百度时代公司系"百度推广"服务的所有人和制作者,但其仅系向公众提供搜索引擎服务的网络服务商,现行法律并未课以搜索引擎服务提供者对被搜索到的信息内容进行逐一审查的义务,搜索链接内容本身的合法性应由链接网页所有者或经营者负责。对于本案侵权用语在搜索链接中排队靠前的结果,百度网讯公司与百度时代公司并无过错,该二公司不应承担侵权民事责任。

二审北京市第一中级人民法院认为,百度推广作为搜索技术引擎的一种网络推广服务,百度推广链接在百度搜索"新闻、网页、指导、图片、视频"中的链接亦是基于网络技术而由链接市场经营者自行制作的含有关键词的信息。有关"水皮"关键词的信息,是指南针公司通过账号自行制作搜索关键词作为链接后,基于设定不同的点击价格而形成排序的一种网络搜索引擎技术,其特点在于竞价排名,目的是使竞价排名下设定的信息通过关键词搜索的结果显示在特定的位置,其本身并不设计和制作含有关键词的信息。即使没有竞价排名的技术,市场经营者自行制作的含有关键词的信息亦可以通过百度快照等方式予以搜索,结果仅在于排名顺序的不同。故即使含有"水皮"关键词的信息属于广告,从技术角度而言,亦不能因百度推广中含有指南针公司所制作的"水皮"关键词信息,而认定百度网讯公司、百度时代公司属于百度推广上含有"水皮"关键词的广告制作者或者发布者。故吕某某要求百度网讯公司、百度时代公司承担侵犯姓名权和名誉权的上述理由,本院不予采纳。①

网络服务提供者仅在知道或者应当知道网络用户侵权的情况下才承担责任,不等于说网络服务提供者不需要有任何主动作为。《电子商务法》第38条第2款规定:"对关系消费者生命健康的商品或者服务,电子商务平台经营者对平台内经营者的资质资格未尽到审核义务,或者对消费者未尽到安全保障义务,造成消费者损害的,依法承担相应的责任。"

在广东省深圳市中级人民法院(2020)粤03民终943号案中,法院认为,货拉拉公司为公众用户提供货运车辆信息平台和交易平台,应当遵照道路运输和电商经营规范开展经营活动。货拉拉公司作为专业物流电商平台经营者,理应清楚承接货运业务的车辆和司机需取得营运资质条件,相关营运资质不仅涉及行政管理,亦涉及承运能力条件问题,但货拉拉公司未审查黄某某是否具备营运资质即允许其成为平台注册司机从事货运业务且未向平台用户报告黄某某欠缺营运资质的信息,其相关行为有违合同法规定的诚信居间和报告义务。另,《电子商务法》第38条第2款规定,对关系消费者生命健康的商品或者服务,电商平台经营者对平台内经营者的资质资格未尽到审核义务,或者对消费者未尽到安全保障义务,造成消费者损害的,依法承担相应的责任。该规定虽然在案涉交通事故发生之时尚未实施,但作为已颁布法律,在无相关互联网平台经营者责任法律规范情况下,可以作为确定电商平台经营者资质资格审查和安全保障法定义务的参考依据。根据交通部门认定,涉案交通事故发生系因黄某某未按操作规范安全驾驶所致,货拉拉公司未尽资质资格审查义务虽不是事故发生直接原因,但会产生一种潜在危害。这种危害在于将不具备营运条件的人员和车辆引入运输营运行业,侵害社会不特定公众知情权和选择权,货拉拉公司因疏于履行资质资格审查义务,应对涉案事故对王某造成的损害承担补充责任。由于货拉拉公司向张某某提供的信息为无偿信息,加之,本案交通事故发生系因黄某某未按操

---

① 参见北京市海淀区人民法院(2010)海民初字第6278号民事判决书,北京市第一中级人民法院(2010)一中民终字第20862号民事判决书。

作规范安全驾驶所致,货拉拉公司有违诚信居间和报告义务以及未尽资质资格审查义务并非涉案交通事故发生的直接原因,故酌定货拉拉公司对黄某某不能清偿义务的50%部分承担补充责任。①

(三) 权利人错误通知承担的责任

《民法典》第1195条第3款规定:"权利人因错误通知造成网络用户或者网络服务提供者损害的,应当承担侵权责任。法律另有规定的,依照其规定。"

本条规定,有几点说明:

首先,错误通知承担责任的主体是"权利人"。错误通知的情况下,权利人很可能就不是真正的"权利人",比如,下面马上讨论到的杭州铁路运输法院(2018)浙8601民初868号案中,发出错误通知的人,没有任何权利可言。《侵权责任法》第36条第2款使用的是"被侵权人"。但即使是被侵权人,依然表示有权利被侵害。此处使用"通知人"可能最为确切。

其次,通知错误可能是因为过失,也可能是恶意。《电子商务法》第42条第3款规定:"因通知错误造成平台内经营者损害的,依法承担民事责任。恶意发出错误通知,造成平台内经营者损失的,加倍承担赔偿责任。"

再次,因收到有效通知而采取必要措施的,网络服务提供者不承担责任。《审理网络侵权纠纷案件的规定》第5条规定:"其发布的信息被采取删除、屏蔽、断开链接等措施的网络用户,主张网络服务提供者承担违约责任或者侵权责任,网络服务提供者以收到民法典第一千一百九十五条第一款规定的有效通知为由抗辩的,人民法院应予支持。"

最后,此处"法律另有规定的,依照其规定",是为了与其他法律的衔接。比如,上述《电子商务法》第42条第3款区分通知的类型,就属于"另有规定"。此外,《信息网络传播权保护条例》等法律法规中也有相关规定,要优先适用。

在杭州铁路运输法院(2018)浙8601民初868号案中,2016年12月31日,王某经营的涉案淘宝店铺在阿里巴巴知识产权保护平台遭到以"Under Armour, INC."的名义进行的"Under Armour"商标的知识产权投诉。该投诉使用的鉴定报告内容为:Under Armour, INC.为Under Armour/安德玛品牌持有人,有权鉴定带有Under Armour/安德玛商标的产品真伪,鉴定王某销售的产品系假货。

阿里巴巴知识产权保护平台接到投诉后,视为投诉成立,并删除了涉案淘宝店铺的涉案链接。2017年1月,王某向阿里巴巴知识产权保护平台提出申诉,经平台审核,申诉成立,恢复了涉案链接。2017年2月24日,涉案淘宝店铺又遭到注册邮箱 usaunderarmour@163.com 发起的反申诉:以伪造的权利人签

---

① 参见广东省深圳市中级人民法院(2020)粤03民终943号民事判决书。

名、盖章及中文翻译件出具了《终止业务关系函》，称"商标权利人 Under Armour, INC. 与卖家提交的品牌代理方 shoeking, inc. 无任何业务关系，品牌代理方 shoeking, inc. 不是商标权利人 Under Armour, INC. 的授权行销商"，并要求第三人淘宝公司删除链接并执行相应的处罚。2017年3月14日，阿里巴巴知识保护平台根据反申诉认为王某申诉不成立，判定王某经营的涉案淘宝店铺售假，按照售假进行处罚，删除涉案商品链接，并对涉案淘宝店铺进行了降权处罚，直至开庭之日，该处罚尚未撤销。

第三人淘宝公司陈述，投诉材料中的鉴定报告使用了伪造印章，该印章与江某被公安机关查获时现场起获的印章一致。江某确认其曾私刻安德玛有限公司印章，以"UnderArmour, INC."的名义进行"Under Armour"商标的知识产权投诉，且未能指出其使用的具体邮箱。江某未能举证证明其在淘宝网上通过其他途径进行过投诉。涉案"usaunderarmour@163.com"投诉邮箱注册的投诉账号为"安德玛 usa"。"安德玛 usa"账号使用的注册电话号码为"13541×××××××"。经法院核实，该电话号码的实际使用人为江某妻子李某某，对此，江某未能作出合理解释。故法院认为是江某使用"usaunderarmour@163.com"邮箱进行的投诉。

王某经营涉案淘宝店铺销售商品形成的商业利益属于《反不正当竞争法》保护的权利或者权益，而江某编造虚假材料通过平台恶意投诉，损害竞争对手的商业信誉，使得涉案淘宝店铺一再被平台处罚甚至最终降权，江某经营的店铺攫取了涉案淘宝店铺本来可以获取的商业机会，获取了商业利益与竞争优势，明显有悖公认的商业道德。综上，江某的被诉涉嫌投诉行为是一种恶意投诉行为，不具有正当性。

关于王某遭受的损失。2017年3月14日，阿里巴巴知识产权保护平台根据江某的反申诉认为王某申诉不成立，判定王某经营的淘宝店铺售假，对店铺进行降权处分后，王某经营的公司不仅商业信誉遭受损失，销售额也受到影响，2017年3月的销售额还高达 8434433.99 元，2017年4月销售额就直接下滑至 4820346.72 元，直至 2018年10月销售额也仅 1048022.9 元，且店铺被降权处罚的后果也是不可逆的，可见，江某的被控投诉行为已经导致王某及其经营的淘宝网店遭受了实际损失。

法院认为，江某作为同业竞争者理应尊重他人的合法权益，诚信经营。但其明知自己不具有投诉资格且不能证明被投诉产品存在侵权的情形下，依然通过变造权利凭证的方式对原告进行恶意投诉，其行为不仅违反了诚信原则，违背了公认的商业道德准则，而且损害了同行业正当商业利益，不具有正当性。只有对这种恶意投诉行为及时制止、依法严惩，给权利人提供充分的司法救济，让恶意投诉的侵权人付出足够的侵权代价，剥夺其所有的非法侵权获利，才能遏制当前愈演愈烈的恶意投诉行为,促进电子商务良性有序发展,构建合法、诚信、有序、清朗的互联网竞争秩序。①

第十五节　违反安全保障义务的责任

一、安全保障义务的概念与性质

(一)安全保障义务的概念

安全保障义务源自德国法上的一般安全注意义务。一般安全注意义务,也被译为交易安全义务,是由德国法官在案件判决中创造的概念。②

所谓一般安全注意义务,是指行为人因特定的先危险行为,对一般人负有的防止危险发生的义务(继续作为的义务)。如果先危险行为人应作为而不作为,导致损害的发生,则应承担相应的责任。③

安全保障义务是从一般安全注意义务中剥离出的概念,它是指宾馆、商场、银行、车站、机场、体育场馆、娱乐场所等经营场所、公共场所的经营者、管理者或者群众性活动的组织者,使他人免受损害的义务。从事一定社会活动的民事主体,如果其从事的活动具有损害他人的危险,那么该民事主体就负有在合理限度内防止他人遭受损害的义务。④

在我国法上,最早是2003年《人身损害赔偿解释》第6条对安全保障义务作出了规定。《侵权责任法》第37条、《民法典》第1198条作了进一步发展。

(二)安全保障义务的性质

安全保障义务属于法定的基础性义务,当事人可以约定更高的注意义务,但是不得有低于或者排除安全保障义务的约定。

二、违反安全保障义务侵权行为的内容

《民法典》第1198条规定:"宾馆、商场、银行、车站、机场、体育场馆、娱乐场所等经营场所、公共场所的经营者、管理者或者群众性活动的组织者,未尽到安全保障义务,造成他人损害的,应当承担侵权责任。因第三人的行为造成他人损害的,由第三人承担侵权责任;经营者、管理者或者组织者未尽到安全保障义务的,承担相应的补充责任。经营者、管理者或者组织者承担补充责任后,可以向

---

① 参见杭州铁路运输法院(2018)浙8601民初868号民事判决书。
② 参见李昊:《交易安全义务论:德国侵权行为法结构变迁的一种解读》,北京大学出版社2008年版,第2章。
③ 参见王利明主编:《民法典·侵权责任法研究》,人民法院出版社2003年版,第90—91页。
④ 参见《罗倩诉奥士达公司人身损害赔偿纠纷案》,载《最高人民法院公报》2007年第7期(总第129期)。

第三人追偿。"

据此,违反安全保障义务致人损害的侵权行为与责任主要包括以下内容:

(一)安全保障义务的主体

负有安全保障义务的主体是宾馆、商场、银行、车站、机场、体育场馆、娱乐场所等经营场所、公共场所的经营者、管理者或者群众性活动的组织者。经营、管理宾馆、商场、银行、车站、机场、体育场馆、娱乐场所等经营场所、公共场所或者组织群众性活动的经营者、管理者或组织者,从这些活动中获得利益,同时给社会一般公众带来一定的危险,并且最有可能以相对较低的成本避免因这些活动带来的危险,因此,法律为这些主体施加了安全保障义务。

安全保障义务主体经营管理的经营场所、公共场所或者组织的群众性活动不以有偿及经营活动为限,只要该场所或者活动客观上具备与社会公众接触、具有造成损害风险的可能性、现实性,即属于安全保障义务所针对的场所及活动。安全保障义务的保护对象不仅包括经营活动中的消费者、潜在的消费者以及其他进入公共场所或者参与活动的人,还包括虽没有交易关系,但以合乎情理的方式进入可被特定主体控制的对社会而言具有某种开放性的场所或者活动的人。

(二)安全保障义务的限定

2003年《人身损害赔偿解释》第6条在安全保障义务前有"合理限度范围内"和"能够防止或者制止损害的范围内"的限定。《侵权责任法》第37条以及《民法典》第1298条则没有这样的限定。安全保障义务已经成为一般性义务,场合、情境不同,义务自然千差万别。违反安全保障义务的责任是过错责任而非结果责任,对违反安全保障义务行为的认定,也应当以"合理限度范围"进行限定。

(三)违反安全保障义务行为的认定

行为是否违反安全保障义务,需要结合个案具体情境判断。

在河南省开封市中级人民法院(2010)汴民终字第1331号案中,王某与其母到大商千盛公司购物,由于购物较多,就把所购物品寄存到大商千盛公司的物品寄存处(位于负一楼)。晚上,商场清场,王某到负一楼取物品,由于一楼商场向负一楼超市方向的通道已被封闭,王某就顺着保安指引,出商场北门进入商场东门,在往负一楼的电梯入口处滑倒摔伤,造成左上肢骨折。

一审法院认为,公共场所及设施的所有者或管理者是否已履行了安全保障义务,应该看其是否达到了应当达到的通常注意程度:配置有数量足够的、合格的安全保障人员,以及向公众提供的服务内容及服务过程足够安全,包括对不安全因素的提示、警示、劝告,对已经或正在发生的危险采取积极救助措施等。大商千盛公司应在客流量大、地面较滑的状态下,尽到足够的安全保障义务,做到对顾客的正确疏导和引导。但大商千盛公司在晚上清场时未达到通常注意程度,对去负一楼取物品的顾客没有做到正确的疏导和引导,造成顾客受伤的事实,且顾客受伤后,未采取积极救助的措施,对此应承担相应的赔偿责任。

二审河南省开封市中级人民法院认为,大商千盛公司作为经营者,对进入其商场内购物的顾客应尽到合理限度范围内的安全保障义务。本案中,王某与其母到大商千盛公司商场购物,事发当晚商场清场时顾客较多,客流量较大,且有雨雪地面湿滑,在此情况下,商场应派出相应的工作人员对清场顾客进行正确的引导、疏导,但商场并未做到对顾客的正确引导,致使王某去负一楼取物品时,未找到正确通道而滑倒摔伤,大商千盛公司商场没有尽到适当注意义务,且王某受伤后,商场没有采取积极救助措施,故大商千盛公司商场有过错,应承担相应的民事责任。①

在前述陕西伊格瑞特艺术团与傅某等生命权、健康权、身体权纠纷上诉案中,上海市虹口区人民法院认为,群众影剧院是涉案场所的经营者,依法负有安全保障义务,以防止或制止损害的发生,但该保障义务以"合理限度范围"为限。本案中,涉案纠纷发生在电影院门口,且属陕西伊格瑞特艺术团经营时段,故群众影剧院对该场所不具有事实上的控制力,也不具有直接的经济利益,另本案纠纷的发生具有突发性、瞬间性的特点,要求群众影剧院在第一时间制止损害的发生与常理不符。据此,傅某要求群众影剧院承担赔偿责任无事实和法律依据,法院不予支持。②

在辽宁省大连市中级人民法院(2022)辽02民终476号案中,法院认为,上诉人钱库里餐厅本身系海鲜自助餐厅,提供鲜活海产品供顾客挑选食用,故较其他餐厅而言其地面更容易出现滴水、湿滑的情况,其对此应承担更高的安全保障义务,尤其是在清理地面后地面不能完全干透的情况下,更应根据情况采取放置警示标志、安排人员提醒来往顾客注意或临时禁止顾客通行等合理有效措施,避免地面湿滑导致顾客摔伤情况的出现。③

(四) 违反安全保障义务侵权责任的归责原则

违反安全保障义务侵权责任适用过错责任原则。安全保障义务就其性质而言属于注意义务。未尽到适当的注意义务的,即应认定为存在过错。理解安全保障义务时需要注意,安全保障义务主体不是保险公司,也不是国家公安或者安全机关,因此,安全保障义务必须限定在合理限度范围内。合理限度范围的确定,需要根据具体情况,结合义务人所管理的公共场所和组织的群众性活动的性质,由法官就个案加以判断。

---

① 参见河南省开封市中级人民法院(2010)汴民终字第1331号民事判决书。
② 参见上海市第二中级人民法院(2010)沪二中民一(民)终字2132号民事判决书。
③ 参见辽宁省大连市中级人民法院(2022)辽02民终476号民事判决书。

(五)违反安全保障义务侵权责任的承担

违反安全保障义务侵权责任的承担有两种情况:

(1)违反安全保障义务的直接责任。

根据《民法典》第 1198 条第 1 款的规定,安全保障义务人未尽到安全保障义务造成他人损害的,由安全保障义务人直接承担侵权责任。

直接责任指他人在安全保障义务人所经营、管理的经营场所、公共场所或者组织的群众性活动中直接遭受损害,而这一结果的发生是因为安全保障义务人未尽安全保障义务,此时由安全保障义务人直接承担侵权责任。

(2)违反安全保障义务的间接责任。

根据《民法典》第 1198 条第 2 款的规定,因第三人的行为造成他人损害的,由第三人承担侵权责任。安全保障义务人未尽到安全保障义务的,承担相应的补充责任。安全保障义务人承担补充责任后,可以向第三人追偿。

间接责任指因第三人的原因造成受害人在安全保障义务人所经营、管理的经营场所、公共场所或者组织的群众性活动中遭受损害时安全保障义务人承担的责任。此时,应当根据一般侵权行为的构成要件要求第三人承担侵权责任。如果安全保障义务人未尽到安全保障义务,应当承担相应的补充责任。

间接责任中,安全保障义务人承担的是补充责任。第三人的侵权责任和安全保障义务人的补充责任有先后顺序。首先由第三人承担侵权责任,在无法找到第三人或者第三人没有能力全部承担赔偿责任时,才由安全保障义务人承担补充责任。如果第三人已经承担全部侵权责任,则安全保障义务人不再承担责任。①

安全保障义务人承担的是相应的补充责任,其前提是存在过错。补充责任的范围,要与其能够防止或者制止的范围相适应;需要根据具体情况,结合义务人所经营、管理的经营场所、公共场所或组织的群众性活动的性质,在个案中加以判断。

关于安全保障义务人间接责任司法判决主文的表述,不同判决存在差异。在山东省烟台市中级人民法院(2021)鲁 06 民终 8246 号案中,法院认定,原告迟某某的损失,由侵权人姜某赔偿,安全保障义务人天爱公司承担相应的补充责任。一审法院判决:姜某赔偿迟某某医疗费 56785.75 元、护理费 9800 元、住院伙食补助费 2100 元、营养费 4500 元、残疾赔偿金 87452 元、交通费 2000 元、精神损害抚慰金 1000 元,共计 163637.75 元,扣除已付 3000 元,余款 160637.75 元于本判决生效之日起 10 日内付清。天爱公司对上述款项承担补充赔偿责任。

---

① 参见黄薇主编:《中华人民共和国民法典侵权责任编释义》,中国法制出版社 2020 年版,第 141 页。

二审法院对此加以维持。①

在重庆市第四中级人民法院（2021）渝04民终1666号案中，法院认定，在彭某某、唐某某参加何某某组织的葬礼吊唁活动中，何某某明知悦崃镇场镇禁止燃放烟花爆竹，事先未通知彭某某、唐某某不得燃放烟花，事中未及时阻止彭某某燃放烟花，导致冉某某被炸伤，应认为何某某未尽到安全保障义务；但彭某某燃放烟花的地点距吊唁地点仍有一段距离，且事先也未告知何某某或将购买的烟花爆竹交予何某某家处置，则何某某仅应承担一定的补充责任。依据何某某的安全保障义务、过错程度和履行安全保障义务的能力，酌定何某某对冉某某受伤损害承担30%的补充责任。一审法院判决彭某某于本判决生效之日起15日内赔偿冉某某因伤损失（含医疗费、住院伙食补助费、护理费和后续护理费、残疾赔偿金、后续医疗费、鉴定费、交通费、精神损害抚慰金等）70080.22元；在彭某某没有能力承担前述损失赔偿时，由何某某在19053.99元的范围内向冉某某承担补充赔偿责任。二审法院对此加以维持。②

上述两份判决相比较，后者不仅有补充责任的相应性（30%），也有补充责任后于直接责任的顺序性（在直接责任人没有能力承担赔偿时），更好地体现了补充责任的特点，具有执行操作性。

《侵权责任法》第37条没有关于追偿的规定，其理由在于安全保障义务人是为自己过错承担的责任，有过错一方承担补充责任后不应当再有追偿权。《民法典》第1198条第2款明确可以追偿，其理由在于：一是符合不真正连带责任的法理。二是有利于避免司法中的争议，为具体裁判提供法律依据。③ 笔者认为，规定追偿更为妥当。首先，安全保障义务人的确是为自己过错承担责任，否则安全保障义务人就没有责任。但是，尽管安全保障义务人存在过错，如果没有第三人的直接侵权行为，该过错也并不会导致损害的发生。因此，安全保障义务人也存在代人受过的因素，某种意义上也是第三人行为的受害者，因此追偿具有正当性。其次，在明确补充责任仅是相对于过错程度、后于第三人直接责任承担的情况下，安全保障义务人的补充责任仅仅是增加了受害人获得救济的可能，受害人并未获得额外赔偿，直接侵权的第三人也并未增加额外负担。最后，安全保障义务人承担相应补充责任后可向第三人追偿，也意味着将受害人向第三人求偿的成本和风险，部分转由安全保障义务人承担，有助于激励其谨慎从事。可见，安全保障义务人承担补充责任后可以向第三人追偿，兼顾受害人救济、第三人惩罚及安全保障义务人激励，值得赞同。

---

① 参见山东省烟台市中级人民法院（2021）鲁06民终8246号民事判决书。
② 参见重庆市第四中级人民法院（2021）渝04民终1666号民事判决书。
③ 参见黄薇主编：《中华人民共和国民法典侵权责任编释义》，中国法制出版社2020年版，第141—142页。

第十六节 未成年人校园伤害责任

一、未成年人校园伤害侵权行为的概念

未成年人校园伤害侵权行为是一个集合概念。它主要指导致未成年人在学校、幼儿园以及其他教育机构的教育活动中受到伤害的侵权行为。既包括未成年人在幼儿园、学校以及其他教育机构中,受到的来自幼儿园、学校以及其他教育机构自身,以及来自第三人的伤害,也包括未成年人在幼儿园、学校以及其他教育机构中对其他未成年人造成的伤害。

成年学生在学校或者其他教育机构受到伤害的情况,不属于此处讨论的对象。

二、幼儿园、学校或者其他教育机构所承担义务的性质

根据《民法典》第1199条、第1200条及第1201条的规定,幼儿园、学校以及其他教育机构对在其中接受教育的未成年人承担的是教育、管理职责,而不是监护义务。这一定性最早来自2003年《人身损害赔偿解释》第7条。该条第1款规定:"对未成年人依法负有教育、管理、保护义务的学校、幼儿园或者其他教育机构,未尽职责范围内的相关义务致使未成年人遭受人身损害,或者未成年人致他人人身损害的,应当承担与其过错相应的赔偿责任。"

这里的教育机构包括公益性的,也包括营利性的;包括走读的,也包括寄宿的。在时间方面,教育、管理职责应当限于学校等教育机构组织的教育、教学活动期间(包括其中的间歇,例如课间休息时间以及中午不离校的休息时间)。在场所方面,教育、管理职责应当限于教育机构负有管理责任的校舍、操场以及其他教育教学设施、生活设施范围内。在寄宿制教育机构,教育机构对整个寄宿期间的无民事行为能力人、限制民事行为能力人都负有教育、管理职责。

三、教育、管理职责的认定

幼儿园、学校或者其他教育机构所承担的教育管理职责的内容,需要结合案情具体加以认定。

在重庆市第五中级人民法院(2010)渝五中法民终字第4355号案中,15岁的张某系綦江县松藻学校的初中学生。2010年1月4日下午2点半许,张某在

上体育课练习长跑时受伤。

一审重庆市綦江县人民法院认为,綦江县松藻学校作为教育机构,学校教育设施不完备,利用煤渣铺垫跑道,不够平整;上本节体育课时未备有教学大纲,未尽职责范围内的相关义务致使张某遭受人身损害,应当承担与其过错相应的赔偿责任。

二审重庆市第五中级人民法院认为,对未成年人依法负有教育、管理、保护义务的学校、幼儿园或者其他教育机构,未尽职责范围内的相关义务致使未成年人遭受人身损害的,应承担与其过错相应的赔偿责任,学校对学生承担的注意义务的大小与学生年龄的大小成反比。被上诉人綦江县松藻学校作为对未成年人依法负有教育、管理、保护义务的学校,教育设施不够完善,存在瑕疵,且未尽职责范围内的相关义务,对上诉人张某所遭受的人身损害应承担与其过错相应的赔偿责任。[1]

在新疆维吾尔自治区高级人民法院伊犁哈萨克自治州分院(2021)新40民终2251号案中,法院认为,张某1在散打俱乐部培训学习期间,被来该散打俱乐部接送孩子的家长李某侵害致伤。散打俱乐部对学员家长擅自进入训练场地,并对参加散打俱乐部培训学习的学员进行互动放任不管,未尽到管理职责存在过错,应当承担20%的补充赔偿责任。[2]

四、未成年人校园伤害侵权责任的承担

(一)无民事行为能力人在教育机构中受到损害的责任承担

《民法典》第1199条规定:"无民事行为能力人在幼儿园、学校或者其他教育机构学习、生活期间受到人身损害的,幼儿园、学校或者其他教育机构应当承担侵权责任;但是,能够证明尽到教育、管理职责的,不承担侵权责任。"

无民事行为能力人在幼儿园、学校或者其他教育机构学习生活期间受到人身损害的,采过错推定原则。原因在于,无民事行为能力人心智处于发育阶段,无法对所发生的事实作出妥当判断。监护人无法进入教育机构,尤其是无法随时陪伴,让受害人证明对方过错的存在,几无可能。相反,证据都掌握在教育机构手中,因此,幼儿园、学校或者其他教育机构要想免除责任,需要自己来证明已经尽到教育、管理职责。

(二)限制民事行为能力人在教育机构中受到损害的责任承担

《民法典》第1200条规定:"限制民事行为能力人在学校或者其他教育机构

---

[1] 参见重庆市第五中级人民法院(2010)渝五中法民终字第4355号民事判决书。
[2] 参见新疆维吾尔自治区高级人民法院伊犁哈萨克自治州分院(2021)新40民终2251号民事判决书。

学习、生活期间受到人身损害,学校或者其他教育机构未尽到教育、管理职责的,应当承担侵权责任。"

限制民事行为能力人在幼儿园、学校或者其他教育机构学习生活期间受到人身损害的,采过错责任原则。过错有无的证明责任,由受害人一方来承担。

在校园伤害责任的归责原则方面,法律对无民事行为能力人和限制民事行为人采取了区别对待的立法政策。在受害人为无民事行为能力人的场合,采过错推定原则;在受害人为限制民事行为能力人的场合,采过错责任原则。原因在于,限制民事行为能力人年龄更大,其心智发育较无民事行为能力人相对更为成熟。同时,过错责任原则也能鼓励学校等教育机构开展有利于限制民事行为能力人身心健康发展的各项活动,防止过度预防。

在福建省福州市中级人民法院(2021)闽01民终4324号案中,二审法院认为,林某某、林某等同学放学后在学校球场上自发打篮球,长乐职专未予以制止符合常理,林某某未提供证据证明长乐职专存在管理不善的情形。林某某主张学校是否尽到责任的举证责任在于长乐职专,应推定其管理存在过错,然教育机构的过错推定责任适用于无民事行为能力人,林某某在事发时系限制民事行为能力人,其该项主张不符合法律规定,本院不予采纳。[①]

(三)无民事行为能力人、限制民事行为能力人在教育机构中受到第三人侵害时的责任承担

《民法典》第1201条规定:"无民事行为能力人或者限制民事行为能力人在幼儿园、学校或者其他教育机构学习、生活期间,受到幼儿园、学校或者其他教育机构以外的第三人人身损害的,由第三人承担侵权责任;幼儿园、学校或者其他教育机构未尽到管理职责的,承担相应的补充责任。幼儿园、学校或者其他教育机构承担补充责任后,可以向第三人追偿。"

第三人造成无民事行为能力人或者限制民事行为能力人损害的,由第三人承担侵权责任。此处的第三人既包括在幼儿园、学校或者其他教育机构中学习的其他无民事行为能力人、限制民事行为能力人,也包括与教育机构无关的第三人。幼儿园、学校或者其他教育机构在未尽到管理职责的范围内,承担相应的补充责任。

此处补充责任与第三人责任的关系,与第1198条中的情况相同。补充责任要与教育机构的过错相适应。同时,补充责任要后于第三人的直接侵权责任,只有在直接侵权人无法找到或者没有赔偿能力时,补充责任人才要承担责任。

---

① 参见福建省福州市中级人民法院(2021)闽01民终4324号民事判决书。

与《侵权责任法》第 39 条关于安全保障义务的规定一样,《侵权责任法》第 40 条也没有关于追偿的规定。与《民法典》第 1198 条一样,第 1201 条对追偿也作了规定。增加规定的理由,与第 1198 条相同。① 笔者也赞同增加追偿的规定,理由可以参见前面的讨论。司法实务中,教育机构责任存在多种判决方式。

在江苏省徐州市云龙区人民法院(2021)苏 0303 民初 6435 号案中,法院认为,原告韦某某在课间期间,因被张某某撞倒,导致左锁骨远端骨折,被告张某某应承担侵权责任。事发时,被告张某某系限制民事行为能力人,被告张某、王某作为张某某父母,应承担侵权责任。被告华润小学在事发课间休息期间监管不力,亦应承担一定责任。根据本案具体情况,本院酌定被告张某某承担 90% 的责任,被告华润小学承担 10% 的责任。②

在贵州省遵义市中级人民法院(2021)黔 03 民终 7852 号案中,法院认为,贾某 1 受伤地点是在大树公司提供的学生寝室,起因是贾某 1 向同学李某 1 挑衅"约架"。作为初中生,贾某 1 对自己"约架"的行为具有判断能力,因此导致损害的,贾某 1 应当承担主要责任、李某 1 承担次要责任。根据双方的行为,对贾某 1 的损失,认定贾某 1 自行承担 70%、李某 1 承担 30% 即 170.22 元(567.4 元×30%)。发生"约架"的时间是在中午,大树公司没有尽到监督学生休息、及时发现"约架"行为的义务。大树公司应当对李某 1 承担的部分承担补充责任。综上,依照《民法典》第 1201 条的规定,判决:李某 1 在本判决生效后 10 日内赔偿贾某 1 医疗费 170.22 元。大树公司对前述损失承担补充责任。③

上述两案中,6435 号案确定的是按份责任;7852 号案尽管确定了补充责任,但未确定先后顺序,也未体现补充责任的"相应"性。两案都未规定补充责任承担后的追偿。这些都与《民法典》第 1201 条的规定似有不合。

五、未成年人校园伤害责任与监护人责任

幼儿园、学校或者其他教育机构对无民事行为能力人、限制民事行为能力人承担的是教育、管理职责而不是监护义务,因此,未成年人进入学校等教育机构后,其监护人的监护义务并未转移。双方之间也不适用《民法典》第 1189 条规定的委托监护的情形。在校园伤害侵权行为发生后,幼儿园、学校或者其他教育机构要根据《民法典》的有关规定承担赔偿责任或者与其过错相适应的补充赔偿责

---

① 参见黄薇主编:《中华人民共和国民法典侵权责任编解读》,中国法制出版社 2020 年版,第 142 页。
② 参见江苏省徐州市云龙区人民法院(2021)苏 0303 民初 6435 号民事判决书。
③ 参见贵州省遵义市中级人民法院(2021)黔 03 民终 7852 号民事判决书。

任。如果无民事行为能力人、限制民事行为能力人在幼儿园、学校或者其他教育机构受到伤害或者造成他人损害的,监护人则可能根据《民法典》第1188条等规定承担相应的民事责任。

在前面讨论的重庆市第五中级人民法院(2010)渝五中法民终字第4355号案中,二审重庆市第五中级人民法院认为,上诉人张某受伤时已年满15周岁,属限制民事行为能力人,对其上体育课应注意的安全防护义务应具备一定的认知能力,因此上诉人张某的行为是本案损害后果的主要原因,应由其法定代理人承担主要责任;被上诉人綦江县松藻学校作为对未成年人依法负有教育、管理、保护义务的学校,教育设施不够完善,存在瑕疵,且未尽职责范围内的相关义务,对上诉人张某所遭受的人身损害应承担与其过错相应的赔偿责任,一审法院据此判决由綦江县松藻学校承担张某损失的24%,其余76%即31134.83元由上诉人张某自行承担。该结果应当予以维持。①

---

① 参见重庆市第五中级人民法院(2010)渝五中法民终字第4355号民事判决书。

附:法规简写

《民法典》:《中华人民共和国民法典》
《民法总则》:《中华人民共和国民法总则》
《民法通则》:《中华人民共和国民法通则》
《刑法》:《中华人民共和国刑法》
《民事诉讼法》:《中华人民共和国民事诉讼法》
《侵权责任法》:《中华人民共和国侵权责任法》
《合同法》:《中华人民共和国合同法》
《劳动合同法》:《中华人民共和国劳动合同法》
《道路交通安全法》:《中华人民共和国道路交通安全法》
《产品质量法》:《中华人民共和国产品质量法》
《食品安全法》:《中华人民共和国食品安全法》
《药品管理法》:《中华人民共和国药品管理法》
《疫苗管理法》:《中华人民共和国疫苗管理法》
《特种设备安全法》:《中华人民共和国特种设备安全法》
《民用航空法》:《中华人民共和国民用航空法》
《广告法》:《中华人民共和国广告法》
《公司法》:《中华人民共和国公司法》
《证券法》:《中华人民共和国证券法》
《消费者权益保护法》:《中华人民共和国消费者权益保护法》
《环境保护法》:《中华人民共和国环境保护法》
《国家赔偿法》:《中华人民共和国国家赔偿法》
《商标法》:《中华人民共和国商标法》
《专利法》:《中华人民共和国专利法》
《著作权法》:《中华人民共和国著作权法》
《大气污染防治法》:《中华人民共和国大气污染防治法》
《海洋环境保护法》:《中华人民共和国海洋环境保护法》
《水污染防治法》:《中华人民共和国水污染防治法》
《噪声污染防治法》:《中华人民共和国噪声污染防治法》

《放射性污染防治法》:《中华人民共和国放射性污染防治法》
《合伙企业法》:《中华人民共和国合伙企业法》
《证券投资基金法》:《中华人民共和国证券投资基金法》
《个人独资企业法》:《中华人民共和国个人独资企业法》
《精神卫生法》:《中华人民共和国精神卫生法》
《电子商务法》:《中华人民共和国电子商务法》
《核安全法》:《中华人民共和国核安全法》
《放射性污染防治法》:《中华人民共和国放射性污染防治法》
《道路运输条例》:《中华人民共和国道路运输条例》
《道路交通安全法实施条例》:《中华人民共和国道路交通安全法实施条例》
《民用核设施安全监督管理条例》:《中华人民共和国民用核设施安全监督管理条例》
《民通意见》:《最高人民法院关于贯彻执行〈中华人民共和国民法通则〉若干问题的意见(试行)》
《民法典总则编解释》:《最高人民法院关于适用〈中华人民共和国民法典〉总则编若干问题的解释》
《人身损害赔偿解释》:《最高人民法院关于审理人身损害赔偿案件适用法律若干问题的解释》
《精神损害赔偿解释》:《最高人民法院关于确定民事侵权精神损害赔偿责任若干问题的解释》
《国家赔偿案件精神损害赔偿解释》:《最高人民法院关于审理国家赔偿案件确定精神损害赔偿责任适用法律若干问题的解释》
《合同法解释一》:《最高人民法院关于适用〈中华人民共和国合同法〉若干问题的解释(一)》
《担保法解释》:《最高人民法院关于适用〈中华人民共和国担保法〉若干问题的解释》
《道路交通事故赔偿解释》:《最高人民法院关于审理道路交通事故损害赔偿案件适用法律若干问题的解释》
《铁路运输人身损害赔偿解释》:《最高人民法院关于审理铁路运输人身损害赔偿纠纷案件适用法律若干问题的解释》
《触电人身损害赔偿解释》:《最高人民法院关于审理触电人身损害赔偿案件若干问题的解释》
《证据规则》:《最高人民法院关于民事诉讼证据的若干规定》
《会计师事务所审计业务活动民事侵权赔偿案件的规定》:《最高人民法院关

于审理涉及会计师事务所在审计业务活动中民事侵权赔偿案件的若干规定》

《审理网络消费案件的规定(一)》:《最高人民法院关于审理网络消费纠纷案件适用法律若干问题的规定(一)》

《审理侵害知识产权民事案件惩罚性赔偿的解释》:《最高人民法院关于审理侵害知识产权民事案件适用惩罚性赔偿的解释》

《审理食品药品纠纷案件的规定》:《最高人民法院关于审理食品药品纠纷案件适用法律若干问题的规定》

《审理网络侵权纠纷案件的规定》:《最高人民法院关于审理利用信息网络侵害人身权益民事纠纷案件适用法律若干问题的规定》

《审理环境民事公益诉讼案件的解释》:《最高人民法院关于审理环境民事公益诉讼案件适用法律若干问题的解释》

《审理环境侵权案件的解释》:《最高人民法院关于审理环境侵权责任纠纷案件适用法律若干问题的解释》

《审理医疗纠纷案件的解释》:《最高人民法院关于审理医疗损害责任纠纷案件适用法律若干问题的解释》

《审理旅游纠纷案件的规定》:《最高人民法院关于审理旅游纠纷案件适用法律若干问题的规定》

《审理公证案件的规定》:《最高人民法院关于审理涉及公证活动相关民事案件的若干规定》

《审理海洋自然资源与生态环境赔偿案件的规定》:《最高人民法院关于审理海洋自然资源与生态环境损害赔偿纠纷案件若干问题的规定》

《审理矿业权案件的解释》:《最高人民法院关于审理矿业权纠纷案件适用法律若干问题的解释》

《审理期货纠纷案件的规定》:《最高人民法院关于审理期货纠纷案件若干问题的规定》

《审理存单纠纷案件的规定》:《最高人民法院关于审理存单纠纷案件的若干规定》

《审理证券市场虚假陈述案件的规定》:《最高人民法院关于审理证券市场虚假陈述侵权民事赔偿案件的若干规定》

《审查知识产权纠纷行为保全案件的规定》:《最高人民法院关于审查知识产权纠纷行为保全案件适用法律若干问题的规定》

《公司法解释二》:《最高人民法院关于适用〈中华人民共和国公司法〉若干问题的规定(二)》

《公司法解释三》:《最高人民法院关于适用〈中华人民共和国公司法〉若干问

题的规定(三)》

《破产法解释二》:《最高人民法院关于适用〈中华人民共和国企业破产法〉若干问题的规定(二)》

《保险法解释三》:《最高人民法院关于适用〈中华人民共和国保险法〉若干问题的解释(三)》

《保险法解释四》:《最高人民法院关于适用〈中华人民共和国保险法〉若干问题的解释(四)》

后　　记

　　这本书献给我的父亲。

　　感谢我的母亲。母亲在哪儿，家就在哪儿。

　　感谢我的妻子小七。一心一意，相夫教子。

　　感谢我的儿子麒润。来到这个世界上才一年多，就已经给我们带来了那么多的欢乐。

　　感谢我的家人、导师、老师和朋友们。

　　感谢北京大学法学院，给了我最宽松的学习和研究环境。

　　感谢北京市海淀区人民法院，给了我宝贵的司法经验。

　　感谢我的学生吴华莎，帮我做了大量卓有成效、富有创造性的工作。

　　感谢北京大学出版社邹记东先生、周菲女士，为这本书出版付出的心血。

　　感谢北大法律信息网（http://www.chinalawinfo.com），本书中讨论的判决书，除了北京法院的以外，基本上都来自这里。

　　本书受北京大学法学院"青年教师科研基金"项目、"特色专业本科教材"项目和北京大学教材建设项目资助。特此致谢！

王　成

2011 年 1 月 2 日

第二版后记

本书第一版出版后,笔者对全书进行了重新思考及梳理。主要考虑及修改如下:

第一,许多相关法律及法律解释发生了变化:一些法律进行了修改,比如《环境保护法》于2014年4月24日进行了修订,尤其是有关侵权法的条文有了变化;《消费者权益保护法》于2013年10月25日进行了修正,其中涉及惩罚性赔偿的重要变化;《道路交通事故赔偿解释》于2012年12月21日开始实施;《触电人身损害赔偿解释》则于2013年4月8日被废止。

法律规定的频繁调整,究竟利弊如何?值得深思。

第二,出现了一些新的重要的判决。

第三,笔者自己对侵权法有了一些新的思考。笔者对侵权法也在不断地学习,这几年,对某些问题又有了些新的体悟。

第四,第一版中有些地方的表述不甚确切,也有不少笔误甚至错误,借此机会也进行了修订。

今年正值北京大学法学院建院110周年,也以本书献给北京大学法学院。

王 成

2014年6月5日

第三版后记

第二版修订后,与本书内容相关的法律及司法解释又发生了很多变化:《民法总则》于2017年10月1日施行,《食品安全法》于2015年和2018年进行了修订和修正,《机动车交通事故责任强制保险条例》于2016年和2019年进行了修订,《海洋环境保护法》于2016年、2017年先后进行了修正,《水污染防治法》于2017年进行了修正,《民用航空法》于2015年、2016年、2017年、2018年先后进行了修正,《最高人民法院关于审理利用信息网络侵害人身权益民事纠纷案件适用法律若干问题的规定》于2014年10月10日起施行,《最高人民法院关于审理环境民事公益诉讼案件适用法律若干问题的解释》于2015年1月7日起施行,《最高人民法院关于审理环境侵权责任纠纷案件适用法律若干问题的解释》于2015年6月3日起施行,《最高人民法院关于审理矿业权纠纷案件适用法律若干问题的解释》于2017年7月27日起施行,《最高人民法院关于审理医疗损害责任纠纷案件适用法律若干问题的解释》于2017年12月14日起施行,《最高人民法院关于审理海洋自然资源与生态环境损害赔偿纠纷案件若干问题的规定》于2018年1月15日起施行,《医疗纠纷预防和处理条例》于2018年10月1日起施行,《电子商务法》于2019年1月1日起施行。

本书内容根据上述法律的修正,相应作了修改。

2018年,本书被评为北京大学优秀教材;本次修订继续得到北京大学教材建设立项支持,感谢读者及学校的鼓励。

今年是北京大学建校120周年,本书也献给北京大学。

王 成

2018年9月20日

第四版后记

本书从第三版出版至今,《民法典》通过并生效实施,大量司法解释随之修改,本书也相应作了修改。

王　成
2022 年 5 月 8 日